연세실학강좌 II

Yonsei *Sirhak* Lectures Ⅱ

연세실학강좌 Ⅱ

실학공개강좌 [2]

연세대학교 국학연구원 편

혜안

발 간 사

연세대학교는 최근 대학의 학문적 수준과 위상을 세계적 차원으로 고양시킬 목적으로 '교책 특성화 사업'을 추진하고 있다. 국학연구단은 그러한 사업의 일환으로 발족되었으며, 이 연구단에는 국학연구원, 언어정보개발연구원, 현대한국학연구소, 언어연구교육원, 문과대학 등 관련 기관이 참여하고 있다. 본 연구단에서는 일제 강점기 이래 발전되어 온 본교의 국학연구 전통을 계승하고, 이를 보다 창의적으로 발전시키고자 우선 조선 후기 실학 분야에 집중적인 연구를 수행하기로 하였다.

'연세 실학'은 위당 정인보 선생이 개척했던 이념과 연구방법에서 연원하고 있다. 조선 후기 양명학의 학문적 계통을 이어받은 정인보 선생은 민족주의에 기초하여 민족의 역사와 정신을 체계적으로 정리하였다. 조선 후기 실학은 그 가운데서도 중심적인 연구 주제였다. 1930년대 중반에 이루어진 조선학 운동에서는 조선학의 핵심을 실학에서 찾고, 실학자의 저술을 정리, 편찬, 해제 작업을 추진하였다.

해방 전후, 정인보 선생의 실학 연구는 이후 홍이섭 선생의 다산 정약용 연구와 민영규 선생의 양명학 연구로 계승되었다. 또한 용재 백낙준 선생은 연세대학교의 실학 연구 학풍을 확대 계승하고 이 같은 연구가 연세대학교의 국학 연구의 핵심이 되어야 할 것으로 판단하여 정책적으로 부단한 지원을 아끼지 않았다. 그 결과 1948년 동방학연구소가 설립되었으며, 마침내 1967년에 '실학공개강좌'가 개설 진행되기에 이르렀다. 또한 실학에 관한 수준 높은 논문들이 『東方學志』에 발표되었다.

이와 같은 연세 실학의 학문적 전통을 계승하고, 앞으로의 실학 연구를 한 단계 진전시키기 위하여 우선 지금까지 국학연구원에서 축적해온 '연세실학'을 정리하고, 이를 『연세실학강좌』라는 이름으로 편찬하기로 하였다.

먼저, 『연세실학강좌』(Ⅰ·Ⅱ)는 1967년부터 1987년까지 동방학연구소와 그 후신인 국학연구원에서 진행했던 '실학공개강좌'의 발표문과 토론요지를 편집하여 만들었다. 20년간에 걸쳐 진행된 이 강좌를 통하여 본교의 실학·국학 연구의 전통을 계승하여 그 의의를 확대하는 한편, 이 시기 한국에서의 실학 연구의 흐름을 주도하였다.

'실학공개강좌'는 1967년 6월, 당시 백낙준 명예총장, 박대선 총장, 민영규·홍이섭 교수 등 여러분이 동참하여 시작되었다. 그리고는 1987년 제20회까지 20년 동안, 매년 한 차례씩의 연구 발표회가 꾸준히 이어졌다. '실학공개강좌'에는 한국사를 비롯하여, 한국사상사, 한국철학, 한국과학사, 중국사 등 다양한 영역에서 학계의 대가·중진 학자들이 대거 참여하였다. 다루어진 주제도 실학의 개념과 현대적 의의, 성리학·문학·국어학·과학기술·역사학·서학 등 여러 학문 영역과 실학과의 관계, 실학의 정치경제개혁론, 실학과 개화사상과의 계승 문제 등을 포괄하였으며, 정약용·강위 등의 실학자 개인에 대한 정리도 이루어졌다. 실로, 조선 후기 실학을 여러 분야와 측면에서 고찰한 것이었다.

'실학공개강좌'에는 20회에 걸쳐 모두 39편의 주제가 발표되었다. 이 강좌에서 발표한 초고는 논문으로 가다듬어 대부분 본 연구원의 『東方學志』에 발표되었다. 그러나 필자의 사정상 초고만 작성하였거나 혹은 다른 지면을 빌어 발표되기도 했다. 본 자료집에서는 총 34편의 글을 실학의 개념과 성격, 실학의 사상 기반, 실학의 역사 연구와 그 이론, 실학의 정치경제학, 실학의 어문학 연구, 실학과 과학 기술, 한말·일제하 사상계와 실학 등 모두 7개의 주제로 재분류하고, 발표 시기를 고려하여 배열하였다.

다음, 『연세실학강좌』(Ⅲ·Ⅳ)는 『東方學志』에 발표된 실학관련 논문 가운데 정치경제 개혁론에 관한 주제들을 모은 것이다. 실학파의 경학, 철학사상에 관한 높은 수준의 글들도 있지만, 우선은 사회개혁론으로서의 실학사상이 가지는 의미를 되새겨보기 위한 것이다. 여기에는 모두 18편의 글이 실렸다. 17세기 전반 남인계 학자들의 사상을 다룬 연구에서부터 대한제국기, 실학의 영향을 받은 학자들을 연구한 글까지 다양하였다. 이를 다시 실학의 사상적 원류, 실학의 정치사상과 개혁론, 실학의 사회경제사상과 개혁론, 조선 말기 실학의 계승 문제와 근대개혁론 등의 네 영역으로 나누어 편집하였다. 최근 2, 30년간 연세대학교에서 이루어진 실학의 정치경제학에 관한 연구 방향과 내용을 가늠할 수 있는 지표가 될 것이다.

이 같은 '실학공개강좌'와 『東方學志』에 발표된 실학 논문들은 우리 학계가 질·양적으로 괄목할 만한 발전을 하는 데 매우 중요한 기여를 한 것으로 여겨진다. 이들 여러 연구는 일제의 식민지배 논리였던 식민사학을 극복하고 민족사·민족문화의 내적 발전의 논리를 확립하여야 했던 우리 학계를 향하여 한국사 체계의 수립을 위한 새로운 논리와 연구방법을 촉구하였다. 1970, 80년대 우리 사회에서 본격화되는 실학 전반에 대한 연구, 그리고 국학에 대한 연구열을 연세의 실학 연구, 국학 연구가 선도하였던 것이다.

끝으로 이 책의 간행을 위해 원문의 교정은 물론 원사료까지 꼼꼼하게 대조하며 작업을 진행한 본 연구원의 정호훈 연구교수와 연구보조원 김정신, 이정훈 박사생, 그리고 혜안출판사 편집진에게 고마움을 표한다. 또한 본서의 출판으로 '연세 실학'의 전통을 확립하고, 나아가 한국학계의 실학 연구의 내용과 맥을 이해하는 데 도움이 되길 바란다.

2002년 12월

연세국학연구단장
국 학 연 구 원 장 전 인 초

차 례

연세실학강좌 I

제1부 실학의 개념과 성격

제2부 실학의 사상 기반

제3부 실학파의 역사 연구

CONTENTS

Part VI: *Sirhak*, Science and Technology

Part VII: *Sirhak* and the Scholarly World at the end of the Chosŏn dynasty to the Colonial Period

제4부

실학의 정치 · 경제학

朝鮮後期의 農業問題와 實學

金 容 燮

1. 序言

조선후기의 실학에 관해서는 그 개념이나 성격을 파악하기 위한 작업이 여러 가지 면에서 행해져 왔다. 실학자 개개인에 관한 개별 구체적인 연구에서부터 그 전체를 종합적으로 검토하는 개괄적인 연구에 이르기까지, 그리고 실학의 용어에 관한 연구에서부터 그 발전과정에 관한 연구에 이르기까지 그 내용은 다양하다. 그리하여 실학은 근년에 이르러서는 근대지향적인 사상, 근대사상의 맹아, 또는 근대적 국민주의사상, 근대국민경제사상으로까지 이해되기에 이르렀다.1)

실학에 대한 이러한 성격 파악은 그 사상을 분석적으로 검토하고, 그것을 조선후기의 전 기간에 걸친 발전과정으로서 이해할 때 더욱 분명하여진다. 실학은 정치 경제 사회 사상 문화일반 등 여러 가지 내용을 포괄하는 사상인 것이며, 그것은 조선후기의 초엽이나 말엽 등 어느 시기에 있어서나 동질적이었던 것이 아니라 시대의 추이에 따라 질적으로 항상 발전

1) 千寬宇, 「朝鮮後期實學의 概念再論」, 『韓國史의 再發見』, 一潮閣, 1974 ; 千寬宇, 「韓國實學思想史」, 『韓國文化史大系』 6, 고려대학교출판부, 1970 ; 韓沽劤, 『韓國通史』, 을유문화사, 1970 ; 趙璣濬, 「實學派의 社會經濟思想」, 『實學論叢』, 전남대학교출판부, 1975 ; 韓沽劤, 「實學의 展開와 社會經濟的 認識」, 『韓國思想大系』 II, 성균관대학교출판부, 1976.

하고 있는 사상이었던 까닭이다. 그러므로 실학의 개념이나 성격을 파악하기 위해서는 반드시 그러한 제문제를 중심한 분석적인 작업과 그 발전과정에 대한 체계적인 검토가 따르지 않으면 아니되는 것이라고도 하겠다. 이곳에서는 그것을 경제, 특히 그 중에서도 농업과의 관련에서 검토하게 된다.

농업은 실학에 있어서 대단히 큰 비중을 차지하고 있었다. 당시의 우리나라는 농업경제를 바탕으로 세워져 있었기 때문이다. 더욱이 조선후기는 우리나라 중세사회의 해체기인 것으로서 농업상에는 여러 가지 어려운 사회문제가 야기하고 있었으며, 따라서 실학에서는 이러한 문제를 해결할 것이 과제로 되고 있었다. 실학자들은 그러한 제문제를 그들의 농학, 즉 農書를 통해서 처리하기도 하고, 개별적인 토지론이나 제도개혁론으로서 提論하기도 하였다. 실학파의 농업론이었다.

2. 兩亂 후의 農政策과 朱子學

실학파의 농업론을 이해하기 위해서는 그에 앞서서 있었던 주자학에 있어서의 농업론을 이해할 필요가 있다. 주자학은 봉건조선왕조의 사상기반으로서 그 사회는 주자학의 사회사상에 의해서 질서화되고, 그 경제 그 농업은 주자학의 통제사상 · 농정이념으로써 지도되고 있었는데, 실학은 그러한 주자학이 지니는 한계와 그것이 齎來한 사회적 모순을 극복하려는 데서 대두한 것이기 때문이다.[2)]

조선후기에 주자학의 농업론이 가장 요약된 형태로 정리된 것은『農家集成』이다. 주자학자인 申洬과 宋時烈에 의해서 편찬된 것으로서 兩亂 후의 농업재건을 위한 농정책의 일환으로서 편찬된 것이었다. 양란 후의 정

---

2) 주자 및 조선성리학의 사회경제사상에 관해서는 守本順一郎,『東洋政治思想史研究』, 東京 : 未來社, 1967 ; 李佑成,「韓國社會經濟思想序說」,『韓國思想大系』II, 성균관대학교출판부, 1976 ; 韓永愚,「朝鮮前期 性理學派의 社會經濟思想」,『韓國思想大系』II 등 참조.

부에서는 전쟁으로 파괴된 농업생산을 재건하기 위하여, 量田을 하고 稅制를 개혁하는 것과 아울러, 한편으로는 부유층으로 하여금 新田과 陳田을 개발케 하고, 다른 한편으로는 농업생산을 증대하기 위한 기술적인 문제－수리시설·농업개량 등을 해결해가고 있었는데, 『農家集成』은 이러한 부산한 움직임 속에서 그 농업진흥을 위한 지침서로서 편찬되고 있었다.[3]

『농가집성』은 조선전기의 『農事直說』을 중심으로 『衿陽雜錄』·『四時纂要抄』 및 世宗의 『勸農敎文』, 朱子의 『勸農文』을 집성 수록하되, 『농사직설』을 크게 수정 증보한 것이었다. 前 3자는 농법을 개량하여 소출을 증대하려는 것이며, 後 2자는 유교적 농정이념으로 농업에 관하여 농민을 敎導하려는 것이었다. 특히 그러한 가운데서도 朱子의 『勸農文』은 유교적 농정이념에 의한 농민 敎導가 어떠한 것인가를 잘 표현하고 있었다.

주자 『권농문』은 주자가 南宋時代에 南康軍과 漳州의 知事로 있으면서 농법을 연구하여 이를 농민들에게 교육함으로써 농업생산력을 발전시키기도 하고, 그의 일련의 유교적 윤리도덕을 교육함으로써 地主·佃戶 간의 대립과 마찰을 막고 그 질서를 유지하려는 것이기도 하였다.[4] 그의 농학에 대한 식견은 당대의 농학의 수준을 보여주는 것이었고, 그의 지주·전호제에 대한 입장은 이를 三綱五倫의 윤리도덕과 더불어 天理民彝로 이해할 만큼 철저한 것이었다.[5] 그리고 당시의 경제체제는 현실적으로 사대부계

---

3) 金容燮, 「朝鮮後期 農學의 發達」, 『朝鮮後期農業史硏究』 II, 一潮閣, 1971.

4) 『農家集成』에 수록된 朱子勸農文은 『朱文公文集』 卷99의 「勸農文」과 「示俗」, 『朱文公別集』 卷9의 「勸農文」, 『朱文公文集』 卷100의 「勸農文」을 모은 것이다. 그 중에서 지주·전호의 관계를 기술한 것은 第3 「勸農文」이다. 그 내용은 다음과 같은데, 그것은 요컨대 지주·전호제적인 경제체제 경제질서의 유지가 목표로 되는 것이다. "鄕村小民 其間多是無田之家 須就田主討田耕作 每至耕種耘田時節 又就田主生借穀米 及至秋冬成熟 方始一倂塡還 佃戶旣賴田主給佃生借 以養活家口 田主亦籍佃客耕田納租 以供贍家計 二者相須 方能存立 今仰人戶 遞相告戒 佃戶不可侵犯田主 田主不可撓虐佃戶 如當耕牛車水之時 仰田主依常年例 應副穀米 秋冬收成之後 仰佃戶各備所借本息塡還 其間若有負頑不還之人 仰田主經官陳論 當爲監納以警頑慢".

5) 『朱文公全集』 卷14, 戊申延和奏箚 一에서는 주자의 지주·전호제에 대한 명분론적인 이해를 볼 수 있다. 그는 이곳에서 三綱五常이 天理民彝의 大節이고 治道의

층의 莊園經營을 중심한 지주·전호제와 더불어 광범한 자영농민층의 존재가 또한 중심이 되고 있었는데, 그는 이 자영농민층의 보존유지를 또한 중시하고 있었다.[6] 그러므로 『권농문』에 보이는 그의 경제사상은 사대부계층의 입장에서 장원경제를 중심한 이러한 경제질서——지주제와 자작농——를 유지하고, 그러한 입장에서 또한 농업생산력을 발전시키려는 것이었다고 하겠다. 그리고 그러기 위해서는 무엇보다도 상하관계로 질서화된 향촌사회의 질서가 유지될 필요가 있었으며, 이를 위해서 유교적 윤리도덕을 중심한 사회교육과 농촌자치·농민통제를 위한 鄕約을 시행하고도 있었다.[7]

그러므로 『농가집성』이 이와 같은 주자 『권농문』을 그 일부로서 수록하고 있음은 그 경제사상을 단적으로 표현하는 것이라 하겠다. 申洬이나 宋時烈은 이 농서가 단순히 '集成'이기에 주자 『권농문』을 수록한 것이 아니라, 그 『권농문』의 중요성을 인식하고 그 의의를 강조하면서 이를 그들의

근본임을, "蓋三綱五常 天理民彝之大節 而治道之本根也 故聖人之治 爲之教以明之 爲之刑以弼之 雖其所施 或先或後 或緩或急 而其丁寧深切之意 未嘗不在乎此也"라고 강조하면서, 지주·전호의 관계를 "近年以來 或以妻殺夫 或以族子殺族父 或以地客殺地主 而有司議刑卒從流宥之法 …… 故臣伏願 …… 凡有獄訟必先論其尊卑上下長幼親疎之分 而後聽其曲直之辭 凡以下犯上 以卑凌尊者 雖直不右 其不直者罪加"라고 하여, 夫婦父子의 관계와 마찬가지 원리-명분으로써 다루고, 그것을 범했을 때의 처벌이 어떠하여야 할 것임을 건의하고 있었다. 이러한 명분론에 관해서는 守本順一郎, 앞의 책, 第3章 朱子의 生産論 ; 仁井田陞, 『中國法制史』, 東京 : 岩波書店, 1952, 第8章 封建과 퓨우덜리즘 참조.

6) 주자는 위의 '示俗'에서 서인(백성)의 효를 말하되 "方能保守父母産業 不至破壞 乃爲孝順 若父母生存 不能奉養 父母亡歿 不能保守 便是不孝之人"이라고 하였다. 自營農民層의 효로서는 부모에게서 물려받은 산업-토지를 상실하지 않고 유지하는 것이 최대의 조건이 됨을 말함이었다. 이는 그가 지주·전호제를 유지함과 아울러 자영농민층을 또한 유지하려는 것이었다고 하겠다.

7) 주자는 지방관으로 있으면서 勸農文뿐만 아니라 적지 않은 勸諭文·榜文·기타 등등을 통해서 향민·농민을 교도하였는데(『朱文公文集』 卷99~卷100, 公移) 그 교도의 이념은 유교적 윤리도덕을 통한 사회의 상하적인 질서화였다. 그리고 『呂氏鄕約』을 增損(『朱文公文集』 卷74)하여 이를 향촌 자치규약으로서 널리 시행케 하려 하였는데, 그 이념도 또한 마찬가지였다. 이러한 문제에 관해서는 다른 기회에 詳論하게 될 것이다.

편저에다 수록하고 있었다. 그들은 주자학자로서 주자의 경제사상과 농정이념에 동조하면서 이를 그들의 사상으로서 간행하고 있는 것이었다. 그러한 점에서 『농가집성』은 말하자면 지주・전호제를 중심한 경제체제를 바탕으로 농법을 개량하여 생산력을 발전시키려는 것이었다고 하겠으며, 따라서 그것은 봉건지배층 중심의 農政書로서, 그 농학은 봉건적인 사회경제체제의 존속을 목표로 하는 것이었다고 하겠다. 그리고 그러한 체제의 유지를 위해서 주자에 있어서와 마찬가지고 신분질서를 중심한 윤리도덕이 강조되었음은 말할 것도 없었다. 봉건조선왕조의 사회경제체제는 바로 이와 같은 신분질서와 토지제도를 바탕으로 수립되어 있었다.

17세기 중엽(효종 6년・1655)에 간행된 『농가집성』은 그 후 판을 거듭하고 筆寫되기도 하면서 널리 보급되었다. 정부에서는 이를 유일한 농업지침서로서 권장하였고, 주자학자나 그 계열의 지식인들은 이를 농정에 관한 大經大法으로서 받아들였다. 그리하여 그 후 오랫동안 이 농서의 농업론은 농업생산력이 발전하는 데 크게 기능하였다.[8)]

3. 農民層 分化와 實學派의 改革方案

『농가집성』이 간행된 후 농학은 실학자들에 의해서 활발하게 연구되고 발전하였다. 그것은 『穡經』, 『山林經濟』, 『增補山林經濟』, 『北學議』, 『課農小抄』, 『海東農書』, 『林園經濟志』 기타 등등으로 저술되었다. 그러한 실학파의 농학은 『농가집성』의 농학, 더욱 정확하게는 조선전기 이래의 우리의 농학을 계승 발전시키는 것이었다. 그러나 실학파의 농학이 『농가집성』에서 그 학을 계승한 것은 농법개량・농업기술에 관해서였으며, 지주제적인 경제체제의 유지 존속문제까지를 포함하는 것은 아니었다. 이 점에

8) 『農家集成』의 농서로서의 수명은 대략 18세기 말엽까지로 볼 수 있다. 이 무렵에는 정부에서도 이 농서의 한계성을 인정하고 새로운 농서의 편찬을 계획한 바 있었으며, 실학자들에 의해서는 『課農小抄』・『海東農書』・『林園經濟志』 등 보다 새로운 농서가 편찬되기도 하였다.

관해서는 실학자들은 처음부터 그 입장을 달리하고 있었다. 이들 농서는 처음에는 지주제에 관련된 기술을 삭제하는 것으로서 『농가집성』-주자학적인 경제사상에 소극적으로 반대하였으나, 마침내는 농서에서 토지문제를 언급하되 지주제를 부정하는 것으로서 적극적으로 이를 반대하였다. 그리고 磻溪, 星湖, 茶山 등은 특히 토지문제를 연구하여 『농가집성』의 경제론과는 반대되는 입장을 내세웠다.

실학파의 농학은 17세기말 18세기초 이래로 활발하게 전개되었다. 그 후 한 세기 간은 실학파의 농학이 발달하는 시기, 즉 실학사상이 발달하여 그 학의 체계가 완성하게 되는 시기였다. 그리하여 이와 같이 이 농학이 발달 보급되는 데 따라서는, 정부에서 官刊書로서 보급시키고 있는 『농가집성』과 아울러, 역사상 그 유례를 볼 수 없는 농학연구의 시대를 現出하게 되었다.[9] 그리고 그 결과로서는 농업생산력을 한층 더 발전시키기도 하였다.

그러나 이와 같이 농학연구가 활발해지고 농업생산력이 발전하게 되는 17, 18세기에는 이와 밀접하게 관련되면서 유통경제가 발달하기도 하고, 또 지주제가 확대 발전하고도 있어서 농업상에는 커다란 사회문제가 일어나고 있었다. 그것은 농촌사회의 분화, 농민층분화의 심화현상으로 드러나고 있었다.

지주제의 확대나 그에 따른 농민층분화는 무엇보다 먼저 우리나라 중세의 봉건적 경제제도의 변동과 관련되면서 일어나고 있었다. 농업에 있어서의 봉건적 경제제도로서는 토지소유권에 의거한 지주 · 전호제와 收租權의 分給을 중심한 지주 · 전호제(田主 · 佃客制)가 병존하고 있었으며, 양자가 밀접하게 관련될 때에는 소유권에 입각한 지주 · 전호제가 더욱 발전하고 있었다. 그런데 조선후기에 이르러서는 그와 같은 경제제도에서 수조권의 분급에 따르는 지주 · 전호제가 폐기되고, 따라서 봉건지배층은 그 경제기반을 소유권에 입각한 지주 · 전호제에다 찾지 않을 수 없게 되었으며, 여기에 그들은 매매나 고리대를 통해서 더욱 토지를 집적해 나가게 되었다. 그러한 제도상의 변동과 아울러, 旣述한 바와 같이, 양란 후에는 농업재건

9) 『農家集成』 간행 이후의 실학파의 농학에 관해서는 김용섭, 앞의 책, 1971 참조.

을 위하여 부유층의 농지개간·지주경영이 장려되고도 있었다.[10] 그리고 토지의 매매는 자유로웠고 그 상품화에로의 길은 열려 있었으며, 따라서 豪商層이나 富民에 의한 土地買占도 급격히 전개되고 있었다. 그리하여 이와 같이 지주제가 확대되는 데 따라서는 토지를 상실하고 농지에서 밀려나는 농민이 밀려나게 되었다.

농민층의 토지상실은 지주층의 토지집적에서뿐만 아니라 농민층 내부에서의 경영확대현상으로 인해서도 더욱 광범하게 전개되었다. 그것은 이 시기의 농업생산력을 발전케 한 농법의 변동과 밀접하게 관련되고 있었다.[11] 양란 이후, 특히 18세기에서 19세기에 이르면서는 水田農業이나 旱田農業에 移秧法이나 畎種法이라고 하는 커다란 변화가 일어나고 있었는데, 이러한 농법상의 변동은 농업생산력의 발전을 齎來하기는 하였지만 동시에 농촌사회를 분해시키는 요인이 되고 있었다. 이 농법은 종래의 付種法(直播法)이나 壟種法에 비하여 '勞少功多'한 장점이 있었기 때문이었다. 단위면적을 경작하는 데 있어서 노동력을 덜 들이고서도 소출을 많이 얻을 수가 있는 것이었다. 그리고 그밖에도 삼남지방에서는 이앙법을 채택하면 水田二毛作이 또한 가능하여 소득은 더욱 늘어났다.

말하자면 이 농법이 보급되는 데 따라서는 일정한 노동력으로서 보다 많은 농지를 경작할 수 있게 되고, 따라서 활동적이고 능력·재력 있는 농민들은 경영확대에 열을 올리게 되었다. 기록상 多作·廣作·廣業·廣農·大農으로 불리우는 농민, 우리의 이른바 經營型富農으로 불리우는 농민은 바로 이러한 농민들이었다. 그리고 이로 인해서는 그 경작지를 상실하게 되는 농민이 더욱 늘어나게 되었다. 그와 같은 경영확대는 自作地의 확보로서도 일어났지만 일반적으로 손쉬운 방법이 되는 것은 借耕地의 확보가 아닐 수 없었다. 前者의 경우에는 많은 재력이 소요되지만 후자의 경우에는 그렇지가 않았다. 그리하여 농법의 변동에 따르는 경영확대 현상은 자작지나 차경지의 어느 경우에서도 일어나면서, 자작농민이나 소작농민

10) 李景植, 「17세기 農地開墾과 地主制의 展開」, 『韓國史硏究』 9, 1973.
11) 金容燮, 「朝鮮後期의 農業에 있어서의 廣作運動」, 앞의 책, 1971.

을 토지로부터 배제하게 된다는 사회문제를 야기시키고 있었다. 이 시기의 농촌사회의 폐단으로 지적되는 多作・廣作・廣農・大農의 폐단이 그것으로서 이는 곧 농촌사회의 분화, 농민층분화를 이름이었다.12)

또 이와 같은 농민층분화는 농지의 경영을 통해서도 더욱 촉진되었다. 이 시기의 농업노동은 賃勞動으로서 행해지고 있었는데, 농업자본이 넉넉한 부농층은 適時에 많은 노동력을 고용하여 이를 처리함으로써 所期의 소득을 올려 그 부를 증대할 수 있었으나, 빈농층은 노동력의 고용에 失期를 하고 失農을 하게 되는 수가 많았다. 農牛나 농기구의 借用에 있어서도 마찬가지였다.13) 그리고 유통경제와의 관련에서 농업생산이 행해지는 가운데, 시장성이 좋은 상품작물을 재배하거나 농산물을 적시에 판매할 수 있는 부농층은 부를 늘릴 수 있었으나,14) 그렇지 못한 농민층은 상대적으로 불리한 경영을 하게 되었다.

농민층분화는 토지의 소유관계에서부터 두드러지게 드러났지만, 농법변동에 따르는 경영확대는 차경지에서도 일어나고 있었으므로, 그 분화 현상은 小作農民層에서도 대대적으로 일어났다. 토지소유자로서의 자영농민이나 차경지를 보유하는 데 불과한 소작농민이거나를 막론하고, 그 농업생산의 합리적 경영을 통해서 성장하고 있는 농민이 있는 반면, 몰락하여 農地에서 밀려나는 농민이 있게 되었다. 지주층이 농지를 대여함에 있어서는 노동력・농업자본이 넉넉한 부농층을 우선적으로 선정하고, 가난한 零細農은 그 선발의 대상에서 제외되거나 또는 瘠薄地를 대여하는 데 불과하였으므로 분화는 더욱 더 촉진되었다.15)

---

12) 宋贊植, 「朝鮮後期 農業에 있어서의 廣作運動」, 『李海南華甲記念史學論叢』, 1970 ; 金容燮, 「朝鮮後期의 經營型富農과 商業的農業」, 앞의 책, 1971.

13) 『日省錄』 정조 23년 2월 11일조에 "貧無以雇人 不徒衍時 率多陳廢"라고 한 것이라던가, 『日省錄』 정조 22년 12월 16일조에 "村里富者少 貧者多 貧者資富者之農器 以爲耕業 而一日之耕 報以數日之雇 猶多靳借 使之失農"이라 한 것, 그리고 『日省錄』 정조 22년 12월 13일조에 "民之窮者 當耕播之際 雖欲耕之 無牛隻 雖欲播之 無種子 以之失農者多"라고 하였음은 그러한 사정을 말하는 한두 例이다.

14) 金容燮, 주 12)의 글, 153~180쪽 참조.

15) 『經世遺表』 田制에서 다산은 그러한 사정을 "今之 …… 富人之授田于佃夫也 必

자영농민이 몰락하면 우선 소작농민이 됨으로써 위급을 면할 수 있는 것이지만, 그러나 그러한 소작농민이 분화하는 가운데 몰락하는 농민은 갈 곳이 없었다. 그들은 노동력을 파는 賃勞動層을 형성하는 것이 일반적이었으며, 따라서 농지를 상실한 후에도 농촌사회에 그대로 머물러 앉아 '計日取直' '賃傭爲業'함으로써 살아가는 농업노동자가 되거나, 이 무렵에 확대 발전하고 있었던 潛採鑛山에 흡수되어 광산노동자가 되기도 하였으며, 그밖에 或者는 도시로 유입하여 도시노동자가 되기도 하였다.[16] 이러한 현상은 시대의 추이에 따라 더욱 심화되었으며, 양반층의 경제적 몰락이 촉진되는 가운데 평민층이나 천민층뿐만 아니라 양반층 내에서도 일어났다. 그리하여 19세기에 이르면서 농촌사회는 그 농민층분화에 따라 그 계급구성이 재편성되어 가고 있었다.

농촌사회의 분화는 안정된 중세적 질서와 그 경제기반의 동요인 것으로서, 이로 인해서는 사회계급 간의 대립과 마찰 등 혼란이 일어났다. 그것은 지주층과 소작농민, 부농경영과 영세소농경영, 고용주와 피고용자 사이의 갈등으로 나타났다. 그리고 그러한 사회적 모순은 賦稅의 加重에 따라 점점 더 심화되었다. 농민층분화 농촌사회의 분화는 커다란 사회문제가 아닐 수 없었다. 그것은 識者層에게는 왕조의 존립에도 관계되는 것으로 이해되었다.[17] 피지배층의 동태에는, 거기에 指導層이 형성되고 지도이념이 부

擇其健壯勸嗇有婦子傭奴可助其功者 授之"라던가, 또는 "今富人分佃者 必選多丁而有牛者 以授其沃壤 其罷殘無力者 授以棄地"라고 표현하고 있었다.(『丁茶山全書』 下, 83쪽, 103쪽)

16) 봉건제의 해체와 관련하여 검토하고 있는 이 두 시기에 있어서의 賃勞動制에 관해서는 다음 논저를 참고할 것. 朴成壽, 「雇工研究」, 『史學研究』 18, 1964 ; 姜萬吉, 「分院研究 - 17, 8세기 朝鮮王朝 官營手工業體의 運營實態」, 『亞細亞研究』 20, 1965 ; 姜萬吉, 「朝鮮後期 雇立制 發達」, 『韓國史研究』 13, 1976 ; 金泳鎬, 「朝鮮後期에 있어서의 都市商業의 새로운 展開」, 『韓國史研究』 2, 1968 ; 金泳鎬, 「朝鮮後期 手工業의 發展과 새로운 經營形態」, 『大東文化研究』 9, 1972 ; 柳承宙, 「朝鮮後期 硫黃鑛業에 관한 研究」, 『李弘稙博士回甲記念韓國史學論叢』, 新丘文化社, 1969 ; 金錫亨 등, 『金玉均의 研究』(日譯本) ; 金容燮, 「朝鮮後期의 經營型富農과 商業的 農業」, 앞의 책, 1971, 180~197쪽.

17) 농촌사회가 분화되는 데 따라 일어나고 있었던 사회의 혼란이 궁극적으로 어떠한

여될 때, 커다란 농민봉기로 확대될 소지가 있는 까닭이었다. 그리고 그것은 현실로 나타났다. 西北地方에서 일어난 1811년의 農民戰爭, 즉 '洪景來亂'은 바로 그것이었다.[18] 그리고 이를 계기로 우리나라 봉건말기의 반봉건적 농민항쟁의 시기는 시작되었다.

그러므로 이 시기의 식자층에서는 사회변동의 커다란 물결에 대처하여 民産을 均定함으로써 동요하는 사회를 안정시킬 필요가 있었다. 그것은 당시의 위정자나 식자층에게 주어진 과제가 아닐 수 없었다. 그러나 그러한 요청 그러한 과제를 해결할 수 있는 방안을 주자학의 농업론에서 찾을 수는 없었다. 이 농업론에서는 신분제와 아울러 지주제를 긍정하고 이를 保守 維持할 것이 목표로 되어 있는 까닭이었다. 그러한 방안을 제시할 수 있었던 것은 주자학에서 이탈하고 있는 실학자들이었다.

실학파에서는 농민층이나 농촌지식인들의 여론을 참작하면서 여러 가지 방안을 提言하였다. 여론은 농민이 농지를 소유할 수 있도록 토지를 개혁하라던가, 그것이 안될 경우 차경지만이라도 재분배하라는 것이었으며, 그렇지도 못할 경우에는 부농층의 농업경영과 경쟁을 할 수 있도록 영세민의 농업협동을 제도적으로 확립하라는 등 농민경제를 안정시켜 달라는 것이었다.[19]

이러한 여론과도 관련하여 실학자들이 일반적으로 널리 생각하고 주장하였던 것은 봉건적인 신분제의 폐기와 아울러 지주 · 전호제를 중심한 토지제도를 전면적으로 개혁하려는 것이었다. 그들은 처음에는 그와 같은 토

결과를 초래할 것인가를 다산은 金履載에게 보내는 서한에서 "今湖南一路有可憂者二 其一民騷也 其一吏貪也 …… 誠如民言 果有南憂"라던가, 또는 "今此萬民盡迫溝壑 此將奈何 …… 海浪明火之賊 亦復橫行 豈細憂耶"라고 하였으며(『丁茶山全書』上, 398~399쪽), 또 다른 곳에서는 "近年以來 賦役煩重 官吏肆虐民不聊生 擧皆思亂"이라고도 말하였다(『丁茶山全書』下, 牧民心書, 491쪽 ; 洪以燮, 『丁若鏞의 政治經濟思想硏究』, 한국연구도서관, 1959, 245~251쪽 참조). 그래서 이러한 실정때문에 이에 앞서 湛軒 洪大容은 "嘗曰 後世無以復井田 則王道終不可行矣"라고 말하는 것이기도 하였다(『湛軒書』外集 附錄, 563쪽).

18) 鄭奭鍾, 「'洪景來亂'의 性格」, 『韓國史硏究』7, 1972 참조.

19) 金容燮, 「18세기 農村知識人의 農業觀」, 『朝鮮後期農業史硏究』 I, 一潮閣, 1970, 15~67쪽.

지제도의 개혁을 흔히 均田論이나 限田論으로서 내세웠다.[20] 지주층의 봉건적인 토지지배를 폐기하고 생산자에게 그것을 균등하게 분배하거나 또는 토지의 소유에 있어서 일정 면적의 상한선을 넘지 못하도록 제한하라는 견해였다. 그리고 지주제의 전면적 개혁이 불가능할 경우에는 지주층의 농지대여만이라도 均耕·均作의 이념으로 개선할 것을 내세우기도 하였다.[21] 어느 경우나 그 목표하는 바는 民産을 균등히 함으로써 농민경제를 안정시키려는 것이었다.

그들은 또 국가경제 전반이 발달하는 가운데 농민경제의 향상을 유통경제와의 관련에서 찾고, 따라서 농민경제의 향상을 위해서는 유통경제가 발전되어야 할 것임으로 강조하기도 하였다.[22] 그리고 그러기 위해서는 전국

---

20) 여기서는 磻溪나 星湖 및 그 계열의 均田的·限田的인 토지론을 상기하면 될 것이다.

21) 성호와 같은 시기의 農圃 鄭尙驥의 견해는 그러한 예이다. 그는『農圃問答』均田制項에서 다음과 같은 방안을 제기함으로써 경작지의 균분을 통한 民産의 균등화를 도모하였다. “今有一法 雖不如井田之授民爲世守 而略可使貧富齊焉 猶勝於漢人限田之法 富人無失田之怨 貧民有得田之樂 可永行而無弊者也 無論諸宮家各衙門各司各驛各官及他公私上下之田 通計一國之田以分授於民 而隨其地之寬狹及民之多少 或授一結或七八十負或五六十負 …… 京外士大夫之仕官及士民之富豪者 都城及官府之人 海島沿邊漁採船商之類 各邑商賈工匠僧道閑遊及廢疾與老弱之民 合亦不下百餘萬 除此 則其畊農之民不過一百數十萬口 然則田之分授者 似無不足之患矣 …… 凡耕他人之田者 什取其伍 以其伍納於田主 田主之自耕其田者 亦無過一夫之所授 而雖有餘田 不得濫耕 只取佃夫所納之稅而食之 民不爲農則已 若爲農 則寸地尺土 非受之於官則不敢耕也 如此 則有田者不得廣耕 無田者亦有耕地 旣無害於富者 而且有救於貧人 其貧富之齊 雖不如上古 而猶可勝於今之民矣”.

22) 유수원이나 박제가의 주장은 그러한 예이다. 유수원은 국가나 민이 富하지 못한 것은 “我國 …… 四民之業 尙未分別 國虛民貧 專出於此 …… 歷攷經史 未有如我國民産之枵然特甚者也 其故何哉 其源實出於四民不分 故不能務其業而然也”(『迂書』影印本, 14쪽)라고 하여, 직업의 사회적 분업이 미발달한 데 있는 것으로 보고 있었다. 그래서 國富나 民富를 위해서는 이 모든 것이 전업적으로 발달해야 하며, 그렇지 못할 경우에는 “四民之中闕一 則必有其弊 今之州縣用度煩夥者 以其邑內無工商也 百姓供億難支者 亦以此也 細民無以料販糊口者 亦以此也 吏奴貧困難支者 亦以此也”라고 하여, 여러 가지 폐단이 일어나는 것으로 이해하고, 따라서 “四民各務其業 商販大盛”하면 이러한 폐단은 제거되는 것으로 이해하고

의 상업이 적극적으로 장려되어야 할 것임을 말하였으며, 농업경영은 시장성을 고려한 경영을 함으로써 수익의 증대를 꾀하도록 권유하였다.23) 그리고 그러한 농업경영에 있어서는 중국으로부터 농기구나 施肥法 등 새로운 농업기술을 도입하여 보다 더 集約的인 농업경영을 함으로써 노동생산성이나 토지생산성을 모두 높이고, 따라서 농지의 영세성에서 오는 빈곤을 극복케 하려고도 하였다.24) 물론 이 경우 유통경제를 발전시켜야 할 것을 주장하는 논자, 특히 북학파로 불리우는 학자에게 있어서도 농업문제가 논외로 되어 있는 것은 아니었다. 그들에게 있어서도 농민경제의 均産化와 安定은 대전제로 되어 있었으며, 따라서 토지개혁은 강조되고 있었다.25)

있었다(134쪽). 그리고 직업의 사회적 분업은 "別四民 乃所以制民産也"라고 하여 (184쪽) 制産方案으로 이해하는 것이며, 따라서 農商工은 유기적으로 관련되면서 발전되어야 할 것으로 보고, 농업도 그 일환으로서 발전되어야 함을 강조하였다. 그는 그 저서의 여러 곳에서 농업을 발전시키기 위한 방안을 提言하고 있다. 박제가도 사회적 분업, 즉 농상공의 발전의 필요성을 강조하고 있었다. 그는 왕왕 볼 수 있는 抑末歸農의 논의를 "今若一切食土 則民失其業 農日益傷矣"(『貞蕤集』, 450쪽)라고 하여 옳지 못한 견해로 보았으며, 당시의 우리나라는 "國小民貧 今耕田疾作 用其賢才 通商惠工 盡國中之利 猶患不足 又必通遠方之物而後 貨財殖焉 百用生焉"(432쪽)이라던가, 또는 "今國之大弊曰貧 何以救貧 曰通中國而已矣"(334쪽)라고도 하여, 국내에 있어서의 농상공뿐만 아니라 해외통상까지도 발전시켜야 할 것으로 보고 있었다. 그리고 그 일환으로서 『北學議』에서는 특히 농업생산력의 발전방안을 건의하고 있는 것이었다.

23) 예컨대 18세기말~19세기초의 『增補山林經濟』, 『北學議』, 『林園經濟志』 등의 農業經營論은 그것이다. 金容燮, 「朝鮮後期農學의 發達」, 앞의 책, 1971, 299~302쪽, 322~323쪽, 385~388쪽 참조.

24) 18세기말 19세기초의 실학파의 농학은 농업생산력을 발전시키는 방안에 있어서 17세기 중엽의 『農家集成』의 농학과는 크게 다른 점이 있었다. 그것은 후자가 주로 농법의 변동, 즉 地力을 이용하면서 그 생산력을 발전시키려는 데 대하여, 전자는 그것을 넘어서서 농기구나 시비법의 개선을 통해서 이를 더욱 발전시키려는 점이었다. 그리고 현실적으로도 그렇게 되고 있었다. 이러한 문제에 관해서는 별고에서 다루어지게 될 것이다.

25) 유수원이 상공업의 발전을 극구 주장하면서도 농업에 관하여 "今日土田亦盡歸士大夫 百姓何嘗有土田耶 兼幷已極 若不矯正 民無以支保矣"(『迂書』 卷1, 田制, 4쪽)라고 하였던 것, 홍대용이 "均九道之田什而取一 男子有室以上各受二結 限其身 死則三年之後 移授他人"(『湛軒書』 內集 上, 303쪽 및 앞의 주 16) 참조)이라

이러한 일련의 실학파의 농업개혁에 관한 견해는 19세기에 들면서 茶山이나 楓石에 의해서 종합 집대성되었다. 다산에게서 볼 수 있는 '田論'이나 '井田論' 및 楓石에게서 볼 수 있는 '屯田論'을 중심한 견해는 그것이었다. 어느 경우나 봉건지주제를 전면적 또는 부분적으로, 급진적 또는 점진적으로 해체시키면서 새로운 경제제도를 수립하되, 농업에 있어서의 사회적 모순을 최대한으로 제거하면서 民産을 안정시키려는 것이었다.26)

다산의 '田論'은 지주제를 폐기하고 토지국유의 원칙 하에 전국의 토지를 재분배하되, 이를 閭 單位로 위임하여 閭의 주민으로 하여금 이를 공동노동으로써 경영케 하며, 노동량에 따라 소득을 분배케 하는 共同農場制의 농업개혁론이었다. 그리고 '정전론'은 '전론'이 斷行될 수 없을 경우의 점진적인 방안으로서, 전국의 토지를 국가가 장기계획으로 점차 買收하여 井田의 원리에 따라 이를 농민층에게 노동력의 多寡를 기준으로 재분배함으로써 소작농민을 점진적으로 자영농민화하려는 것이었으며, 국가가 매수하지 못한 토지, 즉 아직도 지주층이 소유하고 있는 토지는 차경지를 또한 정전제의 원리에 따라 균작시킬 것을 목표로 하는 것이었다. 그리고 전국의 농업생산을 일정한 계획 하에 파악하여 이를 당시 현실적으로 발달하고 있었던 상업적 농업과의 관련 하에 6科의 전문적인 분야로 분업화하고, 각 분야에서 매년 농업경영을 가장 잘한 유능한 경영자를 선발하여 관리로 임명하려는, 말하자면 사회개혁을 겸한 농업개혁론이었다. 그는 이러한 개혁방안을 국가개혁 전반과의 관련에서 提論하고 있었다.

고 하였던 것, 그리고 박지원이 『課農小抄』의 결론으로서 「限民名田議」(토지개혁론)를 부치고 있었던 것(『燕巖集』 影印本, 396~399쪽) 등등은 그러한 예이다.

26) 다산의 토지개혁론에 관한 근년의 연구로서는, 朴宗根, 「茶山 丁若鏞의 土地改革思想의 考察」, 『朝鮮學報』 28, 1963 ; 鄭奭鍾, 「茶山 丁若鏞의 經濟思想」, 『李海南華甲記念史學論叢』, 一潮閣, 1970 ; 愼鏞廈, 「朝鮮後期 實學派의 土地改革思想」, 『韓國思想大系』 II, 성균관대학교출판부, 1976 등이 있어서, 그 개혁사상의 전모를 대략 파악할 수 있다. 이에 관해서는 필자도 徐有榘의 토지개혁론과 아울러 「18, 9세기의 農業實情과 새로운 農業經營論」, 『大東文化硏究』 9, 1972(『韓國近代農業史硏究』, 一潮閣, 1975 所收)에서 詳論하였다. 이곳에서는 그 요점을 摘記하게 된다.

풍석의 '둔전론'도 限田制가 斷行될 수 없을 경우의 점진적인 방안이었다. 그는 본시 한전제를 주장하고 있었으나, 이것이 시행될 수 없는 실정하에서는 최소한 이 둔전적인 개혁방안이라도 반드시 실현되지 않으면 아니 될 것으로 보는 것이며, 따라서 이는 차선의 방안으로서 그리고 실현가능한 방안으로서 제언하는 것이었다.

이 방안은 국가가 지주제로서 경영해 오던 國有의 토지를 토대로 하는 것은 말할 것도 없고, 일반 지주층의 토지도 점진적으로 매수하여 이를 바탕으로 전국 각 지방에 農場을 설치하고, 유능한 농업경영자를 관리인으로 임명하여 영세농민과 임노동층을 고용하여 5인 단위의 집단노동으로서 임금을 지급하면서 경영하되, 어디까지나 국가가 주체가 되어 경영하는 國營農場制의 개혁론이었다. 그리고 이 경우 이 농장은 새로운 농법을 전국에다 보급시키는 모범농장의 구실도 겸하게 하려는 것이며, 농장의 경영에서 우수한 성과를 올린 관리인은 일반 관리로 임명하여 사회개혁도 겸해가려는 것이었다. 그뿐만 아니라 그는 또 봉건지주층에게도 이러한 둔전의 설치를 권유함으로써 봉건적인 지주경영을 국영농장적인 경영방식으로 전환시키려고도 하였다.

4. 농민층의 항쟁과 실학파의 개혁방안

19세기 중엽에 이르면서 농업문제는 더욱 심각하여졌다. 旣述한 바와 같은 실정 위에서 사태를 악화시키는 요인이 하나 더 가중하게 되었다. 장기간에 걸친 부패한 세도정권의 집권과 봉건반동화로 지적되는 일련의 정책이었다. 농업에 있어서는 三政紊亂이 일어나고 地主收奪이 강화되었다. 삼정문란은 농민층의 몰락 분화를 촉진하였다. 권력 金力있는 자는 부세의 대상에서 제외되고 無勢 빈곤한 농민층은 이중 삼중의 稅를 부담하였다. 삼정문란이 절정에 달했을 때는 都結의 이름으로 삼세를 모두 토지에 부과하였는데, 토지에 부과하는 세는 원칙적으로 토지소유권자가 부담해야 하는 것이었으나, 지주층은 이를 소작농민에게 전가하였다.[27] 봉건지주제에는 경제외적인 강제가 가중하고, 따라서 소작농민 특히 영세농민은 급격히 몰락하였다.

수탈의 강화는 '홍경래난'이 진압된 후에도 농민층의 항쟁을 불가피하게 하였다. 그러한 항쟁 중에도 일상있었던 것은 抗租운동이었다. 지주층의 高率地代 징수 및 기타 등등에 대한 소작농민의 항쟁이었다. 지주와 소작농민은 본시 이해관계가 대립되는 계급이므로 그 항쟁은 이미 오래 전부터 있어 왔지만, 19세기에 들어 그 수탈이 강화되면서는 한층 더 빈번해졌다. 그러한 항쟁은 개인적 집단적으로도 일어나고 소극적 적극적으로도 일어났는데, 집단적으로 적극적인 운동을 벌일 때는 民亂이나 다를 바가 없었다.[28] 그러나 이러한 항쟁은 아직 지주와 소작농민 간의 대립관계라는 점에서 일정 지역 내의 소규모의 항쟁형태를 벗어날 수가 없었다.

19세기 중엽에는 이러한 물결 위에서 삼정문란에 자극되면서 농민층의 항쟁은 확대되어 나갔다. 이는 三政(田政·軍布·還穀)의 세가 증가하고 그 운영이 잘못되고 있는 데 대한 항쟁인 것으로서 농민층은 처음에는 呼訴 訴狀제기 등 평화적인 수단으로써 그 是正을 요구하고 있었으나, 그것이 용납되지 않게 되었을 때 마침내는 폭력화하게 되었다. 괭이·낫·棍棒 등으로 무장한 농민들이 관청을 습격하여 吏屬을 박살하고, 富民을 구타하고, 관장을 驅逐하며, 官穀을 끌어내어 빈민에게 분배하는 것은 그 일반적인 형태였다. 이른바 민란으로서, 삼정이 군현을 단위로 운영되었던 만큼, 이 항쟁도 군현규모로 전개되었다.[29]

민란은 삼정의 문란에 대한 항쟁이므로 외견상 抗稅운동으로 규정될 수

---

27) 三政紊亂의 실태에 관해서는 다음 논고를 참고할 것. 朴廣成, 「晉州民亂의 硏究」, 『仁川敎大論文集』 3, 1968 ; 金鎭鳳, 「壬戌民亂의 社會經濟的 背景」, 『史學硏究』 19, 1967 ; 金容燮, 「哲宗壬戌改革에서의 應旨三政疏와 그 農業論」, 앞의 책, 1975.

28) 金容燮, 앞의 글, 1972, 29~72쪽.

29) 민란에 관해서는 주 27)의 논고 외에도 朴廣成, 「壬戌民亂의 硏究」, 『仁川敎大論文集』 4, 1969 ; 金鎭鳳, 「哲宗朝의 濟州民亂에 대하여」, 『史學硏究』 21, 1969 ; 金鎭鳳, 「晉州民亂에 대하여」, 『白山學報』 8, 1970 등의 연구가 있다.

있는 것이지만, 그러나 그 본질이 단순한 抗稅투쟁인 것은 아니었다. 삼정의 세가 都結의 이름으로 토지에 부과되었을 때 지주층은 그것을 소작농민에게 전가하고 있었으며, 소작농민은 그에 대한 항쟁으로서도 이를 수행하고 있었으므로, 민란은 동시에 抗租투쟁이기도 하였다. 종래의 한정된 지역 내에서의 소규모의 항조운동은 이제 군현단위의 항세운동과의 관련에서 그 규모가 군현규모로 확대되고 있는 것이었다.

철종조의 三南民亂은 일단 무마될 수 있었지만, 그러나 그러한 항쟁이 발생하게 된 원인이나 배경이 해소된 것은 아니었다. 그러므로 민란은 그 후 大院君의 집권 하에 있어서나 개항 후에 있어서도 계속해서 일어났다.[30] 특히 개항 후에는 자본주의 열강과의 通商이 사태를 더욱 악화시키고 있었다. 농촌경제와의 관련에서 볼 때 개항통상은 지주층과 미곡상인 및 일부 부농층의 성장을 촉진시키기는 하였지만, 많은 소농층이나 영세농의 몰락을 또한 가속화시키고 있었다.[31] 농민층 분화가 加一層 진전하고, 따라서 그들의 항쟁은 더욱 확대 발전하지 않을 수 없게 되었다. 종래의 군현규모의 항쟁은 이제 外勢에 대한 민족감정 민족주의를 통해서 초지방적 전국적 규모로 결속 확대될 수가 있었고, 그러한 민란은 다시 혁신적인 지식인을 통해서 東學의 조직과 연결됨으로써 조직적인 항쟁으로 질적 전환을 보게도 되었다. 이리하여 소규모의 항조운동은 군현단위의 민란으로, 그리고 이것은 전국적 규모의 반봉건 · 반제국주의의 농민항쟁으로까지 확대케 되었다. 봉건조선왕조의 경제제도 속에서 배태하고 해결되지 못한 농업문제의 累積은 마침내 그 체제 자체까지도 부정하는 결과를 초래한 것

30) 韓沽劤, 『東學亂 起因에 관한 硏究 - 그 社會的 背景과 三政의 紊亂을 中心으로』, 서울대학교출판부, 1971.

31) 개항 후의 通商貿易으로 농촌사회가 변동하게 되는 사정에 관해서는 韓沽劤, 『韓國開港期의 商業硏究』, 서울대학교출판부, 1970 ; 梶村秀樹, 「李朝末期朝鮮의 織維製品의 生産及流通」, 『東洋文化紀要』, 1968 ; 吉野誠, 「朝鮮開國後의 穀物輸出에 대해서」, 『朝鮮史硏究會論文集』 12, 1975 ; 宮嶋博史, 「朝鮮甲午改革以後의 商業的農業」, 『史林』 57-6, 1974 ; 金容燮, 「韓末 · 日帝下의 地主制 事例 1」, 『東亞文化』 11, 1972 ; 金容燮, 「韓末 · 日帝下의 地主制 事例 3」, 『震檀學報』 42, 1976 등 참조.

이었다.

이러한 사태는 진지하게 다루어지고 해결되지 않으면 아니 되었다. 그러나 민란이 일어났을 때 지배층은 삼정의 문란만을 개선하거나 개혁하는 것으로서 사태를 무마하려 하였으며,[32] 농민전쟁이 발생했을 때에도 경제제도-지주・전호제의 근본적인 변혁을 통해서 사태를 수습하려고는 하지 않았다.[33] 그러한 문제에 대한 근본적인 타개책을 구상하고 이를 提言한 것은 실학파의 농업론에서였다.

실학파에서는 민란을 지주제의 모순, 농민층 분화의 결과에서 연유하는 것, 따라서 그 항쟁은 유민・浮客.・夯商・傭僱 등 몰락한 농민층과 巨姓・大族・豪右 등 양반지주층의 대립으로 파악하고 있었다.[34] 그러므로 민난이 수습되려면 지주제가 해체되고 농민경제가 안정되어야 할 것으로 보았다. 그리하여 그들 가운데는 지주제를 혁파한 위에서의 농지의 限田的인 재분배나 井田的인 재분배를 건의하게 되는 논자도 있고,[35] 국가의 公

32) 민란이 발생하자 국왕은 求言敎를 내려 그 수습방안을 전국의 지식인들에게 물었고, 지식인들은 應旨上疏로서 그 대책을 提言하였다. 그러한 대책은 대략 세 가지로 분류될 수가 있다. 첫째는 많은 보수적인 사람들의 주장으로서 三政의 제도를 그대로 두고 그 운영을 개선하자는 것이었으며, 둘째는 保守左派에 속하는 양식있는 사람들의 주장으로서 三政의 제도까지도 부분적 또는 전면적으로 개선 또는 개혁하자는 것이었다. 그리고 셋째는 실학계의 진보적인 사람들의 주장으로서 삼정은 말할 것도 없고, 경제체제-지주・전호제를 또한 전면적으로 개혁하자는 것이었다. 이러한 여론 가운데서 정부가 채택한 것은 제2의 방안이었다. 金容燮, 「哲宗壬戌改革에서의 應旨三政疏와 그 農業論」, 앞의 책, 1975 참고.

33) 金容燮, 「甲申・甲午改革期 開化派의 農業論」, 위의 책.

34) 『古歡堂收草』 卷4, 擬三政捄弊策에서 姜瑋는 그러한 사정을 다음과 같이 기술하였다. "是皆殿下赤子 靡室靡家 無衣無食 困苦無賴之徒 以爲等死 相聚而爲此耳 鄕品不與焉 士族不與焉 吏胥不與焉 平民之自好者不與焉 其相與爲此者 乃皆流民浮客夯商傭僱之類 或有一二逆種賊徒無復望於聖世者 參錯其間 乘民之憤 願爲前茅 一吐其胸中積鬱怨恨之氣而已"라고 한 것이라던가 또는 "亂民不作於良民 而必作於窮民何也 良民是土著者也 窮民是浮寄者也 …… 此浮寄之氓 旣無聊賴可以得活 日夜怨望 思亂久矣 雖以義理諭之不從也 …… 近見南民之擾 皆此屬爲之倡 而良民特其脅從者耳"라고 하였음은 그것이다.

35) 許傳, 「三政策」.

稅를 십일세로 하고 지대를 그 배가 넘지 못하도록 법으로 규제함으로써 지주층의 존립근거를 제거할 것을 건의하는 논자도 있게 되었다.[36] 특히 후자의 경우에는 바로 이번 민란이 지주제를 개혁할 수 있는 유일한 기회로 보고 이를 강조하였다.[37]

농민전쟁에서도 사태는 마찬가지였다. 그래서 그 해결방안에 있어서도 유사한 제언이 나오고 있었다. 혹자는 地代를 四分一 또는 그 이하로 輕減定額化하되 소작지를 均分하고 소작권을 永定할 것을 주장 시행하기도 하고,[38] 정부 측을 대표해서 농민군과 협상을 할 때(全州和約)는 농민군 대장 全琫準이 요구하는 바를 놓고 이를 조정하여 執綱所의 설치와 弊政改革案으로 마무리짓기도 하였다.[39] 그리고 혹자는 지대를 十八分一(公私稅

36) 『古歡堂收草』 卷4, 擬三政捄弊策.

37) 金容燮, 「哲宗壬戌改革에서의 應旨三政疏와 그 農業論」, 앞의 책, 1975, 290~291쪽.

38) 이 경우의 개혁론자로서는 草亭 金星圭를 들 수 있다. 그의 토지개혁방안은 金容燮, 「光武改革期의 量務監理 金星圭의 社會經濟論」, 위의 책, 401~409쪽에서 약술한 바 있다. 이러한 방안을 그는 그의 父學과 반계 · 다산 등 실학파의 농업론을 연구함으로써 이미 농민전쟁 이전부터 가지고 있었으며, 농민전쟁이 진압된 이후 그가 지방관으로 있을 때는 그들의 경제안정을 위하여 이를 실천해 보기도 하였다. 그리고 이후에도 기회있을 때마다 그는 이 방안을 정부에 건의하였었다. 농민전쟁을 발생케 한 사정은 해결되고 있지 못한 까닭이었다.

39) 全州和約에서 정부측을 대표하는 것은 새로 부임한 全羅監司 金鶴鎭이었지만 실질적으로 그 실무를 담당한 것은 이때 전라감영의 총서로서 감사를 보좌하였던 草亭 金星圭였다(『草亭集』에는 이때 감사를 대신해서 작성한 公文이 여러 통 수록되어 있다). 그러므로 執綱所의 설치와 그 政綱으로서의 폐정개혁안은 전봉준과 김성규 사이에서 타결된 것이라고 하겠다. 그리고 그러한 점에서 농민전쟁은 실학파의 개혁방안을 통해서 수습되어지고 있었던 것이라고도 하겠다. 물론 이 경우 실학파의 개혁방안이 김성규에 의해서만 반영되는 것이라고 할 수는 없다. 전봉준은 시골 서당의 훈장으로서 童蒙을 훈도하는 선비(士)였으며(『全琫準供招』 草招), '籍賴東徒以圖革命'(『甲午略歷』)하는, 즉 東徒의 힘을 빌려-동학의 조직을 이용하여 혁명을 기도하는 혁명가였으므로 혁명 후의 新政에 대한 구상은 유교사상의 전통 속에서 마련되고 있었을 것이다. 그리고 그럴 경우 그가 잡게 되는 것은 필경 사회개혁사상으로서의 실학사상이었을 것이다. 호남지방에는 다산이 오랜동안 유배되고 있어서 그 사상적 영향이 적지 않았으며, 전봉준이 居하던 古阜地方의 이웃(扶安)에는 磻溪書院-東林書院이 또한 있었으므로(『列邑院宇

를 합하면 九一稅가 된다)로 경감 법제화함으로써 봉건적인 지주제를 자연적으로 소멸시키도록 하되, 궁극적으로는 토지의 재분배를 전제로 이를 국유화해야 할 것임으로 강조하기도 하였다.[40)]

특히 후자, 즉 海鶴 李沂는 그러한 수습방안을 당시 진행되고 있었던 일련의 近代化 작업과도 관련하여 제론하였다. 근대화를 위해서는 상업의 발달을 통한 富의 축적이 필요하므로, 지주층이 토지에 투자치 않도록 지대를 경감하면, 그들의 자본을 상업으로 전환케 할 수 있어서 국가가 부강해질 수 있다는 것이었다.[41)] 이는 富國强兵한 근대국가의 성취를, 이를 저지하는 봉건적 요인을 제거함으로써 달성하려는 견해인 것으로서, 실학에 있어서의 농업론과 상업론을 근대화론으로 수렴 집약한 견해였다. 근대화는 外勢依存(軍事・財政)이어서는 아니 되며 自力(內資)으로서 성취해야 하는데, 그리고 농업문제가 근본적으로 해결되어야 하는데, 그러기 위해서는 그가 제언하는 것 외에 달리 좋은 방안은 없다고 확신하였다. 그는 이와 같은 수습방안 개혁방안을 국가의 흥망이 좌우되는 중대한 關鍵으로 보고 거듭 주장하였다.[42)]

事蹟』 1 전라도 및 『輿地圖書』 下, 全羅道扶安郡條, 815~819쪽) 그의 지적 환경은 실학과 관련이 있었다. 그러한 점에서 다산의 비결(『經世遺表』)이 전봉준에게 전수되고 있었다는 近年의 견해는(朴宗根, 「朝鮮後期의 實學思想 - 茶山 丁若鏞의 社會改革論」, 『思想』 1971.9, No.567) 충분히 주목되어야 할 것이다.

40) 『海鶴遺書』 卷1, 田制妄言 ; 金容燮, 「光武年間의 量田地契事業」, 앞의 책, 1975, 484~502쪽.

41) 『海鶴遺書』 卷5, 與李軍部道宰書에서 그는 그러한 그의 견해를 다음과 같이 기술하였다. "見今重恢之計 惟有養兵一事 而辨財之道 昨已略陳 外此更無他術矣 蓋任大事者 雖悅怨參半 猶可爲之 況此法之行 悅之者多 而其怨 則特千百之一耳 且今商道不通 則開化亦不成 必使富民無利於買土 其勢將趨於商道 當路諸公苟燭此理 則恐無不聽矣".

42) 그러한 사정은 金容燮, 「光武年間의 量田地契事業」, 앞의 책, 1975, 481~483쪽, 535쪽 참조.

5. 結語

실학파의 농업론을 위에서와 같이 살피면 그 성격이나 개념이 비교적 분명하여진다. 그것은 조선후기의 초엽에서 말엽에 걸치면서 발전하고 그러한 가운데서 그 자체로서의 사상이 확립된 사회개혁사상이었다. 즉 실학은 주자학에서 출발하여 그것을 이탈하게 되는 사상으로서, 그 名分論－身分思想을 탈피하는 것은 말할 것도 없고, 그 경제사상을 또한 극복한 사상이었다. 그것을 본고의 주제와 관련하여 다시 더 언급하면 실학은 주자학의 농업론을 일부 계승 발전하면서 농업생산력의 발전에 기여하되, 처음에는 朱子에의 반대에 소극적이었으나 마침내는 지주제를 정면으로 부정하게 되고 있어서, 그 반주자학적 성격은 시대를 따라 강화되고 있는 사상이었다. 그리고 봉건적인 농업체제가 내포한 모순을 농·상의 구조적 관련속에서 근본적으로 해결함으로써, 국가와 농민경제의 안정을 기하려 하였다는 점에서, 사회개혁 근대화의 이론으로도 성장하고 있는 사상이었다.

그러므로 실학은 서구 근대의 사회경제사상이 수용되기에 앞서, 그리고 그것이 전래할 때에는 그에 대응하면서, 우리의 전통사상이 스스로 개척한 사회개혁사상이고 근대화론이었다고 하겠다. 실학에 있어서는 그와 같은 개혁방안에서 농업을 농민위주 피지배층위주로 개혁하되, 그 개혁의 型을 당시까지의 우리 농업과 그 이론이 도달하고 있었던 현실적 바탕 위에서 이를 추출 구성하여 제론하고 있었다. 그러기에 그들이 제기한 농업근대화의 型은, 당시의 개화파 정권이 그 근대화 과정에서 표본으로 택하고, 그 후 우리가 경험하였던 바 지배층위주의 서구적 일본적인 근대화 방안과는 다른 것이 아닐 수 없었다. 실학파의 농업개혁론이 근대화방안으로서 채택될 수 없었던 이유는 여기에 있었다.

실학파의 농업개혁론은 농민층 위주의 방안이라는 점에서, 그 이념은 아래로부터의 개혁운동－농민전쟁에서의 농민군의 개혁이념과 상통하는 바가 있었다. 농민전쟁에서 실학과 농민군의 개혁안 사이에 일정한 관련이 있게 되는 것도 그러한데서 연유하는 것이겠다. 그러나 그러한 농민전쟁도 개화파 정권과 일본군에 의해서 진압되고 말았다. 그러므로 실학에 있어서의 농업개혁의 구상－韓國型의 농업근대화는 이를 통해서도 실현될 수가 없었다.

(『東方學志』 17, 1976. 12)

軍役改革論을 통해 본 실학의 성격

姜萬吉

1. 머리말

해방 후 30년간의 國史學界가 가장 많은 연구업적을 남겨 놓은 分野 가운데 하나인 실학연구의 방법론은 대체로 두 가지로 요약될 수 있지 않을까 한다. 첫째는 우선 실학자로 생각되는 사상가들 개인에 관한 연구이다. 멀리는 李睟光에서부터 가까이는 李圭景, 崔漢綺에 이르기까지 이조후기에 살면서 정치 경제 사회 문화 등 각 분야에 걸쳐 나름대로의 비판과 개혁방안을 내어놓은 사상가들의 저술을 분석하여 그들 개인의 사상을 밝혀내는 연구작업이 추진된 것이다.

두 번째 방법론은 이들 개인연구를 바탕으로 하여 실학사상 전체의 역사적 성격을 추구하려는 연구였다. 이와 같은 연구도 여러 갈래의 설들이 나왔지만 현재까지의 수준으로서는 실학이 근대지향적인 사상이었고 따라서 민족주의적 성격을 가진 사상이었다는 결론을 얻어내기에 이르렀다.

실학자들 개개인에 관한 분석적 연구가 실학사상 전체의 성격구명을 위한 기초작업이 됨은 두 말할 나위가 없으며 앞으로도 이와 같은 방법론이 더 심화할 것이며 그것에 힘입어서 실학의 성격을 구명하는 연구도 차원을 높혀 갈 것이다.

그러나 한편 실학의 역사적 성격구명을 한층 더 심화시키는 또 다른 방법의 하나로써 어떤 하나의 특정 改革論을 두고 그것에 대한 실학자들 사이의 이론을 서로 비교 분석하여 개혁론의 전개과정 전체를 조망함으로써 실학의 성격을 부각시키는 방법론이 더 적용되어야 한다는 생각이 있다. 土地改革論의 연구 등에서 이와 같은 방법론이 어느 정도 적용되었지만 실학이 다룬 모든 분야에 그것이 확대될 필요가 있을 것이다.

특정 문제에 대한 실학자들의 이론을 從的으로 비교 연구하는 방법론을 채택하는 경우 그것은 자연히 이조전기 성리학자들의 이론과도 비교하지 않을 수 없는 문제에 부딪치게 될 것이다.

지금까지 대부분의 실학연구는 주로 16세기 이후의 성리학과 비교함으로써 실학적인 성격을 선명히 하려는 데 치우친 일면이 있지만, 16세기에는 그것보다 왕조초기의 유교적 사회질서 수립을 위하여 실천적인 면이 강조되었던 15세기 성리학과 실학을 비교하는 경우 두 이론 사이의 차이성이 그다지 선명하지 않는 것으로 이해되는 경우가 있을 수 있으며, 따라서 실학이란 곧 15세기 성리학이 부활한 것이라 생각되는 경우도 있을 수 있을 것이다.

일반적으로 말해서 15세기 성리학은 중세 사회체제를 재편성하는 데 적용되었고 실학은 중세 사회체제를 청산하는 데 이바지하려 한 사상이라 하겠지만, 그것을 논증하기 위해서는 특정 문제에 대한 실학자들 이론 사이의 비교 분석과 더 나아가서 그것과 15세기 성리학자들 이론과의 차이점 분석을 더 철저히 할 필요가 있는 것이다.

한편 실학연구에 있어서 또 하나 반드시 강조되어야 할 점은, 실학사상이 가지는 진보적 성격 못지 않게 그 限界性과 制約性도 당연히, 그리고 분명히 지적되어야 한다는 점이다. 실학자들은 중세사회의 말기에 살았고 근대사회를 경험하지 못한 사상가들이었다. 다만 그들은 당시의 旣成思想家들에 비하여 높은 역사의식의 소유자였고 따라서 중세말기 사회의 역사모순을 앞서 파악한 사상가들이었지만 그들의 역사경험은 중세와 고대에 한정되어 있었다.

그러므로 중세말기의 체제모순을 개혁하려는 실학자들에게 있어서 개혁의 본보기는 고대사회나 특정한 중세사회의 제도 속에서 구할 수밖에 없었으며, 그 가운데 어떤 경우는 고대 및 중세사회와 그들이 생존한 중세말기와의 時代性 歷史性의 차이점을 철저히 인식하지 못하여 시대성에 부합되기 어려운 개혁방안을 제시한 경우도 있음을 간과할 수 없는 것이다.

본고는 실학사상이 가진 이와 같은 성격에 유의하면서 그것이 비교적 잘 나타나 있는 개혁안 중의 하나라고 생각되는 軍役制度 改革論을 대상으로 하여 몇몇 실학자들의 이론을 비교 분석함으로써 실학사상의 참모습을 들어내는 데 조금이라도 접근해 보려 노력한 것이다.

2. 軍役改革論의 배경

성리학적 지배원리를 바탕으로 하여 중세사회체제를 다시 한번 재편성하면서 성립된 이씨왕조는 農兵一致制를 원칙으로 하는 府兵制 軍役制度를 일단 마련하였다. 그러나 이 제도는 흔히 지적되는 바와 같이 경제적 뒷받침이 안된 給保制에 의존함으로써 성립 당초부터 많은 문제점을 안고 있었다.[1] 科田法이 농민에게의 제도적 토지지급에 실패함으로써 중세적 농병일치제이면서도 토지경제와 밀착된 급보제를 확립시키지 못하였고 따라서 토지소유량 중심이 아니고 家戶數 중심의 급보제가 성립되었던 것이며, 이 가호수 중심의 保法도 號牌法의 실시와 함께 末端吏와 결탁할 수 있었던 富戶의 경우에만 지켜지고 대부분의 빈한한 가호는 正軍에 대한 奉足戶 몇 호로서 편성되지 않고 正軍 1丁에 奉足 몇 丁으로 되어지고,[2] 결국에는 '二丁一保'制가 일반화함으로써 실제의 인구증가율보다 법제적인 戶保의 수가 급격히 증가하였고 이 때문에 15세기에 이미 급보제의 不實性이 구체적으로 드러나고 있었다. 15세기 후반기의 경세학자 梁誠之가 '二丁一保'制를 반대하고 '三丁一保'制로써 保制를 강화할 것을 주장한 것

1) 車文燮, 「壬亂以後의 良役과 均役法의 成立」, 『史學硏究』 11・12號, 1961.
2) 육군사관학교 한국군사연구실, 『韓國軍制史 - 近世朝鮮前期篇』, 陸軍本部, 1968, 205쪽.

도[3] 당시의 실정을 잘 반영해주고 있는 것이다.

戶保의 수를 계속 증가시킴으로써 실제 군역담당 양정 수의 증가 비율보다 戶保數가 더 증가된 상태에서 16세기 중엽에 소위 軍籍收布制가 실시되고 이에 따라서 군포 수입이 이조정부의 중요한 稅 수입원의 하나로 바뀌어 가게 되었다. 이와 같은 사정 아래서 이조정부는 군포수입 증가책을 계속하였고 따라서 군역부담 양정의 부담도 加重되지 않을 수 없었다.

16세기 후반기의 학자 李之菡이 농촌사회의 군포수납 과정에서의 族徵의 가혹함을 들고 軍戶 減縮을 주장한 일이나,[4] 李珥의 『東湖問答』에서도 族徵 隣徵의 폐단을 먼저 지적하고 있는 것은[5] 이 시기에 이미 이조후기에 만성화하는 良役의 폐단이 일반화해 가고 있었음을 말해주고 있는 것이다.

한편 군적수포법의 실시로 실질적인 府兵制 원칙은 이미 무너지기 시작하였지만, 이 문제는 이씨왕조 본래의 군역제도가 무너져 가는 일인 동시에 또 우리 역사상 중세적 군역제도인 농병일치제가 무너지는 일이기도 하였다. 그리고 중세적 군역제도로서의 농병일치제가 무너져 가고 있었다는 사실은 그것에 대신할 다른 군역제도의 출현을 불가피하게 하는 것이었고, 실제로 이미 軍役代立制가 발달하여 傭兵制的 군역제도의 단초적인 형태가 나타나고 있었다.

그러나 적어도 임진왜란 이전에 용병제가 제도화하지는 못하였고 농병

---

3) 『訥齋集』 卷3, 軍國便宜十事, "臣觀歷代之制 民口三十萬則戶一十萬 戶一十萬則兵三四萬 例以三丁爲一戶 三戶養一兵 今以二丁爲一保 保卽戶也 以之供賦役以之出軍丁 須每保富實然後 或分或合 無所不利 是故以二丁爲一保 則保將單弱雖率三保無益也 以三丁爲一保 則保皆富實 只率二保亦可也".

4) 『土亭集』의 「莅牙山時陳弊上疏」에서는 "本縣有士族金百男者 年六十一尙未伉儷 臣怪聞其由 人曰本縣人物不足 以士族充邑隷 · 諸員者甚多 而若移居于他境則一族受其侵入之患 避一族如避陷穽 百男之名 曾在軍案 人不肯作壻 將至於老矣 …… 伏願殿下 亟命八道 損其戶數 減其軍額 善用見在之兵 遵養時晦 俾無後悔"라 하여 이미 族侵의 폐단이 나타나고 있음을 말해주고 있다.

5) 『東湖問答』의 「論安民之術」에서 당시의 '民患之大者'로써 一族切隣之弊, 進上煩重之弊, 貢物防納之弊, 役事不均之弊, 吏胥誅求之弊의 다섯 가지를 들었는데 族徵과 隣徵의 弊를 제일 먼저 들고 있다.(『栗谷全書』 卷15)

일치제가 실질적으로 무너지면서 용병제와 같은 다른 군사제도가 마련되지 못하였다는 사실이 임진왜란 발발 때의 거의 군사적인 공백을 가져 온 중요한 원인이라 생각된다. 어떻든 임진왜란 발발 직후 訓練都監이 설치됨으로써 우선 용병제적인 군영이 생겨나게 되었고,[6] 이후 계속해서 五衛制에 대신해서 五軍營制가 성립되었다.

오위제가 실질적으로 무너지고 오군영제가 성립되었다는 사실은 임진왜란을 통하여 군사제도 및 군사력의 허점을 절감하고 그것을 강화하기 위한 방안을 마련한 결과이지만, 한편 그것은 역사적 진전에 따르는 불가피한 군사제도상의 변화이기도 하였다.

중세농업사회에서의 農民兵을 근간으로 하는 농병일치제 군사제도가 임진왜란 등 대규모 전란으로 인한 농촌사회의 피폐와 농업인구의 동요 때문에 그대로 유지되기 어려웠다. 아직 商工業이 그다지 발달하지 못하여 그것을 바탕으로 하는 새로운 군사제도가 성립될 여건은 못되었지만, 중세말기로서의 이조후기는 외적침입에의 대비뿐만 아니라 왕권강화를 위한 새로운 군사제도의 필요성도 요구되는 것이었다.

그러나 농병일치제에 대신하는 常備軍的 용병제의 성립과 유지를 위해서는 그것을 뒷받침하는 재원의 확보가 불가결하였고 그것은 또 농업생산력만에의 의존이 아닌, 상업의 발달로 인한 상업자본의 뒷받침이 있을 때 가능한 일이었다. 이조후기에 와서 五軍營이 설립되었으나 그것이 모두 용병제 군영으로 발달하지 못한 사실은 농업생산력 이외의 재원을 염출할 길이 없었기 때문이며, 약간의 용병제적 성격의 군사력도 그것을 유지하는 재원은 농민부담, 즉 군포수입에 의존할 수밖에 없었고, 그것마저 군사비 이외의 부문에까지 사용됨으로써 良役의 폐단이야말로 '亡國之源'이 되어 갔던 것이다.

소위 養兵하는 재원은 물론 經常費의 상당한 부분까지를 군포수입에 의존함으로써 군역부담 의무농민에 대한 수탈이 극한점에 다다랐던 시기, 그리고 그것을 다소나마 해결하기 위하여 均役法의 실시를 보았으나 그것이

6) 車文燮, 앞의 글, 1961 참조.

근본적인 해결책이 될 수 없었을 뿐만 아니라 균역법으로 인한 일시적인 효과도 해소되어 가는 시기에 살았던 실학자들이 그 해결책을 어디에서 어떻게 구하였는가 하는 점을 해명해 보는 일은 바로 그들의 현실인식, 나아가서 역사인식이 어디에까지 나아갔고 또 어디에서 머물렀는가 하는 문제를 해명하는 또 하나의 가늠대가 될 수 있을 것이다.

3. 農兵一致制的 개혁론

실학자들의 군역개혁론을 그 유형별로 크게 나누어 보면 대체로 농병일치제적인 개혁론과 戶布制 내지 口錢制的인 개혁론의 두 가지를 들 수 있으며 이 두 가지 개혁안 사이에는 비교적 선명한 특징이 있음을 알 수 있다.

우선 농병일치제 개혁안은 토지제도의 개혁안과 연결되어 제시되었다는 점에 특징이 있으며, 그것을 가장 먼저 또 선명히 제시한 실학자는 柳馨遠이었다. 良役의 폐단이 심화되어 가면서도 아직 균역법에 대한 논의도 그다지 일어나지 않았던 시기에 살았던 그는 군역과 토지가 분리되었기 때문에 避役현상이 나타나게 되었고 또 그것이 15세기적인 농병일치제가 무너지게 된 원인이라 이해하면서 군포제를 바탕으로 하는 養兵制는 兵員수가 적으면 국방이 허술해지고 반대로 많으면 백성이 그 경비를 조달하기 위하여 고통을 받는 법인데 임진왜란 이후 전에 없던 京兵을 두게 됨으로써 군제가 크게 무너진 것이라 하였다.7)

따라서 그의 개혁론은 자연히 군역과 토지가 연결되는 농병일치제 방향으로 구상되어서 良人軍 즉 步兵 騎兵 水軍은

> 每四頃 出兵一人 四夫中擇壯健者一人爲兵 而三夫爲保8)

---

7) 『磻溪隨錄』 卷21, 兵制, "按兵農之分 莫大之害也 養兵而少則不足爲用 多則民先病而國隨潰 此理勢之必然 …… 我國舊無京兵 宣祖壬辰以後 始設京砲 盖當軍政大壞".

하고 賤人軍인 束伍軍의 경우는

> 公私賤外居受田者 爲束伍軍 二頃出一人 亦不番上 而本地鍊習[9]

이라 하여 양인군과 천인군 사이에 役 부담의 차이를 두기는 하였지만 일단 모두 토지소유를 근거로 하여 군역을 부담하는 원칙을 세웠다.

유형원의 생존연대는 17세기의 20년대에서 70년대에 걸치는 시기로서 倭亂과 胡亂의 피해가 아직 가시지 않았을 뿐만 아니라, 이조 후기적인 한정된 조건 안에서의 商業發展 현상도 궤도에 오르기 이전이며, 설령 일부 도회지에서 상품화폐경제의 일정한 발달이 나타나기 시작하였다 하여도 농촌사회에 寓居하였던 그로서는 그것에서 養兵의 재원을 얻을 수 있으리라는 생각을 가지기가 어려웠던 것이라 생각할 수 있다.

유형원의 군역개혁론은 현실적으로 특히 농촌사회에서 이미 극도에 다다른 良役의 폐단을 바로잡으려는 생각이 바탕이 되고, 이론적으로는 경제적 뒷받침이 없는, 즉 토지와 유리된 15세기 급보제의 결함을 시정하려는 생각을 근거로 하여 구상된 것이었다. 따라서 군포제의 폐지와 농민에게의 토지지급을 원칙으로 하는 농병일치제 개혁안으로 나타나게 된 것이다.

유형원보다 반세기 이상 후대에 살았지만 그 학문적 영향을 크게 받았고 생활조건도 비슷하였던 李瀷의 군역개혁론 역시 군포제의 폐지와 奉足制度 원칙의 농병일치론이었다. 군역제도의 폐단을 바로잡는 길은 바로 그 폐단이 나타나게 된 근원에서 구해져야 된다 하고 개혁 방법은 “革收布爲迭番而已矣”라고 한 한편 천인도 군역에 복무시킬 것을 주장하면서

> 爲兵所以備患 患亂之至 何擇於良人賤人 宜一例編伍 遠於京者 禦于邊 近於京者 衛于內 又就其中分遠近 遠者三人資送 近者二人資送 凡若此者 雖賤奴 是歲使其主不責貢[10]

---

8)『磻溪隨錄』卷1, 田制 上.
9) 위와 같음.
10)『星湖先生全集』卷46, 雜著, 論兵制.

이라 하여 농병일치제 개혁안을 주장하면서도 천인군역에 있어서만은 유형원과 달리 양인층과 같은 負役 조건을 제시하였다.

유형원과 이익의 군역개혁론은 비록 농병일치제 원칙으로 되돌아갔다 하여도 15세기의 군역제도와 다른 점은 명백하다. 즉 이들 실학자의 개혁론은 토지제도의 개혁과 농민에 대한 제도적인 토지지급을 전제로 한 농병일치제인 것이다. 이 시기에 제시된 또 다른 군역개혁론, 즉 戶布制 내지 口錢制的 개혁론이 토지제도의 개혁을 고려하지 않고 고안된 것임을 생각해 보면 이들의 개혁안이 농병일치제로 돌아갔다 하여도 오히려 본질적인 개혁안이라는 이해도 가능하다.

그러나 이 시기의 군역 문제가 단순한 군사제도상의 문제에 한정되는 것이 아니라 바로 중세적 신분제와 깊이 연결되어 있음을 생각해 보면 이들의 농병일치제 개혁론은 일종의 넘을 수 없는 한계성을 가지고 있다. 호포제 내지 구전제 개혁론이 간접적으로나마 중세적 신분질서의 해체문제와 연관성을 가지는 데 반하여 농병일치제 군역제도는 군역부담의 대상을 양민층에게 한정시키는 데 그치고 있기 때문이다.

유형원, 이익 등의 군역개혁론이 가지는 이와 같은 한계성을 분명히 해주는 근거는 그들의 군역개혁론에 있어서 양반층의 문제가 어떻게 다루어졌는가 하는 점에서도 찾아볼 수 있다. 유형원의 개혁론에서는 '士以上田皆不出兵'의 원칙을 세워놓고 그 이유를 들면서

> 苟士大夫 皆知奉公徇國之義 則緩急之際 其爲益 亦豈但一卒而已也[11]

하고 설명하였고, 이익도

> 今若卿士子弟 而並編于行伍 恐不妥當[12]

이라 하여 양반층의 군역부담을 반대하고 있다.

---

11) 『磻溪隨錄』 卷1, 田制 上.

12) 『星湖先生全集』 卷46, 雜著, 論兵制.

유형원 이익 등의 실학사상 일반에는 중세적 신분질서의 해소를 전망한 부분이 있으며 특히 유형원의 경우는 奴婢制度는 궁극적으로 폐지되어야 할 것임을 주장하고 있다. 그러나 그들은 아직 시대적인 제약성 등이 작용하여 자신이 속한 계급에 대한 비판성이 그다지 투철하지 못함을 지적하지 않을 수 없으며, 그것이 곧 士 계층의 擔役論에까지는 나아가지 못하게 한 원인이라 생각할 수도 있겠지만, 이 점에 있어서는 그들보다 1세기 반 내지 1세기 뒤에 산 丁若鏞의 경우와 큰 차이가 있다.

다음 절에서 논급되겠지만 유형원 이익 등과 비슷한 시기에 산 일부 관료층이나 사상가들 중에는 고질화한 良役 폐단의 해결책을 신분제상의 영향을 예상하면서도 농병일치제가 아닌 호포제나 구전제에서 구하고 있는 사람들이 있었다. 유형원·이익 등의 군역개혁론이 토지개혁과 농민층에의 제도적 토지소유를 전제로 한 이론이며 호포제 및 구전제적 개혁론이 토지제도의 개혁을 피하고 군역문제를 해결하려는 개량주의적 방법론임을 지적한다 하여도 중세사회 말기로서의 이조후기에 있어서 양반의 擔役을 반대한 농병일치제 군역론이 가지는 한계성은 지적되지 않을 수 없는 것이다.

4. 戶布制的 개혁론

이조후기의 군역 개혁방안 가운데 호포제나 구전제적 개혁론은 대체로 다음과 같은 몇 가지 성격을 가지는 것으로 이해할 수 있다. 첫째 그것은 용병제로 이해될 수 있는 소위 養兵制 군사제도를 전제로 한 개혁론으로 볼 수 있으며, 둘째 앞에서도 말한 바와 같이 토지제도의 전면적인 개혁을 피하고 또 良役의 폐단도 어느 정도 해결하면서 국방력을 유지하려는 개혁론이며, 셋째 종래 군역부담이 없었던 양반층에게도 부담을 지우려는 개혁론이다.

이조시대의 군사제도 개혁론에 있어서 양병제도를 먼저 제시한 사람은 李珥였다. 아직 구체적인 연구가 없어서 속단하기 어렵지만 그의 소위 10

만양병설은 15세기적인 농병일치제가 가지고 있는 시대적 제약성을 어느 정도 이해하고 그것에 대치하는 군사제도를 고안하면서 나온 것이 아닌가 생각되기도 한다. 10만군을 양성할 만한 재원을 찾지 못하였고 이 때문에 屯田兵과 같은 것을 생각하게 된 것이라 할 수 있으며, 養兵을 곧 傭兵으로 파악할 수는 없었다 하여도 그는 상비군적인 성격의 군대를 길러야 할 필요성을 이해하였던 것이라 생각할 수 있는데

> 本道軍卒 國初只留防沿海各鎭 厥後分運 西戍于平安道 …… 是故西人目爲黃軍如群蟻之嘬羶 黃軍之臨戍者 擬投身於陷穽 一經戍役 則能保其家者 十室而六七 再行而能不敗家者 十室而三四 三行而得免死之者 十室而一二[13)]

라고 한 것과 같이 적어도 농병일치제가 가지는 폐단과 비현실성은 이해하고 있었던 것이다.

사실 그는 族徵의 폐단을 지적하면서

> 今者絶戶之軍 只侵一族 徵其價布而已 脫有緩急發軍之擧 則一族終不足以荷戈 價布終不足以募人[14)]

이라 하여 軍籍收布制 실시 이후 군포는 거두지만 실제로 병력을 확보할 수 없었던 당시의 실정을 걱정하고 있었다. 농민을 현역복무시키는 대신 받은 군포로써 용병제적인 군사력을 확보하지 못한다면 국방력은 공백상태로 되지 않을 수 없었던 것이다.

다음, 이조후기로 넘어와서 군역 개혁방안이 농병일치제가 아닌 양병제적 방향으로 나아가야 한다는 생각을 가졌던 사상가로서 우선 柳壽垣을 예로 들 수 있다.

---

13) 『栗谷全書』 卷5, 陳海西民弊疏.
14) 『栗谷全書』 卷15, 「東湖問答」, 論安民之術.

三代寓兵於農 後世以財養兵 孰不知養兵不如寓兵 而無井田封建 則勢不得不以財養兵之而已 …… 只就鹽鐵榷稅等一條 以爲養兵之需 恢恢有餘地矣[15]

이조시대에 鹽鐵을 전매하여 어느 정도의 養兵制를 유지할 수 있었겠는가 하는 실제적인 문제는 차치해 두고라도, 적어도 그는 당시의 사정으로는 농병일치제가 현실적으로 불가능하며 또 양병제를 유지하는 재원을 농업생산이 아닌 다른 생산부분에서 구해야 한다는 사실은 이해하고 있었던 것 같다. 그가 실학자 중에서도 상공업 발전과 그것을 통한 세 수입원의 확대문제에 특히 관심을 가졌던 사상가임을 생각해 보면 이와 같은 군역개혁론의 제시는 오히려 당연한 것이라 할 수 있을 것이다.

이조후기의 군역개혁론에 있어서 농병일치론이 가진 약점이 현실적으로 토지개혁을 단행할 수 없는 데 있었다면 양병론이 가진 약점은 良役의 폐단을 해결하면서 그 재원을 확보할 길을 구하지 못한다는 점에 있었다. 그러나 대체로 유형원 이익 등의 在野 사상가들이 토지개혁론을 제시한 데 반하여 官路에 있던 일부의 이론가들은 토지개혁을 고려하지 않는 양병제 중심의 타개책을 제시하였다.

養兵의 재원을 상공업 분야에서 마련하지 못하고 군포수입에만 의존하였을 뿐만 아니라 일반 경상비 역시 養兵費보다 더 무겁게 군포수입에 의존하게 됨으로써 양인층의 군포부담이 한계점에 다다르게 되었을 때 일부의 진보적 관료들이 제시한 해결방안은 호포제와 구전제의 실시였다. 金堉은 1654년에 이미

士大夫及士庶子弟無職者 年二十以上 歲納一匹 以助國用[16]

이라 하여 일부 양반층의 군역부담안을 제시하였고 이후 균역법이 성립되기까지 兩班擔役論과 兩班不役論이 맞서 오랜 논쟁을 벌였으나 결국 양

15) 『迂書』 卷9, 論軍制.
16) 『孝宗實錄』 卷12, 孝宗 5年 正月 癸卯.

반불역론이 채택되어 균역법으로 나타나게 되었다.

호포제를 반대하는 본래의 이유가 양반불역론에 근거를 두고 있었지만, 표면적인 이유로써 班常을 불문한 戶布 수입원이 양인만의 身布 수입액보다 적을 것이라는 의견이 제기되었을 때 戶布論者인 大司憲 宋相琦는

> 今夫各邑有役戶有遊戶 所謂役戶卽各邑良役之類 遊戶卽士夫儒生諸般無役閑遊者 而我國良丁之數 本不及於士夫以下閑遊者 今以良役之戶比較於閑遊戶 則大抵遊戶必羸於役戶矣[17)]

라 하여 身布制 대신 戶布制 실시를 주장하였다. 양반호가 양인호보다 더 많아지는 추세 속에서, 또 양병의 재원을 상공업 부문에서 마련할 수 없는 조건 앞에서 양병의 재원을 확보하기 위하여 호포제의 실시를 주장한 것은 합리적인 이론이라 할 수 있을 것이다.

한편 호포제와 함께 양반담역론에 근거를 두고 있는 구전제의 경우도 正言 朴盛源과 같은 사람은

> 勿論京外 上自卿相家 下至庶民 而一例計其口數 且分男女壯弱於其間自十歲至六十歲 而捧其口錢[18)]

할 것을 주장하였다. 이 시기의 구전제 반대론자들은 그 이유를

> 一行口錢之法 而無分於上下 則名分自此而紊亂[19)]

이라는 데 두고 있었지만, 이에 대해서 박성원은

> 盖不究其本 而徒論其末 天之生斯民 無間於貴賤 而惟勞逸之政 獨有

---

17)『肅宗實錄』卷55, 肅宗 40年 9月 癸亥.
18)『英祖實錄』卷68, 英祖 24年 9月 戊寅.
19) 위와 같음.

異焉[20)]

이라 하여 군역부담 여부로 신분 구분의 기준을 삼는 일에 반대하였다. 그는 이익과 거의 같은 시대에 살았지만 양반담역론을 주장하고 있는 것이다.

유형원·이익 등의 양반불역론 원칙의 농병일치제론이 지배계급과 피지배계급 사이의 신분적 벽을 무너뜨리는 일과 직접 연결되지 못하였던 데 반하여 호포론과 구전론은 결과적으로 중세적 신분제를 변동시키는 데 영향을 주는 이론이었다. 실학자들의 농병일치제 군역개혁론은 당시 이미 일부 실시되고 있던 군포수납제를 폐지하고 양병제가 아닌 농병일치제를 실시하려는 데서 나온 것이었다.

농민부담 이외의 분야에서 養兵 재원의 염출방법을 찾지 못함으로써 그들의 군역개혁론이 농민층에의 제도적 토지지급을 원칙으로 하는 농병일치론으로 나아간 것이었지만 그것이 중세적 군역제도를 지양할 수 있는 방향이냐 아니냐 하는 문제는 일단 고려에 넣지 않더라도 적어도 양반불역론의 범위에서 벗어나지 못하였다는 사실은 유형원·이익 실학론이 가지는 시대적인 한계성으로 지적되어야 하지 않을까 한다.

실학사상이 17세기 후반기에서 19세기 전반기까지 약 2세기에 걸치는 사상이므로 그 발전과정에도 단계적인 차이가 있으며, 또 약 2세기 사이에 나타난 실학사상가들 사이에도 그들의 생활환경에 따라 이론적인 차이가 있다. 유수원의 이론에서 보는 바와 같이 도시적 분위기를 배경으로 상공업 발전에 깊은 관심을 가졌던 경우는 養兵論을 근거로 하는 군역개혁론을 제시하기도 하였고, 흔히 실학적 개혁론을 집대성한 이론가로 평가되는 정약용에 와서는 토지개혁을 전제로 하는 농병일치제론과 호포제론을 근거로 하는 양병론이 함께 소화되어 현실성, 시대성이 반영된 군역개혁론이 제시되고 있음을 볼 수 있다.

정약용은 閭田論에서

20) 『英祖實錄』 卷68, 英祖 24年 9月 戊寅.

古者 寓兵於農 今行閭田之法 則其於制兵也 尤善矣[21]

라 하여 일단 토지개혁과 군역제도를 연관시키고

國制 兵有二制 一以編伍 以待疆埸之變 一以收布 以養京城之兵 二者不可廢也[22]

라 하여 農兵一致制에 의한 농민군제와 收布制에 의한 중앙군의 양병제를 아울러 제시하고 있다.

여전법에 의한 군사력은 지방군의 확보책으로 제시된 것이라 생각되는데 그는 이 문제에 관하여

大較一閭之民 三分其率 其一出戶丁 以應編伍 其二出戶布 以應軍需[23]

라 하여 閭 단위의 지방군에 있어서도 호포제에 의한 三戶一丁의 군역제를 제시하고 있다. 閭民을 3분하여 3분의 1을 지방군으로 하되 그 軍需를 담당하는 3분의 2의 여민도 身布에 의한 군역부담이 아니라 호포제에 의한 군역제를 고안한 것은 여전법에 의하여 모든 농민이 토지를 공유하면서 군역부담에 있어서는 호포제가 채택되게 하려 한 것이다. 즉 유형원과 이익 등이 주장해 온 농민의 제도적인 토지소유 문제를 여전법으로 해결하면서 군역제에 있어서는 농민의 현역복무와 호포제가 함께 실시되도록 고안한 것이었다.

그의 여전법에 의한 군역개혁론은 결국 선배 실학자들의 일관된 주장이던 토지개혁과 良役 폐단의 해결을 함께 이루면서 또 군사력의 강화를 이룰 수 있는 그야말로 실학개혁론을 집대성한 이론이었고, 한편 그의 여전

---

21) 『與猶堂全書』 卷11, 詩文集, 論, 田論 7.
22) 위와 같음.
23) 위와 같음.

법이

> 夫士也何人 士何爲遊手遊足 呑人之土 食人之力哉 夫其有士之遊也 故地利不盡闢也 知遊之不可以得穀也 則亦將轉而南畝矣 士轉而緣南畝而地利闢 士轉而緣南畝而風俗厚 士轉而緣南畝而亂民息矣24)

이라 하여 농촌의 양반층을 모두 농사에 종사하는 閭民으로 만든다는 원칙 아래 짜여진 것임을 아울러 생각해 보면 그의 여전법 아래서의 군역제도는 자연히 양반담역 문제를 함께 해결하고 있는 것이라 할 수 있다.

한편 정약용의 군역개혁론은 중앙군의 양성에 있어서도 호포제에 의한 養軍의 방향으로 고안되어 있음을 알 수 있다. 그는 중앙군 양성을 위한 호포제 실시과정을 말하면서

> 只照良役元摠 令該邑按例考數 都監歲納幾疋 禁營歲納幾疋 而簽丁充伍之事 京司兵營 並勿句管 則不出十年 身布俱成里布 旣成里布 則以之爲戶布 一轉移也25)

라 하여 군포가 직접 용병제 군영에 납부되게 함으로써 우선 身布가 里布가 되게 하면 다음에 里布가 戶布가 되게 하는 것은 쉬운 일이라 하였다.

이와 같이 身布에서 里布로, 그리고 里布에서 戶布로 바뀌는 과정과 여전법이 반드시 연결되는 것이라 확실히 설명할 만한 근거는 없지만, 그가 여전론에서 '編伍以待疆場之變'하는 閭軍과 '收布以養'하는 京城之兵의 二制가 모두 필요한 것이라 하였고 여군의 경우와 중앙군의 경우 모두 호포제에 의한 운영방안을 제시하고 있는 것으로 미루어 보면, 선배 실학자들의 농병일치제로 통일한 군역개혁론이나 호포제에 의한 양군론을 모두 수용하여 호포제를 바탕으로 하되 지방군으로서의 여군과 중앙군으로서의 京軍을 함께 강화함으로써 사실상 허술하였던 이조후기의 국방력을 강화

---

24)『與猶堂全書』卷11, 詩文集, 論, 田論 5.
25)『與猶堂全書』卷5, 詩文集, 文, 應旨論農政疏.

하는 한편 양반계층과 양인계층이 모두 군역부담을 지게 하는 방안을 제시한 것이라 이해된다.

5. 맺음말

17 · 18세기의 실학자들이 제시한 군역개혁론은 농병일치제적인 개혁론과 호포제 구전제적인 개혁론의 두 가지로 크게 나눌 수 있다. 이 두 개혁론이 모두 극도에 다다른 良役의 폐단을 해결하면서 국방력을 강화하려는 목적에서 제시된 것이었다. 전자는 농민층에의 제도적인 토지지급을 전제로 하였다는 점에서 15세기적인 군역제와는 차이가 있었지만 양반층의 군역부담을 반대하면서 중세적 군역제도로서의 농병일치제를 다시 실시하려 한 점에 그 한계성이 보이고, 후자는 당시에 이미 일부 실시되고 있던 양병제적 개혁을 전면화하려 한 점에서 15세기적 군역제도와는 큰 차이가 있었으며 또 양반층에게도 군역을 부담시키려 하였던 점에서 15세기의 그것과는 더 큰 차이점이 있다. 그러나 한편 後者的 개혁론은 토지개혁에 의한 농민층에의 제도적 토지지급을 고려하지 못하였던 점에서 또한 현실적인 제약성을 가지고 있었다.

이와 같이 17 · 18세기 실학자들의 군역개혁론은 저마다의 한계성과 제약성을 가지고 있음에도 불구하고 어느 쪽이나 모두 良役의 폐단으로 그야말로 도탄에 빠진 농민층을 구제하기 위하여 제시한 이론이란 점에서는 일치한다. 그러나 현실적으로 이들의 개혁론은 어느 것도 실시되지 못하였고 결국 농민층이 바치는 군포를 1필로 감하는 균역법이 채택되어 농민층의 부담을 일시 덜어 주었다.

정약용이 살았던 18세기 후반기에서 19세기 전반기에 걸치는 시기는 군역제도 문제에만 한정하면 한 때 농민층의 부담을 덜어주었던 균역법의 효과도 이미 소멸되어 가던 시기이며 특히 安金 勢道政治 이래로 소위 삼정문란의 일환으로서의 軍丁의 파탄이 농민층에게 주는 피해가 절정기에 이르렀던 시기였다.

이와 같은 시기에 농민들 곁에서 유배생활을 하던 정약용은 여전법과 같은 획기적인 토지개혁법을 창안하였고 또 당연히 군역개혁론을 제시하였다. 그의 군역개혁론은 17·18세기의 두 가지 방안, 즉 농병일치제적 방안과 호포제적 방안을 모두 수용하여, 농병일치제적 개혁안의 경우는 양반불역론을 청산하는 한편 지방군제에 한정시켰고 호포제적 개혁론의 경우는 중앙군 양성에 치중하면서도 지방군의 강화에까지 확대시켰던 것이다.

그의 여전법에 의한 군역개혁론은 설사 양반불역론을 청산하였다 하여도 언뜻 보기에는 양병제적 개혁론보다 농병일치제적 개혁론에 가까운 것같이 보인다. 그러나 그의 여전법이 어느 실학자의 토지개혁론에서도 찾아볼 수 없는 특징을 가지고 있는 것과 같이 여전법에 의한 군역개혁론 역시 양반불역론을 청산한 호포제를 근거로 한 농병일치제 군역론만으로만 볼 수 없는 일면이 있다.

여전법에 의한 그의 군역제가 곧 바로 근대의 國民兵的 성격을 지향한 것이라는 가설을 세우기는 어렵다 하여도 그가 특별히 관심을 가졌던 民堡議가 종래 일부 지배층이나 특권층이 흔히 내세운 국방강화론과 같이 부국강병으로 발생하는 이익을 특권층이 아닌 민중에게 환원시킬 방안으로 제시한 것으로 볼 수 있으며, 그것은 또 근대 내셔널리즘이 가지는 방어기제로서의 기능을 드러내고 있는 것이라 볼 수 있다는 견해도 있음을[26] 유의할 필요가 있는 것이다.

요컨대 실학의 군역개혁론 가운데 호포제적 개혁론은 중세적 신분체제를 와해시키고 귀족관료층의 세력을 약화시키는 한편 양병제를 통한 왕권강화에 이바지하는 이론이었고, 농병일치제적 개혁론은 양반불역론의 한계에서는 못 벗어났다 하여도 養兵이 아닌 농민병을 군사력의 중심으로 삼으려는 이론이었다고 볼 수 있다. 그리고 이 두 계통의 군역개혁론이 정약용에 이르러서 나름대로의 제약성과 한계성이 止揚되고 일단은 호포제 원칙의 중앙군과 지방군으로 분리된 것이다. 그러나 중앙군이 왕권강화의

---

26) 趙珖, 「丁若鏞의 民權意識研究」, 『亞細亞研究』 19-2, 고려대학교 아세아문제연구소, 1976.

뒷받침이 되고 지방군, 즉 농민군이 농민층의 이익 옹호를 목적으로 한 것이라 이해할 때 그의 군역론은 좀 더 심층적인 분석을 기다리게 되는 것이다.

(『東方學志』 22, 1979. 6)

朝鮮後期의 身分構造와 그 變動

金 泳 謨

1. 序論

1) 연구목적

身分·階層 및 階級에 관한 사회학적 연구는 주로 사회적 불평등의 구조와 이동에 관심이 집중되어 왔다. 다시 말하면 전체사회의 사회적 자원과 기회가 얼마나 불평등하게 배분되어 있으며 그것이 어떻게 변화되고 있는가를 규명하는 일이다.

이러한 불평등의 구조와 변동에서 어떠한 신분이 새로이 등장 또는 몰락하고 있는가를 알 수 있으며 동시에 그 변동률 또는 이동률을 측정할 수 있는 것이다. 여기에서 사회계층이론이 매우 중요시하는 사회이동의 개방성과 폐쇄성, 즉 신분의 획득성과 귀속성을 알 수 있다. 따라서 우리는 전통사회의 사회적 생산력과 자주적 근대성을 규명하여 보려는 것이다.

이러한 문제를 해결하기 위한 노력이 오늘날 우리나라 학계의 주요한 쟁점이 되어 왔다. 조선후기의 思想史, 經濟史, 社會史, 文學史에서 자주적 근대성이 존재하였음이 지적되었고 특히 많은 학자가 실학에서 근대의식을 발견한 것은 높이 평가할 일이다.[1)]

---

1) 千寬宇, 「韓國實學思想史」, 『韓國文化史大系』 IV, 高大民族文化研究所, 1970, 964~967쪽 ; 李佑成, 「實學研究序說」, 『實學研究入門』, 一潮閣, 1973, 6~16쪽.

17~18세기 조선시대에 있어서 실학자가 대량으로 나타난 것은 우연한 일이 아니다. 실학자가 대량으로 나타난 것은 당시의 사회구조가 嫡庶차별과 노비제의 폐지와 같은 민본 · 평등사상을 요청할 정도로 심각한 문제에 직면해 있었기 때문이다. 다시 말하면 이러한 현상은 당시의 사회구조적 산물이라 할 수 있다. 壬辰倭亂과 丙子胡亂과 같은 전쟁으로 해체되기 시작하였던 사회구조의 개혁 필요성에서 실학자가 나타나게 되었고 이들은 반봉건적 근대적 사회개혁의 필요성을 주장하게 되었던 것이다.

우리는 이러한 사회개혁의 필요성이 주장될 정도로 당시의 사회구조, 특히 신분구조의 변화가 어떻게 일어났고 왜 일어났는가를 규명할 필요성이 있다. 그간 이러한 변화와 그 구조를 알아보기 위한 노력이 없었던 것은 아니다. 戶籍과 量案의 분석에 의한 논문이 상당히 있었다.

1930년대 말에 四方博과 1970년대의 韓榮國에 의한 大邱府의 호적조사[2]를 비롯하여, 1963년 김용섭에 의한 尙州牧(中東面과 丹東面)의 호적과 양안조사,[3] 1970년대에 정석종과 Sommerville에 의한 蔚山府(農所面 또는 熊村面)의 호적조사,[4] 1978년 박성식에 의한 丹城縣의 호적조사,[5] 그리고 Wagner Shin, 최재석, 여중철, 김용섭의 호적조사[6]에 의한 신분구

---

2) 四方博, 「李朝人口に關する一研究」, 『朝鮮社會法制史研究』(京城帝大法學會論集 第9冊), 1937 ; 四方博, 「李朝人口に關する身分階級別的觀察」, 『朝鮮經濟研究』 3(京城帝大法學會論集 第10冊), 1937(『朝鮮經濟の研究』, 岩波書店, 1938 재수록) ; 四方博, 「李朝時代都市と農村に關する一試論」, 『京城帝大 法學會論集』 第12冊, 1941 ; 韓榮國, 「18 · 19世紀 大邱地域の社會變動に關する一試考」, 『朝鮮學報』 80, 1975 ; 韓榮國, 「府의 戶口와 그 構成分布」, 大邱市史編纂委員會, 『大邱市史』 第1卷, 1973.

3) 金容燮, 『朝鮮後期農業史研究』 I, 一潮閣, 1970.

4) 鄭奭鍾, 「朝鮮後期 社會身分制의 崩壞」, 『大東文化研究』 9, 1972 ; J.H. Sommerville, *Success and Failure in Social Mobility*, Harvard University, Ph. D. Thesis, 1974.

5) 朴性植, 「18世紀 丹城地方의 社會構造 - 丹城戶籍 所載 職役別 統計를 중심으로 -」, 『大丘史學』 15 · 16, 1978.

6) E. W. Wagner, 「1663年 서울 北部의 戶籍을 통해 본 朝鮮社會의 階級構造」, 大東文化研究院 招請發表 ; Susan Shin, "The Social Structure of Kunhawa County in the Late Seventeenth Century", *Occasional Papers on Korea*, No. 1,

조 및 변동에 관한 논문이 있었다.

이러한 연구에서 조선시대의 개략적인 신분구조와 변동을 이해할 수 있다. 그러나 이들의 조사, 분석에 있어서 문제가 되는 것은 당시의 職役과 신분의 애매모호한 개념이 많고 또 그것의 계층적 지위와 의미가 모호한 것이 많기 때문에 정확한 신분구조를 파악한다는 것은 매우 어렵다는 것과, 標集의 非代表性과 분석의 單純性(특히 頻度法)으로 말미암아 당시의 신분적 특성을 이해하기에 대단히 미흡하다는 것이다. 사실 필자가 이러한 모든 어려움을 충분히 해결할 수 있는 것은 아니지만 가능한 한 조사의 정확성과 자세한 분석으로 이것을 어느 정도 극복하여 보려고 하였다.

필자가 본고에서 다루려고 하는 호적은 단성현의 경우와 같이 최근에 발견된 것도 있으나, 그보다도 비록 다른 학자들이 부분적으로 조사하였지만 조선시대의 농촌과 도시를 비교하여 분석할 수 있고 또 비교적 방대한 호적자료가 남아있는 대구부, 상주목, 울산군의 호적을 분석하기로 하였다. 필자가 분석하려는 이 3개 지방의 호적은 이미 다른 학자들이 조사한 호적을 제외하고 그들이 다루지 못한 호적도 대단히 많이 있기 때문에 4개 조사지역의 표본(호적)을 선정하여 분석하려고 하였다.

마지막으로 이러한 호적을 조사·분석하게 된 또 다른 목적은 우리나라 학계, 특히 史學界의 기존이론을 검증하여 보려는 것이다. 조선왕조시대의 신분에 관한 견해 중에 무엇보다도 조선사회가 전통적 신분개념인 Estate 또는 Caste와 같은 신분제도를 지니고 있었는지를 규명할 필요가 있다. 그리고 신분의 階層化가 언제부터, 그리고 무엇에 의하여 급속히 일어나게 되었으며 그밖의 신분의 분류기준, 經營型富農, 雇立制 및 賤者隨母法(奴婢從母法)의 견해가 타당성이 있는지를 알고 싶었다.

2) 연구방법과 자료

1974 ; 崔在錫, 「朝鮮時代의 身分階級과 家族形態」, 『人文論集』 2, 高麗大學校, 1976 ; 呂重哲, 「聚落構造와 身分構造」, 『韓國의 社會와 文化』 2, 韓國精神文化研究院, 1980 ; 金容燮, 앞의 책, 1970.

현대사회의 불평등에 관한 연구는 일반적으로 葛藤모델과 機能모델의 두 가지의 접근방법이 있다. 전자는 생산관계가 사회계급을 결정한다는 마르크스주의자의 고전적 계급이론이 있고, 이에 대하여 현대산업사회의 불평등은 생산관계보다도 오히려 분배관계, 즉 권위구조에 의하여 결정된다는 신갈등모델도 있다. 후자는 마르크스주의자가 강조하는 경제적 요인(재산)보다도 비경제적 요인(권력, 위세 및 역할분화)이 사회불평등을 형성한다는 계층이론이다.[7]

이러한 두 가지 모델의 개별적 접근 또는 그 혼합적 접근에 의하여 전통사회의 신분구조를 연구한다는 것은 그 한계가 있다. 그렇다고 전통사회의 신분개념인 Estate와 Caste의 법적 또는 종교적 불평등제도에 의하여 규명될 수 있는 것도 아니다. 일차적으로 법적 제도에 의하여 신분제도를 고찰하여 보아야 하겠지만 당시에는 사회적 실재로서의 불평등현상이 더욱 중요한 뜻을 지니고 있었다. 법적 제도는 현실적 불평등을 합리화시키는 기능이 있지만 동시에 그것을 형성하는 요인이 되고 있다. 예컨대 조선시대에 있어서 良·賤의 신분구별과 門蔭의 특권은 Estate의 특권이 강하고 兩班=儒生의 경우는 Caste적인 점이 있으며 科擧制, 身功, 納粟 등은 계급적 성격이 강하다.

그뿐만 아니라 전통사회에 있어서 혈연관계는 계층형성의 주요한 요인이 되기도 한다. 현대사회에 있어서도 가족이 계층화의 기본단위가 되고 있지만 전통사회에 있어서는 親族連帶(kinship solidarity)가 그 기능을 담당하고 있었다. 따라서 전통사회의 불평등을 이해하는 데 있어서 적어도 사회의 ① 법적 제도, ② 생산관계, ③ 혈연관계 및 권력관계를 고려하여야 될 것 같다. 이러한 요인의 중요성은 조선시대의 지배층 연구에서도 확인

---

7) 이러한 모델은 Marxian Model 및 Weberian Model이라고 한다. 고전적 갈등주의 계급이론은 폭력과 같이 현시적 집단이익의 차이에서 생긴 갈등을 중요시하고, 신갈등주의 계급이론은 잠재적 집단이익의 차이에서 생긴 갈등의 평화적 해결을 중요시한다. 신갈등이론가는 R. Dahrendorf와 L. Coser 등이 대표적이다. 기능주의 계층이론은 주로 分業論의 입장인데 오늘날 미국의 계층이론가는 대부분 이에 속한다. 이들은 사회계층의 기능적 필연성을 주장한다.

할 수 있었다.8)

필자는 조선시대의 신분구조를 파악하기 위하여 주로 호적에 나타난 職役의 통계적 분석에 의하여 접근하려고 노력하였다. 조선시대의 호적은 戶口式에 따라 戶主가 작성한 戶籍單子에 의하여 戶籍色吏가 戶籍臺帳을 작성하였다. 이 호적대장은 式年(매 2년)에 한 번씩 호적을 개편하여 本戶籍, 漢城府, 本道, 本邑에 비장하여야 한다.9) 그리고 本曹에 호적을 비장하여 두는 일은 고종 2년 이후에는 폐지되었다.10)

이러한 호적대장은 신분을 판별하는 기본대장이 되고 兵籍작성의 대장이 되는 등 役 부과의 기본대장이 되기도 하였다. 이와 같이 국가의 對人民政策의 가장 원천적인 파악대장으로서의 역할을 하였다.11)

이러한 호적의 漏戶者, 漏丁者, 漏籍者, 年齡增減者, 虛戶者, 冒錄者에 대하여 신분에 따라 엄격한 처벌규정이 있으나12) 조선후기에 이르러 신분제의 심한 문란과 더불어 漏戶, 漏丁, 漏籍, 虛戶, 冒錄, 假托, 逃亡 등이 많이 생겨서 호적의 타당성과 신빙성의 문제가 제기되고 있으나 당시의 신분구조를 어느 정도 올바르게 파악하는 자료로서는 이 호적이 가장 가치 있는 유용한 자료이다.

갑오개혁 이전의 호적은 대구부, 상주목, 울산부, 단성현, 彦陽縣 등의 것이 비교적 많이 있고 아직도 발견, 분석되지 못한 호적이 국내외에 많이 있을 것으로 생각한다. 최근 조선말기의 방대한 경상도 호적이 일본 學習院大學에 소장되어 있음을 확인할 수 있었다.13)

---

8) 金泳謨,『朝鮮支配層硏究』, 一潮閣, 1978.

9)『經國大典』및『大典會通』,「戶典」, 戶籍條.

10)『大典會通』,「戶典」, 戶籍條.

11) 渡邊業志,「朝鮮於ける戶籍制度の變遷」1~6,『戶籍』4-6~12, 1945 ; 崔弘基,『韓國戶籍制度史硏究』, 서울대출판부, 1975 ; 鄭奭鍾, 앞의 글, 1972, 271~272쪽.

12)『經國大典』및『大典會通』,「戶典」, 戶籍條.

13) 강만길교수의 제보에 의하여 알아본 결과, 1822~1906년에 걸친 호적이 약 100책이 있는데 1825년의 15책 이외는 각 해에 2~8책으로 분산되어 있다. 가장 많은 호적이 있는 지역은 晋州・昌寧・泗川・河東・山淸・金海・鎭海 등지인데 대부분 경상도의 것이다.

각 지방의 현존호적이 비록 일부분이나마 대개 조사 · 분석되었지만 아직도 대구부, 울산부, 상주목의 호적 중에서 조사되지 않은 호적이 대단히 많다. 그래서 필자는 연구목적에 따라 3개 지방의 호적을 조사하기로 하였고 아울러 단성현의 호적에 나타난 자료를 재분석하기로 하였다.

필자가 조사 · 분석한 지방별 호적자료는 <표 1>과 같다.

<표 1> 調査된 戶籍의 時期와 地域

a. 大邱府의 戶籍

	調査年度	調査面
①	肅宗 10年 甲子 대구 장적	東上面 · 東中面 · 東下面 · 西上面 · 西中面 · 西下下面 · 西下面
	肅宗 13年 丁卯 대구 장적	花縣內面 · 仁興面
②	英祖 23年 丁卯 대구 장적	東上面 · 東中面 · 東下面 · 西上面 · 西中面 · 西下下面 · 西下面
	英祖 20年 甲子 대구 장적	花縣內面 · 仁興面
③	正祖 19年 乙卯 대구 장적	東上面 · 東中面 · 西上面 · 西中面 · 西下下面 · 西下面 · 花縣內面 · 仁興面
	純祖 元年 辛酉 대구 장적	東下面
④	高宗 4年 丁卯 대구 장적	東上面 · 東中面 · 東下面 · 西上面 · 西中面 · 西下下面 · 西下面 · 花縣內面 · 仁興面
⑤	英祖 41年 乙酉 대구 장적	西上面
	英祖 50年 甲午 대구 장적	東上面

b. 蔚山府의 戶籍

	調査年度	調査面
①	肅宗 10年 甲子 울산 호적대장	內廂面
②	英祖 47年 辛卯 울산 호적대장	內廂面 · 上府內面 · 東面
③	純祖 10年 庚午 울산 호적대장	上府內面 · 東面
④	高宗 19年 壬午 울산 호적대장	內廂面
	高宗 22年 乙酉 울산 호적대장	上府內面

c. 尙州牧의 戶籍

	調査年度	調査面
①	英祖 11年 乙酉 상주 장적	山東面
②	英祖 14年 戊午 상주 장적	中東面
③	英祖 29年 癸酉 상주 장적	內東面・內南面
④	英祖 11年 乙酉 상주 장적	永順面

d. 丹城縣의 戶籍

	調査年度	調査面
①	肅宗 4年 戊午 단성현 호적대장	元堂面・縣內面・北面北洞・東面悟洞 東面都山・東面生比良・北面新燈 北面法勿也・寺菴・齋宮
②	肅宗 46年 庚子 단성현 호적대장	
③	英祖 8年 壬子 단성현 호적대장	
④	英祖 38年 壬午 단성현 호적대장	
⑤	正祖 10年 丙午 단성현 호적대장	

대구부의 현존호적은 숙종 7년(1681)에서 고종 13년(1876)에 이르기까지 187책이 있다.[14] 이 호적은 式年마다 모든 연도와 지역(面)에 걸쳐 있는 것이 아니다. 없어진 호적이 많고 현존 호적이 방대하기 때문에 표본조사를 할 필요성이 있었다. 또 그 중에서 이미 조사된 호적이 있기 때문에 그것을 피하면서[15] 비교적 完秩의 시기와 조사목적에 부합되는 지역을 선정하지 않을 수 없었다.

그러한 결과 <표 1>에서 볼 수 있는 바와 같이 조사시기는 초기에 약 50년 간격이었고 말기에는 약 100년의 간격이었다. 그리고 조사지역은 四方博이 처음에는 농촌지역을 선정하였기 때문에[16] 필자는 대구부의 도시와 농촌의 비교연구를 위하여 도시중심지가 위치하고 있는 東上面과 西上面을 선정하였고(日帝時의 大邱府였음) 그 다음은 도시인접 面으로서 東

14) 四方博, 「大邱戶口帳籍に就いて」, 『大邱府使』, 1946, 150쪽, 現存大邱戶口帳籍面別年次表.

15) 四方博은 숙종 16년, 영조 5~8년, 정조 7~13년, 철종 9년의 西下下面, 河東面, 河西面, 河南面, 河北面, 甘勿川面, 租岩面, 月背面, 花園內面, 仁興面을 조사하였고, 韓榮國은 순종 25년의 대구부 전면을 조사하였다.

16) 그는 「李朝人口に關する身分階級別的觀察」이란 논문에서는 주로 농촌지역을 조사하였지만 그 후 「李朝時代の都市と農村に關する一試論 - 大邱戶籍の觀察と基礎として」(1941)에서는 東上・西上面(도시)의 신분구조와 변동을 밝히고 있다.

中面, 東下面, 西中面, 西下下面, 西下面을 선정하였고(이상이 大邱의 舊縣界임) 마지막으로 순수한 농촌으로 간주할 수 있는 花縣內面과 仁興面(이것은 舊花園縣에 속했음)을 선정하였다.

울산부의 경우는 광해군 1년(1609)부터 光武 8년(1904)까지 65책이 있는데[17] 정석종이 農所面을 조사하였고 Sommerville이 東 · 西 · 南 · 北面과 熊村面을 조사하였기 때문에[18] 필자는 울산부의 중심지와 농촌지역을 이해할 수 있는 上府內面, 東面, 內廂面을 조사하기로 하였다.

또한 상주목의 경우는 김용섭이 中東面과 丹東面을 조사하였기 때문에[19] 필자는 상주목의 중심지와 농촌을 이해하기 위하여 內東面과 內南面, 그리고 山東面과 中東面을 조사하기로 하였다.

그리고 단성현의 호적은 숙종 4년에서 1789년까지 全 縣內面의 것이 보존되어 있었고 또 호적 말미에 직역별 인구통계가 있기 때문에 이것을 우리의 符號冊에 의하여 재분석하였다. 단성현의 호적조사는 다른 지역의 경우와는 달리 전형적인 농촌 및 인구별 신분구조와 변동을 이해하는 데 큰 도움이 될 것이다.

한편 대구부의 호적 ⑤와 상주목의 호적 ④는 당시 신분의 가족 및 계층적 성격이 어떠한가를 알기 위하여 별도로 교차분석을 행하였다. 필자가 영조 때의 이들 호적을 조사하게 된 것은 비교적 전통적 신분구조를 파악할 수 있고 또 비슷한 시대의 도시(대구부)와 농촌(상주목 영순면)의 신분관계를 규명할 수 있겠기 때문이었다. 같은 시기와 지역의 호적이 선정되지 못한 것은 호적이 불비하였기 때문이다.

사실 호적자료의 조사에 의하여 조선후기의 신분구조와 변동을 정확히 이해한다는 것은 무리한 것이다. 당시의 불평등은 이미 職役에 의한 개념

---

17) 金永光, 「蔚山府戶籍에 關한 小考」, 『도서관』 4월호, 1973, 蔚山府戶籍年代別分布現存現況.

18) 정석종은 영조 5년, 영조 41년, 순종 4년, 고종 4년의 農所面의 호적을 조사하였고 Sommerville은 광해군 1년의 東 · 西 · 南 · 北面의 호적과 汎西面 · 熊村面을 조사하였다.

19) 김용섭은 영조 14년 尙州牧의 中東面과 丹東面의 호적을 조사하였다.

보다도 오히려 토지소유관계에 의한 개념이 매우 중요한 의미를 지니고 있었기 때문이다. 그러나 신분관계가 아직도 계급관계(예, 토지소유관계) 보다는 사회적 불평등의 주요한 결정요인이었기 때문에 직역에 의하여 신분을 판별하는 것이 보다 타당성이 있는 것 같다.

조선시대에 호적상에 나타난 직역의 개념이 사회적 불평등의 주요한 지표가 될 수 있는 것은 職役에 의하여 신분의 법적 지위, 생산관계, 권력관계, 역할관계 및 사회적 특권을 부분적으로나마 알 수 있겠기 때문이다. 따라서 직역에 의하여 신분구조를 파악하는 것은 매우 타당한 것 같다.

조선시대에 있어서 호적대장의 기록은 원칙적으로 戶口式[20]에 의하여 기록하게 되어 있지만 지방과 시기에 따라 호적기록의 차이가 나타났다. 우리가 조사한 지방의 호적기재양식은 <표 2>와 같다.

<표 2> 地域制 帳籍樣式

大邱	第○戶	新戶有無	戶主의 身分·姓名·年齡·本貫	父·祖·曾祖의 身分·名
尙州	第○戶		戶主의 身分·姓名·年齡·本貫	父·祖·曾祖의 身分·名
丹城	第○戶	新戶有無	戶主의 身分·姓名·年齡·本貫	父·祖·曾祖의 身分·名

大邱		外祖의 身分·姓名·本貫	率母①의 姓氏·身分·年齡·本貫
尙州	母(故)의 姓氏·身分·本貫	外祖의 身分·姓名·本貫	率母①의 姓氏·身分·年齡·本貫
丹城		外祖의 身分·姓名·本貫	率母①의 姓氏·身分·年齡·本貫

大邱	妻②의 姓氏·身分·年齡·本貫	父·祖·曾祖의 身分·名	
尙州	妻②의 姓氏·身分·年齡·本貫	父·祖·曾祖의 身分·名	母의 姓氏·身分·本貫
丹城	妻②의 姓氏·身分·年齡·本貫	父·祖·曾祖의 身分·名	

20) 『大典會通』, 「禮典」, 戶口式, "戶某部某坊第幾里(外方이면 某面某里) 住, 某職, 姓名, 年甲, 本貫, 四祖, 妻某氏 年甲, 本貫, 四祖(宗親은 자기의 직함과 妻의 四祖를 기록하고, 儀賓은 자기의 직함과 四祖에는 尙某主 기록하고, 庶人은 자기와 妻의 四祖를 기록하고서인으로 四祖를 알지 못하는 자는 다 기록하지 않는다), 率居子女某, 某年甲(女婿이면 동시에 본관을 기록한다), 奴婢, 雇工某某年甲".

大邱	外祖의 身分 · 姓名 · 本貫	妾의 姓氏 · 身分 · 本貫	率子女[③]의 身分 · 名 · 年齡
尙州	外祖의 身分 · 姓名 · 本貫	妾의 姓氏 · 身分 · 本貫	率子女[③]의 身分 · 名 · 年齡
丹城	外祖의 身分 · 姓名 · 本貫		率子女[③]의 名 · 年齡

大邱	率親戚의 身分 · 姓名 · 年齡 · 本貫	奴婢의 現居狀態[④] · 名 · 年齡
尙州	率親戚의 身分 · 姓名 · 年齡 · 本貫	奴婢의 現居狀態[④] · 名 · 年齡 · 배우자의 身分과 名 · 母의 身分과 名
丹城	率親戚의 身分 · 姓名 · 年齡 · 本貫	奴婢의 現居狀態[④] · 名 · 年齡 · 父母의 身分과 名[⑤]

備考 : ① 妻의 外祖本貫 다음에 기재된 경우도 있음. 故가 밝혀져 있음.
② 故와 逃亡이 밝혀져 있음.
③ 出嫁 또는 故 또는 逃亡이 밝혀져 있음.
④

現居狀態 \ 地名	大 邱	尙 州	丹 城
率居	率~	率(奴)秩~	不 記
外居	~居地名, ~戶 또는 ~面去	外(奴)秩~, ~居地名	~居 ~戶去
雇	雇(工)~	雇~	雇(工)~
放良	放良 ~年	放(奴)秩~年 · 居地名	不 記

⑤ 단성현의 경우 호주가 노비일 때는 父와 母의 신분과 名만 밝혀져 있음.

이러한 호적 기재내용의 분석에서 조선시대의 신분구조와 이동 및 가족구조를 충분히 파악할 수 있을 것 같다. 앞의 기재내용에서 무엇보다도 자세하게 기록된 것은 四祖와 丈人, 子女, 奴婢의 신분이다. 이러한 신분에 대한 분석은 먼저 기존의 신분개념에 의하여 분석의 틀을 마련하였다. 이 분석의 틀을 만든다는 것은 아직도 신분개념이 불분명한 것이 많은 상태에 매우 어려운 일이고 또한 조사한다는 것도 마찬가지의 일이다. 그러나 필자는 신분의 분석기준(code book)을 특히 四方博과 韓榮國이 사용한 것을 참고로 하여 만들었다.[21] (<표 3> 참조)

여기에 제시되는 신분 분류는 이것에 의하여 이루어진 것이다.

---

21) 四方博의 논문(「李朝人口に關する身分階級別的觀察」)의 職役別列擧綜合表와 韓榮國의 논문(『大邱市史』, 367쪽)의 階級別 職役名을 참고로 하였다.

<표 3> 身分符號冊

身分	職 役
兩班	現文官(判官, 縣監, 都事, 主簿, 奉事, 直長, 參奉) 前文官(判事, 同知事, 都正, 判官, 監察, 縣監, 都事, 主簿, 奉事, 直長, 參奉) 現武官(護軍, 副護軍, 司直, 判官, 司正, 萬戶) 前武官(護軍, 副護軍, 司直, 判官, 司正, 萬戶) 文品階(嘉善・通政・通訓大夫, 通德・宣敎・通仕・將仕郎) 武品階(折衝, 禦侮, 宣略, 勵節) 納粟 (위의 官職名과 品階名 參照) 生員, 進士, 及弟 寡婦(外命婦, 氏)
準兩班	校生, 院生, 童蒙 閑良 武學, 出身 幼學(學生) 衛所屬者(忠義衛, 忠贊衛, 忠壯衛, 忠翊衛, 定虜衛) 軍官(府軍官, 巡在家軍官, 巡帶率軍官, 營軍官, 旗牌官, 哨官, 將官) 選武軍官, 都訓導, 別將, 別武士 寡婦(姓)
中人	業武, 業儒 雜職(醫生, 律生) 衙前(戶長, 人吏, 貢生書・算員, 小童, 司僕, 假鄕所, 羅將)
良人	良軍(御營軍, 禁衛軍, 主鎭軍, 馬軍, 別隊, 步兵, 正兵, 騎兵, 餘丁, 無役良人) 良保(軍保 帶役者一切, 단 賤保는 除外) 良匠(匠人一切, 단 賤匠은 除外) 贖良 寡婦(召史, 良女)
賤役良人	賤匠(樂工, 需米軍, 硫黃軍, 採銀軍, 擣砧軍, 壚造軍, 鉛鐵軍, 炭軍, 皮匠, 柳器匠) 賤保(水保, 格保, 藥保, 束伍保, 驛保, 吏保, 工匠保, 巡羅將保) 水軍 束伍 賤軍(水鎭軍, 沙工, 格軍, 浦軍, 烽燧軍, 擺撥軍, 火兵, 軍牢)
賤人	驛吏(卒) 下典 直, 使令, 通引, 妓生, 馬夫 才人, 巫屬

奴婢	婢 私奴 官奴(府奴, 營奴) 公奴(校奴, 院奴, 寺奴, 驛奴, 祠奴) 奴+賤人 奴+賤役良人 奴+良人
其他	老除, 居士, 盲人, 病人, 無役者一切

2. 신분변동

신분변동은 신분구조, 즉 사회적 불평등 및 대립관계의 변화를 의미한다. 조선초기의 법제적 신분개념은 良人, 賤人으로 구성되었지만 조선후기에 이르러서는 兩班(士族) · 常民(良人) · 賤人(奴婢)의 개념으로 전환되었다. 이러한 신분개념의 전환은 사회적 결과로서 나타난 현상이기 때문에 신분의 법제적 개념에 의하여 사회적 불평등을 파악한다는 것은 한계가 있으며 따라서 신분의 사회적 개념에 대한 이해가 필요하다.

조선후기에 있어서 班 · 常 · 賤의 신분개념은 대단히 변화가 심하고 애매모호하여 정확히 말하기 어렵다. 일반적으로 양반은 文武班뿐만 아니라 거기에 임용될 수 있는 門閥을 말하고 구체적으로 朝官者 · 及弟 · 生員 · 進士 · 幼學 · 校生 · 院生 · 出身 · 閑良 · 童蒙 등이 이에 속한다. 상민은 農 · 工 · 商의 생업에 종사하는 서민(保人 · 軍丁)으로서 納稅 · 貢賦 · 軍役 등의 담당자이고 또한 良隷 · 羅將 · 日守 · 漕卒 · 水軍 · 烽軍 · 驛保 등의 七般賤役이 있다. 그리고 천인은 寺 · 內 · 官 · 驛 · 院 · 校 · 私의 奴婢 이외에 白丁 · 巫覡 · 才人 · 娼妓 등이 있다.

이러한 반 · 상 · 천의 신분 이외에 中人과 吏校 등의 신분을 지적할 수 있다. 중인은 醫 · 譯 · 籌 · 觀象 · 律 · 惠民 · 寫學 · 圖書 등의 잡직종사자이고 吏校는 吏胥와 軍校로서 司法 · 行政 · 軍事를 담당하는 말단 행정기관의 屬債, 즉 衙前과 將校(軍官) 등이 이에 속한다.[22]

이러한 것을 보아서, 조선후기에는 반, 상, 천의 신분 골간에 다양한 신분계층이 존재하고 있음을 알 수 있다. 신분제가 문란할 때는 새로운 신분층이 대량으로 나타나기 때문에 이들의 정확한 직역을 구별하여 보지 않고서는 신분구조를 판별하기가 매우 어렵다. 그리하여 필자는 이러한 특성을 고려하여 <표 3>에서 볼 수 있는 바와 같이 직역을 42개로 세분하고 이것을 다시금 양반, 준양반, 중인, 양인, 천역양인, 천인, 노비, 과부로 범주화하였다.

이러한 기준에 의하여 조사된 대구부, 울산부, 상주목 및 단성현의 신분구조와 변동을 다음에 보기로 하자.

1) 대구부의 경우

1720년 대구부에는 13,520戶와 68,024人이 있었고 1867년에는 13,346戶와 57,991人이 있었다.[23] 대구는 행정과 상공업의 중심지이고 특히 藥令시장은 최근까지도 유명하였다. 이와 같이 호수와 인구가 오히려 감소된 것은 특히 당시에 심했던 漏戶, 漏口의 결과가 아닌가 생각한다.

우리가 조사한 대구부의 호수는 전체의 약 4할이 된다. 비록 전체 面數의 3할이 안 되지만 조사호수가 많은 것은 大邱本府의 面은 모두 조사하였고 대구본부의 東上面과 西上面은 도심지가 위치한 면인 고로 다른 면에 비하여 호수가 3배에 가깝기 때문이었다.[24]

대구본부라 할지라도 東上, 西上을 제외한 다른 면은 사실상 농촌지역이라 볼 수 있고 당시 대구부의 花縣內面과 仁興面도 농촌인 것이다. 그렇기 때문에 대구본부 이외의 면이 많이 누락되어 있지만 당시의 농촌사

22) 金永謨, 『朝鮮支配層研究』, 一潮閣, 1977, 제1편 제2장 제1절 身分의 法的 概念과 特權 참조.

23) 大邱府 庚子式帳籍과 丁卯式帳籍의 기록임. 『大邱府邑志』에 의하면 호구는 13,194戶이고 인구는 56,962人이 있었다.

24) 東上面은 在府東三里이고, 東中面은 在府北七里, 東下面은 在府北十里, 西上面은 在府西三里, 西中面은 在府西八里, 達西面은 在府西十三里, 城西面은 在府西二十里, 花縣內面은 在府西三十里, 仁興面은 在府西三十里이다.

<표 4> 大邱府의 面別 時間別 身分構造

( )는 實數

時期	地域	都心面 東上	都心面 西上	都心面 計	近郊面 東中	近郊面 東下	近郊面 西中	近郊面 西下下	近郊面 西下	近郊面 計	農村面 花縣內	農村面 仁興	農村面 計	合計
兩班	Ⅰ	7.0 (32)	5.5 (22)	6.3 (54)	4.8 (13)	3.6 (10)	3.3 (11)	8.2 (12)	4.8 (16)	4.5 (62)	1.7 (10)	5.8 (9)	2.6 (19)	4.6 (135)
	Ⅱ	3.0 (38)	2.8 (36)	2.9 (74)	3.3 (12)	1.0 (3)	2.7 (8)	8.1 (19)	3.8 (13)	3.6 (55)	1.6 (10)	7.7 (12)	2.8 (22)	3.1 (151)
	Ⅲ	1.4 (19)	1.9 (32)	1.7 (51)	3.6 (13)	3.6 (12)	5.7 (16)	3.8 (11)	1.2 (4)	3.5 (56)	2.5 (16)	1.1 (2)	2.2 (18)	2.3 (125)
	Ⅳ	1.0 (13)	0.9 (17)	1.0 (30)	0.7 (2)	0.3 (1)	0.8 (2)		2.4 (8)	0.9 (13)	0.2 (1)		0.1 (1)	0.8 (44)
準兩班	Ⅰ	15.6 (71)	16.0 (64)	15.8 (135)	20.7 (56)	23.7 (65)	19.9 (67)	11.5 (17)	17.3 (58)	19.3 (263)	4.0 (23)	9.1 (14)	5.1 (37)	14.8 (435)
	Ⅱ	9.9 (125)	11.2 (145)	10.5 (270)	42.5 (152)	34.6 (100)	39.7 (119)	30.3 (71)	29.8 (103)	35.7 (545)	7.7 (48)	21.8 (34)	10.5 (82)	18.4 (897)
	Ⅲ	16.7 (229)	16.3 (270)	16.5 (449)	65.3 (235)	51.9 (173)	43.6 (123)	58.9 (168)	38.6 (132)	51.9 (831)	23.4 (148)	46.9 (85)	28.6 (233)	28.7 (1,563)
	Ⅳ	21.4 (278)	23.5 (417)	22.6 (695)	89.5 (238)	86.8 (291)	85.5 (213)	83.8 (238)	55.0 (182)	79.3 (1,162)	35.1 (178)	72.7 (160)	46.5 (338)	41.7 (2,195)
中人	Ⅰ	5.7 (26)	7.0 (28)	6.3 (54)	2.6 (7)	0.7 (2)	2.1 (7)	6.1 (9)	2.1 (7)	2.3 (32)	0.7 (4)		0.5 (4)	3.0 (90)
	Ⅱ	17.9 (227)	14.6 (190)	16.3 (417)	3.6 (13)	4.8 (14)	6.7 (20)	30.8 (72)	15.1 (52)	11.2 (171)	1.1 (7)	9.6 (15)	2.8 (22)	12.5 (610)
	Ⅲ	21.0 (287)	19.8 (329)	20.3 (616)	3.0 (11)	2.1 (7)	4.6 (13)	6.7 (19)	7.3 (25)	4.7 (75)	3.6 (23)	5.0 (9)	3.9 (32)	13.3 (723)
	Ⅳ	29.4 (382)	25.0 (443)	26.8 (825)	3.4 (9)	1.2 (4)	2.4 (6)	1.7 (5)	0.3 (1)	1.7 (25)	3.9 (20)	2.3 (5)	3.4 (25)	16.6 (875)
良人	Ⅰ	10.9 (50)	13.5 (54)	12.1 (104)	18.1 (49)	22.3 (61)	26.5 (89)	38.8 (57)	17.0 (57)	23.0 (313)	10.9 (62)	21.4 (33)	13.1 (95)	17.4 (512)
	Ⅱ	10.3 (130)	12.2 (158)	11.2 (288)	8.9 (32)	14.9 (43)	4.7 (14)	5.1 (12)	8.7 (30)	8.6 (131)	13.8 (86)	18.6 (29)	14.7 (115)	11.0 (534)
	Ⅲ	13.9 (191)	16.0 (266)	15.1 (457)	5.0 (18)	8.4 (28)	9.6 (27)	9.5 (27)	9.9 (34)	8.3 (134)	12.3 (78)	10.5 (19)	11.9 (97)	12.6 (688)
	Ⅳ	6.9 (90)	5.3 (94)	6.0 (184)	1.1 (3)	0.9 (3)	1.6 (4)	0.7 (2)	3.9 (13)	1.7 (25)	6.5 (33)	3.2 (7)	5.5 (40)	4.7 (249)

時期 \ 地域		都心面			近郊面						農村面			合計
		東上	西上	計	東中	東下	西中	西下下	西下	計	花縣內	仁興	計	
賤役良人	Ⅰ	3.9 (18)	4.2 (17)	4.1 (35)	6.3 (17)	2.9 (8)	11.3 (38)	8.1 (12)	7.1 (24)	7.3 (99)	10.4 (59)	15.6 (24)	11.5 (83)	7.4 (217)
	Ⅱ	8.1 (103)	11.6 (150)	9.9 (253)	4.7 (17)	3.1 (9)	4.0 (12)	6.8 (16)	7.5 (26)	5.2 (80)	8.2 (51)	9.6 (15)	8.4 (66)	8.2 (399)
	Ⅲ	14.3 (196)	15.9 (264)	15.2 (460)	8.3 (30)	6.3 (21)	14.2 (40)	7.4 (21)	14.6 (50)	10.1 (162)	6.6 (42)	9.4 (17)	7.2 (59)	12.5 (681)
	Ⅳ	10.1 (131)	20.2 (359)	15.9 (490)	3.7 (10)	5.1 (17)	2.8 (7)	0.7 (2)	7.8 (26)	4.2 (62)	5.3 (27)	6.4 (14)	5.6 (41)	11.2 (593)
賤 人	Ⅰ	2.4 (11)	2.7 (11)	2.6 (22)	2.9 (8)	2.5 (7)	0.9 (3)	4.7 (7)	3.0 (10)	2.6 (35)	41.7* (237)	5.8 (9)	34.1 (246)	10.3 (303)
	Ⅱ	5.8 (73)	6.2 (81)	6.0 (154)	0.5 (2)	3.1 (9)	1.7 (5)	0.4 (1)	2.3 (8)	1.6 (25)	51.7* (323)	5.1 (8)	42.4 (331)	10.5 (510)
	Ⅲ	9.9 (135)	9.3 (154)	9.5 (289)	0.8 (3)	2.7 (9)	3.5 (10)	1.0 (3)	4.7 (16)	2.5 (41)	47.2* (299)	3.3 (6)	37.5 (305)	11.7 (635)
	Ⅳ	11.4 (149)	8.0 (142)	9.5 (291)	0.7 (2)	0.9 (3)	1.2 (3)	0.7 (2)	6.6 (22)	2.2 (32)	47.3* (240)	3.2 (7)	34.0 (247)	10.8 (570)
奴 婢	Ⅰ	50.9 (232)	44.7 (179)	48.0 (411)	37.0 (100)	42.3 (116)	29.4 (99)	15.6 (23)	42.4 (142)	35.2 (480)	27.5 (156)	38.3 (59)	29.8 (215)	37.6 (1,106)
	Ⅱ	33.7 (426)	28.1 (365)	30.9 (791)	17.0 (61)	28.7 (83)	18.7 (56)	8.1 (19)	10.4 (36)	16.7 (255)	8.0 (50)	12.1 (19)	8.8 (69)	22.9 (1,115)
	Ⅲ	9.5 (130)	8.6 (142)	9.0 (272)		8.4 (28)	1.4 (4)	1.7 (5)	4.7 (16)	3.3 (53)	0.1 (1)	3.9 (7)	1.0 (8)	6.1 (333)
	Ⅳ	4.4 (57)	3.1 (56)	3.7 (113)		0.3 (1)			0.3 (1)	0.1 (2)		0.4 (1)	0.1 (1)	2.2 (116)
寡 女	Ⅰ	1.7 (8)	4.2 (17)	2.9 (25)	5.2 (14)	0.7 (2)	3.3 (11)	5.4 (8)	4.2 (14)	3.6 (49)	1.7 (10)	1.9 (3)	1.8 (13)	2.9 (87)
	Ⅱ	9.2 (117)	10.4 (135)	9.8 (252)	15.6 (56)	8.6 (25)	20.7 (62)	7.7 (18)	17.4 (60)	14.5 (221)	4.2 (26)	12.2 (19)	5.8 (45)	10.6 (518)
	Ⅲ	7.0 (96)	10.2 (169)	8.7 (265)	7.8 (28)	11.1 (37)	16.3 (46)	9.5 (27)	14.9 (51)	11.8 (189)	3.0 (19)	11.6 (21)	4.9 (40)	9.1 (494)
	Ⅳ	13.1 (171)	10.5 (187)	11.6 (358)	0.7 (2)	4.2 (14)	5.6 (14)	12.3 (35)	21.7 (72)	9.3 (137)	1.6 (8)	11.3 (25)	4.5 (33)	10.0 (528)

時期 \ 地域		都心面			近郊面						農村面			合計
		東上	西上	計	東中	東下	西中	西下下	西下	計	花縣內	仁興	計	
其他	Ⅰ	1.7	2.0	1.9	2.2	1.1	3.3	1.4	2.1	2.1	1.2	1.9	1.4	1.9
		(8)	(8)	(16)	(6)	(3)	(11)	(2)	(7)	(29)	(7)	(3)	(10)	(55)
	Ⅱ	2.0	2.8	2.4	3.6	1.0	1.3	2.5	4.9	2.8	3.7	3.2	3.6	2.7
		(25)	(36)	(61)	(13)	(3)	(4)	(6)	(17)	(43)	(23)	(5)	(28)	(132)
	Ⅲ	6.2	1.9	3.8	6.1	5.4	1.0	1.4	4.1	3.8	1.1	8.3	2.7	3.6
		(85)	(31)	(116)	(22)	(18)	(3)	(4)	(14)	(61)	(7)	(15)	(22)	(199)
	Ⅳ	2.2	3.3	2.8		0.3			1.8	0.5		0.4	0.1	1.8
		(29)	(59)	(88)		(1)			(6)	(7)		(1)	(1)	(96)
合計	Ⅰ	99.8	99.8	100.0	99.8	99.8	100.0	99.8	100.0	99.9	99.8	99.8	99.9	99.9
		(456)	(400)	(856)	(270)	(274)	(336)	(147)	(335)	(1,362)	(568)	(154)	(722)	(2,940)
	Ⅱ	99.9	99.9	99.9	99.7	99.8	100.2	99.8	99.9	99.9	100.0	100.0	99.8	99.9
		(1,264)	(1,296)	(2,560)	(358)	(289)	(300)	(234)	(345)	(1,526)	(624)	(156)	(780)	(4,866)
	Ⅲ	99.9	99.9	99.8	99.9	99.9	99.9	99.9	100.0	99.9	99.8	100.0	99.9	99.9
		(1,368)	(1,657)	(3,025)	(360)	(333)	(282)	(285)	(342)	(1,602)	(633)	(181)	(814)	(5,441)
	Ⅳ	99.9	99.8	99.9	99.8	100.0	99.9	99.9	99.8	99.9	99.9	99.9	99.8	99.8
		(1,300)	(1,774)	(3,074)	(266)	(335)	(249)	(284)	(331)	(1,465)	(507)	(220)	(727)	(5,266)

* 花縣內面 各化里에 驛이 있어서 驛吏가 집단적으로 거주하고 있음(1시기 219명, 2시기 322명, 3시기 298명, 4시기 233명)

<備考>

1. Ⅰ시기는 숙종 10년(1684) 단, 花縣內面과 仁興面은 숙종 13년(1687)임.
2. Ⅱ시기는 영조 23년(1747) 단, 花縣內面과 仁興面은 영조 20년(1744)임.
3. Ⅲ시기는 정조 19년(1795) 단, 東下面은 순조 원년(1801)임.
4. Ⅳ시기는 고종 4년(1867).

회의 신분구조를 이해하는 데 이것으로도 가능하리라 생각한다.

<표 4>를 보면, 대구부의 도심지면과 인접면 및 농촌지역면을 막론하고 조선후기에 있어서 약 200여 년간 신분변동의 공통된 특성, 즉 양반의 급속한 증가현상과 노비의 급속한 감소현상을 찾아볼 수 있다. 그러나 엄격한 의미의 양반은 오히려 감소되고(4.6%→0.8%), 준양반과 중인이 급속히 대량으로 증가하고 있으며(각각 14.8%→41.7%와 3.0%→16.6%), 천역양인과 과부는 약간 증가하고 있다(각각 7.4%→11.2%와 2.9%→10.0%). 그러나 노비는 대량으로 그리고 농촌의 천역양인은 소량이지만 감소되고 있다(각각 37.6%→2.2%와 11.5%→5.6%).

만약 당시의 신분을 양반, 중인, 상민, 천민으로 구분하여 表를 재정리하여 보면, 조사대상의 신분구조와 변동은 <표 5>와 같다.

<표 5> 大邱府의 身分構造와 變動

신분 / 연도	兩班	中人	常民	賤民	寡女	其他	合計
1684	19.4	3.1	24.8	47.9	2.9	1.9	100.0
1727	21.5	12.5	19.2	33.4	10.6	2.7	99.9
1775	31.0	13.3	25.2	17.8	9.1	3.6	100.0
1870	42.5	16.6	16.0	13.0	10.0	1.8	99.9

<표 5>를 보면, 200여 년간 양반이 2.2배 증가되었고 천민은 3.7배 증가되었으며 중인은 5.4배 증가되었고 상민은 1.5배 감소되었다. 여기에서도 조선후기의 신분변화율이 가장 심한 것이 중인층과 천민(역)층이고, 이들의 사회적 성장이 바로 사회구조의 변화이다. 그렇기 때문에 이들의 사회적 성장이 조선말기에 줄기차게 일어났던 民亂과 東學革命으로 나타나게 되었던 것이며, 이들의 이익을 대변하는 실학자가 나오고 따라서 실학이 발달하였던 것이었다.

이러한 신분변동은 四方博의 조사결과와 상당한 차이가 있다. 그의 조사에 의하면 약 150년간(1690~1858)에 양반이 8.3%에서 65.5%로 현저히 증가되었고 상민은 51.1%에서 32.8%로 감소하였으며 노비도 40.6%에서

1.7%로 현저히 감소하였다.[25] 그러나 필자의 조사에 의하면 노비가 그와 같이 현저하게 감소된 것은 사실이나 다른 신분의 구조와 변화는 그렇지 못했다는 것을 <표 5>에서 알 수 있다. 그의 연구에서 중인과 천민(노비 이외)을 구별하여 보지 못한 것은 잘못된 것 같다.

이와 같은 변화에서 무엇보다도 두드러진 것이 도시에는 중인과 천역양인이 대량으로 증가되었고 반면에 농촌에서는 준양반이 대량으로 증가되었으며 노비는 농촌과 도시를 막론하고 급속히 소멸되고 있다.

이러한 신분변화를 보면 노비가 갑자기 양반 또는 준양반의 신분을 획득하기보다는 천역양인 또는 중인의 신분을 획득하고 이들은 도시에로 인구이동을 많이 일으키는 것을 추측할 수 있다. 그리고 양인은 농촌에서도 대개 준양반의 신분을 획득하는 것 같다. 또한 良匠이 도시양인의 절반을 차지하고 賤役 또는 良役의 노비가 숙종시에도 거의 절반을 차지하였으며 寡女가 도시에 많다는 것은 매우 흥미로운 것이다. 이것은 즉 대구의 도심지에는 상공업이 발달하고 있음을 의미하고 노비의 신분혼란이 나타나고 있으며 도시는 천민~노비~과부의 인간을 해방시키는 역할을 하고 있음을 의미하는 것이다.

이와 같은 신분변동은 숙종 이후에 급속히 전개되어 개항 이전에는 거의 정비되었다. 도시의 인구증가와 더불어 도시에는 주로 중인층에로 그리고 농촌에는 주로 준양반에로 신분상승이동이 전개되었음을 짐작할 수 있다. 다시 말하면 중간신분에의 상승이동이 피지배신분에서 활발히 일어나고 있었던 것이다.

그러면 이러한 신분변동이 주로 어떠한 신분계층에서 일어나고 있었던지를 좀더 자세히 보기로 하자.

<표 6>을 보면 조선후기 약 200년간의 職役別 신분변동을 알 수 있다. 이 기간에 가장 많이 증가된 직역이 幼學(4.3%→30.7%)이고 그 다음이 衙前(2.1%→13.3%)과 賤軍(1.2%→8.0%) 및 閑良(0.4%→5.5%)이며, 반면에 가장 많이 감소된 직역은 奴婢+賤役良人(15.9%→0.1%)과 奴婢(15.2%→

25) 四方博, 앞의 글, 1938, 387~391쪽.

2.0%)이고 그 다음은 良保(9.5%→0.6%)와 良軍(6.0%→1.5%)이다. 그밖에도 軍官(1.1%→3.8%)과 直・使令(0.2%→3.6%) 및 寡婦(2.9%→10.0%)가 증가되었고 賤保(3.3%→0.1%) 등이 감소하였다.

이것을 보면 신분의 상승이동이 일어나고 있는 것을 알 수 있는데, 무엇보다도 노비의 감소와 幼學 및 衙前의 증가가 현저하다. 노비의 감소원인은 贖良・逃亡・投托 등이 있겠으나[26] 무엇보다도 도망에 의한 신분해방이 기본적인 것이었다.[27] 그밖에도 放免・納粟・身功・冒良・良賤相婚・出産率의 감소 등의 원인이 있다. 그리고 幼學의 증가원인은 납속・신공 등의 합법적인 경우도 있었지만 그보다도 冒稱・良籍의 가탁 등이 준양반이 되는 기본적인 방법이라 할 수 있다. 사실 幼學은 종래에는 兩班＝士族의 신분이었지만 조선후기에 이르러서는 대부분 幼學＝상층농민의 지위였다 해도 과언이 아니다. 조선시대의 신분개념 중에서 가장 애매모호한 것이 바로 幼學이다. 아전의 증가원인은 여러 가지가 있겠으나 무엇보다도 신분의 세습성 때문이다. 그들은 일정한 봉급은 없었지만 권력을 남용하여 행패가 심하고 약탈할 수 있었다. 따라서 이들의 지역이동은 없었고 또한 출산율은 높았다.

일반적으로 양반이 조선후기에 많이 증가한 것은 주로 납속, 官에 의한 品階所有者가 많이 증가된 것으로 생각하기 쉬우나 사실은 그렇지 않고 <표 6>에서 볼 수 있는 바와 같이 오히려 감소되고 있다. 대구부의 호적조사에서 숙종시에는 11명이 발견되었다. 그 이후에는 그러한 기록이 없었다.

이러한 신분변동은 도시와 농촌에 따라 심한 차이가 나타나고 있다. 도시의 軍官과 閑良이 농촌에 비하여 현저히 증가하고 있는데 이것은 당시의 民亂外侵을 막기 위한 强兵策에서 기인되고 있는 것 같다. 반면에 농촌의 경우는 오히려 幼學이 대구본부 특히 東中面・東下面 및 西下面과 같은 대구 근교면에는 200년 전에 전체 호주의 약 1할이던 것이 고종 4년

26) 四方博, 위의 글, 394쪽.
27) 鄭奭鍾, 앞의 글, 1972, 327쪽.

에는 80% 이상을 차지하게 되었는데 이것은 도시 근교지역의 신분해체가 빠름을 의미한다. 그리고 중인 중에서도 아전과 業武 · 業儒 그리고 천민과 천인은 도시에서 급증하고 있다.

이와 같이 대구부 민의 신분변동은 전체적으로 급속히 전개되고 있으면서 농촌보다도 도시가 심하게 양반이 증가되고 노비가 감소하면서 중간신분의 성장이라는 것이 큰 사회적 의미를 지니고 있다.

2) 울산부의 경우

울산부에는 정조 10년(1786)에 9개 면의 8,586戶와 32,376人이 살았다.[28] 그 후 정조 13년에 官門에서 5里에 있는 府內面이 上府內面과 下府內面으로 나누어져서 10개 면이 되었다.

우리가 조사한 上府內面은 관문에서 거리가 5리 떨어진 府內面으로 도시적 성격이 강하고 관문에서 10리 떨어진 內廂面은 농촌적 성격이 강하며 관문에서 30리 떨어진 東面은 어촌적 성격이 강한 편이다.

울산부의 호적은 대구부의 다음으로 많이 현존하고 있으나 체계적인 비교연구를 위한 조사가 어려운 편이다. 그러나 울산부의 도시적 성격을 알 수 있는 上府內面의 호적이 있고 동시에 농촌적 성격을 알 수 있는 內廂面과 東面의 時系的 호적이 있었기 때문에 당시의 신분구조와 변화를 이해하는 데 참고가 되리라고 생각한다.

울산부에는 임란 후인 광해군 1년(1609)의 호적이 있어서 당시의 신분구조가 양반이 7.4%, 중인이 14.4%, 상인이 51.0%, 노비가 27.2%인 것을 알 수 있다.[29] 그 후의 호적조사에서 양반戶의 급속한 증가와 노비戶의 급속한 감소를 볼 수 있었다.[30] 그러나 이들의 조사대상이 주로 농촌지역을 조

---

28) 『蔚山府 輿地圖 新羅邑誌』, 乾隆 51年.

29) 울산부의 도시로 간주되는 東西南北의 4개 면을 Sommerville이 조사한 것임.

30) 정석종의 조사에 의하면 1729년~1867년간 兩班戶는 26.3%에서 65.5%로 증가하고 常民戶는 59.8%에서 34.0%로, 그리고 奴婢戶는 13.9%에서 0.5%로 감소되었다. 그리고 Sommerville의 조사에 의하면, 1729년~1804년간 兩班이 24.9%가 34.0%로 증가하였고 中間階級도 11.8%에서 15.7%로 약간 증가되었으며 常民은

<표 7> 蔚山府의 面別 時期別 身分構造　　　( )는 實數

身分	時期	都市	農村			合計
		上府內面	內廂面	東面	小計	
兩班	Ⅰ		3.0 (14)		3.0 (14)	3.0 (14)
	Ⅱ	2.2% (15)	1.3 (7)	2.6 (9)	1.8 (16)	2.0 (31)
	Ⅲ	0.8 (7)		1.1 (5)	1.1 (5)	0.9 (12)
	Ⅳ	1.4 (14)	0.7 (8)		0.7 (8)	1.0 (22)
準兩班	Ⅰ		2.1 (10)		2.1 (10)	2.2 (10)
	Ⅱ	21.8 (146)	15.1 (78)	2.3 (8)	9.9 (86)	15.1 (232)
	Ⅲ	26.7 (243)		7.9 (37)	7.9 (37)	20.4 (280)
	Ⅳ	36.8 (370)	37.9 (430)		37.9 (430)	37.4 (800)
中人	Ⅰ		0.4 (2)		0.4 (2)	0.4 (2)
	Ⅱ	12.4 (83)	7.5 (39)	9.2 (32)	8.2 (71)	10.0 (154)
	Ⅲ	29.0 (264)		28.1 (131)	28.1 (131)	28.7 (395)
	Ⅳ	37.0 (372)	27.7 (315)		27.7 (315)	32.1 (687)
良人	Ⅰ		34.4 (160)		34.4 (160)	34.4 (160)
	Ⅱ	11.3 (76)	37.1 (192)	55.3 (192)	44.4 (384)	30.0 (460)
	Ⅲ	14.3 (130)		49.1 (229)	49.1 (229)	26.1 (359)
	Ⅳ	3.8 (38)	19.6 (223)		19.6 (223)	12.2 (261)
賤役良人	Ⅰ		1.3 (6)		1.3 (6)	1.3 (6)
	Ⅱ	8.0 (54)	14.3 (74)	3.7 (13)	10.1 (87)	9.2 (141)
	Ⅲ	8.8 (80)		5.6 (26)	5.6 (26)	7.7 (106)
	Ⅳ					
賤人	Ⅰ		1.3 (6)		1.3 (6)	1.3 (6)
	Ⅱ	6.6 (44)	5.0 (26)	2.9 (10)	4.2 (36)	5.2 (80)
	Ⅲ	6.5 (59)		3.6 (17)	3.6 (17)	5.5 (76)
	Ⅳ	0.4 (4)	0.1 (1)		0.1 (1)	0.2 (5)
奴婢	Ⅰ		46.0 (214)		46.0 (214)	46.0 (214)
	Ⅱ	7.7 (52)	7.5 (39)	9.8 (34)	8.4 (73)	8.1 (125)
	Ⅲ	2.2 (20)		0.6 (3)	0.6 (3)	1.7 (23)
	Ⅳ	0.3 (3)				0.1 (3)
寡婦	Ⅰ		7.9 (37)		7.9 (37)	
	Ⅱ	14.3 (96)	8.7 (45)	11.5 (40)	9.8 (85)	
	Ⅲ	9.0 (82)		3.2 (15)	3.2 (15)	
	Ⅳ	19.7 (198)	13.9 (158)		13.9 (158)	
其他	Ⅰ		3.4 (16)		3.4 (16)	3.4 (16)
	Ⅱ	15.5 (104)	3.5 (18)	2.6 (9)	3.1 (27)	8.5 (131)
	Ⅲ	2.6 (24)		0.6 (3)	0.6 (3)	2.0 (27)
	Ⅳ	0.5 (5)				0.2 (5)
合計	Ⅰ		99.8 (465)		99.8 (465)	99.9 (465)
	Ⅱ	99.8 (670)	100.0 (518)	99.9 (347)	99.9 (865)	99.9 (1,535)
	Ⅲ	99.9 (909)		99.8 (466)	99.8 (466)	100.0 (1,375)
	Ⅳ	99.9 (1,004)	99.9 (1,135)		99.9 (1,135)	99.8 (2,139)

備考 : 1. Ⅰ時期는 肅宗 10年(1684년)
2. Ⅱ時期는 英祖 47年(1771년)
3. Ⅲ時期는 純祖 10年(1810년)

47.2%에서 48.0%로 증가하였으며 奴婢는 26.5%에서 0.5%로 급속히 감소되었다.

4. Ⅳ時期는 上府內面의 경우 高宗 22年(1885년), 內廂面은 高宗 19年 (1882년)

사하였기 때문에 그 실상을 정확히 이해하기는 어렵지 않나 생각한다.

우리가 조사한 3개 면의 시기별 신분구조는 <표 7>과 같다.

<표 7>을 보면, 양반이 도시와 농촌에서 약간 감소하고(3.0%→1.0%) 준양반과 중인이 현저히 증가하며(각각 2.2%→37.4%와 0.4%→32.1%), 양인과 노비가 현저히 감소하고 있다(각각 34.4%→12.2%와 46.0%→0.1%). 그리고 천역양인은 약간 증가하고 있다(1.3%→7.7%).

이러한 것을 보면, 울산부의 신분변동은 대구부의 경우와는 달라서 도시와 농촌의 큰 차이가 없이 준양반과 중인 및 천역양인이 증가하고 양반 · 천인 · 노비의 戶數는 감소되고 있다는 것을 알 수 있다. 이것은 울산부의 도시가 농촌적 성격을 지니고 있음을 의미하지만 그래도 그 증감률의 차이가 나타나고 있다.

일반적으로 양반의 현저한 증가와 상민 및 노비의 현저한 감소가 조선후기에 있어서 신분변동의 특성으로 간주된다. 그러나 이것을 좀더 구체적으로 보면 그렇지 않고 오히려 양반의 감소와 준양반의 증가를 볼 수 있고 또한 양인의 감소와 중인 및 천역양인의 증가를 알 수 있다.

여기에서 흥미로운 것은 대구부에는 도시의 중인과 賤良이 증가하고 농촌에 준양반이 증가한 것을 볼 수 있었는데, 울산부에는 도시와 농촌에도 이 모두가 증가하고 있다는 것이다. 다시 말하면 농촌에도 중간신분에의 상승이동이 활발히 전개되고 있다는 사실이다. 이것이 농촌발전의 핵심적 역할을 하는 것 같다.

그러면 대량으로 증가되고 있는 중간신분이 어떠한 것인지를 보기로 하자.

<표 8>을 보면, Ⅲ기에서 Ⅳ기까지 幼學과 業武 · 業儒가 현저히 증가하였고(각각 4.6%→35.6%와 4.5%→27.1%), 노비가 현저히 감소하였으며(46.7%→0.1%), 또 良保와 良軍도 많이 감소하였다(각각 19.1%→0.0%와 13.8%→10.5%). 그밖에 과부도 많이 증가하였다.

<표 8> 蔚山府의 面別 時期別 身分構造

( )는 實數

面·時期	身分	兩班								準兩班							
		現文官	前文官	現武官	前武官	文品階	武品階	生員進士及第	小計	校生員生童蒙	閑良	武學出身	幼學	衛所屬者	軍官	選武都訓導別武士	小計
內廂面	I	0.2 (1)		0.4 (2)	0.2 (1)	1.5 (7)	0.7 (3)		3.0 (14)		0.2 (1)	1.7 (8)			0.2 (1)		2.1 (10)
	II	0.2 (1)		0.4 (2)		0.8 (4)			1.3 (7)		5.2 (27)		3.9 (20)	1.0 (5)	5.0 (26)		15.1 (78)
	IV			0.3 (3)		0.1 (1)	0.3 (3)	0.1 (1)	0.7 (8)	0.3 (3)	0.8 (9)	0.8 (9)	35.8 (407)		0.2 (2)		37.9 (430)
上府內面	II	0.1 (1)	0.1 (1)	0.9 (6)		0.1 (1)	0.9 (6)		2.2 (15)		7.6 (51)	0.3 (2)	6.6 (44)	1.0 (7)	5.5 (37)	0.7 (5)	21.8 (146)
	III			0.2 (2)		0.2 (2)	0.1 (1)	0.2 (2)	0.8 (7)	0.1 (1)		0.2 (2)	13.5 (123)	2.0 (18)	9.0 (82)	1.9 (17)	26.7 (243)
	IV	0.2 (2)		0.8 (8)		0.4 (4)			1.4 (14)	0.3 (3)	0.7 (7)	0.6 (6)	35.3 (354)				36.8 (370)
東面	II					1.4 (5)	1.1 (4)		2.6 (9)				2.0 (7)		0.3 (1)		2.3 (8)
	III			0.2 (1)		0.6 (3)		0.2 (1)	1.1 (5)				6.4 (30)	1.5 (7)			7.9 (37)
合計	I	0.2 (1		0.4 (2)	0.2 (1)	1.5 (7)	0.7 (3)		3.0 (14)		0.2 (1)	1.7 (8)			0.2 (1)		2.1 (10)
	II	0.1 (2)	0.1	0.5 (8)		0.6 (10)	0.6 (10)		2.0 (31)		5.1 (78)	0.1 (2)	4.6 (71)	0.8 (12)	4.2 (64)	0.3 (5)	15.1 (232)
	III			0.2 (3)		0.4 (5)	0.1 (1)	0.2 (3)	0.9 (12)	0.1 (1)		0.1 (2)	11.1 (153)	1.8 (25)	6.0 (82)	1.2 (17)	20.4 (280)
	IV	0.1 (2)		0.5 (11)		0.2 (5)	0.1 (3)	0.0 (1)	1.0 (22)	0.3 (6)	0.7 (16)	0.7 (15)	35.6 (761)		0.1 (2)		37.4 (800)

面·時期	身分	中人				良人						賤役良人						
		業武 業儒	雜職	衙前	小計	良軍	良保	良匠	贖良	良人 + 中人	小計	賤匠	賤保	水軍	束伍	賤軍	賤良 + 良人	小計
內廂面	Ⅰ			0.4 (2)	0.4 (2)	13.8 (63)	19.1 (87)	1.3 (6)	0.9 (4)		34.4 (160)		1.1 (5)	0.2 (1)				1.3 (6)
	Ⅱ	6.6 (34)	0.8 (4)	0.2 (1)	7.5 (39)	18.5 (96)	14.1 (73)	4.2 (22)		0.2 (1)	37.1 (192)	5.4 (28)	0.6 (3)	0.8 (4)	0.4 (2)	6.7 (35)	0.4 (2)	14.3 (74)
	Ⅳ	24.3 (276)		3.4 (39)	27.7 (315)	16.6 (189)		3.0 (34)			19.6 (223)							
上府內面	Ⅱ	3.6 (24)	1.3 (9)	7.4 (50)	12.4 (83)	7.3 (49)	1.6 (11)	1.9 (13)		0.4 (3)	11.3 (76)	0.6 (4)	0.7 (5)	0.9 (6)	4.2 (28)	0.4 (3)	1.2 (8)	8.1 (54)
	Ⅲ	17.3 (157)	4.0 (36)	7.8 (71)	29.0 (264)	9.5 (86)	2.6 (24)	2.2 (20)			14.3 (130)	1.3 (12)	0.2 (2)	2.0 (18)	4.5 (41)	0.8 (7)		8.8 (80)
	Ⅳ	30.2 (303)	3.3 (33)	3.6 (36)	37.0 (372)	3.6 (36)	0.1 (1)	0.1 (1)			3.8 (38)							
東面	Ⅱ	3.2 (11)		6.0 (21)	9.2 (32)	53.3 (185)	2.0 (7)				55.3 (192)	0.6 (2)		0.3 (1)	0.6 (2)	2.3 (8)		3.7 (13)
	Ⅲ	24.9 (116)		3.2 (15)	28.1 (131)	49.1 (229)					49.1 (229)	0.4 (2)		1.5 (7)		3.6 (17)		5.6 (26)
合計	Ⅰ			0.4 (2)	0.4 (2)	13.8 (63)	19.1 (87)	1.3 (6)	0.9 (4)		34.4 (160)		1.1 (5)	0.2 (1)				1.3 (6)
	Ⅱ	4.5 (69)	0.8 (13)	4.7 (72)	10.0 (154)	21.5 (330)	5.9 (91)	2.3 (35)		0.3 (4)	30.0 (460)	2.2 (34)	1.5 (8)	0.7 (11)	2.1 (32)	3.0 (46)	0.6 (10)	9.2 (141)
	Ⅲ	19.8 (273)	2.6 (36)	6.2 (86)	28.7 (395)	22.9 (315)	1.7 (24)	1.4 (20)			26.1 (359)	1.0 (14)	0.1 (2)	1.8 (25)	3.0 (41)	1.7 (24)		7.7 (106)
	Ⅳ	27.1 (579)	1.5 (33)	3.5 (75)	32.1 (687)	15.0 (225)	0.0 (1)	1.6 (35)			12.2 (261)							

面·時期	身分	賤人							奴婢					寡婦	其他	合計
		驛吏	下典	直使令	才人+巫屬	賤人+良人	賤人+賤良	小計	奴婢	奴+良人	奴+賤良	奴+賤人	小計			
內廂面	Ⅰ	1.3 (6)						1.3 (6)	46.7 (213)		0.2 (1)		46.0 (214)	7.9 (37)	3.4 (16)	99.8 (465)
	Ⅱ	2.1 (11)	2.1 (11)	0.6 (3)		0.2 (1)		5.0 (26)	6.9 (36)	0.2 (1)	0.2 (1)	0.2 (1)	7.5 (39)	8.7 (45)	3.5 (18)	100.0 (518)
	Ⅳ	0.1 (1)						0.1 (1)						13.9 (158)		99.9 (1,135)
上府內面	Ⅱ	2.1 (14)	1.0 (7)	3.0 (20)	0.1 (1)	0.1 (1)	0.1 (1)	6.6 (44)	7.3 (49)		0.3 (2)	0.1 (1)	7.8 (52)	14.3 (96)	15.5 (104)	100.0 (670)
	Ⅲ	3.2 (29)	0.2 (2)	3.0 (27)	0.1 (1)			6.5 (59)	2.2 (20)				2.2 (20)	9.0 (82)	2.6 (24)	99.9 (909)
	Ⅳ			0.4 (4)				0.4 (4)	0.2 (2)	0.1 (1)			0.3 (3)	19.7 (198)	0.5 (5)	99.9 (1,004)
東面	Ⅱ	1.7 (6)			1.1 (4)			2.9 (10)	6.3 (22)	3.4 (12)			9.8 (34)	11.5 (40)	2.6 (9)	99.9 (347)
	Ⅲ	3.4 (16)			0.2 (1)			3.6 (17)	0.6 (3)				0.6 (3)	3.2 (15)	0.6 (3)	99.8 (466)
合計	Ⅰ	1.3 (6)						1.3 (6)	46.7 (213)		0.2 (1)		46.0 (214)	7.9 (37)	3.4 (16)	99.8 (465)
	Ⅱ	2.0 (31)	1.2 (18)	1.5 (23)	0.3 (5)	0.1 (2)	0.1 (1)	5.2 (80)	7.0 (107)	0.8 (13)	0.2 (3)	0.1 (2)	8.1 (125)	11.8 (181)	8.5 (131)	99.9 (1,535)
	Ⅲ	3.3 (45)	0.1 (2)	2.0 (27)	0.1 (2)			5.5 (76)	1.7 (23)				1.7 (23)	7.0 (97)	2.0 (27)	100.0 (1,375)
	Ⅳ	0.0 (1)		0.2 (4)				0.2 (5)	0.1 (2)	0.0 (1)			0.1 (3)	16.6 (356)	0.2 (5)	99.8 (2,139)

幼學이 현저히 증가하고 노비가 현저히 감소한 것은 대구부에서도 볼 수 있었지만 이곳에서는 業武 · 業儒가 현저히 증가하고 있다. 業武 · 業儒가 많다는 것은 서얼 즉 첩이 많다는 것을 의미한다.

당시의 서얼은 양반 또는 班村에 많았다. 반촌인 慶北 月城郡 良左洞의 경우, 1700년대에 부락 전체에서 庶子의 비율이 평균 40%선으로 증가하였고 1750년 이후와 1700년 전에는 대략 20~30%에 달한다고 하였다.[31] 이것은 특수한 예가 될지 모르나 당시에 반촌 또 兩班家의 서자문제는 대단히 심각하였음을 짐작할 수 있다.

3) 상주목의 경우

상주목에는 31개 면의 18,642戶와 70,443人이 있었다.[32] 상주는 영남의 내륙지방에 있는 행정 및 상업의 중심지이고 교통의 요지이기도 하다.

상주목의 현존호적은 영조 14년(1738)에서 순조 22년(1822)까지 7책이 있지만 대단히 부실하기 때문에[33] 상주지방의 신분구조를 정확히 파악한다는 것은 매우 어려운 일이다. 영조 14년(1738) 상주목의 中東面과 丹東面의 호적조사에서 당시의 신분구조가 대구부의 경우와 유사하다는 것을 알 수 있지만[34] 이것은 농촌지역의 것이라서[35] 도시지역의 신분구조를 이해하는 데 미흡한 것 같았다.

그리하여 필자는 상주목의 中心面 중에서 현존호적이 있는 內南面과 內東面의 호적을 조사하기로 하였고 농촌지역으로서 中東面과 山東面의 호적을 조사하기로 하였다. 內東面과 內南面은 관문에서 거리가 각각 20里

31) 呂重哲, 앞의 글, 1980, 140쪽.

32) 『尙州牧邑誌』.

33) 尙州牧의 현존호적은 온전한 것이 거의 없고 보관이 잘못되어 훼손된 부분이 많다.

34) 김용섭의 조사에 의하면 中東面의 양반은 18.3%이고 평민은 56.4%이며 천민(노비)이 19.6%이다. 그리고 丹東面의 양반은 38.8%이고 평민은 42.3%이며 천민은 16.7%이다. 나머지는 기타이다.

35) 『尙州邑誌』에 의하면 中東面은 官門에서 40리의 거리에 있고 丹東面은 70리의 거리에 있다.

가 되지만 中東面의 경우는 40里, 山東面의 경우 70里, 그리고 永順面의 경우 50里이다. 상주목의 內南面과 內東面이 도시적 성격을 지니고 있다고 말하기는 어려우나 다른 면에 비하여 그 성격이 강할 것이다.

우리가 조사한 상주목의 面別 신분구조는 <표 9>와 같다.

<표 9> 尙州牧의 面別 身分構造 ( )는 實數

地域	身分 / 面(時期)	兩班	準兩班	中人	良人	賤役良人	賤人	奴婢	寡婦	其他	合計
農村	山東面	4.4	14.2	2.0	38.7	11.8	0.9	14.0	5.5	8.3	99.8
	(英祖 11年)	(39)	(125)	(18)	(340)	(104)	(8)	(123)	(48)	(73)	(878)
	中東面	3.3	19.0	5.3	29.7	8.0	1.0	17.7	12.8	3.1	99.0
	(英祖 14年)	(23)	(133)	(37)	(208)	(56)	(7)	(124)	(90)	(22)	(700)
都市	內東面	3.3	13.7	11.5	19.8	8.8	4.4	23.5	9.3	5.7	100.0
	(英祖 29年)	(21)	(87)	(73)	(126)	(56)	(28)	(149)	(59)	(36)	(635)
	內南面	2.1	25.8	4.2	14.5	9.9	4.9	22.3	8.7	7.5	99.9
	(英祖 29年)	(17)	(209)	(34)	(118)	(80)	(40)	(181)	(71)	(61)	(811)
合 計		3.3	18.3	5.4	26.2	9.8	2.7	19.1	8.9	6.3	100.0
		(100)	(554)	(162)	(792)	(296)	(83)	(577)	(268)	(192)	(3,024)

<표 9>에서 볼 수 있는 바와 같이 상주목의 신분구조는 양반이 전체의 3.3%이고 준양반이 18.4%이며 중인은 5.4%, 양인은 34.9%, 천역양인은 9.8%, 천인은 2.7%, 그리고 노비가 전체의 19.2%이다.

이것을 보면 영조 때까지만 하여도 상민이 가장 많고(44.7%) 그 다음이 노비와 준양반인데 이러한 현상이 말기에 갈수록 개항 이전에 신분의 逆階層化가 일어난다.

<표 9>를 보면, 상주목의 농촌과 도시 간 신분구조의 차이가 심하지 않으나 농촌에는 양인이 보다 많고 도시에는 노비가 보다 많다. 그리고 도시지역인 內南面의 경우는 준양반이 가장 많고 內東面의 경우는 중인이 보다 많다.

이와 같이 도시지역은 농촌에 비하여 준양반 또는 중인이 많은데 이것은 대구부와 울산부에서 지적한 바와 같이 상향신분변동이 도시에서 먼저 일어나고 있음을 알 수 있다. 또한 도시인이 농촌인에 비하여 사회경제적 지위가 약간 높음을 알 수 있다.

<표 10> 尙州牧 面別 身分構造

( )는 實數

身分 / 面	兩班								準兩班							
	現文官	前文官	現武官	前武官	文品階	武品階	生員進士及第	小計	校生員生童蒙	閑良	武學出身	幼學	衛所屬者	軍官	選武都訓導別武士	小計
山東面	0.6 (5)		0.2 (2)		3.1 (27)	0.3 (3)	0.2 (2)	4.4 (39)			0.1 (1)	12.7 (112)	0.7 (6)	0.4 (4)	0.2 (2)	14.2 (125)
中東面	1.0 (7)		1.4 (10)		0.7 (5)		0.1 (1)	3.3 (23)	0.3 (2)		0.1 (1)	10.6 (74)	0.7 (5)	7.1 (50)	0.1 (1)	19.0 (133)
內東面	0.5 (3)		1.1 (7)		0.9 (6)	0.6 (4)	0.2 (1)	3.3 (21)	1.3 (8)		0.5 (3)	7.4 (47)	0.2 (1)	4.1 (26)	0.3 (2)	13.7 (87)
內南面	0.5 (4)		0.2 (2)		0.5 (4)	0.7 (6)	0.1 (1)	2.1 (17)	0.4 (3)		1.7 (14)	22.2 (180)	0.2 (2)	1.0 (8)	0.2 (2)	25.8 (209)
計	0.6 (19)		0.7 (21)		1.4 (42)	0.4 (13)	0.2 (5)	3.3 (100)	0.4 (13)		0.6 (19)	13.7 (413)	0.5 (14)	2.9 (88)	0.2 (7)	18.3 (554)

身分 / 面	中人				良人					賤役良人						
	業武業儒	雜職	啇前	小計	良軍	良保	良匠	贖良	小計	賤匠	賤保	水軍	東伍	賤軍	賤良+良人	小計
山東面	1.6 (14)	0.2 (2)	0.2 (2)	2.0 (18)	9.2 (81)	26.2 (230)	3.0 (26)	0.3 (3)	38.0 (340)	1.1 (10)	2.7 (24)	4.4 (39)	0.8 (7)	0.4 (4)	2.3 (20)	11.8 (104)
中東面	4.4 (31)		0.8 (6)	5.3 (37)	9.0 (63)	20.3 (142)	0.4 (3)		29.7 (208)	1.7 (12)	2.3 (16)	0.7 (5)	0.7 (5)	0.4 (3)	2.1 (15)	8.0 (56)
內東面	5.5 (35)	0.9 (6)	5.0 (32)	11.5 (73)	9.1 (58)	9.4 (60)	1.3 (8)		19.8 (126)	1.3 (8)		0.8 (5)	3.5 (22)	3.3 (21)		8.8 (56)
內南面	2.5 (20)	0.6 (5)	1.1 (9)	4.2 (34)	7.5 (61)	5.4 (44)	1.5 (12)	0.1 (1)	14.5 (118)	1.5 (12)	(1.6 (13)	0.5 (4)	4.7 (38)	1.1 (9)	0.5 (4)	9.9 (80)
計	3.3 (100)	0.4 (13)	1.6 (49)	5.4 (162)	8.7 (263)	15.7 (476)	1.6 (49)	0.1 (4)	26.2 (792)	1.4 (42)	1.7 (53)	1.7 (53)	2.4 (72)	1.2 (37)	1.3 (39)	9.8 (296)

身分 面	賤人							奴婢						寡婦	其他	合計
	驛吏	下典	直使令	才人 + 巫屬	賤人 + 良人	賤人 + 賤良	小計	奴婢	奴 + 中人	奴 + 良人	奴 + 賤良	奴 + 賤人	小計			
山東面	0.8 (7)		0.1 (1)				0.9 (8)	11.2 (98)			2.8 (25)		14.0 (123)	5.5 (48)	8.3 (73)	99.8 (878)
中東面	0.8 (6)			0.1 (1)			1.0 (7)	11.3 (79)		0.1 (1)	6.3 (44)		17.7 (124)	12.8 (90)	3.1 (22)	99.9 (700)
內東面	1.6 (10)		2.7 (17)			0.2 (1)	4.4 (28)	12.9 (82)	0.2 (1)		9.9 (63)	0.5 (3)	23.5 (149)	9.3 (59)	5.7 (36)	100.0 (635)
內南面	3.1 (25)		1.6 (13)			0.2 (2)	4.9 (40)	14.3 (116)			7.9 (64)	0.1 (1)	22.3 (181)	8.7 (71)	7.5 (61)	99.9 (811)
計	1.6 (48)		1.0 (31)	0.0 (1)		0.1 (3)	2.7 (83)	12.4 (375)	0.0 (1)	0.0 (1)	6.5 (196)	0.1 (4)	19.1 (577)	8.9 (268)	6.3 (192)	100.0 (3,024)

<표 11> 丹城縣의 時期別 身分構造

( )는 實數

身分 時期	兩班									準兩班							
	現文官	前文官	現武官	文品階	武品階	納粟	生員 進士 及第	淑夫人	小計	校生 員生 童蒙	閑良	武學 出身	幼學	衛所 屬者	軍官	都訓導	小計
肅宗 4年 (1678年)	0.0 (1)		61??	0.0 (4)		0.4 (33)	0.1 (6)		0.5 (44)	0.9 (79)	0.4 (35)	0.5 (44)	2.5 (207)	0.7 (58)		0.0 (1)	5.1 (424)
肅宗 46年 (1720年)			0.1 ??	0.2 (24)	0.1 (10)	0.8 (94)		0.0 (1)	0.2 (145)	0.5 (63)		0.6 (75)	5.3 (646)	0.3 (36)		0.0 (3)	6.8 (823)
英祖 8年 (1732年)	0.0 (2)	0.0 (1)	0.1 (14)	0.3 (34)	0.0 (7)	0.6 (78)	0.0 (1)	0.0 (1)	1.1 (138)	0.4 (48)		0.7 (89)	7.6 (969)	0.1 (20)	0.0 (1)	0.0 (3)	8.9 (1,130)
英祖 35年 (1759年)		0.02 (3)	0.1 (7)	0.2 (27)		0.3 (48)	0.0 (3)	0.0 (3)	0.6 (91)			0.4 (60)	8.3 (1,203)	0.1 (19)	0.3 (39)	0.0 (3)	9.1 (1,324)
正祖 10年 (1786年)	0.0 (2)		0.0 (6)	0.1 (13)		0.4 (51)	0.0 (6)		0.6 (78)	0.3 (43)		0.2 (24)	12.0 (1,691)	0.2 (23)	1.2 (167)	0.1 (10)	13.7 (1,958)

身分 / 時期	中人				良人					賤役良人					
	業武業儒	雜職	衙前	小計	良軍(人)	良保	良匠	贖良	小計	賤匠	賤保	水軍	東伍	賤軍	小計
肅宗 4年 (1678年)	1.3 (107)	0.2 (15)	0.6 (51)	2.1 (173)	4.2 (348)	2.8 (236)	0.9 (74)	16.2 (1,342)	24.1 (2,000)	1.0 (86)	2.0 (163)	0.4 (33)		0.2 (21)	3.6 (303)
肅宗 46年 (1720年)	1.1 (140)	0.2 (20)	0.5 (60)	1.8 (220)	3.1 (380)	4.3 (530)	1.6 (194)	22.2 (2,697)	31.3 (3,801)	1.0 (123)	3.5 (430)	0.3 (35)	0.0 (7)	0.5 (68)	5.4 (663)
英祖 8年 (1732年)	1.0 (126)	0.1 (15)	0.6 (77)	1.7 (218)	5.0 (640)	3.4 (432)	1.5 (196)	21.6 (2,749)	31.6 (4,017)	2.0 (254)	1.0 (129)	0.6 (83)	0.1 (13)	0.4 (47)	4.1 (526)
英祖 35年 (1759年)	1.6 (224)	0.0 (6)	1.0 (144)	2.6 (374)	4.9 (700)	2.4 (340)	0.4 (51)	26.0 (3,756)	33.6 (4,847)	1.2 (177)	1.2 (175)	1.1 (167)	1.7 (240)	1.1 (161)	6.4 (920)
正祖 10年 (1786年)	2.1 (293)	0.1 (7)	0.6 (119)	3.1 (419)	4.4 (614)	2.5 (349)	0.5 (63)	26.8 (3,718)	34.2 (4,744)	0.4 (54)	2.9 (403)	1.5 (215)	1.8 (257)	0.3 (48)	7.0 (977)

身分 / 時期	賤人						奴婢					寡婦	婦女	其他	合計
	驛吏(卒)	下典	直使令馬夫	才人+巫屬	驛女	小計	奴婢	奴+良人	奴+賤良	奴+賤人	小計				
肅宗 4年 (1678年)	1.4 (117)				0.3 (27)	1.7 (144)	56.2 (4,660)	0.1 (9)		0.1 (5)	56.4 (4,674)	1.5 (129)	3.2 (263)	1.7 (138)	99.9 (8,292)
肅宗 46年 (1720年)	1.7 (207)		0.0 (7)	0.0 (4)	0.5 (62)	2.3 (280)	41.6 (5,066)	0.1 (17)	0.1 (13)	2.2 (272)	44.1 (5,368)		5.6 (684)	1.4 (177)	99.9 (12,161)
英祖 8年 (1732年)	1.5 (195)		0.1 (10)	0.0 (4)		1.6 (209)	40.8 (5,198)	0.1 (9)	0.0 (7)	2.0 (257)	43.0 (5,471)	1.0 (127)	6.7 (859)	0.2 (33)	99.9 (12,728)
英祖 35年 (1759年)	1.1 (167)		0.1 (14)	0.3 (50)		1.6 (231)	28.2 (4,070)				28.2 (4,070)	7.9 (1,144)	9.0 (1,301)	0.7 (108)	99.7 (14,410)
正祖 10年 (1786年)	0.6 (89)		0.0 (4)	0.3 (39)		0.9 (132)	26.2 (3,647)				26.2 (3,647)	0.8 (114)	12.2 (1,701)	0.9 (125)	99.8 (13,895)

그러면 상주목의 3개 면 戶主의 직역에 의한 차이를 보도록 하자.

<표 10>을 보면, 4개 면 호주의 직역 비율상 차이가 심하지 않지만 山東面의 경우는 文品과 良保가 다른 면에 비하여 많고 中東面의 경우는 軍官과 良保가 많고 內東面의 경우는 衙前·軍官·束伍가 많으며 內南面의 경우는 幼學·束伍·驛吏가 많은 편이다.

이것을 보면 4개 면 간의 직역에 의한 산업적 특성을 짐작할 수 있지만 대구에 비하여 농촌적 성격이 강하다.

4) 단성현

단성현은 14개 면에 2,526戶와 17,717名이 살았고[36] 光武 3年에는 2,834戶와 10,942名이 살았다.[37] 이것은 호적에 나타난 것과는 다르다. 호적에는 숙종 4년에 8,292명이 거주하였고 영조 8년에는 12,728명이 되었으며 영조 35년에는 14,410명이 되었고, 정조 10년에는 13,895명이 되었다.

단성현은 경상도의 山村이기 때문에 조선후기에 있어서 심한 사회변동의 영향권에서 벗어날 수 있었던지 아니면 더 심했던지 궁금하다. 만약 단성현과 같은 전형적인 농촌의 신분변동이 심하다면 이것은 전국적인 보편현상이었다고 단언할 수 있다. 동시에 단성현과 같은 농촌의 신분변동이 다른 지역의 경우와 어떠한 차이와 특성이 있는가를 규명할 필요성이 있다. 물론 단성현의 호적조사는 그 단위가 인구이기 때문에 戶主에 의한 신분구조(대구·상주·울산)의 파악과는 다를 것이다.

<표 11>에서 볼 수 있는 바와 같이 숙종 4년 이후 약 100여 년간 양반의 증가율은 0.1%(0.5%→0.6%)이고, 준양반의 증가율은 8.6%(5.1%→13.7%)이며, 중인의 증가율은 1.0%(2.1%→3.1%) 그리고 양인과 천역양인의 증가율은 각각 10.1%(24.1%→34.2%)와 3.4%(3.6%→7.0%)이다. 그러나 노비는 30.2%(56.4%→26.2%)가 감소되었고, 천인도 0.8%(1.7%→0.9%)가 감소되었다.

---

36)『山淸縣邑誌』.

37)『山淸郡邑誌』.

이것을 본다면, 단성현의 신분변동은 다른 지역의 경우와는 매우 다르게 완만한 계층화가 일어나고 있지만 이것도 말기에 이를수록 급속한 변화를 엿보이고 있다. 이러한 변화를 직역별로 분석하여 보아도 대구부의 경우와 매우 유사하다.

이러한 신분변동이 일어날 수 있는 것은 여러 가지의 이유가 있겠으나 그 중에서도 지역이동, 특히 단성현 民의 移居와 逃亡 호주의 신분에서 찾아보자.

단성현 호적대장의 絶戶秩에 의하면 이거와 도망의 호주신분은 <표 12>와 같다.

<표 12>에서 볼 수 있는 바와 같이 단성현 민의 지역이동은 각 신분층에서 모두 일어나고 있지만 역시 다수의 인구를 형성하고 있는 노비와 양인에서 가장 많이 일어나고 있다. 또한 구성비에 비하여 준양반과 천역양인에서도 많은 지역이동이 일어나고 있다. 이러한 지역이동은 단순한 이거에서보다도 도망의 형식이 말기로 갈수록 가장 많다. 이것은 免役과 身分解放을 노린 것이다.

<표 12> 丹城縣 時期別 移居와 逃亡戶主의 身分　　( )는 實數

時期	移逃 \ 戶主身分	兩班	準兩班	中人	良人	賤役良人	賤人	奴婢	寡婦養女	不記其他	合計
肅宗 4年 (1678年)	移居	3.0 (3)	16.2 (16)	1.0 (1)	25.2 (25)	14.1 (14)	6.1 (6)	33.3 (33)	1.0 (1)		99.9 (99)
	逃亡				27.6 (8)	17.2 (5)	6.9 (2)	44.8 (13)		3.4 (1)	99.9 (29)
肅宗 46年 (1720年)	移居	3.0 (3)	17.0 (17)	1.0 (1)	7.0 (7)	2.0 (2)	1.0 (1)	27.0 (27)	9.0 (9)	33.0 (33)	100.0 (100)
	逃亡		0.9 (1)[1]	1.8 (2)[2]	9.0 (10)	9.9 (11)	2.7 (3)	31.5 (35)	8.1 (9)	36.0 (40)	99.9 (111)
英祖 8年 (1732年)	移居	2.0 (1)	14.3 (7)	12.2 (6)	32.6 (16)	30.6 (15)		6.1 (3)	2.0 (1)		99.8 (49)
	逃亡		4.0 (9)[3]	2.2 (5)[4]	39.5 (88)	5.4 (12)	2.2 (5)	39.0 (87)	3.1 (7)	4.5 (10)	99.9 (223)

備考 : 1) 武學 2) 假吏 3) 幼學 5人, 武學 4人 4) 業武

이상과 같이 우리는 4개 지역의 신분구조와 변동에서 알 수 있는 것은 무엇보다도 양반 및 중인의 현저한 증가와 양인 및 천인의 현저한 감소를 지적할 수 있다. 이것은 양인의 양반화 또는 천민의 양인화가 지배적이었음을 의미한다. 물론 천인의 양반화·중인화와 양반의 중인화·양인화도 볼 수 있는 것이다. 특히 양인과 천인의 양반화는 경제적으로 양반 및 관료가 모든 국역부담에서 면제되었고 중인·양인·천민·노비 등이 여러 가지 稅賦와 軍役의 重課에 허덕이게 되었기 때문에 이러한 중과에서 벗어나기 위하여서는 불가피한 것이었다. 즉 양반 및 관료의 신분을 취득하는 것이 유일한 방법이었고 이러한 현상이 심하면 심할수록 양인과 천인의 부담이 가중되었기 때문에 신분해체는 가속적으로 진행되었던 것이다. 이러한 신분의 逆階層化는 조선 중기, 특히 壬亂과 丙亂 이후에 국력의 피폐와 국가재정의 궁핍에 의하여 강화되었고 이로 말미암아 합법적 신분변경이 가능하였다. 그래서 호적상에 納粟嘉善·納粟通政이라고 명기하는 예가 적지 않고 너무나 그 四祖의 기록에 있어서 嘉善·通政·學生 등 헤아릴 수 없으며 후대에 이르러서는 그 추세가 한층 더 심하여 숙종·영조시대의 호적에는 正兵·保人 등과 같은 상민적 기재는 거의 찾아볼 수 없게 되었다.[38] 이와 같이 신분문란이 심한 것은 아니지만 상당히 타당성이 있는 것이었다. 신분의 역계층화는 특히 영조 이후에 심화되었으며 개항 이전에 거의 끝났다 해도 과언이 아니다.

그런데 신분변화가 일어났다고 해서 모든 직역에서 일어난 것은 아니고 특히 몇 개의 직역에서 일어나고 있다. 양반의 증가는 준양반이라 할 수 있는 幼學과 閑良이 현저히 증가하고, 양인의 경우는 良軍과 良保에서 현저히 감소되고 있으며 천민의 경우는 奴婢이다. 그리고 중인의 경우는 대구부 및 상주목에서는 衙前이 현저히 증가하고 울산부에서는 業武·業儒 및 軍官이다.

이러한 직역의 변화도 지역에 따라 그 시기상의 차이가 나타나고 있다. 대구부의 경우는 幼學이 정조 이후에 심하게 증가하고 良軍은 고종 이후, 良保는 영조 이후, 그리고 노비의 감소와 아전의 증가는 영조 이후에 심하게 일어나고 있다. 울산부의 경우는 幼學과 良軍이 고종 이후에 현저히 감

38) 李北滿, 『李朝社會經濟史硏究』, 大成出版社, 1949, 223쪽.

소하고 奴婢는 영조 이후 급속히 감소되며 業武 · 業儒는 순조 이후에 현저히 증가되고 있다.

이러한 것을 본다면 賤役이 면제되는 양반 · 중인의 신분을 획득하고 免하기 위하여 양인과 천인의 모칭 및 도망 등이 심하게 일어났고, 또 노비와 천인의 신분적 예속에서 해방되기 위하여 모칭 및 도망 등이 심하게 일어났음을 알 수 있다. 이와 같이 신분변동이 심하게 일어나게 된 것은 지방의 守令 · 鄕吏 · 賤民의 잉여생산물을 강제로 수탈하였고 향반 · 士豪 · 지주는 과중한 地代와 高利貸에 의하여 양인과 천인을 수탈하였다. 특히 衙前 · 軍官과 같은 中人鄕吏와 公賤 · 風憲과 같은 屬吏들의 신분상승이 동은 茶山이 『牧民心書』에서 지적한 바와 같이 농민들에 대한 심한 착취에서 가능하였다.[39] 그 사례를 보기로 하자.[40]

1) 吏屬이란 衙前 · 鄕吏 · 吏와 같은 것으로 관청의 하급실무자들이다. 중앙관서에는 京衙前이 있고 지방관서에는 外衙前이 있다. 鄕吏란 세습적인 아전이고 다른 지방에서 온 자는 假吏라 한다. 근무하는 곳에 따라 書吏 · 書記 · 官吏라 하고 그들의 집무처인 吏廳이 수령의 집무처인 正廳의 앞에 있었으므로 衙前이라 했다. 백성은 토지를 밭으로 삼고 아전들은 백성을 밭으로 삼아서 살갗을 벗기고 뼈골을 찍어내는 것으로 밭갈이하는 것 같이 생각하고 머리 수를 세어서 훑어들이는 것으로 가을철의 수확과 같이 생각하니 이것이 습관이 되어 당연한 것으로 되어 있다(吏典六條 束吏條).

2) 요즈음 국가의 경비는 날로 줄어지고 백관의 인건비와 공인이 그 액수에 의하여 할당받고 있으나 항상 신구년도가 서로 이어지지 못함을 걱정하고 있는데 부자집의 세금은 아전들의 푸대 속으로 세곡의 운반은 해마다 그 기한을 어겨서 문초를 당하고 관직을 파면당하는 자가 많지만 아직도 이를 깨닫지 못하고 있으니 한심한 일이다. 세미가 한 가지만도 戶

39) 19세기의 鄕學과 鄕吏의 부패상에 대한 것은 金龍德의 『鄕廳研究』(韓國研究院, 1978)를 참조할 것.

40) 丁若鏞 著, 閔泰植 譯, 『牧民心書』 上 · 下, 文宣閣, 1975 참조.

曹에 바치는 양이 4천 석이라면 자기 고을에서 백성들에게서 징수하는 것은 萬石이 훨씬 넘는다. 부자집에서 나오는 좋은 쌀은 아전들이 빼돌리고 모두 농간을 부리니 혹은 隱結을 거둬들인다고 하고 혹은 邸價를 거둬들인다고 하고 혹은 돈으로 받고 혹은 쌀로 받아 이미 초가을에 그들이 도둑질한 액수는 끝내 그들 각자의 푸대 속으로 들어가 버리는 것이다(奉公六條 貢納條).

3) 대개 배우지 못하여 글도 모르고 추악하고 경솔하고 패악하여 가르칠 수 없는 자는 반드시 軍校에 투신한다. 기생을 끼고 모여 술마시는 것이 그들의 직분이요 사람을 치고 재물을 약탈하는 것이 그들의 생리이다. 그들의 직분에 세 가지가 있으니 하나는 將軍으로 千摠·把摠과 같은 것이고 둘째는 軍官인데 兵房·掌務와 같은 것이며 셋째는 捕校인데 推捕都將과 같은 것들이다. 將官들은 부자들을 침범하여 조금이라도 제뜻대로 되지 않으면 哨官이나 旗牌官을 시켜 글들을 곤경에 빠뜨리기도 하고 도망한 자에게는 뇌물을 바치도록 하며 혹 백성들이 들어와서 당번을 보도록 독촉하여 농사지을 틈을 주지 않으니 수령은 마땅히 잘 살펴야 할 것이다. 軍官이 혹 심부름을 하게 되면 집집마다 뒤지고 짓밟으며 뇌물을 토색하니 원의 심부름꾼이 오는 곳에서는 술을 거르고 국수를 누르며 닭을 잡고 돼지를 잡는데 이러한 폐단은 없애야 한다(吏典六條 馭衆條).

4) 門卒은 日守·使令·羅卒이라고 하는데 이들은 본래 떠돌이로 생활의 근거가 없는 자들로서 혹은 광대출신도 있고 혹은 굴속의 거지가 변하여 門卒이 된 자들도 있으니 모두 가장 천하고 가르치기 어려운 자들이다. 그러나 이들에게 5가지 권한이 있으니 즉 閽權·林權·獄權·邸權·捕權이다.

이 중에서 가장 민폐가 되는 것이 邸權이다. 국법에 門卒들의 수입을 위한 관용지는 큰 고을에 20결, 중간고을이 16결, 작은 고을에 12결이 있는데 여기에서는 수입이 문졸의 차지였으나 세상의 도의가 날로 떨어져 수령이 이것을 먹어버리니 문졸들은 촌의 面主人이 되어 고을과의 연락 사무소를 맡게 되는 것이다. 그래서 문졸이 먹는 밥 한 그릇 값이 50냥이 되기도 하고 명령을 한 번 전하는 데 수 100냥을 토색하기도 하며 봄, 가을이나 가을추수 때나 목화를 따는 가을이나 할것없이 구걸을 일삼고 다니는데 이것을 動鈴 · 釣鯤 · 羅家稅라고도 하여 훔쳐내어 제 욕심을 채운다(吏典六條 馭衆條).

5) 鄕廳에는 風憲과 約正이 있는데 이들의 병정징집의 권한을 맡은 자가 동리를 두루 돌아다니면서 싫도록 토색질하고 軍錢이건 賤錢이건 가릴 것 없이 사리사욕만을 채우려고 한다(吏典六條 用人條).

이러한 것을 보면 鄕吏와 吏屬들이 권력(또는 폭력)을 이용하여 사리사욕을 취하고 자본을 축적하고 있었음을 짐작할 수 있다. 향리에게는 일정한 급료가 없었으니 이들은 농민과 상민들을 착취하여 살았다. 따라서 조선후기에 衙前 · 軍校와 같은 향리가 증가되고 상승이동이 가능한 것은 봉건적 수탈로부터 자신을 보호하고 또 자본 축적이 가능했기 때문이다.

이러한 권력에 의하여 불평등이 형성되는 것은 전통사회에 있어서 신분(계급) 형성의 가장 중요한 요인이 되었다. 봉건사회에 있어서 계급 · 신분의 변화가 일어날 수 있었던 요인은 이것 이외에도 생산관계가 매우 중요하다. 조선시대에 있어서 지방의 문무 관료는 극소수였기 때문에 분배관계에서 불평등이 생기는 것보다도 오히려 생산관계와 권력관계의 경우에 더 큰 의미를 지니고 있는 것이다. 여기에서 말하는 권력은 생산관계에서 나온다는 Marx의 개념이 아니고 정치적 권력과 비합법적 권력을 의미하는 것이다.

그러나 幼學 · 良人 · 賤民 및 奴婢의 신분상승은 중인 · 아전의 경우와는 다르다. 이들 중에서 幼學과 良人의 경우는 모칭 또는 생산관계에 일어나는 경우가 많고 노비와 천민의 경우처럼 도망에 의하여 신분상승이 일어나고 있는 것이다. 노비의 신분상승 및 해방이 도망에 의존하는 것이 가장 많지만 이것 이외에 放良 · 贖良 · 身功 · 假托 · 冒稱 등의 여러 가지 요인이 있는 것이다.

그러므로 조선후기에 있어서의 신분변동은 주로 생산관계와 권력관계에 의한 불평등에서 초래되고 있지만 冒稱 · 放良 등의 요인도 작용하고 있다. 이러한 것은 역할관계에 비롯되고 있지만 분업(역할분화)에 의한 것이 아니고 비합법적 권위인 권력에 의하여 일어나고 있는 것이다.

3. 身分構造

1) 都·農別 신분구조

신분구조는 신분간의 사회적 불평등 및 대립관계를 의미한다. 조선후기의 신분구조는 이미 앞의 신분변동에서 이해할 수 있으나 여기에서는 신분구조의 특성을 지적하여 볼까 한다.

조선후기의 신분구조는 시기에 따라 각 지역에 있어서 보편적인 현상이 존재하였다. 여기에서 다루는 영조시대의 신분구조도 대구부와 상주목의 다른 지역의 경우와 유사하며 도시와 농촌 간에 약간의 차이가 있는 것이다.

<표 13>에 의하면 3개 면의 호구별 신분구조는 노비가 가장 많고(19.7%), 그 다음은 이와 비슷한 비율을 차지한 준양반(16.8%)과 천역양인(14.5%), 그리고 중인(13.8%)과 양인(13.7%)이다. 나머지는 천인(7.7%), 과부(8.2%), 양반(2.5%)의 순이다.

<표 13> 面別 戶主 및 人口의 身分 ( )는 實數

面 \ 身分		兩班	準兩班	中人	良人	賤役良人	賤人	奴婢	其他	寡婦	不記	合計
戶口別	西上	2.2	15.8	11.7	11.2	15.5	9.9	16.7	1.4	9.5	3.0	99.9 (1,477)
	東上	1.6	16.3	18.3	12.2	14.8	8.7	18.4	0.6	7.7	1.4	100.0 (1,321)
	永順	4.9	20.2	2.1	22.8	11.5	0.5	29.4	2.6	6.0		100.0 (618)
	合計	2.5 (84)	16.8 (573)	13.8 (472)	13.7 (468)	14.5 (495)	7.7 (264)	19.7 (672)	1.3 (45)	8.2 (279)	1.9 (64)	100.1 (3,416)
人口別 合計		2.6	18.5	17.5	13.3	14.2	8.1	17.6	1.1	5.4	1.8	100.1

備考 : 人口別 身分은 身分別 戶口數×戶口家族數의 결과이다.

한편 人口別 身分構造는 戶口別 身分構造와 큰 차이가 없으나 準兩班

과 中人의 子女數가 많아서 準兩班이 가장 많고(18.5%) 그 다음은 노비(17.6%)와 중인(17.5%)이며 나머지는 賤良(14.2%), 良人(13.3%), 賤人(8.1%), 寡婦(5.4%), 兩班(2.6%)의 순이다.

이것을 보면 평균 자녀 수가 많은 신분이 해가 갈수록 그러한 신분층을 증대시키고 이들이 사회적 성장의 주요한 세력이 되고 있음을 알 수 있다.

또한 <표 13>을 보면, 도시에 해당되는 대구부의 西上 · 東上面은 신분간 비율의 차이가 각각 심하지 않지만 농촌에 해당되는 尙州牧의 永順面은 西上 · 東上에 비하여 양반 · 준양반과 양인 · 노비가 거의 2배에 가까울 정도로 많다. 그러나 西上 · 東上面은 중인과 노비가 거의 7배에 달할 정도이다.

이것을 보면 농촌에는 班常(良人)과 奴婢의 종속적 신분관계가 강력히 존재하고 있지만 도시에는 그것이 약화되고 중간계층과 상승신분층이 형성되고 있음을 짐작할 수 있다.

조사대상지역의 신분을 좀더 자세히 알기 위하여 面別 호주 직역에 의해서 도시와 농촌간의 그 차이를 보기로 하자.

<표 14>를 보면, 농촌에 비하여 많은 비율을 차지하는 도시의 직역은 閑良 · 軍官 · 衙前 · 良匠 · 賤匠 · 賤軍 · 下典 · 直 · 使令 · 通引 · 官奴 등이고 농촌의 경우는 文官 · 文品 · 幼學 · 良軍 · 良保 · 賤保 · 束伍 · 私奴 · 奴+賤役良人 등이다.

이것을 보면 도시에는 봉건사회의 지배적 질서(계급)를 유지하기 위한 官僚 · 中人 · 軍校 · 匠人 · 公賤 등과 같은 직역이 많지만 농촌에는 役賦를 담당하는 양인과 양반 및 그의 노동력(私賤)을 제공하는 직역이 많다.

그러면 3개 면의 신분구조를 里別로 분석하여 보자.

<표 15>에 의하면 대구부에는 新東里 · 達城里 · 刷還里 · 前洞內里 · 南一洞里 · 東城里에 양반이 다른 리에 비하여 많이 거주하고 永順面에는 茂林里 · 芮陳里 · 新基里 · 捕內里 · 栗谷里에 특히 많이 거주하고 있다. 준양반의 경우는 대구부의 茂川里 · 南山里 · 七星里 · 達城里에 많으며 영순면의 古皮田里 · 芮陳里 · 白石捕里 · 新基里에 많다. 중인의 경우는

<표 14> 面別 戶主의 職役

( )는 實數

面 \ 戶主身分		現文官	前文官	現武官	前武官	文品階	武品階	生員進士及第	寡(外命婦氏)	閑良	武學出身	幼學	廳所屬者	軍官	都訓道別將別武士
大邱府	西上面	0.1	0.1	0.6	0.1	0.8	0.5		0.5	2.0	1.4	3.9	0.1	6.6	1.8
	東上面	0.2	0.1	0.5		0.5	0.1	0.2	0.5	2.6	0.9	6.0	0.1	4.9	1.7
	計	0.1	0.1	0.5	0.0	0.7	0.3	0.1	0.5	2.3	1.1	4.9	0.1	5.8	1.8
尙州牧永順面		1.3	0.5	0.6		2.1	0.2		1.8		0.2	18.8	0.2	0.6	0.5
合計		0.4 (12)	0.2 (6)	0.6 (19)	0.0 (1)	0.9 (32)	0.3 (10)	0.1 (3)	0.8 (26)	1.9 (65)	1.0 (33)	7.4 (252)	0.1 (4)	4.9 (167)	1.5 (52)

面 \ 戶主身分		寡(姓)	業武業儒	雜職	廳前	良軍	良侯	良保	寡(召史·良女)	賤匠	賤保	水軍	束伍	賤軍	驛吏(卒)
大邱府	西上面	2.2	1.6	0.4	12.8	5.2	1.9	3.9	6.9	2.6	1.4	2.2	1.6	7.7	1.6
	東上面	2.5	2.2	0.2	15.8	4.3	1.6	6.3	4.7	2.5	1.2	1.8	1.7	7.6	1.6
	計	2.4	1.9	0.3	14.2	4.7	1.8	5.0	5.9	2.5	1.3	2.0	1.6	7.6	1.7
尙州牧永順面			1.6		0.5	7.4	14.6	0.2	4.7	0.3	5.7	1.3	3.6	0.5	0.2
合計		1.9 (66)	1.8 (62)	0.3 (9)	11.7 (40)	5.3 (180)	4.1 (139)	4.2 (142)	5.6 (193)	2.1 (73)	2.1 (72)	1.9 (64)	2.0 (68)	6.3 (216)	1.3 (16)

面 \ 戶主身分		下典	使令通引馬夫	才人巫屬山行	寡(婢)	私奴	官奴	公奴	贖良	其他	奴+賤人	賤+奴役良人	奴+良人	不記	合計
大邱府	西上面	3.2	5.1		3.1	2.1	3.5	1.3		1.8	1.2	4.2	1.0	3.0	(1,477)
	東上面	3.4	3.6	0.2	4.5	1.1	5.5	1.7	0.2	1.1	0.5	4.1	0.5	1.4	(1,321)
	計	3.3	4.2	0.1	3.8	1.6	4.4	1.5	0.1	1.4	0.9	4.1	0.8	2.3	(2,798)
尙州牧永順面				0.3	4.4	11.5	0.2	2.8	0.3	2.6		10.8			(618)
合計		2.7 (92)	3.6 (122)	0.1 (4)	3.9 (132)	3.4 (117)	3.7 (125)	1.7 (58)	0.1 (4)	1.6 (56)	0.7 (24)	5.4 (183)	0.6 (22)	1.9 (64)	(3,416)

대구부의 南門內里 · 新東里 · 西門內里 · 南二洞里에 많고 영순면의 茂川里 · 古皮田里에 많다. 양인의 경우는 대구부의 新洞內里와 後洞內里에 많고 영순면의 上東車里 · 捕內里 · 蟻谷里에 많다. 賤役良人의 경우는 대구부의 南城里 · 南門外里 · 路下次里에 많고 영순면의 山乭里에 많다. 천인의 경우는 대구부의 北門內里 · 後洞內里 · 龍德里에 많다. 노비의 경우는 대구부의 龍德里 · 達城里 · 觀德亭里 · 前洞內里에 많고 영순면의 芮洞里 · 新基里 · 道淵里 · 白石捕里 · 蟻谷里에 많다.

<표 15> 里別 戶主身分 ( )는 實數

面	里 \ 身分	兩班	準兩班	中人	良人	賤役良人	賤人	奴婢	其他	寡婦	不記	合計
西上面	北門內里		9.7	8.4	11.6	15.5	23.9	18.1	0.6	10.3	1.9	100.0(055)
	觀德亭里	1.6	9.8	16.3	8.9	10.6	8.1	25.2	0.8	14.6	4.1	100.0(123)
	西門內里	2.8	16.3	25.5	5.0	9.9	11.3	17.7	1.4	8.5	1.4	99.8(141)
	刷還里	3.4	11.4	16.1	12.8	12.8	10.7	19.5	2.0	10.1	1.3	100.1(149)
	南一洞里	3.1	15.1	17.6	7.5	17.6	6.3	18.2		8.2	6.3	99.9(159)
	南二洞里	1.7	6.7	21.7	18.3	13.3	13.3	16.7		6.7	1.7	100.1 (60)
	南山里	2.9	51.4	4.3	4.3	5.7	5.7	15.7	2.9	5.7	1.4	100.0 (70)
	前洞內里	3.2	16.8	15.5	14.2	15.2	6.1	12.6	1.3	11.3	3.6	99.8(309)
	後洞內里	1.5	13.0	13.7	16.8	19.1	13.7	13.0	1.5	4.6	3.1	100.0(131)
	新洞內里		14.7	9.3	20.0	21.3	5.3	14.7	1.3	10.7	2.7	100.0 (75)
	達城里	3.6	27.3	10.9	3.6	7.3	1.8	27.3		12.7	5.5	100.0 (55)
	南門外里		21.2	3.0	6.1	36.4	9.1	3.0	15.2	6.1		100.1 (33)
	路下次里					88.2		5.9			5.9	100.0 (17)
東上面	後洞內里	1.7	5.6	8.4	17.4	18.5	16.3	20.2	3.4	7.3	1.1	99.9(178)
	前洞內里	1.4	12.0	12.0	14.8	16.2	9.9	23.2		9.9	0.7	100.1(142)
	南門內里	1.5	14.6	34.8	10.1	9.6	3.0	18.2		6.6	1.5	99.9(198)
	南城里		11.3	15.5	5.6	38.0	7.0	11.3		5.6	5.6	99.9 (71)
	茂川里	2.3	67.4	2.3		7.0		7.0		11.6	2.3	99.9 (43)
	射觀里	1.8	8.1	22.9	14.3	15.2	7.2	19.7		9.4	1.3	99.9(223)
	薪田里	1.0	20.0	23.3	11.0	11.0	8.6	17.1		7.1	1.0	100.1(210)
	新東里	7.5	25.0	27.5	10.0	15.0		10.0		5.0		100.0 (40)
	東城里	3.0	18.2	12.1	12.1	18.2	12.1	9.1		9.1	6.1	100.0 (33)
	七星里	2.5	45.0	2.5	7.5	10.0	5.0	20.0		5.0	2.5	100.0 (40)
	龍德里	1.1	16.0	9.6	10.6	8.5	14.9	30.9		8.5		100.1 (94)
	新川里		30.0		20.0	25.0	15.0	10.0				100.0 (20)
	莞田里			16.7	16.7	16.7	16.7	16.7		16.7		100.2 (6)
	駕岩里		30.4	13.0	17.4	13.0	13.0		8.7	4.3		99.8 (23)

	浦 內 里	7.4	3.7		40.7	9.3		25.9	3.7	9.3		100.0 (54)
	浦內東內金龍洞里	4.8	9.5		21.4	14.3		45.2		4.8		100.0 (42)
	蟻 谷 里	2.9	4.4		35.3	18.4		30.1	2.9	5.9		99.9(136)
	蟻谷洞內眞木里		36.4		27.3			27.3		9.1		100.1 (11)
	茂林洞內新基里	11.1	44.4					44.4				99.9 (9)
永	古皮田里		64.7	11.8	5.9			5.9		11.8		100.1 (17)
	茂 林 里	12.1	34.5	12.1	17.2	5.2		10.3	3.4	5.2		100.0 (58)
順	白石浦里	8.2	46.9	2.0	6.1	2.0		34.7				99.9 (49)
	栗 谷 里	10.0	27.5	2.5	10.0	17.5		20.0	5.0	7.5		100.0 (40)
面	道 淵 里		28.6		24.3	2.9	2.9	38.6	1.4	1.4		100.1 (70)
	下東車里		10.0		20.0	15.0		25.0	5.0	25.0		100.0 (20)
	上東車里		7.1		42.9	14.3	7.1	21.4	7.1			99.9 (14)
	芮 陳 里	11.8	47.1		5.9	11.8		17.6		5.9		100.1 (17)
	山 乭 里	1.9	7.4	1.9	22.2	24.1		29.6	5.6	7.4		100.1 (54)
	芮 洞 里	3.7	18.5	3.7	3.7	7.4		55.6		7.4		100.0 (27)
合 計		2.5 (84)	16.8 (573)	13.8 (472)	13.7 (468)	14.5 (495)	7.7 (264)	19.7 (672)	1.3 (45)	8.2 (279)	1.9 (64)	100.0 (3,416)

이것을 보면 대구부의 도시면에는 준양반·중인·양인·천역양인의 분표율이 里에 따라 심한 차이가 없으나 영순면의 농촌에 있어서는 班村과 良人村 및 奴婢村이 뚜렷하다. 특히 농촌의 경우에 양반과 노비가 같은 里에 많은데 이것은 양자의 주종관계를 의미한다. 그리고 필자는 대구부에서도 城門 내외의 주민들 간에도 신분적 지위의 차이가 심한가를 알기 위하여 분석하여 보았더니 <표 16>과 같이 큰 차이가 나타나지 않았다.

<표 16> 大邱府 城內外別 戶主身分

身分 城內外	兩班	準兩班	中人	良人	賤役良人	賤人	奴婢	其他	寡婦	不記	合計(實數)
城 內	1.4	13.6	23.9	9.1	11.5	11.9	18.0	0.6	8.3	1.6	99.9 (494)
城 外	2.0	16.5	14.8	12.2	15.9	8.8	17.4	1.1	8.7	2.4	99.8 (2,304)
合 計	1.9	16.0	16.4	11.7	15.1	9.3	7.5	1.0	8.6	2.3	99.8 (2,798)
(實數)	(54)	(448)	(459)	(327)	(424)	(261)	(490)	(29)	(242)	(64)	

<표 16>에서 볼 수 있는 바와 같이 城門內里의 주민들이 城門外里의 주민에 비하여 중인과 천인 및 노비의 비율이 약간 높고 그 이외에는 모든 신분의 비율이 城門外里의 경우가 많다.

2) 妻에 의한 신분구조

여자의 사회적 참여가 거의 존재하지 않았던 사회에 있어서 여자의 지위는 일반적으로 남편에 따른다. 『經國大典』의 吏典 · 外命婦에는 부인의 봉작은 그 夫의 관직에 좇는다고 되어 있다. 그러나 통혼이 동일한 신분간에 이루어진다면 큰 문제가 없으나 그렇지 못한 경우에는 자기 부모의 신분에 종속된다. 예컨대 賤者隨父母法은 그 좋은 예이다.

四方博은 조선후기의 신분조사에서 가장 안전한 지표의 하나로 여자의 호칭을 사용하였다. 즉 그는 호주의 妻 · 母 · 婦 · 嫂 등의 姓에 "氏"를 붙이고 연령에 "歲" 혹은 "齡", 本貫에 "籍"이라고 되어 있기 때문에 분명히 일반인들의 "某召史", "某助是", "某姓" 및 "年", "本"이라고 기재한 것과 구별되어 있다고 한다.41)

이러한 논거는 숙종조에 이르기까지 자기의 호적조사에서도 일관된 것으로 확인될 수 있었지만 鮎具房之進의 「雜攷」(제8집 60頁 이하)에서 "氏"자는 양반여자의 專用이고 賤民外의 부녀자에 이름이 없으며 생가의 姓만 쓰던 것을 고증한 것에 있었다. 鮎具房之進은 조선의 부녀자에 대한 사회계급 제도상의 세 가지 차별이 있었다고 한다. 즉 ① 양반(士夫)의 부녀자는 生家의 姓에 氏를 붙여 부른다. ② 상인(農工府)의 부녀자는 生家의 姓에 召史를 붙여 부른다. ③ 천인(노예 · 백정)의 부녀자는 姓을 칭할 수 없고 이름만을 부른다는 것이다.42)

과연 이러한 견해가 타당한 지는 <표 17>에서 검증할 수 있다.

<표 17>을 보면 먼저 四方博의 견해에 따른 신분구조를 볼 수 있다. 즉 양반이 전체 호수의 9.6%를 차지하고 양인은 57.9%이며 노비는 11.7%이다. 이러한 신분구성은 戶主의 신분비율, 즉 양반이 19.3%이고 중인이 13.8%, 양인이 28.2%, 그리고 천민이 27.4%(노비가 19.7%)와 비교하여 보면 상당한 차이가 있음을 알 수 있다. 여기에서 男便의 신분이 높은 것은 冒稱 · 賣官 등이 많은 것을 의미한다.

41) 四方博, 앞의 책, 1938, 375쪽.
42) 四方博, 위의 책, 377쪽.

<표 17> 戶主身分別 妻의 身分 ( )는 實數

戶主＼妻	外命婦	氏	姓	召史·養女	私婢	公官婢	不記	合計
兩班	2.4	39.3	23.8	21.4		1.2	11.9	100.0 (84)
準兩班		48.0	29.3	12.2	0.3	0.9	9.2	99.9 (573)
中人		2.8	72.7	15.3	0.6	1.5	7.2	100.1 (472)
良人			9.6	73.1	6.6	1.3	9.4	100.0 (468)
賤役良人			1.2	75.2	11.3	1.0	11.3	100.0 (495)
賤人		0.4	2.7	76.1	8.0	2.3	10.6	100.1 (264)
奴婢			1.5	33.3	30.4	5.5	28.7	99.9 (672)
其他		2.2	8.9	64.4	4.4		20.0	99.9 (45)
寡婦							100.0	100.0 (279)
不記		4.7	18.8	46.9	10.9	1.6	17.2	100.1 (64)
合計	0.1	9.5	18.1	39.8	9.7	2.0	20.9	100.0 (3,416)
	(2)	(326)	(617)	(1,385)	(330)	(68)	(715)	

備考 : 不記는 戶主의 妻가 死亡, 逃亡했거나 또는 未婚의 戶主임.

한편 <표 17>에서 戶主(주로 남편)의 신분과 처의 신분을 교차 분석하여 보면 재미있는 사실을 발견할 수 있다. 양반 및 준양반의 처 중에서 그 절반은 양인이란 것을 알 수 있는데 이것은 남편의 신분의 冒稱이 대다수인 것 같다. 중인의 경우는 처에 성을 붙인 경우가 72.7%이고 양인·천역양인 및 천인의 처가 召史나 養女로 호칭되는 경우가 각각 전체의 75% 내외이며 노비의 경우는 召史 또는 이름(婢)으로 호칭된 경우가 각각 그 절반을 차지한다.

이것을 본다면 四方博의 견해는 옳다고 보기는 어렵다. 오히려 양반·준양반의 妻는 氏 또는 姓 또는 召史로 불리우고 中人의 妻는 주로 姓으로 불리우고 양인·천역양인 및 천인은 주로 召史로 불리우며 노비의 처는 名(婢) 또는 召史로 불리운다. 그렇지 않은 경우는 모칭보다는 다른 신분과의 通婚의 결과가 아닌가 생각한다.

필자는 邑誌에서 신분별 인구에 대한 表記가 상이한 것에서 신분상의 차별을 알 수 있었다. 邑誌에 의하면 양반과 중인은 人으로 표시하고 양인과 천인은 名으로 표시하며 노비는 口로 표시하고 있었다.

이것을 보면 이 3자간에 신분의 동질성을 엿볼 수 있다.

3) 身分別 氏族構造

조선시대의 신분은 가족 또는 氏族的 연대성과 밀접한 관계를 맺고 있다. 우선 양반의 개념에 있어서 문·무반에 임용될 수 있는 가문 또는 벌열이라던가 그리고 從母法 또는 身分內婚制와 같은 특성은 신분과 혈연의 상관성을 강화시키고 있다.

조선시대에 있어서 양반관료층은 소수 씨족과 가문에 의하여 형성되어 있고 이들이 지속적인 권력공동체를 형성하고 있었던 것이다. 이러한 권력공동체의 名門氏族을 양반이라 하였고 이러한 姓氏가 전체사회의 양반씨족으로 통칭되고 있었던 것이다. 과연 이러한 통칭 통념이 타당한가를 英祖時의 호적조사에서 검증하여 보기로 하자.

英祖時 대구부와 상주목의 호적조사에서 조선시대 양반관료의 성씨 조사에 사용하였던 符號冊(code book)을 거의 사용할 수 없었다.[43] 그것은 그만큼 양반관료의 성씨 비율과 많이 달랐다는 뜻이다. 특히 상주목·영순면의 호적조사에서『典故大方』의 萬姓·始祖篇에서 볼 수 없었던 성씨가 많이 나왔다. 예컨대 <표 18>에서 볼 수 있는 바와 같이 상주를 본관으로 한 20여 개의 성씨가 나타났다.[44] 이러한 현상은 조선중기의 지방호적에서 흔히 찾아볼 수 있는 것인데 아마 주로 천인노비의 성씨 획득현상이 아닌가 한다.

<표 18>을 보면 조사대상의 14.0%가 성씨가 없는데 이것은 대부분 노비의 경우이다. 당시에 노비의 69.5%가 성씨가 없었고 나머지는 성씨가 있었는데 이들은 대개 營奴였다. 營奴의 四祖는 대개 非奴의 신분이었고 노비를 소유한 경우가 많았다. 이들은 양반 양인의 賤妾자손이거나 범죄행위로 한정된 것이 아닌가 한다. 또한 양반의 1.2%, 중인의 0.2%, 양인의 0.2%, 천역양인의 0.4%, 그리고 천인의 1.1%가 姓이 없는데 이것은 호적기재상의 누락으로서 이름만 기록되어 있는 경우이다.

---

43)『尙州郡邑誌』에 의하면 本州 姓氏는 金, 朴, 周, 黃, 高, 李, 荊, 羅 등이 있다.
44) 金永謨, 앞의 책, 1977, 132~133쪽.

<표 18> 戶主身分別 本貫 ( )는 實數

姓本貫 / 身分	姜 晉州(金海)	郭 玄風	金 安東	金 慶州	金 金海	朴 慶州月城(仁同咸安)	朴 密陽	白 大邱	徐 大邱(達城)	李 月城	宋 懷德(水原恩津)	申 平山	安 順興	尹 坡平(海平)
兩班	8.3		1.2		6.0	1.2	6.0	1.2	7.1					2.4
準兩班	5.4	0.2	1.2	1.6	8.7	0.2	4.2	2.4	0.3	0.2	0.3	1.6	0.3	1.9
中人	1.3	0.8		1.1	12.5	0.2	5.1	3.8	10.4	1.9	0.6	2.1		1.5
良人	3.8	0.6	0.2	1.5	15.4		9.8	1.5	2.1	1.1	0.2	0.2	1.1	1.5
賤役良人	2.2	0.2	0.2	1.6	18.0	0.6	9.3	0.8	2.2	2.2	0.4	1.4	2.2	2.0
賤人	3.4	0.8		1.5	23.1	1.5	14.4		2.3	3.0	0.4		1.5	1.9
奴婢	0.1		0.3	0.4	4.0		2.7	0.3	0.6	0.6	0.1	0.3	0.6	1.6
其他	2.2			4.4	13.3		4.4	2.2	4.4	2.2			2.2	
寡婦	4.3	0.7	0.7	0.7	15.8		10.8	1.4	2.9	2.5		1.4	2.2	0.4
不記	6.3	1.6			17.2		9.4		3.1			1.6		4.7
合計	2.9 (100)	0.4 (14)	0.4 (14)	1.2 (40)	12.4 (424)	0.3 (10)	7.0 (239)	1.5 (51)	4.6 (157)	1.3 (46)	0.3 (10)	1.0 (34)	1.0 (33)	1.7 (51)

姓本貫 / 身分	吳 海州(首陽)	禹 丹陽(完山)	李 全州	李 延安	李 慶州	李 全義陝川仁同大邱	李 星州	鄭 東萊	鄭 慶州(延日草溪)	趙 漢陽	趙 咸安	曺 昌寧	崔 慶州月城	韓 清州
兩班	3.6	1.2	3.6				2.4	2.4			1.2	3.6	2.4	
準兩班	1.9	0.3	2.4	0.7	1.2	3.0	1.9	1.4	1.7		1.0	1.6	4.5	0.7
中人	3.8		2.1		2.1	3.0	1.9	1.5	3.8		0.8	0.6	8.7	1.7
良人	1.5	3.0	2.6		3.2	3.8	1.7	1.1	1.5	0.6	0.6	0.2	3.6	1.3
賤役良人	1.4	0.4	2.6		5.5	2.4	0.8	1.0	3.0	0.6	1.0	0.4	5.7	2.4
賤人	0.8		1.1		3.0	1.5	1.1	2.7	2.1	0.4	1.9	1.5	3.0	1.5
奴婢	0.4		0.1		1.2	0.1		0.4	0.1		0.1		1.2	
其他							2.2	4.4	4.4				6.7	2.2
寡婦	1.4	0.4	1.4		3.9	2.2	0.4	2.2	2.9	0.4	0.4	1.1	4.7	1.8
不記	1.6				3.1	4.7	3.1	1.6	3.1				7.8	
合計	1.6 (56)	0.6 (20)	1.8 (60)	0.1 (4)	2.6 (88)	2.2 (75)	1.2 (41)	1.3 (46)	2.0 (70)	0.2 (8)	0.8 (26)	0.7 (25)	4.4 (151)	1.2 (40)

姓本貫 / 身分	許 金海	洪 南陽(羅州陽川)	黃 昌源(慶州)	裵 星州(金海)	金 善山清道昌寧	沈 青松	朴 羅州(全化坡平)	柳 文化	文 南平	張 仁同(安東)	南 英陽(青松)	梁 南原(慶州)	全 旌善慶山(玉山)	孫 密陽(昌寧)
兩班	2.4	6.0	1.2	2.4							1.2	1.2	1.2	
準兩班	0.9	2.8	1.2	6.1	1.9		0.5	0.2	0.7	1.6	0.2	0.5	0.9	0.2
中人	0.8	0.6	1.1	3.4	2.8		0.6		1.1	1.3	0.2	0.2	2.1	0.6
良人	0.4	0.4	1.1	1.3	0.9	1.9	0.9	0.6	1.1	1.7		0.9	1.7	1.3
賤役良人	0.6	0.4	1.6	1.6	0.8	0.2	1.4	0.6	1.4	2.6		1.0	2.2	1.2
賤人	0.4	0.8	1.1	0.8	0.8	0.4	1.9	0.8	1.1	1.5	0.4	0.8	1.5	1.5
奴婢	0.1	0.4	0.3	0.1	0.7	0.4	0.1			0.1	0.3	1.2	0.3	0.1
其他		2.2								2.2			2.2	2.2
寡婦	0.4	0.7	1.4	2.9	2.5	0.4	2.5	0.7	2.2	1.1			1.1	1.4
不記			3.1		3.1		3.1	3.1	1.6				1.6	1.6
合計	0.6 (19)	1.1 (36)	1.1 (37)	2.3 (78)	1.4 (48)	0.5 (16)	0.9 (32)	0.4 (13)	0.9 (31)	1.3 (45)	0.2 (6)	0.7 (24)	1.3 (46)	0.8 (27)

姓本貫 / 身分	權 安東	其他	兪 杞溪(安東)	閔	金 1)	李 2)	尙州姓氏 3)	金 尙州	李 尙州	秋 尙州	金 商山	金 咸昌	金 義城	高 開城府
兩班	3.6	0.7									4.8			1.2
準兩班	1.6	11.3	0.2	0.5	0.2	1.0		0.3			0.9	0.3		1.4
中人	0.2	11.2			0.4						1.3			0.2
良人	2.4	8.3	0.2		0.6		0.2	1.9		1.1	1.7		0.9	
賤役良人	1.2	9.3	0.2	0.4	0.8		0.2	0.2			0.2		0.2	
賤人	0.8	9.5												
奴婢	0.3	2.9			0.7	0.3	2.2	1.2	0.3					
其他	4.4	17.7				2.2			2.2		2.2		2.2	
寡婦	2.2	7.9			0.4	1.4	0.4				0.4	0.4		0.4
不記		14.1												
合計	1.2 (42)	8.5 (293)	0.1 (3)	0.1 (5)	0.5 (16)	0.4 (13)	0.5 (18)	0.6 (20)	0.1 (3)	0.1 (5)	0.8 (26)	0.1 (3)	0.2 (6)	0.3 (11)

姓本貫 / 身分	表 咸昌	張 4)	趙 5)	鄭 6)	崔 7)	黃 平海(寧海長水)	梁 8)	權 醴泉花山龍宮	宋 大邱治城鎭川	申 9)	未詳	合計
兩班					2.4	3.6		1.2		2.4	1.2	100.5 (84)
準兩班			0.5		1.6			0.3	0.2	0.9		99.7 (573)
中人									0.2		0.2	99.8 (472)
良人	0.2		0.6	0.2	1.5	1.5			0.2	0.2	0.2	99.8 (468)
賤役良人		0.2	0.2			0.2	0.2					100.2 (495)
賤人											1.1	99.6 (264)
奴婢	0.4	0.3		0.6	0.3	0.6	0.1			0.1	69.5	100.2 (672)
其他					2.2							99.0 (45)
寡婦				0.4	0.4		0.4		0.7	0.4	0.7	99.3 (279)
不記												100.8 (164)
合計	0.1 (4)	0.1 (3)	0.2 (7)	0.2 (6)	0.6 (22)	0.4 (15)	0.1 (3)	0.1 (33)	0.1 (5)	0.3 (10)	14.0 (477)	100.0 (3,416)

( ) 內는 드물게 나오는 本貫임.

1) 宜城, 密陽, 淸州, 京城, 興海, 順川, 海州, 旌善, 商山, 彦陽, 禮山, 醴泉, 忠州, 豊基, 南海, 聞慶, 遂安, 廣州.

2) 眞寶, 淸州, 恩津, 禮安, 龍宮, 密陽, 公州, 聞慶, 榮川, 海州, 仁川, 丹陽, 靑安, 平昌, 潭陽, 竺山, 驪江.

3) 申, 吳, 趙, 崔, 沈, 南, 梁, 孫, 鄭, 張, 片, 權, 周, 盧, 池, 陳, 朴.

4) 丹陽, 寧越, 聞慶, 豊基, 龍宮, 咸昌, 海平, 報恩.

5) 忠州, 白川, 礪山, 慶州, 龍宮.

6) 奉化, 聞慶, 善山, 三涉, 草溪, 淸州, 安東.

7) 海州, 榮川, 聞慶, 忠州, 全州, 廣州.

8) 豊基, 金海, 江陵, 咸陽, 醴泉.

9) 咸昌, 鵝州, 奉化, 陽州, 寧海, 寧越, 牙山, 平昌.

조사대상지역의 양반은 다른 신분의 경우에 비하여 晋州 姜氏, 達城(大邱) 徐氏, 南陽 洪氏, 商山 金氏, 安東 權氏, 海州 吳氏, 全州 李氏, 昌寧 曺氏가 많고 준양반의 경우는 達城(大邱) 徐氏, 星州 裵氏, 晋州 姜氏 등이 많다. 중인의 성씨는 다른 신분에 비하여 大邱(達城) 徐氏, 慶州 崔氏, 大邱 白氏, 海州 吳氏, 慶州(延日) 鄭氏, 星州 裵氏가 많고 양인의 경우는 丹陽 禹氏가 많다. 천역양인의 경우는 상대적으로 金海 金氏, 慶州 李氏 등이 많고 천인의 경우는 金海 金氏, 密陽 朴氏 등이 많다. 노비는 성씨가 없어야 하는데 있는 경우가 약 30% 있다. 이들의 성씨는 金海 金氏, 密陽 朴氏, 慶州 崔氏 등이 많다.

여기에서 주의할 것은 상대적으로 적은 비율을 차지한다고 해서 신분별 절대수가 적은 아니다. 절대수가 많은 성씨는 金海 金氏(12.4%), 密陽 朴氏(7.0%), 大邱 徐氏(4.6%), 慶州 崔氏(4.4%), 晋州 姜氏(2.9%) 등의 순위이다. 이들은 각 신분에 있어서 가장 많은 비율로 분포되어 있다. 예컨대 金海 金氏와 密陽 朴氏는 다른 성씨에 비하여 양반은 많이 차지하고 중인·양인·천인도 많이 차지하고 있다. 여기에서 신분별 성씨가 완연히 구별되는 것은 아니고 모든 성씨가 각 신분에 산재해 있는 것이 보편적 현상임을 알 수 있다.

4. 身分移動

1) 世代間 移動

신분이동은 사회적 직업적 지위의 변화이다. 이러한 변화는 일반적으로 世代內 이동과 世代間 이동의 시간적 차원에서 측정한다. 일반적으로 전자는 개인의 경력에 의하여 파악하고 후자는 父子간의 직업 또는 지위의 변동에 의해서 파악한다.

조선시대의 신분이동은 호적에 四祖와 子息의 軍役이 밝혀져 있기 때문에 세대간 신분이동을 측정할 수 있다. 조사대상인 대구부 東上·西上面

의 四祖 신분은 不記가 많으나 상주목 영순면의 경우는 그렇지 않기 때문에 자세히 파악할 수 있다.

조선후기에 上向 신분변동이 심하다는 것은 호적상 세대간의 신분 상승이동이 존재함을 의미하는 것이다. 과연 이러한 신분 상승이동이 일어나고 있는지를 戶主와 父親간의 신분이동을 통하여 보기로 하자.[45]

<표 19> 地域別 戶主身分과 父의 身分 ( )는 實數

	戶主身分 \ 父 身分	兩班	準兩班	中人	良人	賤役良人	賤人	奴婢	其他	不記	合計
大邱府	兩班	57.4	31.5	3.7						7.4	100.0 (54)
	準兩班	30.1	41.1	6.9	2.0		0.2				99.9(448)
	中人	23.1	37.0	15.0	1.5						99.9(459)
	良人	9.8	4.0	12.8	8.3			0.3	0.6	64.2	100.0(327)
	賤役良人	4.5	1.2	3.3	13.0	0.5	0.5	1.7	0.2	75.2	100.1(424)
	賤人	4.6	1.5	4.2	11.9	1.1	9.2	0.8		66.7	100.0(261)
	奴婢	12.4	5.9	2.7	7.3	0.2		6.9		64.5	99.9(490)
	其他	17.2	3.4	13.8	10.3			6.9		48.3	99.9 (29)
	寡婦	18.2	10.7	3.7	6.2			0.4		60.7	99.9(242)
	不記	17.2	4.7	1.6	9.4					67.2	100.0 (64)
	合計	16.3 (456)	16.2 (452)	7.0 (196)	6.8 (189)	0.2 (6)	1.0 (27)	1.7 (47)	0.1 (3)	50.8 (1,422)	100.1 (2,798)
尙州牧	兩班	40.0	30.0	10.0	13.3			6.7			100.0 (30)
	準兩班	25.6	72.0	0.8	0.8					0.8	100.0(125)
	中人	23.1	7.7	61.5	7.7						100.0 (13)
	良人	13.5	5.0	10.6	61.7	6.4		1.4	1.4		100.0(141)
	賤役良人	7.0	2.8	1.4	57.7	22.5		7.0	1.4		99.8(182)
	賤人				100.0						100.0 (3)
	奴婢	1.6	1.1	0.5	15.9	0.5		80.2			99.8(182)
	其他	25.0		6.3	43.8	18.8		6.3			100.2 (16)
	寡婦	10.8	27.0		54.1			5.4		2.7	100.0 (37)
	不記										
	合計	13.3 (82)	10.6 (12)	4.9 (30)	31.2 (193)	4.7 (29)		25.6 (29)	0.5 (3)	0.3 (2)	100.1 (618))

45) 양인과 노비의 四祖 신분 중 嘉善·通政의 文品階가 있는데 이것은 幼學의 신분보다 낮을 수도 있고 천역양인의 四祖 중에서 직역이 밝혀져 있지 않은 양인인 것 같으나 본 조사에서는 기재사실대로 양반과 양인으로 각각 처리하였다. 그리고 四祖의 신분이 不記인 경우 노비와 일부 양인, 천역양인, 천인의 四祖名이 夫之로 기록되어 있는데 대체로 천민인 것 같으며 일부 양반, 중인, 양인, 천역양인, 천인은 대체로 四祖의 名만 기재되어 있다.

<표 20> 戶主와 父親間의 身分移動率 ( )는 實數

地域	戶主身分	上昇率	持續率	下降率	其他	不記	合計(實數)
大邱府	兩班	35.2	57.4			7.4	100.0 (54)
	準兩班	9.1	41.1	30.1		19.6	99.9(448)
	中人	1.5	15.0	60.1		23.3	99.9(459)
	良人	0.3	8.2	26.6	0.6	64.2	99.9(327)
	賤役良人	2.1	0.5	21.9	0.2	75.2	99.9(424)
	賤人	0.8	9.2	23.4		66.9	100.1(261)
	奴婢		6.9	28.6		64.5	100.0(490)
尙州牧	兩班	60.0	40.0				100.0 (30)
	準兩班	1.6	72.0	25.6		0.8	100.0(125)
	中人	7.7	61.5	30.8			100.0 (13)
	良人	7.8	61.7	29.1	1.4		100.0(141)
	賤役良人	7.0	22.5	69.0	1.4		99.9 (71)
	賤人			100.0			100.0 (3)
	奴婢		8.2	19.0			120.0(182)

<표 20>을 보면 신분별 부자간 신분이동에 있어서 상승율보다도 하강율이 대단히 높음을 알 수 있다. 父子간 신분지속률은 대구부의 경우 양반이 57.4%로서 가장 높고 그 다음은 준양반(41.1%), 중인(15.0%), 천인(9.2%), 양인(8.2%), 노비(6.9%), 천역양인(0.5%)의 순으로 되어 있다. 대구부의 부자간 신분하강률은 중인이 60.1%로서 가장 높고 그 다음은 준양반(30.1%), 노비(28.6%), 양인(26.6%), 천인(23.4%), 천역양인(21.9%)의 순으로 되어 있다. 신분상승률은 양반이 가장 높고(35.2%) 나머지는 소수로 준양반(9.1%), 천역양인(2.1%), 중인(1.5%), 천인(0.8%), 양인(0.3%)의 순이다.

그리고 상주목(영순면)의 경우는 부자간 신분지속률이 가장 높은 신분은 노비(80.2%)이고 그 다음은 준양반(72.0%), 양인(61.7%), 중인(61.5%), 양반(40.0%), 천역양인(22.5%)의 순이다. 부자간 신분하강률은 천인이 가장 높고 그 다음은 천역양인(100.0%), 중인(69.0%), 양인(30.8%), 준양반(29.1%), 노비(25.6%)의 순이고 신분상승률은 양반이 가장 높고(19.8%) 그 다음이 양인(60.0%), 중인(7.8%), 천역양인(7.7%), 준양반(7.0%)의 순이다.

이러한 신분의 상승·하강·지속률을 전체적으로 파악하여 보면 아래와 같이 대구부(동·서상면)의 경우는 미상(49.6%)이 많고 상주목(영순면)의 경우는 지속률(63.5%)이 가장 높다. 그리고 신분의 하강률이 상승률보다 훨씬 많은데 이것은 도시와 농촌에 따라 큰 차이가 없다.

地 域	上昇率	同職率	下降率	未 詳
大邱府	3.2	15.1	32.1	49.6
尙州牧	6.5	63.5	29.2	0.8

이러한 것에서 우리는 英祖時의 신분변동 또는 신분이동의 몇 가지 특성을 지적할 수 있다. 첫째는 조선후기에 身分逆階層化, 즉 신분상승화가 일어나고 있지만 부자간 신분이동은 오히려 신분하강화 현상이 더 심하게 일어나고 있다. 이것은 신분의 冒稱現象에 비롯된 것이 아닌가 생각한다. 둘째는 세대간 신분이동이 농촌에서보다도 도시에서 심하다. 왜냐하면 상주목의 신분지속률이 대단히 높지만 대구부의 경우는 낮다. 셋째는 도시에서 상승이동이 심하게 일어나고 있는 신분은 중인이고 농촌의 경우는 천인 · 천역양인이다. 그러나 대구의 경우는 未詳이 하층신분에 많기 때문에 오히려 노비 · 천인 · 양인에서 심한 이동이 일어나고 있는 것이 아닌가 생각한다.

한편 <표 19>를 보면 부자간 신분이동이 신분에 따라 상승 · 하강률을 자세히 볼 수 있다. 예컨대 농촌에서도 양반이 전락하여 양인 · 중인 · 노비가 되고 노비가 상승하여 양반 · 중인 · 양인이 되고 있다. 이것이 약 3할이 된다.

이러한 현상은 신분이 冒稱 · 假托 등으로 인하여 나타나고 있지만 이러한 冒稱현상이 일어날 수 있는 것은 앞서 지적한 바와 같이 그들의 사회경제적 지위의 변화가 일어나고 있었기 때문인 것 같다. 달리 말하면 신분이 직역 대신에 토지소유와 같은 생산관계에 의하여 결정되고 있음을 짐작할 수 있다.

다음에 戶主와 祖父, 그리고 戶主와 曾祖父 간의 2세대 또는 3세대간의 신분이동을 보기로 하자.

<표 21>과 <표 22>를 보면 2세대 또는 3세대간 신분이동률이 신분간

<표 21> 地域別 戶主身分과 祖父의 身分 ( )는 實數

地域	祖의 身分 / 戶主身分	兩班	準兩班	中人	良人	賤役良人	賤人	奴婢	其他	不記	合計
大邱府	兩班	63.0	27.8	1.9						7.4	(54)
	準兩班	35.5	40.6	4.7	1.8					17.4	(448)
	中人	44.9	31.8	4.6	2.0					16.8	(459)
	良人	26.0	4.0	6.1	8.3					55.7	(327)
	賤役良人	13.9	0.5	2.4	12.7		0.7	0.7		69.1	(424)
	賤人	10.7	0.4	3.1	10.3		6.1	0.4		69.0	(261)
	奴婢	16.9	6.5	2.2	8.8			4.3		61.2	(490)
	其他	37.9	6.9		10.3			3.4		41.4	(29)
	寡婦	19.0	12.4	3.3	8.3					57.0	(242)
	不記	20.3	6.3	1.6	10.9					60.9	(64)
	合計	25.9 (724)	15.3 (427)	3.6 (101)	7.1 (198)		0.7 (19)	0.9 (26)		46.6	(2,798)
尙州牧	兩班	53.3	26.7		13.3			6.7			(30)
	準兩班	49.6	49.6		0.8						(125)
	中人	30.8	61.5		7.7						(13)
	良人	27.0	15.6	3.5	47.5	2.8		3.5			(141)
	賤役良人	7.0	2.8	5.6	66.2	9.9		8.5			(71)
	賤人				100.0						(3)
	奴婢	2.7	2.2	0.5	23.1			70.9		0.5	(182)
	其他	37.5		6.3	50.0			6.3			(16)
	寡婦	16.2	24.3		51.4	2.7		5.4			(37)
	不記										
	合計	23.0 (142)	18.6 (115)	1.8 (11)	31.1 (192)	1.9 (12)		23.5 (145)		0.2 (1)	(618)

에 매우 유사하게 나타나고 있다. 이러한 신분이동도 이미 戶主와 父親간의 신분이동에서 본 바와 같이 신분의 상승과 하강이 일어나고 있으나 그래도 신분의 지속률이 가장 많다.

<표 21 · 22>에서 특이한 것은 중인의 조부와 증조의 신분은 중인이 거의 아니고 양반 또는 준양반이 대부분이라는 것이다. 일반적으로 중인(서리 · 아전)은 신분세습성이 강한 것으로 인식되고 있으나 그렇지 않다는 것이다. 이것을 보면 양반의 서얼이나 몰락양반이 중인의 신분과 직업을 맡게 된 것 같다. 그리고 노비와 천역양인도 그들의 조부와 증조 중에서 양반과 양인 및 중인이 있는 것을 보면 冒稱이 많겠지만 전통사회에 있어서도 비교적 신분변동이 일어나고 있음을 의미하는 것 같다. 특히 노비의 경

<표 22> 地域別 戶主身分과 曾祖父의 身分 ( )는 實數

	曾祖 身分 / 戶主身分	兩班	準兩班	中人	良人	賤役良人	賤人	奴婢	其他	不記	合計
大邱府	兩 班	59.3	29.6		1.9					9.3	100.1 (54)
	準兩班	43.3	35.3	2.9	1.8					16.7	100.0(448)
	中 人	47.1	31.2	2.6	1.7					17.4	100.1(459)
	良 人	24.5	4.0	4.3	6.7					60.6	100.1(327)
	賤役良人	13.0	0.5	1.4	9.2		0.7	0.5		74.8	100.1(424)
	賤 人	14.9	0.4	2.3	8.4		4.6			69.3	99.9(261)
	奴 婢	18.4	5.5	2.2	7.6			2.2		64.1	100.0(490)
	其 他	20.6	6.9	6.9	10.6					48.0	100.0 (29)
	寡 婦	21.1	11.2	1.2	5.4		0.4			60.7	100.0(242)
	不 記	21.9	6.3	1.6	7.8					62.5	100.1 (64)
	合 計	27.8	14.0	2.4	5.6		0.6	0.5		49.0	99.9
		(779)	(393)	(68)	(158)		(16)	(13)		(1371)	(2,798)
尙州牧	兩 班	73.3	6.7		10.0						100.0 (30)
	準兩班	76.8	21.6	0.8	0.8						100.0(125)
	中 人	46.2	46.2		7.7						100.1 (13)
	良 人	19.9	17.0	3.5	52.5	2.8		3.5		0.7	99.9(141)
	賤役良人	8.5	4.2	2.8	70.4	4.2		9.9			100.0 (71)
	賤 人				100.0						100.0 (3)
	奴 婢	6.0	3.3	0.5	20.3			68.2		1.6	99.9(182)
	其 他	18.8	12.5		62.5			6.3			100.1 (16)
	寡 婦	7.8	8.1	2.7	48.6			2.7			99.9 (37)
	不 記										
	合 計	30.1	11.8	1.6	31.9	1.1		22.8		0.6	99.9
		(186)	(73)	(10)	(197)	(7)		(141)		(4)	(618)

우는 買得 등에 의하여 획득된 것이 대부분일 것이고 이들은 경제적으로 몰락된 신분이 많은 것 같다.

이와 같이 세대간의 신분변화가 주로 중인, 양인, 천인, 노비의 양반화 또는 중인화 또는 양인화를 초래하였지만 그 반대의 현상도 볼 수 있었다. 이러한 신분변화가 심하게 일어남으로 말미암아 시대간의 신분변동도 대단히 심한 것이다.

이러한 신분변동이 왜 일어날까? 이에 대하여 여러 가지의 원인과 견해가 있겠지만[46] 그 구체적인 신분해체현상은 科擧 합격자의 대량생산, 賣官賣職, 탐관오리 · 사대부의 平民侵虐, 土豪의 武斷, 冒稱兩班, 冒稱幼學,

46) 金泳謨, 앞의 책, 1977, 37~41쪽.

庶孼許通, 호적매매, 賣科 및 과거 부정, 軍功, 身功, 納粟, 免賤, 贖良, 노비 도망, 投托, 寒儒, 貧士 등이고[47] 이것 이외에도 相婚, 출산율, 奴婢放良, 從良, 漏戶, 빈곤 등을 지적할 수 있겠다.

四方博은 대구부의 호적조사에서 신분구조 변화의 원인을 인구의 자연적인 증감에 기인하는 것이 아니라 各戶가 신분상으로 변화하였고 동시에 노비가 上典家에 몰입되어 버린 것이라고 생각하지 않을 수 없다고 하면서 그 구체적인 원인으로 ① 양반신분의 冒稱·良籍의 假托, ② 身功·納粟에 의한 位階職官의 취득 또는 免賤, ③ 노비의 贖良·逃亡·投托을 지적하였다. 한편 이러한 것은 稅賦 軍役의 가중을 피할 수 있고 이러한 良戶의 감소는 다른 良戶의 부담의 가중을 초래하여 점차 良戶減少를 촉진시켰다고 한다.[48] 이와 같은 사회적 원인은 주로 사회의 부패상에서 초래되었다고 하였지만 사실은 봉건사회의 모순에서 초래되었고 오히려 피지배계급(常民·賤民)의 사회경제적 지위향상과 계급의식(民亂·上疏·逃亡)이 그들의 신분상승이동을 가능케 하였으며 반면에 비생산적인 다수의 양반은 빈곤으로 말미암아 신분하강이동이 일어났던 것이다.

우리의 호적조사에서도 納粟, 贖良, 免賤, 放良 등의 신분을 많이 볼 수 있었다. 納粟에 의하여 최초로 신분을 취득할 수 있었던 시기는 壬亂 이후 선조 26년이었는데 納粟事目에서 볼 수 있고 취득할 수 있는 위계관직은 通政, 嘉善, 直長, 參軍, 禁府都事, 別坐, 左郎, 監察, 正郎, 都事, 僉正, 經歷, 副正, 相禮, 通禮正, 判決事, 參議, 左尹, 右尹, 同知, 參判, 知事, 資憲, 訴, 主簿, 判官, 僉知, 萬戶, 僉使, 折衝, 護軍, 教官, 司直, 參下各品이다.[49]

이와 같이 納粟帖과 空名帖에 의하여 수여된 品階와 官職은 實職을 받을 수 없었다.[50]

이러한 納粟授職은 대구부의 호적에는 肅宗時에는 찾아볼 수 있으나

47) 金泳謨, 위의 책, 42~43쪽.
48) 四方博, 앞의 책, 1938, 393쪽.
49) 『備邊司謄錄』 顯宗 1年 12月 4日, 顯宗 2年 8月 4日.
50) 『大典會通』, 兵典, 京官職條.

英祖時 이후에는 納粟의 말이 없이 授職名을 사용하고 있었다. 그러나 丹城縣의 경우 肅宗時와 英祖時에도 찾아볼 수 있었다. 예컨대 숙종 4년의 호적에 納粟授職者는 모두 33명(嘉善 4명, 通政 6명, 通德郎 2명, 察訪 7명, 別坐 4명, 奉事 4명, 參奉 3명, 從仕郎 1명, 展力副尉 1명, 主簿 1명)이 있었고 숙종 46년에는 모두 94명(嘉善 12명, 通政 44명, 折衝 22명, 主簿 8명, 察訪 6명, 加設僉知 1명, 史庫參奉 1명)이 있었으며 영조 8년에는 모두 78명(嘉善 6명, 通政 42명, 折衝 18명, 主簿 5명, 察訪 5명, 史庫參奉 2명)이 있었다. 이것을 보면 通政·嘉善·折衝의 納粟授職이 가장 많았고 이들은 老·壯層이 각각 거의 半占하고 있었다.

노비의 贖良은 『續大典』(영조 20년) 이후에는 제도상으로 가능하였다. 公賤으로서 다른 노비를 차출하여 贖身하는 자가 가능하였고 工匠代給奴의 贖良하는 가격은 錢文 百兩을 넘지 못한다고 되어 있다.[51] 이와 같이 하여 贖良하는 자는 많지 않고 오히려 冒稱과 逃亡에 의하여 免賤하는 경우가 훨씬 많았다.[52] 도망에 의한 신분, 특히 노비 해방은 호적에 도망노비가 대단히 많이 기록되어 있는 것에서도 알 수 있지만 冒稱身分의 경우는 자료를 찾아보기 어렵다. 아마 이것이 신분변화를 일으킨 가장 중요한 요인이 되는 것이 아닌가 생각한다.

冒稱幼學과 籍吏 弄奸에 관한 자료는 많이 찾아볼 수 있지만 茶山의 『牧民心書』를 보면 매우 재미있는 사례를 찾아볼 수 있다. 즉 수 10년 이래로 수령이 된 자들은 전혀 일을 일답게 하지 않고 아전들은 횡포하고 외람됨이 극도에 달하였으니 그 중에서도 호적이 가장 심한 것이다. 항상 호적을 개정하는 해를 당할 때마다 호적을 맡은 아전들이 공문을 보내어 한 마을에 10호를 늘리겠다고 위협하면 이 부촌에는 酋豪라는 세력가가 있어서 마을사람들을 모아놓고 의논하기를 '이 10호는 그 이치를 따져서 면하기는 어려울 것이요, 民庫나 社倉과 徭役이 늘어나기 때문에 10호에 드는

51) 『續大典』, 「刑典」, 贖良條.

52) 免賤에 대한 제도적 조치도 있었으나(『經國大典』, 「刑典」, 私賤條와 『大典會通』 「刑典」, 捕盜節 및 『續大典』, 「刑典」, 賤妻妾子女節) 이것에 의하여 거의 실현되지 못하였다.

1년간의 비용은 100냥이나 될 것이니 3년간의 비용은 300냥이나 된다. 이제 그 ⅓을 가지고 이 일을 막아내는 것이 좋지 않겠는가' 하면 '참 좋은 말이다. 우리 마을 일은 오직 그대만을 믿겠소. 돈을 모을 것이니 그대는 일이 이루어지도록 실행하시오' 하게 된다. 드디어 이장을 시켜서 돈 100냥을 거두게 하고 세력자는 그 중에서 20냥을 자기 주머니에 집어넣고 80냥을 가지고 호적을 맡은 아전에게 뇌물을 주어 그 일을 그만두게 한다. 그 세력자가 호적리에게 '단지 호수를 늘리지 않을 뿐만 아니라 특별히 5호만 감하여 주시오' 하면 호적리가 '어려운 일이지만 그대의 말을 어찌 사양하겠소' 하여 5호를 감하게 된다. (中略) 이에 부촌에서는 돈 1,200냥을 내게 되고 그 다음 마을에서는 70~80냥을 내게 되며 3가쯤 되는 작은 마을에서까지도 7~8냥을 내게 되니 결국 그 부촌에서 감한 숫자가 모래처럼 쌓이고 구름처럼 변하고 안개처럼 화하여 徭役도 없는 곳에다가 몰아쳐서 배분하여 버리니 하나는 邑城이고 둘은 校村이고 셋은 金村, 넷은 驛村, 다섯은 站村, 여섯은 寺村이다. 이렇게 해서 유령 호수를 만든다.[53]

이와 같이 호적이 문란하게 되면 결국 빈촌의 가난한 사람들의 부담이 되어 빈농은 더욱 가난하게 되고 아전과 세력자는 더욱 잘 살게 된다.

2) 지역이동－新戶의 성격

조선시대의 급격한 신분변동은 인구이동을 전제로 한다. 봉건적인 신분적 緊博을 벗어나기 위하여서는 이미 노비의 도망에서 본 것처럼 자기의 신분을 잘 모르는 인간을 자유롭게 하는 도시에로 이동하는 것이 가장 중요한 과제이다. 이것이 전통사회를 해체시키고 도시에 몰렸던 노동력은 근대적인 상공업을 발전시키는 요인이 된다.

우리가 조사한 대구부의 호적조사에서도 이것을 알 수 있다.

---

53) 丁若鏞, 『牧民心書』 卷5, 「戶典六條」, 戶籍條.

<표 23> 大邱의 面別 戶數 增加率

地域 時期	都心面			近郊面						農村面			合計
	東上	西上	計	東中	東下	西中	西下下	西下	計	花縣內	仁興	計	
1684年	456 (100)	400 (100)	856 (100)	270 (100)	274 (100)	336 (100)	147 (100)	335 (100)	1,362 (100)	568 (100)	154 (100)	722 (100)	2,940 (100)
1747年	1,264 (277)	1,296 (324)	2,560 (299)	358 (133)	289 (105)	300 (89)	234 (159)	345 (103)	1,526 (112)	624 (110)	156 (101)	780 (108)	4,866 (166)
1795年	1,368 (300)	1,657 (414)	3,025 (353)	360 (133)	333 (122)	282 (84)	285 (194)	342 (102)	1,602 (118)	633 (111)	181 (118)	814 (113)	5,441 (185)
1867年	1,300 (285)	1,774 (444)	3,074 (359)	266 (99)	335 (122)	249 (74)	284 (193)	331 (99)	1,465 (108)	507 (89)	220 (143)	727 (101)	5,266 (179)

<표 23>에서 볼 수 있는 바와 같이 전통사회에 있어서도 대구부의 戶數 증가는 일어나고 있다. 특히 東上面과 西上面의 도시면의 戶數는 1684년~1795년간 급속히 증가되고(약 3.5배) 그 후 100년간에도 증가를 보이고 있지만 호적상 漏戶가 많아서 그런지 그 비율이 약하다. 대구부의 근교면과 농촌면의 경우도 인구가 증가되고 있다. 특히 西下下面과 東中面 및 東下面의 호수는 급속히 증가하고 다른 면은 완만히 증가 또는 감소하고 있는데 전자의 경우는 대구부의 都心에 가까워 도시적 성격이 강하고 후자의 성격은 그렇지 않는 것 같다.

이것을 본다면 대구부 중에서 도시의 성격이 강한 東上面과 西上面에 戶數 즉 인구가 급증하고 있으며 이것이 대구로 하여금 상공업의 발전을 촉진시킨 요인이 된다.

대구부의 戶數 및 인구의 증가는 자연적 증가(출산율)와 分家에 의해서도 가능하겠지만 그보다도 사회적 증가, 지역이동에 의하여 일어날 수 있다. 또한 내역이동, 즉 농민의 向都 離村에서도 가능하다. 예컨대 <표 11>의 단성현의 경우를 보면 여러 신분층에서 이동이 일어나고 있으나 특히 노비와 양인 및 준양반에서 많이 일어나고 있다. 이러한 지역이동을 대구부의 新戶에서 그 성격을 찾아볼 수 있다. 대구부 東上面 戶數의 29.6%와 西上面 戶數의 31.7%가 新戶인데 이것은 3년마다 약 3할의 新戶가 증가되고 있다. 다시 말하면 매년 1할의 新戶가 증가되고 있다는 뜻이다.

1858년 대구부의 新戶數는 전체 호수(13,329호)의 14.8%이고 他官移來者는 전체의 1.0%이다. 대구부의 도시면인 西上面의 新戶數는 1925년에 전체의 32.2%이고 농촌면인 上守南面의 新戶는 전체호수의 10.6%이다.[54] 여기에서 도시와 농촌의 新戶數의 현저한 차이를 볼 수 있는데 他官移居者보다 分家로 기인되고 있다. 사실은 그렇지 않을 것 같다. 어쨌든 이러한 현상은 도시의 戶數 및 인구가 급속히 증가하고 새로운 사회계층이 증가되고 있음을 말하여 준다.

<표 24> 里別 新戶與否 ( )는 實數

面	里 \ 新戶	非新戶	新戶	合計
西上面	北門內里	64.5	35.5	100.0 (155)
	觀德亭里	60.2	39.8	100.0 (123)
	西門內里	60.3	39.7	100.0 (141)
	刷還里	67.1	32.9	100.0 (149)
	南一洞里	57.9	42.1	100.0 (159)
	南二洞里	63.3	36.7	100.0 (60)
	南山里	75.7	24.3	100.0 (70)
	前洞內里	76.7	23.3	100.0 (309)
	後洞內里	74.8	25.2	100.0 (131)
	新洞內里	72.0	28.0	100.0 (75)
	達城里	83.6	16.4	100.0 (55)
	南門外里	63.6	36.4	100.0 (33)
	路下次里	64.7	35.3	100.0 (17)
東上面	後洞內里	61.8	38.2	100.0 (178)
	前洞內里	66.2	33.8	100.0 (142)
	南門內里	63.6	36.4	100.0 (198)
	南城里	69.0	31.0	100.0 (71)
	茂川里	83.7	16.3	100.0 (43)
	射觀里	70.9	29.1	100.0 (223)
	薪田里	77.1	22.9	100.0 (210)
	新東里	72.5	27.5	100.0 (40)
	東城里	63.6	36.4	100.0 (33)
	七星里	87.5	12.5	100.0 (40)
	龍德里	84.0	16.0	100.0 (94)
	新川里	80.0	20.0	100.0 (20)
	莞田里	16.7	38.3	100.0 (6)
	鴽岩里	56.5	43.5	100.0 (23)
	合計	69.3 (1,939)	30.7 (859)	100.0 (2,798)

54) 韓榮國, 앞의 글, 1975, 77~80쪽.

우리가 조사한 대구부의 동상면과 서상면의 新戶를 里別로 보자.[55)]

<표 24>를 보면 서상면의 北門內里, 觀德亭里, 西門內里, 南一洞里, 南二洞里, 南門外里, 落下次里에는 新戶가 전체 호수의 과반수가 되고 東上面의 前洞內里, 南門內里, 東城里, 莞田里, 駕岩里에는 新戶가 전체 호수의 과반수가 된다. 특히 城內에 新戶가 많다.

이러한 新戶의 사회적 성격이 어떠한가를 보기로 하자. 新戶의 사회적 성격은 호주의 연령, 가족형태, 직역, 성씨에 의해서 검토하려고 하였다.

대구부 동상 · 서상면의 新戶는 舊戶에 비하여 연령이 젊다. 舊戶는 40대가 전체의 27.3%이고 그 다음이 30대(23.9%), 50대(88.6%), 60대(12.8%), 20대(9.8%), 70대(5.7%), 10대(0.7%), 80대 이상(1.1%)의 순인데 비하여 新戶는 30대가 전체의 31.5%이고 그 다음은 40대(23.46%), 20대(18.0%), 50대(13.9%), 60대(7.9%), 70대(3.0%), 10대(1.6%), 80대 이상(0.5%)의 순으로 되어 있다.

新戶의 가족형태는 <표 25>와 같이 新戶는 핵가족이 전체의 69.5%이지만 舊戶의 경우는 57.3%이다. 또 舊戶는 확대가족이 많고(26.8%) 直系親家族도 많다(6.1%).

<표 25> 新戶與否別 家族形態 (大邱府) ( )는 實數

家族形態 / 新戶	1人家族	核家族	擴大家族	直系親家族	傍系親家族	其他	合計
舊 戶	3.0	57.3	26.8	6.1	5.9	0.9	100.0 (1,939)
新 戶	5.6	69.5	15.0	3.4	5.5	1.0	100.0 (859)
合 計	3.8	61.0	23.2	5.3	5.8	0.9	100.0 (2,798)
(實 數)	(106)	(1,707)	(649)	(148)	(162)	(26)	

新戶 호주의 신분과 직역은 <표 26>에서 볼 수 있다.

<표 26>에 의하면 新戶의 직역은 舊戶에 비하여 衙前 · 良軍 · 良保 · 寡婦 · 賤匠 · 賤保 · 官奴가 좀더 많다. 이러한 직역은 중인 · 양인 · 천민의 신분이다. 다시 말하면 중인 · 양인 · 천민 · 관노들이 도시에의 인구이

55) 상주목 영순면의 호적에는 新戶(加戶)의 표시가 없음.

<표 26> 戶主身分別 新戶與否 (大邱府) ( )는 實數

身分 / 新戶	現文官	前文官	現武官	前武官	文品階	武品階	生員進士及第	寡(外命婦氏)	閑良	武學出身	幼學	衙所屬者	軍官	都訓道別將別武士
舊戶	0.2	0.1	0.6	0.1	0.7	0.4	0.1	0.6	2.7	1.4	5.3		6.1	1.9
新戶	0.1	0.1	0.5		0.7	0.2	0.1	0.3	1.4	0.6	4.0	0.3	5.1	1.4
合計	0.1	0.1	0.5	0.0	0.7	0.3	0.1	0.5	2.3	1.1	4.9	0.1	5.8	1.8
	(4)	(3)	(15)	(1)	(19)	(9)	(3)	(15)	(65)	(32)	(136)	(3)	(163)	(49)

身分 / 新戶	寡(姓)	業武業儒	雜職	衙前	良軍	良保	良匠	寡(召史良女)	賤匠	賤保	水軍	束伍	賤軍	驛吏(卒)
舊戶	2.4	1.9	0.3	13.9	4.5	1.5	5.3	5.1	2.2	1.1	2.1	1.7	7.5	1.7
新戶	2.3	1.7	0.3	15.0	5.5	2.3	4.4	7.7	3.3	1.9	1.7	1.5	7.8	1.5
合計	2.4	1.9	0.3	14.2	4.8	1.8	5.0	5.9	2.5	1.3	2.0	1.6	7.6	1.6
	(66)	(57)	(9)	(398)	(134)	(49)	(41)	(164)	(71)	(37)	(56)	(46)	(213)	(45)

身分 / 新戶	下典	直使令	才人巫屬	寡(婢)	私奴	官奴	公奴	贖良	其他	奴+賤人	賤+賤民	奴良人	不記	合計
舊戶	3.2	4.5		3.7	2.0	4.1	1.5	0.1	1.5	0.6	4.4	1.0	2.1	(1,939)
新戶	3.5	4.0	0.2	4.0	0.8	5.1	1.3	0.1	1.2	1.4	3.5	0.3	2.7	(859)
合計	3.3	4.4	0.1	3.3	1.6	4.4	1.5	0.1	1.4	0.9	4.1	0.8	2.3	(2,798)
	(92)	(122)	(2)	(105)	(46)	(124)	(41)	(2)	(40)	(24)	(116)	(22)	(64)	

동의 주요한 사회계층이다. 이들은 자기의 신분적 해방과 사회적 지위를 높이기 위하여 이동한 것이다. 그러나 舊戶의 신분 비율과 같거나 조금 모자란 新戶가 많은데 이들은 주로 分家 등에서 형성된 新戶도 많겠지만 다른 지역에서 이동한 新戶도 있는 것이다.

마지막으로 新戶의 성씨별 분석을 보면 舊戶의 경우와 큰 차이가 있는 것이 아니다.

<표 27>에서 볼 수 있는 바와 같이 新戶의 성씨와 舊戶의 성씨 간에 비율상 큰 차이가 없다. 그러나 新戶에 있어서 밀양 박씨, 성주 이씨, 경주 최씨, 경주 정씨의 비율이 舊戶에 비하여 약간 높다.

<표 27> 新戶 與否別 戶主 本貫 ( )는 實數

姓	姜	郭	金	金	金	朴	朴	白	徐	李	宋	申	安	尹	吳	禹
本貫 / 身戶	晋州金海	玄風	安東	慶州	金海	慶州月城(仁同咸安)	密陽	大邱	大邱(達城)	月城	懷德(水原恩津)	平山	順興	坡平(海平)	海州(首陽)	丹陽(完山)
舊戶	2.6	0.5	0.4	0.9	13.9	0.4	6.3	1.8	5.6	1.6	0.3	1.0	0.8	1.6	2.0	0.1
新戶	2.4	0.5		1.0	14.0	0.2	8.7	1.6	5.0	1.7	0.5	1.5	0.8	1.3	1.9	0.1
合計	2.5	0.5	0.3	0.9	13.9	0.4	7.0	1.7	5.4	1.6	0.4	1.2	0.8	1.5	2.0	0.1
	(71)	(14)	(7)	(26)	(390)	(10)	(197)	(48)	(152)	(46)	(10)	(33)	(23)	(42)	(55)	(3)

姓	李	李	李	李	鄭	鄭	趙	趙	曺	崔	韓	許	洪	黃	裵	金
本貫 / 身戶	全州	慶州	全義陜川仁同大邱	星州	東萊	慶州(延日草溪)	漢陽	咸安	昌寧	慶州月城	淸州	金海	南陽(羅州陽川)	昌源(慶州)	星州(金海)	善山淸道昌寧
舊戶	2.0	2.8	2.6	0.9	1.5	2.2	0.3	0.9	1.0	4.8	1.2	0.5	0.9	1.3	2.9	1.7
新戶	2.3	2.6	2.8	1.6	1.4	2.8	0.3	1.0	0.6	6.1	0.7	1.0	0.5	1.3	2.3	1.5
合計	2.1	2.7	2.6	1.1	1.5	2.4	0.3	0.9	0.9	5.2	1.1	0.6	0.8	1.3	2.7	1.6
	(58)	(76)	(74)	(32)	(41)	(67)	(8)	(26)	(25)	(145)	(30)	(18)	(21)	(37)	(76)	(45)

姓	沈	朴	柳	文	張	梁	全	孫	權	其他	兪	閔	未詳	合計
本貫 / 身戶	靑松	羅州(全化坡平)	文化	南平	仁同(安東)	南原(慶州)	旌善慶山(玉山)	密陽(昌寧)	安東		杞溪			
舊戶	0.2	1.3	0.4	1.2	1.5	0.4	1.3	0.8	0.3	8.9	0.2	0.1	16.3	(1,938)
新戶		0.7	0.5	0.8	1.3	0.2	1.3	0.7	0.5	8.8		0.3	14.7	(859)
合計	0.1	1.1	0.4	1.1	1.5	0.3	1.3	0.8	0.4	8.9	0.1	0.1	15.8	
	(4)	(32)	(11)	(30)	(41)	(9)	(37)	(21)	(10)	(249)	(3)	(4)	(441)	(2,798)

6. 奴婢問題

1) 노비의 소유형태

조선시대의 노비는 출생과 더불어 결정되는 법적 신분(estate)이다. 『高麗史』에는 七族之家에 世傳되면서 사역되는 자를 私奴婢라 불렀고 官衙州郡에서 사역되는 자를 公奴婢라 불렀다.[56] 그 후 『星湖僿說』에는 公私賤은 國俗에 內奴 · 寺奴 · 驛奴 · 校奴의 종류를 公賤이라 하고 士庶의 奴는 私賤이라 하였다.[57] 여기에서도 노비의 소유가 士族에서 士庶에게 확

56) 『高麗史』 卷85, 刑法2, 奴婢條.

대되었음을 알 수 있다.

그리고 관노비는 選上奴婢와 納貢奴婢로 구별하고[58] 사노비는 率居奴婢와 外居奴婢로 구별한다.[59] 이러한 노비가 조선후기에 얼마나 존재하였는가에 대하여서는 정확한 자료가 없으나 金時讓이 우리나라에 軍役者가 15萬이 되고 私賤이 49餘萬이라 한 것을 보면[60] 상당히 많았다는 것을 짐작할 수 있다.

한편 필자가 조사한 바에 의하면, 숙종 10년에 대구부 호주의 50.9%와 울산부 호주의 40.6%, 그리고 단성현 인구의 55.6%가 노비인 것을 보면 17세기 후반까지 전체 호주(인구)의 약 절반이 노비일 것으로 생각한다. 만약 英祖時의 조사에서 나타난 非戶主 노비수(약 3할)를 가산한다면 전체 인구의 약 ⅔가 되리라 생각한다. 이후에는 Ⅱ장에서 보는 바와 같이 노비가 급격히 감소하고 있다.

조선의 노비는 鮎具房之進에 의하면 ① 生口 및 虜獲, ② 貨買, ③ 叛逆者 妻子, ④ 壓良, ⑤ 强盜妻子 및 竊盜에 의하여 가장 많이 발생하였다고 한다.[61]

이러한 발생원인 중에 ①은 삼국초기와 전쟁기 및 후삼국기에 찾아볼 수 있고 그 나머지는 조선시대에도 찾아볼 수 있는 것이다. 그러나 무엇보다 노비 발생의 가장 중요한 원인은 소위 從母法과 從父法 때문이다.『經國大典』에 의하면 대개 천인에 관계되는 소생은 母役을 좇는다. 또 驛吏가 良女를 취하여 소생한 남자는 驛吏가 되게 하고 여자는 驛女가 되게 하며 公私賤을 취하여 소생한 男女는 모두 母役을 좇게 하며 驛婢가 良夫

---

57)『星湖僿說』卷4 下.

58) 선상노비의 의무는 일정기간에 無償으로 京과 지방의 관아에 행하는 노역에 종사하고 납공노비는 寺私奴婢라 한다(金錫亨,『朝鮮封建時代農民の階層構成』, 東洋文化硏究所, 1960, 41쪽).

59)『牧民心書』에 의하면 官奴는 侍奴·首奴·工奴·庍奴(騶從)·房奴·庖奴·廚奴·倉奴(園奴)와 酒湯(기생), 婢子(水汲) 등이 있다(『牧民心書』卷4,「吏典六條」, 馭衆條).

60)『增補文獻備考』卷126, 戶口法, 奴婢條.

61) 鮎具房之進,『雜攷』, 東京 : 國書刊行會, 1973.

· 賤夫에게 출가하여 소생한 남녀는 모두 驛奴婢에 속하게 하였다.[62]

이와 같이 良賤相婚인 경우 그 소생이 모두 노비 또는 驛吏(천민)가 되었기 때문에 이것에 의한 노비 발생이 가장 많았다고 할 수 있다.

그러면 英祖時의 사노비를 소유한 戶數가 대구부와 상주목(영순면)에는 약 3할이 되는데 이들의 노비 소유형태가 어떠한가를 보기로 하자.

<표 28> 面別 奴婢 所有形態 ( )는 實數

形態 / 面	率居 ①	外居 ②	雇 ③	逃亡 ④	放 ⑤	①+②	①+③	①+④	①+⑤	②+④	③+④
西上面	3.3	2.1	5.5	2.2		2.7	0.9	1.9		1.2	0.5
東上面	5.7	2.5	3.9	3.4	0.1	1.7	1.0	2.6	0.1	1.4	0.8
永順面	10.8	0.8	0.3	0.8	1.0	1.5		5.0	2.9		
合計	5.6	2.0	3.9	2.4	0.2	2.1	0.8	2.7	0.6	1.1	0.6
	(191)	(69)	(134)	(82)	(7)	(71)	(26)	(93)	(19)	(37)	(19)

形態 / 面	①+②+③	①+②+④	①+③+④	①+④+⑤	①+②+③+④	①+②+④+⑤	①+기타	②+기타	無	合計
西上面	0.5	2.8	0.7		0.5		0.3	0.3	74.5	(1,477)
東上面	0.2	2.9	0.5		0.4	0.2	0.1	0.2	72.7	(1,321)
永順面		1.9		5.0		0.5	0.3		69.1	(618)
合計	0.3	2.7	0.5	0.9	0.4	0.1	0.2	0.2	72.8	
	(10)	(92)	(16)	(31)	(13)	(5)	(7)	(7)	(2,487)	(3,416)

<표 28>을 보면, 일반적으로 노비의 소유가 복합적인 성격을 지니고 있음을 알 수 있다. 솔거노비만을 소유한 경우는 전체 호수의 5.6%이고 외거노비의 경우는 2.0%이며 雇立의 경우는 3.9%이고 放良의 경우는 0.2%이다.[63] 그밖에 도망(2.4%)과 放奴婢(0.2%)의 경우를 제외하면 모두 2가지의 성격을 동시에 지니고 있다. 만약 노비의 소유형태로 보면 역시 솔거노비가 전체 호수의 16.8%가 소유하고, 도망노비의 경우는 11.4%이며 외거노비의 경우는 9.0%, 雇傭의 경우 6.7%, 그리고 솔거와 외거의 노비를 동시에 소유하고 있는 경우는 5.6%이다.

62) 『經國大典』 및 『大典會通』, 「刑典」, 公賤條.

63) 호적상의 放奴婢는 放良 또는 放賣의 경우를 생각할 수 있으나 이것은 거의 대부분 노비가 도망한 放良된 경우가 아닌가 생각한다.

여기에서 우리는 솔거노비가 농촌에서는 가장 많지만 逃亡과 放良의 노비도 상당히 많고 동시에 雇立의 경우도 많다는 것을 알 수 있다. 특히 도시에는 이러한 도망·放良·雇立의 노비가 많다는 것은 노비신분(제도)의 해체현상을 의미한다. 도시에서 도망·放良·雇立이 많다는 것은 도시발전, 즉 산업발전의 기초가 될 수 있다. 반면에 농촌에는 솔거노비와 도망노비 및 放良奴婢가 많은데 이것은 노비의 主從性과 獨立性 및 奴主의 溫情性이 동시에 존재함을 엿볼 수 있다.

<표 29> 戶主身分別 奴婢所有形態 ( )는 實數

形態 / 身分	無	率居 ①	外居 ②	雇傭 ③	逃亡 ④	放 ⑤	①+②	①+③	①+④	①+⑤	②+④
兩班	34.5	16.7	3.6	3.6	3.6	1.2	9.5	1.2	6.0	3.6	2.4
準兩班	39.3	10.6	4.2	3.5	8.2	0.5	4.7	0.9	6.8	2.1	3.0
中人	51.3	8.5	5.3	4.2	3.8		4.9	1.7	6.1	0.2	3.2
良人	87.2	4.1	0.9	4.1	0.9		0.2	0.2	0.9	0.4	
賤役良人	92.1	1.0	0.2	5.1	0.4	0.2			0.6		
賤人	89.4	1.1		4.9	0.8		0.4	1.1			
奴婢	88.1	3.4	0.6	2.5	0.4	0.1	0.9	0.6	1.2		0.1
其他	91.1	2.2		4.4							
寡婦	73.8	8.2	2.5	4.3	0.4	0.4	1.8	1.4	1.4	0.4	0.7
不記	81.3	3.1	1.6	4.7	3.1				1.6		
合計	72.7 (2,488)	5.6 (191)	2.0 (69)	3.9 (134)	2.4 (82)	0.2 (7)	2.1 (71)	0.8 (26)	2.7 (93)	0.6 (19)	1.1 (37)

形態 / 身分	③+④	①+②+③	①+②+④	①+③+④	①+④+⑤	①+②+③+④	①+②+④+⑤	①+기타	②+기타	合計
兩班		1.2	7.1	2.4	2.4	1.2				(84)
準兩班	1.2	0.7	7.0	0.0	4.2	0.3	0.9	0.7	0.5	(573)
中人	0.8	0.6	5.7	1.3		1.3		0.4	0.6	(472)
良人	0.9		0.2		0.2					(468)
賤役良人			0.2						0.2	(495)
賤人	1.5			0.4		0.4				(264)
奴婢			1.3	0.3		0.3				(672)
其他					2.2					(45)
寡婦			2.5	0.4	1.1	0.4		0.4		(279)
不記		3.1	1.6							(64)
合計	0.6 (19)	0.3 (10)	2.7 (92)	0.5 (16)	0.9 (31)	0.4 (13)	0.1 (5)	0.2 (7)	0.2 (7)	(3,416)

이러한 노비 소유형태에 대한 신분별 분석을 보면 <표 29>와 같다.

<표 29>를 보면 역시 양반의 노비소유율이 높아서 6할 이상이 되고 중인의 경우 절반이 되면 양인의 경우는 1할 정도이다. 그런데 천민 또는 노비의 경우도 양인에 못지 않게 1할 이상을 소유하고 과부의 경우는 2.6할이 된다. 양반과 중인의 노비 소유형태는 솔거 또는 외거의 경우보다도 오히려 이러한 형태가 중복된 비율이 높다. 그러나 양인, 천인, 및 노비의 경우는 雇傭이 가장 많다.

이러한 것을 보면 종래 양반(士族)이 노비를 소유하는 것으로 알았던 견해도 틀렸고 士庶(士族과 良人)의 소유론도 틀렸으며 이미 조선후기에는 노비가 노비를 소유할 정도로 모든 신분이 노비를 소유하고 있었다. 물론 노비의 소유노비는 公賤(營奴)이 대부분이다.[64] 이것은 班常賤의 신분개념이 불평등을 나타내지만 그것은 대립적 개념이 매우 약화되었음을 의미한다.

그러면 이러한 노비 소유형태를 직역별로 분석하여 보자.

<표 30>에서 볼 수 있는 바와 같이 양반 중에서 노비소유율이 가장 높은 직역은 前文官과 生員 · 進士이고(각각 100%) 그 다음은 幼學(87.3%)과 兩班寡婦(84.6%) 및 現武官(78.9%)이다. 그밖에 現文官(65.7%)과 閑良(61.5%)도 노비소유율이 높으며 중인의 衙前(50.4%)과 業武 · 業儒(40.3%) 및 選武 · 別武士(42.3%), 그리고 官奴(42.4%)의 노비소유율도 높은 편이다. 관노가 노비를 소유하는 경우는 모두 營奴이고 이들의 조상은 관료양반이 많다. 따라서 양반관료의 賤妾所生이 관노가 된 것이다. 그리하여 부친으로부터 상속받은 노비를 소유한 것이다.

이것을 보면 다수인을 차지하는 衙前, 幼學, 閑良 및 官奴의 경제적 지위가 대단히 높고 이들이 지배계급이 될 수 있으리라는 것을 생각할 수 있는 것이다. 조선시대에 있어서 노비는 매매가 가능하였고[65] 노비의 소유정

---

64) 노비를 소유한 營奴는 대구부에서만 찾아볼 수 있었다.

65) 『經國大典』, 「戶典」, 賣買限에 의하면 전지, 가옥의 매매는 15일을 기한으로 하여 변경하지 못하며 모두 100일 내에 官에 보고하고 立案(매매계약서)을 받는다. 노비의 매매도 이와 마찬가지이다. 牛馬는 5일을 기한으로 하고 변경할 수 없다고 하였다. 『續大典』, 「戶典」, 賣買限에 의하면 노비를 매매한 후 노비가 도망하였을

<표 30> 戶主身分別(小分類) 奴婢 所有形態 ( )는 實數

身分 \ 形態	率居 ①	外居 ②	雇 ③	逃亡 ④	放 ⑤	①+②	①+③	①+④	①+⑤	②+④	③+④
現文官	16.7	8.3			8.3	8.3		8.3			
前文官	33.3					16.7		16.7			
現武官	5.3		10.5	5.3		15.8		5.3		5.3	
前武官											
文品階	15.6	6.3				3.1	3.1	3.1	9.4	3.1	
武品階	20.0		20.0	20.0		10.0					
生員進士及第	66.7										
寡(外命婦氏)	26.9	3.8			3.8	7.7		11.5	3.8	3.8	
閑良	12.3	7.7	3.1	7.7		6.2		6.2		6.2	1.5
武學出身	3.0	6.1	9.1			3.0	3.0				3.0
幼學	17.5	4.4	0.4	11.9	0.8	6.0		12.3	4.8	3.6	1.6
衛所屬者					25.0						
軍官	3.0	1.2	6.0	6.6		3.6	1.2	1.8		2.4	0.6
選武·都訓道·別武士	5.8	7.7	7.7	1.9		3.8	3.8	1.9			
寡(姓)	9.1	4.5	3.0			3.0	1.5	3.0		1.5	
業武·業儒	14.5	9.7	1.6	4.8		1.6	1.6			1.6	1.6
雜職	11.1										
衙前	7.2	4.7	4.5	3.7		5.5	1.7	7.2	0.2	3.5	0.7
良軍	3.3	1.1		1.1					1.1		
良保	7.2	0.7	1.4			0.7	0.7	1.4			
良匠	2.1	0.7	7.0	1.4				1.4			2.8
寡(召史良女)	5.2	1.6	5.2	0.5		0.5	1.6				
賤匠			9.6					1.4			
賤保	1.4				1.4						
水軍	3.1		7.8								
束伍	1.5		2.9	1.5						0.5	
賤軍	0.5	0.5	5.1	0.5				0.9			
驛吏			2.2	2.2						2.2	
下典	0.9		4.3				1.1				
直使令	0.8		7.4	0.8			1.6				3.3
才人·巫屬											
寡(婢)	5.3	1.5	3.0			0.8		0.8			
私奴											
官奴	11.2	0.8	5.6	2.4	0.8	4.0	2.4	5.6		0.8	
公奴	1.7		1.7								
贖良											
其他	1.8		5.4								
奴+賤人			4.2				4.2				
奴+賤役良人	1.1	0.5	0.5								
奴+良人			9.1			4.5					
不記	3.1	1.6	4.7	3.1				1.6			
合計	5.6 (191)	2.0 (69)	3.9 (134)	2.4 (82)	0.2 (7)	2.1 (71)	0.8 (26)	2.7 (93)	0.6 (19)	1.1 (37)	0.6 (19)

때는 2주년을 기한으로 하고 그 기한이 지나면 반환을 요구할 수 없다고 하였다.

形態 / 身分	①+②+③	①+②+④	①+③+④	①+④+⑤	①+②+③+④	①+②+④+⑤	①+기타	②+기타	無	合計
現文官	8.3	8.3							33.3	(12)
前文官		16.7	16.7							(6)
現武官		10.5	5.3	10.5	5.3				21.1	(19)
前武官									100.0	(1)
文品階		3.1							53.1	(32)
武品階									40.0	(10)
生員進士及第		33.3								(3)
寡(外命婦氏)		7.7		11.5	3.8				15.4	(26)
閑良		7.7	3.1						38.5	(65)
武學出身	3.0					3.0			66.7	(33)
幼學	0.8	11.1		9.5		1.6	0.8	0.4	12.7	(252)
衛所屬者									75.0	(4)
軍官	0.6	3.0	1.2		0.6		0.6	0.6	67.1	(167)
選武·都訓道·別武士		3.8			1.9		1.9	1.9	57.7	(52)
寡(姓)		6.1							68.2	(66)
業武·業儒		1.6	1.6						59.7	(62)
雜職									88.9	(9)
啇前	0.7	6.5	1.2		1.5		0.5	0.7	49.6	(401)
良軍		0.6							88.9	(180)
良保				0.7					87.1	(139)
良匠									84.5	(142)
寡(召史良女)		0.5	0.5				0.5		83.9	(193)
賤匠									89.0	(73)
賤保									97.2	(72)
水軍									89.1	(64)
束伍									94.1	(68)
賤軍		0.5						0.5	91.7	(216)
驛吏									95.7	(46)
下典									92.4	(92)
直使令			0.8		0.8				84.4	(122)
才人·巫屬									100.0	(4)
寡(婢)		0.8							87.9	(132)
私奴									100.0	(117)
官奴		5.6	1.6		1.6				57.6	(125)
公奴		1.7							94.8	(58)
贖良									100.0	(4)
其他				1.8					91.1	(56)
奴＋賤人									91.7	(24)
奴＋賤役良人									97.8	(183)
奴＋良人									86.4	(22)
不記	3.1	1.6							81.3	(64)
合計	0.3 (10)	2.7 (92)	0.5 (16)	0.9 (31)	0.4 (13)	0.1 (5)	0.2 (7)	0.2 (7)	72.8 (2,478)	(3,416)

<표 31> 里別 奴婢 所有形態 ( )는 實數

面	里 \ 形態	率居 ①	外居 ②	雇 ③	逃亡 ④	放 ⑤	①+②	①+③	①+④	①+⑤	②+④	③+④
西上面	北門內里										0.6	
	觀德亭里	2.4	2.4	5.7			2.4		0.8		0.8	
	西門內里	4.3	2.8	3.5	1.4		2.8		2.8		2.1	1.4
	刷還里	4.7	2.0	7.4	2.7		4.7	2.7	2.7		0.7	0.7
	南一洞里	4.4	1.9	8.2	1.9		5.0	1.9	5.0		2.5	1.3
	南二洞里	1.7		21.7	5.0		5.0	3.3	1.7			3.3
	南山里	14.3	5.7	2.9	5.7		4.3	1.4	2.9		4.3	1.4
	前洞內里	4.2	1.9	6.8	1.9		2.9	1.0	1.0		1.3	
	後洞內里	0.8	2.3	3.1	4.6				0.8			
	新洞內里	1.3	2.7	1.3	1.3		1.3					
	達城里		5.5		3.6		3.6		7.3			
	南門外里			9.1	3.0						3.0	
	路下次里			5.9								
東上面	後洞內里	3.9		8.4	1.7			2.2	1.1		0.6	1.1
	前洞內里	2.8	2.1	10.6	0.7		0.7	0.7	0.7		0.7	
	南門內里	9.1	3.5	5.1	2.0		2.5	2.5	8.1		1.5	1.5
	南城里	4.2	1.4	1.4	2.8				1.4			1.4
	茂川里	7.0	4.7		30.2		2.3				7.0	7.0
	射觀里	5.8	2.7	1.3	0.4	0.4	1.3	0.4	0.9	0.4	0.9	
	薪田里	7.6	2.9	1.4	2.9		4.3	0.5	5.2		2.4	
	新東里	5.0	15.0	2.5	5.2		2.5		2.5		2.5	
	東城里	6.1	3.0		15.2							
	七星里	7.5			10.0						2.5	2.5
	龍德里	4.3	1.1	3.2	2.1		1.1	1.1			1.1	
	新川里				10.0							5.0
	莞田里											
	駕岩里				4.3		4.3				4.3	
永順面	浦內里	11.1					3.7					
	浦內東內金龍洞里	7.1	2.4	2.4					4.8			
	蟻谷里	5.9				0.7	1.5		0.7	0.7		
	蟻谷洞內眞木里				9.1							
	茂林洞內新基里	11.1				11.1			22.2			
	古皮田里	35.3				5.9			23.5	5.9		
	茂林里	27.6	1.7		5.2		8.6		6.9	6.9		
	白石浦里	12.2	2.0		2.0	2.0			10.2	10.2		
	栗谷里	12.5				2.5			5.0	2.5		
	道淵里	14.3	1.4						7.1			
	下東串里	5.0		5.0						15.0		
	上東串里					7.1						
	芮陳里	11.8							29.4	11.8		
	山乭里	3.7							1.9	1.9		
	芮洞里	3.7	3.7									
合計		5.6 (191)	2.0 (69)	3.9 (134)	2.4 (82)	0.2 (7)	2.1 (71)	0.8 (26)	2.7 (93)	0.6 (19)	1.1 (37)	0.6 (19)

面	里 ＼ 形態	①+ ②+ ③	①+ ②+ ④	①+ ③+ ④	①+ ④+ ⑤	①+ ②+ ③+ ④	①+ ②+ ④+ ⑤	① + 기타	② + 기타	無	合計
西上面	北門內里									99.4	(155)
	觀德亭里		3.3	2.4				0.8	0.8	78.0	(123)
	西門內里	2.8	5.0	2.8		1.4				66.7	(141)
	刷 還 里	0.7	3.4	1.3		2.0			1.3	63.1	(149)
	南一洞里	0.6	4.4	0.6				1.3		61.0	(159)
	南二洞里					1.7				56.7	(60)
	南 山 里	1.4	7.1							48.6	(70)
	前洞內里	0.3	1.0			0.6			0.6	76.1	(309)
	後洞內里		3.8					0.8		84.0	(131)
	新洞內里									92.0	(75)
	達 城 里		9.1							70.9	(55)
	南門外里		3.0							81.8	(33)
	路下次里									94.1	(17)
東上面	後洞內里		1.1	0.6						79.2	(178)
	前洞內里								0.7	80.3	(142)
	南門內里	0.5	3.5	2.5		1.5	0.5			55.6	
	南 城 里									87.3	(71)
	茂 川 里		14.0				2.3			25.6	(43)
	射 觀 里		4.5					0.4		80.3	(223)
	薪 田 里		4.8			0.5				67.6	(210)
	新 東 里	2.5							2.5	62.5	(40)
	東 城 里									75.8	(33)
	七 星 里		5.0			2.5				70.0	(40)
	龍 德 里		1.1							85.1	(94)
	新 川 里									85.0	(20)
	莞 田 里									100.0	(6)
	駕 岩 里									87.0	(23)
永順面	浦 內 里		1.9							83.3	(54)
	浦內東內金龍洞里										
	蟻 谷 里		2.2				1.5			86.8	(136)
	蟻谷洞內眞木里				9.1					81.8	(11)
	茂林洞內新基里				11.1					44.4	(9)
	古皮田里				11.8					17.6	(17)
	茂 林 里		3.4		6.9		1.7			31.0	(98)
	白石浦里		2.0		10.2					49.0	(49)
	栗 谷 里		2.5		20.0					55.0	(40)
	道 淵 里		1.4		7.1					68.6	(70)
	下東車里									75.0	(20)
	上東車里									92.9	(14)
	芮 陳 里		5.9		5.9					35.3	(17)
	山 乭 里				1.9			1.9		88.9	(54)
	芮 洞 里		3.7		7.4			3.7		77.8	(27)
合 計		0.3 (10)	2.7 (92)	0.5 (16)	0.9 (31)	0.4 (13)	0.1 (5)	0.2 (7)	0.2 (7)	72.8 (2,478)	(3,416)

도는 바로 재산의 정도, 즉 경제적 지위를 반영한다고 볼 수 있는 것이다. 신분적 지위가 낮은 중인 또는 관노가 지배계급이 될 수 있다는 것은 그들의 권력에 의한 토지 및 지대의 수탈이 일차적 원인이 되었으리라 생각할 수 있는 것이다. 실제로 도망노비의 비율도 다른 지역에 비하여 낮은 편이다. 그러나 幼學은 재래의 地主이거나 소위 상층양인인 經營型富農도 많으리라 생각한다.

마지막으로 우리가 조사할 지역에 있어서 富村과 貧村을 가려보기로 하자.

<표 31>을 보면 서상면의 南山里(51.4%), 南二洞里(43.3%), 동상면의 茂川里(74.4%)와 南門內里(44.4%) 그리고 영순면의 古皮田里(82.4%), 茂林里(69.0%), 芮陳里(64.7%), 茂林洞 新基里(55.6%), 白石浦里(51.0%), 栗谷里(45.0%) 등이 전체 부락호수의 거의 절반 이상이 노비를 소유하고 있다. 영순면의 경우는 솔거노비와 도망 및 放良의 노비가 많고 서상·동상면의 경우는 고용이 많기 때문에 노비형태의 성격 차이를 볼 수 있다. 비교적 농촌의 노비가 도망과 放良에 의하여 신분해방을 노리고 도시의 경우 합리적 고용관계가 형성되고 있는 것 같다.

한편 <표 31>에서 볼 수 있는 바와 같이 같은 부락 내에서 심한 신분차별과 경제적 불평등이 존재하고 있음을 알 수 있다. 왜냐하면 노비소유가 경제적 불평등의 척도가 될 수 있기 때문이다.

2) 奴婢數

조선시대의 노비수는 숙종 초에 전체 호수의 약 4할이 되었지만 말기에 올수록 그 수가 감소되어 마침내 고종 초에는 극소수(2% 정도)에 불과하였다.[66] 앞에서 지적한 바와 같이 숙종 10년 대구부의 호적상 노비호수가 전체의 37.6%이고 노비인구는 전체의 45.9%이며 그리고 숙종 4년 단성현의 노비인구는 전체의 56.4%이기 때문에 17세기 말까지는 조선시대 전체

66) 四方博, 앞의 글, 1937, 416쪽.

인구의 약 반이 노비일 것으로 추산한다.[67]

이와 같이 많은 노비가 200여 년간에 거의 없어지게 된 것은 身功 · 納粟 · 登科 등의 합법적인 免賤의 방법에 의존한 경우도 있었겠지만 그것은 극소수이고 무엇보다도 도망에 의하여 주로 신분이 해방되었던 것이다. 四方博의 대구부 조사에 의하면 1960년에는 不在奴婢의 원인이 他處에 사는 것이 62.1%이고 도망이 34.2%, 그리고 나머지는 사망(3.3%) 및 放良(0.4%)인 데 반하여 1858년에는 오히려 도망이 많아서 58.8%가 되고 타처에 사는 것이 20.6%, 그리고 사망이 18.9%, 放賣가 1.7%이었다.[68] 그리고 鄭奭鍾의 울산부 조사에 의하면 1729년에 현존노비가 전체의 45.9%(노는 41.9%, 비는 49.6%)이고 나머지는 극소수의 事故(3%) 이외에는 부재노비이다. 부재노비는 타처에 사는 것(42.3%)보다 도망자가 더욱 많고(57.7%) 이러한 노비해방은 18세기 말에 결심하였으며 1867년에는 그 비율이 낮지만 부재노비는 모두 도망에 의해서 신분이 해방되었다.[69]

이러한 도망노비는 도시와 농촌의 수공업자 · 匠人 · 雇傭人 · 小作人 · 賤良이 되거나 浮浪하게 된 것이다.

우리가 조사한 대구부의 동상 · 서상면과 상주목의 영순면의 노비 소유형태, 노비수, 소유호구수 및 호당 평균노비수를 보면 <표 32>와 같다.

<표 32>를 보면 도시(대구부)에는 솔거노비와 외거노비 및 도망노비가 많으나 농촌(영순면)에는 솔거노비와 도망노비 및 放良奴婢가 많다. 도시에는 放良奴婢가 농촌에 비하여 적고 雇工奴婢의 경우는 많다. 이것은 도시와 농촌의 시대적, 사회경제적 상황을 보여주는 것 같다.

한편 노비의 호당 평균수도 도시보다 농촌이 많다(농촌의 11.8명과 도시의 약 4명). 농촌에는 放良奴婢와 도망노비가 각각 약 9~10명이 되고 솔

67) 『成宗實錄』에 의하면 1484년 전국 노비총수는 261,948명이다(『成宗實錄』 卷169, 성종 15년 8월 丁巳). 이것은 국가기관에 소속된 公賤數이고 『中宗實錄』에 의하면 1519년 전국적으로 등록된 인구총수는 3,745,418명이다. 아마 半數人口가 등록하지 않았을 것이기 때문에 몇 배가 되는 私賤까지 합하면 그 노비수는 대단히 많을 것이다.

68) 四方博, 앞의 글, 1937, 406쪽.

69) 鄭奭鍾, 앞의 글, 1972.

거노비와 외거노비는 약 4~5명이 되지만 도시에는 솔거노비와 외거노비가 각각 약 3명이 되고 도망 및 放奴婢도 각각 2명 정도이다.

<表 32> 大邱府와 尙州牧의 奴婢所有形態別 奴婢數 및 所有戶口數

( )는 實數

地	面	奴婢所有形態	奴 婢 數		所有戶口數	戶當平均奴婢數
大邱府	東上面	率居奴婢	36.9	(554)	199	2.78
		外居奴婢	24.1	(338)	122	2.77
		雇 奴 婢	7.9	(110)	90	1.22
		放亡奴婢	27.0	(374)	161	2.32
		放 奴 婢	0.8	(11)	8	1.37
		合 計	100.0	(1,387)	378	3.67
	西上面	率居奴婢	38.3	(587)	202	2.91
		外居奴婢	32.0	(490)	156	3.14
		雇 奴 婢	11.4	(174)	135	1.92
		放亡奴婢	17.8	(273)	150	1.88
		放 奴 婢	0.5	(8)	6	1.33
		合 計	100.0	(1,532)	367	4.15
尙州牧	永順面	率居奴婢	31.3	(708)	173	4.09
		外居奴婢	6.5	(146)	29	5.03
		雇 奴 婢	0.2	(4)	4	1
		放亡奴婢	33.9	(767)	83	9.24
		放 奴 婢	28.1	(636)	61	10.43
		合 計	100.0	(2,261)	191	11.84

備考 : 合計가 所有戶口數의 合과 다른 理由는 一戶에 여러 가지 奴婢所有形態가 있기 때문이다(예컨대 率居+外居 등).

그러면 이러한 노비수를 지역별・노비형태별・신분별로 그 특성을 보기로 하자.

<표 33>을 보면 面別 奴婢數別 소유자(戶數)를 알 수 있다. 조사대상의 72.8%가 노비를 소유하지 않고 노비를 소유하는 경우에는 1명을 소유하는 자가 9.0%이고 2명의 경우는 4.7%이며 노비수가 많아질수록 소유 호수의 비율은 감소되고 있다. 그런데 10명 이상의 노비소유자도 조사대상의 4%가 된다. 5명 이하의 노비소유자는 대구부에 많지만 그 이상의 경우는 상주목(영순면)에 많다. 노비 51명 이상의 소유자가 영순면의 618戶 중에 8戶가 있다.

<표 33> 面別奴婢數

( )는 實數

人數 / 面	無	1名	2	3	4	5	6	7	8	9	10
西上面	74.5	8.8	4.4	2.4	1.5	2.0	1.5	1.3	0.7	0.5	0.4
東上面	73.1	9.8	4.9	2.7	2.3	1.6	1.2	0.8	0.4	0.5	0.5
永順面	69.6	5.7	5.2	1.9	1.9	0.6	2.3	0.6	0.8	1.0	0.5
合計	72.8	9.0	4.7	2.4	1.9	1.6	1.5	1.0	0.6	0.6	0.4
	(2,487)	(306)	(162)	(83)	(65)	(54)	(52)	(33)	(20)	(19)	(15)

人數 / 面	11	12	13	14	15	16~20	21~30	31~40	41~50	51名以上	合計
西上面	0.6	0.3	0.3	0.5	0.1	0.1	0.1		0.1		(1,477)
東上面	0.3	0.5	0.3	0.2	0.1	0.5	0.2	0.2			(1,321)
永順面	1.1	0.6	0.5	0.3	0.3	1.6	1.6	1.6	0.8	1.3	(618)
合計	0.6	0.4	0.3	0.4	0.1	0.5	0.4	0.4	0.2	0.2	
	(20)	(15)	(11)	(13)	(4)	(18)	(13)	(12)	(6)	(8)	(3,416)

<표 34> 戶主身分別 奴婢數

( )는 實數

人數 / 身分	無	1名	2	3	4	5	6	7	8	9	10
兩班	34.5	15.5	8.3	4.8	2.4	2.4	8.3	1.2	1.2	1.2	3.6
準兩班	39.3	15.3	11.2	4.9	4.2	3.3	2.8	2.8	1.4	1.6	1.0
中人	51.3	13.8	8.5	5.5	3.6	4.0	3.0	2.8	1.3	1.3	1.1
良人	87.2	7.4	2.4	1.3	0.9	0.6	0.2				
賤役良人	92.1	5.5	1.6	0.4			0.2		0.2		
賤人	89.4	4.9	1.9	0.4	1.1	1.9		0.4			
奴婢	88.1	4.5	1.9	1.0	1.2		0.9	0.3	0.6	0.3	0.1
其他	91.1	4.4	2.2				2.2				
寡婦	73.8	9.0	4.3	2.9	2.5	2.2	1.4	0.4		0.4	
不記	81.3	10.9	1.6	1.6			3.1				
合計	72.8	9.0	4.7	2.4	1.9	1.6	1.5	1.0	0.6	0.6	0.4
	(2,487)	(306)	(162)	(83)	(65)	(54)	(52)	(33)	(20)	(19)	(15)

人數 / 身分	11	12	13	14	15	16~20	21~30	31~40	41~50	51名以上	合計
兩班	7.1	2.4	1.2	1.2		2.4			1.2	1.2	(84)
準兩班	1.2	1.4	0.7	1.2	0.3	1.7	2.1	1.7	0.7	1.0	(573)
中人	1.1	0.4	1.1	0.6	0.2	0.4	0.2				(472)
良人											(468)
賤役良人											(495)
賤人											(264)
奴婢		0.4			0.1	0.3		0.1			(672)
其他											(45)
寡婦	0.7			0.7		0.7		0.4	0.4	0.4	(279)
不記			1.6								(64)
合計	0.6	0.4	0.3	0.4	0.1	0.5	0.4	0.4	0.2	0.2	
	(20)	(15)	(11)	(13)	(4)	(18)	(13)	(12)	(6)	(8)	(3,416)

이러한 노비수를 신분에 따라 분석하면 <표 34>와 같다.

<표 34>에 의하면 양반의 노비소유율이 다른 신분에 비하여 많은데 이들은 그 소유수도 훨씬 많다. 노비호주와 과부호주의 경우 많은 노비를 소유하고 있는 자가 소수 있으나 양인의 경우는 9명 이상의 소유자가 없다. 노비소유의 호주노비는 앞서 지적한 바와 같이 대부분 營奴이고 四祖의 신분은 대부분 양반이다. 비록 양반의 賤妾所生이 노비의 신분을 획득할지라도 재산상속은 받았던 것을 알 수 있다. 그러나 양반과 준양반 및 중인의 경우는 많은 편이다. 준양반의 경우는 幼學이 대부분이고 과부의 경우는 四祖가 대부분 幼學이었다. 40명 이상의 노비의 소유자는 양반 또는 준양반(幼學)밖에 없었다.

노비수를 직역별로 분석하여 봐도 그 결과는 앞서 본 소유형별 분석결과와 유사하다.

奴婢主가 소유하고 있는 노비형태별 노비수를 보면 <표 35>와 같이 솔거노비 소유자는 전체 호수의 16.8%이고, 외거노비의 경우는 9.0%, 고용의 경우는 6.7%, 도망의 경우는 11.5%, 그리고 放賣의 경우는 2.1%이다. 이 경우는 다른 형태의 노비 소유자도 포함된 숫자(비율)이기 때문에 순수한 솔거·외거·雇立·도망 및 放良의 노비소유율보다 많은 것이다.

여기에서도 노비의 해방은 도망이 가장 많고 奴主의 온정에 의한 것은 극히 소수라는 것을 알 수 있다.

이러한 노비소유형태별 노비수에 대한 신분별 분석 결과에 의하면 솔거노비와 외거노비 및 도망노비의 경우에만 신분과 상관성, 즉 양반일수록 소유율이 높지만 특히 雇傭의 경우는 신분과 거의 일치되지 않고 있다.

우리는 표에서 솔거노비가 외거노비보다 많은 것은 당시의 생산계급의 한 주류를 형성한 노비의 성격이 중세 유럽에서 볼 수 있는 農奴的 성격보다도 奴隷的 성격에 가깝다고 볼 수 있다. 그러나 숙종 19년경에 노비호수가 총호수의 약 반이 된다면, 이들은 외거노비이기 때문에 당시의 노비 중에서 다수가 농노적 성격을 지녔다고 볼 수 있겠다.

<표 35> 奴婢形態別 奴婢數

형태 \ 人數	無	1名	2名	3名	4名	5名	6名	7名	8名	9名以上	合計
率居	83.2	6.3	3.4	2.4	1.3	0.9	0.6	0.3	0.3	1.3	100.0
外居	91.0	3.4	1.9	1.0	0.9	0.6	0.3	0.1	0.2	0.5	99.9
雇傭	93.3	5.4	1.1	0.1	0.0						99.9
逃亡	88.5	5.6	2.0	1.3	0.7	0.4	0.3	0.3	0.2	0.7	100.0
放賣	97.9	0.5	0.4	0.2	0.1	0.1	0.2		0.1	0.6	100.1

<표 36> 戶主身分別 率居奴婢數 ( )는 實數

身分 \ 人數	無	1名	2	3	4	5	6	7	8	9名以上	合計
兩班	47.6	13.1	10.7	11.9	4.8	3.6	2.4		3.6	2.4	(84)
準兩班	60.4	13.4	8.0	4.9	3.1	2.1	1.2	0.7	0.9	5.2	(573)
中人	69.3	11.7	7.0	3.0	2.5	2.8	1.3	1.1	0.4	1.1	(472)
良人	94.2	3.8	0.9	0.9		0.2					(468)
賤役良人	98.2	1.4		0.2			0.2				(495)
賤人	96.6	2.3		0.8	0.4						(264)
奴婢	92.0	2.7	1.9	1.5	0.4		0.4	0.3		0.7	(172)
其他	95.6	2.2		2.2							(45)
寡婦	82.1	7.2	3.6	2.5	2.2	0.7	0.7			1.1	(2790
不記	90.6	1.6	1.6	6.3							(64)
合計	83.2	6.3	3.4	2.4	1.3	0.9	0.6	0.3	0.3	1.3	
	(2,843)	(214)	(116)	(81)	(44)	(31)	(21)	(11)	(10)	(45)	(3,416)

<표 36>을 보면 양반과 준양반의 경우 솔거노비수가 많고 그 다음은 중인 및 노비이다. 양반의 소유노비수는 2~8명이 준양반의 경우에 비하여 많지만 9명 이상의 경우는 준양반(대부분 幼學)이 더욱 많다. 그밖에 중인과 노비 및 과부도 솔거노비를 많이 소유하고 있다.

당시에 노비를 많이 소유하고 있다는 것은 경제적 지위 즉 富(재산)가 많다는 뜻이다. 특히 솔거노비는 그것을 의미한다. 만약 노비소유와 토지소유와의 상관성이 높다면 노비소유자는 대부분 地主 또는 富農에 속할 것이다. 따라서 앞에서 본 바와 같이 양반 이외에도 양인과 노비가 노비를 소유하고 있다는 것은 농경사회에 있어서 地主富農을 의미하는 것이다. 따라서 노비소유자는 대부분 당시의 지주부농 즉 지배계급이라 할 수 있다.[70]

이러한 것은 다른 조사에서도 나타나고 있다. 상주목 中東面과 丹東面

의 지주의 신분조사에 의하면 중동면의 경우 전체 지주의 18.3%가 양반이고 56.4%는 평민이며 19.6%는 천민(거의 私奴)이다. 그리고 단동면의 경우는 전체 지주의 38.8%가 양반이고 42.3%가 평민이며 16.7%가 천민이다.[71]

이것을 보면 지주=양반이라는 사회적 통념은 타당성이 결여되어 있고 오히려 다수의 지주가 양인 또는 노비에서 발견할 수 있다. 그러나 지주라고 해서 반드시 大地主 즉 富農을 의미하는 것이 아니기 때문에 그렇게 단정하기는 어렵다. 또 양반들은 직접 노동을 기피하기 때문에 다른 신분에 비하여 노비를 소유 또는 고용하는 경우가 많다.

여기에서 양반=지주(부농)라는 통념은 타당성은 없지만 아직도 소수의 양반, 중인의 지주(부농)가 상대적으로 많다는 것을 부정할 수 없을 것이다. 또한 양인과 천민(노비) 중에서 지주가 많다는 것은 이들이 富의 축적에 의하여 신분의 상승이동이 가능함을 알 수 있는 것이다.[72] 그리고 노비수를 노비소유형태별로 분석하여 보았더니 <표 37>과 같이 그 형태에 따라 차이를 보여주고 있다. 솔거노비와 고용 및 도망노비의 경우에 1명의 소유자가 많고(56.6%~81.3%), 외거와 放良의 경우에도 마찬가지이나 그 비율이 적으며(37.7%~42.9%), 그 혼합형태도 2가지인 경우는 2~3명의 소유자가 많으며 3가지인 경우는 4명 이상에 분산되어 있는 편이다.

그리고 노비수를 里別로 분석하여 보아도 앞서 본 바와 같이 노비소유형태의 비율과 매우 유사하고 대개 1~2명의 노비를 소유하고 있다.

---

70) 茶山에 의하면, 18세기말 호남지방민은 地主가 100호 중에 5호에 불과하고 自作農은 25호 정도 되며 小作農이 70호가 된다고 하였다(『丁茶山全書』 第1集, 詩文集, 文, 卷9).

71) 金容燮, 앞의 책, 1970, 401쪽.

72) 김용섭은 상주목 中東面과 丹東面의 조사에서 평민층에서는 자작농토만으로도 富의 축적이 가능한 31.1%의 中農 이상의 起主와 자작농토만으로는 그것이 불가능한 小農 및 貧農 중에서 37.6%의 기주가 상급신분으로 상승해 갈 수 있는 농가였고 천민층에서는 14.8%의 중농 이상의 기주와 28.6%의 소농 및 빈농 기주가 그러한 능력이 있었던 농가라고 한다(김용섭, 위의 책, 439쪽).

<표 37> 奴婢所有形態別 奴婢數 ( )는 實數

人數 / 戶主	無	1名	2	3	4	5	6	7	8	9	10
率 居 ①		56.6	2.5	8.9	5.8	2.1	2.1	0.5		0.5	0.5
外 居 ②		37.7	23.2	11.6	100.1	4.3	4.3	2.9	1.4	1.4	
雇 傭 ③		81.3	17.9	0.7							
逃 亡 ④		70.7	15.9	7.3	1.2	1.2	1.2	2.4			
放 ⑤		42.9	14.3	14.3			14.3		14.3		
① + ②			19.7	15.5	8.5	12.7	9.9	8.5	1.4	4.2	8.5
① + ③		1.1	34.6	26.9	19.2	3.8	11.5		3.8		
① + ④			24.7	14.0	15.1	3.3	10.8	6.5	4.3	4.3	2.2
① + ⑤			21.1	5.3	15.8		10.5	3.3	5.3	5.3	
② + ④			16.2	10.8		35.1	8.1	8.1			5.4
③ + ④			47.4	26.3	100.5	15.8					
①+②+③					100.0	20.0	20.0	100.0	100.0	10.0	
①+②+④				4.3	4.3	8.7	13.0	5.4	8.7	4.3	3.3
①+③+④				25.0	18.8	18.8	6.3	6.3		6.3	
①+④+⑤		3.2			3.2		6.5		3.2	9.7	
①+②+③+④					7.7	23.1		23.1			7.7
①+②+④+⑤											
① + 기타			14.3		20.6						
② + 기타			14.3	14.3		14.3	14.3	28.6	14.3		
無	100.0										
合 計	72.8	9.0	4.7	2.4	1.9	1.6	1.5	1.0	0.6	0.6	0.4
	(2,487)	(306)	(162)	(83)	(65)	(54)	(32)	(33)	(20)	(19)	(15)

人數 / 戶主	11	12	13	14	15	16~20	21~30	31~40	41~50	51名以上	合計
率 居 ①		0.5		0.5		0.5					(191)
外 居 ②				1.4		1.4					(69)
雇 傭 ③											(134)
逃 亡 ④											(82)
放 ⑤											(7)
① + ②	5.6	1.4		1.4	1.4	1.4					(71)
① + ③											(26)
① + ④	3.2	2.2	1.1			3.2	1.1	1.1	1.1	1.1	
① + ⑤	5.3	5.3		5.3				5.3		10.5	(19)
② + ④		2.7				2.7					(37)
③ + ④											(19)
①+②+③		100.0	10.0								(10)
①+②+④	7.6	5.4	8.7	8.7	2.2	4.3	6.5	3.3	1.1		(92)
①+③+④	6.3	6.3			6.3						(16)
①+④+⑤	6.5	3.2	3.2			6.5	16.1	12.9	12.9	12.9	(31)
①+②+③+④	7.7					30.8					(13)
①+②+④+⑤		20.0				20.0		60.0			(5)
① + 기타	14.3			14.3			14.3				(7)
② + 기타											(7)
無											(2,487)
合 計	0.1	0.4	0.3	0.4	0.1	0.5	0.4	0.4	0.2	0.2	
	(20)	(15)	(11)	(13)	(4)	(18)	(13)	(12)	(6)	(8)	(3,416)

<表 37-1> 里別奴婢數 ( )는 實數

面	里 \ 形態	無	1名	2	3	4	5	6	7	8	9	10
西上面	北門內里	99.4					0.6					
	觀德亭里	78.0	6.5	4.9	2.4	0.8	3.3	1.6			0.8	0.8
	西門內里	66.7	3.5	5.0	2.1	2.8	3.5	5.0	3.5	3.5	0.7	0.7
	刷還里	63.1	10.1	5.4	6.0	1.3	4.7	2.0	1.3	2.0	0.7	0.7
	南一洞里	61.0	13.8	5.0	3.1	3.1	2.5	1.9	1.9		1.3	0.6
	南二洞里	56.7	21.7	13.3	1.7	3.3	1.7		1.7			
	南山里	48.6	14.3	11.4	5.7	4.3		2.9	4.3		1.4	
	前洞內里	76.7	10.7	4.2	2.6	1.0	1.6	0.6	0.3	0.3	0.3	
	後洞內里	84.0	7.6	2.3	0.8	1.5	0.8		0.8			0.8
	新洞內里	92.0	6.7	1.3								
	達城里	70.9	7.3	5.5	1.8		1.8	3.6	3.6	1.8		1.8
	南門外里	81.8	12.1					3.0	3.0			
	路下次里	94.1	5.9									
東上面	後洞內里	79.2	10.1	6.2	1.7	0.6	0.6	0.6				
	前洞內里	80.3	12.0	3.5		1.4	0.7	0.7	0.7			0.7
	南門內里	55.6	12.1	6.1	5.6	7.1	3.0	2.0	1.5	1.0	1.0	1.0
	南城里	87.3	4.2	2.8	2.8	1.4		1.4				
	茂川里	25.6	32.6	10.6	2.3		7.0		4.7	2.3		
	射觀里	80.7	5.4	3.6	1.3	2.2	1.3	2.2	1.8			0.4
	薪田里	69.0	9.0	4.8	3.8	3.3	1.9	1.4		1.0	1.9	0.5
	新東里	65.0	12.5	7.5	5.0		2.5		2.5			2.5
	東城里	75.8	15.2	3.0	3.0		3.0					
	七星里	72.5	10.0	5.0	2.5		2.5					
	龍德里	85.1	8.5	2.1	1.1	1.1		1.1				
	新川里	85.0		5.0	10.0							
	莞田里	100.0										
	駕岩里	87.0	87.0	4.3		4.3						
永順面	浦內里	88.9	3.7	1.9								
	浦內東內金龍洞里	78.6	4.8			4.8	2.4		2.4		2.4	
	蟻谷里	86.8	1.5	2.2	2.9			2.2				0.7
	蟻谷洞內眞木里	81.8	9.1									
	茂林洞內新基里	44.4	22.2									
	古皮田里	17.6	5.9	17.6	17.6			23.5				
	茂林里	31.0	20.7	17.2	3.4	8.6	3.4	6.9				
	白石浦里	49.0	8.2	10.2	4.1	4.1			4.1	4.1	6.1	
	栗谷里	55.0	5.0	5.0				2.5		2.5	2.5	2.5
	道淵里	68.6	4.3	7.1	1.4			1.4	1.4			1.4
	下東車里	75.0	5.0	5.0		5.0				5.0		
	上東車里	92.9		7.1								
	芮陳里	35.3				5.9	5.9			5.9	5.9	
	山乭里	88.9	3.7			1.9		1.9				
	芮洞里	77.8	3.7	3.7								
合計		72.8 (2,478)	9.0 (295)	4.7 (162)	2.4 (83)	1.9 (65)	1.6 (54)	1.5 (52)	1.0 (33)	0.6 (20)	0.6 (19)	0.4 (15)

面	里 \ 形態	11	12	13	14	15	16~20	21~30	31~40	41~50	51名以上	合計
西上面	北門內里											(155)
	觀德亭里				0.8							(123)
	西門內里	1.4	0.7			0.7						(141)
	刷還里	0.7	0.7		0.7		0.7					(149)
	南一洞里	1.3	1.3	0.6	2.5							(159)
	南二洞里											(60)
	南山里	1.4	1.4		1.4		1.4	1.4				(70)
	前洞內里	0.3		1.0	0.3							(309)
	後洞內里	1.5										(131)
	新洞內里											(75)
	達城里									1.8		(55)
	南門外里											(33)
	路下次里											(17)
東上面	後洞內里		0.6						0.6			(178)
	前洞內里											(142)
	南門內里	0.5	1.0	0.5		0.5	1.5					(198)
	南城里											(71)
	茂川里		2.3					2.3	2.3			(43)
	射觀里		0.4					0.4				(223)
	薪田里	0.5	0.5	1.0	1.0		0.5					(210)
	新東里		2.5									(40)
	東城里											(330
	七星里			2.5			5.0					(40
	龍德里				1.1							(94)
	新川里											(20)
	莞田里											(6)
	鴬岩里	4.3										(23)
永順面	浦內里		1.9				3.7					(54)
	浦內東內金龍洞里							2.4	2.4			(42)
	蟻谷里	0.7						1.5	1.5			(136)
	蟻谷洞內眞木里										9.1	(11)
	茂林洞內新基里	22.2						11.1				(9)
	古皮田里			5.9			5.9		5.9			(17)
	茂林里	1.7				1.7	1.7		1.7	1.7		(58)
	白石浦里	4.1	2.0				2.0				2.0	(49)
	栗谷里	2.5	2.5	2.5	2.5			2.5	5.0	2.5	5.0	(40)
	道淵里		1.4	1.4		1.4	2.9	1.4	1.4	2.9	1.4	(70)
	下東車里				5.0							(20)
	上東車里											(140
	芮陳里						17.6	5.9		5.9	11.8	(17)
	山乭里							1.9			1.9	(54)
	芮洞里							7.4	7.4			(27)
合計		0.6 (20)	0.4 (15)	0.3 (11)	0.4 (13)	0.1 (4)	0.5 (18)	0.4 (13)	0.4 (12)	0.2 (6)	0.2 (8)	(3,416)

<표 37-1>을 보면 里別 노비소유수가 많은 비율의 면은 서상면의 南山里, 南一洞里, 刷還里, 西門內里와 동상면의 南門內里, 茂川里, 그리고 영천면의 古田里, 茂林里, 白石浦里, 栗谷里, 道淵里 등이다. 이러한 洞里가 대개 班村이고 동시에 富村인 것이다.

3) 노비의 신분결정

조선시대의 노비는 출생(혈연)과 더불어 결정되는 법적 신분(estate)이었다. 『경국대전』에 의하면 '凡賤人所係 從母役'이기 때문에 노비는 母의 의무(役)를 상속받게 되어 있고 또 '唯賤人娶良女所生 從父役'이기 때문에[73] 노와 良女와의 소생은 모두 父의 의무(役)를 지게 되어 있다. 따라서 노비가 다른 신분과 相婚할지라도 그 소생은 從母法과 從父法에 의하여 노비가 되는 것이다. 그러므로 널리 인식되고 있는 賤者隨母法은 賤者隨父母法으로 수정되어야 할 것이다.

이와 같은 제도(법)에 의하여 父 또는 母의 노비가 양인의 父 또는 母와 결혼하였을지라도 그 자녀는 노비가 되어[74] 上典의 소유가 된다. 이러한 노비신분의 결정으로 말미암아 노비의 수는 증가될 수 있는 것이다. 그러나 宗親緦麻 이상과 外姓小功 이상과 功臣 그리고 東西班 三品正職과 吏曹·兵曹·司諫院·司憲府·弘文館·都摠府·宣傳官을 지낸 자의 子가 公賤을 취하여 소생한 賤妾子女는 양민이 될 수 있었고[75] 公賤으로서 다른 노비를 差出하면 贖良이 가능하였다.[76]

---

73) 『經國大典』, 『續大典』 및 『大典會通』, 「刑典」, 公賤條.

74) 『大典會通』, 「刑典」, 公賤條 또한 驛吏로서 良女를 취하여 소생한 남자는 역리가 되고 여자는 驛女가 되게 하여 公私賤을 취하여 소생한 남자는 모두 母役을 좇게 한다. 그리고 역녀로서 良夫에게 출가하여 소생한 男은 역리가 되게 하고 소생한 女는 驛에 속하지 아니하며 驛女로서 公私賤을 취하여 소생한 男은 父役을 좇고 女子는 母役을 좇으며, 驛女로서 良夫, 賤夫에게 출가하여 소생한 男女는 驛奴婢에 속한다고 되어 있다.

75) 『經國大典』, 『續大典』, 『大典會通』, 「刑典」 賤妾妻子女條.

76) 『續大典』, 「刑典」, 贖良條.

비록 賤民 · 放良의 노비가 영조 이후에 많이 존재하였지만 이것은 노비의 출생 후에 미치지 못했을 것이다.

실제로 노비소생의 신분이 奴婢從父母法에 의하여 결정되었는지를 상주목 영순면의 주민 중에서 30명 이상의 노비소유자를 모두 조사하여 보았더니 그것이 사실이라는 것을 확인할 수 있었다. 다음에 조사된 12개의 사례 중에서 전형적인 3개의 경우를 보기로 한다. 12개의 호주는 幼學이 8명이고 과부가 3명이며 품계 소유자가 1명이었다. 그런데 이들 三祖의 신분을 보았더니 관료출신이 10호이고 幼學이 2호이었다. 이것은 전형적인 관료양반의 대지주임을 알 수 있었다.

<事例 1>

① 戶　　主 : 宣敎郎 姜周鼎 年陸拾柒己卯 本晋州 父通政大夫行旌善郡守象先 祖學生汝綴 曾祖溦仕郎雯 外祖學生金天挺 本安東

② 率　　居 : 父私奴×不記=奴 1口
父私奴×母良女=奴 1口

③ 買　　得 : 婢 1口×夫中人
父私奴×母班婢=奴 1口

④ 放奴婢秩 : 父良人×母班婢=婢 1口
奴 1口×良妻=婢 2口, 奴 1口
奴×良妻=奴 1口
婢×不記=奴 1口
婢×不記=奴 1口×良妻=奴 1口
婢×不記=奴 1口, 婢 1口
婢×不記=奴 1口
奴×良妻=婢 1口×不記=婢 2口
婢×不記=奴 1口, 婢 1口
奴×良妻=奴 2口
奴×良妻=奴 1口
婢×不記=奴 3口, 婢 1口
婢×不記=婢 1口

奴 4口
婢 4口
婢×不記=婢 1口×不記=婢 3口
奴 2口
婢 1口
奴×良妻=奴 1口
婢×不記=奴 1口
奴 1口
婢 1口
奴×不記=婢 1口
奴×不記=奴 2口
奴×良妻=奴 1口
婢×不記=奴 1口×不記=婢 1口×夫庶 李種成
婢 1口×夫 崔行立
婢 1口×夫庶 朴仲還
奴 1口
母班婢×不記=婢 1口×不記=奴 1口
奴×不記=婢 1口×夫 崔命男
奴 3口
婢 1口×夫 李末男
婢×不記=奴 1口, 婢 1口
奴×良妻=婢 1口×不記=奴 1口×良妻=婢 1口
婢×不記=奴 3口, 婢 2口
奴×良妻=婢 1口×不記=奴 1口, 婢 2口
奴×良妻=奴 1口
婢×不記=婢 1口×夫 愛男
婢×不記=婢 1口× =奴 1口

買 得 : 婢 1口 ┐ 放
奴 1口 ┘

<사례 1>은 戶主(晋州 姜周鼎)가 宣敎郞의 품계소유자이지만 부친은

旌善郡守를 지낸 관료양반의 가계이다. 호주는 현재 솔거노비 4口를 소유하고 80口의 노비는 모두 放良을 하였다. 솔거노비 중에 1口가 良女의 소생이 있으나 이는 奴가 되었고 또 중인(夫)과 相婚한 1口의 婢가 있으나 아직 소생이 없어서 잘 알 수 없으나 <사례 2>에서 양반(父)의 소생이지만 奴가 된 것을 보면 이 경우도 마찬가지가 될 것이다. 放奴婢 중에 14口의 노비가 良女의 소생이나 모두 노비가 되었고 2口의 婢가 서얼과 相婚하였으나 소생이 없어 알 수가 없다. 그러나 이들의 소생도 모두 노비가 될 것이다.

<事例 2>

① 戶　　主 : 幼學 李大成 年伍拾捌戊子 本星州 父學生望允 祖務功郎行奉常寺奉事兼成均館學錄樟曾祖折衝將軍行龍驤衛副護軍瑞生 外祖學生李長榮 本驪興 妻黃氏 年陸拾壹乙酉 籍昌源
母婢×父私奴=奴 1口
婢×奴=奴 1口
奴×良妻=婢 1口
婢×良人=婢 1口

② 放　　: 婢×私奴=奴 1口
父私奴×母良女=婢 1口
奴×不記=奴 3口, 婢 2口

③ 買　　得 : 奴×良妻=奴 1口×良女=奴 3口
婢×兩班=奴 1口
父私奴×母私婢==婢 1口×私奴=奴 1口
婢×不記=婢 1口×私奴=奴 2口
婢×不記=奴 1口
父良人×母婢=婢 1口
父奴×母婢=婢 1口
父私奴×母私婢=婢 1口
父私奴×母婢=婢 1口

④ 逃　　亡 : 婢×不記=奴 2口

婢×不記=奴 1口, 婢 1口
母婢×父良人=婢 1口
父良人×母婢=奴 1口
奴×良妻=婢 1口(外祖步兵, 外祖母 良女)
奴×良妻=奴 3口(中 1口의 外祖步兵, 外祖母 良女)
婢 1口
奴×不記=奴 1口
婢 1口
婢×不記=奴 1口
婢×不記=奴 1口
婢 1口
婢×不記=婢 1口×不記=婢 1口
婢×私=婢 1口

<사례 2>는 호주(星州 李大成)의 신분이 幼學이지만 조부는 奉常寺奉事였고 증조는 龍驤衛 副護軍이다. 관료양반의 가계이다. 호주는 4口의 솔거노비와 22口의 방노비, 그리고 19口의 도망노비가 있었다. 솔거노비 중에 良女 또는 良夫와 상혼한 경우가 있으나 그 소생(2口)은 모두 노비가 되었고 방량노비 중에 1口가 양인(父)의 소생이고 5口가 양녀의 소생, 그리고 1口는 양반(父)의 소생이었지만 그들은 모두 노비가 되었다. 그리고 도망노비 중에는 2口가 양인(父)의 소생이고 5口가 양녀의 소생이었었지만 이들도 모두 노비가 되었다.

<事例 3>
① 戶　　主: 幼學 李震成 年伍拾壹 本星州 父學生望允 祖務功郎行常寺奉仕兼成均館學錄樟 曾祖折衝將軍行龍驤衛副護軍瑞生 外祖學生李長榮 本驪興 妻宋氏 年肆拾捌戊戌 籍冶爐
② 仰 役 秩: 父私奴×母私婢=奴 1口
父良人×婢=奴 1口
父私奴×婢=婢 1口
父私奴×母私婢=婢 1口

父私奴×母婢=婢 1口
父私奴×母婢=婢 1口
父私奴×母婢=婢 1口
父私奴×母婢=婢 1口
父良人×母婢=奴 1口, 婢 2口
父私奴×母婢=婢 1口
父私奴×母婢=婢 1口, 奴 1口

③ 外　　居 : 父私奴×母婢=奴 1口
父良人×母婢=奴 1口
奴×良妻=婢 1口(外祖步兵), 婢 2口, 奴 3口
奴(父良人)×良妻=奴 1口(外祖步兵)
奴×良妻=奴 3口, 婢 1口
奴×良妻=奴 1口
奴×良妻=婢 1口
父良人×母婢=奴 1口, 婢 1口

④ 逃　　亡 : 奴×私婢=奴 3口
父私奴×母婢=婢 1口
奴×良妻=奴 1口, 婢 1口
父私奴×婢=奴 1口

<사례 3>은 호주(星州 李震成)의 신분이 幼學이지만 조부와 증조부는 <사례 2>(李大成)와 마찬가지로 관료양반의 출신이다. 호주의 소유노비는 13口의 솔거노비와 18口의 외거노비 중에 4口가 양인(父)의 자손이었지만 노비가 되었고 외거노비 중에는 3口가 양인(父)의 소생이고 13口가 良女(母)의 소생이지만 모두 노비가 되었다. 그리고 도망노비 중에 2口가 良女(母)의 소생인데 모두 노비가 되었다.

이와 같이 노비간의 상혼에 의한 소생은 모두 奴 또는 婢가 되었고 父 또는 母가 양반 또는 양인일지라도 그 소생은 모두 奴 또는 婢가 되었던 것이다.[77]

---

77) 노비의 다른 신분과의 相婚에 의한 신분결정은 四方博의 논문(앞의 책, 1938, 345

6. 家族構造

1) 가족형태

조선시대의 가족제도는 일반적으로 대가족제도 또는 확대가족인 것으로 생각한다. 과연 대가족 또는 확대가족인가를 가족형태 또는 가족수에 의해서 검토하여 보겠지만 이것으로 단정하기는 어렵다. 왜냐하면 가족제도는 그러한 외형적 구조만으로 형성되어 있는 것이 아니고 家族周期·가족문화뿐만 아니라 가족의 권력·애정·역할구조까지 파악하여야 될 것이기 때문이다. 그러한 파악도 靜態的 분석에 의해서 해명될 수 있는 것이 아니고 그것뿐만 아니라 가족이 역사적·動態的 분석과 해석에 의해서 규명될 수 있는 것이다. 다시 말하면 한 가족의 일대기에 대한 분석에 의하여 단정하여야 될 것이다. 그리하여 필자는 가족의 현대적 개념[78]과 우리의 전통적 개념[79]을 보완하여 1인가족·핵가족·확대가족으로 구분하고 直系親族과 傍系親族이 있는 경우는 따로 구별하여 보았다.[80] 直系親과 傍系親의 가족은 대개 대가족의 형태이다. 그러한 결과 핵가족이 전체의 60.4%이고 확대가족은 24.5%이며 나머지는 직계친(5.1%), 방계친(4.9%), 1인가족(4.3%) 및 기타(0.8%)로 되어 있었다. 이것은 호적조사의 결과이기 때문에 가족의 동태적 분석이 불가능하다.

가족형태가 도시와 농촌에 따라 차이가 있음을 표에서 볼 수 있다.

<표 38>을 보면, 대구부의 가족형태는 핵가족이 전체의 61.0%이고 확대가족은 23.2%이지만 상주목 영순면의 경우는 핵가족이 57.6%이고 확대가족은 30.4%이다.

~352쪽)에서도 찾아볼 수 있다.

78) 이것은 오늘날 많이 사용되고 있는 G. P. Murdock이 사용한 개념이다.

79) 民法 제768조에 의하면 직계혈족은 자기의 직계존속과 직계비속을 말하고 방계혈족은 자기의 형제자매와 그 형제의 직계비속을 말한다.

80) 직계친가족은 兄嫂, 弟嫂, 侄, 季嫂, 三寸, 八寸, 姑母, 叔母가 동거하고 있는 가족이고, 방계친가족은 妻母, 婿, 外祖母, 外叔母, 外孫, 妻의 兄弟가 동거하고 있는 가족.

이것을 보면 도시(대구부)가 농촌(영순면)보다 핵가족의 특성이 강하고 농촌의 경우는 확대가족의 특성이 강한 것을 알 수 있다.

<표 38> 地域別 家族形態

地域 \ 家族形態	大家族	核家族	擴大家族	直系親家族	傍系親家族	其他	合計(實數)
大邱府	3.8	61.0	23.2	5.3	5.8	0.9	100.0 (2,798)
尙州牧	6.8	57.6	30.4	4.0	0.6	0.5	99.9 (618)
合計	4.3	60.4	24.5	5.1	4.9	0.8	100.0
(實數)	(148)	(2,063)	(837)	(173)	(166)	(29)	(3,416)

비고 : 기타는 형제가족과 祖父母+孫子女 또는 直系親+傍系親家族의 경우임.

<표 39>에 의하면 확대가족은 양반 · 중인 · 준양반의 가족에서 다른 신분에 비하여 많이 볼 수 있고(40.5%~30.0%), 핵가족의 경우는 양인과 노비가족에서 많이 볼 수 있다(66.5%~62.6%). 그리고 직계친은 중인~양반의 가족에서보다 많이 볼 수 있지만 방계친은 천인가족에서 보다 많이 볼 수 있다. 과부 · 노비 · 양반의 경우 다른 신분에 비하여 1인가족이 많다.

이러한 것을 보면, 양반 · 중인의 가족은 핵가족에 못지 않게 확대가족이 많지만 양인 · 천인 · 노비의 가족은 핵가족이 보다 많다. 만약 가족형태상으로 본다면 조선시대의 가족이 소가족 또는 핵가족제인 것으로 보이지만 앞서 지적한 관점에서 본다면 오히려 대가족제의 성격이 강할 것이다.

<표 39> 戶主身分別 家族形態 ( )는 實數

身分 \ 形態	1人家族	核家族	擴大家族	直系親家族	傍系親家族	其他	合計(實數)
兩班	3.6	47.6	40.5	6.0	2.4		100.1 (84)
準兩班	1.0	58.3	30.0	6.6	4.0		99.9 (573)
中人		54.9	30.5	8.5	5.3	0.8	100.0 (472)
良人	1.7	66.5	23.7	3.4	4.3	0.4	100.0 (468)
賤役良人	1.2	66.5	22.4	3.2	5.5	1.2	100.0 (495)
賤人		62.9	20.1	6.8	9.5	0.8	100.1 (264)
奴婢	6.8	62.6	21.1	4.5	4.5	0.4	99.9 (672)
其他	6.7	53.3	28.9	4.4	2.2	4.4	99.9 (45)
寡婦	26.9	51.3	14.3	2.2	2.5	2.9	100.1 (279)
不記	1.6	56.3	26.6	3.1	9.4	3.1	100.1 (64)
合計	4.3	60.4	24.5	5.1	4.9	0.8	100.0
	(147)	(2,063)	(837)	(173)	(166)	(29)	(3,416)

그러면 이러한 가족형태가 직역에 따라 어떠한 차이가 있는가를 보기로 하자.

<표 40> 戶主身分別 家族形態 ( )는 實數

形態 / 戶主	大家族	核家族	擴大家族	直系親家族	傍系親家族	其他	合計
現文官	8.3	58.3	33.3				99.9 (12)
前文官		50.0	33.3	16.7			100.0 (6)
現武官		47.4	42.1	5.3	5.3		100.1 (19)
前武官			100.0				100.0 (1)
文品階	3.1	37.5	50.0	6.3	3.1		100.0 (32)
武品階	10.0	60.0	30.0				100.0 (10)
生員·進士·及第		66.7	33.3				100.0 (3)
寡(外命·婦氏)	30.8	26.9	23.1	11.5	3.8	3.8	99.9 (26)
閑良	1.5	52.3	3.9	3.1	6.2		100.0 (65)
武學·出身		63.6	27.3	6.1	3.0		100.0 (33)
幼學	1.2	53.2	33.7	7.9	4.0		100.0 (252)
衛所屬者		100.0					100.0 (4)
軍官	1.2	67.7	21.6	6.0	3.6		100.1 (167)
選武·別將·別武		55.8	32.7	7.7	3.8		100.0 (52)
寡(姓)	21.2	59.1	12.1	1.5		6.1	100.0 (66)
業武·業儒		58.1	32.3	3.2	4.8	1.6	100.0 (62)
雜職		66.7	11.1	22.2			99.9 (9)
衙前		54.4	30.4	9.0	5.5	0.7	100.0 (401)
良軍	1.1	75.6	17.8	1.7	3.9		100.1 (180)
良保	2.2	71.9	24.5	0.7		0.7	100.0 (139)
良匠	2.1	50.0	30.3	8.5	8.5	0.7	100.1 (142)
寡(召史·良女)	27.5	51.8	14.0	1.6	3.6	1.6	100.1 (193)
賤匠	1.4	58.9	26.0	2.7	11.0		100.0 (73)
賤保	2.8	59.7	33.3		2.8	1.4	100.0 (72)
水軍	1.6	71.9	18.8	4.7	3.1		100.1 (64)
束伍	1.5	66.2	22.1	1.5	4.4		100.1 (68)
賤軍	0.5	69.0	19.4	4.6	5.6	0.9	100.0 (216)
驛吏(卒)		65.2	21.7	6.5	6.5		99.9 (46)
下典		64.1	20.7	6.5	7.6	1.1	100.0 (92)
直使令馬夫		61.5	18.9	6.6	12.3	0.8	100.1 (122)
才人·巫屬·山行		50.0	25.0	25.0			100.0 (4)
寡(婢)	22.7	52.3	15.2	7.6	0.8	1.5	100.1 (132)
私奴	6.8	59.8	26.5	4.3	2.6		100.0 (117)
官奴		57.6	24.2	6.4	12.8		100.0 (125)
公奴	1.7	72.4	22.4	1.7		1.7	99.9 (58)
贖良	25.0	50.0	25.0				100.0 (4)
其他	7.1	57.1	26.8	3.6	1.8	3.6	100.0 (56)
奴+賤人		79.2	8.3	8.3	4.2		100.0 (24)
奴+賤役良人	2.7	68.9	22.4	2.2	3.8		100.0 (183)
奴+良人		72.7	18.2		9.1		100.0 (22)
不記	1.6	56.3	26.6	3.1	9.4	3.1	100.1 (64)
合計	4.3 (147)	60.4 (2,063)	24.5 (837)	5.1 (273)	4.9 (166)	0.8 (29)	100.0 (3,416)

<표 40>을 보면, 핵가족이 다른 직역에 비하여 많은 경우는 良軍 · 良保 · 水軍 · 公奴 · 賤役奴婢 · 良役奴婢 등이고 확대가족이 많은 직역은 現武官 · 文品階 · 閑良 · 幼學 등이다. 그리고 직계친이 많은 직역은 前文官 · 兩班 · 寡婦 · 雜職 · 衙前 · 良匠 · 賤役奴婢 등이고 방계친의 경우는 才人 · 巫屬 · 賤匠 · 良匠 · 使會 · 下典 등이다.

이것을 보면 양반에 속한 직역은 확대가족이 많고 중인은 직계친이 많으며 천민은 핵가족과 방계친가족이 많다.

이와 같이 조선시대의 가족형태는 한 시점에서 본다면 대가족(또는 직계가족)보다도 핵가족(또는 부부가족)이 많고 대가족은 신분이 높을수록 많으며 핵가족과 1인가족은 양반에 비하여 상민이나 천민에 더 많다.[81]

2) 가족수

조선시대의 가족수는 대가족으로 생각하기 쉬우나 사실은 소가족이다. 호적조사에서 얻는 자료이기 때문에 漏丁이 있겠고 또 故 또는 出嫁의 자녀수는 제외되었기 때문에 그 가족수 또는 자녀수는 매우 적을 것이다.

<표 41> 都市와 農村別 家族 및 子女數 ( )는 實數

地域 \ 人數		無	1名	2	3	4	5	6	7	8	9名以上	合計
家族數	大邱		3.7	13.3	21.9	21.4	16.7	11.8	5.6	3.3	2.2	(2.798)
	尙州		6.8	23.5	31.7	22.5	11.2	2.8	1.0	0.5	0.2	(618)
	計		4.3	15.2	23.7	21.6	15.7	10.2	2.7	2.8	1.9	(3,416)
子女數	大邱	24.1	27.1	22.7	14.3	8.0	2.7	0.9	0.2	0.1		(2.798)
	尙州	41.4	35.3	18.0	4.5	0.6		0.2				(618)
	計	27.2	28.6	21.8	12.6	6.6	2.2	0.8	0.2	0.1		(3,416)

비고 : 대구는 서상면과 동상면이고 상주는 영순면임.

<표 41>을 보면, 3인가족과 4인가족이 가장 많아서 각각 전체의 23.7%

81) 이러한 사실은 최재석의 1630년 山蔭戶籍, 1756년 谷城戶籍, 1807년 月城郡 良佐洞戶籍 그리고 1825년 大邱府戶籍(일부 지역)의 조사에서도 나타나고 있다(최재석, 앞의 글, 1976, 45쪽).

와 21.6%가 되고 그 다음은 2인가족과 5인가족이 각각 15.2%와 15.7%이며 나머지 6인가족(10.2%)·1인가족(4.3%)·7인가족(4.7%)·8인가족(2.8%)의 순이다. 따라서 자녀수도 도시(대구부)의 경우가 농촌에 비하여 많다. 예컨대 대구부의 無子女家族이 전체의 24.1%인데 비하여 상주목(영순면)의 경우는 41.4%이다.

이와 같이 자녀수와 가족수가 농촌보다도 도시에 많다는 것은 유아사망률과 관련이 있는 것 같고 避役과 관련된 漏歷의 결과가 아닌가 생각한다.

그러면 이러한 가족수에 대하여 신분별 차이를 보기로 하자.

<표 42> 戶主身分別 家族數

家族數 / 戶主身分	1名	2	3	4	5	6	7	8	9名以上	合 計	平均家族數
兩　班	3.6	15.5	15.3	27.4	14.3	15.5	4.8	1.2	2.4	100.2	4.21
準兩班	1.0	12.2	20.6	23.6	16.4	13.6	5.6	3.1	3.8	99.9	4.46
中　人		8.3	14.2	19.4	18.4	16.7	11.7	6.6	4.9	100.1	5.11
良　人	1.7	16.2	25.6	24.4	19.0	6.8	3.2	2.1	0.9	99.9	3.92
賤役良人	1.2	15.3	26.7	24.0	16.6	10.3	3.8	2.0	0.2	100.0	3.97
賤　人		11.7	26.1	26.5	13.6	11.7	4.9	3.0	2.3	99.8	4.26
奴　婢	6.8	19.0	27.2	19.6	14.9	7.3	2.7	1.6	0.7	99.8	3.62
其　他	6.7	28.9	28.9	13.3	8.9	8.9	4.4			100.0	3.33
寡　婦	26.9	21.1	28.7	11.5	7.5	2.5	1.4	0.4		100.0	2.67
不　記	1.6	21.9	21.9	23.4	17.2	6.3		6.3	1.6	100.2	3.92
合　計	4.3	15.2	23.7	21.6	15.7	10.2	4.7	2.8	1.9	100.1	4.05

<표 42>를 보면, 신분별 평균가족수를 알 수 있다. 이에 의하면 평균가족수가 가장 많은 신분이 중인이고(5.11명), 그 다음은 천인(4.26명), 준양반(4.46명), 양반(4.21명), 천역양인(3.97명), 양인(3.92명), 노비(3.62명), 과부(2.67명)의 순으로 되어 있다.

이것을 본다면, 하층신분보다 상층신분의 가족수가 더 많고 따라서 자녀수도 이와 마찬가지의 현상을 보여준다. 가족수와 자녀수가 많은 직역은 특히 중인의 衙前·業武·業儒·軍官과 천민의 賤匠·驛吏·官奴, 양인의 良匠·良軍, 그리고 양반의 現武官·閑良·幼學 등이다.

이와 같이 자녀수가 많은 신분은 서얼 즉 첩이 많아서 그러한 것이 아닌가 하고 생각하기 쉬우나 사실은 그렇지 않았다. 첩을 소유하고 있는 호주는 전체의 0.9%였다. 첩이 있는 신분은 주로 하층신분이라기보다는 상층신분이다. 이번 조사에서도 첩이 있는 호주는 양반의 2.4%, 준양반의 3.7%, 중인의 0.6%, 양인의 0.2%, 천역양인의 0.6% 그리고 노비의 0.1%를 찾아볼 수 있었다. 이것은 도시와 농촌 간에 큰 차이가 없었다. 즉 도시호주의 0.9%와 농촌호주의 0.8%가 첩을 거느리고 있었다.

3) 通婚圈

조선시대에 있어서 신분이 결정되는 주요한 요인은 법적 제도보다도 오히려 通婚에 의하여 이루어지고 있었다. 양인과 천인 간의 신분결정은 賤者隨母(父)法 등 법적 제도에 의하여 良·賤不婚을 금기사항으로 되어 있지만 양인과 양반 간의 相婚은 그렇지 않았고 신분이동에 큰 영향을 미치지 않았다. 그러나 應科와 除授 및 署經時 四祖 중에 천민이 있으면 결격이 되었고 班常賤과 서얼을 가리기 위한 것이었기 때문에 관료의 充員과 이동에 있어서 신분간의 상혼이 큰 영향을 주었던 것이다.

그리하여 조선시대의 身分內婚制가 성립 발달하였다. 이러한 身分內婚制는 班常·良賤·嫡庶·黨派·姓氏간에도 발견할 수 있었다. 이것은 자기의 신분적 이익을 추구하기 위한 혈연공동체를 형성하기 위한 것이었다.

그러나 조선후기에 이르러 신분제가 문란해지고 신분변화와 신분이동이 심하다는 것은 동시에 신분내혼제의 해체를 의미하는 것이다. 신분상혼이 자유롭지 못하면 급격한 신분의 변화가 일어나기 어렵기 때문이다.

그러면, 이러한 신분내혼 또는 신분상혼이 어떻게 이루어지고 있는가를 호적조사에서 보기로 하자.

<표 43>에서 호주의 부친과 丈人간의 신분별 통혼권을 볼 수 있다. 호적에 父와 丈人의 신분이 기록되지 않던 것이 父의 41.7%가 되고 丈人의 60.8%가 되어서 정확히 규명할 수 없으나 밝혀진 경우를 보아도 신분내혼율이 과반수 이상을 차지하고 신분상혼율도 상당히 많음을 알 수 있다.

<표 43>을 보면, 신분내혼율은 양반이 21.4%이고 준양반이 46.1%, 중인이 28.3%, 양인이 37.2%, 천역양인이 45.7%, 천인이 3.7%, 노비가 39.5%,

그리고 不記가 90.6%이다.

<표 43> 父의 身分別 丈人의 身分 ( )는 實數

父의 身分 \ 丈人 身分	兩班	準兩班	中人	良人	賤役良人	賤人	奴婢	其他	不記	合 計
兩 班	21.4	17.5	7.4	5.4	0.4	0.2	0.6	0.4	46.8	(538)
準 兩 班	16.4	46.1	6.1	1.7	0.2	0.9	0.3		28.3	(573)
中 人	8.4	11.9	28.3	11.1	0.4	2.2	1.8		35.8	(226)
良 人	2.4	1.6	2.1	37.2	2.4	0.8	6.3	0.3	47.1	(382)
賤役良人	5.7			45.7	14.3		5.7		28.6	(35)
賤 人			7.4	18.5		3.7	7.4		63.0	(27)
奴 婢		1.0	0.5	17.6	1.0		39.5		40.5	(205)
其 他		16.7		66.7					16.7	(6)
不 記	2.8	1.2	1.8	2.0		0.7	0.9		90.6	(1,424)
合 計	8.2	12.0	5.2	8.6	0.6	0.7	3.8	0.1	60.8	
	(279)	(411)	(176)	(295)	(20)	(25)	(131)	(3)	(2,076)	(3,416)

한편 신분상혼율은 양반의 경우 不記(46.8%)를 제외하면 모두 下向相婚率이다. 양반의 하향상혼율은 역시 준양반(17.5%), 중인(7.4%), 양인(5.4%), 賤良(0.4%), 천인(0.2%), 노비(0.6%)의 순으로 되어 있는데 준양반의 경우와 마찬가지로 약 1% 정도는 賤良과 통혼하고 있다. 준양반의 신분상혼율은 양반과의 상향상혼율은 16.4%이고 하향상혼율은 不記(28.3%)를 제외한 것이다. 준양반의 하향상혼율은 중인(6.1%), 양인(1.7%), 賤良(0.2%), 천인(0.9%), 노비(0.3%)의 순으로 되어 있다. 중인의 신분상혼율이 각각 8.4%와 11.9%이고 不記(35.8%)를 제외하면 하향상혼율이다. 중인의 하향상혼율은 양인(11.1%), 천인(2.2%), 노비(1.8%), 賤良(0.4%)의 순이다. 양인의 신분상혼율은 양반과의 상향상혼율이 5.7%이고 不記(47.1%)를 제외하면 나머지는 노비(6.3%), 賤良(2.4%), 천인(0.8%)과의 하향상혼율이다.

賤良과 천인의 신분상혼율은 상향율보다도 하향율이 높다. 노비의 신분상혼율은 양인과의 통혼이 가장 많고(17.6%) 그 다음이 賤良(1.0%)과 준양반(1.0%) 및 중인(0.5%)이다. 그리고 不記의 신분상혼율은 적지만 각 신분에 분포되어 있다.

이것을 본다면 신분내혼율은 英祖時에도 보편적이긴 했지만 신분상혼을 통해서 상승이동이 어느 정도 가능했음을 짐작할 수 있는 것이다. 반면에 양반과 양인 중에서 천민 또는 노비와 통혼함으로써 자녀의 신분이 하강할 수 있는 경우도 제법 있는 것이다. 그러나 이러한 양 · 천의 상혼은 賤者隨母(父)法에 의하여 하강이동을 하였다기보다는 오히려 신분제의 문란으로 상승이동이 가능하지 않았을까 하는 생각이 든다.

이러한 신분내혼율과 신분상혼율이 호주의 祖父와 外祖의 경우는 어떠한가를 보기로 하자.

<표 44> 祖身分別 外祖의 身分 ( )는 實數

外祖 / 祖	兩班	準兩班	中人	良人	賤役良人	賤人	奴婢	其他	不記	合計
兩班	36.5	23.8	4.6	6.2	0.2	0.3	0.2		28.1	(866)
準兩班	24.5	63.5	2.4	2.6			0.2		6.8	(542)
中人	20.5	6.3	33.0	11.6	2.7		0.9		25.0	(112)
良人	3.3	2.6	2.8	48.7	0.8	0.3	9.2		32.3	(390)
賤役良人	16.7			83.3						(12)
賤人	10.5		15.8	15.8		21.1	5.3		31.6	(19)
奴婢	0.6		0.6	19.9	1.8		67.8		9.4	(171)
其他										
不記	4.7	1.7	0.6	2.4		0.2	1.8		88.7	(1,304)
合計	16.1	17.2	3.3	10.2	0.3	0.3	5.3		47.2	
	(551)	(589)	(113)	(349)	(11)	(10)	(180)		(1,613)	(3.416)

<표 44>를 보면 조부의 38.2%와 외조의 47.2%가 신분이 밝혀져 있지 않기 때문에 잘 알 수 없겠지만 호주대에 비하여 그래도 신분의 不記가 적다. 즉 2대간의 세대차이에서도 벌써 신분문란의 현상이 엿보이는 것이다.

<표 44>에서 不記를 제외한 신분내혼율을 보면 양반이 36.5%이고 준양반이 63.5%, 중인이 33.0%, 양인이 48.7%, 천인이 21.1%, 노비가 67.8% 그리고 不記가 88.7%가 된다.

한편, 신분상혼율을 보면 양반은 不記 28.1%를 제외하면 준양반(23.8%)과의 통혼이 가장 많고 그 다음은 양인(6.2%), 중인(4.6%), 천인(0.3%), 賤良(0.2%), 노비(0.2%)와의 상혼율을 지니고 있다. 준양반의 신분상혼율은

양반과의 상향율(24.5%)이 가장 많고 나머지는 양인(2.6%), 중인(2.4%), 노비(0.2%)와의 하향상혼율이다. 중인의 경우는 양반과 준양반과의 상혼율이 각각 20.5%와 6.3%이고 하향상혼율은 양인(11.6%), 賤良(2.7%), 노비(0.9%)의 순이다. 양인의 경우는 양반(3.3%), 준양반(2.6%), 중인(2.8%)과의 상향상혼율이 賤良(0.8%), 천인(0.3%), 노비(9.2%)의 경우보다 낮다. 賤良의 경우는 모두 상향상혼율을 지니고 있는데 양인(83.3%)과 양반(16.7%)과 많이 통혼하고 천인의 경우는 노비(5.3%)와의 하향상혼율을 제외하면 모두 양반(10.5%), 중인(15.8%), 양인(15.8%)과의 상향상혼율을 지니고 있다. 노비의 경우는 不記(9.4%)를 제외하면 모두 양인(19.9%), 賤良(1.8%), 양반(0.6%), 중인(0.6%)의 상향상혼율을 지니고 있다. 그리고 不記의 신분상혼율은 그 비율이 매우 적으나 각 신분에 조금씩 분포되어 있다.

이것을 본다면 당시의 통혼권은 신분내혼제가 강력히 존재하고 있음을 알 수 있고 동시에 하향신분상혼율보다는 상향신분상혼율이 높음을 알 수 있다. 하향신분상혼의 경우는 양반과 중인 및 양인의 小室(妾) 관계가 존재할 수 있지만 상향상혼의 경우와 마찬가지로 신분제의 문란을 초래한 주요한 요인이 된다. 서얼의 대량형성은 신분내혼제의 부당성을 파괴하려 하고 마침내 이들이 조직적인 사회행동을 일으킬 수 있는 것이다. 예컨대 民亂의 주동자나 다수의 실학자가 서얼출신이 많은 것에서도 알 수 있다.

이와 같이 신분제도, 특히 호적상으로 양반・준양반・중인과 양인・천역양인・천인 그리고 노비간에 통혼의 두터운 벽이 존재하고 있음을 엿볼 수 있다. 이러한 신분내혼은 신분의식 상으로는 더욱 강력하였을 것이다. 물론 이러한 3가지 신분, 즉 양반・양인・노비간의 신분내혼제가 존재하면서 본 연구의 신분 분석의 기준인 7개의 신분계층 간에도 통혼권이 강력히 존재하고 있음을 볼 수 있었다. 만약 통혼권의 측면에서 본다면 적어도 양반・양인・노비의 三身分이 英祖時 아마도 조선후기에 존재하였다고 말할 수 있다.

마지막으로 성씨별 통혼권을 분석하여 보기로 하자.

조선시대에는 同姓不婚率이 제도화되어 있었다.[82] 같은 姓간에 통혼이 불가능하였고 오늘날에도 민법상으로는 直系姻戚과 夫의 八寸 및 母系 四寸의 친족간에 통혼이 가능하나[83] 사회의식상으로 同性同本不婚率이 지배적이다.

우리가 조사한 지역민의 씨족별 통혼권을 보면 동성동본불혼율이 일반적으로 지켜지고 있으나 심지어 같은 同本(鄕), 즉 씨족끼리도 통혼하고 있음을 볼 수 있었다.

<표 45>에서 동성동본통혼은 김해 김씨(11.1%), 경주 김씨(5.0%), 밀양 박씨(5.0%), 月城 이씨(2.2%) 그리고 경주 이씨(1.1%)에서 많지는 않지만 찾아볼 수 있었다. 나머지의 성씨는 이러한 통혼이 없었다.

우리가 조사한 상주목 영순면에서 매우 흥미로운 사실은 대구부와는 달리 상주를 본관으로 한 성씨가 많았다는 것이다. 상주를 본관으로 한 성씨는 邑誌에 의하면 金 · 朴 · 周 · 高 · 李 · 高 · 羅氏 등이 있는데 본 조사에서 이것 이외에도 秋 · 申 · 吳 · 趙 · 崔 · 沈 · 南 · 梁 · 孫 · 鄭 · 張 · 片 · 權 · 周 · 盧 · 池 · 陳 등이 있었다.

이와 같이 자기 거주지역의 지명을 본관으로 하는 성씨의 경우는 조선시대의 다른 호적(金化郡과 山蔭縣)에서도 발견할 수 있다. 이러한 성씨의 경우는 대개 양반 · 양인의 출신이라기보다는 오히려 賤良 · 노비의 출신이 아닌가 생각한다.

<표 45>를 보면 통혼씨족 중에 未詳이 전체의 33.3%가 되는데 이들은 대부분 노비 또는 호주가 미혼이거나 홀아비인 경우이다. 이러한 未詳이 많은 성씨는 尙州姓氏가 가장 많아 전체의 88.9%이고 그 다음은 咸昌 表氏(75.0%) · 尙州 秋氏(66.7%) · 尙州 金氏(55.0%) · 順興 安氏(51.5%) · 月城 李氏(49.1%) · 慶州 李氏(42.0%) · 懷德 宋氏(40.0%) 등으로 되어 있다. 반면에 未詳의 비율이 낮은 성씨는 咸安 趙氏(11.5%) · 大邱 白氏(17.6%) · 大邱 徐氏(19.1%) · 星州 李氏(19.5%) 등이다. 전자의 성씨는 그들의 신분적 지위가 낮은 것을 의미하고 후자의 성씨는 신분적 지위가 높

82) 『續大典』, 「禮典」, 婚嫁條. 이에 의하면 貫鄕이 다르더라도 만약 姓이 같으면 혼인을 못한다고 되어 있다.

83) 『民法』 815조.

음을 의미한다.

우리가 조사한 지역의 호주비율이 가장 많은 성씨는 <표 45>에서 볼 수 있는 바와 같이 金海 金氏(11.7%), 密陽 朴氏(5.3%), 慶州 任氏(3.9%), 大邱 徐氏(2.4%), 全州 李氏(2.2%), 晋州 姜氏(2.0%) 등이고 妻의 경우도 호주의 경우와 비슷하다. 그리고 호주의 통혼율이 가장 많은 성씨는 대부분 金海 金氏이고 그 다음은 密陽 朴氏와 大邱 徐氏 및 慶州 李氏에서 많이 찾아볼 수 있다. 그밖에는 英陽 南氏(戶主)와 密陽 朴氏(妻)간의 통혼율(16.7%), 玄風 郭氏(戶主)와 晋州 姜氏(妻)간의 통혼율(14.3%), 그리고 靑松 江氏와 慶州 金氏간의 통혼율(12.5%)이 비교적 높다.

이것을 보면, 성씨간의 통혼이 매우 산포되어 있으나 드문 성씨는 그 신분이 낮아서 비교적 드문 성씨간에 통혼하고 그 지방의 名門氏族은 명문간에 통혼하고 있다는 것을 알 수 있다. 또한 같은 씨족간에 통혼이 많이 이루어지고 있는 것은 신분의 동일성도 있겠으나 당시의 지역적 통혼권이 매우 좁았기 때문인 것 같다.

4) 同族部落

동족부락은 동성동본의 혈족자가 집단적으로 거주하는 부락을 말한다. 동성동본의 혈족자라고 할지라도 동족의식을 지니지 않는 경우도 있을 수 있고 또 非同性同本의 혈족자일지라도 통혼관계에 의하여 친족의 연대의식을 지니는 경우도 있을 수 있다. 그러나 이러한 친족의식을 중심으로 동족부락을 현재 파악한다는 것은 어려운 일이고 호적상에 나타난 본관별 성씨를 중심으로 파악하는 수밖에 없다. 이러한 기준에 의하여 파악하면 <표 46>과 같다.

<표 46> 里別 戶主本貫

面	里＼姓本貫	姜 晋州 金海	郭 玄風	金 安東	金 慶州	金 金海	朴 慶州 月城 (仁同 咸安)	朴 密陽	白 大邱	徐 大邱 (達城)	李 月城	宋 懷德 (水原 恩津)	申 平山	安 順興	尹 坡平 (海平)
西上面	北門內里	3.2			0.6	20.6	6.6	14.2	1.3	3.9	0.6			1.9	2.6
	觀德亭里	2.4	0.8			16.3		5.7	2.4	4.9	1.6	0.8		0.8	1.6
	西門內里	3.5	0.7		0.7	17.7		9.2	0.7	9.2	2.1	0.7	0.7	0.7	0.7
	刷還里	2.0			0.7	15.4		8.1		4.7	0.7		0.7		
	南一洞里	1.9			0.6	10.7	0.6	5.7		6.9	1.3		1.3		0.6
	南二洞里	1.7			1.7	16.7		5.0	1.7	1.7	3.3	1.7			6.7
	南山里		1.4		1.4	7.1		5.7	1.4	34.3	2.9				2.9
	前洞內里	1.3	0.3		1.9	17.5	0.3	7.8	4.5	6.1	1.0	0.3	1.6	1.0	0.3
	後洞內里	2.3	1.5		0.8	12.1	0.8	8.4		2.3	1.5		3.1		
	新洞內里	1.3	1.3		4.0	12.0	1.3	14.7	4.0		1.3		8.0	2.7	1.3
	達城里					10.9		1.8		12.7	1.8			1.8	1.8
	南門外里	6.1				24.2		3.0			3.0		3.0		6.1
	路下次里	17.6				17.6					5.9				
東上面	後洞內里	4.5	1.1		1.1	11.8	1.1	7.3	1.1	1.1	1.1			1.7	1.1
	前洞內里	3.5			0.7	10.6		6.3	3.5	4.2	2.1	0.7	0.7	0.7	1.4
	南門內里	6.1	0.5		1.0	11.1		6.1	2.5	6.6	1.0		1.5	1.0	1.0
	南城里	2.8			1.4	11.3	1.4	8.5		1.4	5.6	2.8	2.8		4.2
	茂川里				4.7	7.0		7.0	4.7	2.3				2.4	
	射觀里	1.8				12.1		5.8	1.3	4.0	2.7		1.3		2.2
	薪田里	0.5	1.0	0.5	0.5	12.9	1.0	5.2	1.0	4.8	2.4	1.0	1.4		2.4
	新東里		5.0	5.0		2.5		5.0	7.5	7.5		2.5		10.0	7.5
	東城里	9.1		3.0		15.2		3.0		3.0	3.0		3.0		
	七星里			2.5		7.5		12.5		5.0					
	龍德里	2.1		2.2		13.8		2.1	1.1	3.2	1.1			1.1	1.1
	新川里					10.0		5.0		15.0					
	莞田里				16.7										
	鴐岩里	4.3				8.7		4.3							
永順面	浦內里					3.7		1.9							1.9
	浦內東內鑛洞里	7.1			9.5	2.4									
	蟻谷里	2.2		1.5	2.9	5.1		12.5						3.7	
	蟻谷洞內眞木里	18.2		18.2				18.2							
	茂林洞內新基里	11.1			11.1								11.1		
	古皮田里							11.8							
	茂林里	10.3		3.4	1.7									1.7	1.7
	白石浦里	26.5			2.0	6.1		4.1	2.0						24.5
	栗谷里				2.5	5.0		27.5							
	道淵里				2.9	7.1		2.9						2.9	
	下東車里								10.0					5.0	
	上東車里							7.1							
	芮陳里			5.9											
	山乭里	1.9				13.0		7.4		9.3					
	芮洞里					25.9									3.7
合計		2.9 (100)	0.4 (14)	0.4 (14)	1.2 (40)	12.4 (44)	0.3 (10)	7.0 (35)	1.5 (51)	4.6 (157)	1.3 (46)	0.3 (10)	1.0 (34)	1.0 (33)	1.7 (57)

面	里 \ 姓本貫	吳 海州(首陽)	禹 丹陽(完山)	李 全州	李 延安	李 慶州	李 全義陝川仁同大邱	李 星州	鄭 東萊	鄭 慶州(延日草溪)	趙 漢陽	趙 咸安	曺 昌寧	崔 慶州月城	韓 清州
西上面	北門內里	0.6	0.6	1.3		5.8			2.6	1.3		1.3		3.9	
	觀德亭里	1.6		0.8		2.4	1.6	0.8	1.6	1.6		1.6	0.8	5.4	1.6
	西門內里	0.7		2.8		2.1	2.0	0.7	0.7	2.8				11.3	1.4
	刷還里	2.0		4.0		6.0	4.0	2.0		2.0		1.3	2.0	3.4	1.3
	南一洞里	3.1		3.1		1.9	3.8	1.3	2.5	4.4			0.6	9.4	
	南二洞里	3.3		6.7		1.7		3.3		1.7		1.7		8.3	
	南山里	1.4		1.4				4.3		1.4				5.7	
	前洞內里	1.3	0.3	2.6		1.6	1.6	0.6	1.3	1.3		1.3	1.6	4.2	1.0
	後洞內里	2.3		0.8		1.5	4.6	0.8	0.8	2.4	2.3	3.8		3.1	0.8
	新洞內里	4.0		1.3			2.7	1.3		1.3					1.3
	達城里	1.8	1.8			3.6		1.8						5.5	1.8
	南門外里					3.0			3.0		3.0	3.0		12.1	
	路下次里			5.9		11.8	5.9			5.9	5.9				
東上面	後洞內里	0.1		2.2		2.2	4.5	1.1	0.4	2.8		3.4		5.6	0.6
	前洞內里	1.4		2.1		2.1	2.8	2.1	0.7	4.9				3.5	1.3
	南門內里	3.5		2.5		4.5	2.0	1.0	3.0	2.0		1.0	0.5	7.6	
	南城里	2.8		4.2		4.2	4.2	1.4	2.8	4.2	1.4			1.4	1.4
	茂川里	4.7					2.7								
	射觀里	2.2		1.3		3.6	5.4	1.8	1.3	3.1	0.4		1.8	4.9	0.4
	薪田里	2.9		1.4		1.4	1.9	1.0	1.4	4.3	0.5		1.0	3.3	4.8
	新東里						2.5		7.5					2.5	
	東城里	3.0											3.0	3.0	
	七星里			5.0			7.5								3.8
	龍德里	3.2				4.3	1.1		4.3				5.3	4.3	1.1
	新川里			5.0				5.0		15.0		5.0			
	莞田里								16.7					33.3	
	駕岩里					8.7							8.7	21.7	4.3
永順面	浦內里													1.9	13.0
	浦內東內鑨洞里			2.4		9.5									
	蟻谷里	0.7	4.4			2.2		0.7							1.5
	蟻谷洞內眞木里														
	茂林洞內新基里														
	古皮田里														
	茂林里					6.9			1.7	1.7	1.7				
	白石浦里								2.0						2.0
	栗谷里						2.5		2.5	2.5				2.5	
	道淵里		15.7	1.4		1.4			10.0						5.7
	下東車里														
	上東車里								7.1	7.1					
	芮陳里														
	山乫里				1.9										
	芮洞里				11.1				3.7						
合計		1.6 (56)	0.6 (20)	1.8 (60)	0.1 (4)	2.6 (88)	2.2 (75)	1.2 (41)	1.3 (46)	2.0 (70)	0.2 (18)	0.6 (26)	0.7 (25)	4.4 (51)	1.2 (40)

面	里 ＼ 姓本貫	許	洪	黃	裵	金	沈	朴	柳	文	張	南	梁	全	孫
		金海	南陽(羅州陽川)	昌源(慶州)	星州(金海)	善山清道昌寧	青松	羅州(全北坡平)	文化	南平	仁同(安東)	英陽(青松)	南原(慶州)	旌善慶山(玉山)	密陽(昌寧)
西上面	北門內里		1.3	0.6	0.6	1.9	0.6	1.9	1.9					1.3	1.9
	觀德亭里	0.8						1.6	0.8	0.8	0.8			1.6	0.8
	西門內里	0.7	0.7	0.7	2.3									0.7	
	刷還里	0.7	2.0	0.7		2.7		2.7		4.0	0.7			0.7	
	南一洞里	1.3	1.3	0.6	0.6	3.1		1.3		1.9	1.3			1.3	
	南二洞里	1.7			1.7	1.7				1.7				3.3	
	南山里			1.4		1.4					2.9		1.4		2.9
	前洞內里	0.3	0.6	1.6	1.3	0.3		1.0	0.6	0.6	1.3		1.3	2.9	
	後洞內里		1.5	3.1	3.8	1.5	0.8	0.8	0.8	1.5	1.5		0.8	2.3	
	新洞內里	1.3		8.0	2.7			1.3			1.3			2.7	
	達城里				3.6	3.6		5.5						1.8	
	南門外里			3.0		3.0				3.0				3.0	3.0
	路下次里								5.9						5.9
東上面	後洞內里		0.6	1.7	1.1	1.1		3.4		2.2	2.8		1.1	1.7	0.6
	前洞內里	0.7		2.8	2.1	1.4		0.7	1.4	1.4	2.1				1.4
	南門內里	0.5	0.5		2.0	3.5			0.5	1.5	1.0				
	南城里			2.8	2.8					2.8	1.4		1.4		1.4
	茂川里	2.3			39.5	4.7					2.3				2.3
	射觀里	0.9		0.5	1.8	1.8		1.3			3.1	0.9		1.8	0.4
	薪田里	1.0	1.0	0.5	2.9	1.4	0.5	0.5		1.4	2.4			1.0	2.9
	新東里	5.0	5.0		5.0						2.5			2.5	
	東城里	3.0	6.1	3.0	6.1	3.0					3.0				
	七星里				25.0	5.0					2.5				
	龍德里		1.1	3.2	3.2	2.1	1.1								1.1
	新川里				5.0			10.0			5.0				
	莞田里													16.7	
	駕岩里			4.3											
永順面	浦內里						3.7				1.9				9.3
	浦內東內鑵洞里						14.3					2.4			
	蟻谷里	0.7									0.7	0.7	10.3		
	蟻谷洞內眞木里									9.1					
	茂林洞內新基里														
	古皮田里		5.9												
	茂林里					1.7								1.7	1.7
	白石浦里		2.0									2.0	2.0	2.0	
	栗谷里		27.5		2.5										
	道淵里						2.9		1.4	1.4					
	下東車里		5.0						5.0						
	上東車里														
	芮陳里														
	山乭里		1.9			1.9	7.4					1.9		11.1	
	芮洞里										7.4			3.7	
合計		0.6 (19)	1.1 (36)	1.1 (37)	2.3 (78)	1.4 (48)	0.5 (16)	0.9 (35)	0.4 (13)	0.9 (31)	1.3 (45)	0.2 (57)	0.7 (24)	1.3 (46)	0.8 (27)

面	里 \ 姓本貫	權 安東	其他	兪 杞溪(安東)	閔	金 ①	李 ②	尙州姓氏③	金 尙州	李 尙州	秋 尙州	金 尙州	金 咸昌	金 義成	高 開城府
西上面	北門內里		7.7												
	觀德亭里		11.4												
	西門內里		4.3		0.7										
	刷還里	1.3	8.1	0.7											
	南一洞里	0.6	8.2		0.6										
	南二洞里		11.7												
	南山里		1.4												
	前洞內里	0.6	11.7												
	後洞內里		8.4												
	新洞內里		6.7		1.3										
	達城里		16.4												
	南門外里		9.1												
	路下次里			5.9											
東上面	後洞內里	0.6	7.9												
	前洞內里	0.7	6.3												
	南門內里		0.6												
	南城里		9.9												
	茂川里		4.7												
	射觀里	0.9	9.4	0.4	0.4										
	薪田里		11.9												
	新東里		7.5												
	東城里		18.2												
	七星里		5.0												
	龍德里	1.1	8.5												
	新川里														
	莞田里														
	鴦岩里		34.8												
永順面	浦內里	1.9				5.0	1.9								3.7
	浦內東內鐵洞里	9.5	2.4			2.4	4.8	4.8		5.8					4.8
	蟻谷里	11.0	3.6			1.5	0.7	5.1	4.4		3.7		0.7	4.4	1.5
	蟻谷洞內眞木里		9.1												
	茂林洞內新基里	22.2	11.1					11.1							
	古皮田里	11.8	5.9			19.6			3.4			23.5			5.9
	茂林里	3.4	5.1		1.7		1.7					34.5			
	白石浦里	6.1	4.1			4.1	2.0	2.0					1.0		
	栗谷里		10.0			2.5		2.5	1.4						
	道淵里	1.4	22.0				5.7								
	下東車里	10.0	20.0					5.0							
	上東車里					14.3		7.1	2.8			14.3	7.1		
	芮陳里		23.5			5.9									5.9
	山乫里		1.9				3.7	5.6	13.0	1.9					
	芮洞里		7.4			3.7	3.7	3.7							11.1
合計		1.2 (62)	8.5 (293)	0.1 (3)	0.1 (5)	0.5 (16)	0.4 (13)	0.5 (18)	0.6 (20)	0.1 (3)	0.1 (5)	0.8 (26)	0.1 (3)	0.2 (6)	0.3 (11)

面	里 \ 姓本貫	表	張	趙	鄭	崔	黃	梁	權	宋	申	未詳	合計 (實數)
		咸昌	④	⑤	⑥	⑦	平海 (寧海 長水)	⑧	醴泉 花山 龍宮	大邱治城 鎭川	⑨		
西上面	北門內里											12.9	(155)
	觀德亭里											22.8	(123)
	西門內里											17.0	(141)
	刷還里											15.4	(149)
	南一洞里											18.2	(159)
	南二洞里											11.7	(60)
	南山里											17.1	(70)
	前洞內里											12.9	(309)
	後洞內里											7.6	(131)
	新洞內里											10.7	(75)
	達城里											21.8	(55)
	南門外里											6.1	(33)
	路下次里											5.9	(17)
東上面	後洞內里											18.5	(178)
	前洞內里											23.2	(142)
	南門內里											17.7	(198)
	南城里											7.0	(71)
	茂川里											7.0	(43)
	射觀里											18.4	(223)
	薪田里											14.8	(210)
	新東里											10.0	(40)
	東城里											9.1	(33)
	七星里											20.0	(40)
	龍德里											27.7	(94)
	新川里											10.0	(20)
	莞田里											16.7	(6)
	駕岩里												(23)
永順面	浦內里					16.7	16.7			1.9		13.0	(54)
	浦內東內鑪洞里						2.4	2.4		4.8	2.4	7.1	(42)
	蟻谷里	2.2		1.5	0.7			1.5				7.4	(136)
	蟻谷洞內眞木里		9.1									10.2	(11)
	茂林洞內新基里											2.2	(9)
	古皮田里					17.6							(17)
	茂林里								5.2		8.6		(58)
	白石浦里		2.0										(49)
	栗谷里				2.5	5.0						2.5	(40)
	道淵里				2.9	1.4	1.4				1.4	7.1	(70)
	下東車里				5.0	15.0	15.0			5.0			(20)
	上東車里						7.1						(14)
	芮陳里			28.4		5.9					17.6	5.9	(17)
	山乭里	1.9				5.6				1.9		7.4	(54)
	芮洞里		3.7		3.7							3.7	(27)
合計		0.1 (4)	0.1 (3)	0.2 (7)	0.2 (6)	0.6 (22)	0.4 (15)	0.1 (3)	0.1 (3)	0.1 (5)	0.3 (10)	14.0 (477)	(3,416)

( ) 內는 드물게 나오는 본관임.

① 宣城, 密陽, 淸州, 京城, 興海, 順川, 海州, 旌善, 三涉, 商山, 彦陽, 禮山, 醴泉, 忠州, 豊基, 南海, 聞慶, 遂安, 廣州
② 眞寶, 淸州, 恩津, 禮安, 龍宮, 密陽, 公州, 聞慶, 榮川, 海州, 仁川, 丹陽, 靑安, 平昌, 潭陽, 笠山, 驪江
③ 申, 吳, 趙, 崔, 沈, 南, 梁, 孫, 鄭, 張, 片, 權, 周, 盧, 池, 陳, 朴
④ 丹陽, 寧越, 聞慶, 豊基, 龍宮, 咸昌, 海平, 報恩
⑤ 忠州, 白川, 礪山, 慶州, 龍宮
⑥ 奉化, 聞慶, 善山, 三涉, 草溪, 淸州, 安東
⑦ 海州, 榮川, 聞慶, 忠州, 全州, 廣州
⑧ 豊基, 金海, 江陵, 咸陽, 醴泉
⑨ 咸昌, 鵝州, 奉化, 陽州, 寧海, 牙山, 平昌

<표 46>에 의하면 里別로 존재하는 본관별 성씨를 볼 수 있다. 이러한 부락에서 과연 본관별 성씨가 어느 정도가 있어야 동족부락이라고 규명할 수 있는가에 대하여 말하기는 대단히 어렵다. 만약 전체 부락호수의 1/5을 차지하는 성씨부락을 동족부락이라고 한다면[84] 대구부의 경우는 전체 27개 부락 중에 7개가 있고 영순면의 경우는 15개 부락 중에 5개가 있다. 만약 부락호수의 ⅓ 이상이라고 한다면[85] 전자에는 3개 부락, 그리고 후자에도 3개 부락이 있다.

대구부의 경우는 星州 裵氏(39.5%)가 많이 사는 茂川里와 大邱 徐氏(34.3%)가 많이 사는 南山里가 있고 그 다음은 月城 李氏(25.0%)가 많이 사는 新川里, 金海 金氏(24.2%)가 많이 사는 南門外里, 金海 金氏(20.6%)와 密陽 朴氏(14.2%)가 많이 사는 北門內里, 金海 金氏(22.1%)가 많이 사는 後洞內里, 大邱 徐氏(25.0%)가 많이 사는 新川里, 그리고 慶州 崔氏

84) 善生永助는 동족부락의 분포형태를 ① 1부락 중에 대다수가 동족이 거주하거나 몇 부락에 걸쳐 대부분의 동족호수가 집단을 형성하거나 ② 그 姓 이상의 동족이 중심이 되어 부락을 형성하거나 ③ 부락 중에 다수의 동족호수와 소수의 동족외 호수가 함께 살거나 ④ 한 부락 중 약 半數內外가 동족이고 그 이상은 他姓인 경우라고 하였다. 그러면서 全戶數의 1/4 내지 1/5을 차지하는 경우를 동족부락이라 하였다(善生永助, 『朝鮮の聚落』(後篇), 1935, 203・339쪽).

85) 최근에 金宅圭와 李光奎는 ⅓ 이상의 성씨가 있는 경우에 동족부락이라 하였다. 金宅圭, 『氏族部落의 構造硏究』, 一潮閣, 1979 ; 李光奎, 『韓國家族의 史的 硏究』, 一志社, 1977.

(21.7%)가 많이 사는 駕岩里 등이 있다.[86] 상주목 영순면의 경우는 尙州 金氏(34.5%)가 많이 사는 茂林里, 晋州 姜氏(26.5%)와 坡平 尹氏(26.5%)가 많이 사는 白石浦里, 密陽 朴氏(27.5%)와 南陽 洪氏(27.5%)가 많이 사는 栗谷里, 尙州 金氏(28.6%)가 많이 사는 上東車里, 그리고 金海 金氏(25.9%)가 많이 사는 芮洞里가 있다.[87] 이러한 동족부락에 未詳의 성씨가 적은 것을 보면 동족부락이라고 해서 반드시 富村이 아니고 오히려 貧村이 많은 것 같다.

7. 결 론

조선후기의 도시와 농촌을 대변할 수 있는 4개 지역의 신분구조와 변동을 조사하여 본 결과 신분구조의 逆階層化現象이 보편적이었고 동시에 신분의 법적 개념이 당시의 사회적 불평등을 정확히 표현하여 주지 못한다는 것을 알 수 있었다. 신분의 逆階層化도 모든 신분에서 찾아볼 수 있는 것이 아니고 幼學 · 閑良 · 衙前 · 業儒 · 業武 · 良軍 · 良保 · 奴婢의 직역에서 찾아볼 수 있었다. 그러나 다른 직역에서는 거의 변화되지 않고 있다. 이러한 신분변화는 전체적으로 보아서 중간층에의 상향이동이 일어나고 있는 것이 특징이다. 이것은 새로운 사회세력의 성장을 의미한다. 이러한 사회세력의 성장은 2가지의 역사적 의미를 지니고 있다. 하나는 많은 실학자가 대량으로 나타난 業儒 · 業武의 서얼과 逃亡 · 放良에 의한 노비의 신분해방을 대변하였고 다른 하나는 衙前 · 鄕吏와 같은 중인의 농민수탈이 조선말기에 나타난 소위 民亂 · 東學革命 · 義兵戰爭의 사회계층적 기반을 마련하였던 것이다.

조선후기에 있어서 신분변화는 특히 영조 이후에 심하게 일어났다. 직역에 따라 그 변화시기와 지역상의 차이가 있으나 대개 幼學은 정조 이후의 도시와 고종 이후의 농촌에서 많이 증가하였고 아전과 노비 등은 영조 이

86) 『大邱府邑誌』에 의하면 本府에 白 · 夏 · 裵 · 徐 · 木의 姓氏가 있다.
87) 『尙州牧誌』에 의하면 本冊에 金 · 朴 · 周 · 黃의 姓氏가 있다.

후에 급속히 증가 또는 감소되고 있다. 또한 도시의 신분변화는 농촌에 비하여 먼저 일어났고 전자의 경우는 아전이 상대적으로 많고 후자의 경우는 幼學이 많다. 이것은 新戶의 신분적 성격에서 나타나고 있다.

이러한 신분변화는 壬亂과 丙亂 이후에 시작되어 영조 이후에 급속히 전개되어 개항 이전에 신분의 역계층화현상이 거의 완료되었다. 이러한 신분변화는 각 지역에 따라 차이가 있다. 대구부의 경우는 지난 700여 년간 양반이 19.4%에서 42.5%로 증가되었고 중인의 경우는 3.1%에서 16.6%로 증가되었으며 반면에 양인은 24.8%에서 16.0%로 감소되었고 천민은 47.9%에서 13.0%로 감소되었다. 그리고 단성현의 경우는 지난 100년간 양반이 5.6%에서 10.0%로 증가되었고 중인은 2.1%에서 1.7%로 감소되었으며 반면에 양인은 19.8%에서 35.7%로 증가되었고 천인은 58.1%에서 44.6%로 감소되었다. 또한 울산부의 경우도 대구부의 경우와 매우 유사하다.

여기에서 우리는 조선후기의 신분변화가 신분의 법적 개념의 변화에서 초래된 것이 아니고 또한 신분의 경제적 개념에서만 초래된 것도 아니며 오히려 冒稱·逃亡과 같은 사회적 요인에 의하여 초래된 것이 더욱 많으리라 생각한다. 따라서 조선후기의 사회적 불평등은 법적 개념인 신분(estate)과 대립적 개념인 계급(class)의 개념이라기보다는 오히려 이러한 것이 혼유된 상태로 존재하는 것이 아닌가 생각한다. 조선후기에 신분상향이동이 두드러지게 나타나고 있는 幼學의 경우 冒稱·逃亡에 의존한 경우도 있겠지만 생산력의 발전에서 연유될 수 있었겠고 衙前의 경우는 권력을 이용한 농민의 수탈에서 사회적 성장이 가능했을 것이다. 이러한 경우에 신분변동 즉 사회적 불평등이 혈연·소유권의 차이에서만 일어나는 것이 아니라 오히려 정치적 권력, 즉 비합법적 권력 관계에서 일어날 수 있는 것이다. 이것이 우리나라 사회계층형성의 주요한 요인으로 오늘날까지도 남아 있다.

한편, 이러한 신분변동이 세월이 지나감에 따라 더욱 심하여졌지만 세대간 사회이동에 있어서는 오히려 반대의 현상을 발견할 수 있었다. 우리가 조사한 대구부(西上 · 東上面)와 상주목(永順面)의 祖父간 신분지속률은 전체의 약 6할이지만(대구부의 경우는 다수가 미상임) 신분하강률은 약 3할이고 신분상승률은 5% 내외이다. 나머지는 未詳(不記)이다. 이것을 본다면 세대간 하강이동이 보다 심하기 때문에 시기별 신분변동은 계층화가 일어나야 함에도 불구하고 그렇지 않았다. 따라서 이러한 모순이 나타나게 된 것 같다. 冒稱現象은 양인 · 천민 · 노비에서 볼 수 있다. 노비는 肅宗 · 英祖時에 私賤이 전체 호수의 약 4할이 되지만(만약 솔거노비까지 합하면 ½ 이상이 될 수 있음) 이들의 상당수가 도망노비와 放奴婢였다. 그리고 솔거노비와 외거노비의 소유자는 각각 약 3할에 불과하였고 이것이 개항시에는 전체 호수의 2% 미만이 되었던 것이다. 당시의 노비소유는 토지소유와 상관성이 높기 때문에 비록 양반 중에 노비소유, 즉 地主富農이 많지만 중인 · 양인 · 천인 중에서도 지주부농이 존재하는 것이다. 그리고 노비가 비록 양반 · 양인과 相婚할지라도 그들은 賤者隨父母法에 의하여 노비가 되었지만 이토록 그 수가 감소된 것은 주로 도망과 放良에 의존되었던 것 같다.

이와 같이 신분변화가 심하였음에도 불구하고 조선후기의 통혼권은 身分內婚制가 지배적이었고(약 8할) 반면에 소수의 身分外婚率과 同性同本相婚率이 존재하였다.

이것을 본다면 조선시대의 신분구조가 良 · 賤, 또는 班 · 常 · 賤의 대립적 면만을 지니고 있는 것이 아니라 상당히 다원적 면을 지니고 있으며 이것은 심한 신분(직역)변동에서 가능하였던 것이다.

(『東方學志』 26, 1981. 3)

實學者의 貨幣經濟論

元 裕 漢

1. 서언

조선정부는 倭亂(1592~1598) 뒤, 즉 17세기 초부터 당시의 사회경제적 요청과 파탄에 직면한 국가경제 再建의 필요성에 따라서 銅錢을 法貨로 유통 보급시키기 위해 화폐정책을 적극 추진하였다. 이로써 米·布 등 物品화폐와 秤量銀貨의 유통이 지배적인 봉건 조선사회에 名目화폐인 銅錢이 점점 유통 보급되었다. 특히 17세기 70년대 말부터 동전의 유통범위는 국내 각 지역으로 확대되고, 各階人의 貨幣價値 인식은 심화되기에 이르렀다. 이처럼 조선후기에 확대 보급된 화폐경제는 조선사회의 전통적 생산양식과 가치체계의 변질을 촉진시킴으로써 봉건 조선사회의 해체 내지 근대지향을 증진시킨 요인이 되었다. 이에 필자는 일찍부터 조선후기의 화폐경제문제를 연구해 왔고, 그 연구작업의 일환으로서 동시기의 화폐경제사상을 이해하기 위해 각 계층의 화폐경제론을 분석 고찰할 필요가 있다고 생각하였다. 조선후기에 생존 활약한 各階人의 화폐경제론에는 생존시기가 서로 다른 그들 각자가 경험한 시기의 화폐경제발전상과 화폐경제발달로 촉진된 전통사회의 변질상이 비교적 선명하게 투영되어 있을 것이기 때문이다. 이러한 관점에서 필자는 17세기 초부터 19세기 전반기에 이르는 시기에 생존 활약한 실학자, 政府當路者, 농촌지식인 등 各階人의 화폐경제론을 분석 고찰하는 작업을 시도하게 되었던 것이다.[1)]

본고에서는 이미 발표한 各階人의 화폐경제론에 관한 일련의 연구결과를 토대로 해서, 그들의 생존시기가 조선후기를 포괄하는 대표적 실학자 磻溪 柳馨遠(1622~1673), 星湖 李瀷(1681~1763) 및 茶山 丁若鏞(1762~1836)의 화폐경제론을 같은 시기의 다른 실학자나 정부당로자들의 화폐경제론과 종합적으로 비교 고찰하려 한다. 이로써 선후배 실학자들 각자가 구상 제시한 화폐경제론의 내용을 파악하고, 그들의 화폐경제론이 조선후기 貨幣思想發展 上에서 점하는 위치를 평가하고자 한다. 또한 그들이 제시한 화폐경제론 성격의 특수성을 통해서 각자가 생존 활약한 시기의 화폐경제 발전단계와 그 시대성격을 이해하려 한다. 그리고 그들 선후배 실학자들이 제시한 화폐경제론의 성격변화를 추적하여 조선후기 화폐경제사상의 발전경향 내지 시대성격의 변화를 파악하고자 한다.

2. 화폐(동전)유통보급론 : 磻溪의 화폐경제론 중심

1) 화폐경제론의 형성배경

반계 유형원은 1622년(光海君 14) 서울 小貞陵洞 소재 外家에서 탄생하여 1673년(顯宗 14) 전라도 扶安縣에서 52세로 타계하였다. 반계가 자신의 화폐경제론을 구상 체계화한 시대배경을 이해하기 위해서는 먼저 그가 생존 활약한 17세기 중엽에 있어서 국가의 화폐정책과 유통경제의 실제를

1) 필자의 관련 연구는 다음과 같다. 「農圃子 鄭尙驥의 貨幣政策論」, 『編史』 2, 1968, 2~4쪽 ; 「英祖의 銅錢通用禁止試圖」, 『史學會誌』 12, 1969a, 1~8쪽 ; 「磻溪 柳馨遠의 肯定的 貨幣論」, 『柳洪烈博士華甲紀念論叢』, 1970a, 287~303쪽 ; 「星湖 李瀷의 否定的 貨幣論 - 李朝社會 解體過程의 一側面的 考察」, 『歷史學報』 48, 1970b, 53~72쪽 ; 「茶山 丁若鏞의 발전적 화폐론」, 『歷史敎育』 14, 1971a, 31~57쪽 ; 「朝鮮後期 貨幣流通構造改善論의 一面 - 柳壽垣의 現實的 貨幣論을 中心으로」, 『歷史學報』 56, 1972a, 50~65쪽 ; 「18世紀 前半期 農村儒生 李日章의 貨幣思想」, 『韓國學報』 4, 1976a, 84~114쪽 ; 「燕岩 朴趾源의 社會經濟思想의 性格 - 그의 貨幣思想을 中心으로」, 『弘大論叢』 10, 1979a, 93~110쪽 ; 「潛谷 金堉의 貨幣經濟思想」, 『弘大論叢』 11, 1980a, 201~226쪽.

개관할 필요가 있을 것이다. 당시의 화폐정책과 유통경제 發展相에 대한 반계의 경험과 지식은 그의 화폐경제론 형성과정에 적지 않은 영향을 주었을 것이기 때문이다.

조선정부는 반계가 생존 활약한 17세기 중엽에 다음과 같은 몇 가지 동기에서 명목화폐인 동전을 法貨로서 유통 보급시키기 위해 화폐유통정책을 적극 추진하게 되었다.

첫째, 倭亂을 전후해서 조선정부의 상공업 등 제반 생산부문에 대한 통제력이 약화됨에 따라서 전통적 官營상공업체제는 와해되는 한편 私營수공업과 자유상업은 성장 발전하는 동시에 淸·日과의 국제무역도 보다 활발히 전개되었다. 토지의 상품화가 촉진되어 특수계층에 의한 대토지 점유 또는 경영의 가능성이 커지고 營利性을 위주로 하는 상업적 농경이 확대 보급되었다. 또한 양란 뒤 인구가 급격히 증진됨으로써 당시의 사회생산력은 신장되었고, 이것은 전통적 생산양식의 변질을 촉진하는 요인이 되었을 것이다.

그리고 이 시기에는 實用·實證·實際性이 강조되는 새로운 사조가 태동하여 실학으로서 학문적 체계를 이루고 있었다. 조선정부는 이상과 같이 전통적 생산양식과 가치체계 上에 발전적 변화가 일어나고 있는 시대를 배경으로 해서 파탄에 직면한 국가경제를 재건하기 위한 一方案으로서 大同法을 확대 시행하였다. 유통경제의 발달을 전제로 해서 실시될 수 있었던 대동법은 상공업 또는 상업적 농경과 상호 보완관계를 가지면서 상품·교환경제의 발달을 촉진했고, 당시 조선정부는 상품·교환경제의 발달을 배경으로 해서 명목화폐인 동전을 법화로 유통 보급시키려 했던 것이다.[2)]

둘째, 왜란과 호란을 겪으면서 빈약한 농업생산에 경제기반을 둔 조선왕조의 국가재정은 고갈되고 국민생활은 궁핍에서 허덕이게 되는 등 국가경제는 파탄에 직면하게 되었다. 궁핍한 국가재정의 보완과 국민생활 안정을

---

2) 元裕漢, 『朝鮮後期貨幣史研究』, 한국연구원, 1975, 17~25쪽 ; 元裕漢, 「貨幣經濟의 發達」, 『한국사』 13, 국사편찬위원회, 1976b, 369~446쪽 ; 元裕漢, 「韓國開化期의 近代貨幣制 受容에 대한 考察」, 『鄕土서울』 35, 1977, 59~100쪽.

위한 재원확보의 應急性에 비춰 최단시일 내에 가장 많은 재화를 斂出하는 데는 당시 조선사회의 생산양식에서 볼 때 화폐, 즉 동전을 鑄造 유통하는 것이 최선의 방법으로 논의되었다. 화폐주조의 이윤은 상당히 높은 것이었고, 또한 화폐는 주조작업만 끝나면 곧 발행하여 응급한 재정수요에 충당할 수 있었다. 따라서 당시 조선정부는 양란 뒤 국가가 당면한 경제적 위기를 극복하기 위한 임시 방편적 조치로서 동전의 주조 유통을 적극 시도하기에 이르렀던 것이다.[3)]

셋째, 조선전기에 있어서나, 더 멀리는 고려시대에 鐵錢·銀貨·銅錢 및 楮貨 등 각종 화폐를 유통 보급시키려 하였다. 고려시대나 조선전기에는 사회경제적 제반 여건의 미숙성, 화폐정책의 모순과 화폐원료의 공급난 등이 원인이 되어 이상 각종 화폐의 유통시도가 실패를 거듭했을 뿐이었다. 그러나 이상과 같이 각종 화폐를 유통시키려 했던 역사적 사실은 米·布 등 물품화폐의 유통이 지배적인 조선사회의 명목화폐 수용력을 증진시켰고, 이것은 곧 조선후기에 동전을 법화로 유통 보급시키는 데 있어서 잠재력으로 작용될 수 있었던 것이다.[4)]

넷째, 한국 고대사회에도 그러했지만, 비교적 확실한 자료를 찾아볼 수 있는 고려시대나 조선전기에 있어서도 정부당국이 화폐정책을 시행하는 과정에서 화폐경제가 발달한 중국으로부터 직접 간접적 영향을 받고 있는 사실을 찾아볼 수 있다. 이 같은 중국으로부터의 영향은 왜란을 전후해서부터 조선정부가 동전을 법화로 유통 보급시키기 위해 화폐정책을 추진해 나가는 과정에서도 받게 되었던 것이다. 이 점은 왜란에 참전한 明將 楊鎬가 조선정부에 동전의 주조 유통을 건의하여 조정에서 그 문제를 심각히 논의하게 되었다든지, 당시 조선정부가 채택 실시한 화폐제도가 중국의 그것에 기초를 두었다든지, 중국 동전을 직접 수입해서 通用했다는 사실들을 통해서 알 수 있다.[5)]

---

3) 元裕漢, 앞의 책, 1975, 25~29쪽 ; 元裕漢, 앞의 논문, 1976b.

4) 元裕漢, 위의 책, 9~17쪽.

5) 元裕漢, 위의 책, 29~32쪽 ; 元裕漢, 「李朝後期 淸錢의 輸入流通에 대하여」, 『史學硏究』 21, 1969b, 145~156쪽.

조선정부는 이상에 열거한 몇 가지 사실들을 동기 내지 시대배경으로 해서 17세기 초부터 그 50년대에 이르는 시기에 米·布 등 물품화폐의 유통체계를 극복하고 동전을 법화로 유통 보급시키기 위한 화폐정책을 적극 추진하였다. 그러나 이러한 조선정부의 화폐유통정책은 봉건 조선사회가 내포한 다음과 같은 여러 가지 제약적 요인으로 말미암아 시행착오를 거듭하다가 17세기 50년대에 이르러서는 마침내 중단되고 말았다. 당시 유통경제가 발달되었다 하더라도 동전과 같은 명목화폐를 저항 없이 쉽게 수용할 수 있으리 만큼은 발달되어 있지 못하였다든지, 銅을 비롯한 화폐원료의 공급이 어려웠다든지, 토지에 경제기반을 둔 대다수 양반지배계급이 화폐경제는 농업생산을 위축시킨다 하여 화폐통용에 대해 반발했다든지, 국가의 화폐정책은 그 시행과정에서 보인 當路者들의 높은 기대수준과 당시 사회의 화폐수용력과의 격차를 합리적으로 극복하지 못한 채 너무 급진적으로 추진되었다든지, 두 차례에 걸친 호란과 정부당로자들 간의 당파적 대결의식 등을 화폐유통정책이 17세기 50년대에 중단하게 된 저해적 요인으로 들 수 있을 것이다.[6] 그러나 국가의 화폐유통정책이 중단된 것과는 관계없이 그 이후에 있어서도 일찍이 국내외의 상업이 발달해서 17세기 40년대부터 동전이 통용되기 시작한 開城을 중심한 江華·豊湍·延白·喬桐 등 인근지방에서는 계속 원활히 유통되었고, 義州·平壤·安州 등 국제무역이 활발하게 전개된 평안도 일부 지역에서도 동전이 통용되기에 이르렀던 것이다.[7] 또한 당시 일부 流通界에서는 실용가치가 없는 麤布가 통화기능을 발휘했고, 국내 각 지방에서는 반계가 타계한 5년 뒤인 1678년(肅宗 4)에 동전, 즉 常平通寶가 법화로 채택되어 유통 보급되기까지 米·布 등 물품화폐와 칭량은화가 유통계를 지배하고 있었다.[8]

반계는 그 자신이 이상 17세기 중엽의 화폐유통정책과 유통경제의 실제를 見聞 체험해서 얻은 지식에 의해서만 그의 화폐경제론을 정리 체계화

---

6) 元裕漢, 「朝鮮後期의 金屬貨幣 流通政策 - 17世紀前半의 銅錢流通試圖期를 中心으로」, 『東方學志』 13, 1972b, 97~134쪽 ; 元裕漢, 앞의 글, 1980a, 201~226쪽.
7) 元裕漢, 위의 글, 1980a.
8) 위와 같음.

하는 데 그치지 않았다. 그는 기록을 통해서 周나라 이래의 漢 · 秦 · 蜀 · 吳 · 魏 · 晋 · 劉宋 · 齊 · 後魏 · 唐 · 宋 등 중국 역대왕조의 화폐정책과 각 시대 주요인물들이 구상 제시한 화폐경제론을, 또한 중국 주변 제국의 화폐유통상황을 분석 검토해서 자신의 화폐경제론을 구상 체계화하는 데 참고하는 동시에, 그것을 국내에서 동전을 주조 유통해야 된다는 자기 주장의 논거로 삼았다.[9)]

한편 반계는 기록을 통해 고려 成宗代에 동전을 주조 유통한 사실을 비롯해서 동전 · 은화 · 楮貨 등 각종 화폐를 유통 보급시키려 했던 同 왕조의 화폐정책과 당로자들의 화폐정책론을 분석 비판하였다. 그는 특히 고려 정부가 각종 동전을 주조 유통하려 했으되 당시의 화폐정책의 모순성과 화폐정책을 담당한 당로자들의 無定見으로 계속 통용될 수 없었다는 점을 지적 비판하면서, 고려시대의 화폐문제에 관한 역사적 사실을 자신의 화폐경제론을 체계화하는 과정에서 반성하고 되풀이해서는 안 될 경계해야 할 일로 참고하였다.[10)]

또한 반계는 그것이 그의 화폐경제론 형성에 큰 영향을 준 것 같지는 않으나, 당시 조선사회에 충분히 알려져 있지 않은 서양의 화폐문제에 대해서 깊은 관심을 가졌고, 또한 서양의 화폐통용에 대한 지식을 자신의 화폐경제론을 정리 체계화하는 데 활용하였다는 사실에 주목하지 않을 수 없을 것이다.[11)] 한국 貨幣史上에서 볼 때 서양의 화폐유통 실태를 탐문하여 그 지식을 자기 주장의 논거로 삼은 것은, 이상 반계의 경우가 처음이었다고 하는 점에서 그 의미는 크다 하겠다.

끝으로 반계의 화폐경제론은 그보다는 선배이나 거의 같은 시대의 화폐정책과 유통경제 실정을 경험한 潛谷 金堉(1580～1658)으로부터 적지 않

---

9) 『磻溪隨錄』(東國文化社本, 1958) 卷4, 「田制後錄」 下, 錢幣 ; 『磻溪隨錄』 卷8, 「田制後錄攷說」 下, 錢貨楮幣附, 本國錢貨說附 ; 元裕漢, 앞의 글, 1970a, 287～302쪽.

10) 『磻溪隨錄』 卷8, 「田制後錄攷說」 下, 錢貨 ; 元裕漢, 「實學者의 貨幣思想發展에 대한 考察 - 金 · 銀貨의 通用論을 中心으로」, 『東方學志』 23 · 24, 1980b, 141～166쪽.

11) 元裕漢, 위의 글, 1980b.

은 영향을 받으면서 형성되었을 것으로 짐작된다. 잠곡은 17세기 50년대의 화폐유통정책을 주관한 실천적 실학자요, 진보적 개혁사상가이며 대정치가였다.[12] 뿐만 아니라 화폐통용을 극히 긍정적으로 받아들였던 李珥(1536~1584)·趙憲(1544~1592)·李睟光(1563~1629) 등의 화폐가치관이 반계의 화폐경제론 형성과정에 영향을 주었으리라는 점도 짐작하기 어렵지 않을 것 같다.[13]

이상에서 살펴보았듯이, 반계는 자신이 생존 활약한 17세기 중엽의 화폐정책과 화폐통용을 필요로 하는 유통경제발전상을 실제로 경험하고, 기록을 통해 고려조와 중국을 비롯한 그 주변 제국의 화폐문제에 관한 역사적 사실을 분석 고찰했으며, 서양의 화폐유통 실태에 관한 단편적 소식을 전해들을 수 있었다. 그는 이상과 같은 실제적 경험과 역사적 고찰을 통해 얻은 지식을 토대로 하여 동전을 유일한 법화로 채택하여 유통 보급시키는 것을 골자로 한 화폐경제론을 구상 제시했던 것이다.

2) 화폐가치 인식

반계는 그의 화폐경제론에서 화폐는 食糧과 함께 민생의 근본이 된다 하여 화폐의 가치 내지 그 기능을 중요시하였다.[14] 이러한 반계의 화폐가치 인식태도는 다음과 같은 기록의 내용을 통해 보다 구체적으로 파악할 수 있을 것이다.

> 상고해보면 錢幣(동전)는 나라의 財用을 돕고 백성의 생활을 넉넉히 하는 것이다. 나라를 보유함에 있어서 반드시 사용해야 할 것이어늘 우리나라에서 사용치 못하는 것이 어찌 제도의 결함이 아니겠는가.[15]

---

12) 元裕漢, 앞의 글, 1980a.

13) 『增補文獻備考』 卷159, 「財用考」 6, 錢貨 ; 金龍德, 「北學派思想의 源流研究 - 重峰의 實學思想」, 『東方學志』 15, 1974, 73~104쪽 ; 『芝峯類說』 卷3, 「君道部」, 制度 ; 元裕漢, 「芝峯 李睟光의 國富論」, 『화폐계』 vol. 7-9, 10 ; 元裕漢, 위의 글.

14) 『磻溪隨錄』 卷8, 「田制後錄攷說」 下, 錢貨.

15) 『磻溪隨錄』 卷8, 「田制後錄攷說」 下, 錢貨 ; 元裕漢, 앞의 글, 1970a.

반계처럼 국가재정과 국민생활 면에서 화폐가 점하는 비중을 크게 평가하는 태도는 그의 학문 내지 사상 면에 영향을 준 이이 · 조헌 · 이수광 · 김육 등의 화폐가치관에서도 찾아볼 수 있다. 이이는 우리나라에는 米 · 布 등 물품화폐 이외의 다른 화폐가 사용되지 못하고 있기 때문에 국가와 국민이 겪는 애로가 크다는 점을 지적하고, 이를 극복하기 위해서 楮幣보다는 동전을 사용하는 것이 유리하다고 하였다.[16] 조헌도 화폐의 통용을 긍정적 입장에서 이해하였던 것으로 보인다. 이것은 그가 일본국에서 은전을 사용한다는 사실을 지적하면서, 그들이 화폐경제 면에서 우리 보다 앞섰다는 사실을 선망하고 있는 데서 엿볼 수 있다.[17] 흔히 김육과 함께 실학의 선구자로 알려진 이수광은 나라를 부유하게 하는 길이 전폐(동전)에 있으므로 동전을 사용하면 나라는 스스로 裕足해진다고 하였다.[18] 한편 김육은 반계와 거의 동시대인으로서 국가경제 면에 있어서 화폐의 통용이 중요하다는 점을 다음과 같이 강조하고 있는데, 이를 미루어 보아 김육의 화폐가치 인식이 반계의 그것과 상통되고 있음을 알 수 있을 것이다.

> 우리나라는 物産이 적고 諸國의 화폐가 통용되지 않으며 오직 米 · 布(물품화폐)가 사용될 뿐, 달리 사용되는 화폐가 없어서 公과 私가 다함께 궁핍한 것이 진실로 이 때문이다. 前日 동전을 사용코자 하였으나 亂(정묘호란)으로 인해 중단된 것이 실로 애석한 일이다.[19]

국가경제 면에 있어서 화폐가 점하는 비중을 중요시하는 태도는 반계가 학문내지 사상적으로 영향을 받은 이상 이이 · 조헌 · 이수광 · 김육 등의 화폐가치관에서뿐만 아니라, 같은 시기의 정부당로자들의 화폐가치관에서도 찾아볼 수 있다. 李德馨(1561∼1613), 金藎國(1573∼1635), 金起宗, 許積(1610∼1680) 등[20]이 정부당로자들로서 화폐의 가치를 중요시한 대표적

16) 『增補文獻備考』 卷159, 「財用考」 6, 錢貨.
17) 金龍德, 앞의 글, 1974.
18) 『芝峯類說』 卷3, 「君道部」, 制度.
19) 『潛谷全集』(成均館大學校 大東文化硏究院刊), 「潛谷先生遺稿」 卷4, 疏箚.
20) 元裕漢, 앞의 글, 1972b ; 元裕漢, 「李朝肅宗朝의 鑄錢動機」, 『東國史學』 9 · 10,

인물들이었다. 이들 중 허적은 반계와 같은 시기의 화폐유통정책과 유통경제의 실제를 경험했고, 특히 그는 17세기 50년대의 화폐정책 시행에 직접 간접적으로 참여했으며, 거기서 얻은 경험과 지식을 토대로 하여 반계가 타계한 5년 뒤인 1678년(肅宗 4)에 동전을 법화로 통용하는 문제를 논의 결정하는 과정에서 주도적 역할을 담당한 인물이었다. 허적의 제의로 동전 통용 문제가 결정되었던 당시에는 人情이 모두 동전통용을 바랬고 大臣諸宰가 동전통용이 편리하다 했으며, 그래서 국왕 숙종도 그것을 裁可했다고 하였으리만큼,[21] 각 계층에 의해서 화폐가치 내지 기능은 중요시되었던 것으로 보인다.

이상과 같이 반계는 정부당로자를 비롯한 各階人들과 거의 같은 입장에서 국가경제 면에 있어서의 화폐가치를 중요시했던 것이다. 즉 그는 화폐가 일반 유통계에서 가치척도·교환매개·지불수단 등 제반 기능을 발휘하여 상품교환경제의 발달 내지 당시 사회의 생산활동과 생산력을 제고함으로써 국가경제의 전반적 발전을 증진하게 된다는 점에서 화폐가치를 중요시하게 되었던 것으로 보인다. 이와 같은 시각에서 화폐가치를 중요시한 반계는 앞에서 지적했듯이, 화폐는 국가재정과 국민생활에 유익한 것으로서 중국과 그 주변 제국, 또는 서양에서 사용되고 있는데, 그것이 국내에서 통용되지 못하고 있음은 크나큰 제도적 결함이라고 지적 비판하는 동시에, 천하에 화폐가 통용되지 못할 나라가 없다고 주장하였던 것이다.[22] 그가 국내에서도 화폐의 통용이 가능할 것이라고 주장한 것은, 당시 국내의 제반 사회경제적 여건과 각 계층의 생활양식이 화폐가 통용되는 중국을 비롯한 다른 여러 나라와 다를 것이 없다는 사실에 근거를 두고 있음을, 다음의 기록내용을 통해서 짐작할 수 있다.

> 우리나라는 땅에 곡식을 심고 거두는 것이 다른 나라와 다를 것이 없다. 士·農·工·商의 네 계급이 각기 그 생활을 資賴하여 가진 물건과 갖지

1966, 37~52쪽.

21) 元裕漢, 위의 글, 1966.

22) 『磻溪隨錄』 卷8, 「田制後錄攷說」 下, 錢貨.

못한 물건을 교환하는 것이 또한 다름이 없다. 이러한 몇 가지 사실들이 다를 것이 없는 즉 어찌 화폐가 통용되지 못하겠는가.[23]

반계는 국내에서 화폐통용이 가능하다고 주장하는 근거를 단지 기록을 통해 중국 등 다른 나라들의 사회경제적 여건을 국내의 그것과 비교, 추론하는 데서만 찾고 있었던 것 같지는 않다. 그는 17세기 50년대의 화폐유통정책을 주관한 김육처럼 당시 국내의 開城을 중심한 인근 지방에서도 동전이 원활히 통용되고 있었으므로 국내의 다른 지방에서도 동전의 통용이 가능하리라 믿고 있었을 것으로 짐작된다.[24] 한편 반계는 실용가치가 없는 麤布가 계속 통화기능을 발휘하고 있는 유통계의 실정을 미루어 명목화폐로서의 동전이 통용될 수 있다고 믿게 되었던 것이다.[25] 그래서 그는 당시 국내의 제반 사회경제적 여건은 동전이 통용될 수 있을 만큼 충분히 성숙되었다는 점을 강조하면서, 정부당로자가 화폐정책방침을 확정하여 同 정책을 합리적으로 추진 전개하면 동전은 원활히 유통 보급되어 마침내 國利民福을 증진하는 영원한 利器가 될 것이라고 하였다.[26] 그리고 그는 국리민복의 증진을 위한 영원한 利器로서의 화폐, 즉 동전의 주조 유통을 위한 자기 나름의 이상적 방안을 구상 제시하기에 이르렀던 것이다.

3) 화폐주조 관리방안

반계는 자신의 화폐주조관리방안에서 화폐주조의 국가관리, 貨幣體裁·品質의 규격화, 화폐원료의 공급 및 화폐주조량의 결정문제 등에 관한 자신의 견해를 제시하고 있다.

첫째, 반계는 화폐주조의 국가관리를 주장하였다. 즉 그는 화폐주조에 관계되는 일체의 업무는 국가에서 관리해야 된다는 것이었다. 이로써 반계

23) 『磻溪隨錄』 卷8, 「田制後錄攷說」 下, 錢貨.
24) 元裕漢, 앞의 글, 1972b ; 元裕漢, 앞의 글, 1980a.
25) 『磻溪隨錄』 卷8, 「田制後錄攷說」 下, 錢貨.
26) 『磻溪隨錄』 卷4, 「田制後錄」 下, 錢幣.

는 국가가 화폐주조사업을 집중적이고 능률적으로 관리하기 위해서 처음에는 '鑄錢都監'을 설치하여 화폐를 주조하게 할 것이나, 일정 기간이 지난 뒤에는 조선 초에 楮貨의 印造를 관장했던 '司贍寺'에서 화폐주조관리를 전담케 할 것을 제의하였다.27)

반계가 화폐주조의 국가관리를 주장한 것은 중앙집권적 조선정부가 전통적으로 내세웠던 '貨權在上' 내지 '利權在上'의 원칙론에 충실하려 하는 한편, 後論되겠지만 화폐의 체재·품질을 규격화시키려는 데 동기가 있었던 것으로 보인다. 그래서 반계는 "우리나라에는 동전이 없으니 만일 화폐주조사업의 設行 초에 銅錢私鑄를 허가하게 되면 동전을 주조하기는 쉬울 것이다. 그러나 동전이란 나라에서 천하의 利를 저울질하여 곡식·포백의 정체됨을 건져서 유통케 하는 물건이다. …… 다만 마땅히 국가에서 동전을 주조하고 결코 私鑄錢을 허용해서는 안 된다"28)고 했듯이, 민간인에게 貨幣 사주를 허가하는 것을 적극 반대하였다. 동시에 그는 동전을 사주하거나 동전을 녹여서 놋그릇을 만드는 자는 옛 법에 따라서 처벌할 것을 주장하였다.29)

일찍이 반계는 17세기 전반기에 조선정부가 화폐주조의 국가관리원칙에 벗어나고 화폐체재와 품질을 규격화하는 데 적지 않은 문제점을 내포한 민간인의 화폐사주를 허가했던 사실을 경험할 수 있었다.30) 또한 그는 기록을 통해서 중국의 漢나라 때 민간인에게 화폐사주를 허가해줌으로써 당시의 화폐정책 내지 사회경제 면에 초래된 여러 가지 모순과 폐단을 파악할 수 있었다.31) 이처럼 반계는 실제적 경험과 기록을 통해서 민간인의 화폐사주를 극히 비판적으로 인식했고, 이러한 그의 화폐사주에 대한 비판적 인식은 화폐사주를 부정하고 화폐주조의 국가관리를 주장하게 된 중요한 이유가 되었던 것으로 보인다.

27) 주 26) 참조.
28) 위와 같음.
29) 위와 같음.
30) 元裕漢, 앞의 글, 1972b.
31)『磻溪隨錄』卷4,「田制後錄」下, 錢幣.

그러나 반계가 경험한 시기의 화폐정책을 주관한 김육은 국가경제 면에 있어서 화폐통용을 중요시하는 등 반계와 화폐가치관을 같이 하면서도, 그는 반계와는 달리 민간인의 화폐사주를 국왕에게 건의 실시케 하는 데 주도적 역할을 담당하였다.[32] 여기서 현실 적응에 우선해야 되는 當路者와 원리 원칙에 충실하려는 局外者 사이에 나타나는 가치평가 태도랄까, 가치평가 기준의 차이를 엿볼 수 있을 것 같다. 민간인의 화폐사주 문제는 김육이나 반계가 타계한 이후의 시기, 즉 동전이 유일한 법화로서 유통 보급되고 화폐주조의 국가관리원칙이 강조되던 17세기말 이후에 있어서도 거듭 제기 논의되고 마침내는 민간인에게 都給鑄錢을 허가해 주지 않을 수 없었으며, 이것은 사실상 화폐경제의 확대 보급에 기여한 점도 적지 않았다.[33] 이로써 반계는 원리 원칙론에 집착하여 당면한 현실상황을 실제적으로 파악, 탄력성 있는 대응방안을 제시할 수 없었다는, 局外者로서 그가 가지는 한계성을 느끼게 된다.

둘째, 반계는 국가에서 화폐주조를 집중적으로 관리하되, 화폐의 종류와 체재 또는 품질을 철저하게 규격화할 것을 제의하였다. 이러한 그의 주장은 "大小錢 및 諸色錢을 주조하지 말고 오직 한 가지 품종의 鑄貨만을 주조 유통해야 한다"[34]고 말한 데서 단적으로 엿볼 수 있다. 우선 반계는 大·小錢 즉 額面價値가 서로 다른 高·小額錢을 동시에 주조 유통해서는 안 된다는 것이었다. 그가 고액전의 통용을 반대하거나 또는 고·소액전의 倂用을 부정적으로 평가한 것은 記錄을 통해 일찍이 중국에서 고액권을 주조 유통함으로써 나타난 모순과 폐단을 파악했고,[35] 정부당국이 十錢通寶·銀錢·銅錢 등 액면가치가 서로 다른 주화를 倂用함으로써 화폐정책과 유통경제 면에 초래된 모순과 폐단을 경험할 수 있었기 때문이었던 것 같다.[36]

---

32) 元裕漢, 앞의 글, 1980a.

33) 元裕漢, 앞의 책, 1975, 71~84쪽 ; 元裕漢, 「李朝後期 貨幣鑄造業의 私營化傾向」, 『史學會誌』 17·18, 1971b, 18~22쪽.

34) 『磻溪隨錄』 卷4, 「田制後錄」 下, 錢幣.

35) 『磻溪隨錄』 卷8, 「田制後錄攷說」 下, 錢貨.

한편 반계는 諸色錢, 즉 여러 종류의 주화를 통용해서는 안 된다고 했는데 그것은 철전·은전·錫錢 등을 의미하는 것으로 생각된다. 그는 楮貨 역시 사용해서는 안 된다고 하였다. 반계는 기록을 통해 국내 또는 중국에 있어서 철전·은전·석전 등의 주화는, 물론 저화를 사용했던 역사적 선례와 실제적 경험을 근거로 삼아서 그것들을 법화로 사용하는 것이 부적합하다고 주장했던 것이다.[37)]

반계가 액면가치가 서로 다른 고·소액전이나 품질을 달리하는 여러 종류의 주화를 사용하지 말고, 오로지 한 종류의 주화만을 법화로 사용할 것을 제의한 것은 銅과 錫을 주원료로 해서 주조한 동전을 의미하는 것이었다.

그는 동전을 법화로 채택, 통용하되 그 무게는 1錢, 錢文은 '東國通寶'로 하고 형태는 正圓方孔, 즉 모양은 둥글고 가운데 구멍은 네모나게 할 것을 제의하였다. 그는 唐의 '開元通寶'의 무게를 기준으로 해서 동전의 무게를 1錢으로 결정하고 중국과 고려조 이후 국내에서 관용된 주화의 모양에 따라서 동전을 正圓方孔으로 주조할 것을 제의하게 되었던 것으로 보인다.[38)] 반계가 동전의 錢文을 '東國通寶'로 할 것을 제의한 것은 고려조의 '三韓重寶'·'海東重寶'·'海東通寶'·'東國重寶' 등과 함께 '東國通寶'를 주조 유통했다는 역사적 사실에서 발상된 것으로 짐작된다. 그는 기록이나 경험을 통해 세종조나 인조시대에 '朝鮮通寶'를 주조 유통한 사실을 알고 있었을 것이다. 그럼에도 불구하고 그가 동전의 錢文을 '東國通寶'로 하자 한 것은 무엇을 의미하는 것일까. 이것은 반계의 문화 내지 역사 인식태도에는 고려시대 지향성, 또는 중국이나 중국문화와 관련해서 한반도 또는 한국문화의 존재의미를 인식하려는 경향이 있음을 뜻하는 것으로 생각해 볼 수도 있지 않을까.

반계는 이상과 같이 법화로서의 동전의 체재를 규격화하는 동시에 동전 품질의 粗惡化를 방지하고 동전을 정밀하고 아름답게 주조하여 오랫동안

36) 『磻溪隨錄』 卷4, 「田制後錄」 下, 錢幣 ; 元裕漢, 앞의 글, 1980a.
37) 『磻溪隨錄』 卷8, 「田制後錄攷說」 下, 錢貨.
38) 『磻溪隨錄』 卷4, 「田制後錄」 下, 錢幣.

통용될 수 있는 화폐가 되도록 하자고 하였다. 그는 동전의 품질을 규격화하여 良質의 화폐를 주조하기 위해서는 화폐주조 기술을 精銳化하고 그 주조 工程의 관리체계를 합리화 내지 능률화시켜야 하는 동시에, 민간인에게 화폐사주를 허가해주지 않음으로써 화폐품질이 조악해질 소지를 배제할 것을 제의하였다. 또한 반계는 국가에서 화폐를 주조할 경우라도 화폐원료를 절약한다는 이유로 화폐품질을 조악하게 해서는 안 된다고 주장하였다.[39] 앞에서 지적했듯이, 반계가 액면가치와 실질가치와의 격차가 큰 고액전의 주조유통을 반대한 것도 엄격한 의미에서 볼 때 화폐의 품질이 나빠질 우려에 중요한 동기가 있었던 것이다. 화폐가치를 실용가치를 중심으로 해서 평가하는 화폐가치관이 지배적이던 당시에 실용가치보다 액면가치가 훨씬 큰 고액전도 역시 惡貨로 판단되지 않을 수 없었기 때문이다.

요컨대 반계가 동전만을 통용하는 單一法貨制의 채용을 주장한 것은 물물교환 내지 물품화폐의 통용이 지배적인 당시의 비교적 단순, 미숙한 유통계에 초래될 불필요한 혼란과 폐단을 억제하려는 데 중요한 이유가 있었던 것 같다. 또한 그가 화폐의 체재와 품질을 철저히 관리, 규격화할 것을 주장한 것은 良貨를 주조 유통함으로써 일반 대중에게 국가의 화폐정책 내지 화폐가치에 대한 신뢰와 公信性을 높이는 한편 화폐의 보존성을 강화하여 화폐유통을 원활케 하려는 데 중요한 동기가 있었던 것으로 보인다. 반계의 이상과 같은 견해와 주장은, 화폐는 유통경제와 제반 사회생산력을 증진하여 국가재정과 국민경제에 유익하고 영원한 利器가 된다고 본 그의 화폐가치관을 전제로 해서 제시한 것이라 보아야 할 것이다. 그러나 17세기 50년대의 화폐정책을 주도한 김육은 局外者 반계와는 달리 고액전인 '十錢通寶'를 주조하여 동전과 병용하고 심지어 중국 동전을 수입유통할 것을 주장하는 한편, 앞에서도 지적했듯이 민간인에게 화폐를 사주케 할 것을 건의, 시행케 했다는 사실을 부언해둔다.[40]

셋째, 반계는 銅을 비롯한 화폐원료를 외국으로부터 수입해서 충당할 것

---

39) 『磻溪隨錄』 卷4, 「田制後錄」 下, 錢幣.
40) 元裕漢, 앞의 글, 1980a.

을 제의하였다. 일찍부터 조선정부가 동전을 법화로 유통 보급시키려고 하였을 때 그 원료의 공급문제는 극복해야 할 중요한 과제의 하나였다. 銅·錫을 비롯한 화폐원료의 공급 가능성 여부는 곧 화폐정책의 성패를 판가름하는 요인이 되기 때문이다.

일찍이 조선전기, 특히 세종조에 동전유통정책을 추진하게 됨으로써 화폐원료로서 銅의 수요는 급격히 증가되었다. 정부당국은 화폐원료를 공급하기 위해 주로 일본 동을 수입하고, 국내 銅鑛을 개발하거나 각종의 破銅을 수집하려 하였다. 그러나 조선정부의 전통적인 광업개발 소극화정책의 타성, 채광기술의 미숙성 등이 원인이 되어서 동광개발 성과는 보잘 것이 없었다. 따라서 당시의 정부당국은 화폐원료의 공급은 거의 일본 동의 수입에 의존하지 않을 수 없었다. 조선정부는 17세기 초부터 그 50년대까지 동전을 법화로 유통 보급시키기 위해서 화폐정책을 적극 추진하는 동안에 있어서도 역시 조선전기와 같이 화폐원료의 공급을 일본으로부터의 수입에 거의 전적으로 의존하였다.[41] 이상 시기의 화폐정책과 유통경제발전을 경험한 반계 역시 화폐원료의 主宗을 이루는 銅과 錫의 공급을 외국으로부터의 수입에 의존할 것을 제의하고, 수입을 통한 화폐원료의 공급전망을 낙관하였다. 즉 그는 화폐원료로서 동·석을 국외로부터 수입한다 해도 그 값은 그다지 비싸지 않아서 산골짜기의 초막집에서까지 鍮器를 사용한다는 사실을 지적하면서, 국가가 동·석의 수입을 적극 추진할 경우 화폐원료를 공급 충당하는 데는 별로 어려움이 없을 것으로 판단하였다.[42] 이러한 그의 화폐원료 공급전망은 당시의 실정을 본질적으로 파악하고 미래를 객관적으로 전망한 것이었다고 볼 수 없을 것 같다. 그가 경험한 17세기 전반기에도 外國, 특히 일본으로부터의 화폐원료 유입실적은 부진하였다. 따라서 화폐원료의 공급은 항상 수요량에 미치지 못했고, 이러한 화폐원료의 공급난은 조선전기에 있어서 그러했던 것처럼, 당시의 화폐정책이 중단하게 된 중요한 원인이 되었던 것이다.[43] 17세기 50년대에 김육이 중국 동

41) 元裕漢, 앞의 책, 1975, 33~54쪽.
42) 『磻溪隨錄』 卷8, 「田制後錄攷說」 下, 錢貨.
43) 元裕漢, 앞의 책, 1975, 33~54쪽.

전을 싼값으로 수입 유통시키려 했다든지 '十錢通寶'와 같은 고액전을 주조 유통하려 한 것도 당시의 만성적인 화폐원료의 공급난을 극복하려는 중요한 발상동기가 있었던 것이다.[44] 이로써 반계는 그가 경험한 시기의 화폐원료 공급문제 내지 화폐정책의 실제를 본질적이고 객관적으로 분석 파악하고, 그에 현실적으로 대응하는 방안을 구상 제시하는 데 있어서, 局外者로서 그가 가지는 한계가 있음을 엿볼 수 있을 것 같다.

넷째, 반계는 일반 유통계에서의 화폐수요량을 감안하여 화폐주조량을 결정할 것을 제의하였다. 그는 만일 경상세가 백만 섬이면 화폐는 1~2백만 냥에 미쳐야 펴서 통용할 수 있고, 만일 7~8천만 냥에 달하면 두루 통용하기에 넉넉하여 다시 더 주조하지 않아도 될 것이라 하였다.[45] 반계는 일찍이 조선정부가 동전의 유통 보급을 거듭 시도했으나 중단되지 않을 수 없었던 중요한 이유가 田稅의 일부분을 동전으로 징수하지 않은 데 있다고 주장하였다.[46] 이와 같은 생각을 가진 반계가 화폐수요량, 특히 국가에서 징수하는 經常稅額을 기준으로 삼아서 화폐주조량을 결정하자고 한 것은 극히 당연한 것일는지 모른다. 또한 그가 당시 국가의 중요한 수입원을 척도로 삼아서 국가가 주조 발행하는 화폐수량을 결정하려고 한 태도는 합리적인 것이었다고 볼 수도 있을 것 같다.

그러나 반계가 국가의 화폐주조량으로 추정, 제시한 1~2백만 냥이나 7~8천만 냥이라는 額數는 화폐원료의 공급전망이나 기타 당시의 제반 국내 현실 여건을 미루어 볼 때 도저히 주조 발행할 수 없는 엄청난 計數에 속하는 것이다. 반계가 제시한 이상의 화폐주조량은 그 자신이 경험한 17세기 전반기에 있어서는 물론, 그 이후 동전이 법화로서 계속 유통 보급되어 화폐경제가 발달한 시기에 있어서도 실감나지 않을 만큼 많은 數値에 해당하는 것이다.[47] 하물며 19세기 70년대에 국내에서 통용되고 있는 全화폐수량이 단지 1천 3~4백만 냥에 지나지 않았다고 함에 있어서랴.[48] 반계

44) 元裕漢, 앞의 글, 1980a.
45) 『磻溪隨錄』 卷4, 「田制後錄」 下, 錢幣.
46) 위와 같음.
47) 元裕漢, 앞의 책, 1975, 84~108쪽.

가 국가의 화폐주조량을 그처럼 높게 추정한 것은 그의 화폐경제론 형성 과정에 중국 측의 영향을 적지 않게 받았던 것으로 보아서, 다량의 화폐주조가 가능했던 중국의 실정을 철저한 비판 없이 받아들인 데서 비롯된 것으로 짐작된다.

4) 화폐 유통보급방안

반계는 화폐를 유통 보급시키는 방안으로서 화폐의 유통가치를 적정히 결정하고 국가의 수입 지출을 화폐화하며 상업을 진흥시키자고 주장하였다. 또한 그는 官吏 宿食費의 화폐화와 물품화폐의 통용금지를 통해 화폐를 유통 보급시킬 것을 주장하기도 하였다.

첫째, 반계는 화폐를 유통 보급시키는 방안으로서 화폐의 유통가치를 적정히 결정해야 한다는 점을 강조하였다. 화폐 즉, 동전의 유통가치가 지나치게 높이 결정될 경우에는 적은 비용을 들여서 많은 가치를 창출할 수 있기 때문에 동전의 不法鑄造 행위가 恣行될 가능성이 그만큼 커지는 것이다. 한편 동전의 유통가치가 너무 낮게 결정되어 그 素材가치보다 적을 경우에는 동전을 녹여서 鍮器를 주조하는 것이 더 많은 이익을 취할 수 있기 때문에 동전이 유기원료로 전용될 가능성이 커진다. 그래서 반계는 동전의 유통가치를 화폐원료의 값에 주전비용을 加算한 수준과 큰 차이가 없도록 적절히 결정함으로써 민간인들의 화폐사주와 동전을 녹여 쓰는 폐단을 배제하고자 하였다.[49]

반계는 이상의 이유로 화폐의 유통가치를 적정히 결정할 필요성을 강조하면서, 당시의 칭량은화나 米·布 등 물품화폐와 대비해서 자신이 가장 적정하다고 생각하는 동전의 유통가치를 결정 제시하였다. 즉 반계는 동전 1兩(10錢 또는 100文)에 은(칭량은화) 5錢(무게단위), 白米 5斗, 綿布 25尺(1匹은 30尺)으로 동전의 유통가치를 결정 제시하였다.[50] 그는 동전의 유

48) 元裕漢, 앞의 글, 1969.
49)『磻溪隨錄』卷4,「田制後錄」下, 錢幣.
50) 위와 같음.

통가치 결정에 중요한 요인이 되는 화폐원료의 時價를 조사했고, 또한 17세기 전반기에 동전의 유통가치를 거듭 조정했던 사실과 화폐가치가 계속 하락되고 있는 유통계 실정을 파악할 수 있었다. 여기서 얻은 지식은 그가 적정하다고 생각하는 동전의 유통가치를 결정 제시하는 데 참고 활용되었을 것으로 짐작된다.51)

반계는 국가가 결정 제시한 화폐의 유통가치를 재조정할 필요성을 전혀 배제하고 있지는 않다. 그러나 그는 일단 결정 제시된 화폐의 유통가치는 가급적이면 변경하지 말고 오랫동안 그대로 준용되는 것이 바람직하다고 생각하였다.52) 화폐의 유통가치가 자주 변경되면 일반 대중이 국가의 화폐정책을 불신하고 화폐가치에 대한 확신을 가지지 못함으로써 화폐유통이 원활해질 수 없다는 데서 그렇게 생각하게 되었던 것으로 보인다.

화폐를 유통 보급시키는 과정에서 화폐의 유통가치를 적정히 결정하는 것이 중요하다는 반계의 주장은 타당성이 큰 것으로 보인다. 또한 그가 米·布 등 물품화폐나 칭량은화에 대비해서 결정 제시한 화폐의 유통가치는 비교적 적정 수준이었던 것으로 생각된다. 이 점은 반계가 他界한 5년 뒤에 동전을 법화로서 다시 채택, 유통 보급시켜 나가는 과정에서 동전의 유통가치 결정문제는 중요한 문제점으로 제기 논란되었고, 또한 그가 일찍이 결정 제시한 화폐 유통가치의 수준이 당시 정부당국에서 채택한 그것과 거의 일치되었다는 사실을 미루어 짐작할 수 있을 것이다.53)

둘째, 반계는 화폐를 유통 보급시키기 위해서 국가 수입지출의 화폐화를 적극 추진할 것을 주장하였다. 반계는 고려시대에 거듭 시도된 화폐정책이 그때마다 실패한 역사적 사실들을 지적 비판하면서, 국가의 화폐정책이 성공적으로 수행되기 위해서는 국가 수입지출을 화폐화하는 것이 중요하다는 점을 강조하였다.54) 그는 또한 자신이 경험한 17세기 전반기에 정부당국이 동전을 법화로 유통 보급시키고자 하였으나, 그것이 중단되지 않을

51)『磻溪隨錄』卷4,「田制後錄」下, 錢幣 ; 元裕漢, 앞의 글, 1972b.
52)『磻溪隨錄』卷4,「田制後錄」下, 錢幣.
53) 元裕漢, 앞의 책, 1975, 151~153쪽 참조.
54)『磻溪隨錄』卷8,「田制後錄攷說」下, 錢貨.

수 없었던 중요한 이유가 田稅와 같은 국가수입과 官員 등의 祿俸과 같은 국가지출을 부분적으로 화폐화하지 않은 데 있다고 하였다.[55] 반계는 이상의 역사적 고찰과 실제적 경험을 통해 볼 때 국가 수입지출의 화폐화는 중요하고 효과적인 화폐유통보급방법의 하나라는 점을 강조하면서, "무릇 田稅는 모두 쌀과 동전을 섞어서 收納한다. …… 御需 이하 관원·吏胥·하인·군사의 녹봉과 제반 비용 등은 역시 쌀과 동전을 섞어서 지급해야 한다"[56]고 주장하였다.

반계는 국가 수입지출의 화폐화 비율을 쌀 3분의 2, 동전 3분의 1로 하되 그 수입지출이 布일 경우도 역시 같은 비율을 적용하자고 하였다. 그러나 그는 田稅徵收를 화폐화하는 데 있어서, 화폐의 유통보급 초기에 동전의 유통이 미처 각 지방까지 보편화되지 못했을 때는 전세 5분의 1, 혹은 10분의 1만을 우선 동전으로 징수해야 한다고 하는 등, 그때 그때의 화폐유통보급상황에 따라서 전세의 화폐화 비율을 적정히 조절할 수 있는 융통성을 인정하고 있다. 뿐만 아니라 반계는 국가에서 稅收를 화폐화하기 위한 사전조치로서, 녹봉과 각 항목의 경비를 규정에 따라서 동전을 섞어서 지급하고 동전으로 收稅한다는 사실을 고시하며, 각 도의 經常稅 총액수를 계산하여 중앙으로부터 동전을 실어다가 1개 道에 한두 곳, 혹은 세네 곳의 都會處에서 백성들에게 一定價로 환전해주면 그들은 전세 등으로 바칠 동전을 미리 마련할 수 있고, 또한 화폐는 자연히 각 지방으로 유통보급될 수 있다고 주장하였다. 한편 반계는 국가 수입지출의 화폐화 방법을 통해서 화폐유통을 보다 합리적이고 능률적으로 확대 보급하기 위해서는 각 지방에서 동전을 징수관리하고, 그것을 중앙으로 운송하는 절차, 즉 그 徵收管理上納體系를 확립할 것이며, 동전을 징수하는 과정에 나타나는 防納 등의 폐단을 엄격히 금지할 것을 주장하였다.[57]

일찍이 조선정부는 同 왕조초기부터 동전이나 저화를 법화로서 유통 보급시키는 과정에서 화폐 유통보급을 위한 한 방법으로서 국가 수입지출의

55)『磻溪隨錄』卷4,「田制後錄」下, 錢幣.

56) 위와 같음.

57) 위와 같음.

화폐화를 시도하였다. 또한 반계가 경험한 17세기 전반기에서도 동전을 유통 보급시키기 위한 방법의 하나로서 국가 수입지출의 화폐화는 시도되었고, 그가 타계한 5년 뒤인 1678년(肅宗 4)부터 常平通寶, 즉 동전이 유일한 법화로서 계속 유통 보급되는 과정에서도 국가 수입지출의 화폐화는 중요한 화폐유통보급방법으로서 활용되었다.[58] 또한 국가 수입지출의 화폐화 방법은 사실상 국가권력을 배경으로 해서 상당한 구속력을 가지고 시행되었기 때문에 물물교환 내지 물품화폐의 유통이 지배하던 농촌사회를 화폐경제권으로 포섭하게 되는 등 17세기말 이후 화폐경제가 국내 각 지역으로 확대 보급되는 데 크게 기여할 수 있었다.[59] 이로써 반계가 중요한 화폐유통보급방법이라 생각하여 구상 제시한 국가 수입지출의 화폐화는 실제적이고 효과적 방법이었다고 평가할 수 있을 것이다.

셋째, 반계는 화폐를 유통 보급시키기 위한 한 방법으로써 常設店鋪를 설치 운용하는 것을 골자로 한 商業振興論을 구상 제시하였다. 이같은 그의 상업진흥론은 화폐가 원활히 유통 보급되기 위해서는 상인의 활동 내지 상품·교환경제의 발달이 선행되어야 한다는 생각에 근거를 둔 것으로 보인다.[60] 반계가 화폐유통보급방법으로서 구상 제시한 상업진흥론은 "京中의 部·坊의 거리와 各邑·鎭·驛·站에는 모두 점포를 세우고 큰 마을에도 또한 점포설치를 허가하여 백성으로 하여금 銅錢使用의 利를 일으키게 한다"고 했듯이, 상설점포의 설치운용을 골자로 하고 있다. 즉 그는 商去來를 통해서 일반 대중에게 화폐가치를 주지 인식시킴으로써 화폐의 유통 보급을 촉진하기 위해 상설점포의 설치운용을 골자로 한 상업진흥론을 구상 제시했던 것이다.[61]

이상 상업진흥을 통해서 화폐를 유통 보급하려 한 방법은 정도의 차이

58) 李鍾英, 「朝鮮初 貨幣制의 變遷」, 『人文科學』 7, 1962, 295~338쪽 ; 宮原兎一, 「朝鮮初期の楮貨について」, 『東洋史學論叢』 3, 1954, 369~382쪽 ; 宮原兎一, 「朝鮮初期の銅錢について」, 『朝鮮學報』 2, 1951, 75~100쪽 참조.

59) 元裕漢, 앞의 책, 1975, 145~149쪽.

60) 『磻溪隨錄』 卷4, 「田制後錄」 下, 錢幣.

61) 위와 같음.

는 있지만 일찍이 고려시대 이래로 국가가 저화나 동전 등의 화폐를 유통 보급시키고자 할 때 흔히 제기 논의되고, 또한 거듭 시도된 것이었다.[62] 특히 농업을 중요시하고 상공업을 末業이라 하여 발달을 억제하던 조선시대에 있어서도 저화나 동전을 유통 보급시키기 위한 방법으로서 기존 상업조직을 활용하는 문제와 함께 소극적이기는 하지만 상업을 진흥시킬 필요성을 느끼게 되었던 것이다.[63] 즉 조선정부는 화폐유통보급방법의 하나로서 大·小 商去來의 교환매개로서 화폐를 사용케 해서 일반 대중에게 화폐가치를 주지 인식시키려 했던 것인데, 여기서 기존 상업조직을 이용하거나 상설점포를 설치 운용하는 등 상업을 진흥하는 것이 필요하다고 생각하게 되었던 것이다.

조선정부가 왜란 뒤 17세기 초부터 동전을 법화로서 유통 보급시키기 위해 화폐정책을 적극 추진하는 과정에서 상설점포의 설치운용을 통한 화폐유통 보급방법이 보다 활발히 논의 시도되었고[64] 반계는 이를 실제로 경험할 수 있었던 것이다.

반계는 이상과 같이 역사적 기록이나 실제적 경험을 통해서 화폐를 원활히 유통 보급시키기 위해서는 상인의 활동 내지 상품·교환경제의 발달이 선행되어야 한다는 점을 인식하게 되었고, 여기서 얻은 지식을 토대로 하여 그는 상업진흥을 위한 방안으로서 상설점포의 설치운용론을 구상 제시하게 되었던 것이다.

이처럼 상업진흥을 통해 화폐를 유통 보급시키려는 방법은 국가 수입지출의 화폐화 방법에 비해서 소극적인 것이기는 하나 보다 본질적인 것이라 할 수 있을 것이다. 또한 상업진흥을 통한 화폐유통 보급방법은 비단 그것이 중요한 화폐유통보급방법이었다는 점에 대한 평가에 그치지 않고, 전통적으로 상업발달이 억제되어 왔던 조선시대에 있어서 當路者나 知識階層이, 한계는 있을지라도 상업발달을 증진시킬 필요성 내지 의욕을 가지는 계기가 되었다는 점에서도 적지 않은 의미를 찾아볼 수 있을 것 같다.

---

62) 『高麗史』 卷33, 食貨2, 貨幣 참조.
63) 李鍾英, 앞의 글, 1962 ; 宮原兎一, 앞의 글, 1951 ; 宮原兎一, 앞의 글, 1954.
64) 元裕漢, 앞의 책, 1975, 143~145쪽.

넷째, 반계는 화폐를 유통 보급시키는 한 방법으로서 당시 일반 유통계에서 일종의 물품화폐로 사용되는 麤布, 즉 품질이 나쁜 포의 통용을 금지할 것을 제의하였다. 그는 조선전기에 저화나 동전과 함께 통용되고, 또한 그 이후에도 통용되고 있는 布貨가 품질이 나빠져서 麤布化하는 경위와 추포의 사용으로 말미암은 물가의 상승 등 여러 가지 사회경제적 모순과 폐단을 지적 비판하면서, 추포의 통용을 엄격히 금지할 것을 적극 주장하였다. 반계는 추포의 통용을 금지하기 위해서는 추포를 생산하지 못하도록 하고 추포를 풀어서 품질 좋은 포를 다시 짜게 하며, 서울과 地方場市에서 추포를 사용하는 자를 처벌하고, 추포는 잘라서 되돌려주는 조치를 취해야 한다고 하였다. 그리고 그는 추포의 통용을 금지하는 조치는 그것이 완전히 통용금지된 때까지 중단해서는 안 된다는 점을 강조하였다.[65] 반계가 일반 유통계에서 물품화폐로 사용되는 추포의 통용을 금지할 것을 주장한 것은 앞에서도 지적했듯이 그가 가장 이상적 화폐로 생각하는 동전을 유통 보급시키려는 데 중요한 동기가 있었던 것이다. 즉 유통계에서 화폐기능을 담당하고 있는 추포의 통용을 금지하면 동전의 수요를 증대시키는 동시에 동전의 유통 영역을 그만큼 확대시키는 결과를 가져오는 것이기 때문이다.

일찍이 조선정부는 그 前期에 저화나 동전을 법화로 유통 보급시키는 과정에서 布貨의 통용을 금지한 일이 있듯이,[66] 조선후기에 있어서도 동전을 유통 보급시키기 위한 한 방법으로써 칭량은화와 함께 사용되는 추포의 통용을 금지하려 하였다. 반계가 경험한 17세기 50년대에도 당시의 화폐정책을 主管한 김육은 법화인 동전을 유통 보급시키기 위한 한 방법으로서 추포의 통용을 금지할 것을 주장한 대표적 인물에 속한다.[67] 이로써 반계의 추포통용금지론도 이상과 같은 시기의 화폐정책과 유통경제의 실제를 경험해서 얻은 지식을 토대로 구상 제시되었으리라는 점은 충분히 짐작할 수 있을 것이다. 그러나 화폐가치가 실용가치를 중심으로 해서 평

---

65) 『磻溪隨錄』 卷4, 「田制後錄」 下, 錢幣.

66) 李鍾英, 앞의 글, 1962.

67) 元裕漢, 앞의 글, 1980a.

가되는 前近代的 화폐가치관이 지배적인 당시의 미숙한 제반 사회경제적 여건 하에서 물품화폐인 추포를 통용 금지시키는 것을 전제로 한 화폐유통보급방법이 곧 실용될 수 있을 만큼 실제성이 컸던 것으로 보이지는 않는다. 이러한 사실은 반계가 "지금 추포는 겨우 1~2升布로서 본시 布를 이루지 못하여 아무 곳에도 사용할 데가 없으되, 추포는 사고 파는 데서 서로 통용되기 때문에 금지하려 해도 통용이 그치지 않는다"고[68] 말한 점을 미루어 짐작할 수 있을 것이다.

다섯째, 반계는 화폐를 유통 보급시키기 위한 한 방법으로서 관리가 대·소 公務로 出張해서 道路를 따라 각 처에 설치한 站店에서 숙식할 경우 房火錢, 즉 숙식비를 모두 동전으로 지불케 할 것을 제의하였다. 그는 아침밥을 먹거나 하룻밤을 자는 사람은 每人當 동전 1文을 지불하고, 말을 가진 사람은 말 每匹當 1文을 加算해서 지불하되, 이와 같은 규정은 豊凶年을 가리지 않고 영구히 실시할 것을 주장하였다. 또한 반계는 양반들은 의례히 숙식비를 내지 않는다는 사실을 지적 비판하면서 양반이나 천인, 또는 公私行을 막론하고 참점에서 숙식할 경우에는 모두 규정에 따라서 방화전을 지불해야 됨은 물론, 같은 고을의 守숚일지라도 방화전은 지불해야 된다고 하였다.[69]

반계가 구상 제시한 이상의 화폐유통보급방법은 당시의 정부당로자를 비롯한 各階人 중 아무도 주장한 일이 없는 것이었다. 그러나 이것은 중앙과 각 지방에 점포를 설치하고 동전을 교환매개로 하여 상품을 거래케 하자고 한 화폐유통보급방법과 본질적으로는 성격을 같이하는 것으로 볼 수 있겠다. 다만 참점에서 숙식하는 사람들은 그들 중에 대·소관리층이 포함되어 있기 때문에 앞에서 말한 상설점포를 이용하는 서민층과는 신분계층의 차이가 있고, 또한 참점의 숙식비를 화폐화하는 데는 국가의 행정력이 쉽게 미칠 수 있을 것이기 때문에, 숙식비의 화폐화는 점포의 商品價의 화폐화보다 철저히 시행될 수 있을 것으로 보인다.

---

68) 『磻溪隨錄』 卷8, 「田制後錄攷說」 下, 錢貨.
69) 『磻溪隨錄』 卷4, 「田制後錄」 下, 錢幣.

이상의 사실 이외에도 화폐주조관리방안에서 살펴보았듯이, 반계가 동전의 私鑄造를 막고 동전을 녹여서 유기 등 다른 기물을 주조하는 폐단을 엄금할 것을 제의한 동기에는 화폐를 원활히 유통 보급시키겠다는 의지가 내포되었던 것이다. 그가 화폐의 사주조를 방지하자고 한 것은 동전품질의 조악화를 방지하여 화폐를 원활히 유통 보급시키자는 데 목적이 있고, 또한 동전을 녹여서 기물을 주조하는 것을 엄금하자고 주장한 것은 그로 말미암은 화폐량 부족의 폐단을 극복하여 화폐의 유통 보급을 원활케 하려는 데도 목적이 있었다고 보기 때문이다. 이러한 견해와 주장은 비단 반계의 화폐경제론에만 나타나 있는 것이 아니라, 화폐정책에 대해 관심을 가졌거나 화폐정책을 담당 시행하는 당로자를 비롯한 各階人의 화폐경제론에서 흔히 찾아볼 수 있는 일반적 견해요, 주장이라 할 수 있겠다.

3. 화폐유통비판론 : 星湖의 화폐경제론 중심

1) 화폐경제론의 형성배경

星湖 李瀷은 1681년(肅宗 7)에 그의 父親 李夏鎭(1628~1682)의 유배지인 平安道 雲山에서 태어나 생애 대부분의 시기를 서울 근교인 廣州에서 살다가 1763년(英祖 39)에 83세로 他界하였다. 성호가 구상 제시한 화폐경제론이 형성된 배경을 이해하기 위해서는 우선 그가 생존 활약한 17세기 80년대부터 18세기 60년대에 이르는 시기의 화폐정책과 화폐경제의 확대 보급으로 촉진된 봉건 조선사회 질서의 變質相을 개관하는 것이 필요한 것 같다.

앞에서도 살펴보았듯이 조선정부가 17세기 초부터 동전을 법화로 유통 보급시키기 위해 적극 추진한 화폐정책은 당시 봉건 조선사회가 내포한 여러 가지 제약적 요인으로 말미암아서 그 50년대 말에 이르러서는 마침내 중단되고 말았다. 그 이후 국가의 화폐정책 중단과는 관계없이 開城을 중심한 인근 지방과 義州 등 평안도 일부 지방에서는 동전이 계속 통용되었을 뿐, 당시의 일반 유통계는 칭량은화와 米·布 등 물품화폐가 지배하였다. 그러나 17세기 후반기에는 大同法의 확대시행과 함께 상공업 등 諸생산분야의 생산활동이 보다 활기를 띠게 되고 당로자를 비롯한 일부 계층의 화폐가치 인식은 좀 더 깊어지는 등, 조선사회의 화폐수용력이 증진되었다.[70] 이에 따라서 조선정부는 17세기 70년대 말부터 다시 동전, 즉 常平通寶를 법화로 채택하여 유통 보급하기 시작하였다. 이후 동전은 조선정부의 유일한 법화로서 계속 유통 보급되어, 동전의 유통지역은 국내 각지방으로 확대되고 각 계층의 화폐가치 인식은 심화되었다.

米·布 등 물품화폐의 유통이 지배적이던 조선사회에 명목화폐인 동전이 유통 보급되자 다음과 같이 傳統社會 질서의 변질은 촉진되었다.[71] ① 화폐경제의 발달로 상업발달 내지 상업자본의 성장은 촉진되고 상업자본이 산업자본으로 전환될 가능성이 그만큼 증대되었다. ② 화폐경제의 발달로 高利貸業이 조장되고, 화폐자본화한 고리대자본은 농촌사회로 침투되어 농민의 몰락 내지 농촌사회의 분화는 촉진되었다. ③ 급증되는 화폐원료의 절대 수요량을 확보하기 위해 전통적으로 鑛業開發에 대해 소극적이었던 정책적 타성을 벗어나 보다 적극적으로 국내 銅鑛의 개발을 시도하게 되었다. ④ 조선후기의 화폐주조업은 특권적 官營手工業으로서 화폐주조기술의 精銳度나 그 鑄錢工程의 분업화 면에 있어서는 물론, 화폐주조업의 규모에 있어서 당시의 金屬手工業을 선도하였다. ⑤ 화폐경제의 발달로 富益富 貧益貧 현상이 조장되었는데, 이처럼 사회 財富의 배분형태가 특수 계층에 편중되는 것은 조선왕조의 전통적인 均産的 정치이념에 배치되는 현상이었다. ⑥ 화폐경제의 발달로 조장된 고리대업의 착취대상이 된 농민의 상당수는 몰락하여 도적이 되었는데, 집단화된 그들의 도적행위와 의식 속에서 反지배층 내지 反체제적 경향이 엿보인다. ⑦ 화폐경제의 발달로 상당수의 농민들이 營利性 위주의 상업적 농경에 힘쓰거나

70) 元裕漢, 앞의 글, 1966, 37~52쪽.

71) 元裕漢, 『朝鮮後期貨幣流通史』(正音文庫 165), 正音社, 1978, 121~153쪽 ; 元裕漢, 「韓國開化期의 近代貨幣制 受容에 대한 考察」, 『鄕土서울』 35, 1977, 59~100쪽.

보다 많은 이윤 추구를 목적으로 사업과 고리대업에 종사하기 위해 토지를 이탈하는 등, 傳統과 因習에 얽매이는 속성이 강한 농민의 보수적 가치관이 實利와 打算을 위주로 하는 실제적이며 진보적 가치관으로 변질되고 있음을 엿볼 수 있다. ⑧ 전통적으로 物慾에 초연하고 재화에 무관심해야 한다는 양반자제들이 화폐경제가 발달됨에 따라서 영리에 몰두하고 蓄財에 관심을 가지게 되는 등, 그들의 보수 전통적 가치관념 상에 발전적 변화가 촉진되었다. ⑨ 화폐경제가 발달됨에 따라서 일반 대중의 消費 · 奢侈 성향과 投機 · 射倖心이 조장되었고, 이로 인해 절약과 검소가 生活美德으로 강조되던 조선사회의 전통적 생활윤리의 변질이 촉진되었다. ⑩ 화폐경제가 가족경제에 침윤됨에 따라서 가족구성원 각자는 利己的 打算에 보다 민감해져서 대가족제도 하의 공동체의식이 약화되는 등 조선사회의 전통적인 가부장적 대가족제도의 와해가 촉진되었다. ⑪ 門閥이나 權力志向的 속성이 강한 조선사회의 전통적 社會威信 尺度는 화폐경제 발달로 財富中心的인 것으로 전환되고, 이에 따라서 엄격히 고정화된 사회신분질서의 변질은 촉진되기에 이르렀다.

이상에 열거한 사실들, 즉 화폐경제의 확대 보급으로 촉진된 조선사회의 전통적 생산양식과 가치체계의 변질상은 대체로 봉건적 전통사회가 근대사회로 移行하는 역사발전과정에서 찾아볼 수 있는 일반적 현상으로 생각되는 것이다. 그러나 이상과 같은 봉건 조선사회의 해체 내지 변질상은 당시의 보수 · 전통적 가치관에서 볼 때 심각한 사회경제적 폐단과 가치체계상의 모순으로 생각되었고, 그래서 정부당로자를 비롯한 各階層人에는 동전유통을 극히 비판 내지 부정적으로 평가하는 사람이 적지 않았다. 1724년, 즉 성호가 45세 되는 해에 왕위에 오른 英祖는 즉위 초부터 화폐유통에 대한 反動으로 동전의 주조 발행을 억제한다든지, 동전의 유통범위를 제한한다든지, 또한 저화나 常木을 동전에 대신해서 법화로 유통시키려 하는 등, 화폐통용을 금지하기 위한 일련의 강경한 조치를 취했다.72) 이러한 화폐통용에 대한 반동적 시도는 그 동안 增發이 억제되어 왔던 동전을

72) 元裕漢, 앞의 글, 1969, 1~8쪽.

1731년(英祖 7)에 다시 주조 발행하지 않을 수 없게 됨으로써 사실상 좌절되기에 이르렀다.73)

당시 조선정부가 통용금지하려던 동전을 다시 주조 발행치 않을 수 없었던 것은 대개 다음과 같은 몇 가지 이유에서였다.74) ① 18세기에 접어들어서 상공업의 발달은 물론 농업·광업 등 제반 생산분야에 주목할 발전적 변화가 일어났고, 이러한 사회경제적 발전단계에서 화폐통용 자체를 부정할 수 없을 뿐만 아니라, 명목화폐인 동전의 통용을 금지하고 종래의 물품화폐 유통체제로 復歸될 수 없었다. ② 정부당국이 동전을 增發하지 않은 채 동전이 계속 통용됨으로써 유통계에 錢荒은 심화되고, 봉건사회의 해체과정을 가속화시키는 錢荒을 해소 극복하기 위한 하나의 방법으로서 동전을 주조 발행하였다. ③ 旱水害로 인한 농사의 凶作은 피해농민을 구호하고 농업에 의존하는 국가재정의 보완을 위해 응급한 재원확보를 필요로 하게 되는데, 당시 봉건 조선사회의 전통적 생산체제 하에서 짧은 시일 내에 가장 많은 재화를 마련할 수 있는 방법은 화폐를 주조발행하는 것이라고 생각되었다. ④ 화폐의 통용 자체를 부정할 수 없는 사회경제적 발전단계에서 동전은 楮貨나 常木 등 다른 어떤 형태의 화폐보다도 법화로서 통용하기에 가장 이상적인 것으로 판단되었다. ⑤ 그리고 개혁을 꺼리는 봉건사회의 보수 전통적 가치관은 이미 법화로서 통용되는 동전의 통용을 금지하고 다른 화폐를 법화로 채택, 사용하는 화폐제도 개혁을 어렵게 한 원인이 되었을 것으로 짐작된다.

이상 몇 가지 사실들이 직접 간접적 원인이 되어 18세기 30년대 초에 화폐유통에 대한 봉건 조선사회의 반동은 한계성을 드러내게 되는 것이다. 즉 정부당로자의 정책적 의욕만으로는 화폐의 계속적인 통용을 요청하는 봉건 조선사회의 近代를 향한 自體志向을 억제할 수 없는 단계에 이르렀던 것이다. 그래서 18세기 30년대초, 즉 성호의 나이 50대 초부터는 後論되겠지만 정부당국이 동전유통을 전제로 하고 화폐유통구조의 개선을 모색

73) 元裕漢, 앞의 글, 1969 참조.

74) 元裕漢, 앞의 책, 1978, 154~189쪽.

하는 단계로 접어들게 되고, 성호는 그가 타계한 18세기 60년대까지 이상과 같은 단계의 화폐경제를 경험하게 된다. 그러나 성호의 화폐경제론은 대체로 화폐유통에 대한 봉건 조선사회의 반동기, 주로 18세기 초부터 그 30년대 초에 이르는 시기의 화폐정책과 유통경제 실정에 대한 경험을 토대로 해서 형성되었던 것으로 보인다. 성호는 그의 화폐경제론을 구상 체계화함에 있어서 이상과 같은 실제적 경험을 통해 얻은 지식을 토대로 했음은 물론, 기록을 통해서 중국 고대로부터 唐·宋代에 이르는 시기의 화폐문제와 그 당시 당로자나 개혁사상가의 화폐론, 그리고 고려조나 조선시대의 화폐문제에 관계되는 역사적 사실들을 분석 고찰하여 참고 활용하였던 것이다.[75] 대체로 英祖(1694~1776), 실학자 鄭尙驥(1678~1752) 그리고 농촌지식인 李日章 등이 성호와 같은 시대를 배경으로 해서 각자의 화폐경제론을 구상 체계화했던 것으로 보인다.[76] 따라서 그들의 화폐경제론의 내용도 본질적으로는 성호의 그것과 상통되는 점이 적지 않다는 사실을 엿볼 수 있다.

2) 화폐가치 인식

성호는 "천하가 지극히 넓어서 産財가 각기 다르기 때문에 그 형편이 옮겨서 유통시키지 않을 수 없어서 錢(동전)을 만들게 되었다"[77]고 했듯이, 각 지방에서 생산되는 서로 다른 생산물을 운반해서 유통시키기 위해서는 상품교환매개로서 화폐, 즉 동전이 필요하다고 생각하였다. 그는 반계가 그러했듯이, 여러 가지 화폐 중에서 동전을 가장 이상적 화폐로 보고 있는데 그 이유는 粟·布가 은화만 못하고 은화는 동전에 비해 희소하기 때문에 보다 보편성이 큰 동전이 사용하기에 편리한 데 있다고 하였다.[78]

---

75) 『星湖僿說』 卷4, 萬物門, 錢鈔會子 ; 『星湖僿說』 卷4, 銀瓶 ; 古錢 ; 『藿憂錄』, 錢論 ; 『星湖僿說類選』 卷4下, 錢害 ; 元裕漢, 앞의 글, 1970.

76) 元裕漢, 앞의 글, 1968, 2~4쪽 ; 元裕漢, 앞의 글, 1976a.

77) 『藿憂錄』, 錢論.

78) 『星湖僿說類選』 卷4下, 錢害.

성호는 상품교환매개로서 동전의 기능 내지 가치를 원칙론적으로는 인정하고 있으나, 우리나라는 중국과 달리 지역이 협소한 데다 海路와 수로교통이 편리해서 財貨의 운반이 불편하지 않기 때문에 輕貨로서 동전의 통용이 필요치 않다는 점을 다음과 같이 주장하였다.

> 우리나라는 지역이 협소해서 貢物을 서울까지 운반하는 路程이 千里를 넘는 곳이 극히 드물다. 또 三面이 바다로 둘러 싸여 있고, 內陸에 水路가 얽혀 있어서 재화를 운송하는 번거로움이 중국과는 다르다. 등짐을 지고 여행해도 쉽게 변경지방까지 도달할 수 있으니, 또한 輕貨(동전)에 기댈 필요가 없다.79)

성호는 당시 국내에서 동전을 사용할 필요가 없다는 자기 주장의 논거를 한반도의 지형 내지 交通路 조건의 특수성에서만 찾는 데 그치지 않았다. 그는 물물교환 내지 물품화폐의 유통이 지배적인 당시 사회에 동전이 유통 보급됨에 따라서 봉건 조선사회의 전통적 생산양식과 가치체계의 변질이 촉진된다고 보았고, 이러한 화폐경제의 영향을 정부당로자를 비롯한 各階人이 거의 그러했듯이 심각한 사회경제적 폐단이요 가치관념 상의 모순으로 생각하게 되었다. 즉 성호는 뒤에서 보다 자세히 논급되겠지만 동전의 유통 보급으로 상업발달, 고리대 성행, 농민 몰락 내지 농업 위축, 官吏 貪虐, 도적 橫行, 소비·사치성향 助長 및 民心 변화 등 여러 가지 모순과 폐단이 촉진 심화되고 있다고 보았던 것이다. 이상의 폐단과 모순은 重農思想과 民本意識 그리고 均産主義를 중요한 국가 정치이념으로서 강조하고 농업에 힘쓰고 節儉을 숭상하며 官吏收奪을 금지하는 것이 백성을 부유하게 하는 길이라 생각하고 있던 성호의 보수적 가치관에서 볼 때 충격적인 사실로 받아들여졌고, 따라서 그는 당시의 봉건 조선사회에 있어서 동전의 통용은 '百害無一益'한 것이라고 하였다.80) 성호는 설사 국가에서 동전을 통용한다 해도 그것은 백성들이 굶주리고 困乏할 때 임시 방편으

---

79) 『藿憂錄』, 錢論.

80) 元裕漢, 앞의 글, 1970b.

로 실시하는 제도일 뿐 화폐법은 항시 시행할 것은 못된다고 주장하였다.[81] 그래서 그는 당시 법화로 사용되는 동전의 통용을 금지해야 한다고 주장하면서 자기 나름의 銅錢通用禁止論과 그에 대응할 방안으로서 물품화폐 유통체제로의 복귀론을 제시하였다.

성호처럼 화폐유통을 비판 내지 부정적으로 보는 화폐가치 인식태도는 성호와 같은 시대의 화폐정책과 유통경제 실정을 경험한 영조, 실학자 정상기, 농촌지식인 이일장의 그것과도 본질적으로는 성격을 같이 하는 것으로 볼 수 있다.[82]

3) 화폐(동전)유통금지론

성호는 동전이 법화로서 유통 보급됨에 따라서 상업발달과 농민의 土地離脫, 고리대 성행과 농민 몰락, 도적행위의 조장, 지방관리의 농민수탈, 소비·사치성향의 조장 및 人心·民風의 변화 등, 제반 사회경제적 폐단과 모순이 촉진 심화된다는 점을 지적 비판하면서 동전의 통용금지를 주장하였다.

첫째, 성호는 화폐가 유통 보급됨에 따라서 상업이 발달하는 반면 농민이 토지를 이탈하게 되어 농업생산이 위축되고, 이로 말미암아 국가재정과 백성의 재산이 날로 고갈된다 하여 동전통용을 금지하자고 주장하였다.

"내가(성호) 보았더니 동전이 사용된 뒤에 運輸가 극히 편해졌다"고[83] 했듯이, 동전의 유통 보급으로 재화의 운반이 편리해지고, "한번 동전을 통용한 뒤로 貿遷이 활발화하고 편리해졌다"고[84] 한 것처럼 상업발달은 촉진되었다. 이처럼 17세기 70년대 말부터 동전이 유통 보급되자 16세기 이래로 활기를 띠기 시작한 상업의 발달추세는 더욱 가속화되었다. 화폐경제의 확대보급으로 상업발달이 촉진되는 반면 농민이 보다 많은 이윤 추구

81) 『藿憂錄』, 錢論.
82) 元裕漢, 앞의 글, 1968 ; 元裕漢, 앞의 글, 1969 ; 元裕漢, 앞의 글, 1976a.
83) 『星湖先生文集』 卷46, 雜著, 論錢幣.
84) 『肅宗實錄』 卷28, 肅宗 21年 12月 戊戌.

를 목적으로 상업에 종사하기 위해 토지를 이탈, 농업생산이 저해되었던 것으로 보인다.[85] 이와 같은 사실은 성호가 "동전을 통용하면서부터 백성들이 일체의 利를 요행을 바라서 혹 쟁기를 버리고 場市에 놀아나는 자가 많아져서 농업이 폐해를 입는다"[86]고 말한 것과 『肅宗實錄』의 "한 번 동전이 통용된 뒤로 …… 상업에 종사하려는 풍속이 날로 성해서 농민이 병든다"[87]는 기록을 통해서 짐작할 수 있다.

화폐경제가 自給自足的이며 물물교환경제가 지배적인 농촌사회에 침윤됨에 따라서 상업에 종사하려는 농민의 수가 증가되는 반면, 농업생산이 위축되었다는 사실은 정부당로자들이나 실학자 등 지식계층에게는 '重農抑末'이란 조선정부의 전통적 산업정책이념에 위배되는 현상으로 받아들여졌던 것 같다. 더구나 농민이 토지를 이탈하여 상인이 된다고 하는 사실은 농토의 荒廢化 내지 농업생산력을 감퇴시키는 한편 농촌사회에 상품경제의 침윤을 촉진하여 농민의 擔稅力을 약화시킴으로써 봉건 조선사회의 전통적 貢租關係를 위태롭게 했던 것으로 보인다. 이 점은 성호가 동전이 유통 보급됨에 따라서 백성의 재산이 날로 고갈되고 국가의 저축이 날로 匱竭되며 歲入이 해마다 줄어든다고 지적 비판한 사실을 통해서 짐작할 수 있다.[88] 따라서 영조 등 당로자나 성호 등 실학자들 중에서는 '務農', 즉 농업생산력의 회복 내지 增進의 필요성을 강조하면서 상업발달을 촉진하는 동전통용을 금지시키자는 견해와 주장이 일어나게 되었던 것이다.[89]

둘째, 성호는 동전이 유통 보급됨에 따라 富商大賈 등의 고리대업이 조장되어 그들의 착취대상이 된 농민의 몰락 내지 농촌사회의 분화는 촉진되는 동시에, '富益富 貧益貧'이라 했듯이 社會財富의 배분 형태가 특수계층에 편중되는 결과를 초래한다 하여 고리대업을 억제하기 위한 한 방법으로서 동전통용을 금지할 것을 주장하였다.

---

85) 『星湖先生文集』 卷46, 雜著, 論錢幣 ; 『星湖僿說』 卷11, 錢害.
86) 『星湖僿說』 卷11, 錢害.
87) 『肅宗實錄』 卷28, 肅宗 21年 12月 戊戌.
88) 『藿憂錄』, 錢論.
89) 元裕漢, 앞의 글, 1969 ; 앞의 글, 1970b.

조선후기의 대다수 농민은 빈곤의 악순환 속에서 私債를 중요한 생계방편으로 삼아왔던 것 같다. 쌀 등 곡식으로 사채관계가 이루어질 경우에 연간 利子는 본색의 3분의 1내지 2분의 1에 지나지 않았기 때문에 이자를 상환하는 것이 그렇게 큰 부담으로 생각되지는 않았다는 것이다. 그러나 동전이 유통 보급된 이후 동전으로 사채관계가 이루어지게 되자 그 고리대의 이자는 700~800%, 심한 경우에는 1,000%에 이르렀다는 기록이 보인다. 이로서 대다수 영세농민들은 한 해 동안 땀흘려 농사지은 수입으로 한두 달 먹고 살기 위해 얻은 錢債를 상환하고 나면 남은 것이 없어서 그 해가 지나가기도 전에 다시 고리채를 얻지 않을 수 없는 형편이었다는 것이다.[90] 당시 성호는 마을 書生이 고리대를 통해 창문을 닫고 동전꿰미를 헤아리는 등 巨金을 쉽게 모을 수 있게 되는 반면, 몰락하는 백성의 80~90%가 고리대업자의 착취 때문이었다는 점을 지적 비판하였다.[91] 같은 시기의 고리대 현황을 경험했을 농촌지식인 이일장도 동전통용으로 조장된 고리대업에 의해 촉진된 농민몰락 내지 농촌사회의 분화현상을 다음과 같이 말하고 있다. "前日에 100戶였던 마을이 지금에 와서 10戶도 남아 있는 것이 없고, 전일 10戶였던 마을은 지금 1戶도 남은 것이 없다. 人煙이 끊어지고 市里가 쓸쓸해졌으니 이런 것들이 동전의 流毒 때문이 아닌 것이 없다."[92] 따라서 앞에서도 지적한 바 있듯이, 농본사상과 민본의식 그리고 均産主義가 중요한 정치이념으로 강조되었던 봉건 조선사회에 있어서 농민몰락 내지 농업생산위축, 社會財富의 편중현상을 심화시켰다고 보는 고리대업은 상업발달과 함께 당로자나 성호 등 실학자들에게 극히 부정적인 사회경제적 폐단으로 지적 비판되고, 마침내 고리대업을 조장한 동전통용을 금지해야 된다는 주장을 내세우게 되었던 것이다.[93]

셋째, 동전의 유통 보급으로 재화運搬이 輕便해짐에 따라 도적행위는 용이해졌고, 대집단화한 도적집단의 橫行은 反社會的 내지 反體制的 성격

90) 元裕漢, 앞의 글, 1976a.
91) 『星湖僿說』 卷11, 錢害.
92) 『承政院日記』 卷636, 英祖 3年 閏3月 16日.
93) 『承政院日記』; 元裕漢, 앞의 글, 1969; 元裕漢, 앞의 글, 1976b.

을 띤 사회불안의 요인이 되었던 것 같다.

성호가 "동전은 도적이 원하는 것이다"[94] 또는 "동전은 도적에게 편리하다"[95]고 말했듯이, 동전이 법화로 유통 보급된 이후 도적행위는 조장되어 그것은 종래보다 심각한 사회불안 요인이 되었던 것으로 보인다. 즉 화폐경제가 확대 보급되자 동전은 米·布 등 종래의 물품화폐와는 달리 운반과 보관이 용이하고 사용에 편리해서 도적행위는 빈발하고, 또한 도적집단의 규모도 훨씬 커져서 보다 큰 사회불안 요인이 되었던 것 같다. 농촌지식인 이일장의 上疏文에 의하면 동전의 통용으로 도적이 날로 熾盛해진다했고, 또한 당시 도적집단의 규모는 작은 것은 수십 명이고 큰 것은 천여 명에 이르렀다는 것이다. 당시 대집단화한 도적의 피해나 또는 도적집단에 대한 두려움은 일시적 사회불안의 요인에 그치지 않고, 그것을 억제하지 못하면 黃巾·綠林賊과 같은 큰 도적집단으로 발전하여 국가의 危亡이 멀지 않았다고 했으리만큼 도적집단의 횡행에 대한 우려는 매우 심각했던 것으로 짐작된다.[96]

도적들이 그들 스스로를 義賊이라고 자처했다든지, 頭目을 守令 또는 邊將이라고 부른 데서 나타나 있듯이 자신들의 도적행위를 불법적인 것으로 생각지 않고 의롭고 정당한 행위로 생각하려는 경향이 엿보인다.[97] 이러한 경향은 곧 당시의 도적집단은 反社會的 내지 反體制的 성격을 띤 것으로서, 19세기에 접어들어서 거의 국내 전역으로 파급 확대된 農民亂의 성격과도 연결되는 듯한 느낌을 주기도 한다. 이상으로써 성호가 동전의 유통 보급으로 도적행위가 조장되고 있다는 사실을 들어서 동전의 통용금지를 주장하는 하나의 이유로 내세우게 된 입장을 이해할 수 있을 것 같다.[98] 또한 조선후기에 심각한 사회불안의 한 요인이 된 도적행위의 빈발 내지 도적집단의 대규모화를 조장한 동전의 유통보급, 즉 화폐경제발달의

94) 『星湖僿說』 卷16, 米賤傷農.
95) 『星湖僿說』 卷8, 生財.
96) 元裕漢, 앞의 글, 1976a.
97) 『承政院日記』 卷636, 英祖 3年 閏 3月 16日 ; 元裕漢, 위의 글.
98) 元裕漢, 앞의 글, 1970b.

역사적 의미를 보다 확대 해석해 볼 필요성을 느끼게 된다.

넷째, 동전이 유통 보급됨으로써 재화운반이 輕便해지자 앞서 말했듯이 도적이 치성해지는 것과 함께 지방관리의 농민수탈을 조장하여 농민 몰락 내지 농촌사회의 분화를 촉진하게 되었던 것이다.

성호는 "동전은 탐욕 많은 吏胥에게 편리하고"[99] "掊克者(租稅를 부과 징수하면서 백성을 해치는 자)가 원하는 것이라"[100]고 했고, 같은 시기의 이일장도 동전통용 폐단의 하나로서 "守令의 貪饕"[101] 즉 수령이 많은 재화를 탐내게 되었다는 사실을 지적하였다. 또 이일장의 상소문에 의하면, 동전이 유통 보급되자 수령은 米·布보다 부피가 작고 가벼워서 옮기기 쉬운 동전을 다량 모아서 포장, 운반하여 집을 짓거나 토지와 노예를 살 수 있게 되었다는 것이다. 그리고 각 읍 吏胥輩도 米·布 등 물품화폐유통이 지배하던 종래와 달리 농민들로부터 동전은 뇌물로 받아도 흔적이 없고 그것을 감추는 데도 남에게 쉽게 발각되지 않기 때문에 대낮에도 市都에서 賄賂가 성행되어 小民을 割剝한다 하리만큼 가혹하게 농민을 착취했다는 기록이 보인다.[102] 그리하여 실학자 성호, 또는 영조 등 일부 당로자들은 지방관리의 농민수탈을 조장하는 한 요인으로서 동전유통을 들고, 동전의 통용금지를 적극 주장하게 되었던 것이다.[103] 농민수탈을 비롯한 지방관리의 부정부패는 조선후기, 특히 19세기 초부터 심각한 사회경제적 모순으로 제기된 삼정문란, 또는 반체제적 성격이 엿보이는 농민난 등과 밀접한 관계를 가지는 문제로 흔히 해석되고 있다. 이러한 점에서 볼 때 지방관리의 부정부패를 더욱 조장 심화시킨 동전의 유통보급, 즉 화폐경제의 발달이 가지는 역사적 의미는 보다 중요시되어야 할 것으로 보인다.

다섯째, 동전의 유통보급으로 농민을 중심으로 한 일반 대중의 소비와 사치풍조가 조장, 농민생활의 窮乏化를 더욱 부채질하게 되고, 이것은 검

99)『星湖僿說』卷8, 生財.
100)『星湖僿說』卷16, 米賤傷農.
101)『承政院日記』卷636, 英祖 3年 閏3月 16日 ; 元裕漢, 앞의 글, 1976a.
102) 위와 같음.
103) 元裕漢, 앞의 글, 1969 ; 元裕漢, 앞의 글, 1970b.

소와 절약이 중요한 생활윤리로서 강조된 봉건 조선사회의 전통적 가치관에서 볼 때 심각한 폐단으로 받아들여졌던 것이다.

성호는 "동전이 있는 자는 반드시 遠近地方에서 물건을 사오고 東西에서 마음껏 자신을 받들되, 오직 사치스럽지 못할까 두려워하다가 마침내 재산을 탕진하게 된다. …… 이를 미루어 본다 하더라도 동전은 백 가지가 해롭고 한 가지도 이로운 것이 없다"[104] 했고, 또한 "동전이 유통되면서부터 백성이 더욱 곤궁해졌다. 내가(星湖) 場市를 돌아보니 마을마다 사람들이 동전꿰미를 차고 나갔다가 술에 취하여 서로 붙잡고 돌아온다. 이로써 財貨의 虛費함이 지극히 심하다"[105]고 하였다. 이상으로써 성호가 동전유통보급으로 조장된 소비와 사치풍조의 폐해를 얼마나 심각하게 느끼고 있었는지를 알 수 있다. 성호가 심각하게 생각한 이상과 같은 폐단은 실학자 鄭尙驥나, 또는 영조 등 일부 당로자들에게도 공감되었던 것으로 보인다.[106]

조선시대에는 전통적으로 국가의 경제적 기반이 거의 취약한 농업생산에 의존하고 있었다. 따라서 조선시대를 일관해서 國家財政의 운용 면에서도 그러했지만 일반 백성의 경제생활에 있어서 절약과 검소는 항상 생활 美德 내지 중요한 생활 倫理로서 계몽 권장되었던 것이다. 이 점은 성호가 "현명한 임금은 백성의 재산을 다스림에 있어서 반드시 검소함을 가르친다"[107]고 말한 데서 단적으로 엿볼 수 있을 것이다. 이처럼 절약과 검소가 중요한 생활윤리로 강조된 조선시대의 당로자들은 농민을 중심으로 한 일반 대중으로 하여금 노동력의 재생산이 가능한 범위 내에서 최소한의 물질적 생활로써 自足케 하려했던 것으로 보인다. 따라서 성호는 소비와 사치풍조를 조장하여 농민의 궁핍화를 부채질하는 동전통용을 금지함으로써[108] 그들의 경제생활을 안정시키는 동시에 농민의 생산활동에 의존

---

104) 『星湖僿說』 卷4, 錢鈔會子.
105) 위와 같음.
106) 元裕漢, 앞의 글, 1968 ; 元裕漢, 앞의 글, 1969.
107) 『藿憂錄』, 錢論.
108) 『星湖僿說』 卷4, 錢鈔會子 ; 『藿憂錄』, 錢論 ; 元裕漢, 앞의 글, 1970b.

하는 국가재정의 안정을 기하자는 것이었다.

여섯째, 동전이 유통보급됨에 따라서 米·布 등 물품화폐의 유통이 지배적이던 종래와는 달리 봉건 조선사회의 人心 및 民風, 즉 백성의 풍속이 급격히 변질되었고, 이 점은 당시에 동전통용 금지를 주장하는 하나의 논거가 되었던 것이다.

화폐경제가 확대 보급됨에 따라서 상업이 발달하고 고리대업이 성행하여 일반 대중의 가치평가기준이 打算과 實利를 위주로 하는 방향으로 급격히 변질되었다. 이에 名分과 義理 그리고 情宜를 중요시하는 윤리지향적 속성이 강한 봉건 조선사회의 인심과 민풍이 날로 투박해지고 거짓과 허위로 멍들게 되었던 것 같다. 이와 같은 사실은 성호가 "지금 동전을 사용한 지 대략 70년이 되었는데 그 폐해가 더욱 심하다. …… 인심이 날로 투박해졌다"고[109] 말한 점을 통해서 짐작할 수 있다. 비단 성호뿐만 아니라 같은 시기의 농촌지식인 李日章도 동전통용으로 인심이 淆雜, 또는 날로 투박해진다고 하였다.[110] 영조 역시 동전을 사용한 뒤로 奸計가 百出하고 있기 때문에 동전통용을 금지한 뒤에 인심이 맑아지며 교활하고 거짓됨이 없어질 것이라고 했듯이,[111] 동전의 유통보급으로 촉진된 인심과 민풍의 변질을 크게 우려했던 것으로 보인다.

일곱째, 성호는 당시 국가의 화폐정책 자체가 내포한 모순과 同政策 시행과정에 나타난 폐단을 지적하여 동전통용을 비판 내지 부정하는 자기 주장의 논거로써 제시하였다.

성호는 당시 정부 당국이 화폐를 주조 발행하는 중요한 동기가 통화량을 적절히 조절하거나 민생과 밀접한 관계를 가지는 물가를 안정시키려 하는 등 건전한 정책적 배려에 있지 않고 국가의 응급한 재정수요에 충당하려는 데 있다는 점을 지적 비판했다.[112] 또한 그는 한정된 화폐원료를 가지고 보다 많은 유통가치를 조성하기 위해 화폐를 惡鑄 濫發하게 됨으

---

109) 『星湖僿說』 卷8, 生財.
110) 『承政院日記』 卷636, 英祖 3年 閏3月 16日.
111) 『承政院日記』 卷638, 英祖 3年 5月 4日 ; 元裕漢, 앞의 글, 1969.
112) 『藿憂錄』, 錢論.

로써 화폐품질은 조악해지고 그 체재가 薄小해지는 폐단이 나타나게 되었다는 점을 지적 비판하였다.[113] 그리고 성호는 국가가 다량의 화폐를 주조 발행한다 해도 貴臣이나 豪商 등 특수계층에 退藏되고 貧戶에는 거의 축적되지 않아서 농민들이 稅納의 화폐화 과정에서나 화폐로 거래되는 私債의 償還과정에서 받는 타격이 적지 않다는 점을 지적하고 비판하였다.[114] 성호는 이상 화폐정책의 모순과 그 시행과정에 나타난 폐단을 시정 보완하기 위한 방안을 구상 제시하려 하기보다는 그러한 폐단과 모순을 이유로 들어서 동전통용금지를 주장하는 입장을 취하게 되었던 것이다.

4) 물품화폐제로의 복귀론

(1) 동전통용 금지방안

성호는 앞에서 살펴보았듯이, 당시 유일한 法貨로서 사용되는 동전의 통용을 금지할 것을 적극 주장하는 한편, 그에 대처해서 종래의 物品貨幣制로 복귀하는 방안을 구상 제시하였다. 먼저 그가 구상 제시한 동전통용 금지방안의 내용을 살펴보기로 한다.

성호는 동전통용을 금지해야만 하되 그것은 一朝一夕에 단행될 수 없는 일이라 하였다. 그는 동전통용금지를 조급하게 단행하여 서울과 지방의 각 관청과 부호집에 退藏된 다량의 동전이 無用化되면 국가경제에 끼치는 타격과 피해가 크다는 것이었다. 그래서 성호는 동전통용을 금지하는 데는 신중을 기해 점진적인 방법을 써야 된다고 했는데, 이러한 그의 주장은 같은 시기의 실학자 鄭尙驥는 물론 영조를 비롯한 일부 당로자들의 주장과도 일치하고 있다.[115] 이러한 입장에서 그가 제시한 동전통용 금지방안이 동전 유통범위의 제한을 통해서 동전이 법화로서 가지는 公信性 내지 名目價値를 상실케 하자는 것이었다. 즉 성호는 10년 뒤에 동전통용을 금지

113) 『星湖僿說』 卷4, 錢鈔會子.
114) 『星湖僿說類選』 卷4下, 錢害 ; 『星湖先生文集』 卷46, 論錢幣 ; 『星湖僿說』 卷16, 米賤傷農 ; 元裕漢, 앞의 글, 1970b 참조.
115) 元裕漢, 앞의 글, 1968 ; 元裕漢, 앞의 글, 1969 ; 元裕漢, 위의 글.

할 것을 계획하고 조세를 동전으로 징수하려 하지 않는 등 公用에서 동전 통용을 제한하자고 하였다.116) 이러한 그의 주장은 영조의 주장과도 본질적으로 상통되는 것이었고, 또한 그는 실제로 동전과 綿布를 반씩 섞어서 징수하던 大同布·軍布·奴婢貢布를 모두 면포로만 거두어들이려 했던 것이다. 그러나 이러한 동전 통용범위의 제한시도는 화폐경제가 널리 확대 보급된 당시의 사회경제적 여건 하에서 좌절되지 않을 수 없었다.117) 이로써 성호가 동전통용을 금지하기 위해 조세의 화폐화를 억제해야 한다고 생각한 그의 주장이 얼마나 비현실적이었는가를 알 수 있다.

성호는 국가 徵稅體制의 화폐화를 억제하여 동전 통용범위를 제한해 보아도 동전통용이 금지되지 않을 경우에는, 그 다른 한 방법으로서 高額大錢인 '當六十錢'을 주조 통용하자는 것이었다. 즉 그는 당시 통용되고 있는 1文錢 50개를 合鑄해서 그 액면가치를 60文으로 하는 '當六十錢'을 주조하여 국가의 수입지출에 사용하고, 한편 점차로 민간에 퇴장된 소액동전인 1文錢을 거두어들여 當六十錢으로 改鑄해서 유통하게 되면 국가와 국민이 다 함께 손해를 보지 않고 동전통용을 점진적으로 금지할 수 있다는 것이다.118) 그러니까 그가 당시 일반 유통계에서 원활히 통용되는 소액동전(1文錢)을 當六十錢과 같은 고액대전으로 개주할 것을 주장한 것은, 소액거래에 사용하고 운반이 편리한 소액동전이 가지는 화폐기능을 鈍化시킴으로써, 동전의 물품화폐화, 나아가서는 동전의 통용을 금지시키려는데 동기가 있었던 것으로 짐작된다. 성호의 當六十錢 鑄造流通論은 같은 실학자 정상기의 當百錢 주조유통론과 본질적으로 성격을 같이 하는 것이다.119)

성호나 정상기 등과 같은 시기의 당로자들에 의해서도 각종의 고액전을 주조유통하자는 주장이 있었다.120) 그러나 이들의 주장은 성호 등의 그것

116) 『藿憂錄』, 錢論 ; 元裕漢, 위의 글, 1970b.
117) 元裕漢, 앞의 글, 1969.
118) 『藿憂錄』, 錢論.
119) 元裕漢, 앞의 글, 1968.
120) 元裕漢, 「朝鮮後期 貨幣政策에 대한 一考察 - 高額錢의 鑄用論議를 中心으로」,

과는 성격과 차원을 달리하는 것이었다. 성호 등의 고액대전 주조유통론은 동전통용 자체를 부정하는 입장에서 구상 제시된 것으로서, 봉건 조선사회의 근대를 향한 발전추세에 역행하는 극히 비실제적이고 보수·退嬰的 성격을 띤 것이었다. 한편 일부 당로자들이 제의한 고액전 주조유통론은 화폐제개혁 내지 화폐유통구조의 개선을 통해 당시 화폐정책 시행과정에서 극복해야 될 당면 과제로 제기된 貨幣原料 難과 通貨量 不足을 해소하여 화폐경제발전을 원활케 하려는 데 목적이 있었던 것으로서, 당시의 사회경제발달 추세에 부응하는 실제적 성격을 띤 화폐제 개혁방안이었다고 볼 수 있을 것이다.[121]

⑵ 물품화폐통용론

성호는 앞에서 살펴본 것처럼, 동전 유통범위를 점진적으로 제한하거나 '當六十錢'과 같은 고액대전을 주조 유통시키는 방법을 통해 동전의 통용이 금지될 경우에는 동전이 法貨로 유통보급되기 이전에 중요한 화폐기능을 담당했던 米·布 등 물품화폐를 사용할 것을 제의하였다. 이와 같은 사실은 그가 "오늘날 동전의 폐해는 더욱 심해져서 반드시 앞으로 통용을 금지해야 될 것인데, 동전을 없애면 粟·布를 사용할 뿐이라"[122]고 말한 점을 통해서 단적으로 짐작할 수 있을 것이다. 17세기 70년대에 국가가 동전을 법화로서 채택해서 유통 보급시키기 이전에는 米·布 등 물품화폐가 유통계를 지배하고 있었다. 그러나 동전이 확대 보급됨에 따라서, 앞에서 살펴보았듯이 봉건조선사회의 해체는 촉진되었고, 이에 대한 반동으로서 동전통용을 금지하고 그 대신 米·布 등을 사용하자는 주장이 일부 정부 당로자들에 의해 제의되었다. 또한 영조와 같은 이는 동전통용을 금지하고 布를 대용하려는 조치를 취해보기도 하였던 것이다.[123] 성호가 동전의 통용을 금지하고 그 대신 米·布를 사용하자고 한 주장도 바로 이상과 같이

『韓國史硏究』 6, 1971b, 131~150쪽.

121) 元裕漢, 앞의 글, 1971b 참조.

122) 『星湖僿說』 卷4, 錢鈔會子.

123) 元裕漢, 앞의 글, 1969.

동전통용에 대한 봉건 조선사회의 보수적 반동기를 배경으로 해서 제기되었던 것이다.

한편 성호는 "粟(米) · 布를 통용한 뒤에도 폐단이 생기면 또 다시 交子를 사용해야 한다"[124]고 했듯이, 동전통용을 금지한 후 米 · 布를 사용해서 폐단이 일어나는 경우에는 일찍이 중국 宋代에 사용한 일종의 紙幣인 交子를 다시 통용할 것을 주장하였다. 즉 그는 비단을 원료로 해서 송대의 교자처럼 만들어서 화폐로 사용하자는 것이었다.[125] 그가 값비싼 비단을 원료로 해서 交子體裁의 화폐를 만들어 쓸 것을 주장하게 된 중요한 동기는 동전이 원활히 통용됨으로써 조장된 소비와 사치풍조를 억제하기 위해 화폐기능을 둔화시키려는 데 있었던 것으로 보인다.[126] 종이값보다 비싼 비단을 원료로 해서 화폐를 만들어 사용할 경우 화폐의 단위가치가 높아져서 소액거래에 불편하게 되는 등 화폐기능은 자연 둔화될 수밖에 없기 때문이다. 비단으로 화폐를 만들어 사용하자는 주장은 당시의 실학자나 정부당로자들에게서 찾아볼 수 없는 성호 특유의 발상이었던 것으로 보인다. 그러나 이러한 성호의 주장은 당시의 사회경제적 제반 여건으로 보아서 수용될 수 없는 극히 비현실적인 것이었다. 물품화폐로서의 속성이 강한 비단화폐는 명목화폐인 동전이 법화로서 널리 유통 보급되고 있는 당시의 유통계 實情에서 통화로서 보편적 가치를 인정받기 어려운 화폐였기 때문이다.

성호는 명목화폐인 동전의 통용을 금지하는 대신 米 · 布 등 물품화폐나 물품화폐로서의 속성이 강한 고액대전과 비단화폐, 즉 絹布貨를 사용할 것을 주장하는 동시에 역시 물품화폐로서의 속성이 강한 칭량은화의 화폐기능을 중요시하고 그것의 통용을 제의하였다. 임진왜란 때부터 보다 원활히 유통 보급되기 시작한 칭량은화는 17세기 70년대부터 동전이 법화로 통용되기 시작해 국내 각 지방으로 확대 보급된 이후에도 동전의 유통가치를 결정하는 표준이 되고, 중요한 물품화폐인 米 · 布의 가치척도가 되었다.

---

124) 『星湖僿說』 卷4, 錢鈔會子.
125) 위와 같음.
126) 위와 같음.

또한 칭량은화는 국가의 중요한 재화비축 수단이 되고 家屋이나 토지의 매매 등 비교적 큰 거래에 사용되는 한편, 국가의 징세수단으로 사용되기도 하였다. 그러나 보다 다량의 칭량은화는 淸과의 외교관계 유지에 필요한 경비로 지출되고 對淸 무역거래를 비롯한 국제무역의 결제수단으로 사용되었다. 이처럼 국내의 유통경제와 국제무역에서 중요한 통용기능을 맡고 있는 칭량은화의 수요량은 급격히 증가되었고, 이에 따라 정부당국은 국내 동광개발에 보다 적극적인 의욕을 보였고, 米·布 등 생활필수품이나 인삼 등 藥材를 주고 다량의 日本銀을 수입하였다.[127] 성호가 이상과 같이 중요한 통화기능을 담당하는 칭량은화의 유통상황과 공급실태를 견문 체험하고 그것의 통용을 제의하게 된 여러 가지 동기 중 하나는 동전을 통용금지하기 위한 한 대안으로서 그것의 통용이 필요하다고 느낀 데 있었던 것 같다.[128] 따라서 칭량은화를 통용하자는 성호의 주장은 그가 동전통용을 금지하고 米·布 등 물품화폐의 유통체제로 복귀할 것을 주장했던 것과 본질적으로는 성격을 같이 하는 것으로 보아야 할 것이다. 17세기 70년대에 동전을 法貨로 사용할 것을 제의 결정하게 된 중요한 동기가 당시에 통용되고 있던 칭량은화가 가지는 화폐기능의 한계성을 보완한다는 데 있었다.[129] 이러한 점을 미루어 볼 때, 그가 동전이 널리 유통보급된 상황 하에서 동전통용을 금지하고 또 다시 칭량은화를 사용하자고 한 것은 지극히 비현실적이요 과거복귀적인 주장이라 하지 않을 수 없을 것이다.

4. 화폐유통구조개선론 : 茶山의 화폐경제론 중심

1) 화폐경제론의 형성배경

茶山 丁若鏞은 1762년(영조 38)에 탄생하여 1836년(숙종 2)에 75세를 일

127) 元裕漢, 앞의 글, 1980b, 141~166쪽.
128) 元裕漢, 위의 글.
129) 元裕漢, 앞의 책, 1978, 18~25쪽.

기로 세상을 떠났다. 다산의 화폐경제론이 형성된 배경을 파악하기 위해서는 먼저 그가 생존한 18세기 60년대부터 19세기 30년대에 이르는 시기의 화폐정책과 유통경제 상에 나타난 특수성이 어떠한 것이었는가를 살펴 보아야 할 것이다.

앞에서도 지적한 일이 있듯이, 조선정부는 18세기 초부터 그 30년대 초에 이르는 시기에 화폐경제의 확대 발전으로 봉건 조선사회의 해체가 촉진된다 하여, 그 반동으로서 동전통용금지를 위한 일련의 조치를 취했던 것이다. 그러나 정부당국이 봉건사회의 전통질서에의 복귀 내지 그것의 현상유지를 위해 취한 화폐유통금지 시도는 조선사회의 근대를 향한 자체지향을 억제하는 것이 불가능했기 때문에 마침내 좌절되지 않을 수 없다. 따라서 17세기 30년대 초부터 화폐통용을 부정하던 종래와는 달리 동전통용을 전제로 하고 화폐정책 내지 화폐제도의 개혁과 유통계에 만연된 錢荒, 즉 통화량 부족현상을 해소함으로써 화폐유통구조의 개선을 모색하는 단계에 들어서게 되었다. 대체로 전황은 18세기 30년대 초부터 19세기 10년대에 이르는 시기를 一貫해서 나타나는 현상으로서, 전황의 해소 극복은 당시 정부당로자들에게 화폐유통구조의 개선을 위해 극복해야 할 중요한 당면 과제로 생각되었던 것이다.130) 당시의 당로자를 비롯한 각 계층은 전황이 화폐유통으로 촉진되는 봉건 조선사회질서의 해체과정을 가속화시킨다고 보았던 것인데, 전황의 원인으로서 대개 다음과 같은 점을 지적할 수 있을 것 같다.131) ① 정부당국은 화폐유통으로 봉건 조선사회질서의 해체가 촉진된다 하여 화폐통용 자체를 부정하려는 정책적 배려에서 화폐의 增發은 억제된 채로 동전은 계속 유통 보급됨으로써 전황은 조장되었다. ② 전황의 중요한 원인은 화폐원료의 공급난으로 말미암아 정부 당국은 화폐경제의 확대 보급과정에서 필요로 하는 화폐량을 충분히 주조 발행할 수 없다는 점에 있었다. ③ 당시 일반 유통계에서 통용기능의 일익을 담당하고 있던 칭량은화의 유통량 감소는 상대적으로 법화인 동전의 유통범위

130) 元裕漢, 「朝鮮後期 貨幣流通에 대한 一考察 - 錢荒問題를 中心으로」, 『韓國史研究』 7, 1972c, 131~150쪽 참조.

131) 元裕漢, 위의 글.

를 확대시켜 놓은 결과를 가져오게 되었고, 이로써 유통계에서의 전황은 더욱 조장되었다. ④ 중앙과 지방의 각 관청과 군영에서 다량의 화폐를 비축하고 富商大賈 등이 고리대업을 목적으로 화폐를 다량 退藏함으로써 국가에서 주조 발행한 상당량의 화폐가 일반 유통계에서 화폐기능을 발휘할 수 없게 되었다는 점에 전황의 중요한 원인이 있었던 것이다.

대체로 이상의 사실들이 직접 간접적 원인이 되어 일반 유통계에 만연된 전황의 영향은 당시 각 계층에서 심각한 사회경제적 모순 내지 폐단으로 느껴졌던 것으로 보인다. 右議政 洪致中(1667~1732)은 "지금 중앙과 지방의 民産이 이미 고갈되고 民力이 점차 궁해져서 거의 지탱 보존할 수 없게 된 것은 오로지 동전이 날로 귀해지기 때문이라"[132]고 하였다. 실학자 정상기(1678~1752)는 "근세에 이르러서 동전이 심히 귀해져서 상품이 심히 천하므로 農·商이 모두 곤궁하여 백성들은 그 피해를 감당할 수 없게 되었다"[133]고 하였다. 또한 농촌지식인 이일장은 농촌사회 현실을 체험적으로 잘 알고 있다면서 "食貨가 곤핍되고 民生이 곤췌하게 되는 근본적 원인은 동전의 가치가 踊貴하는 데 있다"[134]고 주장하였다.

이상과 같이 사회경제적 모순과 폐단을 조장하는 전황을 해소 극복하기 위해서, 정부당국은 가급적 다량의 화폐를 주조 발행하려 한다든지, 중앙과 지방의 각 관청과 각 군영이나 부상대고에게 퇴장된 화폐의 유출을 誘導한다든지, 다량의 화폐를 주조하는 데 필요한 화폐원료의 확보에 힘쓴다든지, 칭량은화를 동전과 倂用하거나 중국 동전을 염가로 수입 유통시킨다든지, 적은 화폐원료를 가지고 보다 다량의 유통가치를 조성할 수 있는 고액전을 주조 유통한다든지, 경제력이 있는 富民에게 화폐주조를 都給해줌으로써 다량의 화폐를 주조 발행하려는 등, 여러 가지 방안을 논의 시도하기에 이르렀다.[135] 다산은 그의 생애 전 시기를 일관해서 유통계에 만연된 전황을 경험했고, 또한 그러한 체험을 통해 얻은 지식은 자신의 화폐경제

132) 『承政院日記』 卷638, 英祖 3年 5月 4日.
133) 『農圃問答』, 祛弊瘼.
134) 『承政院日記』 卷633, 英祖 3年 閏3月 16日.
135) 元裕漢, 앞의 글, 1972c.

론 형성과정에 적지 않은 영향을 주게 되었으리라는 점을 충분히 짐작할 수 있을 것이다.

한편 다산은 그가 생존 활약한 시기에 화폐정책과 화폐제도 개혁이 거듭 논의 시도되고 있었던 사실들을 경험했던 것이다. 우선 정부당국은 17세기 70년대부터 동전이 법화로 통용되기 시작한 이후 不定期的으로 設行되고 있는 화폐주조사업의 週期的 설행 내지 상설화를 시도하였다. 이와 함께 종래까지 중앙과 지방관청 그리고 군영에서 설행되어 오던 화폐주조사업을 보다 집중적이고 능률적으로 수행할 수 있는 同事業 전문기관의 설치를 모색하였다.[136] 또한 당시 정부당국에서는 칭량은화를 동전과 함께 법화로서 사용한다든지, 각종 고액전을 주조하여 소액전과 병용한다든지, 중국 동전을 수입해서 법화로 통용하려 하는 등, 화폐제도의 개혁문제가 거듭 논의 시도되기에 이르렀다. 화폐제도 개혁문제와 동시에 화폐품질과 체재를 改良 改善할 필요성이 강조되었고, 이를 위해서는 화폐주조 기술의 精鍊, 화폐원료 채굴기술의 개양, 고액동전의 주조유통, 화폐주조 관리체계의 합리화 등에 대한 주장이 각 계층으로부터 제기되고, 또한 그것이 정부당국에 의해 시도되기도 하였다.[137] 다산은 이상과 같이 그가 생존 활약한 시기에 모색 시도되었던 화폐정책과 화폐제도 개혁에 관한 사실들도 경험했을 것이고, 여기서 얻은 지식은 그의 화폐경제론 형성과정에 직접 간접적으로 활용되었을 것으로 보인다.

다산은 자신의 화폐경제론을 구상 체계화하는 데 있어서, 당시 국내의 화폐정책과 유통경제를 경험해서 얻은 지식뿐만 아니라 기록을 통해서 중국고대의 화폐제도에 대한 역사적 사실과 국내의 역사적 사실에 대한 지식을 습득, 활용하였다.[138] 또한 다산은 당시 중국을 비롯한 동남아 諸國과 서양에서는 金 · 銀貨가 사용되고 있다는 소식을 傳聞하여 그의 화폐경

136) 元裕漢, 앞의 책, 1975, 65~71쪽 참조.

137) 元裕漢, 위의 책, 65~138쪽 참조.

138) 『丁茶山全書』 上, 「詩文集 · 文」 9, 錢幣議 ; 『丁茶山全書』 下, 「經世遺表」 2, 典圜署 ; 『丁茶山全書』 上, 「詩文集 · 文」 9, 問錢幣 ; 元裕漢, 앞의 글, 1971a, 31~57쪽.

제론 형성에 적극 활용했고, 선배 실학자인 성호의 화폐경제론의 영향을 받았다는 사실을 지적해 둔다.[139]

이상에서 다산의 화폐경제론이 형성된 배경을 개관하였다. 이러한 배경하에서 구상 체계화된 다산의 화폐경제론은 당시 국내의 화폐정책 및 화폐제도의 개혁과 전황의 해소 극복을 통해 화폐유통구조를 개선한다는 데 초점을 두고 있다. 이와 같은 내용을 골자로 하는 다산의 화폐경제론은 그의 시문집 중「錢幣議」·「問錢幣議」및『經世遺表』의「典圜署」條에 집중적으로 정리되어 있다. 다산이 이상 세 조항을 집필한 시기는 확실히 알 수 없다. 그러나 대체로「錢幣議」는 正祖初,「問錢幣」는 1790년(정조 14) 그리고「典圜署」條는 전라도 강진에서 귀양살이하는 동안에 각기 집필했을 것으로 짐작된다.[140]

다산과 대체로 같은 시기의 화폐정책과 유통경제를 경험하면서 자신의 화폐경제론을 구상 체계화한 실학자로서 燕岩 朴趾源(1737~1805)을 들 수 있을 것이다. 따라서 後論되겠지만 이들 선후배 실학자들의 화폐경제론의 내용은 본질적인 면에서는 성격을 같이 하는 것으로 볼 수 있을 것 같다.[141]

2) 화폐가치 인식

다산은 성호가 화폐통용을 부정적으로 평가한 것과는 달리, 화폐는 상품유통의 매개로서 나라의 큰 보배이며 국민생활에 꼭 필요한 것이라 하였다.[142] 즉 다산의 국가경제 면에 있어서 화폐의 가치 내지 그 기능을 중요시했던 것이다. 이러한 다산은 화폐가치관은, 그가 "대체로 동전통용이 편리하다는 사람은 많고 불편하다는 사람은 한 둘이다"[143]고 했듯이, 대다수

139) 元裕漢, 위의 글.
140) 주 138) 참조.
141) 元裕漢, 앞의 글, 1979a, 93~110쪽.
142)『丁茶山全書』上,「詩文集·文」9, 問錢幣.
143)『丁茶山全書』上,「詩文集·文」9, 錢幣議.

의 사람들이 화폐통용을 중요시하고 있는 시대를 배경으로 하여 형성되었던 것으로 보인다. 다산은 반계나 성호처럼 동전은 여러 가지 화폐 중에서 가장 理想的 형태의 화폐라고 생각하였다. 그 이유로서, 동전은 金銀・珠玉 등 희귀한 것과 布帛・菽粟 등 비천한 것을 절충하여 빈부 간에 가장 잘 통용될 수 있는 화폐라는 점을 들고 있다.[144] 동전을 가장 이상적 형태의 화폐로 본 것은 이들 선후배 실학자들뿐만 아니라, 당시 정부당로자를 비롯한 각 계층의 공통된 견해였던 것이다.

다산은 국가경제 면에서 그처럼 중요한 위치를 점하는 화폐, 즉 동전이 일찍부터 국내에서 통용되지 못한 이유를 다음과 같이 한반도 특유의 지형, 지리적 조건과 개혁을 꺼리는 전통적인 사회관습에서 찾고 있다.

> 그런데 일찍부터 화폐를 통용치 못하고 있었던 것은 비록 朴陋한 풍속이 변통할 줄 몰라서가 아니다. 지형이 삼면이 바다로 싸여 있으므로 水運이 편리하여 교역할 때 轉輸가 어렵지 않기 때문에 역대로 화폐를 사용하지 않았다.[145]

이러한 다산의 견해는 성호의 주장과 상통되는 점이 있다. 이것은 다산이 학문 내지 사상적으로 성호의 영향을 받았다는 사실을 입증하는 한 예가 될 것이다. 다산은 화폐의 중요성 내지 화폐통용의 필요성을 인정하였지만, 17세기 70년대부터 동전이 계속 유통됨으로써 확대 발전된 화폐경제의 영향을 다음과 같이 심각한 사회경제적 모순과 폐단으로서 지적 비판하였다.

> 錢幣(동전)를 통용한 지 이제 140여 년이 지났다. …… 수 천년 동안 膠滯되었던 풍속이 이제 이미 豁然히 소통되고 민생은 마땅히 부유하고 國用이 넉넉해졌어야 한다. 그런데 백년 이래 公私의 儲藏은 모두 고갈되고 남북의 재화는 불통하게 되었다. 조그만 일로 다투어 民俗은 날로 각박해

144) 『丁茶山全書』 上, 「詩文集・文」 9, 錢幣議.
145) 위와 같음.

지고 賄賂가 공공연히 행해지나 吏習은 貪汚를 뉘우치려 하지 않는다. 진실로 그 까닭을 찾고자 함에 그 허물은 錢幣에 있다.[146]

그러나 다산은 화폐경제의 영향을 모두 사회경제적 폐단으로 보려 하지만은 않았다. 그는 화폐통용의 득실을 여러 면으로 살펴본 뒤에 다음과 같이 화폐유통은 이로운 점과 해로운 점이 있다고 하였다. 즉 그는 화폐의 유통보급으로 轉輸가 더욱 편리해졌으나 허위와 거짓은 더 심해지고, 교역은 더욱 활발해졌으나 사치를 위한 비용은 불어났으며, 상공업의 이익은 많다지만 민생은 날로 초췌해졌듯이, 화폐통용은 이로움도 해로움도 있다고 하였다.[147] 이처럼 다산은 화폐통용이 百害無益하다 하여 그 자체를 부정했던 성호와는 달리, 화폐통용은 이해가 상반되는 것으로 생각했고, 그래서 그는 화폐통용을 전제로 하여 화폐제도 내지 화폐정책의 개선 개혁방안을 모색하게 되었던 것이다. 성호는 租稅의 화폐화과정에서 농민이 폐해를 입게 된다는 점을 이유로 들어서 화폐통용을 부정적으로 평가하였던 것이나 다산은 조세를 동전으로 징수하는 것이 편리하고 수취체제를 합리적으로 운용하는 데 유리하다 하여 조세의 화폐화가 필요하다고 하였다.[148] 여기서 화폐가치를 평가 인식함에 있어서 성호와 다산 사이에 나타나는 입장의 차이점을 단적으로 이해할 수 있을 것이다. 이들 선후배 실학자가 화폐가치를 서로 달리 평가 인식하게 된 것은, 그 이유가 상호간에 학문 내지 사상적 趨向이 달랐다는 점에 있었다기보다는 그들이 발붙이고 있는 社會現實性의 차이, 다시 말해서 그들 각자가 살고 체험한 화폐경제 발전단계 내지 사회경제 발전수준이 달랐다는 데 있었던 것으로 보아야 할 것이다.

3) 상설조폐기관 설치론

146) 『丁茶山全書』 上, 「詩文集 · 文」 9, 問錢幣.
147) 『丁茶山全書』 上, 「詩文集 · 文」 9 참조.
148) 洪以燮, 『丁若鏞의 政治經濟思想硏究』, 韓國硏究圖書館, 1959, 178쪽.

다산은 국가의 화폐주조 관리체계를 일원화하기 위해 상설조폐기관으로서 '典圜署'의 설치 운용론을 구상 제시하였다.

조선정부는 17세기 70년대부터 동전이 법화로서 계속 통용될 수 있게 되자, 수익성이 높은 화폐주조사업을 국가의 만성적인 財政難을 극복하는 임시적 방편으로 활용하였다. 즉 화폐주조사업은 국가의 응급한 재정을 조달하기 위해서 각 중앙관서나 각 군영 그리고 각 지방관청에서 빈번히 設行되었던 것이다. 또한 당시에는 민간인이 화폐를 私鑄하는 등 화폐의 불법 주조행위가 성행되기도 하였다. 그러나 조선정부는 동전의 유통기반이 설정됨에 따라서 17세기 90년대에 이르러서는 화폐주조사업을 戶曹와 常平廳에서 專管할 것을 결정하는 등, 同事業 관리체계의 일원화를 모색하게 되었다.[149]

봉건 조선왕조는 전통적으로 '貨權在上' 또는 '利權在上'이란 낱말들에서 단적으로 엿볼 수 있듯이, 국가재정에 대한 一切의 지배권을 중앙정부, 즉 국왕에게 귀속시키는 것을 원칙으로 삼아왔다. 이러한 전통적인 국가재정 관리원칙에 충실하는 한편 중요한 利權인 화폐주조사업을 집중적으로 관리통제하기 위해서 정부당국은 1693년(숙종 19)에 앞에서 지적했듯이 同事業 관리의 중앙집중화 내지 그 관리체계의 일원화를 시도하게 되었던 것이다.[150] 이와 같은 시도는 동전이 법화로서 公私流通界에서 계속 통용될 수 있다는 확신을 가지게 되자, 화폐를 유통보급시키는 데 역점을 두었던 종래의 화폐정책을 보다 높은 단계로 밀고 나가기 위해 취해진 조치로 보인다.

조선정부는 1750년(영조 26)에도 본질적으로는 위에서와 같은 동기에서 '鑄錢廳'을 설치하여 화폐주조사업을 전관케 함으로써 同事業 관리체계의 일원화를 시도하였다.[151] 그러나 조선정부가 화폐주조사업 관리체계의 일원화를 위해 취한 일련의 조치는 특정기관에서 단시일 내에 多量의 화폐를 주조 발행치 않을 수 없는 경우에 뒤따르는 다음과 같은 직접 간접적인

149) 元裕漢, 앞의 책, 1975, 65~71쪽.
150) 『備邊司謄錄』 卷47, 肅宗 19年 7月 14日 ; 元裕漢, 위의 책 참조.
151) 『備邊司謄錄』 卷121, 英祖 26年 5月 24日.

이유로 한갖 시도적인 것에 그치고 말았다. 즉 화폐주조 시설이 불충분하다는 것, 다수의 주조기술자 동원이 불가능했다는 것, 화폐원료를 중앙으로 운반해 오고 주조된 동전을 지방으로 운송하는 데 따르는 애로가 적지 않았다는 이유로 중앙과 지방관청 그리고 군영에 화폐주조사업을 분산해서 設行시키게 되었던 것이다. 이처럼 시행착오를 거듭한 화폐주조사업 관리체계의 일원화 시도는 비교적 조선왕조의 전통적 정치이념의 구현에 충실했던 正祖朝, 즉 1785년(정조 9)에 이르러서 마침내 실현될 수 있었다.[152] 이로써 국가의 화폐주조사업은 戶曹가 專管하게 되었고, 호조는 1806년(순조 6)에 이르기까지 계속 同사업을 전관하게 되었다.[153] 그러니까 다산이 전라도 강진에서 5년여의 유배생활을 하는 동안까지는 화폐주조사업 관리체계의 일원화가 추구 또는 실현되고 있던 시기에 관료나 유배 죄인의 입장에서 겪은 체험과 습득한 지식을 토대로 하여 화폐주조 관리체계의 일원화 방안으로서 상설주조기관의 설치 운용론을 구상 제시했던 것인데, 이것은 바로 다산이 강진 유배 중에 저술한 『經世遺表』에 제시한 '典圜署'의 설치 운용론인 것이다.

다산이 典圜署의 설치 운용을 주장하게 된 동기는 화폐주조기술을 精銳化하여 화폐품질의 粗惡化와 그 체재의 薄小化 내지 不統一로 말미암은 모순과 폐단을 극복 배제함으로써 화폐정책을 보다 합리화하고 화폐유통을 원활케 하려는 데 있었던 것이다. 우선 다산이 구상 제시한 典圜署의 직제를 보면, 提調에 卿 1명, 主簿에 中士 2명, 奉士에 下士 2명, 胥吏 2명, 皂隷 8명으로 하되, 大夫는 三營의 將臣, 郎官은 三營의 將官으로 하는 것이었다. 또한 다산은 典圜署를 都通營·左衛營·右衛營 등 三營에서 3년간씩 돌아가면서 관리 운용하는 방안을 제시하였다. 그리고 典圜署에서 화폐만을 주조하게 될 경우에 화폐주조사업은 5년 또는 10년 만에 한번씩 설행되는 일로써 그때마다 화폐주조 기술자를 모집하는 것도 불편하거니와 典圜署를 5년이나 10년마다 置弊하는 것 역시 불합리하다는 점을 지적

152)『正祖實錄』卷20, 正祖 9年 7月 丁巳.
153) 元裕漢, 앞의 책, 1975, 65~71쪽.

하였다. 이러한 문제점을 해소 극복하기 위해 다산은 典圜署에서 화폐주조사업을 설행하는 데 그치지 말고 軍器나 樂器의 제조사업도 관장해야 한다고 하였다. 이로써 화폐주조 기술자는 안정된 생업에 종사하게 되는 동시에 그들의 기술도 정련될 수 있다는 것이었다. 이상과 같이 다산이 구상 제시한 典圜署의 직제나 관리운용방안은 당시의 정부당로자나 실학자 등 그 어느 계층인에 의해서도 제시된 일이 없는 다산 특유의 것인 동시에 합리성을 띤 것이라 할 수 있다.[154]

다산이 상설조폐기관인 典圜署를 三軍營으로 하여금 관리 운용할 것을 제의하게 된 동기는 각 군영에는 군기제조를 위한 기술자가 소속되어 있기 때문에 화폐주조에 使役된 기술자를 동원하는 것이 비교적 용이했으리라는 점에 있지 않았는가 생각된다. 다산도 지적했듯이 국가의 화폐주조사업은 부정기적으로 設行되고 있었기 때문에 화폐 주조기술자를 常備하기가 어려웠다. 군영이 아닌 중앙관서나 지방관청에서 화폐를 주조할 경우는 대체로 각 군영이나 各司에 소속된 기술자를 징발 사역하는 번거로움을 겪어야 했다. 따라서 기술자가 상비되었거나, 또는 기술자의 동원이 비교적 쉬운 각 군영에서 화폐를 주조하는 경우가 적지 않았다. 다산은 군영에서 화폐를 주조할 경우에는 군영 특유의 조직력과 엄격한 군율로써 화폐주조공정에서 나타나는 여러 가지 폐단을 보다 효과적으로 방지할 수 있다는 점에서 三軍營으로 하여금 典圜署의 관리 운용을 담당케 할 것을 주장했을 것으로 짐작된다. 정부당국이 화폐주조사업을 設行할 때, 그 화폐주조공정을 철저하고 엄격하게 관리 감독하지 않으면 화폐가 惡鑄 濫發될 염려가 있고, 심지어 화폐의 불법주조행위인 盜鑄錢이 행해지는 폐단까지 일어났다. 그리하여 호조를 비롯한 각 관청에서 화폐를 주조할 경우에는 捕盜廳의 군관을 파견하여 화폐주조공정을 철저히 감시 감독케 했으나, 이상에 말한 모순과 폐단은 계속 일어나고 있는 실정이었다.[155] 이러한 당시의 실정을 미루어 볼 때, 다산이 三軍營으로 하여금 典圜署의 관리 운용을

154) 『丁茶山全書』 下, 「經世遺表」 2, 典圜署 ; 元裕漢, 앞의 글, 1971a 참조.
155) 元裕漢, 「18世紀에 있어서의 貨幣政策 - 銅錢의 鑄造事業을 中心으로」, 『史學研究』 19, 1967, 49~88쪽.

담당케 하자고 한 그의 주장은 실제적이고 합리적 가치판단에서 이루어진 것이라 할 수 있겠다. 더구나 典圜署에서 화폐를 주조하지 않는 기간에는 軍器와 樂器를 주조케 함으로써 종래에 화폐주조사업에 사역할 기술자를 상비시키지 못해서 일어난 여러 가지 어려운 문제를 극복하는 동시에 화폐주조기술의 정예화를 꾀하고, 또한 典圜署를 상설조폐기관으로 유지시키려 한 것은 실제성이 크고 합리적인 생각이었다고 평가할 수 있을 것 같다.

다산은 국가의 화폐주조 관리체계 일원화를 실현키 위해 典圜署를 설치 운용할 필요성이 있다고 주장하면서도, 그와 같은 주장의 당위성을 '貨權在上'과 같은 전통적 정치이념이나 명분에서 찾기보다는 화폐의 품질과 체재를 개량 개선한다든지 화폐정책을 합리화하고 화폐유통을 원활히 해야 한다고 하는 등 실제적 문제점에서 찾으려 했던 것으로 보인다. 이런 점을 통해 다산은 당시 현실사회의 개혁문제를 생각하고, 그에 대한 가치를 평가할 때에는 전통적 가치나 명분론에 지나치게 집착하지 않고 자신이 발붙인 당시 사회의 변화, 발전을 銳意注視하여 실제적이고 합리적으로 대응하고 있었다는 그의 진보적 개혁사상의 일면을 엿볼 수 있겠다.

4) 화폐제개혁론

다산은 앞에서 지적했듯이 상설조폐기관으로서 典圜署를 설치 운용하여 국가의 화폐주조 관리체계를 일원화함으로써 화폐품질과 체재를 개량 개선하는 한편 화폐제의 개혁을 통해 화폐정책을 합리화하고 화폐유통을 원활케 하려는 데 그의 화폐경제론의 핵심을 두었던 것이다. 그는 원칙론적으로는 동전을 가장 이상적 형태의 화폐로 생각했던 것이나 후론되겠지만 당시의 제반 사회경제적 여건으로 보아서 화폐제 개혁 없이는 화폐정책의 합리화 내지 화폐유통의 원활화는 기대할 수 없다고 생각했던 것 같다. 그래서 그는 고액동전은 물론 고·소액 金銀貨를 주조 유통하는 것을 골자로 하는 화폐제개혁론을 구상 제시하였다.

(1) 고액전 통용론

조선정부는 18세기 30년대부터 화폐통용을 비판 내지 부정한 화폐통용에 대한 反動期에 있어서와는 달리, 동전통용을 전제하고 여러 가지 측면에서 화폐제 개혁이 모색되었다. 고액전의 주조유통 문제는 화폐제 개혁방안의 하나로서 18세기 30년대부터 정부당로자나 실학자들에 의해 거듭 제기 논의되었다.[156] 다산이 관계에 나가 있는 20년이 채 못되는 동안에 실학자 박지원의 경우를 제외하고도 대 · 소관료들은 다섯 차례에 걸쳐 각종 고액전의 주조 통용을 제의하였다.[157] 이처럼 고액전을 주조 유통시키자는 논의가 거듭 일어나고 있던 正祖朝에 관료생활을 한 다산 역시 그의 화폐경제론 중에서 고액전의 주조유통론을 구상 제시해 놓고 있다. 그가 화폐제 개혁방안의 하나로서 고액전의 주조유통론을 제의하게 된 동기로서 대개 다음과 같은 점을 들 수 있을 것이다.[158] ① 다산은 화폐품질이 粗惡해지고 그 체재가 薄小해지는 폐단을 막고 화폐품질과 체재를 개량 개선하여 화폐의 보존성과 공신성을 강화함으로써 화폐유통을 원활케 하기 위해 고액전의 주조유통을 주장하였다. ② 그는 고액전을 주조하면 같은 수량의 원료를 가지고 소액전을 주조하는 경우보다 다량의 유통가치를 조성할 수 있고, 또한 고액전을 주조하면 화폐주조경비가 절감되기 때문에 보다 많은 화폐주조사업의 이윤을 취할 수 있다는 데서 고액전의 주조유통을 제의하게 되었던 것으로 보인다. ③ 다산은 원거리교역 발달의 필요성이 강조되는 등, 국내외로의 商圈 확대가 절실히 요구되는 당시의 시대적 요청에 부응해서 소액전보다 운반이 편리한 고액전의 주조유통을 제의했던 것 같다. ④ 다산이 고액전을 사용하게 되면 流行(通)과 計算에 편리하다고 한 것을 보면, 그의 고액전 주조유통론은, 화폐경제의 확대 보급으로 상품교환경제의 발달과 국가수입지출의 화폐화가 촉진되고 있는 상황 하에서 소액전보다 상품거래나 국가수입지출에 편리한 고액화폐의 운용을 필요로 하

---

156) 元裕漢, 앞의 글, 1971b.

157) 위와 같음.

158) 『丁茶山全書』 下, 「經世遺表」 2, 典圜署 ; 元裕漢, 앞의 글, 1971a ; 元裕漢, 위의 글 참조.

는 시대를 배경으로 하고 구상 제시되었던 것으로 짐작된다. ⑤ 다산은 기록을 통해 고·소액전을 주조유통한 중국 고대의 周나라 화폐제도를 고찰하고, 또한 고·소액전이 원활히 통용되는 당시 중국과 동남아 일부 국가의 화폐유통 실정을 傳聞하여 자기 나름의 高額錢鑄造流通論을 구상 제시하였다. ⑥ 다산은 유통계에 나타난 만성적인 통화량 부족현상, 즉 錢荒을 해소하고 화폐유통을 원활케 하여 전황으로 말미암은 사회경제적 모순과 폐단을 극복하기 위한 방안의 하나로서 고액전의 주조유통을 제의하게 되었으리라고 짐작된다.

다산은 이상에 열거한 몇 가지 사실을 직접 간접적인 동기로 하여 고액전을 주조 유통시킬 것을 주장하게 되었던 것이다. 즉 그는 '當十錢'과 '當百錢' 등의 고액전을 주조하여 종래부터 사용되고 있는 소액전인 1文錢과 병용할 것을 주장하였던 것이다. 다산은 비단 동전에 한해서만 고액전을 주조 유통하자는 것이 아니고, 후론되겠지만 金·銀貨도 역시 동전의 경우처럼 고·소액전을 주조 유통시킬 것을 제의하였다.[159] 다산이 제시한 고액전 주조유통론은 조선후기에 있어서 各階人에 의해 제기 논의된 어떤 것보다도 논리적이고 체계적으로 전개되어 있어서 설득력이 큰 것이었다고 할 수 있겠다. 그의 고액전 주조유통론의 내용과 성격은 그것이 당시 사회에 수용될 수 있는 것인가의 여부에 가치기준을 두고 평가할 때 비현실적인 것이었으나, 그것은 과거복귀적인 것이 아니고 미래지향적 내지 진보적인 것이었다고 볼 수 있을 것이다.

다산이 구상 제시한 고액전 주조유통론의 비현실적 성격, 다시 말해서 당시 봉건 조선사회가 가지는 고액전 受容의 한계성으로서는 대개 다음과 같은 점을 들 수 있을 것 같다.[160] ① 전통적으로 개혁을 꺼리는 봉건 조선사회의 보수적 가치관념은 실질적으로 파격적인 화폐제 개혁을 의미하는 고액전 주조유통론의 실현을 저해하는 요인이 되었을 것이다. ② 화폐가치를 그것의 실용성에서 찾는 전근대적 화폐가치관이 완전 拂拭되지 못한

159) 위와 같음.
160) 元裕漢, 앞의 글, 1971b.

당시의 사회경제적 미숙성은 실용가치와 명목가치와의 격차가 큰 고액전 통용을 저해하는 요인이 되었을 것이다. ③ 고액전은 소액전보다 退藏이 용이하기 때문에 고액전을 주조 유통하게 되면 富商大賈 등의 화폐퇴장행위가 조장되어 여러 가지 사회경제적 모순과 폐단을 불러일으키는 전황, 즉 통화량 부족현상을 한층 더 심화시키게 되리라고 생각했던 것 같다. ④ 고액전을 주조하면 소액전보다 훨씬 많은 유통가치를 조성할 수 있기 때문에 私鑄 또는 盜鑄 등 화폐의 불법주조행위가 성행하여 화폐정책 내지 화폐유통질서의 혼란을 초래하게 된다고 보았던 것 같다.

⑵ 금 · 은전통용론

다산은 앞에서 지적했듯이 화폐제 개혁으로서 고액동전을 주조하여 종래부터 사용되는 소액동전과 併用하는 방안을 구상 제시하였다. 그는 고액동전의 주조유통론과 함께 금 · 은전을 주조 유통하되, 각기 고 · 소액전을 주조하여 동전과 함께 법화로 통용할 것을 주장하였다. 먼저 다산이 금 · 은전 주조유통론을 구상 제시한 직접 간접적 동기를 살펴보면 대개 다음과 같은 것으로 생각된다.[161] ① 다산은 당시 유일한 법화로서 사용되고 있는 동전은 유통 보급시키는 데는 편리하지만, 재화 비축수단으로서는 불편하다 하였다. 따라서 그는 성호의 금 · 은전의 통용에 대한 주장에서도 엿볼 수 있었듯이 貴金屬인 금 · 은이 가지는 재화 비축기능을 중요시하여 금 · 은전의 주조유통을 제의하게 되었으리라고 짐작된다. ② 다산은 마땅히 금 · 은으로써 주화를 만들어서 각기 제 값대로 사용케 하면 大商과 遠距離商人이 반드시 금 · 은전을 다투어 취할 것이니, 이는 금 · 은전이 운반하기 어렵지 않기 때문이라고 하였다. 이러한 다산의 견해를 미루어 그가 금 · 은전 주조유통론을 제의하게 된 동기의 하나가 금 · 은전을 사용하면 가치이전이 輕便해진다는 데 있었음을 짐작할 수 있다. 이로써 다산의 금 · 은전 통용론은 그의 고액전 주조유통론에서도 엿볼 수 있었듯이 국내

161) 『丁茶山全書』 下, 「經世遺表」 2, 典圜署 ; 元裕漢, 앞의 글, 1971a ; 元裕漢, 앞의 글, 1971b ; 元裕漢, 앞의 글, 1980b 참조.

상업은 물론 국제무역의 발달, 증진을 필요로 하는 시대적 요청에 부응해서 구상 제시된 것이었다고 볼 수 있을 것이다. ③ 다산은 금·은·동전을 각기 대·중·소錢으로 주조하여 모두 아홉 종류의 화폐를 사용하는 것은 중국 고대 周나라의 화폐제도인 '九府圜法'의 정신과 일치하는 것이라 하였다. 이로써 다산은 周대의 화폐제도를 이상적인 것으로 생각했고 그 화폐제도에서 금·은전 주조유통론이 發想되었다는 점을 짐작할 수 있다. ④ 다산은 그의 고액전 주조유통론이 그러했듯이 당시 중국의 각 지방과 琉球·安南·呂宋 등 동남아 諸國에서 금·은전을 사용한다는 사실과 서양에서도 은전을 사용한다는 사실을 傳聞했고, 이것이 금·은전 주조유통을 주장하게 된 한 동기가 되었던 것이다. ⑤ 다산은 성호·연암 등 실학자나 일부 정부당로자들이 그러했듯이, 다량의 금·은을 가지고 가서 비단과 같은 소비·사치품을 수입해오는 對淸貿易에서 초래되는 국가의 막대한 경제적 손실을 막기 위해서 국내에서 금·은전을 주조하여 동전과 함께 법화로 사용할 것을 주장하게 되었다. 여기서 실학자들의 화폐경제론 내지 경제사상에 내재된 민족의식을 엿볼 수 있다. ⑥ 다산은 그의 생애 거의 전반에 걸쳐서 유통계에 나타난 전황을 해소 극복하기 위한 하나의 방법으로서 금·은전의 주조유통을 제의하게 된 동기가 있었던 것으로 보인다. 이 점은 당시의 일부 정부당로자나 연암 같은 실학자도 전황 극복방안의 하나로서 은화의 주조유통을 제의했던 사실을 미루어 그 개연성을 인정할 수 있을 것이다.

다산은 이상에서 열거한 몇 가지 사실들을 직접 간접적 동기로 해서 고액전 주조유통론과 함께 대개 다음과 같은 금·은전 통용론을 제시하였다. 즉 그는 동전을 '當一錢'·'當十錢'·'當百錢' 등 액면가치를 달리하는 세 종류의 고·소액전을 주조 유통하자고 했듯이, 금전과 은전의 경우에 있어서도 각기 대·중·소전을 주조하여 모두 아홉 종류의 금·은·동전을 법화로서 주조 유통하자는 것이었다. 그리고 금·은전에 錢文을 새기고, 금·은·동전의 比價는 금전 1에 은전 50, 은전 1에 동전 50, 금전 1에 동전 2,500으로 결정, 유통시킬 것을 제의하였다.[162]

이상과 같이 다산이 화폐제 개혁방안의 하나로서 제시한 금·은전 주조 유통론에는 다음과 같은 두 가지 주목할 의식형태가 내재되어 있는 것이다.[163] ① 금·은·동전을 법화로 주조 유통하는 것을 골자로 한 다산의 화폐제개혁론에서는 농도 짙은 근대지향의식을 찾아볼 수 있다. 주화를 주조 유통할 것을 제의한 점과, 각 주화의 체재·품질을 규격화하고 각 주화간의 通用比價를 명확히 규정해 놓은 것은 근대 금·은본위 화폐제를 연상하게 되기 때문이다. ② 다산의 금·은전 주조유통론에는 근대지향의식과 함께 민족주의지향의식이 농도 짙게 나타나 있음을 엿볼 수 있다. 그는 生産財요 資本財인 금·은을 가지고 가서 비단과 같은 소비·사치성 상품을 수입해오는 대청무역에서 초래되는 민족경제의 손실을 막으려는 데, 그가 금·은전의 주조 유통을 주장한 중요한 동기가 있었기 때문이다. 후론되겠지만, 이상 성호·연암·다산 등 실학자들의 화폐제개혁론에 내재된 농도 짙은 두 가지 의식형태는 뒷날 개화사상 내지 근대화의식에 계승되어 주체적인 민족사 발전과 근대화 운동의 基底意識으로서 중요한 역사적 기능을 담당하게 되었던 것이다.

5. 화폐경제론의 위치

이상에서 그들의 生存時期가 대체로 조선후기를 포괄하는 반계·성호·다산 등 대표적 실학자들의 화폐경제론을 그들 각자와 같은 시기에 생존 활약한 다른 실학자나 정부당로자들의 화폐경제론과 비교 고찰하였다. 이상 선후배 실학자들의 화폐경제론에 대한 고찰을 통해 밝혀진 사실을 간단히 요약하면서, 그들이 구상 제시한 화폐경제론의 위치를 평가, 인식하려 한다.

반계는 1622년(광해군 14)에 태어나서 1673년(현종 14)에 他界하였다. 그는 17세기 중엽의 화폐정책과 화폐의 통용을 필요로 하는 유통경제발전

---

162) 위와 같음.
163) 元裕漢, 앞의 글, 1971a.

상을 경험하였다. 또한 기록을 통해 고려조와 중국을 비롯한 그 주변 諸國의 화폐문제에 관한 역사적 사실을 분석 고찰하였다. 그리고 서양에 있어서의 화폐유통에 관한 단편적 소식을 전해 들을 수도 있었다. 반계는 이상과 같이 화폐유통에 대한 見聞과 體驗, 또한 역사적 고찰을 통해서 동전을 유일한 법화로 통용할 것을 골자로 한 화폐경제론을 구상 제시하였다.

반계는 그의 화폐경제론에서, 화폐는 국가재정과 국민경제를 증진함에 있어서 중요한 역할을 담당하는 것이라 하여, 화폐의 가치 내지 그 기능을 높이 평가하였다. 그래서 그는 화폐를 백성이 먹고 사는 糧食과 함께 民生의 근본이 되는 것이라 하여, 『隨錄』에서는 화폐경제론을 양식을 생산하는 토지, 즉 그가 '天下大本'이라 했던 토지문제의 다음에 서술해 놓고 있다.

반계는 국가경제가 발전하는 데 있어서 중요한 역할을 담당하는 화폐는 당시의 국내 제반 사회경제적 여건 하에서 충분히 통용될 수 있다고 확신하였다. 그는 당시 국내의 생산양식과 각 계층 생활관습이 일찍부터 화폐가 유통되는 중국 등 다른 나라와 다를 것이 없다고 했다. 또한 국가의 화폐정책이 중단된 것과는 관계없이 17세기 50년대에 開城을 중심한 인근 지방과 평안도 일부 지방에서 동전이 통용되고, 유통계 일부 면에서는 실용성이 전혀 없는 麤布가 계속 통화기능을 발휘한다는 사실을 見聞 體驗하였다. 그리고 반계는 표류되어 온 서양인을 통해 서양에서는 은전이 사용된다는 소식을 전해 들었던 것이다. 그는 이상의 견문과 체험을 통해 얻은 지식을 토대로 하여 국내에서도 화폐, 즉 동전이 법화로 통용될 수 있다는 확신을 가지게 되었던 것 같다.

반계는 당시 국내의 제반 사회경제적 여건으로 보아서 화폐의 통용이 가능할 것임에도 불구하고 그것이 유통 보급되지 못하고 있는 것을 큰 제도적 결함이라고 지적 비판하였다. 그는 국내에서 화폐가 통용되고 있지 못한 이유를 정부당로자들의 無定見과 화폐정책의 矛盾性, 그리고 同정책 운용의 불합리성에서 찾고 있다. 그래서 반계는 그의 화폐경제론에 그가 가장 합리적이며 이상적이라고 생각하는 화폐주조 관리방안과 화폐통용 보급방법을 제시하였다.

반계는 그의 화폐경제론을 구상 체계화하는 과정에서 중국 역대왕조의 화폐정책과 당시의 정치당로자나 개혁사상가들의 화폐론을 주로 참고 인용하였다. 이로 인해 그의 화폐경제론에는 중국에 비해 화폐경제발전이 뒤진 국내의 현실에 적합하지 않은 비실제적이며 理想論的인 요소가 다분히 내포되어 있다. 또한 반계는 그의 화폐경제론 중에서 주로 원칙론적이고 일반론적 입장에 서서 자신의 주장과 논리를 전개하고 있는 것 같다. 이 점도 반계의 화폐경제론의 비실제적 성격을 심화시키는 요인이 되었던 것으로 보인다. 반계의 화폐경제론에서 엿보이는 이상과 같은 원칙론적이고 비실제적 성격은, 17세기 50년대의 화폐정책을 주관한 金堉의 화폐경제론과는 대조되는 것으로서, 두 사람 사이의 이러한 차이점은 정부당로자와 局外者라는 입장의 차이에서 오는 것으로 보아야 할 것 같다.[164] 그리고 반계는 화폐경제가 확대 보급됨으로써 성호시대에 충격적 사실로 제기된 문제, 즉 봉건 조선사회의 전통적 생산양식과 가치체계의 변질이 촉진되리라는 점을 전망하지 못했고, 그래서 그의 화폐경제론에 그것에 대응할 방안을 제시하지 못했던 것이다. 이로써 실학자 반계가 미래를 전망하는 데 있어서 극복하지 못한 豫視力의 한계성 같은 것을 느끼게 된다. 한편 반계는 당시 국내의 제반 사회경제적 여건이 중국과 다를 것이 없기 때문에 화폐가 통용될 수 있다고 보았던 것인데, 이것은 그가 국내의 실정을 중국의 그것과 비교 평가함에 있어서 객관적이고 실증적 입장을 취할 수 없었다는 점을 의미하는 것으로 생각된다. 일찍부터 화폐경제가 발달한 중국사회의 화폐수용력과 중국 內에 있어서의 그것을 동일 수준으로 보기는 어렵다고 생각되기 때문이다.

그러나 반계가 화폐의 경제적 가치를 높이 평가하고 화폐유통의 필요성을 강조한 것은 그 당시의 시대적 요청에 부응하는 합리적이고 또한 실제성이 큰 견해요 주장이었다고 할 수 있을 것이다. 특히 반계가 당시 국내의 화폐정책과 유통경제발전상을 실제로 견문 체험하여 구상 제시한 화폐유통보급방법론은 실제적이며, 동시에 합리성이 큰 것이었다고 생각된다.

---

164) 元裕漢, 앞의 글, 1980a.

이상과 같이 반계가 화폐가치를 중요시하고 화폐유통의 필요성을 적극 주장하는 입장에서 구상 제시한 화폐경제론, 즉 화폐유통보급론을 골자로 한 그의 화폐경제론은 조선후기 정부당로자들의 관심 대상이 되어 화폐정책의 입안과 시행 면에 긍정적 영향을 주었다. 또한 반계의 화폐정책론은 한국 역사상 최초로 가장 포괄적이며 체계적으로 구상 제시된 화폐정책론으로서의 의미가 크다 할 수 있을 것이다.

한편 반계의 화폐경제론에는 서양의 화폐유통에 관한 지식이 활용되고 있다는 사실에 주목해야 할 것이다. 이것은 반계가 한국 역사상 최초로 서양의 화폐유통에 관한 지식을 그의 화폐경제론 구상 체계화과정에서 인용했다는 점에서도 의미가 크다 하겠지만, 『隨錄』에는 서양에 관한 기록이 조금도 없다고 한다든지, 그래서 반계는 서양문화와는 아무런 관련이 없다는 종래의 잘못된 견해를 反證할 근거가 된다는 점에서도 충분히 주목할 가치가 있다고 본다.[165] 그리고 반계의 화폐유통에 대한 관심은 화폐유통 보급방법으로서 常設店鋪의 설치 운용을 비롯한 상업진흥론으로까지 발전되었다는 사실을 지적하고 넘어 가려 한다.[166]

성호는 반계가 타계한 뒤 8년 만인 1681년(숙종 7)에 출생, 다산이 두 살 되는 해인 1763년(영조 39)에 죽었다. 성호는 17세기 70년대말 조선정부가 동전을 법화로 채택, 통용한 이래로 확대보급된 화폐경제의 발전상과 화폐경제발달로 촉진된 봉건 조선사회의 전통적 생산양식과 가치체계의 변질상을 경험하였다. 또한 그는 기록을 통해서 중국 고대로부터 唐·宋代에 이르는 시기의 화폐문제와 고려조와 조선시대의 화폐유통에 관계되는 역사적 사실을 분석 고찰하였다. 이처럼 성호는 그가 생존 활약한 시기의 화폐경제발전상을 체험하고 기록을 통해 국내외의 화폐문제에 관계되는 역사적 사실을 고찰하여 자기 나름의 화폐경제론을 구상 제시하였다. 실학자 정상기(1678~1752)·유수원(1694~1776), 영조(1694~1776), 또는 농촌지식인 이일장의 화폐경제론도 대체로 성호의 그것과 형성배경을 같이 하고

165) 元裕漢, 「磻溪와 西洋人과의 對話」, 『화폐계』 7-8, 1979b, 34~45쪽.
166) 元裕漢, 「磻溪 柳馨遠의 商業觀」, 『화폐계』 7-10, 1979c, 18~20쪽.

있는 것이다.

성호는 상품교환매개로서 화폐, 즉 동전의 통용이 필요하다고 하였다. 이처럼 그는 선배학자 반계처럼 화폐의 가치 내지 그 기능을 원칙론적으로는 인정하고 있으면서도, 우리나라는 중국과 달리 지역이 협소한 데다가 海路와 水路交通이 편리하여 재화운반이 어렵지 않기 때문에 輕貨로서 화폐의 통용이 필요치 않다고 하였다. 뿐만 아니라, 성호는 화폐경제의 확대보급으로 봉건 조선사회의 전통적 생산양식과 가치체계의 변질이 촉진된다고 보았고, 이러한 화폐경제의 영향을 심각한 사회경제적 모순과 폐단으로 보았던 것이다. 즉 성호는 화폐경제가 확대보급됨에 따라서 상업발달과 농민의 토지이탈, 고리대업의 성행과 농민몰락 내지 농촌사회의 분화, 도적의 횡행과 사회불안, 관리의 농민수탈과 농민의 궁핍화, 소비 · 사치성향과 민풍의 변화, 사회 財富의 偏重現狀 등이 조장된다고 보았다. 이상 화폐경제발달로 촉진된 봉건 조선사회질서의 해체현상은 국가경제기반을 농업에 두고, 백성을 부유하게 하는 방법이 務農 · 尙儉 · 禁奪에 있다고 생각하며, 民本的이고 均産主義的 정치이념의 소유자인 성호의 보수적 가치관에서 볼 때, 화폐통용은 '百害無益'한 것으로 판단되었던 것 같다. 성호처럼 동전의 통용을 비판 내지 부정적으로 평가하는 태도는 정도의 차이가 있을 뿐 영조 · 정상기 · 이일장 등의 화폐경제론에서도 찾아 볼 수 있다.

따라서 성호는 당시 국가의 유일한 법화로서 公私流通界에 널리 유통보급되고 있던 동전의 통용을 금지하고, 종래의 물품화폐 통용체제로 복귀할 것을 적극 주장하기에 이르렀다. 그는 동전통용 금지방법으로서 租稅의 화폐화를 억제하는 등 화폐 통용범위를 제한하고, 운반하고 사용하는 데 불편한 무거운 高額大錢을 주조유통하여 輕貨로서의 화폐의 기능을 둔화시킬 것을 제의하였다. 한편 성호는 명목화폐인 동전의 통용금지에 대응해서 우선 米 · 布를 사용할 것을 주장하는 등 종래의 물품화폐 유통체제로 복귀하는 방안을 제시하였다. 성호는 동전통용 금지 후 米 · 布를 사용해도 폐단이 생길 경우에는, 물품화폐로서의 속성이 강한 絹布貨나 또는 秤量

銀貨를 통용하는 방안을 제시하였다. 그가 칭량은화의 통용을 제의하게 된 동기 중에는 민족적 자각이랄까 민족의식이 농도 짙게 깔려 있는데, 이것은 반계의 화폐경제론에서는 찾아볼 수 없는 의식형태로서 주목할 만한 것이다.

이상 성호의 화폐경제론에서 살펴보았듯이, 그가 명목화폐인 동전의 통용을 금지하고 종래의 물품화폐 유통체제로 복귀하자고 한 것은 사회경제 발전에 역행하는 발상이요 주장이라 할 수 있다. 따라서 이상의 내용을 골자로 하는 성호의 화폐경제론은 봉건 조선사회의 근대를 향한 自體志向에 역행하는 과거복귀적인 것이었기 때문에, 반계의 경우에 있어서와는 달리 조선후기의 화폐정책운용 내지 화폐경제발전에 별 영향을 줄 수 없게 되었던 것 같다.167) 그 이유는 성호 이후의 시기에 있어서는 화폐유통을 전제로 하고 국가의 화폐정책 내지 화폐제도의 개선 개혁이 모색되고, 또한 화폐경제는 계속 확대 발전되는 상황 하에서 화폐통용을 부정하는 그의 화폐경제론이 별로 참고 활용될 가치가 없었기 때문이다. 반계가 화폐통용을 적극 주장하면서도 그의 화폐경제론에서, 화폐경제의 발달로 星湖時代에 나타날 충격적인 사회변화에 대응할 방안을 제시하고 있지 못했듯이, 성호도 그의 화폐경제론에, 동전통용금지를 강력히 주장했을 뿐 화폐경제가 계속 확대 발전된 다산의 시대에 대응할 하등의 조치도 고려해 놓지 못하였다. 이로써 반계의 경우에서도 그렇게 생각하였듯이, 성호의 화폐경제론에서도 당면한 현실상황에 집착하여 미래의 역사발전을 전망하는 데 있어서 그가 가지는 예시력의 한계성을 느끼게 된다. 그러나 성호의 화폐경제론에는 앞에서도 지적했듯이 그의 역사의식 내지 문화의식에서 엿볼 수 있는 민족의식이 농도 짙게 나타나 있다는 사실을 주목하게 된다. 이와 같은 사실은 그의 민족의식이 연암·다산을 거쳐 개화기에 이르러서는 화폐제도의 근대화를 시도하게 되는 의식의 기저가 되었다는 점에서 더욱 큰 의미를 가지게 되는 것이다.168) 한편 우리는 동전통용을 적극 부정하는 성

167) 元裕漢, 앞의 글, 1970b.
168) 元裕漢, 앞의 글, 1980b.

호의 화폐경제론을 통해서 봉건 조선사회의 해체와 근대지향을 촉진하는 중요한 요인의 하나로서 화폐경제가 가지는 역사적 의미가 적지 않다는 점을 느끼게 된다. 앞에서 반계의 화폐유통에 대한 관심은 화폐유통 보급방법으로서 常設店鋪의 설치 운용론을 비롯한 상업진흥론으로까지 발전되었다고 하였다. 그러나 성호는 상업발달을 억제하기 위한 방법으로서 그것을 촉진하는 동전유통의 금지를 주장하게 되었다. 이로써 반계와 성호의 화폐경제론이 형성된 배경, 다시 말해서 그들 각자가 경험한 시기의 상품·화폐경제 발전수준을 비교 파악할 수 있을 것이다.

다산은 1762년(영조 38), 즉 성호가 죽기 1년 전에 태어나서 1836년(헌종 2)에 타계하였다. 그는 화폐경제의 확대보급으로 봉건 조선사회의 전통질서가 급격히 해체된다 하여 동전통용을 부정했던 성호의 시대와는 달리, 화폐통용을 전제로 하고 화폐정책 내지 화폐제도의 개선 개혁이 모색되던 시기의 화폐경제발전상을 경험했다. 또한 기록을 통해 중국 周代의 화폐제도와 국내의 화폐문제에 관한 지식을 습득하는 한편, 당시 중국 또는 동남아 諸國과 서양에서의 화폐유통에 대한 소식을 전해 들을 수 있었다. 다산은 이상의 화폐문제에 대한 실제적 경험과 지식 그리고 견문을 토대로 화폐경제론을 구상 제시하였다.

다산은 성호로부터 학문 내지 사상적으로 적지 않은 영향을 받았으면서도 성호가 화폐통용을 부정했던 것과는 달리, 화폐는 상품교환매개로서 나라의 큰 보배요 국민생활에 꼭 필요한 것이라고 평가하였다. 그는 이처럼 유통경제 면이나 국가경제 면에 있어서 화폐가치의 중요성 내지 화폐유통의 필요성을 인정하였지만, 화폐경제의 확대보급으로 촉진된 사회경제적 변화를 심각한 모순과 폐단으로 지적 비판하였다. 즉 다산은 동전의 유통으로 公私의 帑藏이 고갈되고 民俗이 날로 경박해지며, 관리의 부정행위가 심각한 지경에 이르렀다고 주장하였다. 그러나 그는 이상의 사회경제적 모순과 폐단은 동전 통용 그 자체에 연유된 것으로 보기보다는 화폐품질의 조악화, 화폐정책의 모순과 同정책 운용의 불합리성에 기인한다고 보았던 것 같다. 그래서 다산은 성호처럼 화폐통용 자체를 부정하지는 않고 화폐정책 내지 화폐제도의 개선·개혁을 통한 유통구조의 개선방안을 제시하였다. 이러한 다산의 화폐가치관은 선배 실학자 연암의 그것과 相通되는 것이다.

다산이 제시한 화폐정책 개혁론 중에 주목되는 것은 상설조폐기능으로서 典圜署를 설치 운용하자는 것이었다. 이로써 종래에 분산적이던 화폐주조사업 관리체계를 일원화하여 '貨權在上'의 원칙에 따라 화폐에 대한 一切의 지배권을 중앙, 즉 국가가 장악하려 하였다. 또한 典圜署에 造幣기술자를 전속시켜 기술을 정예화함으로써 화폐품질을 개량하고 체재를 통일시키려 하였다. 전환서의 설치운용론을 통해서 다산의 객관적이고 합리적인 현실 파악능력, 자기 주장의 논리적 전개와 자기 생각의 체계적 표현력 그리고 미래 전망적 진보성을 엿볼 수 있을 것 같다.[169] 한편 다산은 화폐제도 개혁방안으로서 동전과 함께 금·은전을 주조 유통한 것을 구상 제시하였다. 그는 금·은·동전을 주조 유통시키되 금·은·동전을 각기 대·중·소전으로 구분, 주조하여 액면가치가 서로 다른 아홉 종류의 고·소액전을 사용하자는 것이었다. 다산이 각종 고액전을 주조 유통할 것을 제의하게 된 것은 한정된 原料를 가지고 보다 많은 유통가치를 조성하여 만성적인 錢荒을 해소하고, 화폐의 운반을 편리하게 하여 원거리 무역 활동을 활발하게 하려는 데 동기가 있었던 것 같다. 또한 이러한 고액전의 주조유통론은 화폐가치의 평가기준이 실용가치 중심적인 것에서 명목가치 중심적인 것으로 전환되는 화폐가치관의 발전적 변화를 전제로 해서 제의될 수 있었을 것으로 본다.

한편 다산이 금·은전을 동전과 함께 법화로서 주조유통하는 화폐제도 개혁안을 제시하게 된 중요한 동기는 중국 또는 동남아 제국의 무역거래에서나 서양에서는 금·은·동전을 사용한다는 소식을 전해 들은 데 있었던 것 같다. 일찍이 반계는 표류 서양인을 통해서 서양에서는 은전을 사용한다는 소식을 전해들었으나, 그것을 자신의 화폐경제론에 크게 활용하지 못했다. 그러나 다산은 금·은전 등 서양 근대화폐에 관한 소식을 전해 듣

169) 元裕漢, 앞의 글, 1971a.

고 그것을 그의 화폐경제론에 대폭 참고 활용하였다. 이로써 근대 金·銀本位制를 연상하게 되는 다산의 화폐제도개혁론에 내재된 진보적 의식 내지 근대지향 의식을 엿볼 수 있다. 다산의 선배 실학자 연암도 일찍이 품질과 체재를 규격화한 은화를 동전과 법화로서 병용할 것을 제의한 일이 있다. 그러나 그가 주조유통을 제의한 은전은 성호가 제시한 칭량은화보다는 進一步한 것이나, 전근대적 칭량은화로서의 한계를 벗어나지 못한 것이었다.[170] 또한 다산이 금·은전을 법화로 주조유통할 것을 제의하게 된 것은, 성호나 연암 등 실학자들과 일부 당로자들이 그러했던 것처럼, 다량의 금·은을 가지고 가서 소비·사치성 상품을 수입해오는 對淸貿易에서 초래되는 국가의 경제적 손실이나 민족산업의 위축을 막고 國富를 증진하려는 데 동기가 있었다. 이로써 다산의 화폐제도개혁론 내지 화폐경제론에서 앞에서 말한 근대지향의식과 함께 민족의식 내지 민족주의지향의식을 엿볼 수 있을 것이다. 다산의 화폐경제론에 깔려 있는 이상 두 가지의 진보적 의식은 開化期로 연결되어 당시 정부당국이 의욕적으로 적극 추진한 화폐제도 근대화시책의 기저의식으로서 기능하였던 것이다.[171] 화폐경제론만을 평가대상으로 삼는 한 다산에게서 찾아볼 수 있는 진보적 내지 근대지향의식은 그와 거의 동일시기에 생존 활약한 박지원(1737~1805)이나 박제가(1759~1805)등 북학파 학자들의 수준을 앞서고 있다. 이것은 다산이 청의 선진문물에 거의 심취하다시피 한 북학파 학자들보다는 허심탄회하게 淸의 화폐제도보다 높은 수준의 서양 근대화폐제도에 대한 정보를 수용할 수 있었으리라는 점에 이유가 있지 않나 생각된다. 그러나 민족의식 내지 민족주의지향의식은 성호·다산 등의 화폐경제론이나 북학파 학자들 거의 모두의 화폐경제론에서 찾아볼 수 있는 의식형태인 것이다. 이와 같은 사정은 지나치다 할 정도로 淸朝文物 志向的이었던 북학파 학자들에게도 국가의 경제적 손실이나 민족산업의 위축을 막고 國富를 증진하겠다는, 경제적 민족주의지향의식은 강렬했다는 사실로 이해한다 해서 별

170) 元裕漢, 앞의 글, 1980b.
171) 元裕漢, 위의 글.

로 큰 무리는 없을 것이다.

6. 결론

앞에서 반계·성호·다산 등 그들의 생존 시기가 조선후기를 포괄하는 대표적 실학자들이 구상 제시한 화폐경제론이 점하는 위치를 대강 평가 인식하여 보았다. 끝으로 그들 각 실학자가 제시한 화폐경제론의 성격의 특수성을 통해서 그들이 생존활약한 시기의 화폐경제 발전단계와 그 시대 성격을, 그리고 선후배 실학자들의 화폐경제론의 성격변화를 추적하여 조선후기 화폐경제사상의 발전경향 내지 시대 성격의 변화를 파악해 보고자 한다.

반계의 화폐경제론은 동전을 유일한 법화로서 사용하는 것을 골자로 한 화폐유통보급론으로서 그 성격을 특징지울 수 있을 것이다. 이러한 그의 화폐경제론은 自然經濟 질서 하의 물품화폐 유통체제가 명목화폐 유통체제로 전환되는 사회경제적 발전을 배경으로 하여 형성된 것으로 볼 수 있다. 韓國貨幣史에서 볼 때, 10세기 말부터 국가는 정책적으로 물품화폐 유통체제를 극복하고 명목화폐제의 도입을 시도하기 시작하였다. 그 이후 고려왕조와 조선정부는 철전·동전·저화 등 각종의 명목화폐를 유통 보급시키려 하였다. 그러나 그 중에서 어느 한 종류의 화폐도 계속 통용되지 못하고 米·布 등 물품화폐가 유통계를 지배하였다. 이상 10세기 말에서 16세기 말에 이르는 6세기 동안에는 명목화폐의 수용가능성이라고 하는 점에서 볼 때, 주목할 사회경제적 발전이 있었다고 보기는 어렵지 않나 생각된다. 그러나 16세기 말에 겪은 倭亂(1592~1598)은 여러 분야에 걸쳐 봉건 조선사회발전의 중요한 전환점이 되었듯이, 그 이후 명목화폐인 동전의 수용을 위한 잠재력은 증진되었다. 따라서 왜란 뒤 동전을 법화로 유통 보급시키기 위해 화폐정책이 적극 추진되는 과정에서 그것이 일시에 국내 전역으로 확대 보급된 것은 아닐지라도 開城 等地에서 동전이 통용되기 시작, 점점 그 유통영역은 확대되어 나갔다. 그러니까, 화폐의 유통 보급에 역점을 둔 반계의 화폐경제론은 6세기 간의 시행착오 끝에 명목화폐인 동전이 봉건 조선사회에 수용되기 시작하는 17세기 중엽의 역사를 배경으로 해서 형성되었던 것이다. 다시 말해서 반계의 화폐경제론은 봉건 조선사회의 해체와 근대지향을 촉진하는 중요한 요인이 된 화폐경제가 토착화하기 시작하는 배경으로 하여 형성되었던 것이다.

반계에 뒤이은 성호의 화폐경제론은 '貨幣(銅錢)流通否定論'으로서 그 성격을 특징지울 수 있을 것이다. 앞에서 지적했듯이 반계의 화폐경제론 형성시기인 17세기 중엽에 유통보급되기 시작한 명목화폐인 동전은 그 70년대 말부터 유일한 법화로서 국내 각 지방으로 확대 보급되고, 이에 따라서 봉건 조선사회의 전통적 생산양식과 가치체계의 변질은 촉진되었다. 이러한 봉건사회질서의 변질은 당시의 실학자들이나 당로자들의 보수적 가치관에서 볼 때 수용하기 벅찬 충격적인 변화로 판단되었던 것이다. 이 같은 충격에 대한 反動으로서 영조 등 당로자들은 동전통용을 금지하고 물품화폐의 통용을 목적으로 하는 일련의 조치를 취했다. 한편 성호와 같은 실학자는 명목화폐의 통용을 금지하고 종래의 물품화폐 유통체제로 되돌아가는 것을 골자로 한 '貨幣流通否定論'을 구상 제시하였다. 이로써 화폐유통부정론으로 그 성격을 특징지울 수 있는 성호의 화폐경제론은 봉건 조선사회의 해체 내지 근대지향을 촉진하는 화폐유통에 대한 보수적 반동이 강하게 일어나는 역사발전과정을 배경으로 해서 형성되었다고 볼 수 있는 것이다. 조선후기 화폐경제 발전과정에서 볼 때, 화폐유통에 대한 보수적 반동은 대체로 18세기 초부터 그 30년대 초에 이르는 시기에 가장 강렬하게 일어났다. 이와 같은 반동은 왜란 이후 急進展되는 봉건 조선사회의 해체를 억제하거나, 적극적으로는 과거의 상태로 복귀시키기 위해 시도된 당시의 제반 국가시책에서 찾아볼 수 있는 것과도 본질적으로는 성격을 같이 하는 것으로 보아야 할 것이다.

성호를 뒤이은 다산의 화폐경제론은 '화폐정책과 화폐제도의 진보적 개혁론'으로서 그 성격을 특징지울 수 있을 것이다. 다산의 화폐경제론은 성호가 경험한 시대와는 달리, 화폐유통을 필요로 하는 봉건 조선사회의 근대를 향한 자체지향을 억제할 수 없다는 판단 아래 동전통용을 전제로 하고 화폐정책 내지 화폐제도의 개선·개혁이 모색되는 역사발전과정을 배경으로 해서 형성되었다. 또한 그의 화폐경제론은 전근대적 화폐인 동전이 봉건조선사회의 보수적 반동을 극복하고 널리 유통보급되는 한편, 근대 금·은본위 화폐제의 도입이 모색되는 시기, 다시 말해서 화폐제도가 전근대적인 것으로부터 근대적인 것으로의 전환이 모색되는 시기를 배경으로 해서 구상 제시된 것이라 할 수 있겠다. 화폐경제는 봉건사회의 해체와 근대지향을 촉진하는 중요한 요인이라고 보았을 때, 이상과 같은 화폐제도의 근대적인 것으로의 전환은 그에 상응하는 근대를 향한 봉건 조선사회의 해체과정에서 모색되었으리라고 추측된다. 또한 그의 금·은전의 통용론은 청·일 양국을 주요 무역대상국으로 하는 국제무역의 대상을, 서양 근대화폐로 거래가 이뤄지는 필리핀·琉球·安南 등 동남아 諸國과 중국 남부지방으로까지 확대시키는 문제가 고려되었던 시대를 배경으로 해서 형성되었으리라는 점도 상정해볼 수 있을 것이다. 어쨌든 다산에게서 모색되기 시작한 근대화폐제도의 도입시도는 그로부터 반세기여 만인 19세기 80년대에 이르러서 개화정책의 일환으로 적극 추진되었던 것이다. 성호의 화폐경제론에서 엿보이기 시작, 연암을 거쳐 다산의 화폐경제론에서 확실해진 근대지향의식이 개화기로 이어져서, 당시에 의욕적으로 추진된 화폐제도의 근대화과정을 지배한 의식의 기저가 되었으리라는 점은 짐작하기에 어렵지 않은 것이다.

(『東方學志』 26, 1981. 3)

제5부

실학의 어문학 연구

실학과 국어학의 전개
-崔錫鼎과 申景濬과의 학문적 거리-

金 錫 得

1. 문제의 제시

실학시대에 국어학이 어떻게 전개되었는가를 살피는 것은 국어연구의 思潮的 맥락이 어떻게 이어 발전해 왔는가와 관계되므로, 국어 연구사적인 면에서 유익하다고 본다.

申景濬(숙종 38 1712~정조 4 1780, 호는 旅庵)은 英正 실학시대의 국어학의 실학자임은 잘 알려져 있는 사실이다. 그러나 그가 연구한 국어학이 어떤 면이 실학적이냐 하는 것은 논의된 바가 없다(아직 실학의 개념까지도 문제가 되고 있기는 하지만). 물론 그가 실학시대에 살았다는 이유로 실학자라고 할 수는 없다. 그의 학문이 실학적 경향을 띠었을 때에 그를 실학자라고 할 수 있을 것이다. 모든 기록에서는, 그의 실학의 업적으로, 『疆界志』, 『山水經』 등을 들 뿐 아니라 『訓民正音韻解』를 든다. 따라서 그의 국어학의 업적인 『훈민정음운해』가 그를 실학자로서 성격 규정할 수 있는 전부는 아니라 하더라도, 그것이 일단은 실학의 산물로 모든 기록자는 인정했다고 판단되는 것이다. 그럼에도 불구하고, 이에 말한 바와 같이 그의 어떤 점이 실학적이냐 하는 것은 밝혀지지 않고 있다.

따라서 다음과 같은 가설을 세울 수 있다. 만일, 그의 『훈민정음운해』를 분석한 결과, 그것이 실학의 성격을 띤 것이 아니라면 (적어도 실학의 어떤 개념에 비추어서), 앞으로의 기록에서는, 『훈민정음운해』는 그의 실학자됨의 업적에서 지워버려야 할 것이다(물론, 실학을 전제하지 않는 순수한 그의 업적의 측면에서 보면, 당연히 손꼽아야 할 것임은 두 말할 나위가 없다). 그러나 만일, 『훈민정음운해』가 실학이라는 측면에서 볼 때 그것은 실학의 산물로 논단이 된다면, 이른바 영정실학시대 이전에 신경준과 유사한 국어 연구의 경향성을 띤 사람의 업적이 있다면, 일단은 그의 업적도 국어학 측면에서의 실학의 범주에 넣어 무방하다고 봄이 순리일 것이다.

여기, 여암(신경준) 이전에 이미 국어학의 경향에서 볼 때 그에 방불할 만한 학자가 있으니, 최석정(인조 24 1646~숙종 41 1715, 호는 明谷)이 그이다. 그러므로 여암의 『훈민정음운해』를 실학의 범주에서 뺀다면 모르되, 만일 넣어둔다는 기정사실이 인정된다면, 명곡의 국어학도 실학의 흐름의 범주에 넣어야 함도 당연한 논리적 귀결이다.

따라서 본 논문에서는, 여암의 『훈민정음운해』를 분석한 결과 그것이 어떤 실학적 개념에 부합하는 학문임이 밝혀짐을 전제로, 국어학으로서의 실학이 명곡에게까지 소급함을 암시하려 하며, 여암의 뒤로는 柳僖의 국어학에까지 미침을 암시하려는 것이다. 이 작업을 위하여, 여암 신경준의 『훈민정음운해』와 명곡 최석정의 『經世訓民正音圖說』을 주장으로 분석하되, 사조적 흐름의 맥락을 위하여 이에 관계되는 학자들의 경향성을 부차적으로 언급하기로 한다.

2. 여암 신경준의 『訓民正音韻解』

실학은, 그 발생적 근원으로 보아 그것이 청나라(淸朝)에서 전래한 것인지, 自生的인 것인지의 문제가 없지 않다. 그러나 그 개념으로 볼 때, 그것은 自己省察, 實地, 利用厚生, 考證 등의 경향성을 띤다 함에는 그리 큰 이의가 없다. 나아가서 그것은 조선왕조 사회를 近代化하는 사상적 내재적 계기가 되었다는 것도 잘 알려진 사실이다.

그러면 여암 신경준의 『훈민정음운해』는 이러한 실학의 개념으로 볼 때 어떠한가?

여암은 한문이 판을 치는 전통적 왕조사회에서 한문의 관심으로부터 떠나서 이른바 朝鮮知識을 추구하여 우리말의 音韻에 대한 연구를 하였다. 이와 같은 조선지식의 추구야말로 곧 자기반성이요, 자각이요 자기실존의 발견이라 할 수 있다.

대저, 언어는 사람의 정신적인 새김(刻印)이요, 모국어는 그 민족 공동체의 생각과 행동세계에 분속된 정신적인 실체이다(Humboldt). 그러한 언어는 모든 인간사에 사실적으로 침투하기 때문에 그 자신을 알고 이해하기를 원하는 사람은 자신의 정신적 생활과 사회적 생활을 하는 데 실지로 기본적인 역할을 하는 언어조직의 특성을 먼저 파악하여야 한다(Ronald W. Langacker, *Language and its Structure*).

여암은 이미 언급한 바와 같이, 한문의 세계에서 벗어나서, 조선지식을 추구하여 우리 삶의 근본이 되며, 우리 사람됨의 근본 뜻이 있는 우리말의 음운과 문자를 고구한 『훈민정음운해』를 지었으니, 우리는 여기에 여암이 국어학 면에서 실학의 자각적 개념과 실용적 개념에 우선 접근하였다는 이유를 찾을 수 있다고 보아야 한다.

물론, 우리나라의 18세기에는 이러한 자각과 자존의 사상적 계기에서 많은 국어학자가 배출함에 관심을 못지 않을 수 없다. 翕齋 李思質(18세기 실학자로만 알려지고 죽은 때 모름)의 『訓音宗編』(『韓山世稿』 卷12에 있음), 朴性源(숙종 26~영조 43)의 『正音通釋』(영조 23)과 洪啓禧(숙종 26~영조 43)의 『三韻聲彙』(영조 27), 黃胤錫(영조 5~정조 15)의 『華音方言字義解』(영・정 때 지음. 순조 때 간행. 우리말의 어원을 한자 범어에까지 비교)와 『字母辨』, 鄭東愈(영조 20~순조 8)의 만필 『書永編』의 나옴이 그것이다.

특히 정동유는 『훈민정음』을 "天下之文獻 豈直爲一區言語傳寫之資已哉"라 하고, 俗에서 언문이라고 하여, 흔히 부인이나 청년의 소용에만 맡기기 때문에 자모에 대하여 선비까지 그릇 알게 됨이 한탄스럽다고 하였다.

이러한 사실로 보아 당시의 학자들의 국어학에 대한 관심과 연구는 하나의 자각과 자존으로서의 절실한 요구에서 이루어진 것 같다.

그러한 동기와 요구에서 연구되었다고 믿어지는 여암의 『훈민정음운해』는 自家學의 학적인 勞作으로 볼 때 특기할 만한 것이다. 이리하여 여암의 『훈민정음운해』는 『訓民正音解例』가 나온 이래, 16, 17세기의 공백기를 거쳐서, 305년 만에 나타난 최초의 학적인 노작으로 크게 평가하였던 것이다(이는 뒤에 살필, 明谷 崔錫鼎의 『經世訓民正音圖說』보다 뒤의 것임이 판명되지만).

鄭寅普 선생은 朝鮮語學會의 『訓民正音韻解』 간행에 대한 해제에서, 그것은 훈민정음 연구로서 가장 깊은 연구일 뿐 아니라, 국어학의 중흥조로 추상하여 지나칠 것이 없다고 하였다. 또 최현배 선생은 『한글갈』에서, 그것은 음운학과 역학적 설명을 시험한 것으로 自家學으로 향하는 학적 노작으로 볼 때 정음학의 중흥주라 할 수 있다고 하였다.

확실히 『훈민정음운해』는 음운연구와 자형연구로 볼 때 18세기에서는 가장 깊은 연구이니 자모의 성립이나 음성에 관하여, 이를 현묘한 철학적 이론과 우주의 자연법칙에 잘 부합시켰던 것이다.

이제 그 특징을 다음에 들어 설명하여 보기로 한다.

1) 여암은 국어연구의 역사적 측면에서 보면 音(音聲)과 韻(音素)의 개념을 구별 이해하려 한 최초의 학자인 듯하다.

이러한 사실은 그의 역대 운서 소개 가운데에 나타나 있으니, 이는 다음과 같다.

> 音員爲韻 夫員者數也 如一司之官 長亞大小 其職掌不同 而其爲一司之官 同也

위에서는 '音'의 구성원이 곧 하나의 '韻'임을 나타내고 있다. 음의 구성원이란 곧 유사한 소리들의 뭇이 아닌가 한다. 이렇게 본다면 이는 오늘날 音韻(音素, Phoneme)의 정의를, "유사한 소리(音聲)들의 집합체, 혹은 유사한 소리의 뭇(a class of sound)"이라고 내리는 것과 유사한 관념이라고 하겠다.

그러나 아쉽게도 그는 이러한 '音'과 '韻'의 구별을 하려는 흔적이 있음에도, 실제로 운용 면에서는 그 구별이 나타나지 아니한다. 그것은, '齒音'을 '齒頭音', '正齒音'으로 나누어 자모체계에 각립시키고, 또 '舌音'을 '舌頭音', '舌上音'으로 나누어 자모체계에서 각립시킨 데서 알 수 있다.

생각하건데, '韻'의 수는 대개의 자모의 수가 되므로, 위에서 각립한 '齒頭', '正齒'와 '舌頭', '舌上'의 자모는 각각 '韻'(音素)을 성립한다는 풀이가 나온다. 그러나 다시 생각해 보면, '齒頭', '正齒'는 상당히 유사한 소리이다. 또, '舌頭', '舌上'도 서로 유사한 소리이다. 그러므로 이러한 유사한 소리의 뭇은 한 '韻'으로 묶이어야 할 것이다. 그러므로 '齒頭', '正齒'는 하나의 '韻'으로 묶이어야 할 것이고, '舌頭', '舌上'도 하나의 '韻'으로 묶이어야 할 것이다. 그렇건만, 그가 이를 각각 다른 각립되는 '韻'으로 보았다는 것은 모순되는 것이 아니겠는가? 그는 물론, 옛것을 존중한다든가, 타국의 용처로 본다든가, 재경 반촌인의 말에 나타난다든가 함을 그 각립하는 이유로 들었다.

> 而泥端透定 爲舌頭音 孃知徹澄 爲舌上音 …… 今雖不明 而古有存者 中土雖不行 而他國有用處 至於知徹澄孃 我國西北人多用之 在京中泮村人 亦或用之 故今依舊法 備三十六母焉[1)]

그러나, 이는 다 음운론적으로 불합리한 말이고 다만, 『廣韻』의 본을 받아 그대로 각립한 것이 아닌가 한다. 이와 같은 그의 "舌音" 계열의 두 운과 "齒音" 계열의 두 운의 각립설은, 뒤에 정동유나 유희에 의하여 부정

---

1) 『訓民正音韻解』, 初聲解.

비판당하기에 이른다.

2) 여암의 조음음성학적 설명은 상당히 과학적이다.

(1) 자음배열의 정연한 순서의 과학성

자음의 배열에 대하여, 훈민정음의 경우는 조음점의 설명순서가 무질서하다. 곧 훈민정음에서는 발성기관에서의 조음점의 순서가, 어금니(牙, Velar), 혀(舌, Palatal~Alveo-Palatal), 입술(脣, Bilabial), 이(齒, Alveolar), 목(喉, Glottal)으로 되어 있어서, 그 설명순서가 들쑥날쑥하여 무질서하다. 崔世珍의 『訓蒙字會』(1527)에서는 배열순서를 조음점에 두지 아니하고, 다만, 간단한 글자에서부터 복잡한 글자에로의 순서로 잡고 있다.

그런데 여암은, 목(喉)의 조음점으로부터 시작하여 밖으로 차례대로 나오면서 어금니(牙), 혀(舌), 이(齒), 입술(脣)의 순서를 따랐다. 그리고 이에 따라 자음을 분류하였다. 이와 같이 볼 때, 여암의 자음배열 순서는 어느 것보다도 사실적이고 과학적이다. 이는 다음 발성기관의 그림에서 찾아볼 수 있다.

한편 여암은, 자음체계를 易의 五行과 五臟에 분속하여 합리화시켰다. 이와 같은 易자질의 합리화는 비단 여암에 한하는 것은 아니다. 『훈민정음해례』에서도 볼 수 있음은 너무나 잘 아는 사실이라 더욱 따져 보면, 어떠한 사실을 설명하는 데 있어서 이와 같은 易자질로 합리화시키는 사상은 멀리 주나라(周代) 때의 易이 한나라(漢代) 『京氏易傳』에 이르러, 역에 오행(金, 木, 水, 火, 土), 五時(春, 夏, 土用, 秋, 冬), 五方(東, 西, 中央, 南, 北), 오음(角, 徵, 宮, 商, 羽)을 배정한 데서 시

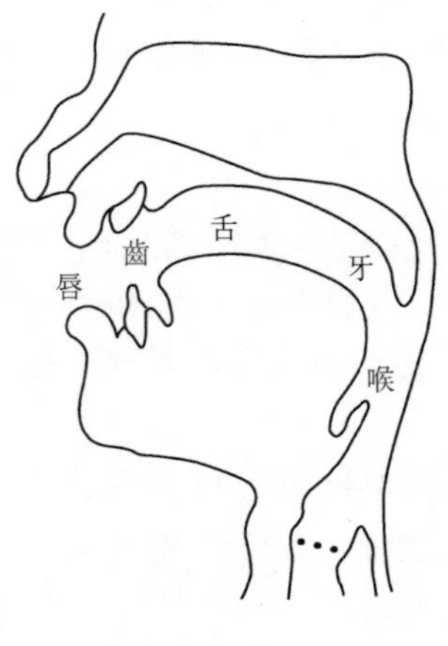

발성기관

작한다. 따라서 여암이 발성 기관의 다섯 조음점을 오음과 오행과 오장(脾, 肝, 心, 肺, 腎)에 분속시킨 것은 전래하는 易사상에 대한 전폭적 수용에 불과하다. 그러나 그렇다고 하더라도, 그가 발성 기관의 다섯 개의 조음점을 역에 배속한 데는 얼마간의 합리성을 띠고 있다.

가령, 그는 ㅇ ㆆ ㅎ ㆅ 소리를 '宮'과 '土'에 배속하고, 그 소리는 '脾'장에서 나서 목에서 이루어지며 약간의 어금니를 겸한다고 하였다. 그리고, ㆁ ㄱ ㅋ ㄲ 소리를 '角'과 '木'에 배속하고, 그 소리는 '肝'장에서 나서 어금니에서 이루어진다고 하였다. 이와 같은 방법으로 '舌音'은 '心'에서 나서 혀에서 이루어진다고 하고 이를 '徵'와 '火'에 배속하였으며, '齒音'은 '肺'에서 나서 이에서 이루어진다고 하여 '商'과 '金'에 배속하였다. 그리고, '脣音'은 '腎'장에서 나서 입술에서 이루어진다고 하여 '羽'와 '水'에 배속하였다.[2)]

이러한 배속의 합리성은, 『爾雅釋樂』과 『都懿行義疏』에 보이는, 다음과 같은 오음과 오행의 자질을 고찰함으로써 구하여 질 것이다.

宮(土) : 宮謂之重, 中, 聲綱, 聲重
商(金) : 上謂之敏, 草, 聲敏疾
角(木) : 角謂之經, 觸, 聲圓長經貫淸濁, 輕
徵(火) : 徵謂之迭, 祉, 聲抑揚遞續, 音迭
羽(水) : 羽謂之柳, 宇, 聲低平掩映, 柳

ㅇ ㆆ ㅎ ㆅ은, 그 소리가 발성기관 중 가장 깊숙히 있는 목의 조음점에서 남은 사실이다. 따라서, 이를 '宮'과 '土'에 배속함은 합리적이다. 그러나 이것이, 목에서 이루어지는 소리임에는 틀림이 없지만, 그 소리가 '脾'장에서 나온다는 것은 납득이 안간다. ㆁ ㄱ ㅋ ㄲ은 그 소리가 어금니쪽(velar)에서 조음됨은 정확한 관찰이다(물론 이것이 간장에서 일어난다는 것은 믿을 수 없다). 그리고 그 소리의 단단한 음감으로 보아, 이를 '角'과 '木'의 자질에 배속함은 당연하다. 그런데 ㆁ이 어금니소리임은 틀림없으나, 이것은 소리 자질로 볼 때, 결코 '角木'이 될 수 없다. 이렇게 풀어 본다면, 자음을

2) 『訓民正音韻解』, 字母分屬.

오음, 오형에 분속한 원칙은, 글자의 모양이나,[3] 조음체의 자질을 함께 고려함에 있었던 것으로 풀이된다. '舌音'만 보아도 이것이 혀에서 이루어진다고 했는데, 혀라는 것은 하나의 조음체(articulator)에 불과하고, 또 이 혀에는 여러 개의 조음점(혀끝, 혀가운데, 혀뒤)이 있다. 그런데 여기 혀는 혀끝이라고 풀이할 수도 있겠으나, 그렇게 보기보다는 혀라는 조음체의 기능적 자질을 생각하고 이를 '徵, 火'의 자질에 분속한 것으로 풀이함이 옳을 것 같다. 이와 같이 본다면, 자음의, 오음 오행에의 분속은 전적으로 그 소리 자질에 의하여 분속하였다고 보기보다는 오히려 일련의 소리들을 고루는 조음체의 자질을 주로 생각하고, 이를 전래하는 오음 오행에 분속한 것으로 풀이된다. 그런데 이 때, 조음체를 본뜬 자음 글자나 또 그 조음체에서 나타나는 소리들이 그 조음체와 거의 비슷한 자질을 가질 수 있는 것으로 풀이된다. 이와 같이 볼 때, 자음을 오음 오행에 배속한 것은 그 소리가 나는 조음체를 의식하고 합리적으로 배속하였다고 보아야 한다. 그러나 그 소리들의 근원지를 오장에서 구한 것은 불합리하다 할 것이다. 이러한 불합리성은, 어느 경우에는 易에의 상징이 과잉되어 나타나기도 하니, 오음의 소속을 '卦, 方, 氣, 風, 聲, 音, 器' 등으로 배속한 것이 그것이다.[4]

⑵ 조음체 운동의 정밀한 관찰

그가 조음체 운동에 대하여 정밀한 관찰을 하였음은 그의 「象脣舌」조에 나오는 입술, 혀의 '水火' 상징설에서 볼 수 있다. 먼저 그의 설을 인용하여 보자.

---

3) 오행에의 분속이 글자모양에 의지하였다 함은 그의 「象形」조에서도 알 수 있으니, 그것은 다음과 같다.

	聲	五行의 의미	상형
宮(喉)	合	土之圓滿	ㅇ
角(牙)	湧	木之芒芽自土而湧出	ㆁ
徵(舌)	分	火之炎分而上燃	ㄴ
商(齒)	張	金之尖銳而張決	ㅅ
羽(脣)	吐	水之聚會而盈坎	ㅁ

4) 『訓民正音韻解』, 五音所屬.

> 盖喉牙齒屬土木金 其形靜 脣舌屬水火 其形動 靜者難知 動者易見 故其取象於脣舌者 此也

그는 '목, 어금니, 이'는 그것이 고요하기 때문에, 오행 중 고요한 자질을 가지는 '土木金'으로 각각 상징 배속하고, 입술, 혀는 움직이기 때문에, 오행 중 움직임의 자질인 '水火'로 상징 배속하였다.

우리는 오늘날 조음음성학에서, 소리가 조음되어 나오는 조음점 형성에 대하여는, 하부조음체(lower articulator)와 상부조음체(upper articulator)의 압축에 의한 접근에서 이루어진다고 설명한다. 대개, 상부조음체는 움직이지 않고, 하부조음체가 상부조음체에 움직이어 접근한다. 그런데 상부조음체는, 보통 웃입술(upper lip), 웃니뒤(alveolae), 단단한 입천장(alveo palate), 입천장(palate), 여린입천장(velum), 목젖(uvula)으로 분류되고, 하부조음체는 아랫입술(lower lip), 혀끝(tip), 혀앞(blade), 혀가운데(mid), 혀뒤(back), 혀뿌리(root)이다.[5)]

여암의 「象脣舌」조에 보이는 '喉牙齒'는 상부조음체에 해당하고, '舌脣'은 하부조음체에 해당한다. 따라서 '舌脣'은 움직이는 조음체이다. 이 움직이는 조음체를 오행 가운데 가장 동적이요, 힘의 근원인 '水, 火'의 자질에 상징하였음은, 조음체에 대한 정밀하고 과학적인 관찰에 따른 것이라 할 수 있다. 그러나 여암은 '舌脣'의 작용을 과신한 탓일까, 글자의 제자 과정에 이르기까지, '脣舌'상형으로 끌고 간 것은 잘못이었다. 그러나 또한 그는 나아가서 '입술, 혀'의 중요성을 다음에 인용된 바와 같이 사실적으로 이어 가고 있다.

> 且心有所感 而宣於外者爲聲 醫書云 聲出於心者 此也 而舌屬心 心者聲之君也 舌者承宣也 脣者門戶也 是以 老而牙齒脫者 聲不異於常 而脣缺聲訛舌病者聲啞 此脣舌爲聲之最用事者也[6)]

---

5) H.A. Gleason Jr., *An Introduction to Descriptive Linguistics*, p.242.
6) 『訓民正音韻解』, 象脣舌 끝부분.

이를 풀어 보면 다음과 같다.

> 곧 "醫書에 따르면, 마음은 느끼는 바요, 그 느낌이 밖으로 나가면, 소리가 되니, 소리는 마음에서 나온다. 그러므로 마음은 소리의 중심이 된다. 소리가 나올 때 혀는 마음에서 나는 소리를 받고, 입술은 소리를 내는 문호가 된다. 그러므로 노인이 되어서, 어금니와 이가 빠졌어도, 소리는 평상시와 크게 다르지 아니하다. 입술이 잘못 되면 소리가 어긋나게 나타나고, 혀에 병이 나면 벙어리 소리가 된다."

여암은, 우선 소리를 心理的 實體로 파악하였음을 알 수 있다. 그리고 그는 심리적인 실체인 소리를 조음하는 조음체 중, '혀'와 '입술'을 가장 중요한 조음기관으로 인식하였음도 알 수 있다. 조음기관에서 어느 조음체든 중요하지 않음이 없지만, 특히 혀와 입술은 그 중에서 중요한 역할을 한다. 그리하여 말을 혀로 상징하기도 하고(모국어를 mother tongue), 또한 口脣通譯(소리를 내어 말을 못하므로, 입술의 움직임만 보고 통역함)이 가능하기도 하다. 이와 같이 볼 때, 그는 탁월한 근대과학적 조음 이론을 전개하였다고 판단할 수 있다.

3) 자질에 의한 음성분류는 근대적 음성학에 접근하고 있다

(1) 자음분류와 변별자질

그의 「淸濁」조에 의하면, 36자모의 자질을 '陰陽'의 자질에 대조 분류하였다. 곧 소리가 가볍고(輕), 뜨는(浮) 자질을 가진 것은, '淸'이라 하고, 무겁고(重), 잠김(沈)의 자질을 가진 것은 '濁'이라 하였다. 그리고 '가볍고 뜸'은 '陽'의 자질이고, '무겁고 잠김'은 '陰'의 자질이라고 하였다. 그리하여 모든 자음의 자질을 나누되, 그와 같은 원리에 의하여 분류하였다. 이제 그 분류를 다음에 나타내 보기로 한다.

陽 : 가벼움(輕), 뜸(浮) < 純淸 : ㄱ ㄷ ㅂ……(무성) / 次淸 : ㅋ ㅌ ㅍ……(센소리)

陰 : 무거움(重), 잠김(沈) < 全濁 : ㄲ ㄸ ㅃ……(된소리) / 半淸半濁 : ㆁ ㄴ ㅁ……(코소리)

위에서 볼 때, 무성 및 센소리 계열은, 된소리 및 코소리 계열보다 소리의 느낌이 가볍고 뜸이 확실하다. 그러므로 그것은 '陽'에 해당하고, '된소리 코소리' 계열은 '陰'에 해당한다. 이와 같이 보면, 그의 음성관은 매우 근대적 의미를 가지는 음성 자질관이라 할 수 있다.

이러한 소리의 '陽', '陰' 자질의 분속은 '陰陽'사상에 근원을 두고는 있으나, 그 음양사상은 현대 개념과 상통하는 바 흥미 있는 것이다. 오늘날에도, 소리가 '밝다', '어둡다' 등으로 소리의 변별을 한다. 국어의 홀소리가 그러하고, 영어의 [*l*] 소리에 어두운 소리와 밝은 소리가 구별되는 따위도 다 그 한 보기이다.

물론, 그의 동양 철학 사상은 철저한 것이어서, 자음(소리)의 생성과정이라든가 혹은 모음자(글자)의 생성과정에서 그것이 그대로 반영되기도 하였다. 곧, 자음의 생성과정은 우주의 근원인 圓 위에다 '五行'과 '方位'에 따라 설명하는 원의 層位構造로 나타내었다.[7] 易에서는 모든 것(things)을, 우주를 상징하는 원을 동원하여, 우주법칙에 따라 유기적으로 설명한다. 이러한 사상 밑에서 그는 사람의 발성기관(구강)을 하나의 원으로 된 小宇宙로 보고, 그 소우주에서 일어나는 여러 현상을 대우주의 원리에 의하여 설명하고 있다. 이러한 원리에서, 그가 설명한 국어의 자음의 생성과정은 하나의 훌륭한 구조적 의미를 갖는다. 사람의 발성기관(구강)은 사실상 타원의 꼴로 운동을 하는 하나의 공간이다. 그러므로, 그 공간적 원에는 방위가 있을 수 있고, 그 낱낱의 방위는 낱낱의 조음점에 해당할 수 있다. 그리고 그같은 조음점 곧 그같은 방위에서는 같은 계열의 소리가 조음된다. 이와 같이 볼 때, 그가 자음의 생성을 원 위에서의 방위로 분류하였음에는 상당한 과학적 이유가 있다고 생각된다. 그러나 아쉬운 것은, 그 층위구조

7) 『訓民正音韻解』, 層位.

도에 나타난 방위와 조음점이 꼭 들어맞지 아니한다는 점이다. 그의 층위 구조도를 필자 나름대로 설명하기 쉽게 그림으로 나타내 보기로 한다. 공간적 원을 발음 기관의 運動樣式으로 생각하고, 그가 배치한 방위와 자음이 생성되는 위치를 보이면 다음과 같다.

이를 다시 발성기관 상에 나타낸 것을 보면 다음과 같다.

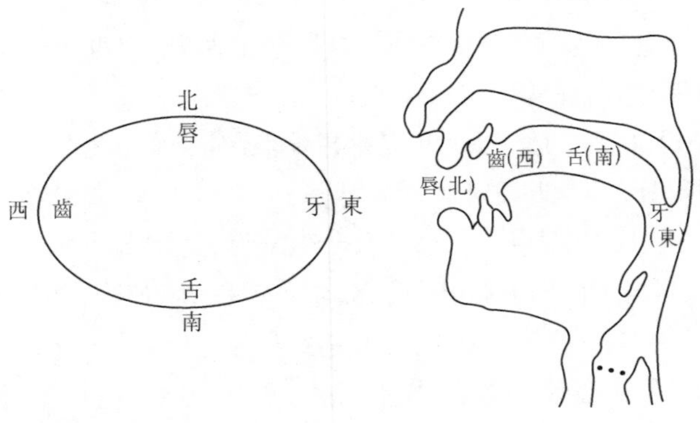

위에서 볼 때, 방위와 조음점의 일치가 안 되어 있음을 알 수 있다. 그러므로, 그의 자음 생성의 공간상에서의 방위 배속은, 모든 것을 원상에서 보려는 데서 오는 동양사상의 불가피한 공식적 대입에 불과함을 짐작할 수 있다. 그러나 그럼에도, 그의 「層位」조에 보이는 자음의 생성과정은 같은 계열상의 층위적 구조관계라는 구조적 의미를 내포하고 있음에 의의를 찾을 수도 있다.

또 중성자(모음 글자)의 생성과정에서도, 원 위에서의 '太極 動靜論'과 방위로 나타내고 있다.[8] 이는 『훈민정음해례』에서, 모음 기본자 삼재(三才) 상형을 제자의 기본으로 하고, 다른 모음의 제조과정을 설명한 바와는 아주 다르다.

생각하건대, 모음(소리)의 조음작용은 구강의 타원상에서 이루어지므로,

---

8) 『訓民正音韻解』, 圈圖.

모음의 조음위치를 공간적 방위로 나타낼 수 있은 즉, 자음의 생성과정에서보다는 오히려 모음의 생성과정에서 방위를 적용하였더라면, 당시의 모음체계 이해에 큰 도움을 주었을 것이다.

⑵ 모음의 분류와 변별자질

그의 「中聲圖」와 「闢翕」조에 의하면, 모음의 분류가, 조음적 특질과 소리의 밝고 어두움(陰陽)의 자질에 의하여 과학적으로 이루어져 있다. 이제 먼저, 그의 중성의 분류를 필자가 정리하여 보면 다음과 같다.

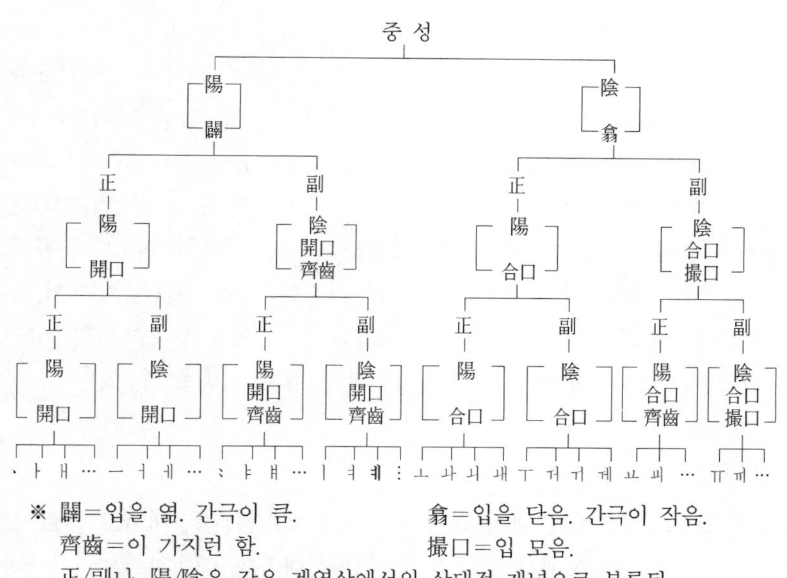

※ 闢=입을 엶. 간극이 큼. 翕=입을 닫음. 간극이 작음.
齊齒=이 가지런 함. 撮口=입 모음.
正/副나, 陽/陰은 같은 계열상에서의 상대적 개념으로 분류됨.

위에서 보면, 중성 분류의 원칙은 발음할 때의 입의 양상적 자질(闢/翕, 開/合, 開/齊齒, 合/撮口)과 그에 의한 소리의 명암 자질(陽陰)의 양립 체계의 수립이라 할 수 있다. 물론 그 분류의 배경 철학은 모든 사실을 음양의 의미로 보려는 음양론이다. 곧, 음양은 서로 대립하면서, 또한 '陰中陽', '陽中陰'이라는 陰陽互藏的 사상이 중성 분류 체계 속에 들어가 있다.

음양호장도

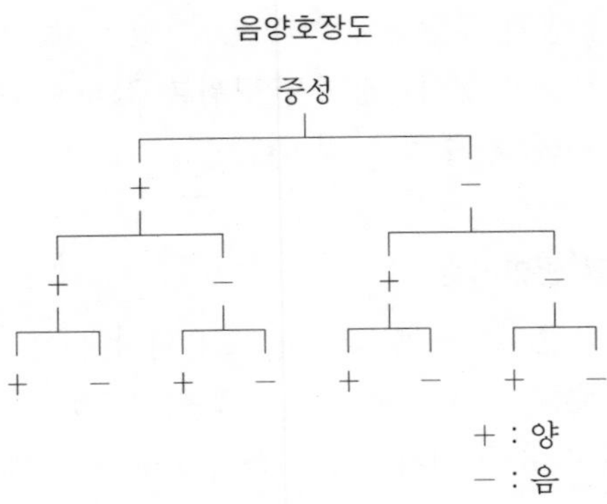

그런데, 그러한 음양 철학이 국어 중성 분류 체계에 들어가면서, 음양은 다른 자질과 함께 음양 자질화(陽→밝음의 자질, 陰→어두움의 자질)한다. 이리하여, [陽, 開口](ㅏ)와 [陰, 開口](ㅓ)의 비교에서, 입을 연다(合口에 비하여)는 점에서는 같은 [陽, 開口]이다. 그러나 /ㅏ/는 /ㅓ/보다 더 밝은 음감을 갖는다고 풀이된다. 그러므로, /ㅏ/는 /ㅓ/보다 입을 좀 더 연다는 뜻도 된다. 따라서 /ㅏ/는 [陽中陽 開口]요, /ㅓ/는 [陽中陰 開口]가 된다. 따라서 단순히, '陽'이 다시 '陰陽'으로 나누어진다고 보는 '陰陽論'에서, 실지로 그것이 소리를 변별하는 자질의 구실을 하게 됨을 알 수 있다. 여기에서, 음양론은 또 다시 현대과학적 의미를 가짐을 이해할 수 있다.

⑶ 소리값의 추정과 자질

여암의 조음음성학적 근대적 의미는 /ㆍ/의 소리값 추정에서도 찾아 볼 수 있다. 그는 「象形」조에서, /ㆍ/의 소리값에 대하여 다음과 같이 언급하고 있다.

> ㆍ呼時 舌微動 脣微啓 而其聲至輕 其氣至短

이를 풀이하면 이러하다.

ㆍ를 낼 때에, 혀는 약간 움직이고 입술은 약간 연다. 그 소리는 지극히 가볍고 그 소리의 기운은 지극히 짧다.

혀를 약간 움직인다는 것은, 입을 약간 열 때, 중간에 놓인 혀가 약간 밑으로 움직인다고 풀이하여야 한다. 따라서 /ㆍ/가 가지는 간극이 그리 크지 않음을 알 수 있다. 그리고, 소리의 느낌이 지극히 가볍고(輕), 그 소리를 낼 때에 기운이 지극히 짧다는 것은, /ㆍ/가 무거운 느낌을 주는 후설음이 아니라는 주장임을 알 수 있다. 이 모든 소리의 자질의 설명에서 볼 때, 그는 /ㆍ/가 간극이 그리 크지 않은, 그리고 후설음이 아닌 것으로 논단한 것 같다. 아무튼 소리값을 추정하는 데 있어서, 구체적 자질로 언급하였다는 데, 관심을 가지지 않을 수 없다.

이 밖에, 그의 「語辭終聲」조에 의하면, '語助詞'에 대한 언급이 있다. 그는, 우리나라 말에는 '言辭'의 끝에 '加, 多, 羅' 세 소리가 더욱 많이 쓰이고, 중국문자에서는 '也'를 많이 쓴다고 하였는데, 이는 크게 들어 말할 것은 못 되나, 말본의 암시라는 데서 현대의 숨결을 의식케 한다.

3. 명곡 최석정의 학문의 특색

이제까지 고찰한 바로 보면, 여암 신경준은 『훈민정음해례』 이래 305년 만에 처음 나타난 국어학의 중흥자요, 그의 『훈민정음운해』는 당시의 실학으로서의 국어학의 대표적 연구라고 할 수 있다.

그러나 여암에 앞서서 과연 이에 유사한 국어학의 업적은 전혀 없었던가.

여기 밝혀 보려는 明谷 崔錫鼎(자는 汝和)의 『經世訓民正音圖說』은, 비록 여암의 학문에 미칠 바는 못된다 하더라도, 그의 학문적 연대가 여암보다 한 걸음 앞섰다는 것과, 또한 그의 학문적 경향이 易철학에 배경을 하고 있기는 하지만, 상당히 과학성을 가지고 논증하였다는 데 관심을 갖지 않을 수 없다.

명곡은 인조 24년(1646)에서 숙종 41년(1715)에 걸친 이로서, 대제학을 거쳐 영의정을 지닌 經學者이요, 운학자이다. 본시 陽明學派의 가문에 태어났으나, 양명학을 배척했다.

그의 학문적 업적에, 『경세훈민정음도설』이 있다고 하는 것은 진작 洪良浩의 『耳溪集』에 나타난, 이에 대한 다음과 같은 평에 의하여 알 수 있었다.

> 文貞公崔錫鼎發揮奥數衍成書 聲則分初中終 韻則分平上去入 音則分開發收閉 類以四象八卦之數 推以合皇極經世之書 優優大哉[9]

이것으로 보아, 그의 학문적 성격과 깊이를 짐작할 수 있다. 그러나 그의 책을 볼 수 없었던지라, 모든 국어학사에서는 저작연대나 그 내용을 파악하지 못한 채, 『훈민정음해례』 이래의 국어학의 최초의 노작으로 여암의 『훈민정음운해』를 들었던 것이다. 그러나 필자가 이미 밝혔던 바와 같이[10] 명곡의 『경세훈민정음도설』은 여암의 『훈민정음운해』보다 35년 내지 49년이나 앞섰다. 그러면서 자가학으로서의 학적 깊이가 인정된다.

그의 학설에 대하여는 이미 언급한 바와 같이 소개한 바 있지만, 여암과의 학문적 거리를 측정하기 위하여 여기 특정한 것만을 들어서 풀어보기로 한다.

훈민정음 자체가 그 창제 기원이 역과 음성학에 기본을 두었기 때문에 누구든지 훈민정음의 생성적 연구에서는 역에 대한 이론을 들추지 않을 수 없다. 명곡의 '乾'책에서도 '世宗莊憲大王御製訓民正音序文'을 인용하고, 그에 대한 자기고찰을 함에 역의 이치에 바탕을 두었다. 다만, 耳溪 서문의 '推以皇極經世之書'나, 명곡 자신의 '訓民正音準皇極經世四象體用之數圖'라 한 것으로 보아, 邵康節의 『皇極經世書』의 설을 따온 것으로 추정된다. 그러므로 명곡의 학설에서는 易數에 대단히 민감한 데가 있다.

---

9) 『耳溪集』 卷10, 序.

10) 金錫得, 「經世訓民正音圖說의 易理的 構造」, 『東方學志』 13, 1973(『韓國語研究史』 上, 연세대학교 출판부, 1975).

그는 일정한 우주의 생성의 합리주의적 이론 밑에 사람의 문자 음성 현상을 풀이하였는데, 이 점은 여암과 그 근본 철학이 같다고 할 수 있다. 그리하여 여암의 경우, 간혹 역의 과잉적 합리화가 나타나는 것처럼 명곡의 경우도 역의 과잉 현상이 나타나니, 가령 그가 초성의 '牙舌脣齒喉'의 생성과정을 '五音, 五方, 位五行相生序'와 '五行之義'으로 배속 풀이함이라든가, 모음기본 11자를, '太極, 兩儀四象, 八卦'의 상으로 풀이한다든가, 모음글자의 음양분류를 '卦數論'과 '動靜論'의 相乘으로 이해한 따위가 그것이다.

그러나 다음과 같은 그의 학설은 역의 의미가 음성학적 자질에 합리적으로 들어맞음으로써, 음성적 자질을 더욱 구체적으로 구현하여 준 것이라 할 수 있다.

1) 초성의 17음을 역의 의미와 음감의 자질에 맞추어 분류하였다.

곧 '五音'을 음감의 자질인 '浮中沈'과 '三才(天地人)'으로 분류 배치했다.

ㆁㄴㅁ(ㅅ)(ㅇ)ㅿ→[浮, 天]
ㅋㅌㅍㅊㅎ →[中, 人]
ㄱㄷㅂㅈㆆ(ㄹ) →[沈, 地]
(cf. 浮 : 天, 高, 輕, 陽 / 天 : 乾, 陽, 剛, 動, 上
中 : 上下通, 心中 / 人 : 中
沈 : 止, 滯, 弱, 陰 / 地 : 坤, 陰, 下)

위에서, 자음 중 괄호 부분을 제하고는 그 자음에 대한 자질적 대조가 합리적으로 이루어졌음을 알 수 있다. 곧 ㆁㄴㅁㅿ은 울림(유성)의 자질을 가지며, 세 계열 중 가장 들림(sonority)이 크다. 그러므로, 그것은 '浮'의 자질에 해당하고, 삼재 중 '天'의 자질에 해당한다. 이와 같이 볼 때, ㅋㅌㅍㅊㅎ이 '中, 人'의 자질로, ㄱㄷㅂㅈㆆ이 '沈, 地'의 자질로 대응함에 음성학적 합리성을 찾을 수 있다.

2) 된소리의 陰陽交合說의 합리성

음양의 교합설은 하나의 변증법(a+b⇒c)이라 보는데, 음양사상에 의하면 음양 二爻는 서로 대립되는 것이 아니라, '動(陽)'이 극하면 '靜(陰)'이 되고, '靜'이 극하면 '動'이 되어서, '動中靜(陽中陰)', '靜中動(陰中陽)'이 된다고 한다. 이와 같은 음양관이 그의 된소리 풀이에 나타나니 다음과 같다.

一淸(陽)+一淸(陽)⇒二濁(陰)
ㄱ + ㄱ ⇒ ㄲ
ㄷ + ㄷ ⇒ ㄸ

위에서 보면, 맑은 소리(淸, 무성음)끼리 합하면 결과는 이질적인 된소리(濁)가 된다는 것이다. 이것은 음양론에서 볼 때, '陽'이 두 개가 결합하여 된 것으로 볼 수 있으므로, 爻數로 보면, '二爻' 곧 '陰'이 된다고 볼 수 있다. 그러면 음성학적으로 볼 때, 이러한 동질적 음성의 결합이 이질적 결과를 가져올 수 있을까, 하는 문제가 남는다. 그런데 된소리는 '앞 맑고 뒤 흐린소리(前淸後濁, 반무성 반유성)'이며, 이를 특별한 흐린 소리라고 하는 이도 있다.[11] 혹은 이를 특별한 맑은소리라고 할 수도 있겠다. 또 실제로 실험음성학적 면에서 보아도, 이 사실이 밝혀지는데, 한갑수님 팀이 실험한 바에 의하면, 된소리의 소리파동은 다음과 같이 나타난다.

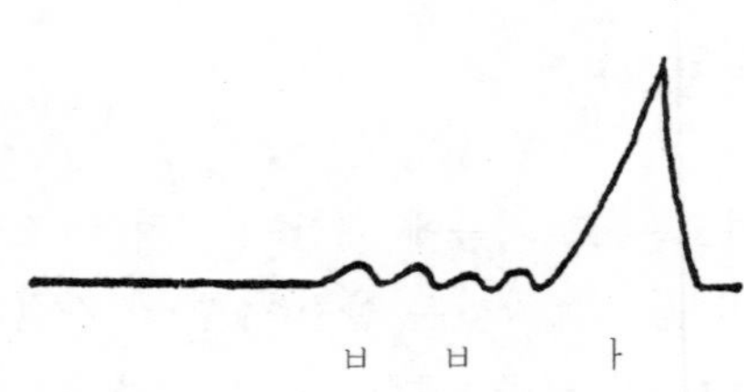

이를 보면, 무성음의 거듭으로 이루어지는 된소리는 단순한 무성음이 아님을 알 수 있다. 이와 같이 볼 때, 명곡의 음양 교합설에 의한 된소리 관은 음리에 맞는다고 할 수 있다.

---

11) 최현배, 『우리말본』, 정음사, 1955, 76~77쪽.

3) 실용적인 국어 교육면의 개척

(1) 각종 모음의 이름줌과 당시의 모음체계 암시

그의 「音分闢翕圖」조에 의하면, 중성을 분류하고 그 중성의 낱낱에다가 다음과 같이 이름을 주었다.

ㅏ阿 ㅘ烏阿 ㅗ烏 ㅐ阿伊 ㅙ烏阿伊 ㅚ烏伊 ㅑ也 ㅒ也伊 ㅓ於 ㅝ于於 ㅔ於伊 ㅞ于於伊 ㅕ與 ㅖ與伊 ……

崔世珍의『訓蒙字會』에서는 單字에만 이름을 주었지만, 여기 명곡 최석정은 단자뿐 아니라 二合 中聲에까지 이름을 주었다. 이러한 이합 중성에까지 이름을 준 것은 명곡이 처음이다. 우리는 이합 중성에 주어진 이름으로 말미암아 당시의 중모음 체계를 암시받을 수 있다. 뿐만 아니라 이러한 글자에 대한 광범위한 명명은 국어 교육적인 면에 편리성을 제공한다. 이런 점에서 명곡은 국어 교육의 실용적인 면을 개척하였다고 풀이되는 것이다.

(2) 두 받침 종성설과 形態論적 맞춤법 암시

명곡은 종성(끝소리)에 대하여, 다음과 같은 單終聲 12와 二合終聲 4를 합한 16종성을 주장하였다.

ㆁ凝 ㄱ億 ㄴ隱 ㄹ乙 ㄷ得 ㅁ音 ㅂ邑 ㅿ而 ㅅ思 ㅈ叱 ㅇ矣 ㆆ益 ㄺ乙億 ㄼ乙邑 ㄽ乙思 ㅀ乙益

이는『훈민정음해례』의 팔종성의 편법과, 최세진의 팔종성법에 대한 거부라고 할 만하다. 뿐만 아니라 /ㅿㅅㅈㆆ/이 종성됨과, 특히 이합의 글자가 종성이 될 수 있다는 설은 맞춤법 상, 음절 위주의 표기에서 形態素 단위 표기인 表意的 표기에로 발전시키는 계기를 만들어 주었다고 할 수 있다. 이러한 것들은 국어 교육 및 정책의 실용적인 면을 개척할 수 있는 열쇠를 주었다고 풀이된다.

⑶ 음절의 수 계산

그의 「律呂相乘配合成字圖」에서는 다음과 같은 초, 중, 종성의 相乘法에 의하여 국어의 음절 수를 계산하여 내었다.

음절수 : 32(중)×24(초)×16(종)=12,288

이는 초, 중, 종성의 수를 어떻게 보느냐의 문제와 音節分斷法으로 볼 때 문제가 없지 않다.12) 그리고 이 계산법은『皇極經世書』의 수리론의 영향을 받았다고 볼 수 있다. 그러나 국어 연구사상 음절 수의 계산은 명곡이 처음이 아닌가 한다. 이 음절 수의 확인은 오늘날도 중요한 관심의 대상의 하나로 되어 있는데, 이는 문자의 기계화와 관련되는 문제이기 때문이다.

4) 구조적 관점

그의 「聲分平上去入圖」와 「音分開發收閉圖」는 각각 '四聲(平上去入)'과 '四音(開發收閉)'을 말한 것이다. 이 '사성'과 '사음'의 기능적 관계를, 이른바, 역의 '四德(元亨利貞)'과 '四占(吉凶悔吝)'의 각각의 自轉적 순환론과 아울러 상호간의 共轉적 순환론을 빌어서, '사성'과 '사음'의 각각의 자전과 상호간의 공전적 유기적 순환 구조관계로 논증하였다. 곧 '사성'은 그에 따르면 높낮이의 기운(pitch와 같음)이다. '사성' 중 평성은 '哀而安'이요, 상성은 '厲而擧'이요, 거성은 '淸而遠'이요, 입성은 '直而促'이라 하였다. 그런데, 이러한 '사성'은 초성에 놓이고, 모음(열리고, 닫히는 모음)을 통솔

12) 비판은 필자의 앞의 책,.1975, 127~128쪽에 있음. 더욱 음절분단법에 대하여는 金錫得,『韓國語硏究史』下, 연세대학교출판부, 1975, 136~139쪽 ; F. de Saussure, *Cours de Linguistique Générale*, 1968(1916), pp.79~87 ; M. Grammont, *Traité de Phonétique*, Paris : Librairie Delagrave, Paris, pp.97~104 참조.

한다고 하였다(四聲高低之勢 在初聲而統闢翕).

또 '사음' 중 개음은 '軍以舒(확산성)'이요, 발음은 '騈以揚(들날림)'이요, 收音은 '軍以斂(걷음)'이요, 폐음은 '騈以殺(없어짐)'이라 하였다. 그리고, 이러한 '사음'은 펴고 거두는 기운[모음의 간극의 크기와 들림(sonority에 해당)에 해당]으로서 '사성'에 놓이며, 자음(淸濁)을 통솔한다고 하였다(四音舒斂之勢 在中聲而統淸濁).

그는 이와 같이, '사성'은 '사음'을 거느리고, '사음'은 '사성'을 거느린다고 보았다. 그리고, 이를 陰陽互藏으로 보았으며, 이는 역의 '사덕(元亨利貞)'과 '사점(吉凶悔吝)'이 서로 유기적 관계를 가진 것에 그 합리성을 찾았다. 한편, '사덕'과 '사점'은 각각 자전하는 것처럼, 곧 '吉'이 '凶'이 되고, '凶'이 '悔'가 되고, '悔'가 '吝'이 되고, '吝'이 다시 '吉'이 되며, '元'이 '亨'이 되고, '亨'이 '利'가 되고, '利'가 '貞'이 되고, '貞'이 다시 '元'이 되는 것처럼, '사성(平上去入)'과 '사음(開發收閉)'도 각각 상호 관계를 가지고 스스로 변하는 것으로 풀이하였다.

이와 같이 볼 때 그의 언어관은 비록 易變에 합리화시켰으나, 철저한 구조적 관점에 섰음을 짐작할 수 있다.

이제까지 명곡의 학설의 특징의 대강을 살펴보았다. 이러한 명곡의 학설의 특징을 통하여, 우리는 耳溪의 명곡에 대한 학문적 찬사를 이의 없이 받아들일 수 있다고 생각한다.

4. 여암과 명곡과의 학문적 거리

여암의 『경세훈민정음도설』은 자가학으로서의 노작임은 앞에서 증명된 셈이다. 그렇다면 『훈민정음해례』 이래의 최초의 노작으로는 305년 만에 나타난 여암의 『훈민정음운해』가 아니라, 이보다 35년 내지 49년 앞서서 나온 『훈민정음해례』 이래 270년 내지 256년 만에 나온 명곡의 『경세훈민정음도설』을 들 수 있다.

명곡은 인조·숙종 연간(1646~1715)에 살았고, 여암은 숙종·정조 연간

(1712~1780)에 산 것으로 보아, 다같이 숙종 시대를 거쳐 산 것을 알 수 있다. 그러나 여암은 명곡이 거의 세상을 뜰 무렵에 나서, 영조를 거쳐 정조 시대에 이르는 이른바 實學의 전성시대에 살았다. 뿐만 아니라, 명곡의 『경세훈민정음도설』이 나온 연대와 여암의 『훈민정음운해』가 나온 연대적 차이는 이미 언급한 바와 같이 35 내지 49년이나 된다(명곡의 『경세훈민정음도설』은 1701~1715년 사이에 나온 것으로 추정되고, 여암의 『훈민정음운해』는 1750년에 나왔다). 따라서 두 사람 사이에 학문적 경향이나 그 질적인 면에서 차이가 있을 수 있음은 당연한 일이다.

그런데 한편 명곡도 임진 병자 두 난리 이후의 인물로서, 전쟁 뒤에 일어난 공리공론의 배척과 자아성찰의 기운이 도는 초기 실학시대에 처한 일이기 때문에, 그의 학문이 여암에 방불할 만한 근대적인 학문의 경향은 없을는 지는 몰라도, 적어도 그 근대적 기운은 없을 수 없었을 것이다.

여암의 학문에 비교하여 볼 때, 명곡의 학문에는 易學에 너무 집착된 느낌을 준다. 물론 여암에게서도 역리의 맹목적인 과잉적 적용이 간혹 사실을 초월하는 경우가 있다. 그런데 명곡의 경우에는 그 도가 한층 지나친 느낌을 준다. 곧 명곡의 경우는 조음음성학적 이론이 역리와의 미분화 속에서 이루어지고 있음을 볼 수 있다. 이에 비하여 여암은 비록 과잉적 역리의 적용이 비현실적 결과를 가져오는 경우가 있다고는 하지만, 조음음성학적 이론이 대담하게 분리되어 나오려는 근대적 감각을 부각시킨다.

한편 명곡의 학문에서도 근대적 경향을 엿볼 수 있음은 부인할 수 없다. 그럼에도 여암과의 비교에서 볼 때, 상당한 차이가 있음을 인정한다.

1) 소리의 자질을 부여하는 면에서의 차이

명곡은 초성의 분류를 함에, '天地人' 삼재의 의미와 음감의 자질인 '浮中沈'에 의하여 합리적으로 분류하였다.

여암의 음성의 분류도 자질에 의한 분류를 하였는데, 명곡에 비하여 거의 근대적 음성학에 접근하고 있다. 곧 자음 분류에서, 소리 자질의 가볍고(輕) 무거움(重), 뜨고(浮) 잠김(沈), 그리고 맑고(淸) 탁함(濁)으로 식별하고, 이를 또한 밝고(陽) 어두움(陰)으로 분류하였다. 따라서 그는 명곡의 단순한 '三才'와 '浮中沈'에 의한 자음 분류보다는 구체적이고 과학성을 띠었다고 볼 수 있다. 다시 말하면, 음성 분류에서 명곡에 비하여 여암은 상당히 발전한 그리고 근대적 경향을 띠었다고 할 수 있다. 더욱, 명곡은 모음의 자질에 의한 분류는 한 바 없다. 그런데 여암은 모음의 분류를 변별자질에 의하여 구체적으로 분류하였다. 곧 그는 모음은 입의 양상적 자질(闢/翕, 開/合, 開齊/齒, 合/撮口)과 소리의 명암적 자질(陽陰)의 양립체계에 의하여 구체적으로 분류함으로써 근대 음성학에 접근하고 있다.

2) 陰陽互藏적 이론의 차이

명곡의 된소리의 음양 교합설에서는, 변증법적 이론과 '陰中陽'의 역의 의미를 보이면서, 音理와의 관계에서 합리적으로 처리되었다. 곧, ㄱ+ㄱ⇒ㄲ 등의 된소리되기를, [一淸(陽)+一淸(陽)⇒二濁(陰)]으로 풀이하였는데, 이는 음리와 역리가 합리적으로 부합한다. 또 그의 '四聲'과 '四音'과의 상호간의 유기적 구조관계 설명에서도, 음양의 호장성을 배경으로 하고 있는데, 이것도 음리와 역리가 합리적으로 부합한다.

이에 비하여 여암도 그의 모음 분류에서 음양 호장(陰中陽, 陽中陰) 사상을 배경으로 하고는 있다. 그러나 여암의 음양 호장성은 구체적인 음성적 차이를 나타내는 자질의 변별성으로 이해된다.

3) 실용적 개척의 차이

명곡은 최세진 이상의 각종 모음의 이름을 줌으로써 국어 교육적인 면에 열쇠를 주는 공헌을 하였다고 본다. 뿐만 아니라 그의 두 받침 종성설은 형태론적 맞춤법의 암시를 주었고, 그의 음절 수의 계산은 국어연구에 또 하나의 분야를 제시하여 주었다. 이 음절 수의 규명은 오늘날도 중요한 관심의 대상으로 되어 있는데, 이는 문자의 기계화와 관계되는 문제이기 때문이다. 여암은 위와 같은 문제에 언급은 없었다.

4) 조음음성학의 과학적인 면

명곡은 조음음성학에 관한 이렇다 할 언급을 하지 아니했다. 이에 견주어 여암의 조음음성적 설명은, 사실의 면밀한 관찰에 기본을 둠으로써 근대적 조음음성학에 상당히 접근하고 있다. 곧 그는 자음배열의 순서에 있어서,『훈민정음해례』에서 보다도 더 정연한 조음점의 순서에 따른 배열을 하였다. 소리를 사람의 심리적 실체로 파악하고, 그 소리가 조음할 때 조음체 운동의 정밀한 관찰을 하여, 입술과 혀의 주동적 조음 작용을 발견하였다. 그리하여 하나의 소리값을 사실적으로 규명하는데도, 혀와 입술의 작용을 중심으로 논증하였으니, /ㆍ/의 소리값을 혀의 동작과 입술의 양상적인 측면에서 고증함과 같은 따위가 그것이다.

5) 구조적 관점

명곡의 '四聲'과 '四音'論은, 개별적인 것으로 고찰하기보다는, 이른바 역의 '四德'과 '四占'의 각각의 자전적 순환론과 아울러 상호간의 공전적 순환론을 빌어서 '사성'과 '사음'의 각각의 자전과 상호간의 공존적 유기적 순환 구조관계로 논증하였다. 이는 비록 역에서의 상호 관계에 의한 변환론을 '사성'과 '사음'론에 합리화시켰다고 볼 수는 있다 하겠지만, 언어의 각 요소에 대한 유기적 구조관계를 피력한 것이라고도 하겠다. 이 점에서 근대의 구조주의적 의미를 찾을 수 있다.

이러한 구조적 관점에서 본다면, 여암은 명곡의 경우보다 약하다. 이것은 아마도 명곡의 강한 易철학의 의식이 여암에 와서는 약화됨으로 나타나는 逆현상인지도 모른다.

6) 말본의 암시 문제

이조의 국어학은 주로 음운과 문자에 대한 연구이었다. 명곡 최석정의『경세훈민정음도설』도 음운과 문자에 대한 연구이며, 여암의『훈민정음운해』도 주로 음운과 문자에 대한 연구이다. 그런데 여암의『훈민정음운해』

에는 그리 들어 말할 바는 못 되나, '語助辭'의 언급이 약간 비친다. 이는 말본의 암시로 받을 수 있음으로써 명곡과의 비교에서 상당한 발전을 보인 것으로 볼 수 있다. 그리고 이것은 국어학사 상에서도 주목을 하지 않을 수 없는 근대적 기운이라 할 수 있다.

이상으로 보아 명곡 최석정의 학문보다는 여암 신경준의 학문은 역철학의 경지에서 상당히 이탈하는 현상이 일어나면서, 소리와 글자에 대한 사실적이고 구체적인 관찰에 의한 기술이 나타나는 근대적 경향을 띠게 된다. 그렇다고 이는 명곡의 학문의 전근대성을 드러내는 말은 아니다. 명곡의 학문에서도 이미 본 바와 같이, 비록 음운론과 역철학과의 미분화 상태에 놓여 있기는 하지만, 근대적인 기운이 없는 것은 아니었다.

그리하여 명곡은 北學派의 고증학적 실학자인 耳溪가 높이 평가한 것이라든가, 또 그의 학문이 『훈민정음해례』이래 최초의 自家學이라든가, 또는 임진 병자의 두 난리를 겪은 이로서, 당시 양반 계급의 몰락으로 평민계급의 자각이 한글 문예의 꽃을 피우던 때 벼슬을 버리고 조선 지식을 추구한 것이라든가, 역의 바탕 위에서 음성 문자의 규명을 합리적으로 한 것 등으로 보아서, 그의 학문은 대체로 실학의 범주에서 전개되었다고 보아 큰 무리가 없을 것으로 믿는다.

그리하여 이제 실학과 국어학과의 관계에서, 국어학은 다음과 같은 學脈을 그을 수가 있을 것이다. 곧 여암 최석정의 『경세훈민정음도설』은 국어학에서의 실학의 태동이요, 다음 신경준의 『훈민정음운해』를 대표로 하는 李思質, 朴性源, 洪啓禧, 洪良浩 등의 연구는 국어학의 실학의 전성기를 이루었고, 다시 鄭東愈와 그의 계승자인 柳僖(영조 49, 1773~헌종 3, 1834)의 『諺文志』(1824)에 와서 국어학의 실학의 결실기를 이루었다고 본다.

위에서 정동유의 학설이 유희에 계승되었다고 하였는데, 이 시대는 실학의 결실이기 때문에 한 마디 언급하고 지나가겠다. 정동유의 『書永編』(순조 6)에는 우리글 존중의 주장이 보인다. 그리고 거기에는 音聲과 音韻(音素)의 식별 의식이 나타나 있다. 이러한 정동유의 우리글 존중의 사상과 음성과 음운의 식별 의식이 그대로 유희에 계승된다. 그런데 유희의 『언문지』에는 재래의 역철학이 크게 동요되는 반면에 구체적으로 근대 언어과학에 접근하는 경향이 생긴다. 따라서 종래의 언어철학은 서서히 그 자리를 새로운 철학에 물려주게 된다. 그리하여 유희는 類概念과 對立概念을 인식함으로써, 음성과 음운을 식별한다(그의 「按頤擧頤說」). 그리고 약간의 접촉구조(contactic structure)와 형태론의 인식까지 싹트게 되니, 'ㅅ의 聯意自生論'에서, '빗ㅅ돋(舟之席)'의 ㅅ이 배합을 이어 주는 뜻을 가졌다고 함으로써, ㅅ을 최소의 유의미적인 단위인 형태소로 인식하였음이 그 보기가 되겠다.[13] 이것은 하나의 경험주의 철학의 태동과 구조주의 태동이라고 할 수 있겠다.

이제 실학과 국어학의 전개를 표로 나타내 보일 시점에 이르렀다.

최석정	신경준	유희
(인・숙시대) 역철학과 음운학의 합리화 역철학과 음운학의 미분화 유기적 구조인식 실학의 태동	(숙・정시대) 역철학과 음운학의 합리화 역철학과 음운학의 분화 경향 근대 조음 음성학의 접근 실학의 전성	(영・헌시대) 역철학의 동요 유개념과 대립개념식별 접촉구조인식 형태론의 인식 경험주의 및 구조주의 태동 실학의 결실

붙임 :

물론 본 논문과 관계되는 것은, 명곡 최석정과 여암 신경준에 관한 것만이 되겠다. 그러나 학맥의 흐름을 일관하기 위하여 앞에서도 유희에 관하여 약간 언급하였고 또 여기 그것을 표시해 볼 것이다.

위에 보인 세 사람만의 학문을 가지고 시대적 학문의 경향을 단언할 수는 없다. 그 시대의 모든 학자의 학문의 경향을 파악하지 않으면 안 될 것이다. 그럼에도 여기 세 학자를 내세움은 이들이 당시 국어학자의 학문의 대표로 손꼽힐 수 있음으로써, 학맥 형성에 이바지했다고 믿기 때문이다.

(『東方學志』 16, 1975. 12)

---

13) 유희의 『諺文志』 소개 및 비판은 김석득, 앞의 책(上), 1975, 186~223쪽 참조.

弘齋王의 文學思想

李 家 源

緖

우리나라 역대 帝王 중에 이른바 '好文之主'는 적지 않았다. 그러나 참으로 제왕의 學을 攄得하여 정치에 옮긴 이는 너무나 적었다. 그러한 한편 李朝의 世宗이나 正祖 弘齋王(1752~1800)과 같은 이는 중국 역대의 어떤 군주보다 위대하였다. 이는 그들이 처해 있던 시대와 환경이 너무나 불안하였음에도 불구하고 능히 이러한 위대한 업적을 남겼음은 지극히 어려운 일이 아닐 수 없다.

나는 일찍이 『弘齋全書』 1百冊을 읽고 자못 望洋의 歎을 금하지 못하였다. 그야말로 제왕의 학이란 이와 같이 淵博하고도 醇正하여야 함을 새삼 느끼게 되었다.

弘齋의 학은 실로 문학만이 연구할 가치를 지녔음은 아니다. 정치・경제・兵農・사회・제도 등의 여러 각도에 亘하여 應分의 평가가 주어져야 할 것이다. 그러나 그가 더욱이 문학에 대하여 拳拳하였음은 『弘齋全書』와 『正祖實錄』 내지 당시 제문헌을 통해서 援据할 수 있을 것이다.

그러나 홍재의 문학을 연구함에 있어서는 먼저 그 사상적인 탐색과 창작품의 巧究와 비평론의 綜理가 있은 뒤에 비로소 가능한 것인 바, 실로 만만치 않은 工作이어서 함부로 손을 대기 어려웠던 것이 사실이다. 지난 1961년 졸저 『韓國漢文學史』 중에 홍재의 문학이 크게 다루어지지 못한 것은 스스로 滄海遺珠의 느낌이 없지 못하였고, 1962년 『燕巖小說硏究』 중에 비로소 「正祖王의 文體政策」과 「醇正書의 命製」의 소논고를 삽입한 바 있으나, 이는 홍재왕의 문학사상에 있어 한 측면에 지나지 않았으므로 스스로 만족을 느끼기에는 불가한 일이다.

1. 憐民思想

홍재의 時代는 실학의 새 기운을 창조하는 시대에 틀림이 없다. 실학의 隆昌에 따라 정치의 개혁도 불가피한 일이다. 정치의 혁신이 있자면 반드시 정치가의 정신세계에 도사리고 있는 문학이 건전하여야 할 것이다. 홍재는 일찍이 당시 頑陋한 刑曹에서 亂民들을 소탕하자는 제안에 대하여 一蹴 거절하였다. 대개 平民과 亂民은 홍재 자신으로 보면 같은 사랑하는 국민일 뿐 아니라, 소위 '亂民'이 애당초부터 난민이 아님에도 불구하고 朝家의 조치가 이같이 잘못되었음을 밝혔다.[1] 이와 같은 憐民思想은 前古에 들지 못한 哲言이 아닐 수 없다. 이러한 마음이 홍재의 정신세계의 지주가 되어 있으므로 그는 문학과 정치를 二致로 보지 않고 함께 經世・致用의 하나의 도구로 이용하여야 함을 강조하였다.[2]

홍재는 文體의 浮靡를 우려하여 稗官・小說의 구독을 엄금하였으나, 전라도 長興에서 일어난 正義의 사나이 申汝倜의 獄事를 처리함에 있어서는 諺傳・稗說을 원용하여 刑曹의 必死의 啓를 헤치고 必生의 길을 열어 주었다. 이는 바로 홍재가 즉위한지 14년 庚戌(1790)의 일이다. 장흥의 민간인 金順昌이 아우 順南을 학대하는 광경을 본 신여척은 그를 말리다가, 순창이 쓰러져 죽었다. 홍재는 저 종로 네 거리 담배가게에서 소설 읽는 소리를 흥미 있게 듣다가, 영웅이 실패하는 대목에 이르러서는 의분을 이

1) 『正祖實錄』 卷2, 正祖 5年 辛丑下, "大抵平民亂民 自予視之 均是民也 況所謂亂民 皆非本是亂民也 朝家制置 如彼其乖".

2) 『弘齋全書』 卷11, 科試引, "講以經史 製以詩文 蓋欲長其識解 措諸事務 以需當世之用".

기지 못한 채 담배칼을 앗아서 소설 읽는 자를 찔러 즉시에 쓰러뜨려 버렸다는 古諺을 이끌어 義俠心에서 저지른 죄수 신여척을 석방하였다.[3] 이 일은 너무나 유명한 사건이기에 『正祖實錄』 중에 大書特筆하였고,[4] 李德懋의 『雅亭遺稿』 중에도 흥미롭게 언급되었다.[5]

이러한 몇 가지의 일로 미루어 보아 홍재의 연민사상은 政治와 文學에 겸용하였으며, 이 「審理文」 역시 한편의 名文으로서 그가 주장하는 순정문학과는 情과 色이 몹시 綺麗하여 어떤 明淸 소설의 한 대목을 연상하게 한다. 이는 문학사조의 시대적 흐름에는 어떻게 할 수 없었던 것이 아닌가 한다.

2. 博學과 多著

홍재는 淵博한 학식으로서 地負・海涵的인 著籍을 남겼다. 홍재는 동궁에 있을 때부터 이미 儲書의 癖이 있어 연경에서 구입된 外書나, 故家에 蒐藏된 古籍을 많이들 窩藏・耽讀하였다.[6] 그 汗牛充棟의 新舊書를 一再經眼이란 초인적인 多讀인 동시에 淹博한 지식은 실로 역대 帝王群에서 볼 수 없는 존재일 뿐만이 아니라, 당시 雨後春筍처럼 列立된 藹藹多士

3) 『弘齋全書』 卷149, 審理錄, "有旨 諺有之 鍾街煙肆 聽小史稗說 至英雄失意處 裂眦噴沫 提折草劍 直前擊讀的人 立斃之 大抵往往有孟浪死 可笑殺 而朱桃椎羊角哀者流 古今幾輩 汝倜者 朱羊之徒也 目攝鬩牆潑漢 斗湧百丈業火 往日無恩 今日無怨 瞥然艴然之間 趕入滚鬪場中 捉髻而踢曰 同氣之鬪 倫常之變 毁爾廬 迸吾里 旁之觀 責汝何干 則曰吾義彼反怒 彼踢吾亦踢 噫汝倜 死也休怕 非士師 而治不悌之罪者 非汝倜之謂哉 錄死囚 凡千若百 其倜儻不碌碌 於汝倜見之有以哉 汝倜之名不虛得也 汝倜放".

4) 『正祖實錄』 卷31, 正祖 14年 庚戌 下 參照.

5) 『弘齋全書』 卷3, 銀愛傳 參照.

6) 『弘齋全書』 卷161 日得錄, "嘗覽內閣藏書錄 敎曰予在春邸時 素癖儲書 聞有燕市所購 故家所藏 輒令貿來 見今皆有窩藏置者 經史子集 靡不畢備 亦皆一再經眼 而近年以來 機務靡暇 絶無對卷看字之時 故案上初不寘一帙書 所留意者 不過錢穀甲兵等謄錄冊子而已 每想儲書之事 未嘗不愧赧也".

중에서 따를 자가 거의 없었던 것이다. 御製『홍재전서』는 1백책 184권에 또 不分卷의 補遺를 더하면 2백권에 달하는 방대한 저작이다. 그 중에는 비록 諸臣들의 기록과 命撰한 부분이 없지 않으나, 그다지 많지 않은 비율이다. 홍재는 동궁에 있을 때부터 書筵官과 함께 經史의 강론에 게을리 하지 않았고, 왕위에 오른 뒤에 더욱 학문에 전심하여 왕실의 연구기관으로서 奎章閣을 창설하여 학자로 구성된 閣臣은 세종의 集賢殿 學士를 연상케 하였으며, 많은 서적을 편찬간행하였으니, 이는 위로 세종의 아름다운 전통을 이어받고, 밖으로는 滿淸의 考據學을 도입하여 문예의 중흥을 도모하였다. 어떤 국가라도 정치적이나 경제적으로 小康狀態를 유지할 때에는 으레 邦故에 관한 諸籍을 정리하게 된다. 그러나 이 사업에 주역을 맡은 위정자의 진실한 애국의 丹忱과 영특한 創製의 雄略과 과감한 行事의 英斷이 없고서는 아니 되는 것이요, 또 군주 자신이 솔선수범을 하지 않고서는 결코 이룩되지 않는 것이다.

홍재는 일찍이 抄啓文臣의 제도를 창설할 때에 '躬先勤勵'라는 굳은 의지를 먼저 보였다.[7] 심지어는 科試를 친히 주재한 일도 없지 않아 당시 諸臣을 君臣으로 대하는 것보다 座主門生의 誼를 겸하기도 하였다. 이는 洪義浩의 「正宗大王遷陵輓章」 중의 兩句語를 보아서 짐작할 수 있을 것이다.[8] 어떤 때에는 과시까지도 친히 출제를 하여 多士를 격려하였다. 濟州에 과시를 보일제, '海不揚波者十年'이란 詩題를 내렸는데 이에 대한 일화는 너무나 재미로웠다.[9] 이 몇 가지의 일을 보아서 홍재는 天賦的인 才質

---

7) 『弘齋全書』 卷166, 日得錄, "抄啓文臣刱設之後 每當隆寒盛暑 就當講之自止 條錄問目 使之在家條對 嘗於盛夏熱日 上親自閱卷 竟日鈔錄 或以 聖人愼疾之戒進上曰予之初置抄啓文臣者 意在勸課 予若不躬先勤勵 何以董飭諸文臣也 且予之習性 素喜此事 雖終日抄錄 不知疲也".

8) 『澹寧瓿錄』, "座主門生承寵諭(登第初諭以洪義浩予之門生也) 小臣啣結敢忘恩"

9) 濟州에 科試를 보일제, 홍재 친히 極秘裏에 출제 밀봉하였다. 어떤 선비가 李家煥에게 구원을 청했다. 李家煥은 왕의 측근자에게 왕의 用筆할 때 첫획과 끝획의 방향을 엿보아서 윗글자에는 氵, 끝글자에는 丨임을 알게 되었다. 이가환은 '治天下五十年'·'江上逢李龜年' 등의 몇 가지의 시제를 추상해 보았으나, 제주에 해당한 緊題는 '海不揚波者十年'으로 추정하여 합격되었다 한다.

에다가 勤勉을 더하여 스스로 淹博한 학식을 지녔고, 또 문신과 多士에게 면학의 분위기를 조성하여 문예 중흥의 대훈적을 이룩하였던 것이다.

3. 醇正文學의 主唱

홍재의 문학사상 중에서 순정문학의 주창이 가장 커다란 比例를 차지하였다. 그는 당시 文體가 저하됨을 우려하여 문체정책을 수립하기에 이르렀다. 그는 일찍이 李家煥 · 丁若鏞 · 李承薰 등을 投配하는 동시에 문장을 하려면 六經과 兩漢의 好田地가 있음에도 불구하고 하필이면 務奇 · 求新을 해야만 하느냐고 下諭하였고,[10] 明季 · 淸初의 문집과 稗官 · 叢史 · 雜說 등 外書의 구입을 금지하였으니, 이는 世道를 해치기 때문이다.[11] 홍재는 또 明淸文集과 稗官雜記의 浮夸不經의 說은 인심을 무너뜨리고, 文風을 병들게 하고, 세도를 해칠 뿐임을 거듭 밝혔으며,[12] 더욱이 噍殺 · 尖薄한 文章이란 孤臣 · 孽子의 悲苦 · 愁悒의 소리인 바,[13] 결코 治世之音이 아님을 의미함이었다. 홍재는 이 문체의 비하에 대하여 유일의 구제책으로서 '本之六經'의 赤幟를 높이 들었으며,[14] 문장뿐만이 아니라, 심지어 事事 · 物物에 經學을 떠나서는 아니 될 것을 明揭하였다.[15] 실에 있어서는 그

---

10) 『與猶堂全書』 卷15, 自撰墓地銘 集中本, "渠欲爲文章 則六經兩漢 自有好田地 其必務奇求新 至於狼狽身名".

11) 『弘齋全書』 卷61, 使价引, "明季淸初文集 及稗官叢史雜說 有害於世道者 並與雜術文字 而別立條科 以禁之".

12) 『弘齋全書』 卷162, 日得錄, "明淸文集 及稗官雜記之害 尤難勝言 士子必欲爲文 六經諸子足矣 浮夸不經之說 適足以壞人心 病文風 害世道耳".

13) 『弘齋全書』 卷163, 日得錄, "稗官小品之書 最害人心術 士之有志於文章經術者 雖賞之不觀 况其噍殺尖薄 孤臣孽子悲苦愁悒之聲 何苦而爲此".

14) 『弘齋全書』 卷161, 日得錄, "爲文之道 本之六經 以立其綱 翼以諸子 以極其趣 灌之以義理 發之以英華".

15) 『弘齋全書』 卷163, 日得錄, "今人言經學 但知談性說理之爲經學 而不知事事物物 無非舍經學不得 試以近日華城築城言之 凡臨事而不知措處之方者 皆昧於經學 而見識不明故耳".

당시 새로운 문풍을 창조한 名家는 李用休·朴趾源 兩派가 있어 일대를 풍미하였다. 위에서 언급된 이가환·정약용·이승훈은 모두 이용휴의 一系에 속한다. 그들은 비록 孼子는 아니었으나, 孤臣에 가까운 분들이다. 이용휴의 一系는 仁祖 이후 몰락된 남인의 후예였고, 박지원은 비록 노론의 명가였으나, 하나의 僻派로서 불우한 孤臣系에 속하는 학자였으며, 그들 문풍을 계승한 李學逵·李鈺·金鑢 등도 모두 그러하였다. 다만 이 양계의 차이점은 물론 그 문학 본질이 같지 않음에도 중시하지 않을 수 없겠으나, 그보다 더 주목되는 사실은 천주교에의 감염 여부에 크게 판가름되었다. 어쨌든 그들의 문풍이 本經의 正軌가 아니었음은 누구라도 부인하기에는 어려울 것이다. 홍재의 위치에서는 이를 우려하여 文體反正을 강조하지 않을 수 없음이 너무나 당연한 일이 아닐까 생각된다.

4. 批評의 大家

홍재는 문학비평의 이론에 있어서 하나의 대가였고, 그의 비평이론을 攷究해 보면 그의 문학사상의 소재를 알 수 있을 것이다. 홍재는 일찍부터 詩學에 留心하여 시를 하나의 학으로 간주하였으므로 시를 관찰하는 안목은 자목 예리하였다.[16] 홍재는 徐居正의 문장이 元氣渾然하여 雕繪의 習이 없음을 칭도하였고,[17] 특히 朴誾의 시를 絶讚하여 唐人의 情境과 宋人의 事實을 겸했으며,[18] 蘇軾·黃庭堅을 배웠다 하나, 실에 있어서는 自得의 神境이 있음을 말하였으며,[19] 박은과 朴祥을 함께 평하여 박은의 天成

16) 『弘齋全書』 卷9, 詩觀序, "予於志學以後 閒嘗留心詩學 深以靡曼浮淺爲戒 而以優游平中爲主".

17) 『弘齋全書』 卷161, 日得錄, "四佳六歲 能屬句 典文衡二十年 生時文集之印行於世 獨四佳與姜希孟也 本朝文權之重 輒推此人 蓋其爲文 大樸未散 元氣渾然 絶不爲近世雕繪之習".

18) 『弘齋全書』 卷169, 日得錄, "挹翠之時 以唐人之情境 兼宋人之事實".

19) 『弘齋全書』 卷161, 日得錄, "挹翠神與境 造格以韻淸 令人有登臨送歸之意 世以爲學蘇黃 而蓋多自得 毋論唐調宋格 可謂詩家絶品".

과 박상의 沈鬱이 모두 盛世의 風雅임을 詡했고,[20] 盧守愼의 시를 평하여 老·莊의 書를 많이 읽어 頓悟處가 없지 않으나, 그 代替로는 濂·洛의 氣味를 잃지 않았다[21] 하였으니, 홍재가 서거정의 '元氣渾然'과, 박은·박상의 '盛世風雅'와, 노수신의 '濂洛氣味'를 정중히 소개한 것은 모두 문체의 醇雅를 기린 것이었다. 이에 반하여 金昌翕의 시를 평하여 그 沈鬱·牢騷한 意態가 결코 治世之音이 아닌 만큼 新進靑年으로서는 배워서는 아니 됨을 밝혔으며,[22] 또 우리나라 문체는 金錫胄·金昌協에 이르러 一變하여 元氣不振의 文弊를 남겼다 하였으니,[23] 이에서 이른 김창흡의 '非治世音'과, 김석주·김창협의 '元氣不振'은 모두 문풍 비하의 餘弊를 끼쳐주었음을 개탄한 것이기도 하였다. 그러면 홍재의 문학비평은 주로 문풍의 醇醨와 문체의 汙隆에 중점을 두었던 것이 사실인 바, 이에서 그의 문학사상의 소재를 짐작할 수 있을 것이다.

5. 文字와 音韻學

文字學과 聲韻學의 침체함을 우려하던 나머지에 斯學의 진작을 위하여 정리와 편찬의 사업을 촉진시킨 것은 역시 홍재의 문학사상 중에 또 하나의 커다란 비중을 지닌 것이다. 홍재는 일찍이 요즈음 사람들이 너무나 字學에 致意하지 않음을 개탄하는 동시에『周穆王傳』중에 있는 '䁠䦶'의 두 글자는 옛날 사람부터 잘 모른다 하였지만, '万俟'를 '萬司'로 그릇 읽는다

---

20)『弘齋全書』卷164, 日得錄, "我東詩學 世不乏人 而挹翠朴誾之天成 訥齋朴祥之沈鬱 皆盛世風雅之選".

21)『弘齋全書』卷161, 日得錄, "蘇齋居謫 十九年 多讀老莊 頗有頓悟處 故其韻遠其格雄 古人所謂荒野千里之勢 眞善評矣 然其大體 則自不失濂洛氣味 平生學力亦不誣也".

22)『弘齋全書』卷164, 日得錄, "近世言詩者 輒推故處士金昌翕 而予則以爲非治世之音 其所謂膾炙人口者 純是沈鬱牢騷意態 絶無沖和平淡氣像 以鍾鼎子弟 作窮廬口氣 固若有不期然而然 而後生少年 切不可倣學".

23)『弘齋全書』, "我國文體 到金錫冑金昌協一變 鼓一世而趨向之 蓋擬凌駕前人 而元氣浸不振 文弊之所由來 漸矣夫"

는 것은 부끄러운 일임을 밝혔고,[24] 또 沈有鎭의 字學이 비록 敏交時의 解字와 같이 가끔 무리한 점이 없지 않으나, 그 博洽을 인정하지 않을 수 없음을 말하였다.[25] 이 '褰'는 '睿'의 誤로서 여태까지 그 音義를 알 수 없는 글자요, '㔨'은 『列子』에서 처음 나온 '冏'의 誤字로서 '丙'의 음을 지닌 것이며, '万俟'는 複姓으로서 '木其'로 읽어야 하는 것을 그릇 '萬司'로 읽는 것이었으며, 또 '可'는 敏交時의 說에 의하면 '丁'은 '釘'이요, '口'는 네모난 못을 박기 전에 그 못 구멍의 可否를 겨냥하는 것을 象떴다 하나, 이는 그릇된 것이다. '可'는 '肎'과 뜻이 같은 骨閒肉인데, 이를 인용하여 '肎可'의 뜻으로 쓰이는 동시에 雙聲이 되기도 하고, '母'는 어머니의 젖을 象떴다 하였으니, 이는 근거없는 설은 아니다. 아기 품은 젖을 象떴다 함이 甲이라면 沈說은 乙이 되는 것이다. 홍재의 자학은 비록 精深한 경지에 이르렀다고 볼 수는 없겠으나, 당시의 자학이 蔑如한 학계에서 이만큼 문제의 제기는 어려운 일이라 생각된다. 그리고 홍재의 자학에 관한 획기적인 사업은 『御定奎章全韻』의 편찬·印頒이다. 홍재는 이를 印頒하는 동시에 중국의 『正字通』·『金壺字考』·『康熙字典』 등이 鉅麗하고도 纖悉하지 않음은 아니었으나, 가끔 失眞과 傷巧의 盡善하지 못함을 지적하였고,[26] 「御定奎章全韻頒行教」를 내려 종전의 三聲으로 되었던 韻書를 四聲으로 고쳤을 뿐 아니라 謟僞의 陋習을 一洗함에 眞義를 두었다 한다.[27]

---

24) 『弘齋全書』 卷162, 日得錄, "古人無事好看韻書 蓋字有音義 平素不能識者 唐王起曰三教書所不識者 周穆王傳褰㔨二字 胡應麟以大誣此等者 雖不識 亦無害焉 近人多不致意於字學 如万俟讀爲萬司者 有之 是爲羞耻事".

25) 『弘齋全書』 卷162, 日得錄, "故參判沈有鎭 以字學自許 每登筵 推演字意 言多可聽 或滾泥强解 如宋人敏交時 解可字曰方釘丁時 必象其孔之可否 解母字曰方爲女時 未爲所乳 爲母則兩乳垂 者居多 然博洽 則果不多讀於人".

26) 『弘齋全書』 卷162, 日得錄, "字學蔑裂 莫近日若 如張自烈正字通 釋適之金壺字考 康熙字典 非不鉅麗纖悉 閒亦有失眞 而傷攷者 字學之難 有如此者 况聖人之學乎".

27) 『弘齋全書』 卷35, 御定奎章全韻頒行教, "御定奎章全韻 內閣印出進呈 我東韻書之彙以三韻 別置入聲 有非韻本四聲之義 而不押增韻與入聲 亦不曉通韻叶音之格 魯莽莫甚 所以博據廣訂 命編是書者也 此後公私押韻 準此韻書 義例式令 卽予苦心 在於矯俗正習 是書之編 豈特專爲諧音比聲 故欲一洗謟僞之陋 近年印本

6. 結

이제 홍재왕의 문학사상에 대하여 위와 같은 五項에 나누어 다루어 보았다. 『홍재전서』와 『정조실록』의 두 저적에 실린 것만으로서도 실로 풍성한 자료여서 이루 다 활용하지 못하였다. 다만 대표적인 몇 가지를 골라 嘗試的인 논고를 작성하였다. 이 五項 중에서 서술된 그 대의를 요약해 보기로 한다.

(1) 홍재의 문학은 愛國・憐民의 사상에다 근거를 두어 문학과 정치를 二致로 보지 않은 경세・치용의 문학임을 밝혔다.

(2) 홍재는 儲書의 癖에 多讀의 工을 겸하여 박학・다식한 선비의 본령을 지녔고, 또 왕위에 君臨한 뒤에도 솔선수범하여 右文・育英에 비상한 丹忱을 기울여 문예중흥의 기운을 마련하였음을 논술하였다.

(3) 순정문학의 주창은 당시 정치풍토를 개혁함에 있어 당연한 행위이다. 홍재는 그 捄弊策으로서 '本之六經'을 내세웠다. 그렇다 해서 밀물처럼 밀려드는 그 新潮를 一朝에 막을 수 없음을 몰랐음은 물론 아니겠지만, 홍재의 위치에서는 그렇지 않을 수 없음을 논급하였다.

(4) 홍재는 하나의 비평 대가로서 여느 평가와 달리 주로 本邦의 시에 대하여 수많은 논평을 남겼으나, 그 歸趣에 있어서는 元氣渾然한 盛世의 風雅로 돌아가는 것을 주장하여 元氣不振한 非治世의 音을 배격하였음을 밝혔다.

(5) 홍재의 문자・성음학은 비록 精深한 경지에는 이르지 못하였으나, 자학이 蔑如한 당시에 있어서 하나의 문제를 제기하였고, 『御定奎章全韻』의 印頒은 우리나라 문자・성운학에 있어서 획기적인 사업[28]인 동시에 종전의 阿諛的인 陋習을 一洗하였음을 논거하였다.

끝으로 하나의 느낀 바는 이와 같은 풍성한 자료는 그 자신의 주변을 떠나지 않아서도 습득할수 있음에도 불구하고 여태까지 이에 대한 연구가

書冊 御諱之刪書 所見甚駭然 屢勤勅敎 不卽復古 自今嚴禁韻書 今日爲始行用".

28) 『弘齋全書』 卷165, 日得錄, "奎章全韻 歷屢年始成 考据取舍 頗祥密亭當 而近聞世人 多摘其罅漏云 纂輯之功 不其難乎".

蔑如하였음은 무슨 까닭일까. 첫째는 너무나 방대하기에 손을 함부로 대기 어려웠던 것이요, 둘째로는 제왕의 학을 찬양할 現時代가 아님이요, 셋째로는 原典이 純漢綴로 되었기 때문이기도 하다. 그렇다 해서 이에 이르러 우리는 이렇게 방대한 好資料를 그대로 버려 두어서는 아니 될 것이며, 또 이조 후반기 어떤 실학가의 학을 연구함에 있어서도 이 홍재의 학을 알지 못하고는 攷究하기에는 어려울 것이리라 생각된다.

『熱河日記』를 이루는 洪大容의 화제들

-18세기 실학의 성격과 관련하여-

金泰俊

1. 머리말

『熱河日記』는 燕岩 朴趾源의 중국 여행기로, 18세기 기행문학을 대표하는 연행록의 걸작이다. 그런데 이 여행기를 자세히 읽어 가면 그 중요한 내용들이 그 선배 학자인 湛軒 洪大容의 연행 및 그의 저서들과 깊이 관련되고 있는 것을 발견할 수 있다. 그리고 이러한 관련은 『열하일기』나 홍대용의 이해를 위해서는 물론, 두 사람의 학문적 성격을 살피는 데도 중요한 계기가 되리라고 생각된다.

1765년 홍대용이 연행했고 그보다 15년 뒤에 박지원이 연행 길에 오르기까지는 柳得恭·李德懋·朴齊家 등 박지원의 제자들이 모두 중국을 여행하고, 또 여행기를 남겼다. 따라서 사상적으로 이들의 지도적 위치에 있었던 홍대용의 연행록이 이들의 여행의 중요한 안내서가 되었을 것임은 의심의 여지가 없다. 그 중에서도 박지원은 홍대용에게서 가장 크게 영향을 받았고, 그 구체적인 예가 바로 『열하일기』에 채용된 홍대용의 화제들로 나타났다고 생각된다. 『열하일기』 중 홍대용과 관련된 화제는 대개 25건을 들 수 있으리라고 생각된다. 이것은 물론 확실한 근거를 살필 수 있는 것만을 헤아린 것이고, 이 밖에도 일기의 체재나 문체 등에 이르기까지 그 관계는 지극히 밀접한 것으로 보인다. 박지원이 이처럼 홍대용의 화제를 많이 채용하고 있다는 사실은 박지원이 홍대용에게 지고 있는 학문적 빚과 관련하는 것이리라.

이제 이러한 관계를 좀더 구체적으로 살피기 위하여, 필자는 우선 자신의 조사한 25건의 관련 화제들을 요약하여 보이고, 이 중 특히 흥미 있는 몇 가지 화제를 골라 연구 주제에 접근하는 자료로 삼고자 한다. 이를 살피는 일은 올해로 서거 200주년을 맞는 홍대용의 실학사적 의미를 재음미하고, 홍대용과 박지원의 관계 및 이들에게 지도되어 온 18세기 조선 실학파의 성격과 맥락을 이해하는 데 이바지하리라 생각된다.

2. 1.『熱河日記』중 洪大容과 관련된 화제의 목록

우선 이야기를 확실히 하기 위한 방편으로,『열하일기』의 내용 중에서 홍대용과 관련된다고 생각되는 화제의 목록을 여기에 보이고자 한다.『열하일기』의 자료로는 편의상 李家源 교수가 정리 번역한『국역 열하일기』(민족문화추진회)에 따랐다.

[화제 1] 책문 밖에서 다시 책문 안을 바라보니 …… 그 제도가 어디로 보나 시골티라고는 조금도 없었다. 앞서 나의 벗 洪德保가, "그 규모는 크되, 그 心法은 세밀하다"고 충고하더니 ……(「渡江錄」, 6월 27일의 일기, 국역본Ⅰ. 39쪽, 홍대용의 연행체험을 인용한 화제)

[화제 2] 나는, "吳西林 선생의 諱는 穎芳이옵고 杭州의 高士이신데, 혹시 노형의 일가가 아니신지요." 한즉, 오생은 아니라 하였다. 나는 또, "陸解元 飛와 嚴鐵橋 誠과 潘香祖 庭筠은 모두 西湖의 이름높은 선비들인데 노형이 잘 아시나요." 한즉, ……(「盛京雜識」, 7월 11일의 일기, 국역본Ⅰ. 124쪽, 홍대용의 會友錄과 관련한 화제)

[화제 3] 술이 몇 순배 돌 때에 費生이 먹을 갈고 종이를 펴면서, "목수환

이 선생의 필적을 얻어서 간직하고자 합니다" 하기에, 나는 곧 潘香祖가 金養虛를 보낼 때 준 七絶 중에서 한 수를 써서 주었다.

동야는, "潘香祖란 귀국의 이름높은 선비이오니까"하고 묻기에, 나는 "우리나라 사람이 아닙니다. 이는 錢塘 사람으로, 이름은 庭筠인데 지금 中書舍人으로 있고 ……."(「盛京雜識」, 국역본 I, 136쪽. 홍대용의 會友錄과 관련한 화제)

[화제 4] "한갓 말한 것과 들은 것을 빙자하는 이들은 그와 서로 족히 학문을 이야기할 수 없을 것이다. 하물며 그의 평생에 생각이 미치지 못한 것에서야 더욱 말할 것이 있으랴 ……. 泰西 사람이 큰배를 타고 지구 밖을 둘러 다녔다 하면, 그는 괴이하고도 허탄한 이야기라고 꾸짖을 것이다. 그러면 나는 누구와 함께 천지 사이의 크나큰 구경을 이야기할 수 있겠느냐 ……."(「馹汎隨筆」 序, 국역본 I, 168쪽. 홍대용의 연기의 서두 및 『毉山問答』의 여러 부분과 같은 내용)

[화제 5] 대개 수레는 天理로 이룩되어서 땅 위에 행하는 것이니, 뭍을 다니는 배요, 움직일 수 있는 방이다. …… 그러나 타는 수레 싣는 수레는 백성들에게 가장 중요한 것이어서 시급히 연구하지 않을 수 없는 문제이다. 내 일찍이 洪湛軒 德保, 李參奉 聖載와 더불어 車制를 이야기할 제 …….(「馹汎隨筆」, 7월 15일의 일기. 국역본 I, 181쪽. 洪大容의 여행체험, 實學적 화제)

[화제 6] 그러나 온 천하의 뜻 있는 선비가 어찌 하룬들 중국을 잊을 수 있겠는가. 이제 淸이 천하의 주인이 된지 겨우 네 대째이언만 그들은 모두 문무가 겸전하고 壽考를 깊이 누렸으며, 승평을 노래한지 백 년 동안에 온 누리가 고요하니, 이는 漢唐 때에도 보지 못했던 일이다.

요컨대 사람으로서 보면 中華와 夷狄의 구별이 뚜렷하겠지마는, 하늘로서 본다면 殷의 冔冠이나 周의 冕旒도 제각기 때를 따라 변하였거니, 어찌 반드시 淸人들의 紅帽만을 의심하리요(「虎叱後識」, 국역본 I, 277~278쪽. 홍대용의 『의산문답』 및 『湛軒書內集』 書, 「又答直齋書」 그밖의 글들과 같은 내용)

[화제 7] 배로 호타하를 건너서 三河縣 城中에 들어가 孫蓉州 有義의 宅을 찾았더니 …… 나는 그제야 담헌의 편지와 정표를 내어서 주렴 앞에 내놓고 나온다.(「關內程史」, 7월 29일의 일기, 국역본Ⅰ, 284~285쪽. 홍대용의 會友錄 및 소개의 편지, 「杭傳尺牘」)

[화제 8] 奇公이 나를 이끌고 나와서 달을 구경하는데, 이 때 달빛이 낮같이 밝았다. 나는 "달 속에 만일 또 하나의 세계가 있다면 달에게 땅을 바라보는 이 있어서 ……"(「太學留館錄」, 8월 10일의 일기, 국역본Ⅰ, 363쪽. 홍대용의 天文學의 화제)

[화제 9] 이날 밤 달빛이 유난히 밝았다. 奇公과 함께 明倫堂으로 나가 난간 밑을 거닐었다. 나는 달을 가리키면서 물었다. "달의 몸뚱이는 언제나 둥글어 햇빛을 빙 둘러 받고 보니, 이 때문에 지구에서 본 달이 찼다가 기울었다 하는 것이 아닐까. …… 우리 친구에 홍대용이라는 사람이 있어, 호는 담헌인데, 그의 학문은 좁지 않아서, 일찍이 나와 함께 달구경을 하면서 ……"(「太學留館錄」, 8월 13일의 일기, 국역본Ⅰ, 378~382쪽)

[화제 10] 吳西林·陸飛·嚴九峰과 홍대용의 交友의 화제(「傾蓋錄」, 국역본Ⅰ, 432~433쪽)

[화제 11] 그는 또, "귀국의 琴瑟은 어떻습니까" 하기에, 나는 "금과 슬이 다 있습니다. 제 친구 홍대용의 字는 德保요, 號는 담헌인데, 音律에 능하여 금슬을 잘 탈 줄 압니다. 우리나라 금슬은 중국과 다르고 …… 담헌은 처음으로 銅絃琴의 소리를 골라서 가야금에 맞추었는데, 지금은 금슬을 타는 악사들이 모두 이 본을 보고 현악이나 관악에 맞추고 있습니다"했다.(「忘羊錄」, 국역본Ⅰ, 454쪽)

[화제 12] 鵠汀은 다시 묻기를, "공자께서는 아마 幾何에 대한 학문이 정통하신가 봅니다 ……" 나는, "우리나라 근세 선배에 金錫文이 처음으로 三大丸이 공중에 떠 논다는 학설을 폈고, 저의 벗 홍대용이 또 地轉

說을 창안했던 것입니다 …….”(「鵠汀筆談」, 국역본Ⅱ, 10~28쪽. 홍대용의 우주론, 『의산문답』 외)

[화제 13] 내가 우리 서울을 떠나서 8일 만에 黃州에 이르렀는데, 말 위에서 혼자서 생가하기를, 학식이 본래 없는 나로서 이번 중국에 들어가 만일 큰 선비를 만난다면 장차 무엇으로써 질문을 하여 그를 애먹여 볼까, 하고 드디어 옛날 들은 지식 중에서 ‘地轉說’이라든가 ‘月世界’ 이야기를 찾아내어 …….(「鵠汀筆談」, 국역본Ⅱ, 80~81쪽. 홍대용의 우주론의 화제)

[화제 14] 나는 “潘庭筠을 아시나요” 하고 물었더니 …….(「黃敎問答」, 국역본Ⅱ, 120~121쪽. 홍대용의 회우록 그 밖의 화제)

[화제 15] 琉璃廠 六一齋에서 兪黃圃 世琦를 처음 만났다. 그의 字는 式韓인데, 눈매가 맑고 눈썹이 길기에 나는 그가 혹시 潘庭筠 …… 등의 모든 명사나 아닌가 하고 의심하였다.(「避署錄」, 국역본Ⅱ, 155쪽. 홍대용의 회우록 외)

나는 “또 선생은 潘庭筠 학사를 잘 아시나요”하고 물었더니 ……. 다시 나는, “저의 나라 사람 홍대용이 건륭 丙戌年에 貢使를 따라 연경에 왔다가 潘을 만났고 그 뒤에도 그와 서로 사귀어 본 이가 있으니 …… 시를 써서 홍에게 주었답니다.”(「避署錄」, 국역본Ⅱ, 158~160쪽. 홍대용의 회우록 외)

[화제 16] 나는 또, “그러면 서점 중에 갓 새긴 「繪聲園集」이 있습니까, 그 서문에 師와 梁의 두 서문이 있고, 역시 저의 것도 있습지요.”(「避署錄」, 국역본Ⅱ, 158쪽)

奴圭가 일찍이 그와 한 고을에 살고 있는 鄧汶軒 師閔을 통하여 우리나라 명사들에게 澹園八詠의 시를 청하였으니, …… 나는 이에 다음과 같이 써 주었다.(「避署錄」, 국역본Ⅱ, 163~168쪽. 홍대용의 회우록, 「杭

傳尺牘」 외)

[화제 17] 李懋官이 墨莊을 찾았을 때에 潘秋庫에게 시를 청했더니, 潘은 …….(「避署錄」, 국역본Ⅱ, 193~196쪽. 홍대용의 회우록 외)

[화제 18] 姜女廟의 主聯은 文承相이 쓴 것이 가장 비장하다. 그 글에 ……(「避署錄」, 국역본Ⅱ, 204~205쪽. 홍대용의 연기와 관련한 화제)

[화제 19] 郝志享 成이 金叔度의 몇 편 佳作을 들었으면 하고 청하기에 …… "다만 이번 걸음에 淸陰선생의 六代孫 履度의 別章이 있습니다." 한즉, …… 그가 초록한 「榕齋小史」 중에 다음과 같이 실었다.
"華山 金履度는 조선 사신 金淸陰 선생의 六세손인데, 그의 '奉別燕岩朝京'이란 시에, …… '耿介湛軒子 倜儻燕巖叟 ……'."(「避署錄」, 국역본Ⅱ, 209~212쪽. 홍대용과 박지원의 관계를 잇는 화제)

[화제 20] 내 일찍이 高太史 棫生의 座上에서 潘庭筠의 '次王秋史 寒柳詩'를 외웠더니 …….(「避署錄」, 국역본Ⅱ, 221쪽. 홍대용의 회우록과 관련한 화제)

[화제 21] 구라파 鐵絃琴은 우리나라에서는 '西洋琴'이라 부르고 ……, 향토곡조를 여기에 맞추어 풀어내기는 洪德保로부터 시작되었다. 건륭 임진년(1772) 6월 18일에 내가 홍덕보의 집에 앉았을 때, 酉時쯤 되어 그가 악기를 해득하는 것을 나는 목견했다. 대개 홍은 음악 감상에 예민해 보였고, 또 이것이 비록 작은 예술이지만 벌써 그것이 맨 처음으로 된 발견이므로 나는 그 日時를 자세히 기록했던 것이다. 그것이 전한지 이제 9년 사이에 …….(「銅蘭涉筆」, 국역본Ⅱ, 252~253쪽. 홍대용의 음악의 조예와 관련한 화제, 앞에 보인 [화제 11]과도 관련함)

[화제 22] 陸飛의 자는 起潛이며 호는 條飮이요, 杭州 인화 사람이다. 건륭 병술년(1766) 봄에 嚴誠·潘庭筠과 함께 연경에 와서 홍덕보와 乾淨衕衕에서 사귄 회우록이 있는데 나는 일찍이 이 책에 序를 써 주었

다. …… 기잠이 말하기를 …….(「銅蘭涉筆」, 국역본Ⅱ, 279쪽. 홍대용의 회우록과 관련하는 화제)

[화제 23] "우리나라 선비들은 생장하고 늙고 병들고 죽을 때까지 疆域을 떠나지 못했으니, 근세의 선배로서 오직 金稼齋와 내 친구 홍담헌이 중원의 한 모퉁이를 밟았다. …… 지금 내가 이 걸음을 더욱 다행으로 생각한 것은 장성을 나와서 漠北에 이른 것은 선배들의 일찍이 없었던 일이다.(「夜出古北口記後識」, 국역본Ⅱ, 359쪽. 홍대용의 연행일기 등과 관련한 화제)

[화제 24] 내 친구 홍덕보는 일찍이 서양 사람들의 기교를 논하면서, "우리나라 선비들로 金稼齋와 李一菴 같은 이들은 모두 견식이 탁월하여 후세 사람들로서는 따를 수 없는 바요, 더구나 중국을 본 데도 쳐줄 바도 없지 않다. 그러나 그들의 天主堂에 대한 기록들은 약간의 유감이 없지 않다. 이는 다름이 아니라 …….(「黃圖紀略」, 天主堂, 국역본Ⅱ, 441~443쪽. 홍대용의 연행체험과 관련한 화제)

[화제 25] "성에 붙여 쌓은 높은 축대가 성첩보다 한 길 남짓이 솟은 데를 觀象臺라 한다. …… 대체 대 위에 진열한 기계들은 아마도 渾天儀와 璿璣玉衡 종류 같아 보였다. 뜰 한 복판에 놓여 있는 것들도 역시 내 친구인 鄭石癡의 집에서 본 물건과 같았다. 석치는 일찍이 대나무를 깎아 손으로 여러 가지 기계를 만들었다. …… 언젠가 홍덕보와 함께 鄭의 집에 찾아갔는데, 두 친구가 서로 黃·赤道와 南·北極 이야기를 하다가 때로는 머리를 흔들고 …….(「謁聖退述」, 觀象臺, 국역본Ⅱ, 475~476쪽. 홍대용의 과학적 연구와 관련한 화제)

이제 이상의 항목들을 그 내용별로 조목지어 본다면 대개 다음과 같이 정리할 수 있을 것이다.

(1) 홍대용의 燕行談이나 『燕行日記』를 인용한 것…[화제 1][18~19][23]
(2) 홍대용의 연행 중의 淸人交友와 관련한 것…[2~3][7][10][14~17][20]

[22]

(3) 홍대용의 실학적 활동들과 관련한 것…[5][8~9][11~13][21][24~25]

(4) 홍대용의 작품 「의산문답」과 관련한 것…[4][6]

그리고 이 화제들은 다시 크게 두 가지 내용으로 구별할 수 있겠다. 곧, (1), (2)는 주로 홍대용의 연행과 직접 관련하는 화제들이며, (3), (4)는 연행 후의 그의 실학적 활동 등과 관련하는 것이다. 그리고 이런 사실 때문에 필자는 『열하일기』를 통한 홍대용의 화제들을 살펴보기로 한 것이다.

그러나 주지하는 바와 같이, 『열하일기』는 대단히 방대하고 백과전서적 여행일기이기 때문에, 이 내용을 요령 있게 분류하기는 쉽지 않다. 다만, 이 일기의 중요한 내용들을 중심으로 생각한다면, 그 하나는 연암의 淸人交友錄이며, 다른 하나는 여행의 관찰과 이와 관련한 그의 사상의 토로라는 두 가지로 나눌 수 있을 것이라 생각된다.[1] 그리고 이런 점에서도 홍대용의 『연행일기』의 체제는 박지원에게 크게 영향하였다는 인상을 받게 된다. 또 위에 보인 25개의 화제 밖에도, 박지원은 이 간단한 화제들을 이끌어 이에 새로운 부연이나 혹은 자기 나름대로 상고한 바를 기록하여 주고 있다.[2]

이 중에서 필자는 특히 『열하일기』의 중요한 내용을 이루고 있는 세 개의 화제를 중심하여 이야기를 이끌어 가고자 한다. 그 첫째는 '청인 학자를 애먹일 화제'[13], 둘째는 '풍금 이야기'[24], 셋째는 '域外春秋論'[6] 등이다.

2. 2. 淸人 학자를 애먹일 화제

1) 『열하일기』는 일기 · 여행기, 그리고 사상서 등 세 가지 성격으로 구성되고 있다는 견해가 있다(李鍾周, 「熱河日記의 敍述原理」, 한국학대학원 석사학위논문, 1982).

2) 가령, 앞에 보인 [화제 22]를 예로 들면, 朴趾源은 ① 陸飛가 洪大容과 사귄 내력과 이때 陸飛가 말했다는 本草에 대한 의견을 소개하고, ② 이어서 이 약재를 중국의 약방에서 찾아다닌 그 자신의 여행체험을 소개하고, ③ 자신이 약초에 대하여 상고한 내용을 장황히 덧붙이고 있다.

『열하일기』의 가장 아름다운 한 편으로 「鵠汀筆談」이 있다. 이것은 박지원의 중국인 교우록에서 중심을 이루는 일기로, 이 글의 끝 부분에는 여행 때의 저자의 심경과 함께 그의 성격까지 잘 드러내 주는 흥미 있는 일화가 소개되어 있다. 곧 박지원이 서울을 떠나 北京行 8일 만에 黃州에 이르렀을 때, 여기서 그는 이번 길에 중국의 큰 선비를 만나면 장차 무엇으로 질문하여 그를 애먹여 볼까 하고 생각하게 되었다는 것이다. 이 이야기에서 독자는, 외국 여행자가 된 박지원의 불안을 직감할 수 있지만, 다른 한편으로는 자기의 학문적 체계를 재점검하는 그의 심정을 엿볼 수 있다.

앞에서 말한 박지원의 불안이란, 이 일기의 서문격인 「渡江錄」에서 벌써 보이는 여행자의 심경이다. 柵門에 이른 때의 그의 일기는, 벌써부터 홍대용을 인용하면서, 여행자의 심정의 마음의 동요를 여실히 기록해 주고 있다. 홍대용이 일찍이 말하기를, "중국의 규모는 크고 그 心法은 세밀하다(「大規模細心法」)"고 하였다.[3] 그런데 박지원은, 중국 동쪽의 변두리이며 겨우 2, 30호 밖에 안 되는 이 곳 책문에서부터 중국의 규모에 한풀 꺾이고 있는 것이다. 여기서 박지원은 그만 발길을 돌릴까보다 하는 생각으로 온 몸이 화끈해졌다고 쓰고 있다. 이 때 박지원을 놀라게 한 중국의 규모로 말하면, 주위의 舖置는 물론 심지어는 외양간이나 돼지우리까지도 모두 법도 있게 놓일 곳에 놓여 있었다. 박지원은 감탄을 연발하면서 이렇게 말하고 있다. "아아, 이러한 연후에야 비로소 利用이라 할 것이며, 利用이 있은 후에야 厚生이요, 그 이후에야 正德이 될 것이다."

그러나 이 때 연암은 이런 생각들이 시기하여 마음이라 반성하고, 종자인 장복을 불러서, 네가 만일 중국에 태어났다면 어떻게 하겠느냐고 묻기도 했다. 이것은 해답을 얻으려는 질문이었다기보다는, 오히려 감탄 섞인 自問이었다고 할 것이다. 그는 이 때의 자신의 심정을, 때마침 月琴을 뜯으며 지나가는 소경의 눈에 비겨 이렇게 나타내고 있다. "저 눈이야말로 平等의 눈이다. 이것은 如來의 밝은 눈과 같은 것이며, 그 밝은 여래의 눈으로 十方世界를 두루 살핀다면 어느 것 하나 평등하지 않음이 없음이 없

3) 관련 [화제 1] 참조.

을 것이다. 따라서 저절로 시기와 부러움은 없으리라." 박지원은 이렇게 다짐하고 있다.[4)]

한편, 연행길에 오른 박지원을 휩싼 이런 한 줄기 불안은, 서울을 떠나 이제 겨우 환송객들을 떨쳐버렸을 뿐인 상태에서 일어났고, 그것이 바로 중국의 굉걸한 학자를 놀라게 할 화제의 발상으로 이어졌던 것으로 보인다. 박지원은 벌써 15년 전에 연행한 홍대용의 회우록에서 청인 학자들의 지적 관심을 충분히 가늠할 수 있었다. 그리고 연이어 연행한 자신의 제자들, 유득공·이덕무·박제가 등으로부터 수 없이 많은 예비지식을 얻고 있었음에 틀림없다. 그리고 그들보다 훨씬 선배인 金昌業이나 李器之의 연행일기도 교과서처럼 읽고 있었다.

그러나 정작 자신의 연행이 현실로 이루어지게 되자, 자신의 학문을 점검하는 박지원은 곧 전에 들은 지식 가운데 '地轉說'과 '月世界이야기'를 찾아냈다. 그리고 이를 정리하기 위하여 달리는 말 위에서까지 며칠을 두고 생각했다. 이 화제는 머리 속에 정리되고, 수 십만 마디 말로 연역되었으며 하루에도 몇 권씩의 책이 되도록 생각이 이어졌다 한다. 이것은 청나라의 굉걸한 선비를 애먹일 만한 가장 감 좋은 이야기거리라 박지원은 판단했고, 또 먼길을 걷는 작자 자신을 위해서도 좋은 길동무가 되었다고 한다.

청나라에 들어간 후로 이야기는 실제로 王鵠汀 등 청나라 선비와 밤낮 6일 간을 필담한 화제의 중심이었고, 『열하일기』의 「鵠汀筆談」과 「太學留館錄」 등에 자세히 기록되어 남겨지고 있다. 이에 대하여는 필자가 일찍이 따로 발표한 글이 있기에 간단히 줄이거니와,[5)] 박지원이 중국의 굉걸한 학자를 애먹일 화제로 하필 이 宇宙論을 선택했다는 곳에 그의 실학적 안목이 번쩍임은 물론이다.

이 화제에서 박지원은, 달 가운데 따로 한 세계가 있다면 그것은 마땅히 이 지구와 같은 세계이리라고 전제한다. 또 이 지구가 공중에 걸려 있다고

---

4) 『열하일기』, 「渡江錄」, 1780년 6월 27일의 일기. 이 '平等의 눈'이니 하는 것은 홍대용의 『毉山問答』에 보이는 '域外春秋論'과 상통하는 발상이다.

5) 김태준, 「18세기 연행사의 사고와 자각」, 『明大論文集』 11, 1978.

할 때, 그것은 지구 또한 한 개의 작은 별에 지나지 않음을 나타내는 것이리라고 말했다. 이어서 그는, 지구는 둥글며 둥근 모든 것은 돈다는 등의 소박한 地轉說과 함께 모든 빛이 해를 빈 연후에야 빛을 발한다는 등 太陽 중심의 우주론을 펴고 있다. 그리고 이를 들은 淸나라 학자들로부터 박지원은 찬탄의 인사를 받았다.

물론, 박지원의 이 소박한 우주론에 대한 청나라 학자들의 찬탄이란 것이 그리 대단한 것은 아니리라. 그리고 칭찬을 보냈다는 청나라 학자들의 과학적 지식의 수준이란 것 또한 문제일 것이다. 청나라의 학자 王鵠汀은 이 때 자기 자신도 나름대로의 연구가 있다고 언급하고 있는 점으로 보아 박지원 못지 않은 천문학적 지식의 소유자였으리라고 생각할 수 있다. 그러나 그들의 천문학적 수준보다 더 중요한 사실은 이들의 중심적 화제가 이런 과학적 관심이었다는 데 있다고 할 것이다.

그리고 여기서 주목할 사실은 박지원 자신이 밝히고 있는 바처럼, 이 화제가 그의 가장 존경하는 선배 학자 홍대용의 自然哲學 체계에 근거하고 있다는 점이다. 그리고 박지원은 이를 단순히 소개할 뿐이 아니고, 그 자신이 훌륭히 소화하고 있었다고 생각된다. 鵠汀 등 청나라 학자와 연 6일 동안이나 필독한 화제가 이 우주론에 한하는 것은 아니다. 그러나 이것을 중심과제로 대표시키고 있었다는 점에서, 이것은 단지 '옛날 얻어들은 이야기'가 아니었음을 알 수 있다.

이 화제는 직접적으로 홍대용에서 배운 지식이지만, 金錫文(1658~1735)을 거슬러 올라가 선배 학자들의 연구로 이어지는 조선 천문학의 지적 전통이었다고 할 수 있다. 또 중국을 통하여 서양인들의 천문학에 관심하여 온 지적 호기심의 발로이기도 했다. 박지원은 홍대용의 이 지식체계가 김석문 등 선배들보다 발전 부연되고, 서양 학자들보다 어느 면에서 뛰어난 창조적 체계라고 주장하고 있다. 이 점은 박지원의 「洪德保墓地銘」에서도 같은 뜻으로 피력되고 있다.

이제, 박지원이 소개한 화제와 홍대용의 지식 체계와의 관계를 좀더 구체적으로 살펴보기로 하자. 홍대용의 철학소설인 『의산문답』에 따르면, 우주는 무한하고, 六合이나 上下의 구별은 없다고 한다. 동서남북이나 상하의 구별이 없는 것이라면 지구 중심·인간 중심의 사고 또한 잘못된 것이다. 이렇게 말하는 홍대용의 저작은, 지구 중심의 천문학으로부터 태양 중심의 천문학으로 바꾸게 하였던 16세기 코페르니쿠스적 과학혁명을 상기케 한다. 홍대용은 물론 태양도 太陽界의 중심일 뿐 우주의 중심일 수 없다는 宇宙無限論에 서 있었다. 어쨌든 그가 지구 중심의 세계관에서 떠나, 세계의 형태와 그 부분들의 정확한 對稱性을 설명할 수 있는 근대적 사고에서 이 우주론을 펴고 있었음에 주목하게 된다.

다시, 박지원이 달의 그림자를 '그림의 부분[如畵副本]'에 비기고, 빛의 원리를 설명하기 위해서 달 속의 세계를 가설하고 있는 대목을 예로 들어보자. 이것은 홍대용의 『의산문답』 중에서 實翁의 입을 통해 다음과 같이 말하고 있는 대목과 관련하고 있다.

> 대저 속설에서 말하는 '계수나무와 토끼'란 것은 달이 동쪽에서 올라올 때 바라보이는 형태이다. 진실로 그것이 물과 흙이라면 달이 중천에 왔을 때에 그 형태는 반드시 가로 비껴질 것이요, 달이 서쪽에 떨어질 때에 그 형태는 반드시 거꾸로 될 것이다. 이제 달이 가는 데 따라 모양도 바뀌지만, 가로 되거나 거꾸로 되지는 않고 다른 여러 가지 형태로 변한다. 그 중 세 가지 형태만은 예로부터 한결같다. 또 초승달이나 그믐달을 볼 때에는 그 반절만 볼 수 있어야 할 터인데 그 全形이 모두 갖추어져 있으며, 다만 쭈그러지고 좁을 뿐이다.
>
> 대개 달의 몸은 거울과 같은데, 지구의 半面이 밝음에 따라 그림자가 생기는 것이다. 동쪽으로 떠오른 때의 그림자는 지구의 동쪽의 半面이고, 中天에 있을 때의 그림자는 지구 중간의 半面이고, 서쪽으로 떨어질 때의 그림자는 지구의 서쪽의 半面이다. 그러니 이것을 지구의 그림자라 함이 옳지 않겠는가.

그리고 이런 똑같은 자연과학적 내용은 홍대용이 연행에서 돌아와 수년 뒤에 쓴 것으로 보이는 시 작품 속에서도 볼 수 있다. 홍대용이 杭州의 선비 陸飛에게 보낸 시로, 여기에는 다음과 같은 구절이 보인다.

하늘은 누가 창조했는가.
땅덩어리 空界에 떴구나.
쌓은 기운이 만약 한 곳으로 모이면
온갖 品物에 거꾸로 걸려서 이루어진다.
우 아래가 일정한 형세 없고
멀리 가까움에서 견해가 다르도다.
바다 밖엔들 어찌 땅이 없으랴만
바라보면 물결만이 출렁거린다.
서쪽 늙은이 참된 식견 있는데
소경과 귀머거리 공연히 놀래고 괴이히 여기네.

떨어진 해는 서쪽 바다에 빠지고
밝은 달은 동쪽 마루에서 솟는다.
달은 본디 캄캄한 것인데
비고 희어서 해의 그림자 전하도다.
둥근 빛 항상 거울 같은데,
가득하고 이지러짐은 人界에 있노라.
나눠지고 합침은 일정한 도수 있고,
희박하고 월식함은 재변이 있노라.
이러한 法象 아는 이 드문 것은
우물 안에 앉은 좁은 소견 때문이지.

한편, 이러한 홍대용의 지식 체계를 이야기하는 박지원과 청나라 선비들 사이에는 우주 질서에 대한 새로운 지적 호기심으로 충만되어 있었다. 그들은 달나라 空想旅行이라도 하는 듯싶었고 혹은 이를 '別界妄想'이라고도 했다. 18세기는 바야흐로 세계적으로 공상여행담이 유행하는 시기이기도 했다.

물론 이 곳에서 논의되고 있는 화제를 포함하여 홍대용의 모든 자연철학적 지식 체계라는 것이 반드시 빈틈없는 과학체계라거나 홍대용의 독창적 지식 체계라고 말할 수만은 없을 것이다. 또한 박지원이 말하고 있는 것처럼, 서양인들이 일찍이 발전하지 못한 이론체계였다고 고집할 필요도 없을 것이다. 홍대용은 서양의 자연과학적 지식에 간접적으로나마 접촉하고 있었고, 박지원이 지적하고 있듯이, 김석문 등 선배들의 지식 체계도 수렴하고 있었음에 틀림없다. 이 점에 대해서는 홍이섭·민영규·천관우 등 전문가들의 해박한 연구가 있고, 최근에는 朴星來와 小川晴久가 또한 새로운 논문을 낸 바 있다.

그런데 필자가 주목하고 싶은 것은, 燕行使節의 수행원으로 北京을 향하던 박지원이 왜 청나라 학자를 애먹일 화제를 생각했을까 하는 점이다. 그리고 그 생각해 낸 화제가 종래와 같은 중국의 역대 詩話나 故事의 복습과 같은 것이 아니고, 단연 중국의 굉걸한 학자를 애먹일 새로운 자연과학의 이론이었다. 이 점에 대하여 박지원 자신은 별로 해답이 될 만한 확실한 이유를 제시해 주지 않고 있다. 그러나 박지원은 벌써 청나라가 옛 중국이 아님을 잘 알고 있었고 그 나라 학자를 애먹일 지식 체계가 이 쪽에 있다는 학문적 자각을 확실히 하고 있었음에 틀림없다.

박지원은 이 화제가 청나라의 굉걸한 선비를 애먹일 非日常的 화제임을 비치고 있다. 그러나 이것은 벌써 그와 홍대용뿐 아니라, 그들 실학파의 중심적 관심사이며 일상적 화제의 하나였다는 사실에 주의할 필요가 있을 것이다. 『열하일기』 속에서도 박지원이 '觀象臺'에 갔던 날의 일기에는, 그가 친구 鄭石癡의 집에 가서 渾天儀를 본 화제가 소개되어 있다. 그리고 특히 이 날 홍대용이 박지원에게 우주론에 대한 거론한 일들이 모두 당시 이 학파의 자연과학적 관심을 말해준다. 홍대용과 박지원 두 사람 모두에게 친구였던 金履度 또한 혼천의를 만들었고, 홍대용의 「籠水閣記」를 썼으며, 홍대용의 동문수학으로 호남의 이름 있는 실학자 黃胤錫이 또한 홍대용의 천문대 농수각을 논의했다. 홍대용의 혼천의와 自鳴鐘을 3년에 걸쳐 직접 제작한 호남의 과학자 羅石塘과 安處仁, 그리고 그들을 경제적으로 뒷받침했던 홍대용의 부친 羅州公이 모두 그들의 과학적 관심에 동조했다. 홍대용 또한 연행 때에는 天主堂에 네 번이나 방문하여 서양의 새로운 과학 지식에 기대를 걸었었고, 여행 중 자신을 소개하기 위한 화제로 자신의 자연철학적 소견과 함께 농수각 제도를 선택하고 있다. 이로 보면,

박지원이 청나라 선비를 애먹일 화제로 지전설 등을 준비했다는 사실은 바로 홍대용이 「渾天儀 籠水閣記」를 준비해 가지고 갔다는 사실을 연상케 한다. 그리고 이들 화제를 집중적으로 기록하고 있는 이들의 연행록이 단순한 여행일기의 범위를 지나 일종의 사상서로 간주되는 이유는 여기에도 있는 것이다.

실학의 가장 중요한 성격의 하나는 학문과 기술의 결합에 있다고 할 수 있다. 학문이 虛學과 空論에 이르는 폐를 고치기 위하여, 실학자들은 양반이 아닌 계층의 학문인 기술과 손을 잡는 것이다. 이것은 양반의 학문이 속화되었다는 의미라기보다는 서민의 이해와 안위를 나의 일로 받아들이는 實心과 實學의 결합을 뜻한다고 할 일이다. 이 실심은 鄭寅普가 그의 『陽明學演論』에서 홍대용의 실학적 성격으로 주목한 학문적 성격이며, 虛學이란 바로 이 실심을 떠난 학문의 私營化를 뜻한다. 홍대용의 「桂房日記」에서는 李之菡과 趙憲 등이 실심 실학으로 성취했다는 지적이 있고, 「杭傳尺牘」에서도 實心과 實事와 實地를 밟아 실학에 나아가자는 저자의 편지가 발견된다.

이상의 화제들에서는 박지원의 연행과 『열하일기』에 홍대용의 화제가 영향하고 있었다는 단순한 사실을 지나, 18세기 조선조 실학파의 그룹적 성격과 사고와 변혁을 이해할 수 있으리라 생각된다. 박지원의 연행일기에는 앞에 든 담헌·연암의 학파들 밖에도 李匡呂와 같은 실학자의 이름이 보이고 있다. 그는 일본에 갔던 通信使가 가져온 고구마의 재배에 힘썼고, 이것이 동래 부사 姜必履에게 자극을 주어 재배에 성공을 보게 했다는 것이다. 이러한 예까지를 포함하여, 관료적이고 중앙집권적 정치풍토와 학문풍토 아래서 이들 실학자들이 전혀 사사로운 학파를 형성하고 있었다는 사실은 주목할 만하다. 박지원의 「避署錄」에는, "전날에 우리들이 중국 일을 이야기할 때 부질없이 그리워만 했던 것이, 이 몇 해 사이에 차례로 한 번씩 구경하였을 뿐 아니라 ……" 운운한 대목이 있다. 이 곳의 '우리들'이라든가 "중국 일을 이야기했다"든가 "차례로 중국을 구경했을 뿐 아니라 ……"하는 사실들이 모두 이들의 그룹적 성격을 말해줌은 물론이다. 그리고 이들이 홍대용에게 지도되고 있었다는 사실을 재음미할 일이다.

논자에 따라서는 홍대용이 朱子學者냐, 陽明學者냐를 오로지 논하는 이들이 없지 않다. 연세대학교의 국학연구원 주최 실학공개강좌에서도 그가 주로 이런 면에서 논의되어 실망한 일이 있다. 그러나 홍대용에게서 중요한 점은 그의 학문이 조선조의 주자학적 질곡에서 벗어나는 일이었으며, 오로지 실학에 관심했다는 점이다. 실학이 주자학의 전통 위에 서지 않은 것은 아니지만, 주자학으로 다 메꿀 수 없는 학문적 넓이가 이들의 실학의 성격을 이루고 있었다고 보아야 할 것이다. 그리고 이것이 그들의 연행의 실학적 의미이며, 연행록 문학의 중요성을 강조하는 의미이기도 한 것이다.

2. 3. 主情에서 관찰로

다음 화제로 '風琴'의 예를 들어보기로 한다. 이것은 天主堂과 관련하는 화제로, 『열하일기』의 여러 이본들에서는 그 제목이 '풍금'으로 되어 있고, 혹은 '천주당'이라는 소제목으로 된 이본도 있다. 박지원의 말처럼 이 시대의 조선 연행사들로 천주당을 먼저 보지 않은 자가 없었다. 그러나 홍대용에 따르면, 누구나 천주당을 보면서도 황홀난측하여 오히려 이를 괴물같이만 알고 배척하는 경우가 많았다. 이는 그들의 안중에 아무것도 보지 못한 때문이었다. 다 같이 천주당을 보고도, 서양 문물에 대한 이해에는 큰 차이가 있었던 것이다.

박지원은 그 구체적인 보기로 홍대용의 경우를 들어 보여 주고 있다.

> 내 친구 德保는 일찍이 서양 사람의 기교를 논하면서 이렇게 말했다. '우리나라의 선배들로 金稼齋와 李一菴 같은 이들은 모두 식견이 탁월하여 후세 사람들로서는 따를 수 없는 바요, 더구나 중국을 옳게 본 데도 쳐줄 바가 없지 않다.
>
> 그러나 그들의 천주당에 대한 기록은 약간의 유감이 없지 않다. 이는 다

름이 아니라 사람의 생각으로는 잘 미칠 수 없는 데요, 또 갑자기 얼핏 보아서는 알아낼 수도 없었던 것이다. 뒷날 계속해서 간 사람들에게 이르러는 역시 천주당을 먼저 보지 않을 자가 없지마는, 황홀난측하여 도리어 괴물같이만 알고 이를 배척하였으니, 이는 그들의 안중에 아무것도 보지를 못한 까닭이다. 稼齋는 건물이나 그림에만 상세했고, 一菴은 더욱이 그림과 천문기계에 자세했으나 풍금이야기에는 미치지 못했다. 대체 이 두 분이 음률에 이르러서는 그리 밝질 못했으므로 잘 분별을 못했던 것이다.

위의 인용은 연암이 천주당을 보고 풍금의 제도를 생각하며 홍대용의 말을 상기한 대목이다. 여기서도 홍대용과 박지원 두 사람의 실학적 관찰의 면모를 엿볼 수 있다.

두 사람은 서양의 기교를 논하고 있었고, 선배 학자인 金昌業의 연행록을 꺼내 읽고 있었다. 이 때 홍대용은 풍금제도에 대한 김창업의 기록을 다 읽고 나서 한바탕 크게 웃으며, 이것이야말로 이야기는 하면서도 자세하진 못하다고 꼬집었다 한다. 그리고 김창업의 기록을 조목조목 들어서 비판하면서, 자신이 관찰한 제도를 자세히 설명하고 있다.

홍대용은 그가 연행한 때에, 처음으로 보는 이 거대한 서양 악기 파이프 올갠으로 가야금곡을 연주하여 서양 선교사를 놀라게 한 일이 있었다. 그리고 한 번 관찰했을 뿐인데도, 나라의 명이 있다면 이 악기를 자신이 만들 수도 있다고 장담하였다 한다. 그 연주의 형편이나 제작을 장담한 일들에 대하여는 박지원의 증언 이상으로 확인할 길이 없다. 그러나 그 관찰과 실험의 정신이 이들 실학파의 학문적 태도를 대변함을 엿볼 수 있다.

위의 보기는 主情에서 관찰로 변화하는 시대를 증언하는 예라고 할 것인데, 새로운 사물에 대한 느낌으로서가 아니라 몸으로 부딪치는 관찰의 태도를 보여준 것이다. 이것은 이 악기가 처음 중국에 들어왔을 때의 중국의 상황과 비교하면 더욱 흥미로운 대조가 될 것이다. 동경대학 교수 平川祐弘의 『마테오 리치傳』을 읽으면, 이 거대한 서양 악기가 처음으로 중국 황제에게 기증되었던 때의 이야기가 소개되고 있다. 이 신기한 악기를 황제에게 기증한 리치가 북경에 도착하자, 황제의 환관 4명이 이 새 악기의 연주법을 배우기 위해 선교사에게 파견되었다. 그런데 그 중 두 사람은 한 달이 넘도록 도무지 진도가 나가지 못했다. 그리고 이들 환관들은 처음 파견되었을 때, 연주법을 빨리 익히지 못하더라도 꾸중하지 말아 달라고 부탁했었다는 것이다. 홍대용이 처음 본 이 악기로 자진해서 곡을 이루었다는 사실과 좋은 대조를 이룬다. 때는 마침 서양의 바로크 음악의 후기 시대로, 저 유명한 크리스챤 바하와 하이든이 독일 음악을 세계의 음악으로 일으킨 동시대였다.

위의 예에서 볼 수 있듯이, 主情에서 관찰로의 이 변화는 바로 '虛'에 대한 '實心'의 대치라 할 수 있겠다. 홍대용의 『의산문답』에서는 虛子의 30년간의 儒學이 實翁을 통하여 虛學으로 해체되고 있다. 이것은 옛날 언어들은 학문에 집착하는 허학이 자신의 관찰과 검토를 통하여 확인되지 않았다는 이유로 해체당함을 보인 것이다. 이처럼 현실 학문에서 '허'를 발견하고 '허'의 이유를 관찰하고, 이를 치유하는 학문적 개념이 바로 이들 학파의 실학이었다.

'主情에서 관찰로'의 변화는 이 시대 기행문학의 성격이기도 한데, 『열하일기』의 여러 곳에서 그런 예를 볼 수 있다. 가령, 「審勢篇」에서는 중국을 연행하는 우리나라 사람의 다섯 가지 虛妄이 비판되고 있다. 국내에서도 말하기 부끄러워져 버린 양반의 근성으로 중국의 겨레와 문물을 무턱대고 깔보는 사실이 여기서는 비판되고 있다.[6] 또 「黃敎問答」에서도 외국여행자의 중국 이해가 피상적임을 여섯 가지로 구체적으로 지적하고 있다. 남의 나라에 들어가는 자가 흔히들 말하기를 나는 용하게도 적국의 비밀을 엿본다 하거나, 또는 나는 남의 나라 풍속을 잘도 살피지 못하고 과장한다. 그러나 박지원은 이러한 말을 반드시 믿지 않는다는 것이다. 그것은, 첫째, 남의 나라에 들어간 자가 어찌 길에 다니는 사람을 잡고 갑자기 그 나라의 정세를 캐물을 수 있을 것인가? 이것이 첫째 불가한 이유이다. 말씨가 서로 같지 않아서 주고받는 의견이 서로 통하지 않으니, 이것이 둘째로 불가

6) 박지원이 지적한 연행자의 다섯 가지 허망이란, ① 양반이란 명목으로 중국의 옛 겨레를 깔보는 것, ② 중국 의관제도를 비판하는 일, ③ 청족을 멸시하는 것, ④ 중국의 문장을 헐뜯는 것, ⑤ 중국에 강개한 선비가 없다고 탄식하는 일 등이다.

한 이유이다. 셋째로, 안팎의 지역적 차이가 있어 한 가지로 말하기 어려우니 이것이 또한 불가한 이유다. 넷째, 말이 얕으면 그 나라 실정을 얻지 못할 것이며, 말이 깊으면 忌諱에 저촉되기 쉬운 때문이다. 다섯째, 묻지 않을 것을 물으면 정탐을 하는 자취가 생길 것이며, 여섯째, 남의 나라 풍속과 장수와 재상들의 맑고 흐린 것을 물어서는 안 되는데, 더구나 대국일까 보냐는 것이다. 이와 함께 박지원은 열하에 이르러 말없이 살핀 천하의 형세 다섯 가지를 지적하고 있다. 이 모두가 그의 관찰의 면모를 말해주는 보기로, 홍대용의 관찰과 함께 그 실학적 면모가 두드러짐을 알 수 있다.

홍대용이나 박지원에게서 풍금이나 音律이 논의의 대상이 되고 있다는 점에서도 실학적 중요성은 주목되어 마땅하다. 六藝의 하나인 音樂이 단순한 관찰의 대상으로서만이 아니고 실학의 정신으로 중요시되고 있기 때문이다. 이들의 주장에 따르면, 음악이 옛날을 이것저것 주워 모아 애써 지은 사대부의 노래 같아서는 오히려 天機를 깎아 없애는 일일 뿐이다. 그것이 비록 농부의 시속 노래라도 우러나오는 정에 꾸밈이 없어야 좋은 노래가 된다. 이렇게 말하는 그들의 음악론에는 實心과 實學의 정신이 그대로 나타나고 있다. 『열하일기』에 보이는 「忘羊錄」이나, 『湛軒書』의 「大東風謠序」에 보이는 이들의 시가론이 모두 이런 실학적 음악론을 대변한다.

2. 4. 박지원의 역사의식과 홍대용의 '域外春秋論'

「渡江錄」의 6월 28일자 일기에서부터 연암은 鳳凰城을 옛 평양으로, 安市城을 蓋平縣으로 보는 자신의 역사 해석을 강조하고 있다. 그는 자국의 역사적 판도를 압록강 이남으로 몰아 부친 김부식의 사대주의적 역사의식을 통렬히 비판하면서, 우리 역사가 주체적으로 해석되어야 할 것을 강력히 주장하고 있다. 이러한 주체적 역사인식은 홍대용이 『의산문답』에서 보이고 있는 이른바 '域外春秋論'과 접맥하고 있음을 알 수 있다. '域外春秋'란, '春秋'가 중국의 역사인 것처럼, 중국 밖에도 또한 각 나라의 독립된 역사가 있다는 뜻이다.

또, 『열하일기』 속의 「虎叱後談」에는 "연암씨 가로되 ……"하여, 청나라가 천하의 주인이 된 100여 년 사이에 문무가 겸전하고 승평을 누리고 있음을 말하는 대목이 있다. 이러한 청나라 인식은 바로 홍대용이 연행 후에 재야 학자 金鍾厚로부터 맹렬한 비난을 받았던 역사인식 그대로다.[7] 이때 김종후는, "康熙 이후로 청나라가 백성과 더불어 편히 쉬면서 한 시대를 진압하고 복종시킬 수 있었다"는 홍대용의 역사인식을 신랄히 비난했었다. 그러나 이에 대하여 홍대용은, "康熙의 궁전인 暢春園의 담 높이가 두어 길에 불과하고, 皇城의 화려한 거처를 마다하고 황야로 물러앉아 소박하고 검소했다"는 이유를 들어 이를 변명했다. 홍대용은 對淸觀의 현실화를 주장했던 것이다. 현실적 대청관이란, 오랑캐에게도 배울 것은 배워야 한다는 북학파의 주장을 대변하며, 이야말로 역사인식이 변화하는 증거이기도 했다. '域外春秋論'은 여기에서도 번쩍이고 있는 것이다.

박지원도 또한, 청나라가 漢唐에도 보지 못하던 昇平을 이루고 있다고 말하고, 이것은 하늘의 배치라고 평했다. 그는, "사람으로 보면 中華와 夷狄의 구별이 뚜렷하겠지만, 하늘로서 본다면 어찌 반드시 淸人들의 문물만을 의심할 것인가"고 반문한다. 박지원의 소설 작품 「虎叱」의 주제는 假明人이 되어 北伐論이나 주장하며 허세를 피우는 거짓된 선비들에 대한 풍자에 있다고 한다. 이런 주제론에 대하여는 이우성 교수의 지탄을 받았으나, 이것이 박지원의 역사의식을 대변하는 삽화적 설정임에는 틀림없다.[8] 또 「虎叱」의 인물설정은 여러 면에서 홍대용의 『의산문답』의 대칭적 인물설정을 연상시키며, 박지원의 역사인식은 홍대용의 '域外春秋論'과 전혀 같은 발상이다.

『의산문답』에 보이는 주인공 實翁의 역사인식은 지구를 객관화하는 저자의 자연철학에서 벌써 준비되고 있는 것이다. 이우성은 「虎叱」에서 연암이 새로운 역사감각을 자극시키고 있다고 평한 바 있는데, 이 역사감각이 벌써 담헌의 역사 저서에서 마찬가지로 보이고 있다.

---

7) 김태준, 「이른바 제1등인 논쟁」, 『洪大容과 그의 時代』, 一志社, 1982.
8) 李鍾周, 앞의 글, 1982, 77~88쪽.

18세기는 바야흐로 역사학의 세기였고, 역사의식의 신장과 史觀의 정립을 위한 노력, 그리고 私撰 역사서의 속출은 이 시대에 꽃핀 조선 실학의 중요한 특징이었다. 그 중에서도 홍대용과 박지원으로 이어지는 역사의 자강은 바로 實心의 다른 표현 방법이라 할 것이다. 가령, 홍대용이 우리 역사를 편찬하여 중국에 펴겠다는 潘庭筠에 대하여, 우선 남의 나라 역사를 쓸 대가다운 마음을 갖추라고 충고한 이야기는 實心을 강조하는 좋은 예가 될 것이다.

3. 마무리

『열하일기』의 「避署錄」에 보면, 앞의 [화제 19]에서 보인 金履度의 시가 전한다. 金履度가 박지원의 연행에 부친 전별의 시편이다. 이 시에 홍미가 끌리는 것은 이 시의 작자가 박지원의 연행을 홍대용과 관련시키고 있는 때문이며 작자는 이 관련을 '높은 바람[高風]'이라 정리하기도 했다.

넓디 넓은 저 燕山은 사면에 벌여 있고,
높다란 이 長城은 만리를 뻗쳤구나.
그 중에 말 달리어 가시는 임이시여,
백발이 성성하니 먼 길에 수고할사.
耿介하신 湛軒이요 倜儻할사 燕巖님을,
사해가 넓건마는 그의 姓名 다 알리라.
앞 가고 뒤따르니 높은 바람 한 가지라.

四面燕山濶 萬里秦城高
中有垂鞭者 白髮行邁勞
耿介湛軒子 倜儻燕巖叟
海內知姓名 高風屬前後

이 시에서도 박지원의 사적이 홍대용과 관련하여 이해되고 있다. 그리고 이 두 연행자를 하나로 묶는 의미였던 '높은 바람'은 이 학파의 후배들을 통하여 虛學의 시대를 경성하는 實心으로 작용하고 있다. 더구나 "앞 가고 뒤따른다"는 표현은 단순히 연행의 선후만이 아니고, 그들의 학문적 전통으로 이해될 수 있을 것이다.

1930년대에 정인보가 또한 홍대용을 박지원과 관련하여 이해한 바 있다. 홍대용의 5대손인 洪榮善이 편찬한 『湛軒書』에서 정인보는 이렇게 쓰고 있다.

> 담헌선생이 일찍이 그 숙부를 따라 燕京에 가서 陸飛·嚴誠·潘庭筠을 사귀었는데, 이 세 사람은 선생과 생사를 통해 서로 잊지 못하는 사이가 되었다. 선생이 돌아가시매 연암이 誌를 지어 이 일을 크게 일컬었다. 그러나 선생이 어떤 분이라고 연암이 어찌 이 글로써 선생을 무겁게 할 수 있겠는가.

이 글을 보면 정인보는 오히려 박지원까지도 홍대용을 다 알지 못했다고 생각했던 것일까?

정인보는 홍대용을 참으로 이해하기 위해서는 그의 人己의 辨에서 찾아야 한다고 말했다. 그리고 홍대용을 양명학과 관련시킨 이유도 바로 그의 實心에 무게를 둔 때문이라 생각된다. 실학은 주자학에서도 일찍부터 형성된 개념이지만, 양명에 이르러 實心의 내용이 '功利없는 마음'으로 선명히 된 것이 사실이다. 이 점에서도 홍대용의 실학의 도달점으로 양명학과 관련시키는 것은 가능하리라 생각된다. 홍대용이 얼마만큼 양명학에 기울어졌던가는 전문가의 결론을 기다려야 할 일이다. 그러나 양명학의 가장 중요한 성격으로 心術의 공부를 제1로 친다는 정신적 측면과, 空論을 배격하는 실천적 성격은 虛學을 배격하는 홍대용의 학문적 도달점과 일치한다고 생각된다. 그리고 이렇게 實心에 기초한 학문적 자세가 『열하일기』의 중요한 성격을 이루고, 박지원을 통해 18세기의 조선 실학파에 이어졌다고 생각된다. [1983. 12. 25 稿]

(『東方學志』 44, 1984. 10)

燕巖의 '士'意識과 讀書論

金　泳

1. 序言

燕巖 朴趾源(1737~1805)은 초기 9傳 가운데 하나인 「兩班傳」에서 양반을 정의하기를, "維厥兩班 名謂多端 讀書曰士 有德爲君子 武階列西 文秩叙東 是爲兩班"이라 하였다. 양반에 대한 이 같은 정의는 양반사대부가 무엇인가에 대한 우리의 의문에 대해 간단 명료한 설명을 해주고 있다는 점에서 매우 중요한 言表인 동시에 또한 연암이 얼마나 양반사대부의 존재와 기능에 대해 깊은 관심을 가졌던가를 짐작케 하는 단서도 된다.

필자는 위의 언표 중 특히 '讀書曰士'라는 구절에 주목하여, 도대체 연암에 있어서 讀書와 士의 의미는 무엇이며, 그것이 그의 사상구조 및 문학세계와는 어떤 관련이 있고, 그러한 士意識과 讀書論이 갖는 역사적 성격은 무엇일까 하는 문제를 제기해 보고자 한다.

이러한 문제들에 대해서 관심을 가진 필자는 실학파의 학문적, 사상적 성격을 규명하기 위한 노력의 일환으로 丁若鏞·李德懋·洪大容의 讀書論[1])을 검토한 바 있는데, 최근에 일본학자인 小川晴久도 이와 비슷한 관심을 가지고 「實學と讀書 - 朴趾源の場合 - 」라는 논문[2])을 발표한 바 있

1) 金泳, 「丁茶山의 讀書論」, 『江原大論文集』 15, 1981 ; 金泳, 「李德懋의 讀書論」, 『東方學志』 36·37합집, 1983 ; 金泳, 「洪大容의 讀書論」, 『淵民李家源先生七秩頌壽紀念論叢』, 正音社, 1987.

다.

小川晴久의 논문은 연암의 독서관을 '自然讀書'와 '閉戶讀書'라는 개념으로 분석 해명하면서, 서로 모순되는 듯한 "자연이라는 책을 읽는 독서(自然という書を讀む)"와 "문을 닫고 고전을 읽는 독서(古典を讀む)"가 연암에게 있어 어떻게 통일·지양되는가를 규명하였다. 이 논문은 연암의 독서에 대한 생각을 적절한 자료의 선택과 새로운 개념으로 조리있게 해명하려 하였다는 점에서는 그 의의가 충분히 인정되나, 그러나 ① 과연 그의 '自然讀書'와 '閉戶讀書'라는 개념이 연암 독서론의 역사적 성격을 규정하는 데 가장 적절한 개념이고, 두 개념이 같은 등위에 놓고 논의할 성질의 것이냐 하는 점, ② 연암의 독서론은 士의 기능과 유기적으로 관련된 문제인데 그것과의 관련성에 대한 설명이 부족하다는 점, ③ 연암의 독서론을 문학적으로 형상화한 「許生傳」에 대한 작품분석이 아직 해설적 수준에 머물고 있다는 점에서 이의를 제기할 수 있다.

본고는 실학파의 독서론을 해명하기 위한 작업의 일환으로 쓰여지는 것으로, 한편으로 小川晴久의 논문이 지닌 긍정적 성과에 의한 신선한 지적 자극을 수용하면서 다른 한편으로는 이 논문의 문제점에 대한 비판적 성찰 위에서 출발한다.

2. 燕巖의 '士'意識

우리 역사상 士大夫계층이 등장한 것은 고려 말이었다. 고려 무신정권하에서 점차 대두하여 14세기 말에 이르러 하나의 정치세력으로 등장한 새로운 독서지식인 계층인 이들은 고려말, 조선 초에는 역사를 주도할 수 있는 담당계층으로 성장하였다. 이로부터 조선왕조가 끝날 때까지 약 6세기 간 이들 사대부계층은 한국 사회를 주도해가게 된 지배계층이 된다. 士大夫는 본래 四品 이상을 大夫, 五品 이하를 士[3]라고 한 데서 나온 명칭

2) 小川晴久, 「實學と讀書 - 朴趾源の場合」, 『東京大人文科學紀要』 81, 1985.

3) 『世宗實錄』 卷52, 世宗 13年 5月 戊辰 및 『經國大典』, 「吏典」, 京官職條. 이 양반

이었으나, 조선후기에 이르러서는 이런 관직에 종사하는 자들뿐만 아니라 讀書人·有德人까지를 아울러 지칭하게 되었다.[4)]

이들 사대부들은 연암이 '讀書曰士'요 '從政爲大夫'라고 한 바와 같이 평소에는 讀書山林하며 지내다가 기회가 닿으면 직접 정치일선에 참여하는 이들이었다. 그러면 이들 선비들은 구체적으로 어떤 사람들인가. 『中文大辭典』에서는 士를 '有德行學識之人'이라고 정의하고 있는데, 이를 좀더 부연하면 대개 선비들은 孔子의 道를 배우고 실천해서 人文世界를 창진하는 주체로서 학문을 쌓아 지혜를 밝히고 인격을 도야하여 人心을 교화하며 나아가 천하가 맡겨졌을 때 이를 경영할 수 있는 경륜을 갖고 있는 사람이다. 그러나 그것이 뜻대로 되지 않을 때에는 혼자라도 道를 지키며, 글을 써서 후세를 기약하고 죽기를 각오하고 지조를 지키는 사람이다. 이와 같이 학문, 인격, 지혜, 교화, 경륜, 지조를 갖추고 살아가는 대장부가 선비이다.[5)]

그런데 이렇게 포괄적으로 설명할 수 있는 선비들도 그들이 처한 객관적 시대상황의 구체적 요구와 그들 각자의 주관적 인식관심에 따라 각기 다양한 역사적 기능을 담당하게 된다. 특히 역사적 격변기에는 더욱 지식인의 역할과 관련해서 이러한 문제들에 깊은 관심을 갖게 되는데, 조선후기 문헌에서 자주 논의되고 있는 '士'문제도 이러한 지식인의 역사적 기능에 대한 관심의 표현이라 할 수 있다. 조선후기 실학자들은 '民'에 대한 새로운 인식[6)]과 함께 '士'의 기능적 역할에 대한 깊은 생각을 가진 분들이 많은데, 특히 연암이 그러하였다.

연암의 士에 대한 생각은 그의 문집 여러 곳에서 개진되고 있으나 「原

사대부의 개념에 대해서는 李成茂, 『朝鮮初期兩班研究』, 一潮閣, 1980, 4~17쪽 참조.

4) 조선 후기에 와서 양반사대부의 개념이 확대되고 있는 현상을 우리는 연암의 「兩班傳」에서 구체적으로 살펴볼 수 있다.

5) 『論語』, 『孟子』(특히 大丈夫章) 및 金忠烈, 『高麗儒學史』, 고려대학교출판부, 1984, 1~7쪽 참조.

6) 이 문제에 대해서는 金泳鎬, 「實學에 있어서의 "民" 概念의 새로운 展開」, 『東洋學』 15, 단국대 東洋學研究所, 1986, 395~405쪽.

士」[7]라는 글에 집중적으로 잘 드러나 있다. 그는 이 글 첫머리에서 '夫士下列農工, 上友王公, 以位則無等也, 以德則雅事也'라 하여 선비의 위치가 지배계층이나 피지배계층 어느 쪽과도 연대할 수 있음을 밝히면서, '士'가 구체적 역사상황 속에서 자기가 서야 할 위치를 정확히 인식하고 자기의 역할과 임무를 다할 때 그 혜택이 골고루 미치고 공덕이 만세에 드리운다고 하였다. 그는 天子도 원래 士이며 그 역할(작위)이 天子일 뿐 그 몸은 士이다라고 하여,[8] 士의 본분과 역할에 특별한 관심을 가지고 있었다. 그는 士의 용례에 대해서,

> 大夫를 士라 하는 것은 대부를 높이기 위해서이며, 君子를 士라 하는 것은 군자를 어질게 여겨서이며, 軍卒을 士라 하는 것은 수가 많고 사람마다 모두 다 士임을 밝히기 위해서이며, 법을 집행하는 사람을 士라 하는 것은 독자적으로 판단해서 천하에 공평함을 보이기 위한 까닭이다.[9]

라고 설명하면서, 士를 대단한 존재로 인식하였다. 연암은 「放璚閣外傳」 自序에서 선비는 하늘이 준 벼슬이고, 선비의 마음이 곧 '志'가 된다[10]고 하였고, 「兩班傳」에서는 士·農·工·商 가운데 가장 귀한 것[11]이 士라고 하였는데, 이는 그가 얼마나 士에 깊은 관심을 가졌으며, 士의 존재에 많은 의미를 부여하였는가를 단적으로 보여주는 것이라고 하겠다. 연암이 그의

---

7) 이 글은 『燕巖集』 卷10, 雜著편에 실려 있는 글로서, 연암의 아들 宗采가 燕巖峽에 古紙藏中에서 발견한 것인데 뭉쳐진 두루마리가 찢어지고, 위의 몇 항이 빠지고 중간에도 왕왕이 빠진 데가 있으나 연암의 사상을 이해하는 데 매우 중요한 글이다.

8) 『燕巖集』 卷10, 原士, "故天子者 原士也 原士者 生人之本也 其爵則天子也 其身則士也 故爵有高下 身非變化也 位有貴賤 士非轉徙也 故爵位加於士 非士遷而爵位也".

9) 『燕巖集』 卷10, 原士, "大夫曰士 大夫尊之也 君子曰士 君子賢之也 軍卒曰士 衆之也 所以明人人而士也 執法曰士 獨之也 所以示公於天下也".

10) 『燕巖集』 卷8, 放璚閣外傳 自序, "士迺天爵 士心爲志 其志如何 弗謀勢利 達不離士 窮不失士".

11) 『燕巖集』 卷8, 兩班傳, "維天生民 其民維四 四民之中 最貴者士".

한문소설에서 양반사대부계층의 허위와 무능을 풍자하고 있으나 위의 발언으로 볼 때 그는 결코 사대부계층의 존재를 부정한 것은 아니며 士·農·工·商의 신분적 질서를 유지한 가운데[12] 그들이 담당해야 할 역할을 제대로 수행할 것을 강조한 것으로 보인다.

대개 사람들에겐 맡은 바 직분이 있고 재능의 장단이 있는데 四民은 자기의 재능과 직분에 따라 자기가 해야 할 사회적 기능을 다해야 한다는 것이다. 이러한 생각은 연암에게 많은 영향을 준 湛軒 洪大容(1731~1783)에게서 더욱 분명히 표출되고 있다.

> 대개 사람들에겐 인품의 고하가 있고 재능의 장단이 있다. 그 고하에 따라 단점을 버리고 장점을 취해 쓴다면 천하에 전적으로 버릴 만한 인재는 없다. 面에서 가르칠 때, 그 뜻이 높고 재주가 많은 사람은 위로 올려 조정에 쓰고, 그 바탕이 둔하고 庸鄙한 사람은 아래로 돌려 들에서 일하게 하며, 생각이 정교하고 손재주가 있는 사람은 공장이로 돌리고, 이해에 밝고 재화를 좋아하는 사람은 장사아치로 돌리며 책모하기를 좋아하는가를 물어봐서 용기 있는 사람은 무인으로 돌린다.[13]

이러한 담헌의 생각을 이어받은 연암은 四民은 각기 자기의 재능과 직분에 따라 본업에 종사해야 하는데 현실은 그렇지가 못하여, 농업에 종사해야 할 농민이나 공업에 종사해야 할 공인이나 상업에 종사해야 할 상인이 失業을 하고 있는 상태라고 개탄하면서, 이는 기본적으로 선비가 實學을 하지 않기 때문에 생기는 결과라고 하였다.[14] 선비는 明農·通商·惠工하여 그들의 실업을 막고,[15] 농·공·상의 이치를 밝히는 실천적 학문을

---

12) 『燕巖集』 卷16, 課農小抄, "謹按古之爲民者四 曰士農工賈 士之爲業者 尙矣".

13) 『湛軒書』 內集 卷4, 林下經論, "凡人品有高下 材有長短 因其高下 而舍短而用長 則天下無全棄之材 面中之敎 其志高而才多者 升之於上 而用於朝 其質鈍而庸鄙者 歸之於下 而用於野 其巧思而敏手者 歸之於工 其通利而好貨者 歸之於賈 問其好謀而有勇者 歸之於武".

14) 『燕巖集』 卷16, 課農小抄, "臣竊以爲後世農工賈之失業 卽士無實學之過也".

15) 『燕巖集』 卷16, 課農小抄, "夫所謂明農也通商而惠工也 其所以明之通之惠之者 非士而誰也".

탐구하여,[16] 그들의 생활향상을 돕는 것으로 파악하였다. 그래서 연암은 『書經』의 '正德利用厚生'의 논리를 '利用厚生正德'이라는 실천적인 방향으로 재구성하고[17] 자연에 대한 합리적 이용[18]을 통한 민중의 복리증진에 기여코자 했다. 다시 말하면 士의 임무는 實用之學과 科學的 知識을 제공하여 "민을 이롭게 하고 만물에게 혜택을 입히도록 하는 것"[19]이라고 하였다. 이우성 교수는 연암의 이러한 士의 역할에 대한 인식을 근대 양심적 인텔리의 사명감과 매우 상통되는 것[20]이라고 하였거니와, 연암은 「課農小抄」 여러 곳에서 '실학'을 강조하고 있고 實用之學을 하지 않는 浮華不學之士에게 게으르고 무지한 백성을 맡기는 것은 술 취한 사람에게 장님을 맡기는 것과 무엇이 다르겠냐고 반문하기도 하였다.[21]

그런데 연암이 士의 역할을 이용후생의 실천적 학문을 가지고 민중의 생활향상을 위해 공헌하는 것으로 인식했기 때문에, 士가 추구해야 될 지식은 지배의 지식[22]이 아니라, 민중을 봉건적 억압의 굴레——특히 경제적

16) 『燕巖集』 卷16, 課農小抄, "士之學 實兼包農工賈之理".

17) 『燕巖集』 卷1, 洪範羽翼序, "利用然後 可以厚生 厚生然後 德可以正矣" ; 『熱河日記』, "嗟乎 如此然後 始可謂之利用矣 利用然後 可以厚生 厚生然後 正其德矣".

18) 연암은 「洪範羽翼序」에서 "今子有其水而不知用焉 是猶無水也 …… 今子有其火而不知用焉 是猶無火也 …… 至於木也 亦然"이라 하여 水火木金土 五行의 합리적 이용을 강조하고 있고 經典에 대한 형이상학적 해석을 지양하고 사회적, 실천적 차원에서 경전을 재해석하고 있다.

19) 『燕巖集』 卷17, 限民名田議, "夫帝王者 率土之主也 究其本則孰所有 而孰能專之 苟無利民澤物之志則已 如有是志 均之云乎 何刦取之有也." 여기에서 연암은 治者의 윤리와 관련해서 백성을 이롭게 하고 만물에게 혜택을 입히려는 뜻을 가져야지, 그들을 겁탈해서는 안됨을 강조하고 있는데, 이는 곧 사대부의 윤리이기도 함을 암시하고 있다.

20) 李佑成, 『한국의 역사상』, 창작과 비평사, 1983, 68쪽.

21) 『燕巖集』 卷16, 課農小抄, "嗚呼 今以浮華不學之士 率其惰窳無知之甿 卽何異於使醉人相瞽哉 是故 漢之二千石 必有孝悌力田之擧 安定學規 乃設農田水利之科無他 貴實學也".

22) M. Scheler에 의하면 지배의 지식(Herrschaftswissen)은 생물학적으로 근거지워진 권력충동, 곧 자연의 경과, 인간·사회의 경과에 대한 지배의 열망에서 발생되는 지식으로, 현대실증과학, 합리적 기술과 조직으로 대표된다고 한다(*Histori-*

궁핍――로부터 벗어나게 하여 인간다운 삶을 영위할 수 있게 하는 데 기여하는 해방의 지식[23]이어야 한다고 보았다. 이러한 해방의 지식은 과거의 경전을 사변적 관념적으로 해석하는 고정된 틀을 부정하고, 해방적 인식·관심[24]에서 경전의 뜻을 밝혀내고 이를 바탕으로 과거의 역사적 경험과 지식을 응용하여 오늘의 문제를 해결할 줄 아는 '知識'[25]의 지식이며, 지배체제를 유지하려는 명분으로 내세우는 爲民의 지식이 아니라 구체적 방법론을 지닌 安人의 지식이다. 그러나 연암의 士意識은 민중과의 일정한 거리를 유지한 가운데 利用厚生의 실천적 학문과 해방의 논리를 추구하는 데 머물러 있었고, 봉건적인 신분계급을 부정하고 士로서의 특권의식과 물질적 기득권을 비워 버리고, 민중들과 연대한 민중적 지식인으로까지 발전하지는 못했다. 이것은 물론 당시의 역사 발전단계에 상응하는 사상적 한계라고 할 수도 있겠으나, 한편으로는 이것을 의식과 행동 사이의 괴리현상을 보이지 않고, 선비로서의 위치를 견지하면서 자기가 할 수 있는 일을 발견하여, 당시의 역사상황 속에서 지식인의 사명을 실천적 성격을 띤 학

---

sches Wörterbuch der Philosophie 3, schawabe & Co. Verlag, 1968, p.1099 참조). 그런데 필자는 여기에서는 특히 당시 봉건관료체제를 합리화하고 유지하는 데 기능적으로 작용하는 지식이라는 뜻으로 변용해서 사용하고자 한다. Max Scheler의 지식사회학에 대해서는 Peter Hamilton, *Knowledge and Social Structure*, RKP Ltd, 1974, pp.75~87(『사회구조와 사회의식』, 한울, 1984, 109~123쪽) 참조.

23) 이 개념은 위에서 사용한 "지배의 지식"에 대한 상대적인 용어로 인간을 여러 가지 억압과 강제(비인간적인 상태)로부터 자유롭게 하는(freedom from) 데 기여하는 지식을 뜻한다.

24) 인식관심(Erkenntnisinteresse)은 인식을 주도하는 관심으로 J. Habermas에 의하면 해방적 인식관심(das emanzipatorische Erkenntnisinteresse)은 권력이데올로기에 대한 비판과 여러 가지 강제로부터의 해방에 대한 인식관심을 뜻한다.(J. 하버마스, 『인식과 관심』, 고려원, 1983, 328~329쪽) 그리고 이런 지식사회학적 문제에 대해서는 全兌國 교수의 조언과 도움에 크게 힙입었다.

25) 『燕巖集』 卷1, 楚亭集序, "法古者 病泥跡 刱新者 患不經 苟法古而知變 刱新而能典 今之文 猶古之文也." 이러한 옛 것을 본받되 거기 머물지 않고 새롭게 변용시킬 줄 아는 자세는 문장뿐만 아니라 학문세계에서도 그러하였다. 그 단적인 예로 『書經』을 실천적인 레벨에서 재해석한 것을 들 수 있다. 주 17) 참조.

문과 현실타개의 논리를 마련하는 데 있다고 자각한 것은 그 시대의 역사적 요구에 상응하는 이론적 실천이었다고 평가할 수 있다.

3. 燕巖의 讀書論

위의 연암의 '士'意識을 검토하면서 살펴보았듯이 실학자들은 조선조 주자학자들의 의식과는 다른 새로운 의식을 가지고 종래의 보편주의적 학문경향과는 대비되는 실천적 학문을 추구하였기 때문에 그들의 책을 읽고 공부하던 자세는 기존 양반사대부들의 그것과는 대조적이며, 그들은 독서에 대한 특별한 관심을 갖게 되었다. 이 실학시대에 와서 독서에 대한 새삼스럽고 특별한 관심이 제기되고 있었던 것은 대략 두 가지 이유에서였다.

첫째는, 당시까지 양반사대부와 그들 자제들의 공부하는 방향이 과거급제를 목표로 한 것이었기 때문에 현실사회나 민생의 문제를 해결하는 데 직접적으로 도움을 줄 수 없는 詩·賦위주의 詞章之學으로 흘러 많은 문제점이 노정되기 시작했다는 점이고, 둘째는 조선조 성리학자들이 그들의 관념적 사상체계인 주자학에 배타적으로 집착했기 때문에 다른 사상과 학문들에 대해서는 폐쇄적이 될 수밖에 없었고, 그래서 그들의 독서범위가 좁아지게 되는 폐단이 발생하게 되었다는 점이다. 이렇게 현실적 적합성을 잃어버리고 부화하고 협애한 독서경향에 대해서 실학자들은 매우 비판적이었다.[26]

연암은 요즘 부지런히 독서한다는 사람들은 거치른 안목으로 내용 없는 글들을 뒤적이는데, 이것은 소위 술찌꺼기를 먹고 취하려는 자들이니 어찌 슬프지 아니한가라고 개탄하면서[27] 독서를 부지런히 해도 文義와 理致를 깊이 깨닫지 못하는 것은 바로 과거공부 탓이라고 하였고[28] '高談性命 極

26) 『與猶堂全書』 1集 卷11, 詩文集, 論, 五學論 참조.

27) 『燕巖集』 卷5, 答京之2, "後世號勤讀書者 以麤心淺識蒿目 於枯墨爛楮之間 討掇其蟫溺鼠渤 是所謂哺糟醨而醉欲死 豈不哀哉".

辨理氣 各主己見 務欲歸一'하는 당시의 성리학은 참된 학문을 해치는 것이라고 비판하였다.[29)]

그러나 연암이 이와 같이 당시의 독서경향에 대해서 비판적인 발언을 했다고 해서 그의 독서관이 처음부터 조선조 성리학자들의 독서관[30)]과 전혀 다른 새로운 것은 아니었고, 종래의 전통적인 道學的 독서관을 견지하면서도 그것을 자기의 실천적 관심에 따라 서서히 변용시켜 가서 급기야 실학자다운 독자적인 독서관을 갖게 된다. 그는 독서의 미덕[31)]과 효용성[32)]을 강조하면서, 선비가 하루라도 독서를 하지 아니하면 면목과 말이 雅하지 않게 되며 心身이 허탈하여져 기댈 바가 없어지기 때문에[33)] 군자가 평생토록 그만두어서 안 되는 것이 독서라고 하였다.[34)]

그런데 연암의 독서관은 이러한 전통적 독서관에 머물지 않고 '利民澤物'하는 실천적 독서관으로 발전하게 된다. 그는 선비가 독서를 해서 이론 탐구한 성과가 자기의 입신출세나 명예 같은 자기욕망의 충족에만 머물러서는 안 되며, 그 혜택이 四海에 미치고 그 공이 만세에 드리워지도록 해야 한다[35)]고 하면서 무엇을 위해 독서를 해야 하는가에 대해서 다음과 같

---

28) 『過庭錄』, "又曰先生(박지원을 가리킴 : 필자) 嘗言諸君所讀 非不勤也 於文義理致 不能透入者 無他 以素學功令之習 不離於紙上口頭 不復致思於其間故也".

29) 『燕巖集』 卷16, 原士, "若復高談性命 極辨理氣 各主己見 務欲歸一 談辨之際 血氣爲用 理氣纔辨 性情先乖 此講學之害之也." 그리고 「課農小抄」에서도 "士惑高談性 遺於經濟"라 하였다.

30) 조선조 성리학자들의 독서관은 한 마디로, 道 위주의 독서관이다. 성리학자들은 "爲學以道爲志, 爲人以聖爲志"라는 생각으로, 사물의 이치를 궁구하여 道에 들어가는 것을 독서의 목표로 하였다. "學者 常存此心 不被事物所勝 而必須窮理明善然後 常行之道 曉然在前 可以進步 故入道莫先於窮理 莫先乎讀書 以聖賢用心之迹 及善惡之可效可戒者 皆在於書故也"(『栗谷集』, 「擊蒙要訣」, 讀書).

31) 『燕巖集』 卷10, 原士, "君子嘉言 或不免乎有悔 善行或不免乎有咎 至於讀書也 終歲爲之而無悔 百人由之而無咎".

32) 『燕巖集』 卷10, 原士, "幼者讀書而不爲妖 老者讀書而不爲耄 貴而不替 賤而不僭 賢者不爲有餘 不肖者 不爲無益".

33) 『燕巖集』 卷10, 原士, "故士一日而不讀書 面目不雅 言語不雅 倀倀乎身無所衣 伀伀乎心無所適 博奕飮酒".

34) 『燕巖集』 卷10, 原士, "君子終其身 不可一日廢者 其惟讀書乎".

이 말하고 있다.

무릇 독서는 장차 무엇을 위해서 하는 것인가. 文術을 풍부하게 하기 위함인가, 文譽를 넓히기 위함인가. 학문을 강구하고 道를 논하는 것은 독서의 事요, 孝悌하고 忠信하는 것은 講學의 實이며, 禮樂刑政은 강학의 用이다. 독서를 하면서도 실용할 줄을 모르면 참된 강학이 아니며, 강학에서 귀하게 여기는 점은 그 실용을 행하는 데 있다.[36)]

필자는, 독서를 하되 실용할 것을 강조하는 연암의 이러한 독서관을, 조선조 초기 관료사장파의 입신양명형의 독서관과 조선조 중기 사림파의 도학주의형 독서관과 대비해서 문제해결형의 실천적 독서관이라고 부르고자 한다. 이러한 문제해결형의 독서관은 연암을 비롯한 당시 실학자들의 공통된 독서관[37)]이며 茶山에 이르러 더욱 그 성격이 분명해진다.

(독서할 때에는) 먼저 경전에 대한 공부를 하여 밑바탕을 확고하게 한 후에 옛날의 역사책을 섭렵하여 정치의 득실과 잘 다스려지고 못 다스려지는 이유의 근원을 알아야 하며, 또 반드시 實用의 학문에 뜻을 두어서 옛 사람들이 나라를 다스리고 세상을 구했던 글들을 즐겨 읽어야 한다. 이런 마음을 늘 갖고 있으면서 만민을 윤택하게 하고 만물을 번성하게 자

---

35) 『燕巖集』 卷10, 原士, "一士讀書 澤及四海 功垂萬世".

36) 『燕巖集』 卷10, 原士, "夫讀書者 將以何爲也 將以富文術乎 將以博文譽乎 講學論道 讀書之事也 孝悌忠信 講學之實也 禮樂刑政 講學之用也 讀書而不知實用者 非講學也 所貴乎講學者 爲其實用也".

37) 필자는 앞에 든 졸고에서 실학자들의 독서관의 성격을 규명하기 위하여, 丁若鏞과 李德懋와 洪大容의 경우를 검토하였고, 이 글에서는 연암의 경우를 검토하고 있는 바, 이들 실학자의 독서관은 문제해결형의 독서관이라는데 공통점이 있다. 그러나 그들은 같은 실학자이지만, 그들의 관심이나 사상적 지향이 서로 상이함으로 해서 그들의 독서관은 문제해결형의 독서관을 기본축으로 하고 있으면서도 연암은 農·工·商을 위한 利用厚生의 학문에, 다산은 정치의 득실과 治亂의 원인을 밝히는 史書와 經世濟民의 학문에 관심을 주로 경주하고 있으며, 형암은 다분히 호학적·고증학적 체취를 풍기고 있고, 담헌은 자연현상에 대한 과학적 인식에 관심을 쏟고 있다.

라게 해야겠다는 뜻을 가진 뒤에라야 비로소 올바른 독서군자가 될 수 있는 것이다.[38)]

이러한 실학자들의 문제해결형의 독서관은 실학자 개개인의 관심이나 사상적 지향에 따라 그 해결해야 하는 문제가 조금씩 다르긴 하지마는 실천적인 문제의식——'利民澤物 澤民四海 功垂萬世'(燕巖), '道明乎千載 澤加於四海'(湛軒), '澤萬民育萬物'(茶山)——을 가진 實用之學을 해야 된다는 데에는 기본적으로 일치하고 있었다.

이와 같은 실천적 독서관을 가진 연암은 자연히 역사상 인물 가운데 그 당시의 역사적 과제를 해결하는 데 적절한 대응성을 갖는 실용지학을 한 사람들을 주목하게 되었고, 그런 사람을 '善讀書者'라고 하였다. 연암은 그런 예로 孔子와 孟子를 들고, 옛날 성인의 책을 읽으면서 그 책에 담겨 있는 지극한 공평과 피나는 정성을 이해하고, 그들의 고심한 자취를 헤아리는 사람은 드물다고 하였다.[39)] 연암은 책을 읽되, 그 책을 쓴 사람의 마음까지 읽도록 해야 한다고 말했다.

> 그대가 太史公을 읽으면서 그 책(史記)은 읽으면서도 그 마음은 아직 읽지 못한 것은 무엇 때문이오. 項羽本紀를 읽으면서는 壁上觀戰을 생각할 따름이고, 刺客列傳을 읽으면서는 高漸離의 擊筑하던 이야기만 생각하기 때문이오. 이것들은 노인들의 진부한 이야기거리에 불과하니, 또한 시렁 아래에서 숟가락 줍는 것과 무엇이 다르겠소.[40)]

연암은 흥미를 위주로 한 수박겉핥기식의 독서를 해서는 안 되고, 그 책

---

38) 『與猶堂全書』 1集 卷21, 寄二兒, "先必以經學立著其址 然後涉獵前史 知其得失理亂之源 又須留心實用之學 樂觀古人經濟之學 此心常存 澤萬民育萬物底意思 然後方做得讀書君子".

39) 『燕巖集』 卷10, 原士, "孔孟其古之善讀書者乎 …… 善讀書者 豈訓詁明而已哉 …… 夫讀聖人之書 能得其苦心者鮮矣 朱子曰 仲尼豈不是至公血誠 孟子豈不是麤拳大踢 如朱子可謂得聖人之苦心矣".

40) 『燕巖集』 卷5, 答京之3, "足下讀太史公 讀其書 未嘗讀其心耳 何也 讀項羽 思壁上觀戰 讀刺客 思漸離擊筑 此老生陳談 亦何異於廚下拾匙".

을 쓴 사람의 苦心한 자취를 헤아리는 데까지 나아가야 그것이 善讀書라고 하였다. 그러니까 연암이 말하는 '善讀書者'는 우리가 보통 책을 잘 읽는다고 하는 사람, 예컨대 소리를 잘 내거나 구두를 잘 찍거나 旨義를 잘 해독하거나 談說을 잘하는 사람을 말하는 것이 아니고,[41] 실천적 문제의식을 가지고 그 책을 쓴 사람의 정신을 읽을 줄 알고, 거기에서 얻은 지혜를 그가 살고 있는 현실의 제문제를 해결하는 데 응용할 줄 아는 '知變'의 인물을 말한다.

이렇게 실천적 문제의식을 갖고 독서할 것을 강조한 연암은 이러한 문제의식으로 經書를 새로 읽고 농·공·상의 복리증진을 위한 이용후생의 학과 기술을 연구하였다. 그는 먼저 자기가 하고자 하는 실용의 학을 전개할 수 있는 논리적인 바탕을 마련하기 위해 경서를 실천적인 각도에서 재해석한다. 그가 특히 주목한 경서는『서경』인데, 그 가운데서도 善政과 養民을 강조한「大禹謨」를 이런 각도에서 되새겨 보았다. 이「大禹謨」는 養民의 근본은 水·火·木·金·土·穀(6府)을 잘 다스리는 데 있으며, 正德·利用·厚生(3事)을 잘 조화시키는 것이 善政의 요체라는 내용을 담고 있는데,[42] 연암은 이 대목이 가지고 있는 실천적 성격에 주목하여 水·火·木·金·土의 五行을 합리적으로 이용할 것을 강조하고, 正德·利用·厚生 가운데서 利用厚生에 액센트를 두어 '利用然後, 可以厚生, 厚生然後, 德可以正矣'라는 논리를 마련하였다.[43] 이러한 논리적 바탕을 마련한 연암은 당시의 성리학자들이나 위정자들이 그들의 중심문제로 생각하지 않았던 농지경영의 개선과 토지재분배 문제,[44] 화폐정책과 유통경제론,[45]

---

41)『燕巖集』卷10, 原士, "所謂善讀書者 非善其聲音也 非善其句讀也 非善解其旨義也 非善於談說".

42)『尙書』,「虞書」, 大禹謨, "禹曰於帝念哉 德惟善政 政在養民 水火金木土穀惟修正德利用厚生惟和".

43)『燕巖集』卷1, 洪範羽翼序.

44) 燕巖의 농업개혁론에 대해서는 金容燮,『朝鮮後期農業史研究』II, 一潮閣, 1971, 327~347쪽 참조.

45) 연암의 화폐정책과 유통경제론에 대해서는 元裕漢,「燕巖朴趾源의 社會經濟思想에 대한 考察 - 그의 화폐사상을 중심으로」,『弘大論叢』10, 1979, 93~110쪽 참조.

그리고 공업기술의 향상문제 등에 깊은 관심을 갖고, 그 문제들의 해결을 위한 이론적 탐구와 실험[46]을 강조하였다. 연암은 고고한 사대부들처럼 돈 문제나 농사일, 기술개량 등에 대해 얘기하기를 꺼리기는커녕, 바로 이러한 농·공·상의 편리를 위해 그 이치를 밝히는 것이 선비의 사명이라고까지 하였다.[47] 그리고 연암은 이러한 실천적 이론탐구를 위한 독서뿐만 아니라 사실주의적인 정신[48]과 경험론적인 사고[49]를 가지고 자연을 관찰, 이용하고, 발달한 선진문물을 진취적 개방성을 갖고 구체적으로 수용할 것을 주장하였다.

그러나 연암이 살던 당시 현실은 어떠하였는가. 연암의 눈에 비친 당시 현실은 한 마디로 답답하고 고루한 현실 바로 그것이었다.

> 우리나라 선비들은 세계의 한 모퉁이 지역에서 태어나 한편으로 치우친 기질을 갖고 있다. 발은 한 번도 중국을 밟아보지 못했고 눈으로도 중국 사람을 보지 못했다. 나서 늙고 병들어 죽을 때까지 이 나라 강토를 떠나 본 적이 없다. 그래서 학의 다리가 길고 까마귀 날개가 검은 것처럼 각기 타고난 천품을 변하지 못한 채 마치 우물안 개구리나 나뭇가지 하나에만 매달려 있는 뱁새처럼 홀로 그 땅을 지켜왔다. 따라서 '禮는 차라리 野해야 한다' 하고, 더러운 것이 검소한 것인 줄로만 안다. 소위 士農工商의 四民이라는 것은 겨우 명목만 남았고, 利用厚生의 도구는 날로 곤궁해지기만 한다. 이것은 다름이 아니고 학문하는 道를 모르기 때문이다.[50]

---

46) 『燕巖集』 卷10, 原士, "鷄鳴而起 闔眼跪坐 溫其宿誦 潛復繹之 其旨未暢歟 其義未融歟 字不訛歟 驗之於心 體之於身 其有自得 喜而不忘".

47) 이 문제에 대해서는 제2장의 주석 14), 15)를 참조할 것.

48) 연암의 사실주의적인 정신은 그의 문학론에 잘 나타나는데, 그는 "文以寫意 則止而已矣", "爲文者 惟其眞而已矣"(『燕巖集』 卷3, 「孔雀館文稿自序」), "卽事有眞趣 何必遠古担"(『燕巖集』 卷4, 「贈左蘇山人」)이라 하여 "卽物 臨事"(『燕巖集』 卷7, 「北學議序」)的인 사실주의적인 입장을 견지하고 있다.

49) 연암은 이론의 탐구뿐만 아니라 현실의 경험을 강조하였는데, 그것은 그의 『熱河日記』를 관류하는 정신이기도 하다. 임형택, 「연암의 주체의식과 세계인식」, 『大東文化硏究』 20, 성대대동문화연구원, 1986 참조.

50) 『燕巖集』 卷7, 北學議序, "吾東之士 得偏氣於一隅之土 足不蹈函夏之地 目未見中州之人 生老病死不離疆域 則鶴長烏黑 各守其天 蛙井蚡田 獨信其地 謂禮寧

당시의 현실이 답답하고 고루하게 된 원인은 다름이 아니라 참된 學問之道를 모르는 데 있다는 것이다. 그러면 연암이 말하는 참된 학문지도는 무엇인가. 연암은 참된 학문지도란 자기보다 나은 사람에게 잘 물어봐서 새로운 지식과 발달한 문물을 배우는 것이라고 하였다.51) 그래서 그는 당시의 선진문화국인 중국을 배우자는 北學을 주장하였고, 직접 1780년 燕行길에 올라 중국의 문물제도를 두루 자세히 살피면서, 어떻게 하면 당시의 고루한 조선사회를 발전시킬 수 있을까를 생각하였는데, 그의 이러한 노력의 성과가 『熱河日記』라는 웅편으로 나타났다.

이상에서 살펴본 바와 같이, 연암이 『서경』을 실천적인 방향에서 재해석하고 농·공·상의 理를 탐구하는 것을 그의 학문의 주관심사로 삼고, 이론탐구와 함께 실제의 체험을 강조하고, 학문지도는 바로 好問과 善學에 있다고 한 것은 그의 문제해결형의 실천적 독서관과 학문관을 구체적으로 보여주는 것이라고 하겠다.

그러면 연암은 문제해결형의 실천적 독서를 위해 과연 어떠한 방법을 택했는가. 연암은 이러한 독서를 위해서는 집중적인 노력과 충분한 시간이 필요하며, 과정을 정해 놓고 하는 것이 좋다고 하였다. 바른 선비는 어린이같이 뜻을 오롯이 하고, 처녀가 몸을 지키듯 확고한 자세를 가지고, 일정한 해를 마칠 때까지52) 문을 닫아 걸고 옛 경전과 역사책, 그리고 농·공·상

野 認陋爲儉 所謂四民 僅存名目 而至於利用厚生之具 日趨困窮 此無他 不知學問之道也".

51) 『燕巖集』 卷7, 北學議序, "學問之道 無他 有不識 執塗之人 而問之可也 …… 故舜與孔子之爲聖 不過好問於人而善學之者也 …… 如將學問 舍中國而何".

52) 『燕巖集』 卷10, 原士, "吾所謂雅士者 志如嬰兒 貌若處子 終年閉其戶而讀書也". 小川晴久교수는 이 대목에 나오는 終年을 年中이나 生涯로 번역하고 있으나 필자는 "일정한 해를 마치도록"으로 해석하고자 한다. 오가와교수는 "年中내내 혹은 생애를 통해 문을 닫아걸고 고전을 독서하는 것"이 연암독서론의 한 국면으로 이해하여 소위 '閉戶讀書論'을 주장하고 있으나, 이는 연암독서론의 역사적 성격과 맞지 않을뿐더러, 부분을 일반화한 오류를 범하고 있다. 필자는 "終年閉其戶而讀書"를 문제해결형의 실천적 독서를 위한 한 방법으로 이해하여 일정한 해를 마칠 때까지 문을 닫아걸고 집중적으로 공부하는 것으로 이해하고자 한다. 이는 뒤에 살펴볼 「허생전」의 주인공 許生이 10년을 정해 놓고 공부하는 것에서 그 타당

의 이치 등을 공부하여 현실타개를 위한 이론을 마련해야 되는 동시에, 실제의 체험을 통해서 선진문물을 수용해 당시의 정체된 사회를 발전시킬 방안을 마련해야 한다고 믿었다. 이러한 집중적인 공부를 효과적으로 하기 위해서는 체계적인 과정이 필요하다고 했다.

> 독서하는 방법에는 과정을 정해놓고 하는 것보다 더 좋은 방법은 없으며 질질 끄는 것보다 더 나쁜 것은 없다.53)

> 제군들이 나를 따라 공부하려고 한다면 반드시 일정한 과정을 정해놓고, 매일 경서 한 장과 강목 한 단을 읽되, 빨리 읽으려고 하지 말고, 익히 외우고 깊이 생각하며, 어려운 대목은 토론해서 잘 분변하도록 하는 것이 좋다.54)

독서를 할 때에는 이것저것 닥치는 대로 많이만 읽는다고 좋은 것이 아니라 반드시 일정한 과정을 정해 놓고 하는 것이 좋으며, 집중적이고 체계적으로 공부하지 않고 질질 끄는 것은 나쁘다는 것이다. 독서를 할 때 한꺼번에 많이 읽으려고 탐내거나 빨리 읽으려고 하지 말고, 공부할 양을 정해 놓고 날로 미쳐 익히면 뜻이 情해지고, 義가 밝아지며, 音이 농해지고, 意가 익혀져서 자연히 외어지게 되는데, 이것이 독서의 차제라고 하였다.55)

연암은 이러한 체계적이고 집중적인 독서를 하는 데 있어서의 敵은 사사로운 욕심을 갖는 것이라고 하였다.

> 독서를 하면서 써먹을 것을 구하는 것은 모두 私心에서 비롯된 것인데,

성이 증명된다 하겠다.

53) 『燕巖集』 卷10, 原士, "讀書之法 莫善於課 莫不善於拕".

54) 『過庭錄』, "諸君苟欲從我學 須定一課程 每日經書一章綱目一段 不要疾讀 熟誦只細諷精思 討論辨難 可也".

55) 『燕巖集』 卷10, 原士, "毋貪多 無欲速 定行限遍 惟日之及 旨精義明 音濃意熟自然成誦 乃第其次".

해마칠 때까지 독서를 해도 학문에 진보가 없는 것은 私意가 그것을 해치기 때문이다.[56]

百家를 두루 출입하고 경서에 의거해서 攷究하더라도, 자기의 공을 내세우고 이익을 急求하기 위해, 배운 것을 한 번 써먹어야겠다는 私意를 누르지 못하면 그것은 참된 독서가 아니라는 것이다.[57] 독서할 때는 무엇보다도 사사로운 뜻이나 이기적인 욕심을 버리고, 먼저 공평무사한 마음과 백성을 이롭게 하고 만물을 윤택하게 해야겠다는 利民澤物의 光明正大한 뜻을 가지고 해야 비로소 학문의 성숙과 사회의 발전이 있게 된다는 것이다. 이런 면에서 연암의 독서관은 자기의 입신출세나 積功을 위한 입신양명형의 독서관과는 대조가 된다고 할 수 있다. 입신양명형의 독서관이 자기의 입신출세를 위한 지위지향적인 삶의 태도에서 나온 것이라고 한다면, 연암의 독서관은 '利民澤物'이라는 뜻과 당시의 문제적인 현실을 개혁하려는 의지를 가진 목적지향적인 삶의 태도에서 비롯된 것이라고 하겠다.

그러므로 이러한 이기적인 욕심을 버리고 광명정대한 목적을 가지고 독서를 하려고 한다면 당연히 그 자세가 진지하고 겸허해야 함은 두 말할 것도 없다. 그래서 연암은 모르는 것이 있을 때에는 길가는 사람을 붙잡고라도 물어봐야 하며, 어린아이나 종이라도 자기보다 한 자라도 더 많이 안다면 그에게 우선 배우라고 하면서, 만약 이러한 진리 앞에 겸허하고 진지한 태도를 갖지 않고, 자기가 남보다 모르는 것을 부끄럽게 여겨, 자기보다 나은 사람에게 묻지 않는다면, 이는 종신토록 자신을 무식하고 고루한 지경에 가두어 두는 결과가 된다고 하였다.[58]

그러면 다음으로 연암은 책은 어떻게 대해야 한다고 하였는가 살펴보기로 한다.

---

56) 『燕巖集』 卷10, 原士, "讀書而求有爲者 皆私意也 終歲讀書而學不進者 私意害之也".

57) 『燕巖集』 卷10, 原士, "出入百家 攷據經傳 欲試其所學 急於功利 不勝其私意者 讀書害之也".

58) 『燕巖集』 卷7, 北學議序, "僮僕多識我一字 姑學汝 恥己之不若人 而不問勝己 則是終身自錮於固陋無術之地也".

책을 대해서는 하품을 하지 말고, 기지개를 켜지도 말고, 졸지도 말아야 하며, 만약 기침이 날 때는 머리를 돌려 책을 피해야 하며, 책장을 뒤집되 침을 묻혀서 하지 말고, 표지를 할 때 손톱으로 해서는 안 된다. 書算을 하면서 번수를 기록할 때에는 뜻이 들어가면 헤아리고, 뜻이 들어가지 않으면 헤아리지 말아야 한다. 그리고 책을 베고 자서는 안 되며, 책으로 그릇을 덮지 말고, 권질을 어지럽게 두지도 말고, 먼지를 털고 좀벌레를 쫓으며, 맑은 날에는 햇빛을 쬐이고, 남에게서 빌려온 서적의 글자가 잘못되었으면, 교정을 봐서 쪽지를 붙이고, 종이가 떨어졌으면 붙이고 꿰맨 실이 끊어졌으면 새로 꿰매어서 돌려줘야 한다.[59]

연암은 진리가 담긴 책을 함부로 다뤄서는 안 되며 그것을 소중히 여기되 책을 빌려주는 데 인색해서는 안 된다고 하였다. 연암은 어떤 사람에게 준 편지 가운데서, 책은 일정한 주인이 있는 것이 아니라 善을 즐기고 학문하기를 좋아하는 사람이 소유할 뿐이다[60]라고 하면서 책을 쌓아 놓고 다른 사람에게 빌려줄 줄 모르는 사람을 꾸짖고 있다. 그는 이 편지에서 孔子의 '君子以文會友 以友輔仁'이라는 말을 인용하면서, 그대가 仁을 구할 것 같으면 천 상자의 책을 친구와 더불어 같이 보다가 떨어져도 좋다고 생각할 것이지, 그것을 高閣에 묶어놓고 구구하게 후세에 전할 계획을 하고 있느냐고 나무라고 있다.[61]

연암은 이와 같이 문제해결형의 실천적인 독서를 위해서 체계적이고 집중적인 독서법을 제시하고 있고, 우리가 어떤 태도로 책을 대해야 하는가에 대해서도 운치있고 재미있는 가르침을 주고 있다.

---

59) 『燕巖集』 卷10, 原士, "對書勿欠 對書勿伸 對書勿唾 若有嚔咳 回首避書 翻紙勿以涎 標旨勿以爪 立算紀遍 意入開算 意不入不開算 毋枕書 毋以書覆器 毋亂帙 拂塵驅蟫 遇晴卽曬 借人書籍 字誤 攷校籤之 紙有破裂補綴 編絲斷落 紉而還之".

60) 『燕巖集』 卷5, 與人, "書無常主 樂善好學者 有之耳".

61) 『燕巖集』 卷5, 與人, "今乃私天下之古書 不與人爲善 挾驕吝以濟其世 無乃不可乎 君子以文會友 以友輔仁 子如求仁 千箱之書 與朋友共弊之可也 今乃束之高閣 區區爲後世計耶".

4. 問題解決型의 讀書人, 許生

지금까지의 논의를 바탕으로 연암이 생각한 문제해결형의 실천적 독서인을 문학작품으로 형상화한 「許生傳」을 살펴보도록 한다. 여기서는 이 작품 가운데 문제가 되는 몇 대목을 이러한 시각에서 재해독하기로 하겠다.

첫째는 이야기의 발단부분에서 허생이 10년 기약으로 공부를 하다가 아내의 요구에 못이겨 책을 덮고 일어서는 장면의 해석문제이다. 여기에서 허생은 독서하기를 좋아하는 인물로 설정되어 있고, 그는 아내의 바느질 품팔이로 생계를 유지해 가고 있다. 허생은 '貧而好讀書'한 인물로서 천하의 이치를 궁구하고 實用을 위한 실천적 이론을 탐구하기 위해서는 내재적 준비작업으로 집중적인 공부와 실력연마가 필요하다고 보고 10년 기약으로 공부를 하고 있다. 그런데 이 이야기를 이끌어 가는 叙事的 話者는 원대한 계획을 가지고 10년 동안 집중적으로 공부하는 것도 좋지만 우선 시급한 생존의 문제부터 해결해야 되지 않느냐는 관점에서 허생의 아내로 하여금 '子平生不赴擧 讀書何爲'라는 질문을 던지게 하고 공장이나 장사아치 노릇, 아니면 도적질이라도 해서 생계를 꾸려나가야 되지 않느냐고 항의하게 한다. 그러자 허생은 '惜乎 吾讀書 本期十年 今七年矣'라고 한다. 허생은 몰락양반이지만 글읽기를 좋아한 讀書士人으로서 실천적 학문탐구를 통해 민중의 생활향상과 사회발전에 이바지하려는 원대한 계획을 가지고 집중적인 공부를 하기 위해 10년을 잡았으나 아내의 성화에 못이겨 7년 만에 책을 덮고 일어선다. 여기에서 공장이 노릇이나, 장사아치 노릇, 심지어는 도적질이라도 해야되지 않겠느냐는 허생 아내의 말 속에는 독서를 하고 이론을 탐구하더라도 구체적인 현실문제를 해결하는 데 도움이 못되는 공부는 아무 소용이 없으며 민생고를 비롯한 당시 현실문제를 해결하는 데 유용한 공부를 해야 된다는 서사적 화자의 의도가 개입하고 있으며, 이 서사적 화자의 성격은 바로 문제 해결형의 실천적 화자이다. 그래서 허생은 책상 앞에서 글만 읽는 서생에서부터 현실문제를 해결하는 활동적이고도 능동적인 인물로 그 성격이 변모되고 있다.

그리고 이 대목에서 또 하나 문제가 되는 것은 허생이 7년 동안 공부한 내용이 과연 어떠한 것이었을까 하는 점이다. 필자의 견해로는, 허생의 독서 범위는 오가와 교수가 그의 '閉戶讀書論'에서 주장하는 것처럼[62] 古典만을 읽는 것이 아니라 정치·경제적인 이론서와 자연현상의 이치를 규명하고 그것을 인간생활에 이용하려는 방안을 담고 있는 책들까지 포함한 것이 아니었을까 생각된다. 이것은 허생이 집을 나와서 벌이는 성공적인 사회활동을 통해 추론해 볼 수 있다. 허생이 만약 옛날 책만을 뒤적이고 있었다면 그의 상업활동이 그렇게 성공할 수는 없었을 것이며, 당시의 난국을 타개할 대책을 제시할 수 없었을 것이다. 허생은 반드시 그 당시의 정치·경제적인 제모순의 원인이 무엇이며, 이를 타개할 방안은 무엇인가를 생각하면서 독서를 했을 것이다. 허생이 성공적인 상업활동——이는 당시 경제의 허실과 흐름을 파악한 뒤에 가능한 것이겠지만——을 한다든지, 磻溪 柳馨遠 같은 실학자가 쓰이지 못함을 개탄한다든지, 李浣 대장에게 당시의 난국을 타개할 세 가지 대책을 말해 준다든지 하는 것은 물론 허생의 탁월한 능력과 식견을 보여 주는 것이기도 하지만 또한 허생이 평소에 독서하고 공부한 결과라고도 할 수 있다.

둘째는, 邊山에 할거해 있던 群盜들의 처리문제이다. 이 작품에 등장하는 군도들은 과연 어떤 사람들인가. 한 마디로 이들은 조선 봉건사회의 구조적 모순과 농촌정책의 실패에서 재래된 이농민들로서 본래는 선량한 농민들이었다. 김용섭 교수의 조선후기 농업사에 대한 연구성과[63]에서 밝힌 바와 같이, 이들은 농업정책의 실패와 당시의 역사변동에 따른 농민층분화의 결과로 파생된 無田·無佃의 農民들로서, 토지로부터 유리되어 도시로 흘러 들어가 짐꾼·고공 등과 같은 임노동자가 되거나, 광산촌에 들어가 광부가 되거나, 어부가 되거나 그것도 못 될 때는 할 수 없이 산 속에 들어가 산적이 된 사람들이다. 이러한 이농문제는 당시의 가장 심각한 문제로서, 정부와 지식인들은 각기 자기의 입장에서 이 문제를 해결하기 위한 방

62) 小川晴久, 앞의 글, 1985, 141~142쪽.
63) 金容燮, 『朝鮮後期農業史硏究』 Ⅰ·Ⅱ, 一潮閣, 1970·1971 참조.

안과 대책을 강구하고 있거니와 그 중에서도 군도들은 조정에서 가장 골치를 앓던 문제거리로서 당시 사회모순의 核이었다고 할 수 있었다. 그래서 조정에서는 이 작품의 표현 그대로 "관졸을 풀어서 잡으려고 하나 잡을 수 없는(發卒逐捕 不能得)" 형편이었고, 군도들 역시도 관가의 토포활동 때문에 "감히 노략질하지 못하고, 바야흐로 배고프고 곤란한(不敢出剽掠方飢困)" 형편이었다. 허생은 바로 이같이 서로 딱한 처지에 있던 조정과 군도들의 문제를 한꺼번에 해결하기 위해서 빈 섬을 찾아 이상사회를 건설하려고 한다. 여기에서 우리는 연암의 사상적 지향이 단순히 실천적인 이론탐구에 머물지 않고, 실제로 구체적 현실문제를 해결하는 데까지 나아가, 이론과 실천의 변증법적 통합[64]을 이루었음을 알 수 있다. 이것은 여러 가지 현실적 조건과 논리의 자기완결성 때문에 제약될 수밖에 없었던 그의 사상의 전개가 비로소 소설양식을 통해 자유롭게 개진되었음을 말해주는 것이라고 할 수 있다.

셋째는, 허생이 빈 섬에서 이상국을 건설함에 있어 먼저 富하게 한 뒤에 별도의 文字를 만들고, 나중에 섬을 떠나면서 글 아는 사람을 불러낸 사실의 해독문제이다. 이 이야기를 이끌어 가는 서사적 화자는 왜 허생으로 하여금 知書者를 데려 나오면서 '이 섬에서 화를 끊어버리겠다(絶禍於此島)' 고 말하게 하며, 별도의 문자를 만들 생각을 하게 했을까? 이것은 제2장에서 검토한 바와 같이 당시의 글(지식)이 진정으로 자기들의 입장과 뜻을 대변할 수 있는 참되고 살아있는 지식이 되지 못하고, 오히려 그들을 억압하고 무마하는 지배의 보장기능을 하는 지배의 지식으로 전락한 것을 비판한 것으로 보인다. 허생이 이상국을 만들려고 한 그 섬이 새로운 공동체가 되기 위해서는 새로운 언어가 필요하며, 새로운 문자를 바탕으로 한 참다운 지식과 문화가 꽃피기 위해서는 기존의 허위의식으로 윤색된 지배의 지식이 청산되어야 한다고 생각한 것은 아닐까. 일찍이 孔子도 이름을 바로 잡는 것이 정치의 선결과제임을 말하면서, 이름이 바로 잡혀지지 않으

64) 이 문제에 대해서는 하버마스 저, 홍윤기・이정원 역, 『이론과 실천』, 종로서적, 1985에서 잘 정리되어 있음.

면 언어의 소통이 순조롭지 못하게 되고, 언어의 소통이 순조롭지 못하면 일이 제대로 이루어질 수가 없고, 일이 제대로 이루어지지 않으면 禮樂이 진흥되지 않고, 禮樂이 진흥되지 않으면 형벌이 공평하지 않게 되며, 형벌이 공평하지 않으면 백성들이 손발을 어디다 두어야 할지 모르게 된다고 하였다.[65] 허생도 이러한 점을 자각하고 새 술은 새 부대에 담아야 한다는 생각을 가지고, 화를 자초할 수 있는 기존의 지식을 청산하고, 새로운 사회의 건설을 위해 이름과 개념을 바로 잡는 일부터 시작했던 것으로 보인다. 이것은 기존의 문화에 대한 날카로운 비판과 풍자이면서 새로운 사회에 대한 비전을 보여주는 것이다.

우리는 이상에서 허생을 문제해결형의 독서인으로 파악하고, 이러한 각도에서 「허생전」의 몇 대목을 재해석해 보았다. 이렇게 볼 때, 「허생전」은 연암의 '士'意識과 讀書觀을 문제해결형의 독서인, 허생을 통해 문학적으로 형상화한 작품으로 이해할 수 있지 않을까 한다.

5. 結語

우리는 이상에서 연암 박지원의 '士'意識과 讀書論의 성격을 규명하고 이를 바탕으로 그의 한문단편소설인 「許生傳」을 재해독해 보았다. 이제 위의 논의를 요약·정리하고, 남은 문제들을 거론하도록 한다.

연암은 누구보다도 선비의 존재와 기능에 대해 특별한 관심을 갖고 있었고, '士'를 사민 가운데서 가장 귀한 존재로 파악하였다. 그는 선비의 위치가 지배계층과 피지배계층의 중간적 위치――계급적인 의미가 아니라 공간적 비유로 意識의 自由浮動性을 말하는데――에 있어 그 둘 중 어느 쪽과도 연대할 수 있음을 밝히면서, 선비가 구체적 역사상황 속에서 자기

65) 『論語』, 「子路」, "子路曰 衛君待子而爲政 子將奚先 子曰 必也正名乎 子路曰 有是哉 子之迂也 奚其正 子曰 野哉 由也 君子於其所不知 蓋闕如也 名不正則言不順 言不順則事不成 事不成則禮樂不興 禮樂不興則刑罰不中 刑罰不中則民無所措手足".

가 서야 할 위치를 정확히 인식하고, 자기의 임무를 다할 때 그 혜택이 四海에 미치고, 공덕이 만세에 드리운다고 하였다. 연암은 그 당시에 선비에게 주어진 임무는 실천적 학문을 통해 민을 이롭게 하고 만물에게 혜택을 입히도록 하는 것이라고 생각했다. 연암이 이와 같이 '士'의 역할을 인식했기 때문에 '士'가 추구해야 될 지식은 지배의 지식이 아니라, 민중을 봉건적 억압과 궁핍으로부터 벗어나게 하는 데 기여할 수 있는 해방의 지식이어야 한다고 보았다. 그러나 연암의 '士'의식은 민중과의 일정한 거리를 유지한 가운데 이용후생의 실천적 학문과 해방의 논리를 추구하는 데 머물러 있었고, 봉건적 신분계급을 부정하고, '士'으로서의 특권의식을 비워버리는 데까지 발전하지는 못했다.

제3장에서는 연암의 독서론를 검토하였다. 실천적 문제의식을 가진 연암은 현실적 적합성을 잃어버리고 부화하고 협애한 독서경향에 대해서 비판적이었다. 연암은 당시의 부화하고 협애한 독서경향을 마치 술찌꺼기를 먹고 취하려는 것과 같다고 비유하면서 과거공부의 폐단과 성리학의 말폐를 아울러 지적하였다. 그래서 연암은 입신출세 위주의 독서관이나 도학적 독서관을 버리고 독서를 하되 실용할 것을 강조하는 문제해결형의 실천적 독서관을 주장하게 된다. 이러한 문제해결형의 독서관은 실학자 개개인의 관심이나 사상적 지향에 따라 그 뉴앙스가 조금씩 다르기는 하지마는 실천적인 문제의식을 가진 實用之學을 해야 된다는 점에서는 모두 기본적으로 일치하고 있었다. 이러한 문제해결형의 독서관을 가진 연암은 독서를 하되 책을 쓴 사람의 고심한 자취를 읽도록 해야 한다고 하면서, 독서의 방법으로 일정한 과정을 정해놓고 집중적으로 공부하는 방법을 권하고, 책을 대할 때는 私意를 버리고 광명정대하고 경건한 태도를 취해야 한다고 하였다.

제4장에서는 이러한 시각에서 「許生傳」의 몇 대목을 재해석해 보았다. 허생을 우선 문제해결형의 독서인으로 파악하고, 허생의 10년 공부계획을 현실타개를 위한 이론적 탐구로 이해하고, 안성과 제주도에서의 상행위와 군도들에 대한 活貧行脚을 당시 사회의 모순을 해결하기 위한 실천으로

해석하였다. 그리고 허생이 만든 이상사회에서 글 아는 사람을 배에 태워 나오게 하면서 '絶禍於此島'라고 한 것을 지배의 지식에 대한 청산으로 의미부여를 해보고, 새로운 문자를 만든 것을 새로운 문화와 사회건설을 위한 기초작업으로 이해하였다.

연암은 학문을 할 때에는 道에 뜻을 두고, 인격을 수양할 때에는 聖人에 뜻을 두면서, 독서를 함으로써 성현의 뜻을 읽고, 성현의 뜻으로 자연의 이치를 살피던[66] 조선조 성리학자들과는 달리 격동하던 조선 후기의 구체적 역사 현실의 제문제를 해결하기 위한 실천적 독서를 주장하였던 것이다.

본고에서는 실학파의 독서론의 성격을 파악하기 위한 작업의 일환으로 연암의 경우를 살폈으나 실학파의 독서론에 대해서는 앞으로 조선조 성리학자들과의 대비연구 그리고 실학자 개개인의 사상적 특질과 상호간의 상이점에 대한 보다 정치한 비교분석적 연구가 있어야 할 것으로 생각된다.

(『東方學志』 53, 1986. 12)

66) 『朱子語類』, "讀書以觀聖賢之意 因聖賢之意 以觀自然之理". 그리고 朱子의 讀書法에 대해서는 大濱 皓, 『朱子の哲學』, 東京 : 東京大學出版會, 1983, 361~381쪽 참조. 朱子를 비롯한 성리학자들과 우리나라 성리학자인 退溪·栗谷先生의 독서법에 대한 검토는 다른 기회를 빌어 하도록 할 생각임을 밝혀둔다.

朝鮮朝 後期 四家詩에 있어서 實學思想의 檢討

宋 寯 鎬

1. 머리말

지금까지 四家詩는 시 그 자체를 준거로 하여 검토 연구되어 온 것이 아니고 詩 아닌 다른 기록 자료들의 검토를 통해 드러난 이른바 實學的 性向들에 대하여 일단 작가가 실학자라는 것을 전제하고 특히 정치·경제·사회·문화 등에 걸친 강렬한 개혁의식이나 관념 등을 실학 정신의 핵심으로 인정하여 그것을 실학정신 有無의 탐색을 위한 준거로 내세워 연구돼 옴으로써 마치 시는 실학사상이라는 정신가치를 假託한 수단으로 보려는 선입관의 유행 같은 감이 없지 않았다. 따라서 四家 중 李書九의 시는 아예 실학적 검토 대상으로 관심되어지지 못했고, 일단 검토 대상으로 삼은 근자의 연구에 있어서도 이미 실학자로 전제된 세 작가들의 시들과 함께 일괄 評定되었을 뿐 실제 작품을 이미 전제된 실학적 가치 개념으로라도 조준 검토하여 해명해야 하는데, 그런 성과도 아직 없다.

이상과 같은 연구 현황에서 지금까지 나온바 연구들은 이미 규정된 실학적 개념에 의한 評定으로는 불만감을 감수해야 하면서 오히려 시의 內在美에 관심하여 그 해명을 위한 노력에 집중되었으며, 이로 인하여 약간의 성과를 얻은 것으로 인정된다.

그러나 이것들도 이미 말한 대로 작가를 일단 실학자로 인정해 놓고 그들의 시를 검토 연구한 결과일 뿐 이렇게 연구된 시들의 특질이 실질적으로 전제된 실학적 개념의 어떤 측면과 일치하느냐 않느냐에 대한 논의도 없었으며, 그것을 시도한 일부 연구에 있어서도 四家 자신들의 시적 관점에 대한 분석 검토의 미흡점, 그리고 그에 따른 시각의 차이로 시 작품에 대한 분석 점검상의 문제점, 궁극적으로 四家의 시 정신 기본에 대한 탐색 노력의 부실 등으로 해서 시 자체로서의 실학적 성격 파악에 일면 접근을 했으면서도 그 근원적인 문제를 해명하지는 못하였다.

이 논고는 이상 언급한 연구사에 대한 반성을 전제로 하고, 四家詩의 실질적 변모의 배경이 종래 시에 대한 철저한 반성이라는 점,[1] 시의 공효성만으로 실학사상의 가치를 따져서는 안 된다는 점,[2] 따라서 시에 있어서 실학적 성격 여하는 이같은 선입관을 배제한 시 자체의 본질적 연구를 중심으로 하여 밝혀져야 한다는 점 등을 염두에 두면서, 그 변모의 양상은 그 四家들의 시에 대한 관점·표현 기능을 중심으로 한 문자에 대한 이해 등과 절대적으로 상관된 채 그들이 추구했던 것으로 추단되는 표현상의 모형 탐색 노력이 가져온 결과로 보고, 이 표현상의 모형 탐색은 기대하는 바 實事求是 정신과 어떻게 상관될 수 있는가 하는 것을 그들의 '實'의 인식태도와 그에 따른 詩文觀과 문자 이해면 그리고 이것들과 조응되는 것으로 인정되는 시 작품들의 특질들을 분석 검토함으로써 해명해 보자는 것이다.

2. 몇 가지 前提

그런데 이 四家詩의 選集인 『韓客巾衍集』과 『箋註四家詩』(『韓客巾衍集』보다 몇 수 작품이 많아진 것)는 비록 柳琴에 의한 選抄로 되어 있으나

1) 격식화한 科文은 물론 浮華無實한 詩文風에 대하여 前代부터 당시까지 뜻있는 문사들이 모두 반성론을 펴고 있지만 특히 四家들은 그에 대하여 더욱 철저한 반성적 견해를 보이고 있다.

2) 지금까지 이루어진 연구 결과들은 대개 사회 현실적 문제들에 대한 의도적·직설적 표현을 보이는 시들만을 실학사상적인 시로 판정하고 있다.

四家 개인들이 자신들의 시 작품들을 제각기 選했을 가능성이 높으며, 유금이 중심이 되어 選했다고 하더라도 적극적으로 관여했을 것은 분명하고, 또한 당시 이들의 교유관계를 놓고 볼 때 選抄로 결정 완료함에 있어서는 다섯 사람의 상호 보완적인 공동 검토를 거쳤을 것으로 추정된다. 이렇게 볼 때 이『한객건연집』은 자타가 공인하는 四家 각 개인들의 최고 수작들이 수록된 것으로 인정되며(적어도 그들 개인들이 당시까지 지은 작품들 중에서는), 결과적으로 李調元·潘庭筠의 논평과 극찬까지 받음으로써 국내외에서 대단한 명성을 누리게 되어 四家 자신들은 여기 선초된 작품들에 대해서는 평생 자부했을 것이 틀림없고, 이런 점들은 그들의 시관과 여기 선초된 작품들이 각 개인적 詩風을 지닌 채 趣向의 공통성을 함께 보이고 있다는 점과, 상호 조응하여 검토해 보면 이 선시집을 검토의 주 대상으로 삼는 것은 소기하는 바에 바른 접근을 위한 기본으로 생각된다.

또한 그들의 시의 實質相을 효과적으로 이해하기 위해서는 그들의 문화적 가치관이 中華文化를 모형으로 하여 형성되었으며, 따라서 그들에게 있어서 漢字認識은 自國語化, 自己體質化 양식으로 되어 있어 그들의 漢字的 수용이나 표출은 지금의 우리에게서처럼 이중구조로 되어 있지 않고, 단일·직접적 표리구조이었음을 인정해야 하고, 그들의 시관이 특이하게 나타나게 하는 배경으로서, 科文·科詩 등의 文套의 유행, 崇唐의 餘風으로 인한 답습, 관행 등 浮虛한 風潮의 유행, 偏向된 學詩 태도의 편협성 등 종래 시풍의 폐단을 상정해 볼 수 있으며, 국내외적으로 누리게 된 詩的 명성과 함께 그 뛰어난 文才를 인정받아 군주(正祖)로부터 정신적·학문적으로 실로 대우를 받아(특히 이덕무·유득공·박제가) 당시 허세에 찬 계층(학계·관계)에 대해 정신적으로 오히려 대단한 자부와 함께 지적 오만도 가졌을 것으로 추정되는 이들 四家는 필시 종래 시풍에 대한 새로운 시적 대응을 시도했을 것으로 믿어진다.

3. 四家의 '實'의 認識

四家들이 오늘 우리가 규정하는 '實學'을 정말로 사상적으로 체계화하여 인식하고 그것을 문학적으로 실천했던가 하는 것을 알기 위해서는 먼저 '實'에 대한 그들의 인식태도를 검토하여야 하며, 또한 그들이 인식하고 있던 '實'의 개념이 어떤 것이었는가를 파악하기 위해서는 그 개념 형성의 기본틀이었을 것으로 추정되는 中國的 '實'의 의미를 검토해 볼 필요가 있다.

'實'은 會意字로서 '宀'과 '貫'의 合字이며 『說文』에는 '實富也从宀貫貫爲貨物'이라 한 것을 『段文』에서는 '以貨物充於屋下 是謂實'이라 하여 구체적으로 풀었으며, 『左傳』(襄公 三十一年)에는 '其輸之則君之府實也'라 하여 物品을 가리킴으로써 모두 지극히 실제적인 財物의 富足을 의미하고 있다. 『莊子』(逍遙遊)에는 '名者 實之賓也', 『淮南子』(泰族訓)에는 '知械機而實衰'라 하여 '本體·本質·素質'을 의미하며, 『楚辭』(招魂)에는 '實羽觴些', 『孟子』(滕文公下)에는 '實玄黃于匪'라 하여 '滿(가득 채우는 것)·盛(담는 것)'을 의미하고, 『國語』(晉語)에는 '吾有卿之名而無其實'이라 하여 내용을 의미하며, 『國語』(周語)에는 '必問於遺訓而咨於故實', 『呂覽』(審應)에는 '取其實以責其名'이라 하여 '史實·事實' 등과 함께 人·事·物의 행적·情狀 등을 의미하고, 『唐書』(選擧志)에는 '進士 唯誦舊策 皆亡實才'라 하여 '誠實'을 의미하고, 『論語』(子罕)에는 '秀而不實者有矣夫'라 하여 '成熟'을 의미하며, 가장 많이 그리고 자주 활용되는 의미로는 물론 '열매'·'씨'라 하겠다.

위에서 보는 바와 같이 '實'은 구체적·물질적 대상을 의미하면서 나아가서는 추상적·관념적 대상까지를 의미하는 개념으로서 '不實'에 대하여 '誠實', '空想'에 대하여 '現實', '名目'에 대하여 '實質', '약한 것'에 대하여 '튼튼한 것', '빈 껍데기'에 대하여 '알이 찬 속', '假'에 대하여 '眞', '未熟'에 대하여 '成熟' 등의 하위 개념을 포괄하고, 따라서 인간·사물·역사·사회·문화·생활 등 전반에 걸쳐 모든 부정적 요소들과 換置하여 정립되고 실현되야 할 긍정적 요소로서의 가치를 갖는 것이다.

그런데 이 '實'이 유학에서 사상 내지 학문적으로 개념화하여 이른바 '실학'[3]이란 개념으로 정립된 다음 우리 선인들에게도 그대로 수용되어, 유학 사상 특히 성리학이 治世理念으로 등장한 조선조에 있어서 중기까지는 주자의 정신 수양적 실용·실천을 위한 학으로서의 '실학'이 그대로 신봉되어 왔을 뿐만 아니라, 이 '실학'은 역시 理性 중심의 經學을 연구하고 실천하는 것이어야 했기 때문에 이 경학에 아직 미숙한 채 詞章만이 행세하던 때에는 이 경학에의 숙달이 '실학'으로 오히려 강조되었고,[4] 경학에의 숙달이 지나치게 理論一邊倒化하고 處世手段化한 뒤에 와서는 이 경학 숙달로서의 '실학'이 오히려 虛名으로 비판되고 있음[5]을 알 수 있다.

그러나 경학이나 경학 숙달 자체가 부정되거나 '실학'이 아닌 것으로 판정된 것은 물론 아니다. 다만 앞에서 본 實로 換置돼야 할 여러 부정적 요소나 현상으로서 조선조 후기의 몇 가지 문화적·사상적 성향들을 상정해 볼 때 그것들을 원인으로 했으리라고 보여지는 '실학'에 대한 당시 학자들의 새로운 인식[6]과 함께 四家 당시의 '실학' 개념이 구체적·실제적인 면으로 편중되면서 그 의미 영역이 확대된 것[7]에 공감하게 되는 것뿐이다.

---

3) 朱熹는 『中庸章句大全』 註에서 "中者不偏不倚無過不及之名 庸平常也 子程子曰 不偏之謂中 不易之謂庸 中者天下之正道 庸者天下之定理 此篇乃孔門傳授心法 子思恐其久而差也 故筆之於書 以授孟子 其書始言一理 中散爲萬事 末復合爲一理 放之則彌六合 卷之則退藏於密 其味無窮 皆實學也"라 하여 인격적 수양이나 처세를 위한 應用·實踐躬行의 학문이란 뜻으로 사용하였다.

4) 『中宗實錄』 卷91, 중종 34年 8월 戊辰, "(右議政) 金克成曰 儒生不學之弊 近來爲甚 …… 且國家以實學取人者 所以重經學也 而儒生者不勤就學 一時口誦者亦得科第 故爲儒者 以爲吾之學 雖未精熟 可得科第 以此出身之路不重 弊習已成".

5) 『顯宗改修實錄』 卷2, 현종 원년 正月 辛巳, "禮曹以憲府 啓辭覆 啓曰 國家大比之科 初試則取詞章 會試則取經學 意非偶然 而近來此法廢弛 鄕試尤甚 擧子中實學有名則(國人以業經學爲實學) 製述雖無形 訪問而取之 良可寒心 請申勅中外試官 或取製述之無形者 則試官擧子 俱以用私之罪科斷 上從之".

6) 成海應은 「柳惠甫得恭哀辭」에서 "公務實學 所著多地理名物之書"라 하여 柳得恭의 『四郡志』·『渤海考』 등의 편저를 實學이라 규정함으로써 經學을 중심으로 하여 중국 중심적·관념적이었던 것에서 나아가 주체적·실제적인 것까지로 확산 이해하였음을 알 수 있다.

7) 洪大容·朴趾源 등의 학문적 논의나 저서를 통해서 實學의 개념 범위가 그렇게 확대됐음을 쉽게 공감할 수 있다.

위에서 살펴본 '실'·'실학'은 四家들에게도 평상적인 가치개념으로 의식, 수용돼 있었을 것이며 그것들은 부정적 사물이나 상황에 변증법적으로 대응하여 나타나는 긍정적 사물이나 상황의 가치개념이기 때문에 四家들의 '실'에 대한 인식 여하는 그들이 어떤 사물, 어떤 상황에 대하여 그리고 얼마만큼 강렬한 의식으로 부정하고 거기에 변증법적으로 대응하여 어떤 사물, 어떤 상황으로 긍정하였는가를 검토해 봄으로써 알 수 있겠거니와 본고에서는 四家들이 종내 漢詩의 부정적 요소와 현상들을 무엇으로 파악하였으며, 거기에 변증법적으로 대응 발전시켜야 할 긍정적 가치체계로서의 '실'을 과연 詩作을 통해 실천하고 형상화했는가를 밝혀 보자는 것이므로 四家들의 '실'에 대한 인식 여하도 그런 목적과 상관되는 측면으로만 검토해 보자는 것이다.

李德懋는 '實'을 "客乃又問曰子惡夫名之喧乎 曰副實之名 猶可懼也 況過實之名哉 客曰實若有而名來 子能據之乎 曰人若十分有眞實之才德則名之來無可奈何矣 …… 若要名則欺世也 欺世者無實 莊周曰名者實之賓 豈有無主之賓乎"[8]라 하여 '名目'에 대한 '實質', '不實'에 대한 '誠實' 등으로 인식하였고, "言語浮虛 心志巧詐 事多無實者 人皆賤侮"[9]라 하여 '虛妄'에 대한 '眞實'로 인식하였으며, 栗谷의 말을 "今之學者 外雖矜持 內鮮篤實"[10]이라 인용하면서 '外的 虛飾'에 대한 '內的 篤實'로 인식함으로써 주로 '人格的 內實'에 치중하였다.

柳得恭은 '實'을 산문 기록으로써 논의했거나 언급한 것은 없고 다만 시적 표현을 빌려 '實' 혹은 '實'的 개념에 대한 인식의 단면들을 보여 주고 있다. 그는 "方今聖人御九五 雲門大樂追黃軒 激漓爲醇華就實 斲雕成樸木晦根 秋螢放光若燭龍 晨蛩吐音如絃鵾 太史陳詩拜且賀 大東風俗淵而敦"[11]이라 한 시에서 '꽃'에 대한 '열매'이면서 '浮華' 혹은 '浮虛'에 대한

8) 『青莊館全書』 卷6, 「嬰處雜稿」, 觀讀日記 十月 己丑條.
9) 『青莊館全書』 卷28, 「士小節」 中, 士典二.
10) 『青莊館全書』 卷30, 『士小節』 下, 婦儀一.
11) 『泠齋集』 卷5, 摛文院公讌徐南二學士臺山承旨懋官寮兄同賦得恩字贈北青成都護.

'堅實'·'實在'로 인식하였고, "示爾詩家正法眼 揀取眞金都棄鐵"[12]이라 한 시에서는 '實'과 同質概念으로서 '眞'을 '假虛'에 대한 '眞實', 곧 '가짜'에 대한 '진짜'로 인식함으로써 주로 '眞實'이란 개념에 치중한 것을 볼 수 있다.

朴齊家는 『北學議』를 편술함으로써 '實用'·'實際'·'現實' 등의 개념으로 적극 인식하고 있었음이 판연히 증명되지만, "夫虛者 實之反也 惟君子實學是務 何虛之足尙"[13]에서는 '虛妄'에 대한 '眞實'로 인식하였고, "吐納靑霞日出濱 玄川奇氣幕中賓 元知詞賦非華國 獨采風謠善覘隣"[14]에서는 '虛名'·'外華'에 대한 '實用'·'實際'로 인식하였으며, "夫詞人之文 有時代志士之文 無時代 臣固不敢以詞人自命 而乃若其志則有之 經之爲十三緯之爲廿三 錯綜擬議 元元本本 務歸實用者 臣之所願學也"[15]에서는 바로 '實用'을 말함으로써 주로 '實用'에 치중된 것을 알 수 있다.

李書九는 주로 經書 강의에서 '實'의 개념을 여러 가지로 사용하고 있다. "苟能黜其私心 施實德于民 則民受其福而爲厥婚友者 終亦同受其福也"[16]에서는 '虛假'에 대한 '眞實'로, "士女之稱爲吾君 則必當據實而書"와 "苟使紂 實心悔悟 克悛舊惡"[17]에서는 '虛僞'·'詐欺'에 대한 '事實'·'眞情'으로, "苟非實心做去 則終難免忘助作輟之患"[18]에서는 '假'에 대한 '眞'으로, "周公以求賢爲事天之實"[19]에서는 '名目'에 대한 '實際'로, "程朱所謂聖人之必可學 三代之必可復者 將未免爲無實之空言也"[20]에서는 '겉껍질'에 대한 '속 알'로 인식하였으며, 따라서 생활현실의 문제의식으로 '實'의 개념을 논의한 것이 아니라 學理的인 문제의식으로만 주로 논의한 것

---

12) 『泠齋集』 卷5, 嘉陵館春雪次坡公聚星堂韻示學藝二兒.
13) 『貞蕤文集』 卷1, 養虛堂記.
14) 『貞蕤詩集』 卷1, 「戲倣王漁洋歲暮懷人六十首」, 元玄川重擧.
15) 『貞蕤文集』 卷1, 比屋希音頌引.
16) 『惕齋集』 卷12, 「尙書講義」 3, 盤庚上.
17) 『惕齋集』 卷13, 「尙書講義」 4, 武成.
18) 『惕齋集』 卷14, 「尙書講義」 5, 召誥.
19) 『惕齋集』 卷15, 「尙書講義」 6, 立政.
20) 『惕齋集』 卷16, 中庸講義, 제28장.

임을 알 수 있다.

四家들에 있어서 '實'의 시적 인식은 그 원인·배경으로서 假虛文風의 유행이 있었음을 말하고 있다.

이덕무는 "後世之稱士流者 一生營營於擧子課 殆將以性命看之 互相吹噓負以爲大文章 消削元氣 到老而不悟其非 余甚哀之"[21]라 하여 개성과 진실이 없는 科文의 폐해를 말하였고, 유득공도 시 「浩嘆重浩嘆」에서 자신의 과거시험 답안 제출을 "荒唐綴經義 蒼茫付有司"[22]라 하여 현실과 동떨어진 經義를 황당하게 얽어 정신없이 시험지를 제출했었음을 실토했으며, 박제가 역시 "以功令之皮毛 卜一身之蘊抱 以浮華之套語 束天下之文章 …… 殊不知今之試士 非古之試士也 家傳而戶習者 盡是掇習之陳言"[23]이라 하여 科文의 浮華·虛飾을 지적하였고, 이서구 역시 "最下者鈔取程朱文讕熟之語 作爲科場剽窃之資"[24]라 하여 과문의 陳腐無實을 비판함으로써 모두가 格式化한 과문에 대한 인식을 함께 하고 이것을 배격하였음을 알 수 있거니와 이들의 인식 대상은 이 과문에만 국한된 것이 아니고 같은 풍조의 시문, 곧 전대부터 답습돼 온 詩文風 전반에 확산되어 있었을 것이 분명하다.

당시 시문풍에 대한 四家들의 부정적 인식은 그 수정·극복으로서의 '實'的 시에 대한 인식으로 표리를 이루어 보여지고 있으며, 이것은 이덕무의 "不隨桔槔勤俯仰 贋詩贋文耻依樣"[25]과 유득공의 "紛紛僞體不勝裁 下里巴人徧委巷 媚如山雞吐綬纈 贋似城牛冒衣絳",[26] 그리고 박제가의 "腐臭新奇須自取 學詩寧作野狐禪",[27] 이서구의 "安用較雕虫 空使困良驥"[28]와 같이 맹목적 답습이나 贋詩贋文을 배제하면서, 이덕무의 "各夢無干共

21) 『靑莊館全書』 卷58, 『盎葉記』 5, 先輩論科擧誤人.
22) 『泠齋集』 卷1.
23) 『貞蕤文集』 卷2, 試士策.
24) 『惕齋集』 卷7, 對策, 文體.
25) 『靑莊館全書』 卷10, 『雅亭遺稿』 2, 長歌贈楚亭子謝餽紅酒.
26) 『泠齋集』 卷5, 次韻示干山待敎三首.
27) 『貞蕤詩集』 卷4, 白雲寺同李進士 權澹叟 任生 男稔兒 及吹笙李生五首.
28) 『惕齋集』 卷2, 詩, 觀高麗張良守賜第牒.

一牀 人非甫白代非唐 吾詩自信如吾面 依樣衣冠笑郭郞",[29] 유득공의 "詩家自有內丹法 一龍一虎相升降",[30] "今之隱几是今吾 已往方來眼看無 爛嚼蠟來拈淡字 飽嘗醋訖作酸圖",[31] 박제가의 "非宋非唐獨了然 自家談藝妙誰傳"[32]과 "至友元同斯世降 眞詩各出自家音",[33] 이서구의 "摹來眞境語還奇 里曲田歌亦可師 誰著湖西風土記 收君今日幾篇詩"[34]에서는 時空的·模型的 답습이나 제약을 극복하고 개성적·현실적·실제적·주체적인 '實'의 詩 인식상으로 나타나고 있다.

이상에서 본 바대로 四家들도 각기 정도와 성향의 차이는 있으나 지극히 상식적인 '實'의 인식을 바탕으로 하고 있으며, 이런 '실'의 전반적 인식은 이들 四家뿐만 아니라 다른 文士들에게도 잠재적으로 있었겠으나 그들에게는 그것이 실제적인 문학 인식이나 반성 위에서 강렬하게 自認되지 못한 데 비해 이들 四家는 종래 詩風에 대한 강렬한 반성 위에서 이루어진 자아적 인식이라는 데에 의미가 있다. 따라서 그 시적 실천 여부를 구명하기 위해 '實'의 시적 실현 상황을 점검해 보려는 까닭도 여기에 있다.

4. 四家의 詩文觀

앞에서 본 '實'의 시적 인식을 전제로 四家들의 詩文觀을 살펴보면, 이 시문관 역시 격식화한 종래 시문의 배격을 관점의 배경으로 하였을 것이 분명하고 또한 이미 살펴본 개성적·현실적·실제적·주체적 시 인식을 바탕으로 했을 것은 당연하거니와 이와 관련하여 또 다른 몇 가지 관점들을 보이고 있다.

과거시험은 글의 재단 평가를 요구하고 문자생활은 사회적 적응을 위한

29) 『靑莊館全書』 卷11, 『雅亭遺稿』 3, 論詩絶句 有懷篠飮雨村蘭垞薑山泠齋楚亭.
30) 『泠齋集』 卷5, 次韻示于山待敎三首.
31) 『泠齋集』 卷2, 塔社夜飮.
32) 『貞蕤詩集』 卷1, 「戲倣王漁洋歲暮懷人六十首」, 朴大雅宗山.
33) 『貞蕤詩集』 卷1, 夜訪徐穉雲 賃屋讀書 時李懋官 柳惠風續至.
34) 『惕齋集』 卷1, 詩, 七言絶句, 題李懋官德懋湖西詩卷二首.

것이라고 할 때 科試·科文이나 日用文들은 언제나 일정한 격식을 필연적으로 갖추게 마련이다. 따라서 이런 글들의 격식을 잘 터득하고 활용하여 發身과 처세의 資로 삼는 것도 분명 문사들의 재간임에는 틀림이 없다.

그런데 四家들은 功令文 자체의 功效를 부정하는 것이 아니라, 그 격식화로 말미암아 글의 형식은 물론 내용까지도 개성화한 것에 대해서만 批正의 의도를 가졌던 것으로 판단된다.

이덕무는 다음과 같이 논술하였다.

> 가령 남의 의견을 들어서 그 흉내내고 본뜨는 법에 기막히게 익숙했다 하더라도 그것은 도리어 각자가 자기다운 문장을 터득해 가지는 것만 못하며, 자기다운 문장을 터득해 가진 사람은 비록 남의 글을 감쪽같이 본뜨는 재주는 없다 해도 오히려 자기다운 그 글이 天然대로의 진실을 많이 지녔고 人工的인 꾸밈이 적지만, 그대처럼 흉내내고 본뜨는 것은 인공적인 꾸밈이 많고 천연대로의 진실은 적을 수밖에 없다. 문장은 각자의 정신적 창조와 변화로 말미암아 산출되는 것인데 어찌 이미 있는 문장의 틀에다 꼭 맞추어 흉내내고 본떠서야 되겠는가. 사람들은 제각기 가슴 속에 자기다운 틀의 글을 품고 있어 제각기의 얼굴 모양처럼 서로 닮지 않았는데 만일 꼭 닮는 것만을 좋게 여긴다면 그 결과의 글은 板刻에서 꼭같이 찍어 낸 그림과 과거 시험의 답안지와 다를 것이 없을 것이니 신기한 것이 무엇이 있겠는가? 그렇다고 해서 나는 古人의 문장 體法을 모두 버린다는 것이 아니고 그대처럼 옛 체법에 꼭 얽매어 능히 스스로는 아무 것도 못하는 것만은 아니며 체법이란 남을 본뜨지 않고 자유자재하여 글을 쓰는 중에 스스로 갖추어지는 것이니 어찌 버린다고 말할 수 있겠는가 …… 천하의 재주란 꼭 초탈한 것만을 말하는 것이 아니고 전아한 것, 평이한 것도 있는데 일률적으로 유별나게 신기한 글만 쓰는 것을 요구한다면 혹시 도리어 본래의 천연적 성질을 상실하고 실제와는 너무 동떨어진 채 지나치게 높고 뛰어넘을 듯한 경지로 점점 빠져들게 될지도 모르니 그렇게 되면 또한 글의 正道를 아주 버리는 꼴이 아니겠는가. 많은 사람들의 글쓰는 것을 올바르게 진작시키려면 어찌 일률적으로 어떻게 하라는 것만으로 되겠는가. 그것은 오히려 글쓰는 일을 한편으로만 국한시키는 것이 아니겠는가. 글쓰는 사람의 재질에 따라 재간껏 조화를 부려 쓰면 저

절로 값있는 글이 되며 글의 힘을 주고 빼고 글의 의미를 바로 말하거나 넌지시 풍자하거나 자연스럽게 말하거나 뒤집어 말하거나 그 변화를 마음껏 구사할 수 있다. 다만 본래의 천연적 성질이나 진실을 깎거나 손상시키는 일이 없이 그 진부하고 낡은 잔재들만을 버리자는 것뿐이다. 뿐만 아니라 옛 문인들의 글쓰는 길을 그대로 따르는 구속을 받아도 안되고 또한 완전히 포기해서도 안 되며, 스스로 오묘하게 풀어내고 투철하게 깨우치는 文章體法이 있는데 그것은 사람마다 각각 어떻게 잘 스스로 터득해 내느냐에 달려 있다.[35)]

柳得恭은 앞에서 살펴본 바[36)]대로 詩人은 각자가 자기 개성대로의 시 짓는 體가 따로 있어 사람마다 다르다고 말하였다.

박제가도 "詩宗南北擅斯堂 各夢何妨共臥床"[37)]에서 시인의 각자 취향에 따른 개별성을 강조하였고, "我國科詩 始於卞春亭輩 …… 皆指擬古事以爲題 無一句自家語"[38)]에서는 科文의 無實과 함께 역시 글의 독자적 개별성을 중시하였다.

이서구도 "臣聞寒暑易序 時物自改 山川異方 民俗亦殊 況乎 天下之事變無窮 人生之才智不同 則文體之與世迭降 乃理之常也"[39)]라 하여 시대상의 변천, 제재의 차이, 각자의 재질적 차이에 따라 문체가 개별성을 지니

---

35) 『靑莊館全書』 卷48, 耳目口心書1, "假令聽之 雖三昧于摹擬之法 反大不如渠自有渠之文章也 如彼者 雖無優孟逼模孫叔敖手段 然猶天多而人少也 如子則人多而天少也 文章一造化也 造化豈可拘縛而齊之於摹擬乎 夫人人俱有一具文章 蟠鬱胸中 如其面不相肖 如貴其同也則板刻之書 擧子之劵也 何奇之有 亦余豈曰盡棄古人之法也 非子之所以縛於法而不能自恣也 法自具於不法之中 豈曰棄也 …… 天下之才 非超脫而止也 有典雅者 有平易者 一皆貴之以別創新奇 或恐反喪其本然而日趨于高曠超絶之域 不亦敗道乎 振作多士之文章 豈一律而已哉 無乃局乎 仍才奇正 自有可觀 抑揚與奪 正規暗諷 順導反說 其變化也無涯 但不使之太剝削其渠之本然與天眞 去其滲滓腐穢而已矣 且古人軌轍 不可拘束 亦不可專然抛棄也 自有妙解透悟法 在人人各自善得之如何耳".

36) 『泠齋集』 卷5, 次韻示干山待敎, "詩家自有內丹法 一龍一虎相升降".

37) 『貞蕤詩集』 卷1, 薇樓夜集 疎軒諸人二首.

38) 『貞蕤文集』 卷1, 序, 西課藁序.

39) 『惕齋集』 卷7, 對策, 文體.

는 것을 당연하게 보고 있다.

이상에서 보는 바와 같이 '나 개인'의 모든 것만을 진실한 것으로 봤기 때문에 시간적으로 우선 지금의 것을 참다운 것으로 봐서 이덕무는 이미 앞에서 본 바대로 "人非甫白代非唐"이라 하였을 뿐만 아니라 "今之隱几是今吾 已往方來眼看無"와 "專門漢魏損眞心 我是今人亦嗜今"[40]이라 하였다.

또한 '나 개인'의 모든 것은 필연적으로 남(중국)의 일, 남의 이야기를 멋모르고 빌려 쓰는 버릇을 거부하고 가능한 한 우리(조선)의 것, 바로 나의 것을 참된 것으로 받아들이도록 하여 이덕무는 "我語吾聽聽又言 耻從稗販入多門"[41]이라 하여 내가 정말로 겪고 느끼고 생각한 것을 내가 믿고 말하고 글로 써야지 무엇이 진실인지도 모르고 여기저기 남만 따라 글을 쓰는 것을 부끄럽게 여기고 있으며, 유득공은 "齊梁綺語摠狐禪 玉斗宜將慧劒撞 紛紛僞體不勝裁 下里巴人徧委巷"[42]이라 하여 浮華虛妄한 채 진실이 없는 남의 거짓된 글을 배척하였고, 박제가는 "吾詩自在吟哦列 蟬噪虫音總是文"[43]이라 하여 우리 일상생활 주변의 지극히 범상한 제재들을 말하였으며, 이서구 역시 "摹來眞境語還奇 里曲歌亦可師"[44]라 하여 참다운 경지를 묘사하면 오히려 신기해지는 법, 그래서 우리 시골 마을의 소박한 노래가락이 좋은 재료라고 말하고 있다.

이렇게 실제적 생활 주변의 제재를 중시했으므로 四家들은 진실이 없이 겉멋이나 부리고 덩달아 흥얼거리는 흥가락을 답습하지 않았다. '風月'이란 말로 그 前代나 당시의 많은 사람들이 이른바 名句·가락을 서로 붙여 弄情遊興거리의 시를 짓고 무릎을 치면서 즐기던 허튼 버릇을 그들은 따르지 않았던 것이다. 박제가가 "所學非功令 其人君子哉 耻作風流想 偏憐

40) 『靑莊館全書』 卷11, 題香祖評批詩卷.
41) 『靑莊館全書』 卷10, 『雅亭遺稿』 2, 詩, 馳筆次袁小修集中韻.
42) 『泠齋集』 卷5, 次韻寄干山待教三首.
43) 『貞蕤詩集』 卷3, 辛亥七月 同靑莊泠庵 奉命纂輯國朝兵事 開局於秘省 而靑城適就直 太湖燕岩玉流諸公偶集.
44) 『惕齋集』 卷1, 詩, 七言絶句, 題李懋官湖西詩卷二首.

爾雅才"[45]라 한 風流想은 바로 그런 버릇이었을 것이며, 또 "可憐眞物態不襲古姸媸"[46]는 바로 그런 버릇을 답습하지 않았다는 말이다. 박지원이 이덕무의 行狀에서 "爲文章 不求馳騁震耀"라 한 것도 바로 이덕무의 같은 작문태도를 말한 것이며, 유득공의 "浪花浮藥都是假 聲聲試復喚眞眞"[47]도 같은 태도의 본보기이다.

그들은 무엇을 시로 표현하느냐에서 이번에는 어떻게 표현하느냐에 관심을 보이고 있다. 시를 '自我眞實'의 표상으로 자각한 이상 그 효과적 표상을 위해서 표현방법에 관심을 두는 것은 당연하다.

그들은 앞에서 살펴본 바대로 개성이 없이 남의 것을 답습하는 것을 거부했으므로 필연적으로 한 개인이나 한 시대의 作風을 學詩의 대상으로 삼지 않고 모든 시대 모든 작가를 대상으로 그 작품의 장점을 두루 학습·터득하여 새로운 자기 作風을 세울 것을 주장하였다.

"或問歷代詩 何者最好 曰蜂之釀蜜 不擇花 蜂若擇花 蜜必不成 爲詩亦猶是也 爲詩者 當汎濫於諸家 有所裁度 則吾詩各具歷代體格"[48]에서 이덕무의 대답은 바로 時·空·作家 如何를 불문하고 원만한 學詩를 통해 자신의 詩課를 보완해야 한다는 것이며, 유득공은 『幷世集』을 엮어 우리가 야만시하던 일본·琉球·安南·滿州人의 시까지도 學詩의 資로 삼음으로써 學詩無方을 실천하고 있다.

그리고 四家들은 대상을 정말 '자아진실'의 것으로 찾아 써야 하므로 그것을 찾는 데 시인으로서 갖추어야 할 일이 무엇인가를 알고 있었다. 그것은 바로 대상에 대한 탐색적 태도와 그런 시각의 具有, 그리고 그 실천이었다.

이서구의 말대로 "摹來眞境語還奇"를 믿은 이상 그들은 이 眞境을 찾아야 하기 때문에 탐색 시각을 고루 갖추어야 하고 또 찾은 진경을 살려 표현하기 위해서 詩語의 語意 探索도 했던 것이다.

---

45) 『貞蕤詩集』 卷3, 寄王苹溪秀才.
46) 『貞蕤詩集』 卷1, 洗劍亭水上 余結跌石坡草畵處.
47) 『泠齋集』 卷1, 和李營將熊州雜詩.
48) 『雅亭遺稿』 卷8, 先父君遺事(刊本).

이덕무의 "小玩纖娛境亦恢 敗簾篩旭眼花猜 窓蜂屭贔纛因踋 盆鯽瓏瓏妙在腮"[49]는 바로 그의 탐색적 관점과 그 탐색의 실례를 보이는 것이며, 유득공의 "畵雀先須講雀理 春雀翹翹冬雀團"[50]도 비록 畵에 대한 견해이나 또한 詩에도 적용되는 견해였음은 두말 할 필요도 없다.

이덕무의 "余嘗有詩 鷄塭暝桀連登後 馬寂霜槽快齕餘 人問鷄何有塭或有故事來歷耶 余無以應 後見王半山詩 垣柵鷄長煖 蓋與余詩 同其意也"[51]는 바로 詩語의 語意 탐색 태도와 그 실례를 보이는 것이거니와 이런 실례는 四家들의 시 작품에 실천적으로 수없이 나타나고 있다.

四家들은 또 시의 효과적 표현을 위해 畵와의 상관성도 깊이 인식하고 있었던 것으로 판단된다. 유득공은 이서구의 『湖山吟稿』에 序를 쓰면서 다음과 같이 말하였다.

> 기이하다! 완정씨의 시 이야기여. 소리와 가락에 대해서 말하지 않고 채색에 대해서만 말하는구나. 그의 말은 '시의 글자는 비유컨대 대나무와 부들 같고 시의 문장은 비유컨대 엮은 발과 자리 같다. 자 이제 잘 생각해 보면 글자는 그냥 까맣거나 검을 뿐이고, 대나무는 비비 말라 누렇 뿐이며, 부들은 부옇게 휠 뿐이다. 그런데 대나무를 결어 발을 만들고 부들을 엮어 자리를 만들어서 주욱 펴놓고 보면 어른어른 움직이듯 무늬가 생겨나서 물결마냥 찬란하게 원래의 누런 빛, 흰 빛과 새로 다른 빛깔을 얻어낼 수가 있다. 더구나 글자를 엮어 글귀를 만들고 글귀를 배열하여 문장을 이루었을 경우에야 마른 대나무와 죽은 부들이 만들어내는 조화의 수준뿐이겠는가?' 하는 것이었다. …… (나는) 시가 없는 그림은 메마른 채 운치가 없고, 그림이 없는 시는 깜깜한 채 윤곽이 드러나지 않으니, 시와 산문과 글씨와 그림은 서로 보완될 수 있는 것이라 각각 하나씩만을 전공해서는 안되겠구려.[52]

---

49) 『靑莊館全書』 卷10, 十一月十四日醉.

50) 『泠齋集』 卷3, 懋官鐵脚圖次薑山韻.

51) 『靑莊館全書』 卷68, 桓柵鷄長煖.

52) 『泠齋集』 卷7, 湖山吟稿序, "異哉 玩亭氏之言詩也 不言聲律而言彩色 其言曰 字比則竹也蒲也 章比則簾也席也 今夫字焦然黑而已 竹萎然黃 蒲薾然白而已 及夫編竹爲簾 織布爲席 排比重累 動蕩成紋 漪如也燦如也 得之於黃白之外 況乎積

이렇게 유득공은 詩畵相補關係에 대한 자신의 확론을 천명하였다. 有聲畵와 無聲詩라는 詩畵相關의 통념은 위의 두 사람뿐만 아니라 박제가·이덕무도 꼭 같이 가졌을 것이 분명하며 이는 바로 이 두 사람이 모두 그림을 스스로 그렸었다는 사실[53]과 함께 四家들의 시문에서 畵에 대한 태도와 그 실천의 예들이 많이 발견되기 때문이다.

5. 四家의 文字認識

앞에서 이미 시사된 바대로 四家는 시의 표현적 측면에 관심이 깊었던 것으로 보이거니와 그래서 그들은 표현 매체인 한자에 관하여, 그것을 무자각적으로 학습하여 범연한 문자의식을 활용해 오던 종래의 문인들이나 당시의 다른 문인들과는 달리, 한자의 표현 기능면에 깊이 관심하면서 그것을 구조적으로 파악하려고 노력한 것으로 볼 수 있다.

이덕무는 「六書策」[54]에서의 논의를 통해, 초기에 六書의 한자는 우주만물에 대한 직접 상형적 지시 기능과 우주 원리에 대한 철학성을 포함하고 있었는데 字形·字體가 뒤에 지극히 관념적·추상적으로 변혁되면서 사물의 실상적 표현이 어렵게 되었다고 봤으며, 박제가는 역시 「六書策」[55]에서 六書의 字를 이른바 '道'로 포괄 지칭된 사물의 理나 現象 그리고 인간의 心意相까지도 나타내 주는 표상체계로 봤을 뿐만 아니라, 「柳惠風詩集序」[56]에서 한자는 관념적·추상적 형상으로 변혁되었어도 의미적 지시

字成句 布句成章 有非枯竹死蒲而已者耶 …… 不詩之畵 枯而無韻 不畵之詩 闇而無章 詩文書畵 可以相須 不可以單功也".

53) 박제가는 李東洲의 『韓國繪畫小史』(瑞文堂, 1972)에 화가로 소개되어 있고(172쪽), 그의 그림 「牧童」도 실려 있다(194쪽). 그리고 이 그림의 畵題에 "靑莊云牧兒倒騎牛 是天然畵意"라고 박제가가 쓴 것을 보면 李·朴 두 사람의 詩畵에 대한 관점을 엿볼 수 있다. 이덕무는 그의 아들 光葵가 기록한 「先考府君遺事」에 "好畵山水松菊 尤善於蜘蛛黃雀"이라 한 것을 보면 그림을 그렸던 것이 분명하다.

54) 『靑莊館全書』 卷20, 『雅亭遺稿』 12, 六書策 참조.

55) 『貞蕤文集』 卷2, 對策, 六書策 참조.

성이 있는 기호이므로 형상이나 음가의 변혁이 있다 해도 표현 기능상 큰 문제가 없다고 하였다.

유득공 역시 「六書策」[57]에서 하늘과 땅 사이에 가득한 만물의 집약적·보편적 顯示相이 聲(소리)과 象(형상)이며 이 聲과 象을 살피고 본떠서 만든 것이 언어요 문자이고, 이 聲과 象은 다분히 관념적으로 인식되어 언어화·문자화하기 때문에 국가·민족에 따라 다르다고 봤고, 단일사물·靜態事物의 표상을 畵, 복합사물·動態事物의 표상을 文이라는 개념으로 파악하였다. 그리고 이서구 역시 「六書策」[58]에서 六書의 字나 文들이 창제된 처음에는 만물의 自然之象·自然之音·自然之情을 그대로 표현하고 지시하다가 사물의 복잡다양화와 개념화 그리고 문자 자체의 추상화 등으로 그 구체적 표현기능과 직접적 지시기능을 상실하였다고 보았다.

漢文字에 있어서는 그 해박한 지식과 자유자재한 활용능력이 당시에 이미 공인되었고 자신들 스스로도 대단히 그것을 자부했었을 四家들도 시의 구체적·직접적 전달에 있어서는 역시 추상화·관념화한 당시의 한문자는 그 기능이 부족한 것으로 판단하였던 것이다. 따라서 그들은 만물의 '自然之象'을 살리는 새로운 象形字로서 '个'·'乙'자 등을 썼고, 만물의 '自然之音'을 살리는 表音字로서 '牟牟'를 썼다. 또 詩語를 가능한 한 우리다운 것으로 살려 쓰기 위해 한문자를 우리말 '訓' 중심의 새 字語로 만들어 쓰기도 하고, 우리말을 그대로 音借한 새 자어를 만들어 쓰기도 하였으며, 음과 훈을 함께 借한 자어도 만들어 썼다.

이상의 사실들을 모두 문자인식의 측면으로 함께 따져 보면 四家가 시의 표현 문제, 특히 시의 시각화에 얼마나 깊은 관심을 가졌었는가를 읽어낼 수 있다.

---

56) 『貞蕤文集』 卷1, 序, 柳惠風詩集序 참조.
57) 『泠齋集』 卷1, 策, 六書策 참조.
58) 『惕齋集』 卷7, 對策, 文字 참조.

6. 詩作品의 檢討

1) 새롭게 찾아낸 眞實한 題材

四家는 자신들의 시대에 가장 자기다운 題材를 찾아 詩化하려 했음을 보여 주고 있다. 그들이 찾은 제재는 종래 시들에서 흔히 취택되어 온 유람대상의 산수이거나 단순히 弄情助興을 위한 風光이 아니고 지극히 소박하나 그래서 純實하고 정겨운 풍경이 있고 풍속이 있고 인정이 있는 그런 것들이었으며, 그들은 물론 이런 제재들에서 자신들은 물론 우리 모두의 삶의 참다운 時空相을 전형적으로 확인하려는 뜻도 있었던 것이 분명하다.

이런 취지에 맞게 찾아져서 詩化된 제재들은 우리들의 전형적인 향촌·전원·농가의 풍경·생활·정서 등이었다.

試覓牛鳴處 漁梁曲折深 紅蘿飛屋角 淨藕守潭心 山遠橫披幅 天低劣覆衾 淸秋吾事旺 一席二知音

「潮村宗人光燮舍遇心溪宗人光錫及朴在先」59)

소 우는 소리 들으며 찾아간 도랑굽이 저 안 쪽, 붉게 물든 담쟁이덩굴이 지붕 귀퉁이에 걸렸고, 정갈한 연꽃대가 얌전히들 서 있는 못 위, 멀찌감치 산들이 몇 폭 둘러서 있고, 그 위로 하늘이 겨우 이불자락만큼 낮게 드리운 곳, 여기 이 정겹고 아늑한 집에서 정말 친한 친구 둘과 자리를 같이 하게 됐으니, 이 맑은 가을에 우리는 얼마나 운이 좋은가!

田家秋物眼堪娛 豌豆纖長蜀黍麤 雅舅受霜光欲映 鴈奴辭冷影初紆 松堠何爵頭加帽 石佛雖男口抹朱 催策蹇驢斜照斂 牛宮南畔是官途

「果川途中」60)

농가의 가을 풍물은 정말 보기만 해도 좋구나. 완두꼬투리는 길쭉하고 옥수수 통 꺼칠하이. 아구(비둘기 종류)란 놈은 서리 맞아 털 윤기 더 나는 것 같고, 기러기 새끼는 추위 피해 왔는지 하늘에 얼씬거린다. 소나무 이정표는 무슨 벼슬을 했는지 이름 모를 모자를 뒤덮어 썼고, 돌부처는

59)『靑莊館全書』卷11,『雅亭遺稿』3, 詩3.
60)『靑莊館全書』卷10,『雅亭遺稿』2, 詩2.

사내건만 입술에는 붉은 칠을 했구나. 절름거리는 당나귀는 채찍질하며 가다 보니 석양빛이 걷히는데, 외양간 저 앞 쪽이 바로 큰길일세.

荳殼堆邊細徑分 紅暾稍遍散牛群 娟青欲染秋來岫 秀潔堪餐霽後雲 葦影幡幡奴鴈駭 禾聲瑟瑟婢魚紛 山南欲遂誅茅計 願向田翁許半分

콩깍지 더미 한편으로 가느다랗게 갈라져 난 오솔길에, 붉은 아침 햇살이 퍼져 가자 소 떼들이 흩어져 나가는데, 가을이 깊어 가는 산허리는 물들인 듯 곱게 푸르르고, 맑게 갠 하늘에 뜬구름은 먹음직스러울 만큼 정갈하구나. 갈대 포기들 흔들리자 기러기 떼들 놀라 야단들이고, 벼 잎들 서로 스쳐 나는 소리에 잔물고기 떼들 금방 소란스럽다. 양지 바른 산 앞에 초가집 짓고 살고 싶으니, 밭주인인 할아범에게 반만 빌려 달라 청해야겠네.

霜朝苕帚縛麤麤 佃客除場守酒壺 菁葉禦冬懸敗壁 楓板賽鬼揷寒廚 田家古董灰青椀 村女莊嚴火色珠 綿帽二翁低耳話 使君新到政平無.

서리 내린 아침 댑싸리비 대강 매서, 행랑아범 마당 쓸며 술독을 간수한다. 무우잎 시래기는 겨울채비로 낡은 벽에 매달렸고, 신나무 판장은 액막이로 휑한 부엌 한편에 꽂혔구나. 농가의 골동품이라면 회청색 도자기 대접뿐이오, 이 마을 처녀들의 몸치장은 이름도 모를 빨간 구슬뿐일세. 무명 모자 쓴 두 할아범 귀에 대고 하는 말은, 사또님 새로 온 뒤 공사 처리 잘 돼 가나 못 돼 가나?

이상은 이덕무의 「題田舍」[61] 중 二首다.

苒苒時當夏五 看看節迫秋千 樓前日暮人散 墜粉遺香黯然

「端陽雜絶」[62]

그럭저럭 시절은 오월달인데, 얼정얼정하다가 단오가 됐네. 해 저문 다

61) 『青莊館全書』 卷9, 『雅亭遺稿』 1, 詩.
62) 『泠齋集』 卷1, 端陽雜絶三首.

락 앞 사람들 흩어져 간 뒤, 향긋한 분 냄새만 자욱하구나.

午暉舒暖曉霜玄 洽是田家打稻天 霍霍磨鎌籬底水 數枝楓老鑑嫣然

「田家雜咏」63)

새벽 서리 내린 위 햇살 퍼지니, 농가의 벼 타작 알맞은 땔세. 스읏스읏 낫을 가는 울 밑 물에는, 단풍나무 두어 가지 곱게 비쳤네.

蛙黽聲沈藥草肥 月庭時見熨單衣 一天露氣涼如許 白鳳仙花濕不飛

개구리 맹꽁이 소리가 약물 섶 속에 잠잠해지고, 마침 달이 환하게 밝은 뜨락에선 고의적삼을 다리미질하는데, 이 밤 내린 이슬 기운 이렇게도 시원한가. 하얀 봉선화 꽃송이들이 함초롬이 젖어 있다.

昏飛蝙蝠遶虛廳 晴徙蟾蜍過濕庭 破敗墻邊多月色 匏花齊發素亭亭

「夏夜」64)

황혼 되자 허청에는 박쥐 떼들이 날아 돌고, 날씨 개이자 뜰 위에는 두꺼비가 기어간다. 무너진 담 가에는 달빛 더욱 화안한데, 박꽃이 가지런히 하이얗게 피어났구나.

風定銅爐縷縷烟 頓無情緒倚欄邊 世間豈有新奇事 瓜味蟬聲似去年

「睡起」65)

바람 잔 구리 화로에 가녀린 연기 피어오르는데, 마냥 멍청해져 난간 끝에 기대어 있노라니, 세상에 뭐 신기한 일이라는 것이 있나, 참외 맛 · 매미 소리도 지난 해와 다른 게 없고.

人學牛音却教牛 烟嵐深處喝牟牟 碧峰滿種紅黃黍 夏旱秋霜也不愁

「始到加平郡公餘雜咏八首」66)

---

63)『泠齋集』卷2, 田家雜咏五首.

64)『泠齋集』卷2, 夏夜五首.

65)『泠齋集』卷5.

66)『泠齋集』卷5.

사람들은 소 소리를 배워 그 소리로 다시 소를 부리노라, 안개·아지랑이 끼인 깊은 산 속에서 "우어 우어" 소리 치네. 푸른 산 비탈밭에는 붉은 기장 누런 기장을 가득 심어 놓았으니, 여름의 가뭄이나 가을 된서리에도 걱정할 것 없다.

社日黃牛背 村男弄酒風 暮山旋變紫 霜樹頓添紅 鷺立然疑頃 鴻飛阿睹中 野橋連細逕 時有一人通

「通津雜咏」[67]

社日(술멕이날) 황소 등 위에, 촌놈은 술주정 부리는데, 해 저무는 산빛은 금방 불그레 변해 가고, 서리 맞은 나무는 어느새 더 붉게 단풍이 들었다. 백로는 멀리 아슴쿠레 서 있고, 기러기 떼는 저기 날아간다. 들녘 다리는 가느다란 오솔길에 이어 있는데, 마침 누군가 지나가고 있구나.

岸雪誰人家 籬根擁老楂 鷄聲當午永 驢影入橋斜 城樹來時路 江村宿處霞 遙看烟縷直 市罷有啼鴉

「孔德里」[68]

눈 덮인 언덕 위엔 누구네 집인가, 고목 등걸을 끼고 울타리가 둘려 있구나. 닭소리는 한낮이라 더욱 길고, 당나귀 품새는 다리에 들어서자 기우뚱하구나. 저 멀리 성 위 숲엔 내가 올 때 거쳐 온 길이 있지. 저기 강마을엔 내가 유숙했던 곳에 노을이 물들었구나. 가느다란 연기 곧장 피어오르는 곳 바라보니, 시장판 끝나고 갈가마귀만 울고 있구나.

嶺上雲黃似有虹 雨聲猶在荳花中 戴簑老叟立堤外 溝水出來桑樹東

「雨收」[69]

고갯마루 위의 누런 구름 무지개가 선 것 같은데, 완두콩 덤불에선 아직도 빗소리가 들린다. 삿갓 쓰고 도롱이 입은 할아범은 방죽 밖에 서 있는

---

67) 『貞蕤詩集』 卷1, 舟行雜咏八首. 이 작품은 『貞蕤詩集』에는 그 제목이 「舟行雜咏八首」로 돼 있는데 『箋註四家詩』에는 제목이 「通津雜咏」으로 돼 있고 작품의 起聯도 『貞蕤詩集』에는 "天水相黏處 歸帆側受風"인데 『箋註四家詩』에는 위의 글처럼 개작되었다. 이는 아마 유금과 박제가가 협의하여 개작한 것으로 여겨진다.

68) 『貞蕤詩集』 卷1, 舟行雜咏八首.

69) 『貞蕤詩集』 卷1.

데, 뽕나무 숲 이편에서 도랑물이 내달아 흘러온다.

絡緯啼何近 書燈樹裏明 生衣妨病骨 寒雨損幽情 往事都成淡 浮名只自驚 藏身猶有術 種菜學雲卿

「初秋病裡書懷」[70]

베짱이는 어찌 그리 울어대느냐. 숲 속에는 책 읽노라 등불 빤히 밝혀 있는데, 생베옷은 앓는 몸엔 불편하고, 초가을 척척한 비는 마음만 어슬프게 하네. 지난 일들은 모두 덤덤해지고, 실속 없이 뜬소문(이름)엔 다만 스스로 놀랄 뿐일세. 내 자신 간직하는 방법 그래도 있으니, 채소나 심어 먹고 살면서 雲卿이 같은 사람이나 배우리라.

數棘荒寒堆亂石 斜陽欲盡廢田頭 野棠結子珊瑚顆 何處飛來黃褐侯

「山行」[71]

가시덤불 을씨년스러운데 돌무더기 쌓여 있고, 저녁 햇볕은 묵은 밭 머리에 거의 다 기울어 가는데, 산호알인 양 조롱조롱 열매가 달린 찔레나무엔, 어디서 날아왔나? 산비둘기 한 마리.

晩向高原揷翠秧 數家男婦把鋤忙 但敎活水滋根葉 及到秋來一例黃

「夏日雜興」[72]

높은 둔덕 위 논에 느즈막이 모포기 꽂아 놓고, 몇 집의 남정네・부녀자들 김매기 바쁘지만, 그저 물이나 흔해 뿌리・잎 잘 자라서, 가을 되어 한 빛으로 누렇게 벼농사나 잘 됐으면.

新霜庭戶咽寒虫 催辦中閨月半功 機響兒啼相斷續 夜深猶見一燈紅

첫서리 내린 뜨락엔 벌레 소리 자지러지는데, 달 반치 베 짜는 것 끝내기 재촉이라. 베틀 소리, 아이 울음 소리 엇갈려 들리다 말다 하며, 밤 깊도록 등잔불 하나 그래도 빠안히 켜 있구나.

---

70) 『貞蕤詩集』 卷3.

71) 『惕齋集』 卷1, 詩, 七言絶句.

72) 『惕齋集』 卷1, 詩, 七言絶句, 「夏日雜興示家弟叔典經九因寓勉學之意」.

歲晏中林獨下帷 閒居風味百相宜 地爐滿熱松毛火 恰是山窓聽雪時

「山居四時」[73]

늦어 가는 겨울 이 산중에 홋홋하게 깊숙이 들어 앉았으니, 한가한 이 생활 어느 한 가진들 안 좋은 것이 있나. 맨화로에 솔가리 불 잔뜩 담아 놓고, 산창 앞에 앉아 눈 내리는 소리 듣는 것 얼마나 좋은가.

面壁孤燈放光 背帷小僕酣寢 盡數何處鷄聲 預商朝來藥品

벽 쪽의 외로운 등잔불만 빤히 비치고, 바람막이 휘장 등지고 앉은 종녀석은 잠이 곤히 들었다. 어느 곳에서인지 들려 오는 닭소리를 다 헤아리고 나서, 아침 되면 먹을 약을 미리 따져 본다.

愁思窓暗窓明 夢緖鍾鳴鍾絶 忽聽林鵲驚寒 已有人家掃雪

「病中失睡枕上口點二首」[74]

수수로운 이 생각 저 생각에 창문은 어두웠다 밝았다 하고, 뒤숭숭한 꿈자리에 종소리는 들려오다 말다 하더니, 갑자기 숲에 자던 까치가 놀라 소리치며 날아가는 소리를 들으니, 어느 집에서인지 벌써 일어나 밤새 내린 눈을 쓸고 있나 보다.

이상 四家의 시 중 몇 수를 대표적인 예로 들어 봤다. 이제 四家들은 자신들이 추구하는 진실을 무엇에서 어떻게 찾아 시로 읊어 냈는지를 구체적으로 알아보기 위해서 이미 앞에 예로 든 작품들을 음미해 보기로 한다.

이덕무는 「潮村宗人光夔舍 遇心溪宗人光錫及朴在先」과 「果川途中」 그리고 「題田舍」에서 당시, 아니 몇십 년 전만 해도, 우리의 시골에 가면 얼마든지 찾을 수 있고, 만날 수 있었던 우리들의 소박한 고가옥, 풍경, 그리고 거기 사는 사람들, 거기에서 영위되는 삶과 그 풍습들과 인정들, 이런 것들을 자신이 보고 겪고 느낀 것들을 일분의 거짓이나 꾸밈이 없이 고스란히 되살려 보여 주고 있다.

유득공은 「端陽雜絶」·「田家雜咏」·「夏夜」·「始到加平郡公餘雜咏八

73)『惕齋集』卷1, 詩, 七言絶句, 山居四時雜興四首.
74)『惕齋集』卷1, 詩, 七言絶句, 六言.

首」에서 정감 어린 우리 민속의 한 단면과 소박하고 진실한 향촌의 생활·풍정의 일면들을 그림 폭처럼 펼쳐 보이고 있으며, 「睡起」에서는 무미건조한 일상성으로부터의 단조로움과 무료함의 感情相을 표본적으로 또 자기 체험적으로 진실하게 그려 놓고 있다.

박제가 역시 「通津雜咏」·「雨收」에서 향촌의 소박한 생활 풍속과 그 생활의 주인인 시골 사람들의 천진스런 풍정을, 그리고 매우 자기 체험적인 눈으로 소묘된 전원 풍경의 한 단면을 사실적으로 보여 주고 있으며, 「孔德里」에서는 眺望의 자리에서 눈에 들어온 景物들을 가만가만 놓아 고스란히 하나의 정경으로 얽어 놓았고, 「初秋病裡書懷」에서는 가을밤이란 계절적, 시간적 정황 속에서 병든 몸으로 까닭 없이 싸잡히지 못한 채 고적함과 무료함을 애써 달래는 한 선비의 모습을 보여 줌으로써 우리 모두들의 한 모습으로서 진실로 공감하게 하는 것이다.

이서구는 「山行」·「夏日雜興」에서 우리들을 저 먼 어느 두메, 초겨울 해가 져가는 산골로 데려가기도 하고, 모 심고 김 매기에 바빠도 순후한 인심과 소박한 꿈이 있는 어느 농촌으로 우리를 안내하기도 하며, 「山居四時」에서는 愛憐의 정겨운 눈으로 바라본 村婦의 織功辛苦를 곱게 詩化하였고, 한편으로는 오히려 산촌에 사는 사람만이 누릴 수 있는 겨울 산 속의 오롯한 생활 풍정, 바로 여기에 나오는 맨화로에 솔가리 불 잔뜩 담아 놓고 산창 앞에 앉아 눈 내리는 소리 듣는 것, 이런 생활의 멋을 자기 체험으로 읊어 주고 있다. 그리고 「病中失睡枕上口點二首」에서는 긴 겨울 밤을 잠을 잃은 채 지새우는 병든 사람의 심경과 행태, 또 그것들의 정황을 이루고 있는 주변 사정들을 아주 섬세하고 생생하게 보여 주고 있다.

2) 題材에 대한 探索

앞에서 이미 살펴본 바와 같이 四家들이 추구하는 것은 '사물의 眞實'이었겠지만 그 진실을 우선 평면적, 일상적으로라도 파악하고 自信하기 위해서는 적어도 관례적이고 답습적인 사물 인식태도나 그에 따른 사물의 의미로부터는 먼저 벗어나야 하는 것이 당연하다. 여기서 四家는 '사물의 現

象'에 대해 그 '實相'·'實理'·'實情'을 궁구하여 파악하려 하였다. 그러나 이런 노력은 대상 제재로서의 사물을 주관적으로 수용하여 의도적으로 기벽하게 해석하는 것을 말하는 것은 물론 아니다. 오히려 대상 사물 자체를 일상적인 것에서 찾아 평면적인 측면에서부터 객관적인 태도로 검토, 파악함으로써 그것들을 다시 입체적, 생동적인 하나의 진실한 詩世界로 再構한 것이었다.

이덕무의 "寬衣健婦淳風返 頓飯痴男慧竇塡"[75]은 바로 작자의 제재 탐색 태도와 시각을 백분 보여주는 聯이다. "寬衣健婦"와 "頓飯痴男"은 물론 실재하는 인물 내지는 실재할 수 있는 인물들로서 그 자체들만으로서는 향촌에서 만나고 볼 수 있는 그저 '村男·村婦'에 불과하며, 따라서 웬만하면 그들의 그 신분·외모에 걸맞은 일상생활의 단면이나 행태가 서술형태로 보완되어 읊어지기 쉽다. 그런데 여기서는 이 '촌남·촌부'의 인상과 행태가 작자에 의하여 '순박하고 예스러운 인간 생활의 참다운 풍속·모습'을 우리에게 되살려 보여 주고 느끼게 해 주는 것으로, 그리고 '소견이라고는 전혀 찾아볼 수 없이 미련하나 그지없이 순박한 꼴'로 직감하게 해 주는 것으로 의미가 붙어 찾아졌다.

물론 '頓飯'하니까 '痴男'이고 그런 '痴男'이니까 '慧竇塡'한 것은 당연한 것으로 여기는 것이 우리들의 통상 관습적 관념이므로 이것은 작자에게 있어 그렇게 새롭거나 신통한 탐색 결과로 볼 수 없다 하더라도 "寬衣健婦淳風返"은 상당한 지성과 정신적 가치의식을 바탕으로 한 탐색의 결과로 봐야 한다. 이것은 '寬衣健婦에게서 우리는 淳風返한 것을 본다'로 해석할 수도 있고, 바꾸어서 '寬衣健婦가 바로 순박하고 인정 어린 참된 인간생활의 풍속이요 모습이며 주인공이므로 우리는 바로 이 아낙네로부터 그런 풍속·모습 주인공을 다시 찾아 만나고 본다'는 것이며, 따라서 우리도 자신의 淳風까지를 여기서 되찾게 되기 때문이다. 이처럼 여러 겹의 의미를 감춘 詩行으로 탐색된 것이라면 '寬衣'는 헐렁한 옷이면서 넉넉한 옷 또는 너그러운 마음을 가지게 하는 옷이고, '健婦'는 '건장한 아낙네'이면서 '건

---

75) 『青莊館全書』 卷9, 『雅亭遺稿』 1, 詩1, 題田舍.

실한 아낙네' 또 '천진 소박한 아낙네'이다. 그리고 이같은 탐색은 '너무 지능적이고 형식적이고 반자연적인 것이 세속적 현실의 속성'이라는 작자의 부정적 의식을 배경으로 거기에 대응하여 이루어진 것임을 알 수 있다.

유득공이 "不必辭扶醉 瞢騰見素心(술 취한 뒤 부축해 주는 것 사양할 필요 없지, 술 취하면 정신 못 차리는 것──체면도 모르고──그 자체가 오히려 속임 없는 본심과 본성대로의 자기 자신을 그대로 보여 주는 것이니까)"[76]라 읊은 것도 의미로 탐색된 것이며, "禽鳴窓外日 人坐閣中時 更理無因夢 仍含未就詩 舊烟流短草 殘雨映高枝 情勝翻成嬾 朝朝盥沐遲"[77]는 전 작품이 기막히게 심리적으로 탐색된 것인데, 특히 "更理無因夢 仍含未就詩(밑도 끝도 없는 꿈──지난 밤 꿈──을 되짚어 보다가, 이내 언젠가 짓다 만 시구만 되뇌일 뿐이다)"는 정말로 놀라운 발견이요 확인이다.

박제가가 「筆溪夜坐 次任毅之弘常」[78]에서 "深燈暈屋圖書現 細月呑城畢昴斜 始自東方微籟起 須臾鷄犬萬人家(등잔불 아늑하게 빤히 밝혀진 방에 책들만 고즈너기 놓여 있고, 그믐께 달이 져간 성 저편엔 畢·昴 별자리들도 기울었는데, 동편 어디선가에서 정말 나는 듯 마는 듯 무슨 소리가 들려 오는가 싶더니만, 금방 수많은 집에서 개 짖는 소리, 닭 우는 소리 함께 들려 온다)"라 한 것은 배경과 분위기에 대한 섬세, 명료한 심리적 탐색으로 얻어진 결과임을 알 수 있거니와 특히 '微籟起'는 신비롭고 환상에 가까울 만큼 놀라운 일종의 幻聽이다.

이서구가 「聞生子」[79]에서 "自媿能爲父 飜思克肖誰 懸弧方此日 鼓篋佇他時(한 사람의 아비가 되었다는 사실을 부끄럽게 여기면서도, 금방 그것을 잊고 도리어 누구를 닮았을까를 생각해 보고, 태어난 날은 바로 지금인데, 공부시킬 이 다음 자란 때를 미리 따져 기대해 본다)"라 읊은 것은 아들을 낳았다는 소식을 들은 아버지로서의 이서구의 자연스럽고 당연한

76) 『泠齋集』 卷5, 桃花下醉贈談兵者.
77) 『泠齋集』 卷1, 朝起.
78) 『貞蕤詩集』 卷1.
79) 『惕齋集』 卷3, 詩, 五言律詩.

심경의 토로이긴 하지만 그 조심스럽고 은미한 심리적 곡절은 작자 자신의 것이면서 이른바 天倫의 本然之情과 體統의 念을 함께 지닌 모든 아버지들 특히 당시의 젊은 아버지들의 것으로 함께 궁리·탐색된 것이다.

이상 살펴본 '題材에의 探索'은 어떤 시인의 詩作 과정에 있어서나 부분적으로는 다 찾아볼 수 있는 효과적 표상을 위한 노력 또는 행위로 인정되긴 하나 이들 四家들에게 있어서 그것은 그 자체로서의 의의가 두어진 채 시도된 것이라는 데서 다른 시인들과 다른 의미를 갖는 것이다.

四家들은 이서구와 같이 비교적 風情과 興趣를 중요시하면서 새로운 시도를 한 경우가 있지만 그들은 대체로 이 '제재에의 탐색'을 有意的으로 수행했던 것으로 인식된다. 왜냐하면 그들의 이런 탐색 태도와 노력의 결과는 이상에 例擧한 작품말고도 이덕무의 「凉雨夕」(『靑莊館全書』 卷9, 『雅亭遺稿』 1, 詩1)·「秋燈雨急」(앞의 책)·「秋夜」(앞의 책)·「曉發延安」(앞의 책)·「春日偶題」(『靑莊館全書』 卷10, 『雅亭遺稿』 2, 詩2) 등 작품과 유득공의 「蟋蟀四首」(『冷齋集』 卷1)·「秋砧」(앞의 책)·「三湖打魚」(앞의 책)·「和潛夫詠蟬二首」(앞의 책)·「梱」(『冷齋集』 卷5) 등 작품, 박제가의 「梅落月盈」(『貞蕤詩集』 卷1)·「厠上」(앞의 책)·「庭臥」(앞의 책)·「春寒」(앞의 책) 등 작품, 그리고 이서구의 「偶成六言二首」(『惕齋集』 卷1, 詩, 五六言絶句)·「題墨竹」(앞의 책, 詩, 七言絶句)·「記夢」(『惕齋集』 卷2, 詩, 五言古詩) 등 작품에서도 찾아볼 수 있기 때문이다.

四家들의 '제재에의 탐색' 행위는 이미 살펴본 것 같은 대상 자체의 물리적 현상이나 公理, 平常的 論理 등으로 파악된 차원의 것들에만 그치지 않고 사리적 필연성 여부와 무관한 채 우리의 의식 속에 들어와서 신기한 관념이나 인식으로 반응되는 대상 사물들의 형상과 정황 같은 것들에까지 범위를 넓혔다. 여기서 그들은 우선 대상 그 자체의 機微를 탐색하였다.

이덕무의 "雨打夕庭經小劫 妙觀無數遞騰泡"[80]는 뜰 앞 낙숫물에 수없이 방울졌다가 꺼져 없어지는 물거품들을 들여다 보며 찾아낸 우주 時空의 축소판이며, 유득공의 "樹樹薰風碧葉齊 正濃雲意數峰西 小蛙一種靑

80) 『靑莊館全書』 卷9, 『雅亭遺稿』 1, 詩1, 凉雨夕.

於艾 跳上梅梢效鵲啼"[81]는 詩題「將雨(비가 막 내릴 판에)」처럼 곧 쏟아질 비를 예측하게 하는 조짐들을 놀랄 만큼 새롭게 포착, 표집하여 詩化하였다. 후덥지근한 바람 끝에 나무마다 추욱 늘어진 잎들, 산봉우리들 저 편에 눌린 듯 짙게 깔린 구름, 매화나무 가지 끝에서 '깍깍' 까치 소릴 내며 몇 마디 우는 청개구리, 이것들은 지극히 평범한 채 참신한 詩想의 매듭들이다.

박제가의 "浮生不啻微於粟 坐念山枯石爛時"[82]는 詩題「登白雲臺絶頂」처럼 어떤 계기를 만드는 자리에서 인간이 발견하게 되는 자기 존재의 일면을 체험적으로 확인한 것이다. 인간은 실로 육체적 존재로서는 좁쌀만큼도 못한 것인데도 정신적으로는 우주의 개벽과 조화 등 시공의 無限境까지를 생각하고 따지는 불가사의한 존재라는 사실을 발견하는 기미를 이 자리에서 얻은 것이다. 이서구의 "驟晴終不快 餘意在遙天"[83]과 "陂蛙請新雨 林蜩誦晩天"[84]은 "쏟아지던 비가 금방 그치고 날이 반짝 개이면 소나기가 곧 또 온다"하는 식으로 통념화돼 있는 속설과 "못 속의 개구리 조용하다가 갑자기 울어대면 거의 틀림없이 비가 내린다는 것과, 숲 속에 잠잠하던 매미들이 일제히 울어대기 시작하면 곧 황혼 무렵을 맞게 된다는 것"을 機微로 파악하였다.

그리고 四家들은 또 사물에 대한 체험적 心氣를 객관적 시각으로 탐색하였다.

이덕무는 "凉宵顧影剔燈紅 劍籙星經揷架充 頓有扁舟浮海想 秋齋忽泛雨聲中"[85]이라 하여 주변 분위기를 계기로 하여 체험하는 일종의 환상적인 심기를 전형적으로 표상하였고, "螺烟生妙想 墨瀑動遐觀"[86]이라 하여

81) 『泠齋集』 卷4, 將雨.

82) 『貞蕤詩集』 卷1, 登白雲臺絶頂三首 중 둘째 수.

83) 『惕齋集』 卷3, 詩, 五言律詩, 驟晴.

84) 『箋註四家詩』 卷4, 李書九, 五言絶句, 同金葛川夕訪流霞亭道上分韻得夜曠天低樹五字. 이 작품은 『箋註四家詩』에만 실려 있을 뿐 『惕齋集』에는 실려 있지 않다.

85) 『靑莊館全書』 卷9, 『雅亭遺稿』 1, 詩1, 秋燈雨急.

86) 『靑莊館全書』 卷9, 『雅亭遺稿』 1, 詩1, 下元夜集觀齋.

기묘한 상상과 불현듯 일어나는 연상을 포착하였다. 유득공은 "人雖謂喞喞 渠必有云云"[87]이라 하여 일종의 기성 관념과 추리적 상상으로 파악하였고, 또 "鐵笛何人發 江月未能盈"[88]이라 하여 일종의 환상을 발견하고 있다. 박제가는 "最難爲意秋冬際 將以同吾惠好歸"[89]라 하여 자기 관습성의 특이한 계절 감정을 스스로 발견하고 있으며, "惻惻復何戀 春寒眞可憐 碧溪人渡後 紅旭酒醒前 伐木已殘雪 焙茶初發烟 山妻早勸粥 就煖却添眠"[90]이라 하여 詩題「春寒」이 암시하는 바대로 봄추위 앞에 어설퍼진 심기와 그래도 애착하듯 끌려 눈길을 보내게 되는 봄추위의 남은 자리들과 이런 심기를 애써 다독거리려는 행태가 심리적으로 적실하게 탐색되었다.

이서구는 "雨聲收晩暑 山色返斜陽"[91]이라 하여 일종의 관습적 착각을 말하였고, "細雨園丁挑菜去 綠陰亭午滿林停"[92]이라 하여 일종의 환각상태를 말하고 있다.

四家들은 '제재에 대한 탐색'은 그 적극적 의도의 결과로서 '사고의 소산으로서의 詩'까지 짓게 하여 박제가의「白雲臺」·「大雨夜作」(모두『箋註四家詩』卷3에 실려 있음) 같은 작품에서 그런 표현을 볼 수 있다.

3) 詩語와 修辭에 대한 關心

앞에서 이미 검토한 바 대상 사물에 대한 四家들의 '實'的 탐색은 詩作과정에 있어 필수적인 선행요건이었지만 그렇게 탐색된 대상들(제재들)을 정말 생동적이고 참신한 하나의 詩世界로 구축하고 형상화하기 위해서는 그것에 상응하는 표상 수단 내지 도구로서의 언어와 문자에 대한 관심을

---

87)『冷齋集』卷1, 蟋蟀四首 중 셋째 수.
88)『冷齋集』卷1, 湖夜.
89)『貞蕤詩集』卷1, 再次寄淸受屋六首 중 첫째 수.
90)『貞蕤詩集』卷1, 春寒.
91)『箋註四家詩』卷4, 李書九, 五言律詩, 休夏. 이 작품 역시『愓齋集』에는 실려 있지 않다.
92)『箋註四家詩』卷4, 李書九, 七言律詩, 生香館初夏. 이 작품 역시『愓齋集』에는 실려 있지 않다.

함께 갖는 것은 당연할 수밖에 없다. 이런 점에서 四家들은 詩語의 탐색, 그리고 그에 대한 修辭를 통해 대상 제재들의 '實態'·'實理'·'實情'을 묘사적으로 혹은 비유적으로 표현하고 있음을 볼 수 있다.

이덕무의 "了無人響翠冷然 永晝曚曨柳絮顚 唼呷桃花魚盡悟 漁罾閒曬漾如烟"93)에서 '翠冷然'은 어느 어촌 버드나무 그늘이 진 물가에 서늘한 느낌의 풍경 단면을 표현한 것으로 우리말로는 단적인 표현이 불가능하며 '顚'과 '悟'도 예리한 시각으로 탐색된 詩語들이다. 또 "芳樹精初現 嬌禽乳正勞"94)에서 '精初現'은 물이 오르고 새 눈이 튼다는 것을 비유적으로 표현한 것으로 보이며, "落魄誰如我 秋詩發勁音"95)에서 '勁音'은 강개한 심기를 달래기 위해 읊은 시의 내용과 가락을 함께 표현한 것이다.

유득공의 "三兩茅茨雨葉中 寒山一帶栗林空"96)에서 '空'은 '휑뎅그렁하다'는 物理相과 '을씨년스럽다'라는 心理相을 복합적으로 표현하였고, "病葉強隨驚翼散 翻紅閃紫却無情"97)에서 '翻紅閃紫'는 단풍 물든 나뭇잎이 울긋불긋 바람에 날려 떨어지는 모양을 표현하였으며, "濁酒三盃銜虎去 婆娑笠子一林風"98)에서 '銜虎去'는 겁 없이 간다는 것을 비유적으로 표현하였다.

박제가의 "不出門庭譬守株 蒲團寂寂使人枯"99)에서 '枯'는 꼬장꼬장하다는 뜻으로 쓰인 것이 분명하고, "卷中師友眉相語 畫裡蘇杭意與遊"100)에서 '眉'는 눈짓이라는 뜻으로 쓰인 듯하다.

---

93) 『青莊館全書』 卷10, 『雅亭遺稿』 2, 詩2, 題朴燕巖漁村曬網圖.

94) 『青莊館全書』 卷10, 『雅亭遺稿』 2, 詩2, 寒食日 沈薰齋念祖同賦.

95) 『青莊館全書』 卷10, 『雅亭遺稿』 3, 詩3, 潮村宗人光燮舍遇心溪楚亭同咏六首 중 넷째 수.

96) 『泠齋集』 卷2, 田家雜咏五首 중 다섯째 수.

97) 『泠齋集』 卷2, 첫째 수.

98) 『泠齋集』 卷2, 넷째 수.

99) 『箋註四家詩』 卷3, 朴齊家, 七言絶句, 聞雨. 이 작품 역시 『貞蕤詩集』에는 실려 있지 않다.

100) 『箋註四家詩』 卷3, 朴齊家, 七言絶句, 懋官來宿適有風雨. 이 작품은 『貞蕤詩集』 卷1에도 실려 있으나 내용 일부가 달라 이 『箋註四家詩』에 실린 것은 약간 개작된 것으로 판단된다.

이서구의 "百事那堪惱病中 食單多忌午盤空 晴垣近映西隣棗 悄遣群兒拾墜紅"101)에서 '悄'는 근천스럽다는 뜻과 사치스럽다는 뜻을 함께 표현한 것이며, "花意紅全動 苔痕碧漸舒"102)에서 '意'는 기미·조짐·품새 등을, '全動'은 온통 기운이 움직일 듯하다, 또는 온통 피어날 듯하다는 것을 표현한 것이다.

이들은 또 우리 고유의 사물에 대하여는 그 고유 개념이나 언어로만 진실하게 표현할 수 있다고 믿어, 이 우리말의 개념과 우리말을 訓借 혹은 音借하거나 音訓共借하여 가능한 한 우리 것에 우리다운 언어 감각을 살려 쓰려 하였음을 볼 수 있다.

유득공은 "街米初翔市"103)라 하여 가뭄이 심하자 시장의 쌀이 날개 돋힌 듯 팔려 나가면서 값이 오르는 것을 '翔'으로 표현했고, "谷鳥遺酸響"104)이라 하여 제난양 시물러터지게 울어대는 것을 '酸響'으로 표현했으며, "不是言禽了了啼"105)라 하여 짬도 모른다는 것을 '不是言'으로 표현했고, "一池蛙飯綠如藍"106)에서도 개구리밥(논에 떠다니는 물풀)을 '蛙飯'이라 표현하였으며, "高柳風中捉鼻吟"107)에서는 콧노래(시냇가 버드나무 위에서 신나게 울어대는 매미 소리)를 '鼻吟'이라 표현하였고, "歸帆叵耐綠莎風"108)에서는 높새바람을 '綠莎風'이라 표현하였다.

박제가의 "社日黃牛背 村男弄酒風"109)에서 '黃牛'는 비록 많이 쓰이는 한자어이지만 여기서는 우리말의 '황소'로 쓴 말임이 분명하여 '村男' 역시 촌놈이란 뜻으로 쓴 것이 틀림없으며, '바람 잡는 말'이란 訓借語로 '捕風

---

101) 『箋註四家詩』 卷4, 李書九, 七言絶句, 病後絶句. 이 작품도 『惕齋集』에는 실려 있지 않다.
102) 『惕齋集』 卷3, 詩 五言律詩, 春早.
103) 『泠齋集』 卷1, 喜雨.
104) 『泠齋集』 卷1, 與薑山及李潛夫登山映樓.
105) 『泠齋集』 卷1, 弓院野中.
106) 『泠齋集』 卷2, 孤靑樓雜咏三首 중 둘째 수.
107) 『泠齋集』 卷4, 溪上.
108) 『泠齋集』 卷4, 南江謠五首 중 넷째 수.
109) 주 67) 참조.

語'라는 말도 쓰고 있다.

이서구도 "犢鼻褌張麂眼籬"110)에서 "犢鼻褌"을 비록 답습적으로 원용하긴 했으나 오히려 우리 고유의 말처럼 굳어진 쇠코잠방이를 漢譯하는 태도로 썼을 것으로 판단된다.

4) 詩·畵에 대한 相關視

이미 앞에서 四家들은 詩를 선명하게 시각화하고 생동화하고 입체화하기 위해서는 畵의 詩에 대한 보완적 특질을 인식해야 했고 따라서 그것을 그들은 '有聲畵와 無聲詩'라는 특질로 파악했을 것이며 이런 특질을 詩作 과정에서 실천적으로 활용했을 것이라고 언급했거니와 그 점을 여기서 실제 작품들에 대한 분석 검토로 밝혀 보기로 한다.

이덕무는 "森羅畵幅春風溢"111)에서 봄을 맞은 산천초목의 삼라한 풍경들을 한 폭의 그림으로 집약해 봄으로써 시적 인상을 선명하게 할 뿐만 아니라 想像의 度를 심화시키고 있으며, "農家凡例豳風畵"112)에서도 역시 앞에서와 같은 표현효과를 얻고 있을 뿐만 아니라 가을을 맞은 농가의 모든 風物을 『詩經』「豳風」 七月章의 太古淳厚한 그것들로 바꾸어 놓음으로써 시의 意境을 고아하게 하는 효과를 얻고 있다. 따라서 그는 일체의 美的 自然이나 人事를 시의 제재로 취택하면서 그것들을 그냥 시화하지 않고 먼저 畵의 제재로 바꾸어 시화하기도 하였음을 "雨墨霞箋通畵意 烟書嵐字助文心"113)에서 짚어 볼 수 있으며, 이런 시각은 물론 그 자신에게 경험적으로 체득되어 있던 詩畵相關性의 인식114)에서 갖추어진 것이 분명하다.

유득공은 "畵意山如大米濃"115)이라 하여 봄기운(봄빛)이 무르익어 가는

110) 『惕齋集』 卷1, 過南山下村家.

111) 『靑莊館全書』 卷9, 『雅亭遺稿』 1, 題潮村宗人軸.

112) 『靑莊館全書』 卷9, 『雅亭遺稿』, 題田舍의 다섯째 수.

113) 『靑莊館全書』 卷10, 『雅亭遺稿』 2, 詩2, 馳筆次袁小修集中韻 중 여덟째 수.

114) 『雅亭遺稿』 卷8, 附錄, 先考府君遺事에 "好畵山水松菊 尤善於蜘蛛黃雀"이라 한 것을 보면 그의 詩畵相關性에 대한 인식을 짐작해 볼 수 있다.

산을 그림 속 분위기가 감도는 산이라고 묘사하고 다시 米芾의 巒頭法처럼 농후한 潑墨의 山圖와 같이 봄으로써 시적 인상을 구체화할 뿐만 아니라 意境을 深穩하게 하고 있으며, "濃姸小米山"[116]과 "霽後山如畵意濃"[117] 그리고 "一幅徐熙沒骨枝"[118] · "寒山數疊碧巑岏 鹿束漁簑傍雪灘 此景人間眞有未 十年却向畵中看"[119]은 오히려 현실세계의 경물들과 정경들을 畵中의 그것들로 비유 표현함으로써 역시 앞에서와 같은 효과를 거두고 있다. 米友仁의 巒頭法 山圖, 어떤 그림의 분위기가 감도는 맑게 개인 산, 徐熙의 沒骨圖 속의 나뭇가지, 獨釣寒江圖 같은 것들이 그것들에 의하여 비유된 제재들의 인상을 새롭게 살려낼 뿐만 아니라 시의 정서적 경지를 여러 가지로 모양 짓고 있다.

박제가는 이미 앞에서 살펴본 바대로 상당한 경지의 문인화가였으므로 詩畵相關性에 대하여 누구보다도 이해가 깊었었던 것으로 판단되며, "有情無象處 詩畵境相通"[120]에서는 바로 그의 높은 이해의 경지를 발견하게 되고, 또 "石法多焦墨"[121]에서는 用墨하는 법으로 石狀을 직접 묘사한 것을, "欲試斜陽筆 雄黃抹岫宜"[122]에서는 산에 물든 석양빛을 畵의 設色으로 본 것을, "水墨全然鋪夜色"[123]에서는 漆黑의 夜色을 畵法의 水墨狀으로 생생하게 살려 표현한 것을 알 수 있거니와 그가 특히 畵의 표현기법에 관한 것을 많이 원용하고 있는 것은 그 자신이 畵의 특질과 이론을 실천적으로 체험한 화가이기 때문이라 하겠다.

이서구 역시 현실적 제재들을 畵의 그것들에 대입하여 표현하고 있다. "冥濛烟靄起靑蕪 隔樹遙村淡若無 兩兩歸來牛背笛 平郊數里戴嵩圖"[124]

---

115) 『冷齋集』 卷3, 中和節汝五齋中少飮.
116) 『冷齋集』 卷3, 龍川淸心堂次書狀官韻.
117) 『冷齋集』 卷3, 喜雨韶光.
118) 『冷齋集』 卷3, 弄薰楓菊.
119) 『冷齋集』 卷4, 春夏秋冬朝夕雨晴松花十絶次農岩先生韻諸學士同賦.
120) 『箋註四家詩』 卷3, 朴齊家, 五言律詩, 通津雜咏 중 첫째 수.
121) 『箋註四家詩』 卷3, 朴齊家, 五言律詩, 通津雜咏 중 넷째 수.
122) 『箋註四家詩』 卷3, 朴齊家, 五言律詩, 春日諸人集沈園 중 둘째 수.
123) 『箋註四家詩』 卷3, 朴齊家, 七言律詩, 曉渡銅雀江.

에서는 들녘을 가다가 구경하는 풍경들을 戴崇의 牛圖 한 폭을 펼친 것으로, "人家多住斷橋西 野水縱橫罨畵迷"[125)]에서도 역시 현실 풍경들을 한 폭의 채색화의 그것으로, "村墟皆畵境 樵牧盡仙才"[126)]에서는 현실 풍경들을 畵境으로 바꾸면서, 정서적으로 아주 다른 경지들로 바꾸어 버렸다.

이상 四家들은 지금 살펴본 바와 같은 기존 畵作品(古畵나 名畵)의 片面이나 그 意趣, 作畵技法의 일부를 원용하는 데 그치지 않고 시 작품 전부를 회화화한 것을 많이 찾아볼 수 있다. 이들의 詩畵相關性에 대한 이해와 그 응용의 궁극적 의도는 역시 이 시의 회화화와 그로 말미암아 얻게 되는 '眞實相의 제시'와 '시의 神韻的 심화'라는 효과에 두어져 있었으리라는 것을 짐작해 보면 그것은 당연하다 하겠다.

이덕무의 "波穿赭石岸 蒼蒼隱舟尾 夕江聞人聲 魚立鬐鱗偉"[127)]는 놀랄 만큼 섬세하고 清新한 視聽感覺으로 탐색, 집약되어 한 폭의 生動畵로 이루어졌으며, 이같은 작품으로는 「漢水舟中」·「端陽日集觀軒」·「六角峰玩花」·「題田舍」·「廣州途中」·「龍仁途中」·「田舍雜咏」 등 『箋註四家詩』에 실려 있는 많은 작품들이 있고, 특히 "草色官袍老太常 淋漓諧笑少年場 酒酣臥聽荊卿傳 特捋蒼髯意氣長"[128)]과 "一年春光花滿樹 空山流水淨照面 芳草如剪蝶遺粉 靜士心眼無所罥 烟坨烏犉牟然吼 自任其眞蹄自遣"[129)]은 상상적 혹은 관조적으로 탐색, 집약되어 그려지고 있다.

유득공의 "林雅數點殘墨 溪鳥雙飛碎銀 寂寂靑山古道 翩翩白衛何人"과 "正白斜紅鴈落 前長後短鳧飛 稻田靑漲如鑑 峰墮雲流絶奇"[130)]는 바로 點景法과 設色法 같은 회화기법이 시의 제재를 집중적으로 포착, 묘사하는 데 그대로 원용되고 있음을 보여 주고 있으며, "冉冉時當夏五 看看節迫秋千 樓前日暮人散 墜粉遺香黯然"과 "麥秋好釀新酒 槐夏閒繙古書

124) 『愓齋集』 卷1, 郊行卽目.
125) 『愓齋集』 卷1, 梁園雜絶 二首 중 둘째 수.
126) 『愓齋集』 卷3, 早起.
127) 『箋註四家詩』 卷1, 九日麻浦同朴在先宿朴穉川相洪水舍.
128) 『箋註四家詩』 卷1, 贈人之任金郊察訪.
129) 『箋註四家詩』 卷1, 春日偶題.
130) 『箋註四家詩』 卷2, 十二月二十六日出東郊와 같은 곳 十月十六日出東郊六言.

日午窓光赫赤 海榴花發焚如", "樹間雙蝶誰見 草際微香獨聞 午睡無人更喚 映簾疎雨繽粉"[131]은 事境과 情況, 그리고 景物·情緒·行態 등이 표본처럼 포착·배치되고 조절되어 세 폭의 그림으로 그려졌다. 이들 작품뿐만 아니라 『전주사가시』에 실려 있는 「洗心齋」·「秋園卽目 二首」·「夏夜」·「陽川途中」·「二酉閣初秋夜」·「秋後過東莊」·「田舍夜飮」·「蟋蟀」·「觀魚」·「錦江舟中賦蜻蜓」 등도 모두 회화화한 작품들이다.

박제가의 "雨牧風樵十歲初 村童長在野中居 生絲解捕雲中鴈 赤手還探浦裏魚"[132]는 역시 點景法으로 시의 제재를 포착, 배치하여 그려낸 작품으로 詩語의 配字 방식도 米點 방식을 원용하고 있으며 이 작품은 바로 그의 遺作 「牧童圖」를 도리어 시화한 것이라 하겠다. 박제가는 앞에서 본 바대로 문인화가로서 누구보다도 畵에 대한 조예가 깊었을 것은 두 말할 필요도 없겠으나 『전주사가시』에 실려 있는 「九日六言」·「夜登平壤城」·「春詞倣王仲初」·「聞雨」·「江上遭風」·「慶會樓古池」·「通津雜咏」·「田舍」·「池亭」 등 많은 작품들에서도 풍경과 심경, 그리고 풍정·심기·정경·풍속 등이 섬세하고 명정하게 탐색되고 집약되어 분명하게 그려지고 있음을 볼 수 있다.

이서구의 "蕙花滯露香重 蕙葉翻風綠輕 何處蝶歸忽忽 是時鶯語生生"[133]은 점경법으로 포착된 시각·청각적 제재들이 가지런히 놓여져 시화하였으며, "家近碧溪頭 日夕溪風急 脩林不逢人 水田鷺影立", "時向返照裏 獨行靑山外 鳴蟬晩無數 隔水飛淸籟", "讀書松根上 卷中松子落 支笻欲歸去 半嶺雲氣白"[134]은 역시 점경법으로 포착된 제재들의 풍경·행태·정감·흥취들이 객관적으로 對境化하였고 여기에 다시 潑墨法·設色法 같은 기법적 의식이 원용되어 李調元·潘庭筠 등이 평한 대로 王維·裴迪 詩風의 神韻味가 담긴 세 폭의 畵이면서 세 수의 시가 된 것이다. 『전주사가시』에 실린 그의 「樓頭坐晴」·「同金葛川夕訪流霞亭道上分韻

131) 『箋註四家詩』 卷2, 端陽雜詩.
132) 『箋註四家詩』 卷3, 牧童.
133) 『箋註四家詩』 卷4, 睡餘偶成.
134) 『箋註四家詩』 卷4, 自白雲溪復至西岡口少臥松陰下作.

得野曠天低樹五字」·「江夕」·「村暮」·「水標橋同白塔詩社諸人作七絶」·「樓院道中」·「遊北漢山中」·「午餘同金士潤聲麗聘眺」·「休夏」·「生香舘初夏」·「晩憩西岡口作」 등에서도 풍경·행태·심경·감흥을 관조적으로 客體化하여 곱게 그려 놓았다.

7. 맺는말

이상의 논의를 통해 살펴본 바대로『箋註四家詩』를 중심으로 하여 四家의 시를 실학적 측면에서 검토해 본 바는 다음과 같이 결론해 볼 수 있다.

四家들이 시적 실천이념으로서 염두하고 있었던 실학사상은 그 개념·관념 형성의 기본이 중국 고전에서 유래했으나 지극히 일상적이고 평범한 가치개념인 '實'이었으며, 이것은 四家들에게 있어서 인격적 內實·眞實·實用·學理的 實 등을 중심으로 하여 인식되어 있었다. 그것은 전대부터 四家 당대까지 풍미하던 科文 중심의 도식화한 시문풍과 崇唐을 주로 하여 浮華해진 시풍을 맹목적, 몰이해적으로 답습, 추종하는 풍조의 假·虛한 현상에 대응하여 그런 현상을 수정, 극복하고 궁극적으로는 거기에 換置되야 할 새로운 현상의 정신적 가치개념인 '眞實'로 정립되었으며, 四家들은 假·虛化의 원인·배경을 '非我的인 것'으로 보고 그것의 극복으로서 眞·實化의 요체인 '자아적인 것'을 확신함으로써 '내가 지금의 내 것을 시로 쓴다'는 것을 作詩의 원칙으로 삼았다.

그리고 이렇게 '지금의 내 것'의 제재이면서 가장 나답고 우리다운 현실적 제재로서 찾아진 것들이 바로 당시의 향촌·전원·田舍의 풍경·정서·풍속 그리고 거기서 살아가는 우리들의 진솔한 일상사·감정·의식 등이었고 이런 것들에서 정말로 實景·實事·實心·實情을 정확하게 파악하고 그렇게 함으로써 그 진실 자체로서의 제재를 백분 그대로 표상하기 위해서 제재에 대한 탐색을 선행하였고 心氣의 諸相과 사물적 機微의 諸性까지도 탐색하였다. 뿐만 아니라 이 표상의 효과를 높이기 위해서 詩語를 탐색하고 修辭에 관심을 기울여 우리말에 대한 한자로의 音·訓借 활용도 시도하였으며 詩書相關性에 대한 깊은 이해를 전제로 기존 畵品과 畵의 기법을 비유, 원용하기도 함으로써 시적 인상의 生新·鮮明度를 높이고 시 意境의 神韻化를 이루고 있다.

결국 四家들이 다룬 제재들은 남의 것이 아니라 우리 것이었고 눈 앞 현재의 것이었으며 꿈속의 것이 아니라 깨어 있는 현실 세계의 것이었으며 만들어져 꾸며진 것이 아니라 있는 대로의 것이 그려진 것이었다. 따라서 四家들에게 있어 실학사상의 문학적 실천은 實事求是의 성격을 띤 것이었고 시 외적인 것으로서의 관심과 시 자체의 변혁을 위한 관심 등 두 방향으로 이루어진 것이라 하겠다.

본 논고는 바로 후자의 관심 방향에 맞춰 천착된 것이며, 따라서 四家에게 있어서 실학사상 특히 시적 실천이라는 측면에서 보여지는 그것은 그렇게 놀랄 만큼 특수한 개혁사상이 아니고 유학사상을 기반으로 하여 변증법적으로 지극히 자연스럽게 배양되고 수행된 진실추구의 정신이었던 것이다.

전대나 다른 작자들의 시에 비해 분명 변혁된 四家詩의 양상은 그 변혁을 시도한 의도에 따라서 필연적으로 읊거나 듣는 시가 아닌 생각하고 보는 시, 남의 흥이나 멋의 가락을 따라 咏嘆하거나 放歌하는 시가 아닌 자신의 內向 視角으로 찾아져서 놓여지고 그려진 시, 따라서 主情的인 시가 아닌 知的인 시로서 나타나고 있으며, 시어들이 은밀한 눈짓과 속삭임을 보내며 생동하고 있다.

그리고 이 변혁은 시의 美的 표현을 특별한 표현양식이나 특이한 수사에서 찾으려 한 것이 아니고 오히려 모든 진실을 진실하게 표현하면 미적 표현 이상의 효과를 얻는 것으로 인식하였고 이렇게 진실하게 표현된 시는 자연스럽게 淸奇·含蓄·沖澹·自然 등의 심기를 띠게 되어 神韻의 시풍을 갖게 되며 더구나 詩趣와 畵趣의 交融을 시도했다는 점에서 神韻味의 시적 실현도 인정된다.

四家는 모두 '진실'을 탐색하여 진실하게 시로 표상하려 했다는 점에서는 의도와 목표를 같이 했으나 그들 각자의 시적 風格이나 印象은 그들 개개인의 생애 · 인격의 차이만큼 이질적이며, 그들의 시풍을 중심으로 그 영향의 受授關係도 위로는 직접 연암과 아래로는 申緯 · 丁若鏞 · 黃玹 등과 상관돼 있을 것으로 추정되거니와 이 두 과제에 대하여는 그 究明의 기회를 뒤로 미루기로 한다.

(『朝鮮朝 後期文學과 實學思想』, 1987)

제6부

실학과 과학 · 기술

黃頤齋論

-『頤齋亂藁』 三則-

閔泳珪

『理藪新編』

『理藪新編』 23卷은 頤齋 黃胤錫이 평생의 정력을 쏟아서 天文·曆象·音韻·算學 등 그가 학문한 바를 최종적으로 집대성한 것인 것처럼 알아 왔었으나, 지난 여름 이래 이재가 남긴 遺藁를 宗家로부터 연구원으로 빌어내어 景印作業을 진행하면서 검색한 바, 우리가 예상했던 것과 甚히 그 消息이 다르다는 사실을 알게 되었다. 이재 20세 전후의－좀더 정확히 말해서 16세로부터 22세에 이르는 동안의 소산이라는 것이 밝혀진 것이다. 앞에서 편의상 '『理藪新編』 23卷'으로 불렀지만, 이것은 1942년, 그것이 石印本으로 간행될 때 그렇게 調卷된 것이고, 오늘날 일반이 이용할 수 있는 통행본으로 되어 있기에 그렇게 호칭했을 뿐, 이재 自撰의 원고에서는 단지 上中下 3冊과 外篇 1冊, 도합 4冊으로 調卷 分冊되었고, 그 내용인 즉 다음과 같은 것이었다.

○ 理藪新編 上篇(卷之上), 崇禎紀元後 一百一十七年 甲子 菊月日 編輯(1744, 16세)
太極圖(卷1), 理氣(卷2), 曆法(卷3), 日月(4), 星辰(5), 地理(6), 周易(7), 漢書律曆志(8), 性理(9)

○ 理藪新編 中篇(卷之中), 崇禎紀元後 一百一十七年(上仝)
通書(10), 西銘(11), 皇極經世(12, 13), 洪範皇極內篇(14), 古贊·古箴·古銘·周易傳序·律呂新書(19), 易學啓蒙(15)

○ 理藪新編 下篇(卷之下), 崇禎紀元後 一百二十一年 戊辰 菊月日 編輯(1748, 20세)
君道(16), 治道(17), 學(18)

○ 理藪新編 外篇, 崇禎紀元後 一百二十一年 戊辰 臘月日 編輯(1748, 20세)
算學本源(23), 韻學本源(20), 算學入門(21, 22)

『理藪新編』 4冊의 首張에서 밝혀진 甲子年 9月과 戊辰年 9月, 그리고 역시 戊辰年 12月은 그들이 완성을 본 日字를 가리킨 것이 아니고, 着手된 그것을 의미하는 것임은 그들의 내용이 이재 18세(「漢書律曆志」 丙寅年 所記), 20세(「曆法」 戊辰年 所記) 때 작성된 것들임을 분명히 드러내는 대목이 수차 나와 있어서 上冊과 中冊이 대개 16세에서 20세까지, 下冊과 外篇 1冊은 20세 되던 무진년 9월과 12월에 각기 착수된 것임을 의미한 것일 것이다. 上冊과 外篇一冊엔 뒷날의 追記가 여백을 이용한다던가, 적당한 크기의 백지를 삽입해서 補箋의 형식으로 군데군데 삽입시켜 있는 경우를 많이 본다. 이들의 추기 또는 보전은 이재 22세 때 것이 가장 많고, 25세·26세 때의 것, 그리고 특별한 경우로 英祖 42년의 整板에 系한 『蒙語老乞大新釋』에 관한 소식이 外篇 「韻學本源」條에 보이고 있으나 이것은 예외 중의 예외로 기록될 만한 것일 것이다.

이상에서 보아온 바, 『理藪新編』 全帙이 이재 학문을 최종적으로 결산 또는 집대성한 것이 아니고, 오히려 22세까지 그의 소년기를 장식한 記念塔이었음을 확인하기에 이르를 때, 우리는 새로운 기대와 새로운 자세로서 이재의 학문체계를 바라보지 않을 수 없게 된다. 이재는 48冊의 『亂藁』를 남기고 있다. 그날그날 진리를 추구하는 학문의 기록이, 3·4일씩 계속해서 밤잠을 자지 않고 讀書와 筆錄에 潛心沒頭하는 버릇은 소년기로부터 이재 스스로부터 어쩔 수 없는 버릇이어서 視力 장애를 일으켜 37세 때엔

한쪽 눈의 失明, 50을 갓 넘으면서 남은 한쪽 눈마저 시력을 상실해서 거의 盲目에 가까운 무서운 시련을 겪어야만 했었다. 『亂藁』는 그가 63세로 損館하기 이틀 전까지 계속되고 있다.

『頤齋亂藁』 48冊의 내용으로 들어가기에 앞서, 『理藪新編』의 내용에 관한 몇 가지, 그릇된 선입견이나 오해를 사기 쉬운 문제들에 관하여 해명해 둘 필요를 느낀다. 石印本의 序頭에 甲子年 곧 이재 16세 때 干支를 가진 『理藪新編』 序가 게재되어 있으나, 이것은 원고에 없는 것이고, 『亂藁』 第1冊 丙子年條, 그러니까 이재 18세 때 작품임을 분명히 보여주고 있다. 착수 당시 冊題는 『衆理窟新編』, 다음에 『理窟新編』으로 고쳤다가 세 번째로 바꾸어서 지금의 題號가 된 것이다. 서문에 이르기를 무릇 4년 전부터 여기에 뜻을 두기 시작했다는 것인데 18세에서 4년 전이면 14세 때 이야기가 된다. 『亂藁』(第1冊)에 기록되기를 이때 이미 이재는 '朞三百傳' 곧 『書經集傳』 「堯典」 "朞三百有六旬有六日以閏月定四時成歲"條에 대한 朱子傳에 비상한 관심을 갖기 시작했고, 역대 중국에서 改制實施되었다는 무릇 70餘(76) 種에 달하는 曆法을 소상하게 구명해 있으며 특히 『漢書』 「律曆志」에 관한 연구는 주목할 만한 내용의 것이다. 『史記』나 『漢書』는 비단 史學 전공이 아니더라도 교양을 위한 필독의 고전으로서 오랜 세월 전승되어온 도서이지만 솔직히 말해서 『사기』 「律書」·「曆書」·「天官書」, 그리고 『한서』 「율력지」를 奧味를 가지고 읽었다는 사람은 그렇게 없다. 숫자만을 나열한, 절망적으로 건조무미한 내용의 것이기 때문이다. 따라서 역대 正史에서 『사기』 三書나 『한서』 「율력지」에 관한 연구가 나오게 된 것도 淸代 乾隆朝에 이르러서다. 明末淸初 서방 선교사들이 전해온 새로운 천문역학 그리고 수학의 영향을 받은 나머지임은 물론이다. 王元啓 『史記三書正譌』와 『漢書律曆志正譌』 2권 중의 일부가 이 방면의 유일한 果實로서 『二十五史補編』에 수록되어 있으나, 이재의 그것에 비해서 썩 그렇게 나은 것이라고는 보여지지 않는다. 이재와 거의 같은 시기의 저작들이다. 주목해서 좋을 것은 청대 史學의 최정상으로 추대되는 錢大昕(1728~1802)이야말로 역대 正書 중의 律曆志에 관한 가장 과학적이고 정밀한 지식의 최초의 驅使者이기도 했다는 점이다. 비록『사기』三書나『漢志』에 관한 專著는 남기지 않았지만,『十駕齋養新錄』,『潛研堂文集』등에서 역학에 관한 그의 조예를 짐작케 하며 우리의 이재와 많은 공통된 견해를 가지고 있었던 데에 놀람을 금하지 못한다. 그 좋은 예가 太初曆(104 B.C)에 관한 것이 될 것이다.

『亂藁』第1冊 말미에 가서, 辛未年條(22세)에「題家藏高麗宣明曆志」와「題家藏高麗授時曆志」등 2종의 題跋이 보인다. 宣明曆은 고려 초로부터 충선왕 재위시까지(918~1313) 무릇 4백년 가까이 사용되어 오던 역법이고 唐나라 長慶 2年(822)에 제정된 것으로 71년간 사용된 역사를 가지고 있다. 71년간 사용되고 다른 역법으로 改制되었다는 것은 결코 그 역법의 優劣에 관계없이 50년 100년 경과하는 동안에 曆日과 天象이 일치하지 않게 되고 日蝕이 실측된 天象과는 하루 이틀 差違를 낳게 되는 것이 필연하기 때문이다. 이재는 여기서 말하기를 그렇게 오랜동안 동일한 역법을 改制하지 않고 傳襲만 하고 있었다면 곧 曆日과 天象이 아무리 엇갈린다 해도 그에 대한 無神經을 폭로하는 것으로서 사사건건 틀리는 것이 오히려 당연하다는 논법이다. 이것은 零點下 3자리 4자리까지도 능히 계산해 낼 수 있는 이 방면 전문가만이 발설할 수 있는 내용의 말이다. 未嘗不 이재는『高麗史』「曆志」에서 宣明曆과 授時曆을 낱낱이 그 틀린 점을 지적하고, 수시력을 사용한 부분에서 잘못된 점이 없지 않으나, 선명력 사용기만큼 심하지는 않다는 것이었다. 이 두 가지 저술은 별도 독립한 저서로서 家藏에 들어 있다는 것이었으나 불행히 1909년의 화재에 다른 많은 이재의 원고와 함께 소실되고 말았다.

18世紀 韓國學者들의 太陽系에의 理解

羅 逸 星

1. 序論

古代로부터 18세기 말경까지의 宇宙觀이라 하면 대체로 太陽系에 대한 이해의 범위에서 별로 확대되지 못한 것이었다. 동서양을 막론하고 태양계에 대한 이해는 태양계도 銀河系를 구성하고 있는 하나의 恒星系에 불과한 것이라는 생각에는 미치지 못한 채, 태양계는 우주의 중심에 있으며 태양계 밖에 있는 항성들의 세계(恒星界)는 태양계와는 격리되어 있는 외곽에 불과한 것으로 알고 큰 비중을 두지 않았다. 따라서 이 외곽에 속하는 恒星界는 우주 내에서 별로 중요한 역할을 하지도 않을 뿐더러 그 세계에는 변화도 생기지 않는다는 생각이었다.

한편 태양계는

(i) 운동으로 인한 日月五星의 위치변화

(ii) 이유를 알 수 없는 日月面上의 이상현상

(iii) 流星이나 彗星과 같은 천체들의 예측할 수 없는 출현

등 恒常 規則 또는 不規則的인 현상이 발생되는 세계(空間)이라고 믿었지만 그 지식의 수준은 아직도 유치한 우주관에서 탈피되었다고는 할 수 없다. 그런데 그와 같은 사고의 테두리 안에서도 17세기에 이르러서는 동서양간과 중국과 한국 사이에는 天文에 관계되는 왕래가 빈번해짐과 동시에 지구 상에서의 동서간의 시간적 차(東西偏差로 불렀음)와 남북간의 거리

에 대한 개념이 점차 확실해졌다. 지구를 한 개의 천체로서 다룰 수 있는 학문적 바탕이 형성된 것이다.

이와 같은 형태의 우주관은 아직도 태양(경우에 따라서는 지구)이 중심인 태양계만을 주요 대상으로 삼은 불완전한 우주관이라고 볼 수밖에 없지만 그래도 그 시대의 문화와 사상적 배경으로써 기여하였다는 사실에 대해서 의심할 여지가 없다.

본인은 18세기에 한국의 학자들이 이해하였던 태양계에 관한 지식이 무엇이었던가를 조사하기 위해서 주로 『書雲觀志』와 『增補文獻備考』의 기사들을 詳考하였고, 『承政院日記』를 참고하였다. 그 조사내용은 3개 항목으로 대별되는데 그 내용을 차례로 적어보면 다음과 같다. 즉

地球	· 定義
	· 距離의 단위
	· 淸蒙氣差
日月五星	· 運動
	· 日月의 크기
交食	· 日食과 月食

이 외에도 지구의 운동과 有關한 歲差運動과 黃道傾斜 등 몇 가지 취급할 만한 것들이 있을 수 있으나, 세차운동에 관하여는 본인의 별도의 논문[1]이 있으며 황도경사에 관해서는 자료가 미흡하기 때문에 여기에서는 제외시켰다.

2. 地球

1) 정의

지구의 有限性은 오래 전부터 알려진 사실이지만 다음에 소개하는 『文

1) 羅逸星, 「17 · 18世紀 韓國學者들이 理解한 歲差運動」, 『東方學志』 22, 1979.

獻備考』의 一節은 간결하면서도 정확하다.

地球比天其小一點, 人在地面凡目力所極
以經度 定天下之衡兩地
經度相距三十度 則時刻差一辰
若相距一百八十度 則晝夜相反

지구는 하늘과 比하면 작은 것이 一點과 같고, 사람들은 地面에 퍼져 있는 것이 눈이 닿는 모든 곳에 이른다.
경도로서 天下의 땅을 양쪽으로 저울질하는데, 경도가 30도 떨어지면 시간차는 一辰이 되고, 180도 서로 떨어지면 낮과 밤이 서로 다르다.

현대 천문학에서 天球를 半徑이 무한하다고 가정하고 그 球의 중심에 지구가 있다고 하는 설명과 일치한다. 經度에 30도의 차가 있으면 시간차는 1辰이라 한 것은 1일을 12시각으로 분할했었기 때문이다.

2) 거리의 단위

지구상의 두 지점 사이의 거리는 里數로 정했다. 그런데 이 里라고 하는 거리의 단위는 북극고도 1度가 200里에 해당한다고 한 데서 비롯된 단위이다. 『문헌비고』의 원문에

南行二百里 則北極低一度, 北行二百里 則北極高一度
東西亦以二百里差一度
日月星辰每日出入地平
居東方者先見 居西方者後見
東西相去萬八千里 則東方人見日爲午正者 西方人見日爲卯正
以周天度計之 知地之全周 爲七萬二千里也
以周經密率求之 得地之全經 爲二萬二千九百一十七里有奇也

남으로 200里 가면 북극은 1도 낮아지고, 북으로 200里 가면 북극은 1

> 도 높아진다.
> 동서에도 역시 200里에 1도의 차가 있다.
> 日月과 별들은 地平에서 뜨고 지는데, 동방에 사는 사람은 먼저 보고, 서방에 사는 사람은 늦게 본다.
> (지구의) 동과 서는 서로 18,000里 떨어져 있으므로 동방의 사람이 태양을 正南에서 볼 때에 서방의 사람은 태양을 동쪽(지평선)에서 본다.
> 天球 둘레를 각도로 측정하여 지구둘레가 72,000里가 됨을 안다. 圓周率을 구하여 지구의 직경이 22,917里 좀 더 됨을 얻는다.

라고 상세히 설명하고 있다.

상기한 기록에서 몇 가지 흥미있는 문제를 지적할 수 있는데, 그 첫째는 지상에서의 거리의 단위를 정함에 있어서 天文觀測에 기초를 둔 사실이다. 북극고도 1도에 해당하는 거리가 200里라 하였으니 지구의 둘레(全周)는 360도에 해당하는 거리이므로 72,000里라 함은 당연한 일이다. 이는 현대 測地術의 기본이 天體觀測에 기초를 두고 있다고 하는 사실과 동일한 것이다. 한편, 지구의 둘레를 圓周率(周經密率)로 나누면 지구의 直徑이 계산되는데, 『문헌비고』의 기록에는 지구의 직경이 22,917里 좀 더(有奇) 된다고 되어 있다. 이 계산에 의하면, 당시에 사용된 원주율의 값은 $\pi=3.14177$(현재의 값은 3.14159)였음을 알 수 있다.

둘째로 당시에 사용된 里數는 지금 우리가 알고 있는 里數인 10里=4㎞보다 조금 더 큰 것 같다. 지금의 ㎞라는 단위는 지구의 赤道에서 북극까지의 거리를 10,000㎞라고 정의한 데서 나온 단위이다. 따라서 지구의 남북극을 지나는 지구둘레는 40,000㎞이다. 그런데 『문헌비고』의 값이 72,000里라 하였으므로 이는 1里=0.56㎞인 동시에 10里=5.6㎞가 된다.

현재의 10里=4㎞가 19세기말 대한제국시대에 서양의 ㎞와 우리나라의 里를 비교하여 얻은 결과인지, 아니면 일본인들이 그들의 里를 우리나라에까지 적용시킨 값인지 상고할 가치가 있는 문제라 생각된다.

3) 淸蒙氣差

淸蒙氣差라 함은 서양 천문학에서 유래된 大氣에 의한 빛의 굴절이라는 현상을 표현한 용어이다. 물이나 투명한 액체가 유리나 수정과 같이 물체의 像을 굴절시킨다고 하는 사실에 관하여는 이미 18세기 이전 우리나라에서도 알고 있었으리라고 믿어지나 空氣와 같은 기체도 물체의 像을 굴절시킨다고 하는 현상에 대해서는 전연 모르고 있었다.

지구를 엷게 둘러싸고 있는 대기가 별에서 오는 빛을 약간이지만 굴절시킴으로써 관측된 별들의 고도가 실제보다 약간 더 높게 보인다고 하는 사실에 대해서 서양에서는 이미 A.D 2세기에 Ptolemy의 Almagest에서 취급되었었다. 이 대기에 의한 굴절을 定量的으로 결정한 최초의 사람은 Tycho Brahe였지만 그가 결정한 별들의 고도에 따른 굴절의 표도 사실은 불완전한 것이었다. Tycho Brahe의 屈折角은 그 후 Johannes Kepler에 의해서 1604년에 屈折率의 이론적 처리방법에 따라 개선되었고, 이 Kepler의 값은 다시 Giovani D. Cassini(1625~1712)에 의해서 1690년경에 수정되었다.

이상과 같은 서양의 대기굴절이 우리나라에 비교적 상세히 도입되었는데 그것은『문헌비고』권1에 소개된 다음과 같은 긴 설명을 보아 알 수 있다.

> 淸蒙氣差從古未聞 明朝萬曆間
> 西人第谷始發之言 曰淸蒙氣者
> 地中遊氣時上騰 其質輕微
> 不能隔礙人目 ……
>
> 故欲定七政之緯 宜先定本地之淸蒙差
>
> 淸蒙氣差란 종래 들어보지 못했던 것이다. 明朝의 萬曆 속에 (보면) 西人 第谷(Tycho Brahe)이 처음 그 말을 쓰기 시작했는데, 이르기를 淸蒙氣라는 것은 땅 속에 있는 遊氣가 時時로 올라가는 것이나 그 質이 輕微하여 사람의 눈을 막지 못한다. ……

따라서 七政(月日五行星)의 위치를 정하려면 먼저 그 땅의 淸蒙差(屈折角)를 정하는 것이 마땅하다.

이와 같이 소개된 서양의 大氣屈折角에 대하여 어떤 수치를 어느 경우에 사용했었는가 하는 구체적인 사례는 전연 찾아볼 수 없고, 다음과 같이 『문헌비고』에 일절이 있을 뿐이다.

西人喝西尼又謂 太陽地半徑差
穀成定爲三分 今測止有十秒淸蒙氣差

3. 日月五星

태양계의 주축을 이루고 있는 天體는 무엇보다도 태양, 月, 그리고 5개의 행성들이다. 이 천체들의 운동과 궤도에 관계되는 기록들을 찾아서 음미해보자.

1) 운동

먼저 日月과 5星들의 궤도에 대해서 『文獻備考』 卷1, 「曆象沿革」에

日月五星之本 穀成定爲平圓
今爲橢圓 兩端徑長 兩腰徑短
以是三者經緯度俱有微差

日月과 5行星의 (운동의) 본바탕에 대하여 (梅)穀成은 원이라 하였으나 지금은 타원이며 兩端徑(長徑)은 길고 兩腰徑(短徑)은 짧다.
이로 인해서 三者(일, 월, 행성)의 위치는 원과 타원 사이에 약간의 차이가 있다.

라고 기술되어 있고, 태양의 거리에 대해서는『文獻備考』卷1,「天地」에

> 日天半徑與地半徑之比例
> 最高爲一與二萬零九百七十五
> 中距爲一與二萬零六百二十六
> 最卑爲一與二萬零二百七十七
>
> 태양의 반경 對 지구의 반경의 비를 보면, 가장 멀 때는 1 대 20,975이고, 평균거리는 1 대 20,626이고, 가장 가까울 때는 1 대 20,277이다.

로 되어 있다. 이 값들의 신뢰도를 보는 데 2가지 방법이 있다. 그 첫째는 가장 멀 때와 가장 가까울 때의 거리를 각각 遠日點距離와 近日點距離, 그리고 中距를 평균거리로 보고 지구의 반경(6,378㎞)으로 계산해 보는 것이다. 즉

遠日點距離$=6,378\times20,975=1.338\times10^{8}$㎞
近日點距離$=6,378\times20,277=1.293\times10^{8}$㎞
平 均 距 離$=6,378\times20,626=1.316\times10^{8}$㎞

그런데 現用의 평균거리는 1.496×10^{8}㎞이므로 18세기에 사용된 상기의 값들은 비교적 정확했다고 볼 수 있다.

또 다른 방법은 원일점거리와 평균거리를 가지고 타원궤도의 離心率을 계산해 보는 것이다. 평균거리 a와 이심률 e로써 원일점거리 a'을 표시해 보면

$$a(1+e)=a'$$

이므로

$$e = \frac{a'}{a} - 1 = 0.017$$

이 되어 現用의 값과 완전히 일치한다.

한편 月의 거리에 관하여는 『문헌비고』에 태양에 이어

> 月天半徑與地半徑之比例
> 最高爲一與六十三 又百分之七十七
> 中距爲一與五十九 又百分之七十八
> 最卑爲一與五十五 又百分之七十九
>
> 달의 半徑 對 지구의 半徑의 비를 보면, 가장 멀 때는 1 대 63.77이고, 평균거리는 1 대 59.78이고, 가장 가까울 때는 1 대 55.79이다.

로 기록되어 있다. 이 값들도 태양에 대한 신뢰도의 경우와 마찬가지로 계산할 수 있다. 이 때는 遠日點과 近日點 대신에 遠地點과 近地點을 생각하면 된다. 즉

遠地點距離 $= 6,378 \times 63.77 = 4.067 \times 10^5$ ㎞
近地點距離 $= 6,378 \times 55.79 = 3.558 \times 10^5$ ㎞
平 均 距 離 $= 6,378 \times 59.78 = 3.813 \times 10^5$ ㎞

이 값들도 現用의 평균거리가 3.84×10^5 ㎞임을 감안한다면 대단히 정확한 값이다.

그러나 이심률은

$$e = \frac{4.067}{3.813} - 1 = 0.067$$

로서, 현재의 값인 0.055에 비하면 너무 크게 推算된 것으로 나타났다.

『문헌비고』 권1, 「天地」編에는 태양과 달 이외에도 5행성의 거리까지

제시하고 있으나, 단위가 되는 天半徑이 난해하여 여기서는 원문만 소개하고, 수치계산은 후일로 미룬다.

> 土木二星 距地極遠地半徑與本天半徑之比例 土星爲一與一萬零九百五十三, 木星爲一與五千九百一十八 火星在最高之比例 爲一與三千一百二十三 在中距之比例 爲一與一千七百四十四, 在最卑之比例 爲一與四百一十 金星在最高之比例 爲一與一千九百八十三 中距與太陽同 在最卑之比例 爲一與三百零一, 水星在最高之比例 爲一與一千六百三十三 在中距與太陽同 在最卑之比例 爲一與六百五十一

2) 일월의 크기

태양과 달의 크기에 관해서도 흥미를 끄는 수치가 제시되고 있다. 즉

> 太陽實徑爲地徑之九十六倍又十分之六 太陰實徑爲地徑之百分之二十七小餘二六强 (『文獻備考』 卷1, 天地)

> 태양의 절대반경은 지구의 96.6배이고, 달의 절대반경은 지구의 반경의 27/100만큼 작고 二六强만큼 남는다.

태양과 달의 거리를 계산했던 방법과 마찬가지로 반경도 계산할 수 있다.

지금 태양의 반경을 $R_{)}$라 표시하면

$$R_{)}=6,378\times 96.6=6.16\times 10^{5}\text{km}$$

가 되어 現用의 값인 $R_{)}=6.96\times 10^{5}$km보다 약 11% 정도 작은 것으로 보여진다.

한편 달의 반경 $R_{)}$은

$$R_{)} = 6,378 \times \frac{27}{100} = 1,722㎞$$

로 계산되나, 엄격하게 말한다면 餘二六强이 더 추가될 것이기 때문에 1,722㎞보다는 좀 더 크다고 해야 할 것이다. 만약 이 원문을

百分之二十七小餘二六强=0.2726

이라고 가정하면 달의 반경은 現用의 값인 $R_{)}$=1,738㎞와는 완전히 일치한다.

4. 交食

고대에 사용된 交食이란 용어는 星食을 제외하고 日食과 月食만을 통칭한 말이다. 食 현상은 3體의 운동에 기인되는 것인데 일식과 월식은 지구·태양·달의 운동과 크기에 직접적으로 관계된다. 계산된 일·월식의 예보가 얼마나 적중할 수 있는가 하는 것은 두 말할 것도 없이 3체에 관해서 얼마나 정확히 알고 있는가 하는 것과 같은 이야기다. 우리는 이미 이 지구와 태양과 달에 관해서 필요한 18세기의 자료들을 구명하였으므로 여기서 交食의 문제를 다룰 수 있겠다.

交食을 관측한 기록으로는 신라 始祖 4年 夏4月로 거슬러 올라갈 수 있고, 삼국시대로부터 조선에 이르는 1000여 년간 許多한 기록이 축적되었으나 교식을 계산한 방법에 관하여는 상고할 문헌이 우리나라에는 별로 없다. 그런데 다행히『書雲觀志』卷2, 교식편에 다음과 같은 기술이 있어 18세기의 교식 계산방법을 알아 볼 수 있는 길이 열렸다.

監推日食法 以漢陽北極高三十七度三十九分一十五秒 依後編法,
推步得漢陽日食時刻分秒方位.
戴進賢後編法 日躔月離交食表

皆以燕京北極高度及子午線爲根
故監推日食法 先得燕京食甚用時
加四十二分爲漢陽食甚用時
又置漢陽食甚用時 按各道東西所變之時分 加減之得 各道食甚用時
以各道北極高度 依法 推步得各道日食時刻分秒方位

(觀象)監의 일식 계산방법은 한양의 북극고도인 37도 39분 15초에 (戴進賢 Ignatius Kögler의)『曆象考成後篇』의 방법을 사용하여 한양에서의 일식의 시각(時分秒)과 방위를 계산하는 것이다. Kögler의『역상고성후편』의 일식월식예정표는 모두 북경의 북극고도와 자오선에 근거를 두고 있기 때문에 관상감에서 일식계산하는 데는 먼저 북경에서의 食時刻을 얻은 다음, 42분을 加해서 한양에서의 食時刻을 얻는다. 또한 한양에서의 식시각을 기준하여 각 도의 동서간의 소재에 해당하는 時分을 가감하고, 각 도의 북극고도를 알고 (『역상고성후편』에 있는) 방법에 따라 그 도에서의 일식의 시각(時分秒)와 방위를 계산한다.

월식을 계산하는 방법에 대해서도『書雲觀志』에 기록되어 있는데, 그 내용을 보면 일식의 경우와 같으므로 여기서 그 소개는 생략한다.『서운관지』권2의 교식편은 전부 20面으로 되어 있는데, 그 중 食 계산방법에 약 10面이나 할애하고 있을 정도로 상세히 설명되어 있다. 그런데 여기서 의문되는 점은 왜 Kögler의『역상고성후편』만을 사용했는가 하는 것이다. 이 후편은 서양의 천문학을 이해한 淸의 학자들인 何國宗, 梅瑴成, 明安圖가 공저한『역상고성』의 후편이다. 何國宗 등의『역상고성』의 起算點은 康熙甲子年(1684)인데, 이 책에서는 전술한 日月五星의 운동에서 언급한 바와 같이 궤도를 원으로 가정한 것이었다. 따라서 曆算이 정확할 리가 없었는데 최초로 그 잘못이 지적된 것은 雍正 8年(1730) 6월[2]의 일식예보가 틀린 때였다. 그 당시 Kögler는 북경 天文臺 臺長이었으므로『역상고성』을 보완할 수 있는 새로운 계산을 하지 않을 수 없었다. 이런 이유로 인해서 저술된 것이『역상고성후편』인 것이다. 이 후편에서 Kögler는 처음으로

2)『增補文獻備考』의 기록은 "英祖6年庚戌6月戊戌朔日食旣"로 되어 있음

Kepler의 타원궤도를 도입하여 태양과 달의 위치만을 계산해 놓았다. 이 후편의 起算點은 1722년이며 乾隆 7年(1742)에 출판하였다. 이런 이유로 인해서 前編이라 할 수 있는 청인들의 『역상고성』이 아닌 이 Kögler의 후편이 『서운관지』에 소개된 것은 당연한 일일는지도 모른다.

그런데 Kögler는 이 후편뿐만이 아니라 이어서 새로운 曆算書인 『儀象考成』을 乾隆 9年 甲子年(1744)을 起算點으로 하고 1757년에 출판한 바 있으므로, 이보다 훨씬 후인 純祖 18年(1818)에 저술된 成周悳의 『서운관지』에서는 후편 대신에 이 『의상고성』을 택했어야 마땅한 일이었다고 생각할 수도 있다.

5. 結論

태양계에 대하여 18세기의 한국학자들이 얼마나 알고 있었던가를 살펴본 결과, 그들의 지식을 3가지 종류로 분류할 수 있으리라고 생각한다.

그 첫째 종류의 지식은 한국에서나 중국에서 독자적으로 발전시킨 것으로써 지구에 대한 정의(견해)와 거리의 개념이 이에 해당된다. 먼저 지구의 정의는 오히려 時圈의 정의라고 하는 것이 더 적합한 표현일는지 모르겠지만, 그 기술방법은 현대 천문학의 한 분야인 球面天文學的 방법 그대로라고 할 만큼 흡사하다.

거리의 단위로서 지금도 사용하고 있는 '里'를 북극고도나 다른 천체들을 관측함으로써 정의한 것은 지극히 과학적이다. 다만 1度에 해당하는 거리가 200里라는 큰 수이므로, 1里에 해당하는 각도는 18秒에 불과하다. 이렇게 작은 角을 측정할 수 있는 測器는 觀象監에나 있었을 것이므로 일반에게는 적용될 수 없었던 것이 흠이다. 따라서 1里, 2里, …… 등과 같은 작은 수는 상용되지 않고 10里, 20里, …… 등 큰 수를 사용하게 된 이유가 여기에 있었다고 생각된다. 이미 본문에서도 언급한 바와 같이 18세기에 적용된 10里는 현재 우리가 알고 있는 4㎞가 아니라 5.6㎞임이 이 조사에서 밝혀졌는데, 이런 차이가 어디에서 기인되었는지 구명해 볼 필요가 있다고 생각된다.

둘째와 셋째 종류에 속하는 지식은 전부 외래(서양)의 지식으로서, 우리나라 학자들에게 이해되고 또 그들이 충분히 소화시켰다고 사려되는 것과, 그렇지 못하다고 생각되는 것들이다.

둘째 종류에 포함되는 日月의 운동과 日月의 크기(半徑) 그리고 交食에 관한 서양의 지식은 충분히 이해되어 실제로 응용된 것들의 예이다. 일월의 운동과 궤도는 Kögler의 『曆象考成後篇』에 의하여 Kepler의 타원궤도를 알게 되었고, 태양과 달의 정확한 거리는 離心率의 계산도 가능하게 하였다. 태양과 달의 운동과, 지구까지 포함한 3체의 절대크기에 대한 지식의 健全 여부는 交食에서 검증될 수 있었다. 이에 대한 적절한 실례 하나가 『書雲觀志』에 소개되어 있다. 그것은 正祖 12年 戊申 五月 壬戌에 있었던 皆旣日食의 시각을 관상감의 역관 金泳通이 계산한 것인데, 중국의 禮部와 照會해 본 결과 중국에서의 관측과도 잘 들어맞았다는 것이다.

셋째 종류는 淸蒙氣差와 五行星에 관한 지식이라고 생각된다. 청몽기차란 18세기 이전의 사람들에게 있어서는 종래 들어보지 못했던 것은 사실이다. 따라서 그 현상에 대한 이해에 어려움이 있었을 것이나, 여기서 보다 더 문제가 되는 것은 대기에 의한 빛의 굴절이 별의 고도에 따라 얼마나 달라지는지 표로 기록되었어야 할 만큼 위치관측에 중요한 자료임에도 불구하고 그런 것은 찾아볼 길이 없다는 사실이다. 『文獻備考』에는 七政(日月五星)의 위치를 정하려면 이 屈折角을 먼저 알아야 한다고 했지만, 굴절에 의한 고도의 增加量은 日月五星에만 국한될 수는 없고, 모든 천체에 적용시켜야 하는 것이다.

한편 五行星의 거리에 관한 『문헌비고』의 값들은 태양으로부터의 거리가 아니라, 지구로부터의 거리인 것 같으나, 서술방법이 분명치 못하고 수치조차도 정확한 것 같지 않다. 일관성이 없는 수치를 보건대 行星의 거리에 대해서는 Cassini의 관측은 고사하고, Copernicus의 地動說조차도 제대로 이해된 것 같지 않다고 생각할 수밖에 없다.

(『東方學志』 22, 1979. 6)

李朝實學派의 西洋科學受容과 그 限界

-金錫文과 李瀷의 경우-

李 龍 範

1.

연세대학교에서 제공해 주신 池斗煥 교수의 「實學關係研究論著總目錄」을 보면 1945년 이전의 論著 20편을 제외하고도 제2차대전 후 1986년 6월까지의 약 40년간에 외국문으로 된 61편까지 포함하면 약 1,005편이나 되는 참으로 놀라운 연구열을 보이고 있다.

이와 같은 실학연구에서 가장 많은 관심을 끌었던 것은 茶山 丁若鏞이었으며 全論著 1,000편에 322편이 그에 관한 연구이다.

이것은 다음으로 많이 다루어진 燕巖 朴趾源의 58편, 星湖 李瀷의 54편, 그리고 실학의 개념을 다룬 논저가 42편에 그치고 있는 것을 비교하여 보면, 우리나라 실학연구의 대체적인 경향과 관심을 알 수 있는 것 같다(『태동고전연구』 제3집, 1987 所收).

이제 여기서 그 학문의 성과를 실학파의 개념의 테두리에 넣어 거론하려는 金錫文의 경우는 失檢이 전혀 없다고 장담할 수는 없으나 그에 대한 연구가 고작 閔泳珪 교수의 「17世紀 李朝學人의 地動說」(『東方學志』 제16집, 1975)과 졸고 「金錫文의 地轉論과 그 思想的 背景」(『震檀學報』 제41호, 1976), 小川晴久 「地轉(動)說에서 宇宙無限論으로 - 金錫文과 洪大

容의 世界 - 」(『東方學志』 제21집, 1979) 등의 3편밖에 찾아 볼 수 없는 無名學者이다. 그리고 그 연구도 모두 1975년 이후에서야 겨우 이루어졌던 것이다.

김석문에 대한 연구의 이와 같은 부진에는 그 나름의 까닭도 없는 것은 아니다.

그의 독특한 天體觀은 박지원의 『熱河日記』 「鵠汀筆談」에서 日 · 地 · 月의 작용을 밝힌 이른바 '浮空三丸'說로 소개한 데 이어 李圭景의 『五州衍文長箋散稿』(卷1) 「地毬轉運辨證說」에서 저자를 成大谷의 이름으로 지전설의 내용이 담긴 『易學圖解』를 요약하여 비판하고 있다. 그리고 민영규 교수의 연구에서 李德懋 · 徐有榘 · 李義準이 발간을 계획하였으나 뜻을 이루지 못하였던 經翼 · 別史 · 子餘 등 三部의 『小學叢書』에 김석문의 『易學圖解』가 經翼 17種에 들어 있으며 또 安鼎福도 손으로 精抄하였을 뿐 아니라 그와 같이 金元行으로부터 수학한 동문 頤齋 黃胤錫(1729~1791)의 글에서 보아 당시 抱川 · 楊州 일대에서는 그의 학설이 많은 동조자를 얻고 있었던 것 같다.[1)]

이에도 그의 지전설을 구명할 수 있는 『역학도해』는 거의 찾아볼 수 없어 본격적인 연구에 손을 뻗칠 수 없었던 것이나 1970년대에 들어서 다행히도 민영규 교수께서 김석문으로서는 만년인 69세였던 1726년(英祖 2)에 각판한 圖板 26張, 總解 15張(약 14,500여 자)의 節抄本이 입수된 데 이어 서울대학교 중앙도서관에서도 같은 節抄本을 사들이게 되어 비로소 연구의 길이 열렸던 것이다. 圖가 44版에 解가 '十二萬七千二百餘字' 6卷本의 『역학도해』가 그의 40歲時인 1697년(肅宗 23)에 판각되었던 것으로 전하여 지고 있으나 이제 찾아볼 수 없게 된 것이 무척 아쉽다.

그러나 민영규교수본은 『동방학지』 제16집에 그리고 서울대학교본은 이병희선생의 格別하신 배려로 『진단학보』 제41호에 영인되어 누구라도 연구의 뜻만 가진다면 손쉽게 찾아볼 수 있게 되어 더 많은 연구가 이루어질 것이 기대된다.

---

1) 閔泳珪, 「十七世紀 朝鮮學人의 地動說」, 『東方學志』 16, 1975 참고.

이제 이『역학도해』의 절초본을 통하여 그의 지전설과 循環論的 역사관을 설명하기에 앞서 그의 약력과 학문의 환경을 살펴보면 여기에서도 또 당시 주위에서 많은 동조자를 얻으면서도 그의 학설이 널리 전달되지 않아 자연 그 연구가 학계에서 소외되었던 一因을 엿볼 수 있는 것 같다.

김석문은 金堉의 族孫이며 金佐明·金錫胄와도 가까운 일족인 清風金氏의 가문에서 孝宗 15年(1658) 출생하였다. 출생지는 抱川이며 자는 炳如, 호는 大谷이다.

숙종시에 지방관이 되었으며 지금 우리가 볼 수 있는『역학도해』의 절초본을 판각한 69세 시에는 그가 通川郡守로 있을 때였다. 어릴 때부터 신체가 허약하여 사람들과 교유하는 것을 꺼리고 易과 周敦頤·邵雍·張載·程明道·程伊川 등의 朱熹에 깊은 영향을 미쳤던 諸思想家의 書를 고루 탐독하였던 것이며 만년에는 先塋下인 포천현 대곡리에서 種蓮·養魚 등으로 소일하다가 1735년(영조 11) 78세로 死卒한 고독의 일생이었다.

이와 같이 고독하고 무명의 지방관으로의 일생이었던 김석문에게 행운이었다고 하면 그가 金堉의 족손이었다는 점이다.

清에서 湯若望 등 서양 신부들이 엮은 천문역법의 총서인『西洋新法曆書』의 천문·역산방법에 따라 改曆한 時憲曆이 인조 23년에 들어오자 그 수용을 적극 추진한 분이 김육이었다. 그 수용의 추진뿐 아니라 翌 24년에는 자신이 使臣이 되어 연경으로 曆官 2명을 帶同하고 가서 清 측의 禁斷을 무릅쓰며 서양 신부로부터 역산의 수업을 꾀하였을 뿐 아니라『서양신법역서』의 密貿를 劃策하는 데 있어서도 주동적인 활약을 하였던 분으로 알려지고 있다.[2)]

조선왕조에서 갖은 방법을 총동원하여 密貿來한 이『서양신법역서』에는 당시로서 가장 진보적인 천체관이라고 할 수 있는 Tycho Brahe(第谷)의 우주체계를 소개한 서양 신부 羅雅谷(Jacques Rho)의『五緯曆指』같은 서적도 들어 있는 것이다.

그 밀무를 적극 추진한 김육이었던 만치 이와 같은 당시에 있어서 극히

2) 李龍範,「法住寺所藏의 新法天文圖說에 對하여(1)」,『歷史學報』31, 1966 참고.

귀중서적도 私有할 기회를 누릴 수 있었을 것이며 또 그의 直孫인 金錫冑로부터 학문을 높이 평가받았던 김석문이었던 것으로 보아 族兄인 김석주와 자주 접촉하며 김육의 수장서적을 읽을 기회가 있었을 것이다.

이 점은 당시의 다른 학자로서는 바랄 수 없는 김석문만의 행운이었던 것 같다.

그러나 김석문이 교유하였던 것이 주로 친족이었고 그의 활동반경이 학문연구와는 거의 관련이 없었던 지방관으로 전전하였는 데 그쳤으며 정치뿐 아니라 문화의 중심인 수도 서울의 학계와는 관계를 가진 바 거의 없었다는 점에서 보아 그의 학술적 創見도 世人의 視界 밖에서 극히 한정된 몇 사람의 동조를 얻는 데 그쳤던 것은 당연한 일이었다. 그리고 저서가 『역학도해』밖에 없다는 것도 그를 무명학자로서 일반 학계의 관심을 끌지 못하였던 一因일지 모른다.

2.

이제 김석문이 성리학의 깊은 경지에 이르렀으면서도 서양 신부들이 淸에서 펼쳐낸 천문·역법의 첨단과학과 曆算書에 접하는 기회를 누릴 수 있었다는 점을 염두에 두고 『역학도해』를 읽어보면 그 첫머리부터 느끼게 되는 것은 철저한 성리학자로서의 김석문의 학적 자세이다.

즉 절초본의 總解 첫머리에서 마침 崔某로부터 서신과 送來된 筆 2枝, 墨 5丁을 받게 되어 이것은 필경 "天에 陰陽이 있으니 筆이 2枝요, 地에는 五行이 있으니 墨이 5"라고 하여 자신의 '三五之說' 즉 음양오행의 설을 서적으로 남기도록 하기 위하여 보내 왔을지 모를 일이니 그 厚意에서 붓을 들게 되었다고 그 저술의 동기를 밝히고 있는 논지부터가 이른바 실학자로서의 학적 자세와는 연이 먼 것 같다.

그러나 이보다 더 철저한 성리학자로서의 그의 면목을 잘 나타내고 있는 것은 우주의 실상과 삼라만상의 생성과정에 대한 그의 설명이라고 하겠다.

長文인 그 논지를 骨子만 간추려 보면 우주형성의 최고원리이며 모든 현상을 초월하는 존재로 사유되는 太極(또는 道家의 太乙)에 대한 설명과 태극에서 動·靜의 계기가 이루어져 動, 즉 陽에서 二十八恒星宿(즉 經星)과 五緯(惑)星 中의 하나인 鎭(土)星을 낳게 하는 과정을 설명하고 있으나 이를 검토하여 보면 『周易』 繫辭傳에 "태극에서 兩儀가 생하고 양의에서 四象이 생한다"는 음양사상과 인간계의 제현상을 水·火·木·金·土의 5요소의 교호작용으로 설명하려는 오행사상을 結體시켜 만물생성의 과정을 설명한 주돈이의 『太極圖說』의 그 첫머리를 부연한 것이라 할 수 있을[3] 것이다.

여기서 『태극도설』에 보이지 않은 구절로서는 經星이 太虛를 서에서 동으로 일주하는 데 25,440년이 걸린다는 수치는 설명의 필요로 뒤에서 밝히겠다.

그리고 다시 動(陽)의 작용으로 鎭星에서 歲(木)星·熒惑(火星) 등 이른바 五緯星과 일·월이 생하고 動(陽)이 極하여 靜(陰)이 생하고 地도 생할 뿐 아니라 우주의 삼라만상이 이 동·정 즉 음양과 '氣'의 작용으로 이루어지고 있다고 단정하였던 것이다.

동·정에 작용하는 '氣'에 대하여는 『역학도해』에 따로이 설명하지 않고 있으나 그 논조로 보아 '氣'의 聚散에 따라 만물이 이루어지고 일·월·地는 말할 것도 없고 산천·風·雨·雪·霜에서 동식물이 모두 생성된다는 주돈이가 말하는 오행을 더 추상화하여 '氣'로 표현한 張載의 자연철학을 이어 받았던 것이 확실하다.

장재의 『正蒙』 太和篇에 보이는 이 설은 『朱子語類』(卷1) 陳淳錄[4]에도 우주형성을 설명하여

> 天地初間 只是陰陽之氣 **這一箇氣運行 磨來磨去** 磨得急了 便搒許多查滓 裏而無出處 便結成箇**地** 中央氣之淸者 便爲天

---

3) 『性理大全』 卷1 所收.

4) 『張橫渠集』 卷2 所收.

이라고 장재에서 그 추상적 표현을 씻어 버리고 단순화하여 받아들이고 있는 것으로 보아도 김석문이 이를 받아 『태극도설』의 우주형성과 얼버무려 일관성 있는 우주관을 세우려는 것은 이상할 것이 없다.

이와 같은 김석문의 우주생성론은 성리학의 테두리에서 출발하여 그 테두리를 크게 벗어난 것 같지 않을 뿐 아니라 이 자연철학과 관련지어 설명한 자연과 인간도덕인 智·勇·仁의 일치와 修養法으로서의 中·正·仁·義의 준수를 역설한 데 이르러는 道學者로서의 그의 면목이 가장 잘 나타난 것이라고 하겠다. 그리고 이 구절의 割注에도 주돈이 소옹 주희 정이천의 이름을 찾아볼 수 있을 뿐이었다.

철저한 성리학자였던 김석문의 면목을 일층 더 드러나게 하는 것은 앞에서 거론만 하고 설명을 보류하였던 經星이 西에서 東으로 太虛를 일주하는 데 걸리는 年數 25,440년의 산출근거에서도 찾아볼 수 있다.

서양에서 黃道와 赤道의 相交點인 春秋二分이 恒星間을 약간 西移하고 있다는 현상을 발견한 것은 西紀前 300년경의 Hiparchus였으나 중국에서는 그 발견이 보다 약 500년 늦어 東晋의 虞喜에 의하여 春秋二分이 아니고 중국에서 역산이 기점으로 되는 冬至點이 東移한다는 歲差(Precession)의 현상이 알려졌던 것은 주지의 사실이다.

이를 발견한 우희는 50년에 1度씩 東移하는 것으로 하였던 것이나, 그 후의 각 역서는 100년(大明曆)·75년(皇極曆)·83년(大衍曆) 등 그 수치를 달리 하고 있다. 역대의 역산가들이 이 수치에 많은 신경을 쏟았던 것은 이 수치에 따라서 恒星의 위치계산에 큰 차가 생기기 때문이다.

그 정확한 이치는 Newton에 이르러 밝혀졌지마는 서양에서는 16세기 말에 Hven島의 거대한 천문관측소에서 관측에 큰 업적을 올렸던 Tycho Brahe가 그 정확치를 年에 약 51초(정밀치 50.2초)로 하여 약 71년에 1度씩 달라진다고 밝혀 청에서 서양 신부에 의하여 改曆된 時憲曆에는 이 수치가 수용되었던 것이다. 그러니까 恒星의 위치변화의 주기는 71×360=25,560년이 되어야 하는 것이다.

김석문이 이 歲差値의 할주에서 古曆과 授時曆뿐 아니라 湯若望의 時

憲曆에 수용된 Tycho Brahe의 수치를 제시하여 놓고도 이에 따르지 않고 시헌력보다 120년이나 빨리 잡아 25,440년으로 하고 있는 그 근거라고 하는 것이 易學을 象數的으로 해석하여 주희의 세계관에 중대한 영향을 미친 소옹의 『皇極經世書』의 수치를 따라 산출한 것이었다.

3.

이와 같이 우주뿐 아니라 風·雨·雪·霧에서 초목·금수·인류에 이르기까지 음양의 묘합과 기의 교호작용이 아닌 것이 없다는 중국 성리학자들의 주장을 거의 그대로 이어받았던 김석문이었던 것이나 중국 성리학과 견해를 달리하게 되는 것은 우주체계와 그 운행에 관하여서부터이다.

이제 『역학도해』에서 우주체계와 그 운행에 관한 김석문의 주장을 알기 쉽게 간추려 보면 不動天인 太極의 微動으로 太極天과 가장 근거리인 經(恒)星에 이어 鎭(土)星이 생하여 29년에 太虛를 일주하고 그 다음에 생한 歲(木)星은 더 빨라져 12년에 일주하며 이에 이어 생한 熒惑(火星)은 2년에 서에서 동으로 태극을 일주한다. 다음에 생한 日輪(태양)은 더 빨라져 1년에 일주하고 그 다음에 생한 太白(金星)과 그 다음의 辰星(水星)은 항상 日輪과 더불어 回旋하며 다음에 생한 月輪은 태허에서 움직임이 더 빨라져 1년에 12周하고 가장 아래쪽에 있는 地質은 그 움직임이 가장 빨라 1년에 366轉을 서에서 동으로 회전한다. 고로 태극에서 地까지는 무릇 九(重)層으로 되어 있으며 (태극에서의) 거리에 따라 그 움직임에 遲速이 있고 地에 이르러서 가장 빨라진다는 것이다.

김석문은 여기에서 주희의 九(重)天說에 따라 우주체계를 九重으로 하고 있으나 그 내용은 전혀 다른 것이다. 『楚辭集注』「天問第三」에 요약 설명되어 있는 주희의 구천설이라고 하는 것은 "氣初無增損"이라는 一氣가 物質的 保存則에서 벗어나 회선하여[5] 혹은 농밀화하고 혹은 희박화하

5) 『朱子語類』 卷98, 黃畬錄·朱熹의 「氣」의 존재와 그 물질적 保存則은 張載의 「正蒙」 太和篇의 그것을 祖述한 것이다.

고 혹은 淸하고 혹은 濁氣가 되어 그 濃 · 淡 · 淸 · 濁과 회전의 지속에 따라 天이 되고 日 · 月 · 五(緯)星이 되고 水의 찌꺼기는 地가 된다. 그리고 地에서 멀어지는 데 비례하여 氣의 旋轉은 멀고 커지며 또 淸할수록 剛하여져 최대의 陽의 수인 九天에 이르면 '極淸極剛'하며 그 끝이라는 것이 없다는 줄거리로 설명되어 있는 것이다.

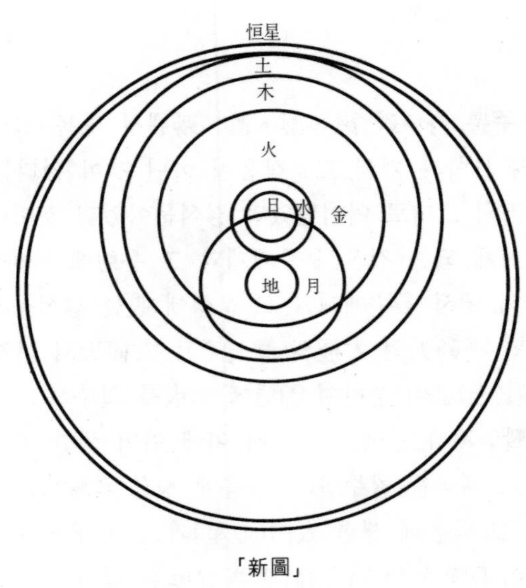

「新圖」

얼핏 보아서는 김석문의 우주체계가 주희의 구천설을 본받은 것 같으나 주희의 구천설에는 김석문의 설명과 같은 태양의 衛星體系가 없는 것부터 다르고 더 중요한 것은 주희는 地가 水上에 떠 있는 것으로 믿었던 것이나 김석문은 地의 球形說을 전제로 한 그 自轉說을 주장하였던 것이다.

한편 태양의 위성체계의 천체관을 중국에서 최초로 주장하였던 것으로는 장재의 "金水附日 前後進退而行者 其理精深 ……"이라는 것이 알려지고 있으나 그의 경우에 있어서도 地를 球形으로 하여 그 자전을 주장[6]한

6) 『張横渠集』 卷2, 「正蒙」 參兩篇.

것은 아니었다.

이와 같이 성리학에서는 찾아볼 수 없는 구형의 地가 자전한다는 천체관은 이제 다시 『역학도해』에서 논거를 찾아보면 김석문이 자전설의 합리성을 입증하기 위하여 그 부당성을 지적하는 데 자주 인용한 羅雅谷(Jacques Rho)의 『五緯曆指』 第1 「周天各曜序次」에 설명된 Tycho Brahe의 우주관인 것이다.

즉 地球 · 日 · 月을 놓고 日의 둘레를 수 · 금 兩星이 선회하며, 그 外側에 그 화 · 목 · 토성이 일 · 월 · 지의 외측을 선회하고 月은 地를 선회하며 日은 1日에 일주하며 地는 정지하고 있다는 Copernicus의 태양 중심의 우주관과 서양 중세기까지의 천체관인 Ptolemaios의 지구 중심의 우주관을 절형한 것이었다.

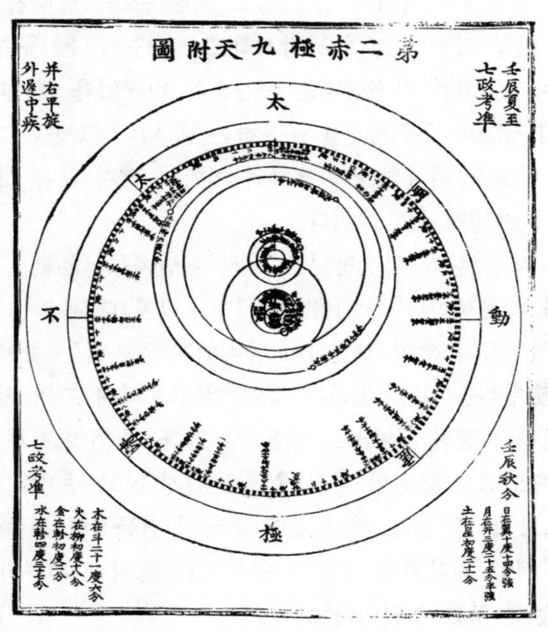

第2「赤極九天附圖」

김석문의 우주체계에 관한 위의 설명만으로는 그 골격을 이 Tycho Brahe의 것을 수용한 것이 분명치 않을지 모르나 이제『역학도해』절초본 第2「赤極九天附圖」에 그려 있는 김석문의 이 우주체계도를 羅雅谷의 『五緯曆指』에 Tycho Brahe의 우주관에 관한 설명에 이어「新圖」라는 이름으로 그려놓고 있는 Tycho Brahe의 우주체계도를 비교하면 김석문이 설명한 우주관의 원류가 Tycho Brahe의 그것이라는 것은 누구도 의심치 않을 것이다.

다만 Tycho Brahe가 종교와의 타협을 꾀하여 그의 우주체계에 지구만을 정지 부동인 것으로 설명한 것을 김석문은 周敦頤의『太極圖說』과 張載의『正蒙』에 적혀 있는 성리학자들의 설에 따라 태극의 微動으로 음과 양이 생하고 양(動)의 작용으로 經星·五緯星과 月·日·地가 생하며 태극과 가장 가까운 곳의 경성이 太虛를 일주하는 속도가 가장 느려 25,440년이 걸린다. 태극에서 거리가 멀수록 그 회전속도는 빨라지기에 가장 거리가 떨어져 있는 지구가 그대로 정지하고 있다는 것은 우주질서에 어긋나므로 일년에 366회를 자전한다는 주장으로 바꾸었을 뿐이다.

즉 Tycho Brahe의 우주체계를 수용하는 데 있어 그것을 그대로 비판없이 맹신하지 않고 성리학설을 원용하여 이치에 맞지 않은 것으로 느꼈던 점을 대담하게 수정하였던 것이다.

그의 이와 같은 강한 비판정신은 다시 이번에는『易經』乾의 象傳에 “天은 줄기차게 운행한다”(天行健)이라는 구절에 대하여 주돈이·주희의 설을 원용하여 “天의 德이 강건하여 움직이지 않는다는 뜻이며 天이 1日에 1周를 左旋한다는 것을 말하는 것이 아니다”라며 그의 지전설에 저촉되지 않은 것을 주장한 것에서도 엿볼 수 있다. 즉 주희조차 日은 地를 1일에 1周의 속도로 左旋하며 천의 운행은 쉬지 않고 주야로 輥轉한다[7]라고 한 것으로도 알 수 있는 바와 같이 중국의 전통적인 우주설로 되어 있는 천동설을 서양 천문학을 수용한 안목으로 儒說을 비판하며 독자적인 지전설을 내놓게 되었던 것이다.

7)『朱子語類』卷1, 楊道夫錄.

4.

성리학을 바탕으로 거기에 다시 Tycho Brahe의 천체관을 도입하여 전개한 김석문의 지전설은 『열하일기』에 清人 鵠汀이 "奇論快論 發前人所未發"[8]이라고 감탄하였다고 적혀 있는 바와 같이 당시인들에게는 意表를 찌르는 新說이었던 것이나 이에 못지 않은 어찌 보면 이 이상으로 사상계에 충격을 줄 수 있는 것은 그의 순환론적인 역사관일 것이다.

史觀으로서 중국에서 순환론적 역사관을 처음으로 제창한 것은 11세기의 정치가이며 자연철학자인 소옹인 것은 주지의 사실이다.

『皇極經世書』[9]에 음양과 四象의 易經理論을 근거로 전개된 소옹의 이 역사관은 30년을 1世, 12세를 1運(360년), 30운을 1會(10,800년), 12회를 1元(129,600년)으로 구분하여 이 1元을 주기로 自然史의 과정과 人類史의 과정을 포함시켜 세계역사가 순환한다는 것이다.

소옹의 世, 運, 會, 元의 이 수치는 1년의 길이로 보면 1時는 30分, 1日은 12시(360분), 30일은 1月(10,800분), 12월이 1年(129,600분)이 된다는 것에서 착상하여 시간의 최소단위인 分을 年으로 하였던 것이다. 즉 춘·하·추·동의 일년간의 계절변화에 따라 나타나는 식물의 發芽·茂盛·凋衰·枯死같은 과정을 음양의 순환으로 파악하여 이 일년간에 일어나는 자연계의 과정을 우주의 全歷史에 적용시켜 시간적으로는 一元間에 이루어진다고 상정하였던 것이다.[10]

즉 소옹은 1元인 12會를 12支名으로 나누어 '寅'에서 인류와 물질이 始生하는 '開物'이 되고 '陽'이 極하면 인류사의 최성기를 맞이하는 시대이며 중국의 堯代가 바로 이에 해당되고 夏·殷·周에서 唐·五代에 이르러는 凋落期로 접어들어 四季로 말하면 秋初가 되는 '午'이고 冬期인 '戌'에 이르러 인물과 만물이 消物하는 '閉物'이 되었다가 최후의 '亥'를 거쳐 다음의 '子'에 이르러 우주의 새 순환이 시작된다는 것이다. 그러니까 소옹은

8) 『燕巖集』 卷14, 「熱河日記」, 鵠汀筆談.

9) 『性理大全』 卷8 所收.

10) 李龍範, 「金錫文의 地轉論과 그 思想的 背景」, 『震檀學報』 41, 1976, 98~101쪽.

宋朝도 凋衰期에 있는 왕조로 보았던 것이다.

이제 이 설에서 그 상징적인 설명을 버리고 도식만 계승하였던 주희의 우주진화론을 圖로 정리하여 보면

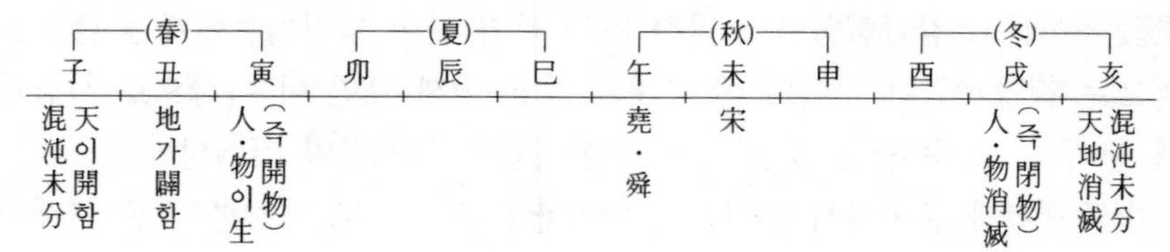

이 된다.[11]

이와 같이 주희조차 계승한 소옹의 정식화한 순환론적인 역사관을 김석문이 이를 纂承하는 것은 오히려 당연한 일이었다.

이에도 여기서 새삼 김석문의 순환론적인 역사관을 거론하지 않을 수 없는 것은 그가 그 도식을 계승만 하는 데 그치지 않고 서양 천문학의 지식을 원용하여 새로운 시각을 열었기 때문이다.

즉 그는 『역학도해』에서 소옹의 역사관에 관한 정식을 부연 설명하고 다시 日光이 구형의 地腰를 중심으로 그것이 비치는 면에 따라 사계절로 나누어져 360일을 1주기로 되풀이되는 것이나 1년간에 일어나는 이와 같은 변화는 1運, 즉 360년간에서 다시 1運의 30배(10,800년간)에도 적용된다는 것이다.

1運 즉 360년간을 놓고 보면 寒氣가 모여지는 兩漠이 있는데 地가 태양을 바라보며 자전한다 하더라도 日行에는 夏至日을 기준으로 하여 보면 高低가 있어 이에 따라 寒氣를 일으키는 이른바 漢漠의 증감이 있게 되고 寒暑에 따라서 農凶이 있게 되며 윤리와 정치의 변화가 일어난다는 것이다.

김석문은 1運 즉 360년간에 기후와 역사상에 일어나는 변화를 설명의 할주에서 日行뿐 아니라 月行의 고저에서 일어나는 지상에서의 多雨少風,

11) 山田慶兒, 「朱子の宇宙觀」, 『東方學報』 37, 일본 : 京都, 1966, 132~233쪽.

多風少雨가 미치는 영향을 隋代의 測影 결과를 들어 설명하고 이어 1會 즉 10,800년간에서 일어나는 기후변화와 지상의 정치와 도덕에 미치는 영향을 설명한 다음 다시 2會間(21,600년)에 일어나는 것까지도 여러 사례를 들어 설명하고 있다.

여기서 김석문은 구형인 地의 축이 회전을 되풀이하는 데서 일어나는 각도의 漸變으로 日行에 高와 低가 있을 뿐 아니라 지상의 기후변화를 중국에서의 고전적인 지동설이라고 할 수 있는 地의 四遊說을 들어 동서뿐 아니라 남북에도 歲差가 있다고 단정하며 설명하고 있다.

地의 四遊說이라고 하는 것은 『爾雅注疏』(卷6) 「釋天」이나 『太平御覽』(卷36) 「地部」에 보이는 『尙書考靈曜』(異)에 "冬至에는 地가 북으로 올라가 서로 三萬里를 가고 夏至에는 地가 남으로 내려왔다가 동으로 三萬里를 가며 春・秋兩分은 이 地의 垂直昇降의 중간에 있다. 地가 '恒動不止' 하여도 사람들이 모르고 있는 것은 마치 大舟를 타고 창문을 닫은 채 간다면 배가 움직이는 것을 느끼지 않는다"는 地의 수직운동으로 사계절의 변화를 설명한 것이다.[12)]

장재도 地의 이 四遊說을 그대로 받아들였던 것이나[13)] 주희에 이르러는 이 地의 四遊가 계절에 따라 수직운동을 하는 것이 아니고 "春은 동방삼만리를 통과하고 夏는 남방 삼만리, 秋는 서방 삼만리, 冬은 북방 삼만리를 통과하는 것"이라고 하여 수평면상의 四遊로 바꾸고 그 논거로서 계절에 따라 측정되는 日影의 長短을 내세웠던 바 있다. 이것이 흔히 말하는 주자의 地의 地轉說[14)]이라는 것이다.

김석문은 球形의 地가 자전할 뿐 아니라 2會間(21,600년)에 걸쳐 全天을 일주하는 동안에 四遊運動을 하는 것이며 주희의 四遊와는 구분하여 이를 地의 大四遊라고 하였던 것이다. 그리고 이는 會의 12배인 1元間에 일어나는 이른바 大開物과 大閉物의 일부에 지나지 않으나 이 기간에도 지상의 기후조건과 지각변동이 바뀌어지고 이에 따라 생활환경도 바뀌어

---

12) 李龍範, 앞의 글, 1976, 100~102쪽.
13) 『張載渠集』 卷2, 「正蒙」 參兩篇 참고.
14) 『朱子語類』 卷86, 沈僩錄.

져 역사상의 흥망성쇠를 말하는 '古今의 變'이 일어난다는 것이다.

김석문의 이 논단에는 今日의 과학지식에서 보면 많은 문제가 있다. 남북의 歲差가 있다는 논거로 북극성이 天의 極樞에서 3度半이나 내려와 있다던가 地의 大四遊를 입증하기 위하여 저자 미상의『七政曆指』에서 서양 신부가 주장하는 視差의 현상을 원용한다는 것은 논거가 될 수 없다.

그리고 태양이 통과하는 黃道가 赤道에 대하여 23度半의 경사로(冬至와 夏至)에 南北하는 것이나 이전에는 24度强이었으나 시대에 따라 日高가 달라진다고 판단한 것도 그렇다. 관측기술과 機器의 부정확도 있을 것이고 또 서양에서 周天度를 360度로 하고 있는 데 대하여 중국에서는 1년의 길이인 365.25度로 하고 있는 것에서 생기는 차이도 있으며 이것으로서 시대에 따른 日高의 변화를 논단하기에는 논거로서 박약하다.

이와 같이 그 논거가 뚜렷치 않은 김석문의 순환론적 역사관은 그 예거한 북부 중국의 燕代 또는 남부 중국의 衡陽의 위도 변화와 기후 변화 등까지도 거논할 가치조차 없는 것같이 보일지도 모르지만 이것은 관점에 따라서 판단기준도 달리할 수 있다고 본다.

地質時代부터 현재까지 지구상에 일어난 생태변화와 古生人種의 멸망, 그리고 소옹이 말하는 1會 또는 2會間에도 되풀이 된 환경변화에 따라 이동하는 야생물을 뒤따라 수렵을 생활수단으로 하는 고대인의 빈번한 이동으로 일어난 문화와 생활양식의 변화 등을 되새겨 보면 과학기술의 힘으로 인류가 人爲的으로 자연환경에 적응하는 능력을 갖추는 前段階의 생활은 기후와 환경변화에 따르는 "古今의 變"이 빈번하였을 公算이 없지 않다.

김석문은 지구에서의 기후가 그 위치에 따라 바뀌어져 1會 또는 2會의 사이에 寒帶가 溫帶로 溫帶가 熱帶로 점변하는 것이며 현재의 세계는 1元에 있어서는 전성기가 지난 酉·辰의 會에 있다. 따라서 (고비沙)漠北이 다시 '開物開國'의 때가 되돌아오고 지금 그 스스로가 문화생활을 누리고 있는 이 땅에도 인류가 생존할 수 없는 불모지로 바뀌어져 누구도 생존할 수 없는 不毛凍土로 바뀌어지는 날이 면할 수 없으며 이것이 모두가 말하는 '고금의 변'이라는 것이라 하고 있다.

『역학도해』의 이 구절의 할주에서 김석문은 넓이 삼백여 리에 길이 만여 리인 고비사막은 먼저의 '元'때에는 水가 河를 이루고 있었던 곳인지도 모르며 『서경』의 禹貢篇에 (河北의) 碣石山이 삼백리나 바다로 들어간다는 것도 또 그 예라고 한 것으로 보면 언젠가는 인류가 생존할 수 없는 '閉物'의 비운을 맞이할 지구는 한반도뿐 아니라 중국문물의 원천지였던 북부중국도 또 모면할 수 없다고 보는 것은 당연하다. 즉 지금 동서문화의 원천인 황하유역을 포함한 우리 溫帶의 역사와 문화에도 비운의 날이 올 것이며 "어찌 (고비沙)漠北이 開物開國이 되지 않는다고 할 수 있다는 말인가"라는 그의 역사관은 확실히 순환론적 역사관이라 할지라도 그 대상을 소옹이나 주희와 같은 중국 중심에서 벗어나 전세계에까지 시야를 확대하고서의 입론이었다.

여기에서도 또 중국 중심의 세계관을 신조로 삼고 있는 성리학에서 출발한 김석문이 서양 천문학의 지식까지 원용하여 전개한 그의 역사관은 중국중심주의를 과감히 타파한 결과가 되었던 것이다.

이 『역학도해』에서 광대한 우주에서 본다면 地는 '甚히 微'한 것에 지나지 않은 것이었다. 김석문의 안목에는 그 '甚微'한 地의 일부밖에 되지 않은 중국만을 사유의 대상으로 하는 단계는 이미 벗어나 있었던 것이다.

김석문의 그 지구의 자전설에 대하여는 이규경이 수치에 근거가 있으며 조리 정연하여 흐트러짐이 없으나 器機로서 천문을 관측하고서의 입론이 아닌 것이 한스럽다는 지적은 매우 탁견이었다.[15)]

관측이나 실험을 거치지 않고 김석문의 경우 같이 易의 象數로서의 지전설 주장은 결코 科學史에서의 업적으로 볼 수는 없다.

그러나 사상면에서 본다면 주희까지도 地는 水上에 떠 있는 것으로 보았던 성리학에서 地를 球形이라 하는 것은 김석문과 거의 동시대의 崔錫鼎의 표현을 빌린다면 확실히 "宏闊矯誕하고 無稽不經"[16)]한 것이나 김석

---

15) 『五洲衍文長箋散稿』 卷1, 地毬轉辨證說.
16) 『明谷集』 卷8, 西洋乾象坤輿圖一屛總序.

문은 이 地의 球形說을 포함한 태양의 위성체계까지 들어 있는 Tycho Brahe의 천문체계를 서슴치 않고 받았다는 것부터가 진리이면 성리학에 구애받지 않고 수용하려는 학문자세를 보인 것이라 하겠다.

梁啓超는 일찍이 이른바 淸學派의 宗師였다는 顧炎武의 학풍을 貴創, 博證, 致用으로 평한 바 있다.17) 즉 自由性을 바탕으로 한 창의의 존중 · 博覺으로서 독단을 물리치려는 실증정신과 학문의 실용성을 들고 있으나 이제 顧炎武의 학문자세를 기준으로 하여 김석문을 보면『역학도해』에 이른바 '致用'의 정신은 전혀 찾아볼 수 없다. 그러나 '貴創', '博證'에 있어서는 조선왕조의 어느 실학자에 비하여도 손색이 없다는 점은 지금까지의 그의 학설과 학적 태도에 대한 설명에서 이해되었으리라 믿는다.

이 김석문을 우리나라 실학파의 한 사람으로 새로이 넣느냐 또는 성리학자의 범주에서 벗어나지 못한 학자로 간주하느냐에 대하여는 겸허한 마음가짐으로 이제부터의 指教를 간청하여야 하겠다.

5.

Tycho Brahe의 천체관을 골격으로 하고 거기에 다시 성리학에서 음양오행설을 원용하여 지구의 자전설과 독특한 순환론적인 역사관을 전개한 김석문에 비하여 그 수용한 서양과학의 질이나 내용이 달랐을 뿐 아니라 그 관점에도 차이를 보였던 것은 星湖 李瀷이었다.

서양문물에 대하여 가장 큰 관심을 보였던 것이 天文과 曆法이었다는 점에 있어서는 이익도 또 그보다 23세나 年長인 김석문과 다를 바 없었다.

이에 먼저 이익의 서양 천문학과 역법에 관한 수용과 반응을 살펴보면『星湖僿說類選』에 적혀 있는 것만 보더라도「天行健」,「天円地方」,「測天」,「日天之極」,「首良尾坤」,「十二重天」,「曆象」,「雲漢」등의 諸論說이 눈에 띌 뿐 아니라『星湖續集』에 보이는「跋天問畧」이 있고「跋職方外

17) 梁啓超,『清代學術概論』, 臺北 : 臺灣中華書局, 1936, 9~10쪽.

記」에도 서양의 천문학이 많이 언급되어 있다. 이것만 보더라도 서양 천문학에 대한 그의 관심이 엿보이는 것 같다.

이익이 그의 천체관에 대한 소신을 밝힌 위의 諸說論에서 공통점을 찾는다면 모두 陽瑪諾(Emmanuel Diaz)이 문답식으로 엮은 중세기까지의 서양 천체관인 Ptolemaios의 천문체계를 받아 중국과 비교하며 논지를 전개시키고 있는 점이라고 하겠다.

이제 陽瑪諾의 『天問畧』에서 Ptolemaios의 천체관을 요점만 간추려 적어 보면 그 '十二重天說' 또는 '十二葱頭說'로 불리어지고 있는 이 설은 철저한 지구중심설이며 지구에서 第一重이 '月輪天'이고 第二重이 辰(水)星天, 第三重이 太白 즉 金星天, 第四重이 太陽 즉 日輪天이며 다음이 熒惑(火星)天・戚(木)星天에서 第七重이 塡(土)星天이고 그 다음이 恒星界인 三垣・二十八宿이고 第九重이 '東西歲差'이며 第十重이 '南北歲差', 第十一重이 '無星 宗動天', 第十二重이 天主上帝의 所居인 '永靜不動天'이 마치 파[葱]껍질이 겹겹이 싸고 있듯이 높이를 달리하며 地를 包裹하고 있다는 것이다.[18]

이 12重天에서 南北歲差인 第十重天부터는 "動絶微 僅可推算者甚微妙"한 것이기에 第九重天까지만 논하고 나머지는 논하지 않은 것이라 한 바와 같이 科學 이전의 形而上學과 神學이 혼합된 천체관이었다. 이익이 16세 時인 1697년에 김석문이 판각한 『역학도해』가 이미 Tycho Brahe의 천문체계를 바탕으로 그 논지가 전개되었다는 점을 염두에 두고 천체에 관한 이익의 前記 諸說 중에서 몇 예를 들어 비교하여 보면 매우 흥미있는 사실을 찾아볼 수 있다.

이 十二葱頭說에 대한 이익의 신봉이 가장 잘 나타나 있는 것은 그의 十二重天의 설이라 하겠다. 즉 이 說論에서[19] 七緯(月・月・五行星)와 第十一重天인 宗動天은 "凡物動者 必有其宗"이라는 것을 이유로 들어 "此則愚者 皆與知也"라고 그 존재와 운행의 당연성을 인정한 것은 "太極에서

18) 陽瑪諾, 『天問畧』, 天有幾重及七政本位 참고.

19) 『星湖僿說類選』 卷1上, 十二重天.

兩儀가 生하고"라는 『周易』「繫辭傳」을 부연 확대한 주돈이의 『태극도해』를 깊이 알고 있었던 이익으로서 당연하다.

그러나 종교적 색채가 짙었던 宗動天의 존재뿐 아니라 『천문략』에 天主(上帝)의 常居處로 되어 있는 第十二重의 '永靜不動天'까지도 "動必根於靜"이라 하고, 『莊子』 外篇(第14) "天運"에 地가 움직인다는 굳은 과학적 신념이라고 하기보다는 帝王의 治는 天에 따라야 한다는 것을 역설하기 위한 "孰主張是 孰網維是 孰居旡事 推而行是"라는 구절까지 인용하여 정당화하고 있다. 그로서는 본의 아닌 천주교의 시인이 되어 버린 꼴이 되었다.[20]

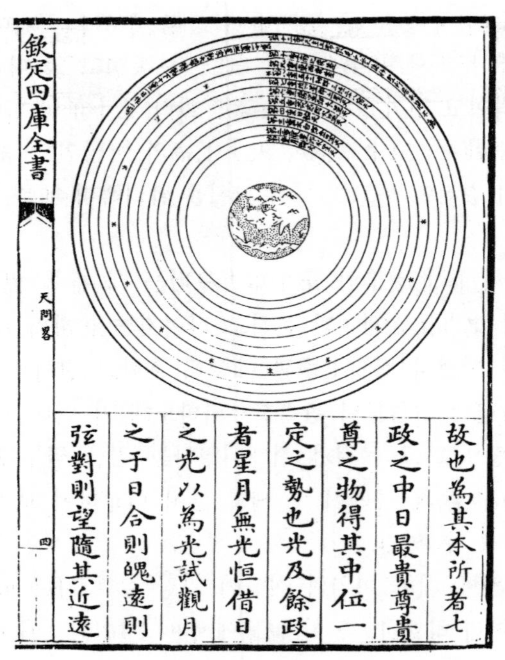
欽定四庫全書

天問畧 四

故也爲其本所者七
政之中日最貴尊貴
尊之物得其中位一
定之勢也光及餘政
者星月無光恒借日
之光以爲光試觀月
之于日合則魄遠則
弦對則望隨其近遠

「天問畧」의 宇宙體系

20) 이익의 천주교관은 『天主實義』에서 利瑪竇가 주장한 生魂 · 覺魂 · 靈魂의 이른바 三魂說을 논박한 예를 들어 그 교리에 냉담한 반응을 보였는데 이에 대하여는 李龍範, 앞의 글, 1966의 주 122), 123)에서 밝힌바 있다.

그리고 그 현상은 있지만 실체가 따로이 없는 가상적인 天의 東西歲差를 中國曆에서의 歲差의 현상과 관련짓는 것은 당시의 천문지식으로 어쩔 수 없었다. 그러나 『천문략』에 宗動天과 第十二重天인 "永靜不動天"과 더불어 "動絶微"인 까닭에 관측의 대상으로 삼지 않는다는 南北歲差까지도 "利氏不言其故"라 하여 놓고도 『新唐書』에 적혀 있는 二十八宿의 赤極度가 舊測과 唐의 一行 관측의 수치가 다른 것을 들어 그 합리를 꾀하는 등의 十二重天說의 열성적인 지지를 보이고 있다.

그래도 이 南北歲差에 대하여만은 약간의 궁금점을 가졌던 것은 그의 「跋天問畧」에서 十二葱頭說에 대하여 찬동을 하면서도 "中國未曾覺也 恨不能聞定算如何也"라 하고 있다. 그뿐 아니라 이 '十二重天'에서 이익의 앞에서 언급한 바 있는 Tycho Brahe의 화성과 금성이 태양의 위성이라는 설과 같은 것을 들면서 "亦必有測候而亡 未可臆料斷其是非"라 하는가 하면 다시 천체의 葱頭說을 역설하는 등의 전후에 일관성을 잃은 논조를 보이고 나서 끝에서는 "恨不得西國視遠鏡 而躬親視之也"라고 망원경으로써 관측하지 못함을 아쉬워하기도 하였다.

이른바 十二葱頭說에 대하여 보여준 이와 같은 논지에서 骨髓 깊이 박혀 있는 성리학을 바탕으로 新來의 이질문물에 접할 때 겪어야 하는 과도기의 학자의 사유상에서의 혼난과 시련의 일례를 찾아보는 것 같으나 그것이 더 뚜렷이 노출되고 있는 것이 이익의 「天行健」[21]이라는 說論일 것이다. 즉 그 첫머리에서 直徑이 1이면 圓周는 3이 된다는 이른바 '開圓之法'에 따라 張揖의 『廣雅』에 地表에서 天까지의 거리로서 天의 주위를 1조 3억 9만 6백 80리로 잡아 놓고 湯若望이 이를 5억 3천 3백 78리 여로 되어 있으나 그 어느 것이 정확한지에 대하여는 의문을 남긴 채 이어

> 天도 또 物이다. (天이 地의 둘레를 周轉한다면 그것이 如何히 빨라도) 1日 사이에 아마도 한 바퀴를 돌고 다시 제자리에 되돌아 올 수는 없을 것이다.

21) 『星湖僿說類選』 卷1上 所收.

> 莊周의 말에 "天이 과연 움직이는 것일까. 땅이 제자리에만 서 있는 것일까"라고 한 것이 있는 것도 또 이(天이 周轉한다는)것을 의심한데서이다 …… (莊周의 말만 보아도) 어찌 天이 움직이지 않고 地가 움직인다는 것이 잘못일까. 地가 (天圜 내에서) 움직이고 地의 둘레를 三光(日·月·星)이 선회한다. 이것은 마치 乘舟하여 그 舟가 돌아도 그 기슭이 움직이는 것으로 보이며 (이에 타고 있는) 자신은 움직이는 것을 자각하지 않은 것과 같다.
>
> 朱子의 말씀에도 "天이 外에서 돌고 있는데 (內에서) 地가 이를 따라 돌지 않겠는가"라 하신 것도 참고삼을 만한다.
>
> 그러나 (易)乾의 象傳에 "天道의 運行은 줄기차다(健)"라 하셨다. 성인께서 모르시는 것이 없으시니 이 一句를 믿어야 하기에 우선은 이에 따르겠다.

라 하여 Ptolemaios의 천체관을 바탕으로 한 독특한 지동설을 거론하였던 것이다.

이익의 이 지전설에서 알아두어야 할 것은 그의 이 지전설은 김석문의 그것과 비교하면 김석문이 당시에 동아세아에 있어서는 첨단적이었던 Tycho Brahe의 천체관을 바탕으로 하였던 것에 비하여 이익은 그보다 진부한 Ptolemaios의 천체관을 바탕으로 하고 있을 뿐이며 주희의 이른바 地의 四遊說과 주돈이의『태극도설』에 설명되어 있는 태극의 微動에서 일어나는 日·月 五行星의 운행과 태극에서의 거리에 따라 달리 하는 속도원칙이 입론의 논거가 되었다는 점에는 다름이 없다고 하겠다. 이것은 그가 地動의 논증으로 引用文한 주자의 "天이 外에서 돌고"라고 하는 것은 앞에서 말한 바와 같이 태극의 微動에서 일어나는 三光의 운행인 것이며 "地가 이를 따라 (內側에서) 돈다"는 것은 地의 四遊說을 요약한 것이라는 것에서는 알 수 있다.

이와 같은 성리학의 소양을 바탕으로 성장한 이 두 분은 비록 서양의 천체설까지 받아 지전설이라는 당시에 있어서 실로 驚天動地의 학적 新境地를 내놓았지마는 그 의식구조는 여전히 성리학이 주축이 되어 사고전개에 크게 작용하고 있었던 것이다.

그러나 김석문의 경우는 이 地의 자전설의 바탕 위에 다시 거창한 순환론적 역사관을 전개하기에 이르렀던 것이나 이익은 그렇지 못하였다. 이 '天行健'의 말미에서 이치상으로는 地가 자전하지마는 易의 乾·象卦에 보이는 "天行健의 三字만으로 그 논지의 정당성을 孔子의 권위에 눌려 스스로가 유보시키고 말았던 것이다. 김석문이 이 구절을 "猶言天德剛健不動也 非謂天在疑一日一周也"라 하며 그 소신을 끝까지 지켰던 것과는 대조적이라 할 수 있겠다. 이것은 어떻게 보면 유학자로서의 이익에게는 당연하다고 할는지 모른다.

그러나 그의 논설 중에 그렇지 않은 구절이 다른 곳에서 찾아볼 수 있으니 문제가 되지 않을 수 없다. 즉『星湖僿說』의 曆象條[22]에서 "西洋人湯若望所造"의 時憲曆이 曆으로서는 가장 완전하여 日·月蝕이 전혀 差謬가 없는 것을 극찬하고 이것은 "성인이 다시 되살아나서도 꼭 이를 따르실 것이라"고 하였던 것이다. 진실 앞에는 그것이 비록 서양인의 것이라도 성인이 그 권위를 받아 따라야 한다는 것이다. 공자의 권위에 눌려 자전설을 스스로 유보시켰던 이익과는 또 다른 그의 일면이 보이는 것 같다.

이익의 이와 같은 일관성을 잃은 논지의 예는「跋天問畧」[23]과「跋職方外記」[24]에서도 찾아볼 수 있다.

「跋天問畧」에서 서양은 중국의 지배권 밖에서 각기 황제나 왕이 있어 자기의 영토를 통치하고 있으며 서양 신부들이 중국으로 찾아온 것은 오로지 救世에 그 뜻이 있어서인데도 제대로 대우를 하지도 않고 다시

> 중국의 군신이 지금 이들이 베푸는 (학문상의) 혜택을 누려 받아들이는데 바쁘면서도 그 見識은 얕고 비좁아 우물 안에 개구리와 같은 것이라 할 수 있다. 그리면서도 말마다 陪臣(속국의 신하) 某라고 하니 어찌 견식있는 사람의 웃음거리가 되지 않겠는가?

---

22)『星湖僿說類選』卷1上 所收.
23)『星湖先生全集』卷55 所收.
24) 위와 같음.

라 하고 있다.

「跋天問畧」에 보이는 이 구절은 이미 李佑成 교수께서 이익이 지녔던 바 중국중심주의에 대한 반항의 일면을 역설하는 데 원용하였기에[25] 여기서 되풀이 蛇足같은 것을 가하지 않겠다.

이익의 중국문물에 비하여 서양문화의 우위 인정은 湯若望이 우주의 삼라만상은 전지전능이신 天主의 섭리 아닌 것이 없는 것을 강조한『主制群徵』에서 "태양이 西로 四刻을 행하면 지상에서는 452만리가 된다"는 구절을 들어 日行의 속도뿐 아니라 地에서 이른바 列宿天까지의 거리 또는 日·月·五行星의 大小를 논한 것에서 중국에서 天이 1度 달라지는 데 따르는 지상에서의 里數差가 湯若望의 그것과 다르지만 이러한 것은 정확히 측정할 수 있는 巧器가 없기에 "只憑彼說爲據 未知孰爲得失 然西洋之術精當從"이라는『星湖僿說』「日天之行」의 글에서도[26] 알 수 있다.

이에도 그의「跋職方外記」를 들추어보면 굳은 중국중심주의와 이를 바탕으로 한 독특한 문화관 소유자로서의 이익의 일면을 보이고 있다.

즉 이익의 문장으로서는 長文에 속하는「跋職方外記」의 끝 부분에서 이익은

> (『職方外記』)에 "亞西亞洲는 실로 (五大洲 중에서) 천하제일의 洲이며 인류가 처음 생긴 地이고 성현이 처음 나온 고장이다"라고 하였는데 중국은 그 가운데에서도 또 한가운데에 자리잡고 있다. 그러기에 마치 풍수지리가들이 (가장 중시하는) 落穴과도 같은 곳이다. …… (중국이 西와 東과의 중심이 된다는 것은) 무엇을 밝힐 수 있느냐 하면 공자의 말씀에 天과 地의 設位에 易은 그 중심에서 推한다라 하셨다. 易이라고 하는 것은 유독 중국만을 대상으로 卦를 배분하는 것은 아니다. 중국으로 말하자면 方이 六千里의 地이며 물줄기는 모두 동으로 향해서 흐른다. 이를 (易의) 象을 취하여 말하자면 天과 水가 역행하여 서로 다투는 '訟'의 괘이다. 그 付한 百十의 邦城이 물줄기가 제각기 흐름을 달리하고 있지마는 象數만

25) 李佑成,「李朝後期 近畿學派에 있어서의 正統論의 展開」,『歷史學報』31, 1966, 124~179쪽.

26)『星湖僿說類選』卷1上 所收.

은 변하지 않고 있는 것으로 보아도 (중국이) 한가운데에 있다는 것을 알 수 있다.

그렇다면 중국의 땅은 여러 해외 열국에 비하여 응당 크게 秀異한 것이 있어야 하는데도 지금에 와서 서양사람의 志業力量이 오히려 앞질러 (중국이) 높이 우러러보아야 하는 상태로 되어 있는 형편이니 어찌 부끄럽다고 하지 않겠는가?

라 하였던 것이다. 여기서도 서양문화의 우위를 인정하고 있다는 것은 「跋天問畧」과 다를 바 없으나 담긴 의미는 약간 다르다.

중국이 세계의 중심인 것을 합리화하기 위하여 『職方外記』뿐 아니라 易의 象傳까지 원용한 중국중심주의의 일면을 가지고 있는 이익의 모습을 남김없이 보여 주고 있다.

亞細亞之西近地中海有名邦曰如德亞此天主開闢
以後肇生人類之邦天下諸國載籍上古事蹟近者千
年遠者三四千年而上多茫昧不明或異同無據惟如
德亞史書自初生人類至今將六千年世代相傳及分
欽定四庫全書　職方外紀
散時候萬事萬物造作原始悉記無訛諸邦推為宗國
地甚豐厚人烟稠密是天主生人最初賜此沃壤其國
初有大聖人曰亞把剌杭約當中國虞舜時有孫十二
人支族繁衍天主分為十二區厥後生育聖賢世代不

『職方外記』 如德亞國의 一部

즉 세계의 중심인 중국은 문화에 있어서도 세계에서 원천이 되어야 한다는 논리는 이익이 출생하는 1681년보다 50년 전인 1631년(仁祖 9)에 朝鮮國에서는 처음으로 서양 신부 陸若漢(Johanes Rodriquez)과 교통을 하였던 譯官 李榮後가 보낸 서신에서 開陳한 그 중국중심의 세계관 및 문화관과 조금도 다름없는 것이었다.[27)]

한편 『직방외기』에 "亞細亞者 天下一大洲也 人類肇生之地 聖賢首出之鄕"이라고 하는 구절에서 인류 初生地이며 성현이 처음 나와서 문화를 창조하였다는 그 지역은 결코 중국을 지칭하였던 것만으로 볼 수 없다. 이 서적이 전지전능의 天主만이 인류와 문물을 창조하는 것을 교리로 삼고 있는 천주교 신부의 저서라는 점을 염두에 두고 『직방외기』를 읽어야 한다는 것은 이익이 모르고 있었던 것 같다.

『직방외기』를 보면 중국만은 「亞細亞總說」에 포함시켜 아세아 100여국 중 가장 큰 나라이나 (亞細亞)洲의 동남에 자리잡고 있으며 예부터 聖哲이 많이 나타나 문물예악이 뛰어난 것을 인정하고 있지만 '人類肇生'과 '聖賢首出'은 전혀 언급하지 않고 있다.

이와는 달리 如德亞(猶太國)의 설명에서 이곳이 바로 "此天主開闢以後肇生人類之邦"인 것으로 단정하고 그 나라에는 처음 大聖人 亞把剌抗(아브라함)에 이어 大味得(다비드, David) 撒剌滿(소로몬)의 '二聖王' 등의 업적으로 이어가고 있는 것으로 보아도 『직방외기』에서 아세아를 人類初生과 聖賢首出이라고 한 것은 이 洲에 이스라엘이 포함되고 있어서였던 것이 거의 확실하다.

> 『萬國圖』(利瑪竇의 『坤輿萬國全圖』)에 大明國을 중심에 그려 놓고 있는 것은 관람에 편리하도록 한 것뿐이다. 만약 地의 球形인 것이라고 하는 것을 놓고 말한다면 나라마다 세계의 중심이 될 수 있다. 중국에서 이 지도를 보고 서양인을 대한다면 비로소 '地之大'와 '國之多'를 알 수 있을 것이다.

---

27) 『雜同散異』, 與西洋國陸掌敎若漢書.

라고 하였던 것이 譯官 李榮後가 지녔던 중국중심의 세계관과 문화의식에 대하여 이익의 출생 50년 전에 서양 신부 陸若漢이 그 어리석음을 깨우쳐 주었던 서신의[28] 一句節이었다.

이로부터 약 1세기 후인 이익의 주변에서는 이와 같이 강력한 刺激을 줄 수 있는 학문이나 사유상의 조언자는 없었던 것 같다. 다만 그의 學德을 추앙하는 많은 門弟에 둘러 쌓여 그것이 그에게는 오히려 시각의 장벽 같은 것이 되었지 않았던가 여겨보기도 한다.

그렇다고 하더라도 Ptolemaios의 지구설과 천체관을 받아 독자적인 지전설을 착상한 바 있었고「跋天問畧」까지 썼던 이익의 의식 속에 이와 같은 중국중심의 세계관과 문화관이 남아 있었던 것은 상식으로는 이해가 가지 않는다. 하물며『직방외기』에 붙어 있는 瞿式穀의 小言에는 요지는 같으나 陸若漢보다 더 구체적인 예를 들며 중국중심주의를 강력히 논박하고 있어 이익이 그것만 읽었어도『직방외기』의 "人類肇生之地 聖賢首出之鄕"을 중국으로 보았던 그 오류는 결코 범하지 않았을 것이다.

6.

이와 같은 이익에서 찾아볼 수 있는 논리의 일관성 결여를 이해하는 데 있어서는 먼저 그와 학적 기반과 그것을 바탕으로 수용한 異質文化의 양과 질 및 활동반경부터 알아보아야 하는 것 같다.

이익이 과거에의 뜻을 버리고 學究生活에 전념하게 된 것은 그의 25세인 숙종 3년(1705)이었지마는 본격적인 학문생활에 들어간 것은 母親을 위한 3년간의 執喪을 마치고 생활 유지를 위하여 후배교육에 종사하게 되는 숙종 43~44년(1717~1718)부터로 보는 것이 옳은 것 같다. 그러니까 이익으로서는 37~38세의 장년기부터라 할 수 있겠다.

---

28)『雜同散異』, 西洋國陸若漢答李榮後書 참고.

한때는 과거에도 뜻을 품고 있었던 만치 그의 학적 기반은 성리학에서 벗어나지 않았던 것이며 후학의 지도도 또 이에서 크게 벗어날 수는 없었을 것이다.

따라서 그의 학문이라고 하는 것은 철학적 개념에 대하여는 시대의 흐름에 따라는 약간의 차이가 있을지도 모르지마는 그 큰 줄거리는 성리학의 계열상에서 크게 벗어나지 못할 학적인 환경이었다고 보아야 하겠다. 말하자면 성리학은 그에 있어서는 숙명적인 것에서 體質化로까지 되어 버렸다고 하여도 과언이 아닐 것이다.

따라서 모든 사물의 판단기준은 성리학적인 사유였던 것이며 이는 무의식 중에도 작용하고 있었을 뿐 아니라 의식적으로도 그 損壞는 바라지 않았던 것이 이익의 학문에 임하는 자세였다고 보는 것이 穩當한 것 같다.

그 예가 『星湖僿說』의 「談天」에 보이는 蓋天說에 대한 이익의 견해일 것이다.

중국 最古의 천체관인 蓋天觀은 이른바 "天은 圓이고 地는 方"이라는 방형의 地를 원형의 天이 덮고 있는 소박한 천체관이기에 後漢 중기까지 완성된 渾天說의 천체관에 눌리게 되었던 것은 주지의 사실이다. 천지의 형상은 마치 鳥卵 같으며 天인 卵殼이 地인 卵黃을 日 · 月 · 星辰을 싣고 南北極의 축을 중심으로 회전한다는 혼천설은 이론적으로 개천설보다 앞서 있었다.

그러나 개천설뿐 아니라 地를 球形인 卵黃으로 보는 혼천설조차 이익이 깊이 신봉하던 이른바 十二葱頭說의 천체관과는 본질적으로 같지 않은 것이었다. 그러나 이익은 「談天」에서 利瑪竇의 『渾蓋通憲圖說』이 나오게 되어 "주희조차 문제삼지 않게 된 개천설에서의 (天)蓋는 渾(天)의 半規인 것이라는 것을 비로소 알게 되었다"고 한 것으로 보더라도 중국의 전통적인 천체관에 대한 그의 애착이 보이고 있다. 『易經』을 비롯한 儒經에 보이는 천체관인 개천설이었기에 이익으로서는 비록 Ptolemaios의 이른바 十二葱頭說에 감복하더라도 그의 학적 기반에서 보아 마음 한 구석에 지녔던 이 천체관에 대한 애착은 쉽게 지워지지는 않았던 것 같다.

이러한 것에서 유교와 서양과학이라는 두 이질문화를 앞에 놓고 去就에 고투하는 이익의 모습을 찾아볼 수 있다고 본다.

성리학을 학적 기반으로 하고서의 서양과학의 인식에서 겪어야 하는 이익의 이와 같은 정신적 갈등이 가장 뚜렷이 나타나 있는 예는 雲漢(은하수)에 대한 그의 인식이라고 하겠다.

天文圖에도 地圖製作法인 Mercator의 投影法을 사용하여 彎曲部를 평면으로 확대시켜 星座의 정확한 經緯度를 가리킨 서양의 坼開圖에 대하여 이익이 『성호사설』의 「星土坼開圖」에서[29] 북극을 중심으로 하여 單圖로 되어 있는 중국의 천문도에서 天河(은하수)가 "머리부분이 艮(東北)이고 꼬리부분이 西南(首艮尾坤)으로 되어 圜의 일면이 벌어진 帶狀으로 표식되어 있지마는 이 천문도를 보니 남을 돌아 다시 북으로 되돌아가 環이 조금도 결하지 않은 것"을 감탄한 것까지는 당연한 판단이었다.

그러나 서양 천문도에 그려진 은하수의 정당함을 입증하기 위하여 "水火가 交하지 않으면 만물이 이루어지지 않는다. 河는 水이며 日은 火이다. 천지간에서 이것이 없다면 조화는 성립하지 않는다"고 하며 『易經』의 구절까지도 원용하고 天의 十二分野說 같은 占星的 해석까지 붙이고 있는 것이다.

이것은 서양 천문학에서의 은하수에 대한 인식을 易으로서 그 정당성을 입증하려는 것이나 이번에는 易으로서 그 정당성이 인정된 은하수의 점성적인 면에서의 중요성을 『詩經』 大雅, 『書經』 洪範, 『易經』 등의 儒經을 이끌어 역설하고 있다.

> 全天의 星象과 五緯·四餘로서 인간사에 감응하여 변화를 일으키지 않은 것이라고는 없으나 雲漢만이 홀로 빠져 있는 것은 생각건데 옛날 있었던 것이 지금 빠져서일 것이다.[30]

고 전제하고 이어 「西國渾天圖」의 의거한 은하의 상태로서 혹은 十二分

29) 『星湖僿說類選』 卷1上 所收.
30) 『星湖僿說類選』 卷1上, 雲漢.

野說을, 혹은 易의 象數를 원용하며 전개한 占驗說明은 그의 어느 논설보다 정열적인 것에서 실학파의 巨匠으로서의 이익이라고 하기보다는 博學의 一村老로서의 모습을 그려보게 된다.

그러나 이와 같은 비판은 어디까지나 지금의 우리가 지닌 기준에서인 것이며 이익 당시의 유학 내용을 기준삼아 그를 볼 때, 그리고 그의 학문 기반을 고려한다면 이익의 학문에 보이는 占星존중의 논지는 조금도 나무랄 바 못된다.

원래 공자는 怪力亂神 같은 초자연적인 존재는 믿으려 하지 않았다. 그러나 중국에서 유학을 政教의 중심과제로 제도화되는 漢代에 이르러 大儒 董仲舒 등이 주장한 天人相與說은 당시 새로 형성된 유학에 채용되어[31] 이 신비사상은 그 후의 유학사조에 적지 않은 비중을 차지하게 되었던 것은 주지의 사실이다.

天이 국가나 인간의 운명을 좌우할 뿐 아니라 인간 특히 통치자의 행위가 天에 작용하여 惡政을 행하면 天은 곧 재해와 怪異로서 통치자를 경고한다는 이 天人相與說은 통치자가 스스로의 지위를 장식하기 위한 종교같은 것이 되어 유교권의 정치에서는 중요한 의미를 띄고 精緻를 더하며 체계화되었다.

역대의 正史에 대부분의 경우 天文志를 두어 星變 기사만을 실리고 있는 것은 이 天人相與說에서인 것은 말한 것도 없다.

이익이 이 「雲漢」의 첫머리에서 星變이 人事에 미치는 영향을 당연시하고 있는 것은 이 天人關相說을 굳게 믿어서 의심하지 않았던 것이며 따라서 이에 거슬리는 설은 그것이 비록 서양 천문학의 설이라도 믿지 않으려 하였던 것이다.

이것은 『성호사설』의 「首艮尾坤」[32]에서 잘 나타나 있다. 즉 여기에서는

31) 董仲舒의 天人相與說은 그의 著인 『春秋繁露』 「同類相同」條의 "天有陰陽 人亦有陰陽 天地之陰氣起 而人之陰氣 應之而起 人之陰氣起 而天地之陰氣 亦應之而起 其道一也 明於此者 欲致雨則動陰以起陰 欲止雨 則動陽以起陽 故致雨非神也"라는 것에서 가장 잘 나타나 있다.

32) 『星湖僿說類說』 卷1上 所收.

그가 찬탄하여 跋文까지 써서 중국중심의 세계관을 과감히 타파하였던 『天問畧』에 "天河는 小星이 조밀하여 이루어져 있다. 고로 體는 빛을 나타내며 서로 이어져 있는 것이다"라는 것은 "그것이 과연 그런지 아직 알 수 없다"고 회의적으로 보고 이어 은하에 대하여 "세계에서는 水勢와 같은 것이라는 속설"을 들어서 우리나라의 압록, 대동, 漢水의 三水가 모두 중국에서 은하를 말하는 "首는 艮(동북)이고 尾는 坤(서남)이라는 것과 일치된다"고 자못 신비감에 젖어 있는 이익의 또 다른 면모를 보게 되었다.

이로서 앞에서 말한 바와 같이 서양 천문도에 그려 있는 雲漢의 정체를 儒經 등 중국 고전으로 정당화하고 이 정당화한 雲漢의 정체로서 이번에는 유교에서 허용된 범위 내에서의 점성과 은하의 점성 면에서의 의의를 강조하다가 다시 서양의 천문지식이 유교에서 天人相與說의 설명에 맞지 않은 경우에는 그 진실조차 의심을 품는 것에서 유학자로서의 이익이 서양과학을 수용하는 과정에서 겪는 수용의 한계선 같은 것을 찾아 볼 수 있는 것 같다.

그러나 이익에 있어서 서양과학 수용의 한계는 이미 앞에서도 비쳤던 바와 같이 그가 받아들였던 서양문물의 내용에도 문제가 있는 것이다.

이제 먼저 『성호사설』과 『성호문집』에서 이익의 涉讀하였거나 접할 수 있었던 서양 신부의 저작과 문물을 살펴보면, 절대로 失檢이 없다고 장담할 수는 없지마는 대체로는 利瑪竇의 『乾坤體義』·『天主實義』·『畸人十篇』과 그가 口述한 것을 李之藻가 筆記한 『渾蓋通憲圖說』, 陽瑪諾(Emmanuel Diaz)의 『天問畧』, 熊三拔(Sobbatinus de Ursis)의 『簡平儀說』, 『泰西水法』, 艾儒略(Julius Aleni)의 『職方外記』, 龐迪我(Didacus de Pantoja)의 『七克』, 湯若望(Adam von Schall)의 『主制群徵』 등의 서적과 利瑪竇의 「萬國輿圖」, 작자불명의 「西國渾天圖」와 「星土坼開圖」 그리고 閔明我(Filippo Maria Grimaldi)의 「方星圖解」의 지도와 천문도 등 12~13종에 지나지 않는다.

여기서 지도·천문도와 湯若望의 『主制群徵』을 제외하고는 모두 1628년(仁祖 6)에 李之藻가 明末의 중국에서 傳道하던 서양 신부들이 저술한 서적 20종, 52권으로 천주교의 총서로 엮은『天學初函』의 일부이며『主制群徵』도 江州初版은 1629년에 판각되었던 것이다.

이 가운데서『天主實義』와 그리고 역시 利瑪竇의『交友論』이『重友論』의 이름으로 1614년(光海 6)에 판각된『芝峰類說』에서 李晬光이 소개한 바 있는 서적이며『天學初函』은 늦어도 서양의 천문학과 曆學 학습을 위하여 역관 이영후가 서양 신부 陸若漢과 접촉을 가졌던 인조 9~10년(1631~1632)무렵에는 그 全帙이 조선왕국에 도입되었던 것이다.

숙종 7년(1681)에 출생한 이익이 그의 30세부터『성호사설』의 집필을 시작하였다고 가정하더라도 이미 80년 전에 국내에 들어온 서적들이다.

조선왕조에서는 이영후가 陸若漢과 접촉을 가졌던 10여 년 후인 인조 24년부터 숙종 37년(1711)에 許遠이『玄象新法細草類彙』를 엮어 湯若望이 중심이 되어 羅雅谷(Jacques Rho)의『五緯曆指』, 鄧玉函(Joannes Terrenz)의『測天約說』등 약 29종, 100권으로 엮어진 천문·역서의 총서『西洋新法曆書』에 의거하여 改曆된 時憲曆을 수용하여 소화하는 데 피나는 고투를 벌였던 것이다.

淸側의 눈을 피하여 隱密裡에 湯若望, 南懷仁(Verbiest) 등과 접촉하고 또는 병자호란시에 청 측에 사로잡힌 被虜民의 힘까지 빌려 密貿한『서양신법역서』의 반입과 湯若望의『赤道南北總星圖』, 南懷仁의『靈臺儀象圖志』등 당시로서는 가장 정밀한 천문도의 도입과 그 模寫 등의 노력은 가히 거국적이라고 하여도 과언이 아니었다.[33)]

이『서양신법역서』를 엮었던 湯若望, 羅雅谷 등이 청에 소개한 것은 Tycho Brahe의 천체관과 그 관측 성과, 특히 지구의 引力을 비롯한 여러 원인으로 가장 그 운행속도와 궤도에 많은 不等項을 가진 月의 운행법칙을 밝힌 二均差(Variation)이었던 것이나 이것이 時憲曆의 수용과정에서 조선왕국의 역관이나 일부의 지식인에게 알려지게 되었던 것이다. 이익이 그렇게도 감복하였던 Ptolemaios의 十二葱頭說의 천체관은 羅雅谷의『五緯曆指』에 "古圖"로 적혀 있어 이미 누구도 돌보지 않은 진부한 것이 되

---

33) 李龍範, 앞의 글, 1966, 52~66쪽 ; 李龍範, 앞의 글, 1967, 59~64쪽.

어 있었다.

앞에서도 언급한 바와 같이 김석문이 羅雅谷의 이른바 '新圖'인 Tycho Brahe의 천체관을 골격으로 地의 자전설과 거창한 순환론적 역사관을 전개한 『역학도해』를 엮어냈던 것이 이익이 아직 16세였던 숙종 23년(1697) 이었다.

그러나 조선왕국에서 서양 천문학의 신학설 수용은 이에 그치지 않았다. 즉 영조 9년(1733)에 貿來한 청의 時憲曆이 國曆과 다른 것을 알게 되어 다시 曆官 安重泰·安國賓, 譯官 安國麟·卞重和 등을 자주 북경으로 보내어 서양 신부로서 清의 欽天監正이었던 戴進賢(Ignatius Kögler), 欽天監副 徐懋德(Andreas Pereira)와 긴밀히 접촉하면서 Tycho Brahe의 조수였던 Kepler와 Cassini의 천문학을 바탕으로 한 新時憲曆의 수용을 위하여 영조 20년까지 10년 이상을 고투하여야 하였다.

Kepler와 Cassini의 천문학을 정리한 戴進賢의 『曆象考成後篇』이 앞에 도입한 『서양신법역서』와 현저히 달라진 것은 지구에서 諸星과 태양의 정확한 고도를 측정하는 기술문제, 日·月光이 地面까지 도달하는 데 받는 굴절작용에서 일어나는 視覺差(淸蒙氣差) 등의 고도의 천문지식을 필요로 하는 문제가 다루어져 있으나 가장 큰 차이는 근대천문학에 Kepler가 기여한 日, 月, 五星의 운행이 원형을 그리는 것이 아니고 타원을 그리며 回旋한다는 설과 曆算에 對數表를 처음 사용한 것이 채택되고 있다는 점이었다. 비록 중국에서 전도의 필요로 지동설이 蔭蔽되고는 있지마는 17세기 초의 서양 천문학 지식이 많이 채택되고 있었다.[34)]

이와 같은 서양의 최신지식이 담긴 戴進賢의 『역상고성후편』은 영조 21년(1745)에 貿來되었으나 조선왕조에서의 수용은 이 前年인 영조 20년에 끝난 것으로 되어 있다.

湯若望이 청에 소개하였던 Tycho Brahe의 천문학이 주축이 되었던 『서양신법역서』에 담긴 천문·역법을 수용하는 데 65년의 고된 시련을 겪었던 조선왕조에서 戴進賢이 소개한 Kepler와 Cassini 천문학을 주축으로 한

34) 李龍範, 위의 글, 1967, 64~79쪽.

천문, 역법을 소화하는 데 불과 10년밖에 걸리지 않았던 것은 『역상고성후편』에 담긴 이 천문학의 내용이 용이하여서였던 것은 결코 아니다. 『서양신법역서』에 담겨 있는 내용을 소화하는 과정에서 축적된 조선조 曆官들의 천문학과 수학 지식이 바탕이 되어서의 그 방면의 신지식 수용이었기에 용이하였던 것이다.

이제 1763년(영조 39)에 83세로 死卒한 이익의 생애에서 본다면 Kepler와 Cassini의 천문학과 曆算의 수용은 그의 45세 무렵에 수용을 결정하고 55세 무렵에는 이미 그 수용에 개가를 올리고 있었다.

그러나 25세 이후부터 평생을 고향인 廣州 瞻星里에 머물러 俗世事를 멀리하고 오로지 硏學에만 몸을 바쳤던 이익에게는 불과 수십 리도 안 되지마는 한양에서도 그 방면에 종사하는 관료에만 그 연구가 개방되었던 Kepler나 Cassini의 천문과 역법의 새 지식에 접할 기회가 없었던 것은 당연하였다.

활동반경이 첨성리에 한정되어 있었던 이익에 있어서는 勅命으로 康熙 61년(1722)에 淸人 梅穀成·何國宗 등이 Tycho Brahe의 천문학을 포함한 서양 천문·역법의 총정리서인 『御定曆象考成』조차 읽지 못한 채 前記한 『성호사설』「十二重天」에서 겨우 火星·水星의 위성체계가 있다는 것을 불확실한 필치로 적어 놓고 있는 것으로 보아 그가 신봉하던 Ptolemaios의 천체관과 다른 異說이 있다는 것을 어렴풋이 알고 있었던 것에 지나지 않은 것 같다.

이 점에 있어서는 서양 천문학에 의거한 時憲曆 도입을 首唱하였던 김육의 족손이었기에 일찍부터 Tycho Brahe의 천문체계를 접할 수 있었던 김석문에 비하여 불행한 환경이었다고 볼 수밖에 없다.

이에도 이익이 당시의 우리나라 천문역법의 수준에서 보아 이미 진부한 것으로 되어 버린 Ptolemaios의 천체관과 利瑪竇의 『坤輿萬國全圖』 같은 수종의 서적과 천문도를 金科玉條로 학문상의 新境地를 시도하려는 것은 마치 최신종 여객기 콩코드機上에 몸을 싣고 프로펠러식 舊型인 다그라스 기종의 성능을 극찬하면서 이제부터의 용도를 熟考하려는 것과 다를 바 없다.

그러나 이익이 겪었던 서양문물 원용의 이와 같은 한계는 결코 그 책임을 그에게만 돌릴 수 없다. 人脈과 地緣만 달라도 학문정보의 교류가 이루어지기 어려웠던 당시의 폐쇄적인 우리의 사회여건에 오히려 그 원인을 찾는 것이 정당할 지도 모른다.

7.

淸의 석학 汪中이 淸學을 대표하는 학파의 宗師와 巨儒를 골라 『六儒頌』을 지었던 바 이에는 顧炎武, 閻若璩, 惠棟, 戴震, 胡渭 등 淸學의 精華라 할 수 있는 고증학의 거장과 더불어 천문학자인 梅文鼎이 이에 들어 있다고 한다.[35] 서양 천문학과 중국 천문역법을 고루 연구하고 이를 절형하여 淸代人에 알맞는 독특한 천문역법의 체계를 세웠으며 그 학통은 그의 아들인 以燕을 거쳐 손자 瑴成에 이어져[36] 중국의 천문·수학뿐 아니라 사상에도 영향을 주었기 때문이다.

이러한 점에서는 서양 천문학의 지식을 원용하여 유학문화권 내의 우리나라 사물을 합리적으로 파악하려는 이익의 노력은 '博證'의 자세와 더불어 어떤 의미에서는 淸學이 지녔던 학풍과 유사한 일면이 있었다는 것을 인정하여도 좋을 것 같다.

그러나 이 석학이 받아들일 수 있었던 서양 천문학의 지식이라는 것이 이미 三角法이나 對數表로서 자유로이 曆算을 할 수 있는 당시의 曆官은 말할 것도 없고 자주 연경에 출입하며 湯若望, 南懷仁, 戴進賢, 徐懋德 등의 서양 신부와 접촉하고 갖은 수단으로 그 學理와 曆算方法의 도입을 주선하였던 譯官輩의 見證에 훨씬 뒤지는 수준이었다.

譯官 중에는 이영후 같이 鄭斗源으로부터 "爲人十分精解 非但能文 凡事兼爲窺理"로,[37] 安鼎福으로부터는 '博學之人'으로 격찬받는 사람도 있

35) 梁啓超, 앞의 책, 1936, 11쪽에 依據.

36) 阮元, 『疇人傳』 卷37~39, 梅文鼎 및 附瑴成.

었던 것이다.

이에도 이익이 『天學初函』같은 서양중세기의 과학지식으로 엮어진 총서 중에서도 서양과학의 내용뿐 아니라 학문의 연구방법을 인식하는 데 기초가 되는 『幾何原本』이나 『同文算指』 같은 서적은 관심조차 보이지 않은 채[38] 그 일부분을 체계 없이 받았기에 의욕에 비하면 성과가 뒤따르지 못하여 顧炎武의 학풍을 지칭한 梁啓超의 이른바 '貴創' '博證'의 발휘에는 적지 않은 무리가 있는 것 같다.

고증학을 主宗으로 하고 있는 청대 학술을 기준으로 하여 이익이 이룩한 학문의 세계를 냉정히 검토하여 본다면 그가 수용한 신지식의 한계는 결코 서양과학의 수용 또는 이해에만 그치는 것이 아니었다. 실은 유학의 신지식 수용에서도 받고 있었다.

이제 그의 主著인 『성호사설』이나 『성호문집』에 보이는 한에 있어서 汪中이 청학의 종사로 열거한 顧炎武를 비롯한 六流의 그 어느 유파의 서적도 읽었던 자취를 찾아볼 수 없다. 天文·曆算派의 梅文鼎의 손자인 梅瑴成의 『曆象考成』만 읽었어도 Ptolemaios의 천체관에서 풀려 나왔을 것이다.

한편 청학의 核이라고 할 수 있는 고증학을 수용하는 데 있어서 받았던 한계는 이익에 한하지 않았다. 어느 모에서 보면 이익보다 외래문물수용의 환경이 약간은 좋았던 김석문의 경우에서 찾아볼 수 있었다. 김석문의 경우 이른바 「河圖」「洛書」의 그 虛荒과 그것이 소옹을 거쳐 주돈이의 易學에 미친 영향이 유학 본연의 정신에서 이탈하였다는 것을 역설한 胡渭의

---

37) 鄭斗源, 『西洋國狀啓』. 『西洋國狀啓』는 完文이 없다. 趙慶南의 『亂中日記』(仁祖 9年) 秋 月과 『國朝寶鑑』(卷35)에 게재되어 있는 것을 서로 맞추어 그 내용을 알 수밖에 없다.

38) 梁啓超는 淸學의 연구정신과 방향의 특성을 설명하는 가운데서 明末부터 利瑪竇 등 서양신부에 의하여 소개된 西學이 학문연구방법에 있어서 일종의 외래적변화를 일으켰으며 처음에는 天文·曆算이 주대상이었으나 후에는 점점 타학문에도 응용되었던 점도 들고 있다(梁啓超, 앞의 책, 1936, 21쪽). 즉 서학에 담긴 내용에서 연구방법을 보다 중시하고 있는데 이러한 면에서 본다면 『天學初函』에 들어 있는 『幾何原本』 『同文算指』는 계통적인 서학이해에 매우 중요한 분야이다.

『易圖明辨』만 읽었어도 서양 천문학의 지식으로 우주관을 논하고 인류사를 논하는 데 있어서 易의 象數에만 의거할 용기는 나지 않았을 것이다.[39] 이익의 說論에 자주 보이는 易의 象數나 占星 과신도 그보다 연장자인 김석문이 겪었던 바 청학 수용에 그어진 한계선을 넘지 못하였던 그 전철을 밟았다고 보아야 할 것이다. 그리고 청대 고증학에서도 대표작의 하나로 여겨지는 閻若璩의 『古文尙書疏證』 같은 '求眞' 정신에 철저하였던 서적만 읽었더라면 『성호사설』에 보이는 經學에 관한 그의 시각과 논조에는 바뀌어져 있었던 것이 많았던지 모른다.

이와 같이 淸學의 핵이라고 할 수 있는 고증학의 영향을 거의 받지 않고 宋學의 핵인 성리학을 바탕으로 명대에 수용되어 이미 낡아 버린 서양과학의 그나마 일부분만을 원용하여 이룩한 이익의 학문세계는 그의 본령이라고 할 수 있는 경학에서도 우리가 일반적으로 인식하고 있는 이른바 실학파의 巨匠으로서 이해하는데는 적지 않은 혼란을 일으킨 틈이 있는 것은 부정할 수 없다.

이와 같이 이익이 처한 학문적인 환경과 조건은 어느 모로 보아도 새로운 학문의 세계를 개척한다는 것은 나무 위에 올라가 고기를 낚는 것 같이 어려운 상황이었다. 이에도 그의 학문에서 찾아볼 수 있는 자유로운 비판정신과 마음가짐만은 굳게 지향하였던 실증정신과 학을 經世致用에 원용하려는 현실성, 그리고 중국중심주의에서의 告別과 주체의식으로의 태동은 옛 것과 새로운 것의 틈바구니 속에서 새로운 학문의 길을 개척하려는 순박한 한 학자가 지녔던 고독한 혈투의 연속으로 여겨져 悽慘感마저 감돈다. 한편, 이익에 그 학문세계의 신경지 개척에 그어진 한계가 있었던 것과 같은 것이 그의 학적 업적을 연구하는 연구자에게도 있는 것을 알아야 한다.

---

39) 『湛軒集』에 실려 있는 『毉山問答』에서 홍대용이 주장한 Tycho Brahe의 우주관을 바탕으로 한 地의 自轉說과 순환론적 역사관 및 이른바 城外春秋論이 김석문의 『易學圖解』를 그대로 이었던 것이나 상수적인 해석을 一掃하고 있었는데 대하여는 李龍範, 「李瀷의 地動論과 그 論據」, 『震檀學報』 34, 1972 및 앞의 글, 1976 參看.

무릇 어떤 학자의 학적 경지와 그 성장 · 변동을 살피는 데 있어서는 그 학자가 이룩한 諸業績을 編年的으로 정리하여 검토하는 것이 定石으로 되어 있다.

그러나 현존의 『성호사설』이나 『성호문집』으로는 이를 연대를 좇아 정리할 길이 매우 곤란하다는 것은 그의 학문을 연구하는 학자이면 누구나 절실히 느껴질 것이다. 방대한 量과 그의 논저에서 논지전개의 필요에 따라 임의로 아무 검토없이 인용한다는 것은 이익의 眞意를 파악못한 채 독단적인 해석에 빠질 위험이 뒤따르기 마련이다. 이러한 의미에서 본고도 또 이제부터의 연구에 따라 논지의 수정을 감수하여야 할는지 모른다.

신용하 교수의 표현을 빌린다면 "星湖硏究의 하나의 기념비적 업적을 이룩한 것이며 나아가서는 조선후기 실학의 사상적 구조를 밝히는 데 하나의 里程標를 세웠다"는 한우근 교수의 大作 『星湖李瀷硏究』를 비롯한 많은 연구업적이 쏟아져 나와도 이익의 학문세계에 관한 한 鐵案을 기할[40] 수 없는 것은 바로 그 연구에 그어진 한계성에서일 것이다.

(『東方學志』 58, 1988. 6)

40) 愼鏞廈, 「韓沽劤著 『星湖李瀷硏究』(1980年) 書評」, 『韓國學報』 23, 1981.

제7부

한말 · 일제하 사상계와 실학

實學思想의 開化思想으로의 轉廻
-崔瑆煥의 『顧問備略』을 中心으로-

李佑成

1. 머리말

지난 1972년에 나는 연세대학교 동방학연구소 주최 제6회 실학공개강좌에서 「崔瑆煥과 顧問備略」이라는 제목으로 한 논고를 발표하였다. 최성환(1813~1891)의 인물과 그 저서가 별로 알려지지 않았던 당시에 최성환이 中人出身의 훌륭한 학자라는 것과 그의 『顧問備略』이 흔치 않은 실학적 經世書임을 강조한 것이었다. 미처 정식으로 논문체재를 갖추지 못했지만 『고문비략』의 중요한 내용을 소개하고 최성환의 개혁적 의견과 그 성격을 규정하기도 하였다. 당시 공개강좌의 參聽者는 물론이고 都下新聞에 『고문비략』의 내용이 비교적 자세히 보도되어 한 때 일반의 관심을 높여놓기도 하였다.

그런데 나는 그 논문의 완성을 뒤로 미루어둔 채 다른 일에 골몰하고 있었는데 마침 서강대학교 여학생 백현숙이 이광린 교수의 부탁을 가지고 나를 찾아와 최성환에 관한 논문을 쓰겠다고 하기에 나의 발표요지를 주고 『고문비략』이 국립중앙도서관 草書本 외에 일본 동경대학도서관에 精書한 楷字本이 있음을 일러주었던 바, 그 두 본은 곧 서강대학교 인문과학

연구소에서 合本 1冊으로 영인출판되었고 거기에 백현숙의 해제가 실려 있었다. 이어서 백현숙의 논문 「崔瑆煥의 人物과 著作物」이 『역사학보』 제103집(1984)에 게재되었다. 백현숙은 최성환의 자손들의 거주지(楊州)를 찾아다니며 그 선대의 功臣錄券과 武科紅牌·戶口單子 등을 발견하여 내가 그동안 알고 있었던 『忠州崔氏大同譜』(국립중앙도서관)와 『雜科榜目』(서울대 규장각)에 나오는 사실 이외에 崔氏 一家의 내력과 최성환의 신상 기록에 몇 가지 증빙과 보완이 되게 되었다. 나는 백현숙이 최성환에 관한 공부를 계속하여 『고문비략』에 대한 학술적 연구가 나올 것을 기대하고 있었으나, 위의 「崔瑆煥의 人物과 著作物」이 발표된 지 십여 년이 지난 지금까지 아무 소식이 없었다. 나는 가끔 낡은 書函 속에서 왕년에 拔萃해 둔 자료들을 만지작거리며 이것을 방치해 두는 것이 아깝다고 여기면서도 젊은 후배들의 손에서 보다 나은 논문이 나와야 한다고 생각하고 덮어두곤 하였다. 그러다가 학술원의 1995년도 학술연구계획에 의한 논문의 작성을 위촉받아 부득이 최성환에 대한 것을 다루어 보기로 하였다. 새로운 관점이 있어서가 아니고 25년 전의 자료들을 그대로 사용하여 논문형식으로 엮은 것에 불과하다. 독자들의 諒察을 빈다.

2. 中人層의 實學思想과 崔瑆煥

1) 中人層의 實學思想

茶山 丁若鏞(1762~1836)·秋史 金正喜(1786~1856) 등을 하한선으로 종래 양반층의 실학사상이 그 精彩를 잃어가고 있는 반면 중인층의 사상적 대두와 그 사상의 실학적 성격 내지 개화사상으로의 지향이 매우 주목을 끈다. 이러한 현상은 시기적으로 19세기 중엽에 해당하는 것이며, 그것은 또한 이 시기의 세도정치가 정점에 이르러 소수 특권적 '閥閱'을 제외한 일반 양반들의 사회적 몰락과 士氣의 위축이 극도에 달하고 있었던 것과는 반대로 중인층은 경제적으로 비교적 윤택한 데다가 사회적 지위도 상

대적으로 향상되고 있었다는 역사적 사실과 표리관계를 이루었던 것이다.

19세기 후반 개화기로 접어들면서 吳慶錫(1831~1897)·劉大致(?~?) 등 중인출신들이 개화의 선도자 또는 개화운동의 배후공작자로서 역사의 이면에 활약한 것은 이미 주지의 사실로 되어 있으며 따라서 개화사상에 있어서의 중인층의 공헌과 역할은 근대사를 건드리는 사람들 누구에게도 일단 관심의 대상으로 떠오르는 문제인 것이다.

그런데 애석한 것은 위의 오경석·유대치 등 중인출신들이 자기의 사상을 체계적으로 서술한 저서들을 남겨놓지 않았다는 점이다. 뿐 아니라 그들의 사상을 파악하고 추측할 수 있는 다른 자료들조차 우리는 지금 많은 것을 가지고 있지 못하다는 것이다.

개화사상에서 이미 이러하기 때문에 실학사상으로 올라가면 중인층의 사상자료가 발견되기 어려운 것은 오히려 당연한 것으로 여겨질 것이다. 그러나 개화사상의 기조가 실학사상에서 온 것이라고 믿고 있는 우리로서는 진작부터 중인층의 개화기의 활동이 사상적으로 반드시 유래가 있을 것이라는 점과 그 유래가 다름 아닌 실학에서 찾아질 수 있을 것이라는 점에 착안하게 되었으며 그리하여 개화기 중인들의 사상적 선구가 될 수 있는 중인층의 실학사상가를 추적해 보려 하였다. 바꾸어 말하면 종래 양반층의 실학사상이 중인층으로 번져가고 거기에서 개화기 중인들의 사상적 導源이 나온 경위를 이해해 보려는 것이었다.

우리는 여기에서 우선 두 가지 해명을 해둘 필요가 있다. 그것은 첫째, 개화기 중인들의 사상적 導源이 꼭 중인층의 실학사상에서만 찾아야 하고 양반실학자로부터의 직접적 영향은 배제되어야 한다는 것이 아니다. 다만 중인이라는 신분적 계층적 구조의 특수성으로 보아 같은 중인끼리의 선후배간의 접촉과 전수가 훨씬 용이하고 또 더한층 깊은 감화를 줄 수 있을 것이라고 여겨지기 때문이다. 둘째, 개화운동을 실천한 당시의 양반출신 젊은 관료들이 개화사상을 받아들임에 있어서 꼭 중인들을 매개로 해서만 가능했다는 것도 아니다. 종래 양반층의 실학사상에서 발전적으로 時勢에 대응해서 그러한 사상에 도달될 수도 있는 것이다. 다만 개화기 관료들의 배후에 중인들의 활약이 실제 상당한 비중을 차지하고 있었다는 사실을 중시하지 않을 수 없겠기 때문이다.

이러한 견지에서 우리는 중인층의 실학사상에 일정한 의의를 부여하면서 그 사상가의 발굴에 노력하였다. 여기 소개되는 최성환은 그 중의 한 사람이다.

2) 崔瑆煥과『顧問備略』

최성환은 원래 中央官署의 書吏의 후손이다. 조상 중에 靖社·寧國·保社 등 功臣錄券을 받은 사람이 있기도 했지만[1] 기본적으로 신분상승이나 계층이동이 이루어지지 않은 채 고작 武科에 합격하여 무관직으로 복무하여 왔으며, 최성환의 대에 이르러서는 兄弟·從兄弟·子姪 십여 명 중에 雜科 급제자가 많았는데, 특히 雲榜에 합격된 자가 무려 9명이나 되어 한때 그의 일가는 서울 중인층 가운데 陰陽科 가문으로 소문이 나게 되었다고 한다.[2] 그러나 최성환 자신은 부친 崔匡植의 뒤를 이어 무과에 합격하여 무관직에 종사함으로써 마지막 직함이 宣略將軍 中樞府都事로 되어 있다.[3] 그러한 그가 어떤 機緣에서인지 憲宗임금 때(1836~1849)에 임금에게 그의 남다른 학식이 알려져서 임금은 종종 御前으로 그를 불러 대화를 나누었다고 한다. 아마 武臣兼宣傳官으로 近侍의 職任에 있을 무렵이 아니었던가 여겨진다.

최성환은 적지 않은 編著를 내었다.[4] 여기에서는『고문비략』을 가지고 그의 정치·사회적 견해를 일별해 보겠다.『고문비략』은 1849년 이전 즉 헌종임금이 죽기 이전에 임금의 諭示로 起草했던 것으로, 책이름 그대로 임금의 諮問에 대비하여 자기 견해를 약술한다는 것이다. 그러나 헌종이 승하하자 그는 초고를 중단해 버렸다. 뒤에 벼슬에서 물러나 시골집에 있

1) 백현숙,「崔瑆煥의 인물과 著作物」,『歷史學報』103, 1984.
2) 山康 卞榮晩先生을 위시한 서울 故老들로부터 筆者가 직접 들은 바 있다.
3) 백현숙, 앞의 글, 1984.
4) 백현숙, 위의 글.

으면서 헌종의 뜻에 보답하는 의미에서 다시 붓을 들어, 그 후 1858년 즉 철종 9년에 그 초고를 정리 완성한 것이다.

序文은 같은 중인출신으로 律科 출신의 文士인 張之琬(1806~1858)이 지었다. 장지완은 최성환의 생각을 대변하여 다음과 같이 말했다.

> 王荊公(王安石, 北宋)이 '新法'을 만들어 시행하다가 실패를 보게 되자 후세 사대부들이 變法을 말하는 이가 드물어, 因循姑息으로 나가다가 나라가 쇠퇴 타락의 一路에 빠지니 그 해가 얼마나 큰 지 모른다[5]

라는 것이다. 다신 말하면 왕안석의 신법이 실패로 끝났지만 사대부들이 그것을 빌미로 삼아 變法을 입에 올리지 않음으로써 나라가 날로 병들고 있다는 것이다. 정치담당자인 사대부 즉 양반들이 변법을 기피하므로 정치에 발언권이 없는 중인층에서나마[6] 先王(헌종)의 '斯謨斯猷' 즉 정치적 이념과 포부를 받들어 이 책을 이룩한 것으로, 선왕이 일찍 돌아가셔서 그 '못다한 뜻'[未了之志]을 생각하면 이 나라 백성[環海生靈]으로 비통하고 한스러워, 이 책을 엮어내지 않을 수 없다라고 하였다.[7] 최성환은 이 『고문비략』의 저작 동기와 그 자신의 심정에 대하여 아무말도 남긴 것이 없지만 장지완의 서문에서 거의 다 表白된 것 같다. 『고문비략』의 목차는 아래와 같다. 그의 적지 않은 편저들 가운데서 그의 사상을 가장 집약적으로 담아놓은 것이다.

『顧問備略』의 目次

序　　張之琬

5) 『顧問備略』 上, 卷1, 頁2, 張之琬의 序文, "王荊公 以新法見敗 後世士大夫 鮮言變法 因循頹墮 害孰大焉".

6) 張之琬은 序文에서 최성환을 "渺末 一郎署"라고 표현하였다. "渺末 一郎署"가 꼭 중인층만을 가리키는 말은 아니지만 여기 이 경우에 중인출신의 庶僚로서 임금의 諭示를 받아 『顧問備略』을 쓰게 된 것에 큰 의미를 부여해둔 것 같다.

7) 『顧問備略』 上, 卷1, 頁2, 張之琬의 序文, "書曰 斯謨斯猷 惟我后之德 然則是書也 有不敢自有矣 天之不弔 宮釰已邈 是書 卽先王未了之志也 非獨不逮之慟 抑環海生靈不祿之恨 是書之編 烏可以已".

卷之一 都鄙 · 統甲 · 軍伍 · 糶糴
卷之二 常平倉 · 社倉 · 貢賦 · 漕轉 · 濬川 · 財用 · 度量衡 · 官制 · 祿科
卷之三 外官 · 幕僚 · 久任 · 資格 · 賞罰 · 御史
卷之四 科擧 · 人材 · 學校 · 書院 · 黨與 · 盜賊 · 奢侈 · 法令

최성환이 『고문비략』을 작성한 기본 방향에 대하여 장지완은 이렇게 말했다.

> 당시의 행정과 법제 가운데 세월이 오래되어 末弊가 있는 것과 국민의 고충으로 임금께 알려지지 않은 것들을 서술하되, 經史에서 근거를 원용하고 人情의 체험을 바탕으로 하여 그 矯救策을 대강 첨부해 올리려 한 것이다.[8)]

그러니까 『고문비략』은 末弊가 있는 부분, 그리고 民怨이 있는 사항을 摘出하여 서술한다는 것이다. 장지완은 다시 말했다.

> 우리 왕조가 나라를 세운 지 오백년. 역대 안정 속에 내려오는 동안 기강이 점차 해이해졌다. 그것은 법의 弊가 아니고 '時'의 弊이다. 周易에 이르길 "損益과 盈虛는 時와 더불어 행하여야 한다"고 하였고, 또 이르기를 "時를 따르는 의의가 크도다"라고 하였다.[9)]

법의 폐가 아니고 時의 폐이다라고 한 것은 법 그 자체가 본래 나빴던 것이 아니고 '時'가 달라져서 시세에 적응이 잘 안 되기 때문이라는 것이다. 주역에서 말한 대로 줄일 것은 줄이고 보탤 것은 보태어 '時'와 함께 가야하는 것이니, 이것이 크나큰 "隨時之義"라는 것이다. 요컨대 법을 전면적으로 고치자는 것이 아니고 사례별로 시정할 것은 시정하여 時宜에 맞

---

8) 『顧問備略』 上, 卷1, 頁2, 張之琬의 序文, "乃敍述當時政法所以年久而爲弊者 及民隱之未及上徹者 援據經史 體驗人情 略附矯救之方".

9) 『顧問備略』 上, 卷1, 頁2, 張之琬의 序文, "本朝立國垂五百年 歷世永貞 綱紐漸弛 乃時之弊 非法之弊也 易曰 損益盈虛 與時偕行 又曰 隨時之義 大矣哉".

게 한다는 것이다.

3. 全國地方制度의 再編成과 行政體系의 確立

최성환은 당시의 행정을 논하면서 이 책의 開宗明義 第1章 즉 '都鄙'(중앙과 지방)에서 먼저 전국 지방행정조직을 정비할 것을 주장하였다. 그는 단군이래 지방 州縣의 沿革을 개관한 위에 本朝(現王朝, 以下 同)에 이르러 지방행정제도가 대체로 중국과 비슷한데 지금 팔도의 監司는 곧 중국의 布政司로서 官制와 政事가 모두 같고 縣의 縣監은 곧 중국의 知縣으로 또한 관제와 정사가 같다. 그런데 오직 州의 牧使, 府의 府使, 郡의 郡守는 중국의 知州·知府·太守 등과 명칭이 같으면서 정사는 같지 않다고 말하였다.

> 중국에서는 府가 州縣의 행정을 통할하고 있는데 우리나라에서는 州·府·郡·縣이 각각 독자적으로 행정을 하고 있다. 대저 큰 고을은 州가 되고 府가 되며 작은 고을은 郡이 되고 縣이 되어 작은 것이 큰 것의 예하에 들어가고 큰 것이 작은 것을 통할하는 것이 古制이다. 그런데 지금 牧使·府使·郡守·縣監은 각기 그 고을을 다스리고 있을 뿐, 서로 統攝이 되지 않고 있다. 지금의 鎭府가 군현을 관할하는 원칙이 있으나 그것은 군사관계에 한해서 관여하고 행정에는 전혀 관여치 않는다. 예를 들면 양주는 高陽과 交河를 鎭管 아래에 두고 있으면서 고양·교하 두 고을의 행정의 득실에는 마치 秦과 越이 서로 상대방의 肥瘠에 대해 吾不關焉의 태도를 취하고 있는 것과 같다. 그리하여 주·부·군·현이 각기 한 독립된 단위로서 監司에게 직접 통하게 된다.[10]

---

10) 『顧問備略』 上, 卷1, 頁3, "中國之府 統所屬州縣 知其政治 與我國之州府郡縣之各自爲政不同也 夫大爲州爲府小爲郡爲縣 小隷大 大統小 古制然也 乃今牧使府使郡守縣監各治其境 不相統攝(今之鎭府 亦有管郡縣之義而無與其政) 如楊州鎭管之爲高陽交河者而政治得失猶秦越肥瘠之視 且府縣勢均 皆自達于監司".

라고 하여 우선 주・부・군・현이 대소가 서로 다르면서 서로의 사이에 縱的으로 체계가 서지 않고 橫的으로 연계도 되지 않은 채 산만한 상태에서 제각각 監司의 밑에 놓여 있는 것을 지적하였다. 그리고 이어서

> 감사는 한 사람의 몸으로 數十百의 주현을 어떻게 보살피며 수령의 能否를 어떻게 다 파악할 수 있겠는가. 먼 고을 또는 궁벽한 고을은 감사 소재지(監營, 道廳)에서 수백 리가 되어 聲聞이 미치지 못하고 순찰이 제대로 이루어지지 못하는 곳도 있다.11)

라고 하여 감사는 감사대로 수많은 주・부・군・현을 혼자서 옳게 다스리기에 힘의 한계가 있는데다가 지역의 幅圓이 넓고 또 멀고 궁벽한 곳도 있어 더더욱 어렵다는 것이다.

> 뿐 아니라 縣은 작고 府는 크다는 원칙도 지켜지지 않는 경우가 적지 않으며 같은 縣이라도 大小가 현격히 차가 나기도 한다. 마땅히 주・부・군・현을 일정한 기준 위에 통합 조정하여 토지의 厚薄에 따라 조세를 부과시키고 인민의 衆寡에 따라 요역을 정해야 한다.12)

라고 하여 지방행정단위, 즉 疆界를 개편하여 名實이 相符하게 함으로써 조세・요역 등 민생문제도 거기 따라 공평하게 된다는 것이다.

최성환은 지방제도에 있어서 上下相維, 즉 종적 체계의 확립을 가장 중시하였다.

> 먼저 중앙으로부터 시작하여 八道로 확대해 나가야 하는데 중앙에는 漢城府가 主鎭이 되어 五部를 통할하고 밖으로 外邑의 제도로 중앙에서

---

11) 『顧問備略』 上, 卷1, 頁3, "夫以監司一人之身 遍閱數十百州縣 察其治否考其殿最 豈能盡詳明 遐陬僻邑之離臬司 有千百里者 聲聞不及 巡按不到".

12) 『顧問備略』 上, 卷1, 頁3~5, "乃今縣又未必盡小 府又未必盡大 且均是縣而縣之大小不同 均是府而府之大小亦殊 …… 土地之所出者有厚薄 以此科其財賦 人民之所聚者有衆寡 以此定其徭役".

와 같이 하여 대략 五縣으로 기준을 삼는다. 가령 한 道에 약간의 府를 두어 府에 府使가 있고 한 府에 약간의 縣을 두어 縣監이 있는데 모든 縣은 府에 예속되고 모든 府는 道에 예속되어 가까운데서 먼 곳으로 미쳐, 날로 백성들과 친근하게 지냄으로써 백성의 이익과 병해가 어디에 있는지를 알기가 쉬워진다.13)

그의 案을 보면 경기도에 8부, 충청도에 8부, 경상도에 12부, 전라도에 11부, 황해도에 6부, 강원도에 5부, 함경도에 16부, 평안도에 21부를 두는 것으로 되어 있다.

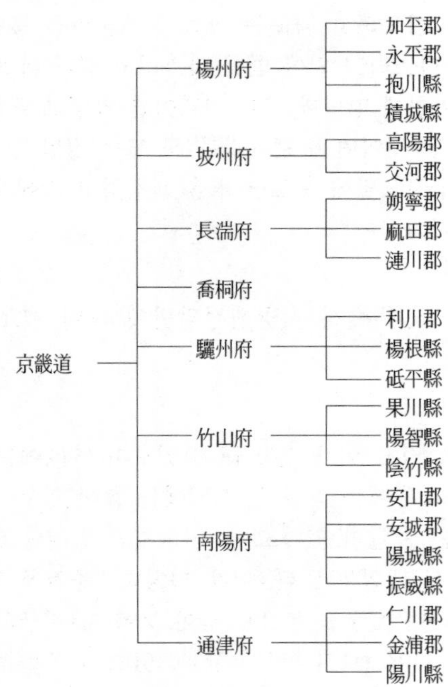

여기 그의 안에서 경기도의 8부 및 그 예하의 군현들을 예로 들어둔다.

13)『顧問備略』上, 卷1, 頁5~6, "先自部內始 達于四方 府內則漢城府爲主鎭 統五部 外邑之制 亦如部內 而大率以五縣爲度 如一道治若干府 府有府使 一府有若干縣 縣有縣監 諸縣隷於府 諸府隷於道 自近及遠 日親民而利病易知".

경기도에는 8府 외에 별도로 開城府 · 江華府 · 廣州府 · 水原府가 있는데 이를 4都라고 부르고 留守는 京官으로 쳐서 다른 부와는 성격이 아주 다르므로 논하지 않았다. 다만 유수의 밑에 있는 經歷 · 判官은 군현의 예에 의해 유수에게 예속되어야 하고 여러 察訪 · 監牧官 · 僉使 · 萬戶 · 別將 등은 모두 土斷으로 本府에 예속되어 군현의 예에 따라야 한다고 하였다.

최성환은 이와 같이 군현의 예를 강조하면서 되도록 예외를 두려 하지 않았다. 그리하여

> 監司는 도내의 諸府를 총괄 감독하고 府使는 예하의 제군현을 按察한다. 그 밑으로는 縣監이 面을 다스리고 면이 里를 다스리고 리가 統을 다스리고 통이 戶를 다스린다. 아침에 명령한 것이 저녁이면 와닿고 家家戶戶 訓令과 喩示를 잘 받들게 될 것이며 軍制와 關防도 모두 정밀 상세하게 다루어질 것이니 이것이 이른바 말에 오르면 軍을 관장하고 말에서 내리면 民을 친하게 된다는 것이다.14)

'都鄙'의 뒤를 이어 최성환은 '統甲'에서 지방행정말단에 대한 재조직과 그것의 강화를 바랐다.

> 우리나라는 수도서울에 坊이 있고 契가 있고 統이 있으며 外邑에는 面이 있고 里가 있고 統이 있는데 통에는 首가 있고 리에는 尊이 있고 면에는 正이 있어 옛부터 전해오는 古意가 있다고 할 만하지만 일정한 成規가 있지 않아, 명칭은 있으면서 내실은 없다. 이제 마땅히 "종전에 있던 그대로" 두고 그 제도를 申明하여 五家를 통으로 삼아 통에 首(지금의 統首)가 있고 十統을 里로 삼아 리에 尊(지금의 尊位)이 있고 十里를 面으로 삼아 면에 正(지금의 約正)이 있는데 모두 향인 중에 건강하고 근실한 자를 취하여 배치해야 한다.15)

---

14) 『顧問備略』 上, 卷1, 頁10, "監司總督道內諸府 府使按察管下諸郡縣 自此以下則縣以治其面 面以治其里 里以治其統 統以治其戶 朝令而夕至 家訓而戶喩 以至於軍制關防 無不精詳 是所謂上馬管軍 下馬親民".

라고 하였다. 그리고 조세·力役 내지 糴糶에 관한 행정을 官(군수·현감)이 面에 하달하면 面은 里에 하달하고 里는 統에, 統은 家에 하달하여, 統은 里에 올리고 里는 모두 面에 올리고 面은 모두 官에 올리고 官은 府에 올린다. 그리고 道에 올리고 朝廷에 올린다는 것이다. 최성환은 당시의 부패 이완해진 지방행정에 효율성 능동성을 제고시켜 국가의 기능을 활성화 시키려 했던 것이다.

4. 國防을 爲한 軍制革新과 軍備負擔

최성환은 당시의 國計와 민생문제 중에 가장 크게 곤란하고 우려가 되는 것이 軍政·糴糶·貢賦·漕轉 등이라고 생각하였다.

당시의 軍政에 대하여 최성환은 우선 국방을 담당할 군사정책이 통탄할 지경임을 가차없이 말하였다.

> 우리 왕조의 군제에 대하여 중앙의 여러 군영은 우선 두고 鄕兵의 제도를 보면 束伍·上番正兵·牙兵·陞戶保人 등 복잡한 명목이 있는데 이미 의무병이 아니고 모병제도 아니며 屯兵·府兵·寨兵·保甲里甲制도 아니다. 다만 그 명목에 따라 軍布를 공납할 뿐이고 처음부터 국방 武備에는 관심이 없다시피 되어 있다. 만일 불행히 외침이나 내란이 일어나면 군사를 징발할 곳이 없다. 가는 곳마다 土崩瓦解가 될 것이다. 壬辰·丙子 兩亂을 돌아보면 어찌 한심하지 않을 수 있겠는가. 마땅히 오늘날 평안 무사할 때에 陰雨之備를 강구해야 할 것인바, 오늘의 계책은 또한 統甲法에 의할 수밖에 없다.[16]

---

15) 『顧問備略』 上, 卷1, 頁15, "我國部內 則有坊有契有統 外邑 則有面(如部內之坊) 有里(如部內之契) 有統(則部內之統) 統有首里有尊面有正 猶有古意也 但未有成規 名存而實無矣 臣愚謂宜仍舊存而申明其制 使五家爲統 統有首(今之統首) 十統爲里 里有尊(今之尊位) 十里爲面 面爲正(今之約正) 取鄕人之强謹者爲之".

16) 『顧問備略』 上, 卷1, 頁22, "我朝軍制 京營勿論(各營之制 又皆不同) 卽鄕兵之制 有束伍上番正兵牙兵陞戶保人等號 不一其名目 其非府兵 又非募兵 又非屯兵府兵寨兵保甲里甲制 而只隨其名 責納軍布而已 初無爲意於軍政武備 不幸有萬一

라고 하여, 앞서 말한 '統甲'에 의거하여 평상시에 군사를 확보하자는 것이다. 統甲은 五家作統에 시작하여 統首 · 里尊位 · 面約正의 체계적인 향촌질서 속에 농사에 방해되지 않을 때에 武事를 익히되 弓箭社와 같이 상벌을 실시하여 권장하는 것이 유효하다는 것이다.

그는 王安石의 保甲法을 골자로, 약간 간소하게 만드는 것이 좋다고 하면서

> 왕안석의 보갑법에 대하여 元祐의 諸公들이 모두 그 불편함을 말했는데, 王巖叟 · 文潞公 · 蘇子瞻 등은 몹시 비난하였고 司馬君實은 힘껏 저지하여 결국 혁파시켰다. 대개 당시 新法의 폐단에 대하여 격한 나머지 그것마저 배척했던 것일까. 善法도 폐단이 있는 것은 법을 실행하는 자의 잘못일 뿐이다. 그 좋은 점은 살리면서 잘못된 점만 바로잡으면 된다. 법이 나쁘다고 몰아부쳐 폐기한다면 그것은 목에 滯했다고 하여 밥을 먹지 않는 것과 같다.[17)]

라고 하였다. 최성환은 보갑법뿐 아니라 종래 우리나라 사대부들이 모두 배척하던 왕안석의 신법을 대담하게 지지한 것이다.

군정이 국방 武備에 관심이 없고 오직 군포의 수취를 목적으로 삼다시피했으므로 이른바 "黃口簽丁 白骨收布"라는 유행어가 나오게 된 것이다. 최성환은 『大典通編』의 免役條와 成籍條를 들어,

> 父子三人이 編伍된 자는 그 부를 면제해 주고 兄弟四人이 편오된 자는 그 형을 면제해 주도록 되어 있는데 지금은 十父子 十兄弟라도 한 사람도 면제해 주지 않는다. 또 軍士가 滿六十이 되면 자신이 면제받고 滿七

之虞 則調發無地(今之軍丁 多白骨黃口 虛名生徵者) 所在土崩 觀於壬南丙北之事 豈不寒心哉 …… 宜於今日治平之時 預爲陰雨之備 …… 爲今之軍者 亦惟依統甲法".

17) 『顧問備略』 上, 卷1, 頁22, "王氏之保甲 元祐諸公 皆言不便 …… 王巖叟文潞公蘇子瞻 多譏之 司馬君實則力沮而竟罷之 蓋有激於當時新法之弊而并斥之歟 夫善法之有弊 固行法者之枉也 觀其當而矯其枉而已 并謂法不善而棄之 則是因噎而廢食也 其亦過矣".

十者는 一子를, 滿九十者는 여러 아들을 다 면제받도록 되어 있는데 그것은 국가에서 노인을 우대하는 盛典이다. 그런데 지금은 여러 아들은 물론, 一子도 면제해 주지 않으며 그 아들은 물론 七十, 九十된 노인자신이 면제받지 못한다. 篤疾 廢疾者는 면제받게 돼 있는데 篤疾 廢疾은 물론 병석에서 殘喘을 헐떡이는 자도 면제되지 않으며 잔천을 헐떡이는 자만이 아니고 이미 죽어 十年 百年을 지난 자도 또한 면제받지 못하는 경우가 있다. 또 원래 軍籍을 만들 때 黃口(五歲以下者)와 兒弱(十四歲以上者)을 充定하면 수령은 徒配하고 監色은 刑配하는 엄벌을 내리게 되어 있는데 지금은 兒弱 黃口가 아니라 막 출생한 어린아이가 男兒이면 군적에 얹고 남아가 아니라 女息이라도 군적에 얹는 경우가 있다. 어느 읍이든 다 이 모양이다. 백성들은 生育을 싫어한다. 자식이 많은 부모는 원통하게 생각하고 자식을 원수로 여겨, 낳자마자 버리기도 하고 부부 별거하여 斷産을 하기도 한다. 인민이 어떻게 번식할 수 있으며 호구가 어떻게 감소하지 않을 수 있겠는가.[18]

라고 하여 國典이 死文化되고 민생이 처참한 당시의 상황을 남김없이 고발하였다. 그리고 軍布錢의 실태를 다시 아래와 같이 밝혔다.

군적에 올려 軍布錢을 징수함에 있어서 '停番' '雇立' 등의 이름아래 곳곳에 마구잡이로 거둬들여 里社 吏胥로부터 官府 上司에 이르기까지 모두 그것으로 용도에 충당하니 실로 빈민의 살림을 축내는 짓이다. 빈민의 살림살이가 축나는 것도 견디기 어려운 일이지만 살림이 축나지 않더라

18) 『顧問備略』 上, 卷1, 頁24, "父子三人編伍者 除其父 兄弟四人編伍者 除其兄…… 乃今日之民 雖十父子十兄弟 從無有一人免者 又年滿六十者免 年七十以上者之一子 年九十以上者之諸子 并免役 …… 盖朝家優老之典 …… 乃今非直其諸子之不得免 卽一子亦不得免 非直其子 卽九十七十之老者 亦不得免自身 且無論篤疾廢疾而免 卽一喘不絶 苟委床席者 亦不得免 非直一喘不絶者 卽已死者 死而經十百年者 亦不得免(是謂白骨收布) 又成籍條 黃口兒弱充定 守令徒配 監色刑配 …… 盖亦字幼之盛德也 乃今非直兒弱黃口 卽落草而不女則籍 非卽男也 卽女而亦不免 諸如此類 無邑不然 於是民不樂於生育而稍有多生者 則曰寃乎天也 天之使我窮也 父母讎其子而疾之 甚或始生而棄之 …… 有或男女異處 絶夫婦之歡者 …… 人民何得以蕃息 戶口何得以不減乎".

> 도 軍役을 지는 사람은 남들이 천하게 본다(오늘의 제도에서 士族은 군역에 充定하지 않기 때문이다). 그래서 신분과 地處를 논할 때에 먼저 군역을 지고 있는지의 여부를 묻는다. 그러므로 조금이라도 힘이 있는 자는 갖은 수법으로 벗어날 궁리를 한다. 우선 軍布錢보다 百十倍의 돈이 들어도 기어코 군적에서 빠져나간다. 오늘날 군적에 있는 자는 모두 貧窮無告한 백성들이다. 이들이 어떻게 가족의 생계를 보전하면서 軍布錢을 기한 내에 낼 수가 있겠는가. 매질과 곤장 아래 고초를 겪다가 처자를 팔아먹는 자, 고향을 떠나 유리하는 자, 심지어 도둑질을 하거나 자살하는 자가 있으니, 悠悠蒼天이여. 이 무슨 일이란 말인가. 원래 軍은 官에서 양성해야 하는데 오늘의 관은 도리어 군에게 공급을 받고 있다. 군사를 은혜로 보살펴 주어야만 그 成效를 바랄 수 있는 법인데 어찌하여 平日에 돈(軍布錢)을 징수하고 外敵에 임해서는 죽음으로 싸워주기를 요구한단 말인가. 수백년 무한한 원한이 서려 있어, 돈을 요구하지 않고 죽음으로 싸워주기를 요구하지 않더라도 平日에 亂을 생각(난이 일어나기를 바라는 마음)하고 亂에 임하여 禍를 즐거워하지 않을 자가 극히 드물 것이다. 어찌 그들이 힘을 내어주기 바라겠는가.[19]

라고 하여 군역을 지는 사람은 賤人으로 여겨지기 때문에 軍布錢 그 자체만이 문제가 아니라는 것이다. 조금 힘이 있는 사람이면 다 빠져나가고 오늘날 군적에 있는 자는 모두 지극히 빈궁한 자들뿐이어서 온갖 기막힌 일이 나온다고 하였다. 軍을 官에서 은혜를 베풀어가며 양성해야 적에게 死力을 다해 싸울 수 있겠는데 오늘날 官이 도리어 軍을 착취해 먹으니 군이 어찌 나라를 위해 목숨을 바칠 것인가. 전쟁이 일어나면 平日의 원한으로 적에 가담하지 않을 자가 드물 것이라고 하였다. 이에 대해 최성환은 임금

---

19) 『顧問備略』 上, 卷1, 頁26, “軍布錢 稱以停番 稱以雇立 在處濫徵 …… 下自里社吏胥 以至官府上司莫不取給於此 而適足爲貧民耗蕢之地也 貧民耗蕢已不堪命 卽不耗蕢 軍役之人 人已賤之(爲因今日之制 士族人不充定也) 故論地處者 先問軍役與否 是以稍有力之人 百計圖脫 …… 雖多費於軍布百十倍錢 期於落籍而今日軍籍 皆貧窮無告之民也 家何以保生 錢何以趂期乎 鞭扑剝割 所在愁苦 賣兒鬻妻者有之 離井背鄕者有之 …… 古者兵皆養於官 今日之官 皆仰給於兵也 …… 今日之軍 平日責其錢 臨敵責其死也 數百年怨恨 固結于中 卽不之責其錢責其死 乃平日不爲之思亂 臨亂不爲之樂禍者幾稀矣 何望乎其出力也”.

의 새 정치가 시작되려면 무엇보다 이 軍布錢을 일절 제거시켜 옛날 養兵之制가 회복돼야 하며 국가에서 모든 것을 지급할 형편이 안 되면 우선 官에서 부담하지 말고 백성들이 각자의 힘으로 '保'를 만들게 해야 한다. 오직 '統甲'制를 성립시키면 민심이 모여지고 병력을 얻을 수 있을 것이니 수백 년 고질적인 병폐가 하루 아침에 다 고쳐져서 임금의 은혜를 즐기고 나라를 지키는 데 힘을 다할 것이다고 하였다.

軍布錢을 받지 않으면 나라의 財用이 크게 減損된다고 말하는 반대론자가 많겠지만 최성환은 그에 대한 자기의 새로운 주장을 내놓았다.

> 오늘의 군적은 모두 小民들이다. 이미 編伍되어 三時 歸農하고 一時 講武하고 있으며 또 留防·點考 및 제반 赴役이 있는데 거기에 다시 軍布錢을 받으니 이는 疊役, 즉 중첩된 役이다. 그런데 紳士(官員)와 士族은 그 몸이 이미 병역에서 면제되어 있는데다가 價布(軍布錢)마저 부담하지 않아 누락된 호구와도 같다. 이 나라 이 땅에 사는 자로서 누가 임금의 신하가 아니겠는가. 그 중에서 군자는 勞心하고 소인은 勞力하며 군자는 사람을 부리고 소인은 사람에게 부림을 당하는데, 사람을 부리는 자는 사람을 고용하여 자기 대신 일하게 하는 것이고 사람에게 부림을 당하는 자는 대가를 받고 남을 위해 일하는 것이다. 마치 治家者가 採樵와 除糞을 몸소 할 수 없으면 반드시 雇工(머슴꾼)을 두게 되고 가마를 타는 사람은 자기 발로 길을 갈 수 없기 때문에 반드시 轎夫(가마꾼)를 貰주고 타는 것과 같다. 저 雇工과 轎夫는 비천한 것인데 사람이 비천한 것을 사양치 않는 것은 대가를 받기 때문이다. 대가를 받는 쪽은 비천함을 알 것이고 대가를 주는 쪽은 존귀함을 알 것이다. 오늘날 紳士·士族과 같이 존귀한 사람은 마땅히 존귀한 일을 해야할 것이니 대가를 내는 것은 자력으로 할 수 없기 때문이요 비천한 자는 赴役하여 자기 몸으로 하는 것이다. 이렇게 함으로써 貴와 賤이 다 本分을 얻는 것이다. 이제 종래의 습관에 반하여 말을 하기를 "대가를 내는 자는 귀족이고 몸으로 役하는 자는 賤類이다"라고 한다면 누가 옳지 않다고 하겠는가. 그렇다면 軍布錢은 모두 "願納樂爲"의 錢이 될 것이며 納錢을 不許할까 염려하는 것이다.[20]

---

20)『顧問備略』上, 卷1, 頁27, "今日之軍籍 皆小民也 旣已編伍 三時歸農 一時講武

라고 하여 군포전을 완전 제거하는 것이 당연하지만 나라의 財用을 위해 불가피하다면 군포전의 부과 대상을 달리해야 한다는 것이다. 현재 군적에 올려있는 小民들이 군사훈련 및 기타 赴役을 하고 있는데 또 군포전을 낸다는 것은 疊役, 즉 이중 부담을 하는 것이다. 이에 반해 紳士(官人) 士族들은 병역면제에다가 군포전도 내지 않으니 이 나라의 王臣－국민으로서 원칙이 틀린 것이다. 小人(小民)들은 몸으로 병역을 지고 君子(紳士, 士族)는 몸으로 하지 못하는 대신 돈으로 의무를 다 해야하는 것이다. 다시 말하면 군포전은 '君子'로 표현된 紳士 · 士族이 전적으로 부담해야 한다는 것이다.

혹은 또 貧士 즉 가난한 士族이 돈을 마련하지 못할 경우를 들어, 반대 의견을 말한다. 이에 대해 최성환은

> 貧士는 물론 돈 마련이 어려울 것이다. 그러나 貧民은 더더욱 어렵다. 빈민의 직업이란 農이 아니면 雇傭, 또는 工과 商일 뿐인데 樂歲(풍년)에 내내 고생을 하고 흉년에는 사망을 면치 못한다. 이것이 오늘의 빈민이다. 빈사도 농 · 고 · 공 · 상을 직업으로 삼아서 나쁠 것이 없으며 또 혹 족친 인척 仕宦家의 도움이 있을 수도 있으니 빈민과 직업을 같이 하더라도 빈민보다는 유리한 것이다.21)

又有留防點考及諸般赴役 又責其布錢 是疊役也 惟紳士與士族人則身既免役 又不責價布 有同漏戶 率土之濱 孰非王臣 君子勞心 小人勞力 君子役人 小人役於人 役人者 雇人而代力 役於人者 受直而代人 如治家者 採樵除糞 不可自力 則必置雇工 如坐輿者 行脚走路 不能自任 則必貰轎夫 彼雇工轎夫 卑且賤也 人亦不辭於卑賤者 受直也 因於受直而卑賤可知也 因於給價而尊貴可知也 今日之尊如紳士貴如士族者 自應行尊貴之事 尊貴者出直 不可以自力也 貴賤者 赴役以身行也 如是而後 貴賤皆得本分矣 於是反前習而爲之語曰 出直者 貴族也 應役者 賤類也 夫誰曰不然 夫然則是所收布錢者 皆願納樂爲之錢(其名美故也) 而惟恐其不許納錢也".

21) 『顧問備略』上, 卷1, 頁28, "貧士固難辦 卽貧民尤難辦 貧民之業 不過爲農爲雇爲工爲商 而樂歲終身苦 凶年不免於死亡 此今日之貧民也 貧士之業 亦不害於爲農爲雇爲工爲商 而又或有族親姻戚宦家之睦恤 則比之貧 所業同而所資則加 不猶有勝於彼".

라고 하여 貧士가 어렵겠지만 같은 王臣-국민으로서 빈사는 빈민보다는 처지가 상대적으로 유리하므로 탓하지 말라고 한 것이다. 군포전을 신사 사족이 전적으로 부담해야 한다는 것과 빈사도 농·고·공·상을 직업으로 하는 것이 나쁘지 않다고 한 것은 최성환의 중요한 의견의 제시이며, 우리의 주목을 끄는 대목이다. 뒤에 다시 언급하기로 한다.

5. 還政·田政과 租稅金納化 政策

최성환은 還穀문제(糶糴)를 다루면서 常平倉과 社倉을 아울러 설명하였다. 여러 邑倉에 저장한 軍資穀·常平穀·賑恤穀과 그 밖의 各邑 미곡들을 糶糴法으로 정하여 봄에 백성들에게 대여해주고 절반은 창고에 남겨두며 가을에 대여한 곡식을 환수하되 十一의 耗를 받는다. 이에 대하여 최성환은 法이 좋아서 萬世의 利가 되는 것이라고 칭찬해 놓고 법을 잘못 지켜 폐가 생긴 것으로, 지금은 백성을 이롭게 하던 법이 백성을 해롭게 하는 일로 바뀌어 민생의 뼈에 사무친 痼瘼이 되었다. 이로써 離散을 하고, 이로써 사망을 한다. "선과 악의 相反이 어찌 이렇게 되었을꼬" 라고 自問하고는

> 오늘의 폐단은 다 옛날과 상반되는 데에서 생긴 것이다. 옛날 分給할 때에는 백성들이 다 얻기를 원했는데, 지금은 백성들이 모두 분급에서 빠지기를 도모하여 강제 배정을 하게 되고 옛날에는 백성들이 얻어 갈 때에 많이 얻어가기를 원했는데 지금은 많이 돌아올까 두려워 한다. 옛날에는 백성들에게 食口를 헤아려 분급하되 한 식구에게 一石에 지나지 않았는데 지금은 한 사람에게 十石 혹은 百石까지 배당된다. 옛날에는 耗를 什의 一로 했는데 지금의 耗는 什의 百, 百도 부족해서 生徵을 한다. 옛날에는 절반을 留庫했는데 지금은 전부를 나누어 준다. 옛날에는 新穀 舊穀을 서로 교환했는데 지금은 新穀도 한꺼번에 없어진다.[22)]

22) 『顧問備略』上, 卷1, 頁29, "今日之弊 皆反於昔 昔之分給也 民皆願得 今則民皆

라고 하여 상세하게 설명하였다. 그리고 환곡이 옛날과 지금의 상반된 이유를 적나라하게 들추어 놓았다.

> 옛날의 환곡은 받을 때나 도로 갚을 때에 斗斛이 같고 耗가 什의 一뿐이다. 春窮期에 이 곡식을 얻어 農糧도 하고 種子도 한다. 또 舊穀이 垂盡되어 穀價가 다소 높을 때였는데 가을이 되어 갚을 때에는 新穀이 이미 나와 곡가가 헐한 데다가 耗는 什의 一뿐이니 옛날에 백성들이 환곡을 얻어가고 싶어한 것이다. 뒤로 내려오면 자꾸 달라져서 봄에 받을 때 斗斛을 平量으로 했는데 가을에 갚을 때 斗上에 一分 厚를 加하고 斛上에 一分 厚를 加하여 耗 什一을 합하면 벌써 什의 二가 된다. 뒤에는 斗와 斛의 一分 厚가 변하여 二, 三, 四, 五에서 十分이 되어 斗上에 斗가 가해지고 斛上의 斛이 가해졌다. 이리하여 봄에 빌린 一石이 가을에 二石으로 마감되는 것이 관례이다. 요즘은 二石으로 一石을 償還하는 정도가 아니다. 봄의 一石은 대개 쭉정이로 斗數를 채운 것이고 실제 먹을 수 있는 것은 一二斗뿐이다. 一二斗 소득으로 一石을 상환하니 이미 十倍이다. 어떤 경우에는 一粒도 얻지 못한 것을 가을에 의례 一石으로 상환해야 한다. 斗斛의 加倍와 또 精實의 費 幾分, 納上時 監色들에게 주는 人情米 幾分을 합치면 넉넉히 二三石의 費가 된다. 이것은 一石만을 가지고 계산한 것이다. 十石 혹은 二十石인 경우에는 秋捧時에 五六十石 白徵을 당한다. 오늘날 환곡의 배당에서 빠지기를 원하는 것은 이 때문이다.[23]

라고 하여 본래의 法의 취지가 아주 변질되어 지금 백성들의 생활에 큰 桎

圖免而至於抑配 昔之民 得之也 惟恐其不多 今則惟懼其不少 昔之民 計口而給口不過一石 今則一人而或十百石 昔之耗什之一 今之耗什之百 百之不足而爲生徵 昔之留庫折半 今則盡分 昔之穀 新舊相換 今之穀 並新而盡無 此今日之還弊".

23) 『顧問備略』 上, 卷1, 頁30, "昔之穀 斗斛而分 其還上也加分 例加耗什一而已 故方春東作艱食之時 得此而爲農糧 得此而爲種子 …… 自後隨時弊生 …… 分給所得 斗斛平量 及其秋償也 斗上加一分厚 斛上加一分厚 …… 春得一石者 秋捧時 例以二石磨斟 …… 春之所得一石者皆糠粃 …… 其實則不過一二斗也 …… 此今日之圖免而至於抑配者也".

牿이 되어 있음을 구체적으로 보여 주었다. 그밖에 '以錢作還法', '作錢法', '加作法', '付託還法', '添還法', '臥還法', '防還法' 등 각종 사기 협잡들이 난무하였는데 이는 모두 관리와 집행자 등의 貪瀆으로 이러한 末梢 현상이 나타난 것이었다. 최성환은 환곡의 폐가 百弊 중에 더욱 심한 이유를 곡물가의 仰昻, 斗의 증감, 穀의 精粗에 의해 쉽게 幻弄할 수 있기 때문이라고 말하고, 그 폐를 矯救하려면 錢穀兩行法을 시행하고 漢 耿壽昌의 상평창과 宋 朱晦庵의 사창의 제도를 취하여 二者를 겸용하되 時宜에 따라 짐작해야 된다고 하였다.

貢賦에 대하여 최성환은 우리나라 정부가 국민으로부터 田稅의 結負制에 의한 收租와 貢物의 大同法 제정에 의한 外邑 米·木·錢의 京倉收納, 그리고 倉主人(貢物主人)을 통한 京貿 進納을 하고 있는 것을 원칙적으로 잘된 법이라고 하였다. 그러나 정부가 外邑에서 수취하는 것이 名目이 번잡하여 田稅米·大同米 외에 또 三手米라는 것이 있어, 모두 田結에 부과하고 있다. 每一結의 收取率을 충청도의 사례로 말하면 田品을 9等田으로 나누어 下下田의 稅米 4斗, 大同米 12斗로부터 上上田의 稅米 20斗에까지 이르고 三手米 1斗 2升을 보태어 받는다. 이는 1結의 稅米 중에서 명목을 달리하는 것이다. 가령 中中田으로 계산하면 25斗 2升이 된다. 이것을 몇 차례로 나누어 완납하게 하는데, 예를 들면 전세는 某日에 바치고 대동미는 某日에, 그리고 삼수미는 某日에 바치게 한다. 이것을 백성들이 각자 스스로 漕倉에 수납하게 하니 조창에서 거리가 먼 백성들은 負戴 往來하면서 많은 시일을 소비하고 관리들은 마음대로 誅求를 일삼아, 그때마다 견디기 어려운 실정이다. 백성들은 관리 대하기를 豺狼과 같이 싫어하는데 1년에 한 번도 아니고 3·4차례씩 만나니 기가 차는 일이다. 米 한 가지를 가지고 말하더라도 米가 幾分은 小米로 幾分은 黃豆로 그리고 幾分은 綿布 또는 麻布로 準折하기도 하였다. 또 米를 作錢함에 있어서 幾分은 黃豆로 作錢하고 幾分은 綿布로 作錢하기도 한다. 作錢에 있어서도 규정이 한결같지 않아 米 1石은 黃豆 2石으로 치고 혹은 綿布 3疋半으로 친다. 米 1石은 4兩 5錢 혹은 5兩이고 黃豆 1石은 1兩 7錢 혹은 2兩 5錢이며, 小米 1石은 3兩 5錢 혹은 2兩 5錢이 된다. 그밖에도 허다한 높낮이가 있는데 모두 田 1結의 稅米로부터 불어난 것이다. 이러고서 어찌 백성이 안정되게 살 수 있으며, 어찌 소요를 일으키지 않을 수 있겠는가. 이와 같이 細瑣하니 文簿가 착잡하고 명목이 다단한 것을 알 만하다. 비록 암산을 잘하는 사람도 파악이 어려운데 향촌의 어리석은 백성이 어찌 眩惑하지 않겠는가. 이에 관리들이 농간을 부려 1石의 稅를 數三石으로도 완납이 안 되게 한다. 오늘날 세가 무겁고 백성이 곤궁한 것이 모두 이 때문이다. 그러나 國庫 수입은 단 한푼도 늘어난 것이 아니고 오직 관리의 私服만 채우는 것이다. 최성환은

> 생각건대 稅法을 고쳐 정하고 허다한 명목을 없애며, 아울러 代錢으로 捧納케 하는 것이 마땅하다. 만약 1결의 세를 15兩으로 정한다면 1負는 1錢 5分이 되고, 1束은 1分 5里가 된다. 이렇게 하면 많게는 百千結에서 적게는 一二束에 이르기까지 그 수치가 알기 간편하여 백성들이 매우 편하게 여길 것이다. 또한 관리는 농간을 부릴 수 없게 되어, 백성들이 그 이익을 누릴게 될 것이다.24)

라고 하여 모든 조세를 金納으로 일원화함으로써 온갖 폐단을 시정할 수 있다는 것이다. 이 때 이미 국가에서 조세 중 일부를 代錢으로 받아오기도 했으나 米 · 豆 · 布木 등과 함께 雜然히 병행하여 엉망이 되어 있었다. 최성환과 같이 租稅金納化政策의 전면적 실시를 강조한 것은 처음 있는 일이고, 또 그만큼 획기적인 것이었다.

최성환은 이 조세금납화정책에 대한 두 가지 반대의견을 상정하고 다음과 같이 말하였다.

> 혹자는 또 조세를 완납할 때에 백성으로 하여금 곡식으로 납부케 하면

---

24) 『顧問備略』 上, 卷2, 頁11, "臣愚謂宜更定稅法 除許多名目 并以代錢捧上 如一結之稅 定以十五兩 則一負爲一錢五分 一束爲一分五里也 如此則多自百千結 少至一二束 而其數甚簡易知 民甚便之 又官吏無以爲奸而民受其利".

실행되기 쉬운 반면에 돈으로 납부케 하면 窮民들이 어떻게 그것을 마련할 수 있겠는가 라고 우려한다. 그런데 백성들에게 이미 납세할 곡식이 있다면 어찌 곡식을 팔아 돈으로 마련할 수 없단 말인가. 게다가 또 이때에 常平倉이 세워져 있어서 바야흐로 돈을 풀어 곡식을 사들일 터인즉 돈 또한 마련하기 어렵지 않을 것이다.[25]

그리고 이어서

혹자는 또 염려하기를 나라의 법에 防納을 금지하고 있는데, 이는 사방의 곡식으로 京師를 넉넉하게 하려는 것이다. 그런데 지금 그 곡식의 반입을 중지시킨다면 나라의 근본인 京師가 넉넉해지지 못할까 걱정스럽다고 한다. 京司에 이미 상평창의 제도가 마련되어 있으니 전세와 대동미의 代金으로 올라온 돈을 倉主人에게 주어 時價에 맞게 곡식을 구입하게 한다면, 곡식이 먼 지방으로부터 올 수 있어서 서울이 넉넉해지지 않을 까닭이 없다. 또 小米·黃豆·綿布·麻布 등을 함께 구매한다면 서울에 곡식이 풍족해질 것이다.[26]

라고 하여 백성들이 곡식을 팔아 돈을 만들기가 어렵지 않고 또 상평창에서 돈으로 곡식을 사들이게 되므로 서울에 얼마든지 곡식이 들어와 있게 된다는 것이다.

최성환은 또 조세를 現穀 現物 등으로 받아들이기 위해 막대한 漕運의 비용을 지출하고 있는 당시의 실정을 낱낱이 열거하였다. 田稅의 漕船으로 사용하는 전국 各倉 소속 官船의 수리 내지 新造의 경비와 5·6천 명의 漕軍에 대한 급여로 每名當 매년 2결을 給復하는 경비가 엄청나고 또

25) 『顧問備略』 上, 卷2, 頁11~12, "或又疑當完租之時 使民納穀 則易爲力 而使之責錢 則窮民何以辦得 殊不知民旣有此可納之穀 則何不賣穀 以得錢 況又此時所在常平倉 方皆散錢貿穀 則錢又不難得矣".

26) 『顧問備略』 上, 卷2, 頁12, "或又疑國典有防納之禁 盖欲以四方之穀 以贍京師也 而今此幷停其穀 則恐根本不贍 殊不知京司旣設常平倉之制 以田稅大同所捧錢 授之倉主人 從時價貿納 則穀自遠方至 無不贍之理 又兼貿小米黃豆綿布麻之類 而足矣".

漕倉에 속하지 않는 各道諸邑의 전세는 모두 私船을 賃用한다. 대동미도 경기도 水原 등 23읍을 위시한 각도제읍의 것을 모두 사선으로 임용하는데 또한 그 경비가 헤아릴 수 없을 만큼 많다는 것이다. 게다가 풍파에 난파되거나 色吏 船人輩가 偸竊한 뒤에 그것을 감추기 위해 고의로 함몰시키는 일이 자주 일어난다. 이 모든 것을 합산하면 賈誼가 말한 바와 같이 1錢의 賦稅를 위해 10錢을 소비한다는 것이다. 최성환은

> 지금부터 전세는 물론이고 대동미도 돈으로 봉납케 하고 이것을 법령으로 확정한다면 막대한 조운의 비용이 줄어져서 국가는 열 배의 이득을 거두게 될 것이다. 조운에 의존하지 않고도 서울에 현곡 현물이 쌓이게 될 것은 위에서 말한 바와 같이 倉主人으로 하여금 돈으로 貿納하면 되기 때문이다.[27]

라고 하여 현곡 현물 등의 조운을 폐지하고 금납화정책을 勵行하면 그 폐단이 없어진다는 것이다. 여기 첨부하여 말해둘 것은 국가재정에 관한 견해이다. 최성환은 節用을 통하여 정부 각 기관의 낭비를 최대한 줄이는 동시에 회계장부의 철저한 정비를 요구하였다. 지금 戶曹와 宣惠廳의 장부를 보면 숫자상으로 豊盈해 있지만 실제로는 궁핍 곤란이 말이 아닌데 그것은 逋欠·借貸·先下(先拂) 등의 이유 때문이라는 것이다. 조정에서 인사행정에 지나친 관대를 해오고 가혹한 監査가 없어, 그렇게 된 것이라고 하였다. 그리고 그는 국가재정의 충실을 위해 稅源을 확보해야 한다면서 민간의 漁業·塩業·船業에 대하여 그 세를 국고에 들여 넣자고 하였다.

> 場市에 대한 과세와 塩과 金鐵에 대한 수익은 三代이래로 모두 정해진 법제가 있다. 이로서 정부의 경비와 軍餉·녹봉을 조달하는 것으로 실로 모든 국가가 이에 의존하는 바 큰 것이다. 우리 왕조의 惠政은 뭇 백성들과 더불어 山澤의 利를 공유하고자 하여 심하게 徵稅하지 않은 채 내려

27)『顧問備略』上, 卷2, 頁14, "臣愚謂宜自今 無論田稅與大同米 幷以代錢上納 著爲令 可以省無限漕轉費 而國收十倍之利矣 其京師積貯之不必仰給於漕運而愈得其裕者 見於貢賦條而常平倉法備矣".

왔다. 그런데 지금은 세를 거두는 명목이 너무 많아 그 대상이 되지 않는 것이 없다. 그러나 그 이익은 모두 각 궁방과 각 아문으로 귀속되어 중간에서 녹아 없어지고 國用에는 조금의 도움도 되지 못하니 애석할 뿐이다.[28)]

그는 당시 이 漁·塩·船에 대한 稅도 생선·소금류의 현물이 아니고 돈으로 받아야 한다고 생각했던 것 같다. 역시 조운에 의존하지 않는다는 것이다.

6. 治水事業에 있어서의 公人·公役의 폐지와 民間請負制 도입

최성환은 治山治水, 특히 治水에 많은 관심을 보였다. 그는 우선 도성 내의 開川(淸溪川)에 대하여 매년 潦水의 범람으로 시가와 인가에 큰 피해를 끼치게 되고 조정에서 이에 대한 대책으로 一大政事를 삼아, 濬川司라는 관청을 開川 곁에 설치하여 都提調 提調를 모두 현직 大臣 및 將臣으로 겸임케 하고, 備邊司 중에 重望이 있는 1員을 派定하여 업무를 專管케 하니 그 소임이 크고 그 책임이 무겁다. 3년마다 小濬川이 있고, 5년마다 大濬川이 있는데 濬川의 비용이 3년째의 것은 3만량, 5년째의 것은 5만량이 든다. 이것을 1년 단위로 분배하면 겨우 1만량이 되는데 이것으로 구차히 彌縫할 뿐이다. 만약 힘과 성의를 다해 깊이 파내어서 '庚辰年 地平' 또는 '癸巳年 地平'처럼 하려고 하면 그 들어가는 돈이 1만량의 몇 배가 될 것이다. 濬川이 옛날처럼 안 되는 것이 이 때문이다.

또 3년 내지 5년 만에 한 번씩 濬渫하기 때문에 그동안 흘러 내려와서

---

28) 『顧問備略』 上, 卷2, 頁21, "至於市糴之征 塩金鐵之利 三代以來 皆有定制 於是而爲經費 爲軍餉爲祿俸 實有國之所仰給者也 我朝惠政 欲與庶民共山澤之利 不甚徵稅矣 今則收稅多端 乃無不稅之物 而其利 盡歸於各宮司 從中消融 而與國用無尺寸之補 惜哉".

쌓인 沙土가 川邊의 육지와 거의 비슷한데 다년간 쌓인 沙土를 들어내다가 도로에 버리니 도로는 점차 높아지고 人家는 점차 낮아져서 묻힐 지경일 뿐 아니라 버린 모래가 사람의 발에 밟혀 흩어져서 이리저리 구르다가 결국 다시 開川으로 들어간다. 이리하여 開川이 자꾸 막히는 것이다.

이에 대하여 '募人雇役' 즉 관에서 인부를 모집하여 役事를 시키는 법을 만들었는데 말할 수 없을 정도로 잘못되어 있다. 3군영에서 각기 담당구역을 두고 장관이 모든 것을 주관하고 장교가 검찰하고 等牌가 召募하고 인부가 赴役하는데 인부들의 怠業에 대하여 감독이 제대로 되지 않는다. 원래의 책임량은 한 인부의 하루의 작업이 50次 내지 70次에 걸쳐 모래를 운반하게 되어 있는데 지금은 하루에 수십차에 그치고 또 每次의 運沙가 1簣에 불과한데 그것도 1궤는 이름뿐이고 실은 반궤일 따름이다. 게다가 몸을 일으킬 때 고의로 몸을 흔들어 모래가 반이나 流落하고 몸을 일으킨 뒤에는 걸음걸이가 온당치 못하여 어깨와 발이 제대로 놀아, 모래가 기울어 엎질러진 것이 그 반이 된다. 이로써 보면 "十夫의 力이 一夫의 工이라"하고 한 것이 過論이 아니다. 최성환은

> 그 폐단의 所自出을 궁구해보니, 이는 公人으로 公役을 행하여 公錢을 쓰기 때문이다. 현재 바로 잡을 수 있는 방법은 公을 私로 바꾸어 '各自爲功' 즉 사람마다 자신의 공이 되게 하는 것이다.[29]

라고 하였다. 公을 私로 바꾼다는 것은 관에서 직접 관리하지 말고 민간에 請負를 주어 민간인의 책임 하에 수행하라고 한 것이다.

> 그 방법은 도성에서 勤實하고 일을 잘 처리하는 사람 수십인을 모집하여, 貢契를 만들게 한 후, 그들에게 매년 濬川司로부터 대가를 지급받게 하여 私的인 雇軍으로 일을 하게 하는 것이다.[30]

---

29) 『顧問備略』 濬川, 頁11, "究其弊之所自 則爲是用公人行公役費公錢之故也 目下矯捄之方 惟有變公而爲私 使人各自爲功而已".

30) 『顧問備略』 濬川, 頁11, "其法 募都下勤實幹事者數十人 作爲貢契 使之每年受價

즉 최성환은 도하에 근실하고 능력이 있는 자들로 공계를 조직케 하고 매년 준천사로부터 돈을 받아 자기들 스스로 군정을 모집하여 거행하게 한다는 것이다.

> 이와 같이 한다면 저들 貢人된 자들이 몸소 감독함으로써 반드시 因循하여 헛되이 날을 보낼 염려가 없어질 것이니 한 사람의 힘으로 열 사람의 성과를 얻을 것이다. 이는 이치의 당연함으로 濬川의 소통 또한 반드시 오늘날 公役보다 십배의 효과가 있을 것이다.31)

라고 하여 관기의 해이에 따라 관에 의한 공사가 위와 같이 부실하고 지연되기 짝이 없으므로 민간 청부제를 도입하자는 것이다. 다만 정부에서 해마다 貢人에게 돈을 준다는 것이 어렵다고 여길지 모르기 때문에 최성환으 과감하게 다음과 같이 주장하였다.

> 또 혹시 年例로 돈을 낸다는 것이 어렵게 여길지 모르지만 반드시 한 차례 크게 한 몫을 떼내어 십만량 정도를 한꺼번에 주어, 貢人으로 하여금 증식하여 그 쓰임에 기금이 되게 한다면 공인들이 원치 않을 까닭이 없을 것이다. 정부에서 비록 창졸간에 마련하기 쉽지 않을 지라도 한 번 투자를 하고 나면 길이 다시 돌아보는 근심이 없을 것이니, 진실로 만세의 이로움이 될 것이다.32)

이미 모든 면에서 徭役勞動體制가 광범히 붕괴되어 버린 당시에 관에서 동원하고 시행하는 일이 돈을 준다고 해서 제대로 될 수 없음을 간파했던 최성환은 민간청부제를 통하여 '各自爲功' 즉 개인별 능력위주의 효율성을

於濬川司 而私自雇軍擧行也".

31) 『顧問備略』 濬川, 頁11~12, "如此則彼爲貢人者 自覺 躬行董督 必無因循曠日之患 而一夫之力 可得十夫之功矣 此理勢之固然 而濬川之疏通 必有十倍於今日公役矣".

32) 『顧問備略』 濬川, 頁14, "又或難於年例上下 則必爲之一番大劃給 十萬兩 擧而授之 使貢人年年生殖而資其用 則貢人者 應無不願之端 而在朝家 雖有倉猝難辦之慮 得一番設施 則永無更顧之患 誠萬世之利也".

최대한 활용하려 하였다. 濬川司에 관한 것은 특히 그 일단일 뿐이다.

7. 人材登庸의 공평성과 새로운 직업관

최성환은 국가 爲功에 있어서 인재를 구하는 것이 第一義에 해당하는 것으로 보고 인재의 양성을 위한 학교제도와 인재의 선발을 위한 과거제도를 논하면서 당시 우리나라의 잘못된 현실을 심각히 지적하였다. 그는 무엇보다 인재등용에 있어서 지역편중 · 문벌편중의 결과로 인재는 仕宦과 관련이 없고 사환의 樂은 오직 소수 특정귀족의 家物이 되었다고 말하면서 지역편중 · 문벌편중의 실제를 들어 말하였다.

> 예컨대 우리나라의 八道 안에서 본래 잘 기용하지 않던 西北三道의 人士는 아예 제외하고, 五道의 인사로서 크게 기용된 자 또한 거의 없는 편이다. 간혹 지방에서 한두 명의 드러난 사람들이 있지만 또한 모두 京華世族으로 그곳에 流寓한 집안이고 본래 그 지방의 인사라고 말할 수 없다. 오늘날 뽑혀 쓰이는 자는 오직 경기 한 도일 뿐이다. 경기 한 도도 모두 그러한 것이 아니고 오직 도성 五部 안에 그칠 뿐이다. 도성 오부는 우리나라 전국토를 들어 따진다면 三百分의 一에 불과하다. 그런데 삼백분의 一이 다 그러한 것도 아니고 오직 그 중의 世卿士大夫에 그칠 뿐이며, 세경사대부 중에서도 오직 貴族大姓(외척 벌열)에 그칠 뿐이다. 그러니까 그 一分 가운데서도 겨우 百千分의 一에 해당하는 것뿐이다.[33)]

이러한 편중은 마침내 일반 양반귀족에게도 불운을 당하는 사태가 오게 하였다.

---

33) 『顧問備略』 下, 卷4, 頁17, "如國家地方八道內 除西北三道人士 素不大用外 五道人士之大用者 又絶無或有一二顯者 亦皆京華流寓也 不可作外方人士論 則今日所求而收用者 惟京畿一道也 京畿一道而猶不能皆然 惟畿甸五部內是已 則擧千里之地而三百分之一也 三百分之一而猶不能皆然 惟世卿士大夫是已 世卿士大夫而惟貴族大姓是已 則其一分之中 又僅百千分之一也".

> 그러나 양반귀족 중에서도 이 樂을 얻은 자 또한 많지 않다. 양반귀족이 이 仕宦으로 인해 고통받는 자가 더욱 많은데, 그 고통은 寒族(평민)에게 비해 더욱 심하다. 대저 양반귀족의 所業이란 오직 사환 한 길이 있을 뿐이다. 이미 생을 영위할 방도가 없고 또 몸을 보양할 계책도 없으면서 오직 과거보느라 분주하여 세월을 다 흘려보내고도 합격이 안 되어 종신토록 한 관직도 얻지 못한다. 만년에는 온갖 괴로움을 씹으며 白首布衣의 형편에다 끼니도 잇지를 못한 채 도로에 엎어지고 溝壑를 메우는 자가 흔하게 나타나고 있다.[34]

라고 하여 양반귀족 중에도 벼슬에서 빠진 사람이 많아, 그 생활고통은 寒族보다 더하다는 것이다. 그는 관료를 올바로 임용하기 위해서는 門族의 지위고하를 전혀 염두에 두지 말고 오직 능력위주로 선발해야 할 것이며 해당기준에 들지 않는 사람은 다른 職種을 택해가야 한다고 하였다.

> 무릇 官人은 반드시 일정한 과정을 거쳐 뽑혀진 選擧人 중에서 임용해야 한다. 그 외의 사람들은 농사를 짓거나 장사를 하거나 기술을 배우는 데로 돌아가 생업에 힘쓰는 것이 좋다. 스스로 농사짓고 장사하고 기술에 종사하면서 才德을 함께 닦아 명성이 있게 되면 자연 '鄕擧'의 방식에 의해 천거를 받아 출사할 수도 있다. 그렇게 되지 못하면 다시 농·상·기술로서 생업을 삼아야 한다. 그러므로 仕宦에 종사하는 자가 반드시 모두 양반귀족일 필요가 없으며 농·상·기술자가 반드시 모두 寒族(평민)일 필요도 없다. 이렇게 되면 사람들은 모두 恒産과 恒心이 있게 되고 양반귀족과 한족이 모두 고통받지 않게 될 것이다.[35]

---

34) 『顧問備略』 下, 卷4, 頁19, "此今日人材之無關於仕宦 而仕宦之樂 遂作貴族之家物也 然貴族之得此樂者 亦復無多人 而貴族之以此爲苦者 更居多 其苦有反甚於寒族者也 夫貴族之所業 惟仕宦一條路而已 既無營生之道 仍無資身之策 奔走科試 流盡歲月 終身不得一資 窮年喫盡萬苦 白首布衣 糟糠不繼 殭于道路 塡于溝壑者 比比皆然".

35) 『顧問備略』 下, 卷4, 頁20, "凡官人 必以前所論選擧人中取用 餘皆歸農歸商歸傍岐 則生業胥矣 更自農自商自傍岐而才德幷修 有可稱 則自應鄕擧得薦 可以出而仕矣 否則還是農商傍岐而生業也 然則仕宦者 未必盡貴族 農商傍岐者未必盡寒族也 於是人皆有恒産有恒心 貴族寒族幷無所苦".

라고 하여 직업에 貴賤이 없는 것이니 과거 한 가지 길에 매달리지 말고 자기 형편에 맞는 직업을 골라, 살길을 도모해야 한다. 이렇게 되면 귀족과 寒族이 모두 살길이 있게 되고 고통에서 벗어날 수 있다는 것이다.

그런데 일부 인사들이 寒族과 遐人(먼 지방의 사람)들은 견문이 넓지 못하고 학술이 粗疎하여 大用할 수 없다고 하면서 귀족이 아닌 사람을 등용하는 것이 마땅치 않다고 한다. 이에 대하여 최성환은

> 하늘이 사람에게 性을 부여함에 있어서 원래부터 厚薄이 없었으니, 어찌 貴賤과 遐邇의 구별이 있을 수 있겠는가? 다만 寒族과 遐人(먼 지방의 사람)은 스스로 버려진 사람으로 자처하여 실력을 배양한 적이 없으며, 학업을 무용하다고 여기고 경제를 우활하다고 여겨, 신분의 향상을 이루지 않고 명예도 希求하지 않는다. 이것이 寒族과 遐人 중에 훌륭한 인재가 없는 까닭이다.[36]

라고 하여 종래 양반귀족 위주의 인재론을 부정하고 새로운 직업관의 형성을 촉구하였다.

8. 맺음말

우리나라 역사에 있어서, 중세에서 근대로의 이행과정이 외부로부터의 충격에 의해서 된 것만이 아니고 내재적 주체적 발전의 계기를 자체에서 찾아보려는 노력의 일환으로, 사상사의 전환에 유의하여 실학사상이 개화사상으로 옮겨가고 있음을 밝혀보려 하면서 특히 중인출신 최성환의 『고문비략』을 중심으로 그것을 다루어 보았다.

실학이 유교경전의 演繹으로부터 『曆算物理』의 과학세계로 옮겨 온 것

36) 『顧問備略』 下, 卷4, 頁17~18, "天賦人性 原不厚薄 豈有貴賤遐邇之別 但寒族遐人 自分棄置 未曾培養 以學業爲無用 以經濟爲迂闊 不作身分 不圖名譽 此所以無奇異之才".

은 崔漢綺의 여러 저술에서 보아왔거니와 행정·경제에 대한 구체적 논술은 최성환의 『고문비략』에서 더욱 脫性理學·脫中世的 경향을 보여주고 있다. 이 『고문비략』의 분석을 통하여 종래의 실학사상이 최성환에 이르러 개화사상과 더욱 거리를 좁히고 나아가 '市民'적 사고에 한층 가까워지고 있음을 증명할 수가 있다. 실제로 개화정치의 기수인 兪吉濬이 그의 일련의 개혁이론에서 최성환을 높이 평가하여 "近有崔瑆煥 經濟士也"라고 하면서 최성환의 稅制改革論을 전폭적으로 받아들이기도 하였다.[37]

정치참여가 전혀 불가능했던 중인층이 개혁에 더욱 열의를 갖고 있었던 것은 당연하다. 하지만 중인의 실학사상은 종래 양반사대부층의 체제개혁론과도 다르다. 사대부층은 기본적으로 '天德王道'라는 유교적 이념과 원칙에 기반하여 체제를 개혁하려는 데 반해, 중인인 최성환은 그러한 이념과 원칙보다 '從時制宜', 즉 "때에 따라 형편에 따라 합리적으로 처리"한다는 것이다.

최성환의 『고문비략』은 이를 잘 말해준다. 그는 (1) 전국의 지방행정제도를 개편하여 州·郡·縣의 할거주의적인 독자적 행정을 橫的으로 연결시키는 동시에 왕을 정점으로 하는 縱的 체제를 만들어 중앙정부의 권력을 강화하는 동시에 (2) 모든 세금을 金納制로 통일하여 복잡한 현물조세정책에서 오는 관리들의 부정과 수탈을 막는 동시에 상평창의 倉主人으로 하여금 현금으로 미곡을 매입케 하고 (3) 왕족들의 착복에 그쳤던 漁業·塩業·船業 등 산택자원에 대한 세금을 국가가 받아 재정을 강화하며 (4) 公人을 동원하여 公錢을 소비함으로써 부정이 극에 달하고 있는 국가의 公役 등을 민간청부에 의해 해결키로 하자고 하였다. 그는 민간청부를 貢人에게 시키기를 주장했는데 공인은 창주인들과 함께 당시의 상업자본과 관련이 있는 사람들이다. 그의 주장의 배경에는 당시 상업자본가의 이익을 옹호하는 점이 있는 것으로 보인다. (5) 양심적이고 유능한 관료를 확보하기 위해, 그리고 소외계층의 불만을 해소시키기 위해 인재등용을 공평하게 해 줄 것 등을 주장하고 있다. 그는 "하늘이 인재를 내리는데 귀족에게만

37) 『兪吉濬全書』 Ⅳ, 一潮閣, 1971, 179~189쪽.

내리지 않는다"면서 당시의 勢道政治에 아주 비판적이었다.

당시의 세도정치는 극에 달해 八道의 사대부 중에서 서울 城中의 世卿士大夫, 그리고 세경사대부 중에서도 貴族大姓(외척 벌열)만이 세습적으로 권력을 담당할 수 있었기 때문에 양반 가운데서도 몰락한 자가 많았다. 그는 농·공·상의 寒族(平民)들도 벼슬할 수 있게 하고 양반귀족도 몰락하면 농·공·상을 하도록 해야 한다고 주장하였다. 그러나 우선 귀족의 존재를 부정하지 않았다는 점에서 현실을 합리적으로 해결해 보자는 데 그치고 있다.

그의 이같은 생각은 軍布錢 문제에서도 드러난다. 당시의 하층민들은 변방지역에 군인으로 동원되면서 군포전이라는 세금을 이중으로 물었는데 힘없는 자만이 당해 비참한 지경에 빠져 있었다. 그는 하층민의 이중의 부담을 해서는 안 된다면서 常人은 몸으로 하고 양반이 양반 노릇을 하려면 돈으로 낼 것을 강력히 주장하였다. 여기에서도 봉건적 신분제도를 뿌리채 부정하지 않는 가운데 "때에 맞추어 합리적으로 해결"해 보려는 그의 생각이 드러나는 것이다.

그는 백성들의 소리를 대변하고 양반귀족을 비판했지만 당시 곳곳에서 심각하게 전개되고 있던 하층민의 조직적인 항거에 대해서는 비협조적이었다. 이것은 그의 한계로 그가 속해 있던 중인층의 특성에 많이 기인된 것이다.

최성환이 중인출신으로 微官末職에서 당시 행정·경제 전반에 대한 개혁적 의견을 저술 속에 담아둔 것은 특이한 일이며 달리 그 예를 찾아 볼 수 없다. 그 구체적 논술은 원리위주의 종래 실학파 학자들의 논조와 매우 다르다. 개개의 사례별 지적과 실행가능을 위주로 한 주장은 磻溪·星湖 이래 碩學大家의 '論道經邦'의 大理想 大經綸은 찾아보기 어려워, 다분히 官方學的 성향을 띠고 있음이 사실이다. 그러나 우리는 그의 이러한 한계를 강조하기보다는 그의 명석하고도 합리적인 논조가 가지고 있는 실효성과 卽事性에 대하여 일정하게 이해하고 평가해주고 싶은 것이다.

결국 그의 실학사상은 상업자본을 배경으로 한 절대주의에의 지향이라고 설명할 수 있다. 다산이 土地公概念에 의해 지주적 토지소유를 해체시켜 지주지배층을 없애버리고 왕과 농민의 직접관계 위에 왕권의 강화 및 체제개혁을 주장한 것과 좋은 대조를 보인다. 규범이나 원칙에 얽매이지 않는 채, 사회문제를 근본적으로가 아니라 방편적으로 해결하려 한 것이 그의 특징이라고 하겠다.

(『學術院論文集』(人文社會科學篇) 37, 1998)

姜瑋의 人物과 思想
-實學에서 開化思想으로의 전환의 일단면-

李 光 麟

1. 序

개항을 전후한 시기에 활약한 인물 중에 아직껏 잘 알려져 있지 않은 사람도 많지만, 혹 알려져 있다고 해도 옳게 평가를 받지 못하고 있는 사람이 있다. 이 때문에 최근 학계에서 관심을 끌고 있는 實學과 開化思想과의 관련, 개화사상의 형성문제 등이 제대로 파악되지 못하고 있는 것 같다.

여기서 살펴보려는 秋琴 姜瑋는 金澤榮(號 滄江), 黃玹(梅泉)과 더불어 근세 한국의 3대 詩人으로 손꼽히고 있지만,[1] 단지 시인이나 문사로만 간주될 사람은 아니었다. 물론 그는 가난한 무관집에서 태어난 데다가 벼슬도 못했고, 한편 언제나 전국의 산천을 유람하는 것을 樂으로 삼았던, 이른바 떠돌이 생활을 하였던 것이므로 정치와는 무관한 사람이었다고 할 수 있다. 그러나 그의 의견은 深遠 卓越하여 주위 사람들에게는 말할 것도 없고, 당시의 위정자들에게까지 영향을 주었던 인물이었다. 그리하여 1870·1880년대 한국이 開港을 결정하고 개화운동을 추진함에 있어서는 그의 힘도 적지 않게 작용하였던 것이다. 당시의 정치가 金弘集이 그에 대해 평하기를,

1) 文一平, 「李朝末葉의 三詩人」, 『湖岩全集』 제2권, 一誠堂書店, 1948, 179~181쪽.

> 君以古貌古心 早有得古學 平生游履 爲古人所未曾有 而吐納烟霞 盪其胸次 能冥心合道 虛極生明 發而爲邃議宏議 出入意表于天下事 獨觀其變於不變之時 將以捄斯世於未然 是其心 豈今之所可及哉[2]

라 하여, 그의 식견은 깊고 커서 일반 사람들의 생각 밖의 것이었고, 특히 국제 문제에 대해서는 앞으로 변화할지도 모를 일을 미리 내다보고 事前에 구제해 보려고 하였다고 했고, 또 1920년대 이후 言論人 혹은 史學者로 활약하였던 湖岩 文一平이

> 그는 당대 문사 중 선각자의 一人으로서 장차 전개되려는 국제관계에 대하여도 一双眼을 가지고 지도적 名論을 많이 토하였으니 일례를 들면 江華條約 당시에도 남보다 앞서서 개방의 필요를 역설하였었고, 또 防俄聯美의 논책에도 선봉이었다.[3]

고 평하고 있는 것도 참고할 수 있다.

전환기 한국사회에 있어서 姜瑋는 이처럼 선구자의 지위를 차지하고 있었으나 유감스럽게도 오늘날 그에 대한 평가도 되어 있지 않을 뿐더러, 심지어 그의 이름조차 잘 알려져 있지 않고 있다. 여기서 필자는 그에 관한 기초적인 문제 몇 가지를 살핌으로써 문제를 제기해 볼까 한다.

2. 姜瑋의 家系

姜瑋의 본관은 晉陽(晉州), 고향은 京畿道 廣州郡 中部面 福井里였다. 이곳은 남한산성 서북 기슭에 위치하고 있다. 『晉陽姜氏世譜』[4]에 의하면, 중시조는 殷烈公 姜民瞻이며, 강위는 그로부터 23세에 해당된다. 은열공

---

2) 『古歡堂收草』 文集, 序.
3) 『湖岩全集』 제3권, 112쪽.
4) 1917년에 3冊으로 간행된 것을 참고하였다. 아울러 1973년에 간행된 『晉陽姜氏大同譜』도 참고하였다.

은 고려 光宗 14년(癸亥 963) 문과에 합격한 뒤 兵部尙書 등의 벼슬을 역임하였다. 6대조 姜元吉은 中樞密直副使를 지냈는데, 이 분의 직계(이를 密直公派라고 부른다)가 광주군으로 옮겨, 그 이후 그러니까 고려 후기로부터 조선시대를 거쳐 오늘날까지 600년 이상 거주하고 있다. 강위도 이 곳에서 출생하였고 사망하자 이 곳에 묻혔다.

12대조 姜熙臣은 조선조 中宗年間에 賢良科를 통해 등용되었다가 己卯士禍에 연루되어 관직에서 쫓겨났다. 그리하여 이 일이 있기 전까지는 이 집안에서 문과에 합격하여 문관의 벼슬을 지낸 사람이 많았으나, 이 일이 있은 뒤에는 차츰 문관벼슬과는 멀어졌다. 특히 강위의 아버지대로부터는 무과를 거쳐 무관벼슬을 하는 사람이 압도적으로 많아졌다. 그러니까 이 무렵에는 문관집안에서 무관집안으로 완전히 옮겨진 셈이었다. 1882년 봄 강위가 두 번째로 일본을 방문할 때에 長崎에서 白衣로 종사하던 자기에게 국왕으로부터 繕工監 假監役(從9品)이란 벼슬이 내려졌다는 소식을 듣고 감격하여 시를 지었는데,[5] 시의 挾註에서 "余家自變應武試以來 初得儒門宦名"[6]이라고 하여, 우리 집안이 科業을 바꾸어 武試에 응한 이래 처음으로 문관의 벼슬을 얻었다고 쓰고 있음을 보아도 些間의 실정을 알 수 있다. 실제로 世譜를 통해서 보아도 밀직공파에는 무과에 합격하여 무관을 지낸 사람을 많이 찾아볼 수 있다. 세보에서 강위와 가까운 친척만을 적어

---

5) 『古歡堂收草』 詩集 卷11에 들어 있는 詩의 제목은 「長崎舟中 見家兒書 余間蒙天恩 授繕工監假監役之啣 感恩含涕 率成一絶」이다. 이 詩는 분명히 일본에 있을 때 지은 것이고 繕工監 假監役의 벼슬은 그때 내린 것이다. 그가 일본에 가기는 1882년 양력 3월 중순이었다(釜山港商法會議所發行 『朝鮮新報』 第7號, 1882年 3月 25日刊 참조). 그런데 『承政院日記』 高宗 19年(1882) 正月 13日條를 보면, "又以吏曹言啓曰 繕工監假監役姜瑋 以其身病 呈狀乞遞 改善何如 傳曰 允"이라 하여 1882년 음력 1월 이전에 벌써 강위에게 假監役官의 벼슬이 내려진 바 있음을 말해 주고 있다. 『古歡堂收草』와 『承政院日記』의 내용에서 어느 것을 믿어야할지 여기서 갑자기 단정하기는 곤란하다. 혹 『承政院日記』의 내용은 정부에서 강위에게 일본으로 떠나기 훨씬 전부터 假監役官을 내려야 되겠다는 것을 그렇게 잘못 적은 것이나 아닌지?

6) 詩의 본문은 다음과 같다. "七十山翁一命啣 忽聞涕淚滿征衫 寒門近業傳弓馬 儒素恩光分外覃".

보면 다음과 같다. 이름 위에 ▲는 무과합격자를 표시한다.

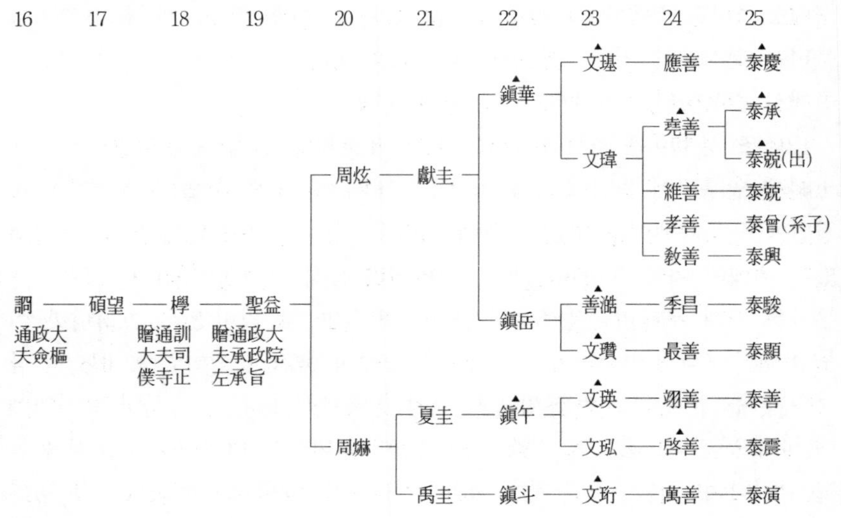

이 표를 보아 알 수 있듯이, 行列의 돌림자로 강위의 정확한 이름은 姜文瑋였다. 무과에는 아버지를 비롯해서 형, 큰 아들, 그리고 손자 2명이 다 합격되어 있고, 또 사촌 형제, 조카 등 그와 가까운 사람들이 상당히 많이 합격되어 있다. 이렇게 보면 강위도 무과에 응시하여 무관을 지낼 사회적 신분을 지니고 있었다고 할 수 있다.

다음으로 世譜에 기록되어 있는 것으로서 그의 집안에 대해 좀 더 자세히 알아보기로 하자.

부친 鎭華는 충청도 公州營의 中軍, 함경도 高原郡守, 公州營의 營將을 지냈고, 형 文瑾은 宣傳官廳의 宣傳官, 訓練院의 主簿, 五衛都摠府의 經歷, 開城府의 管理營, 中軍, 內司僕寺의 兼司僕正을 지냈다. 아들은 넷인데 큰 아들 堯善만이 무과에 합격하여 訓練院의 主簿, 僉正, 宣傳官廳의 宣傳官, 함경도의 端川府使를 역임하였다. 그리고 堯善의 아들 둘이 다 무과를 거쳐 1880년대 이후에 신설된 典圜局의 委員, 礦務局의 主事, 度支

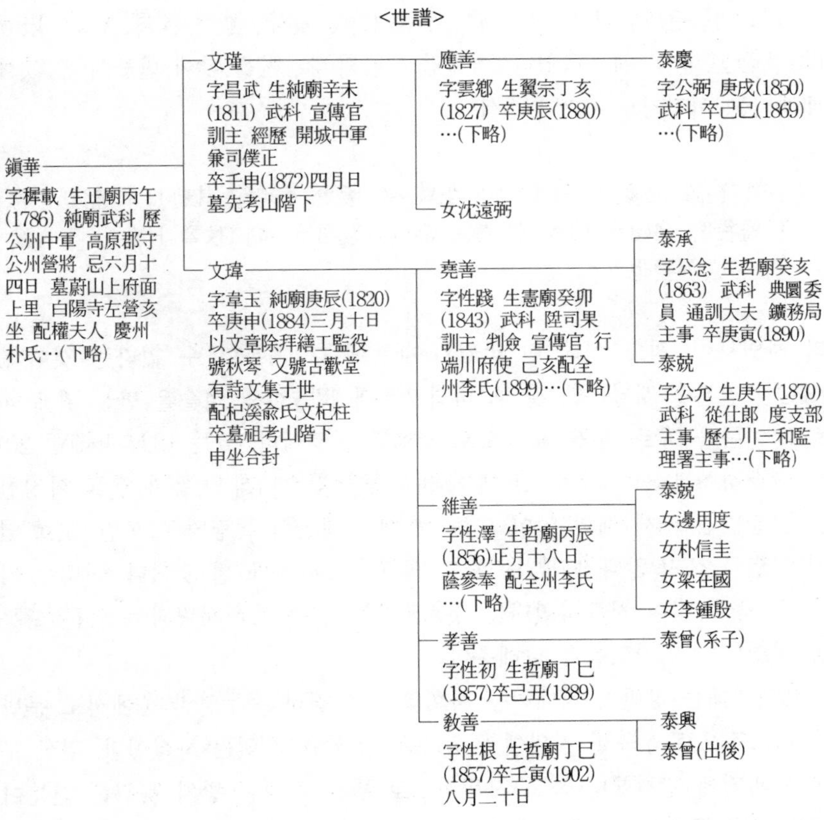
<世譜>
鎭華
字稺載 生正廟丙午(1786) 純廟武科 歷公州中軍 高原郡守 公州營將 忌六月十四日 墓蔚山上府面上里 白陽寺左營亥坐 配權夫人 慶州朴氏…(下略)
文瑾
字昌武 生純廟辛未(1811) 武科 宣傳官 訓主 經歷 開城中軍 兼司僕正 卒壬申(1872)四月日 墓先考山階下
應善
字雲鄕 生翼宗丁亥(1827) 卒庚辰(1880) …(下略)
泰慶
字公弼 庚戌(1850) 武科 卒己巳(1869) …(下略)
女沈遠弼
文瑋
字韋玉 純廟庚辰(1820) 卒庚申(1884)三月十日 以文章除拜繕工監役 號秋琴 又號古歡堂 有詩文集于世 配杞溪兪氏文杞柱 卒墓祖考山階下 申坐合封
堯善
字性踐 生憲廟癸卯(1843) 武科 陞司果 訓主 判僉 宣傳官 行端川府使 己亥配全州李氏(1899)…(下略)
泰承
字公念 生哲廟癸亥(1863) 武科 典圜委員 通訓大夫 鑛務局主事 卒庚寅(1890)
泰兢
字公允 生庚午(1870) 武科 從仕郎 度支部主事 歷仁川三和監理署主事…(下略)
維善
字性澤 生哲廟丙辰(1856)正月十八日 蔭參奉 配全州李氏 …(下略)
泰兢
女邊用度
女朴信圭
女梁在國
女李鍾殷
孝善
字性初 生哲廟丁巳(1857)卒己丑(1889)
泰曾(系子)
敎善
字性根 生哲廟丁巳(1857)卒壬寅(1902) 八月二十日
泰興
泰曾(出後)

部의 主事, 仁川·三和監理署의 主事 등의 벼슬을 하고 있음을 알 수 있다.

그의 인물에 대해서는 前記 세보 외에 許傳(1797~1886)의 「姜瑋傳」,[7] 李建昌(1852~1898)의 「姜古歡墓誌銘」,[8] 李重夏(1846~1917)의 「本傳」,[9] 그리고 강위 자신이 쓴 글[10] 등이 있어 어느 정도 더듬어 볼 수가 있다.

---

7) 『性齋集』 卷30 所收.
8) 『明美堂集』(上海 : 翰墨林書局, 1917) 卷19 所收.
9) 『古歡堂收草』 文集 所收.
10) 『古歡堂收草』 文集, 上黃孝侯侍郎銓書 속에 들어 있다.

그의 이름은 浩, 性澔 또는 瑋, 字는 仲武, 堯章, 號는 秋琴, 慈屺, 聽秋閣, 古歡堂 등을 사용하였다. 이처럼 이름과 字, 號를 많이 만들어 쓴 것에 대해서는 이건창도 묘지명에서

> 君 初諱 性澔 字 惟聖 性好更其名字屢更 不可紀 其赴日本 朝廷予君假監役官 名始定 曰瑋 字 韋玉 海內外慕君者 或曰秋琴 日慈屺 曰古歡者 皆其別號也

라 하였듯이, 하도 여러 번 바꿨기 때문에 다 기록할 수 없다는 것이다. 1882년 일본을 시찰하러 갈 때 나라로부터 假監役의 벼슬을 받은 뒤에 비로소 이름을 瑋로, 字를 韋玉으로 정했다는 것이다. 그는 1820년(純祖 20)에 출생하여 1884년(高宗 21)에 65세로 돌아갔으니까 이름과 字를 확정한 것은 말년인 63세 때의 일이 되는 셈이다. 집안의 돌림자로 쓰면 '文瑋'였지만 별로 쓰지 않다가 '文'을 빼고 '瑋'로 고쳐 쓰게 된 것이다. 어떻든 자나 호 등을 많이 사용하였다는 것으로서도 그는 보통사람과는 다른 행동을 하였던 기인이었음을 말해준다.

조선시대는 양반이 지배하는 사회였다. 그러나 문무양반 중에서도 문반이 압도적으로 우월한 지위에 있었음은 잘 알려져 있는 사실이다. 결국 무반은 과거에 합격했다 해도 사회적으로 별로 존경을 받지 못하는 신분이었다. 달레(Dallet)의 『朝鮮敎會史 *Histoire de l'Eglise di Corée*』에서도

> 무관들은 양반 중에서만 뽑힌다. 그러나 그들의 품계가 아무리 높을지라도 문관보다는 훨씬 덜 존중된다. 문관에 대해서는 그들은 거의 평민들과 같다.11)

고 지적되어 있다. 이와 같은 사회적인 대우와도 관련이 있지만 무관들은 대체로 가난하였다. 강위의 집안도 예외가 아니었다. 갖고 있는 재산도 별로 없는 데다가 앞에서 본 바와 같이 부친은 집을 떠나 충청도·함경도 등

---

11) 丁奇洙譯, 『朝鮮敎會史序論』, 探究堂, 1975, 70쪽.

의 지방에서 근무하였던 것이므로 집안을 돌볼 여유가 없어 가난하였다. 한편 강위는 벼슬도 하지 못하였던 것이므로 더욱 가난하였다.

어렸을 때에는 병으로 몹시 고생하였던 것 같다. 淸國官吏 黃鈺에게 보낸 서한에서,

> 某在弱齡 多奇疾體羸 不能勝衣 十一歲始就塾 課字書 十四歲 習功令 赴鄉試[12)]

라 했듯이, 옷을 입고 밖에 출입할 수 없을 정도로 병약하였고, 11세에 비로소 서당에 가게 되고 14세에 鄕試를 봤다는 것이다.

그 뒤 서울에 올라와 鄭健朝(1823~?)[13)] 집에 寄宿하면서 그와 같이 공부를 하게 되었고, 24세에 이르러서는 과거에 응시할 생각을 버리고 經學 연구에만 몰두하였다. 그의 가문으로 보면 의당 무과에 응시해야만 하였다. 그러나 문과면 몰라도 무과에는 관심이 없었으므로 포기하였던 것이다. 이윽고 閔魯行(1782~?)[14)] 밑에서 4년간 경학을 배웠고 그가 사망하자 이번에는 당대의 석학 阮堂 金正喜(1786~1856) 밑에서 수학하였다. 그런데 당시 김정희는 제주도에 유배중에 있었다. 즉, 그는 1840년(憲宗 14) 음력 12월 獄事에 연루되어 제주도로 유배되어 그로부터 만 9년간 그 곳에서 유폐생활을 하였다. 강위는 유배중인 김정희를 찾아가 師事하였던 것이다. 시기적으로 보면 김정희의 유폐생활 마지막 3년간을 같이 지내면서 지도를 받았다. 1848년에 김정희는 석방되어 귀가하자 강위도 서울로 돌아왔다. 그러나 김정희는 1년 뒤, 즉 1849년에 또 다른 사건에 연루되어 다시 함경도 北靑으로 유배되었다. 강위는 이번에도 스승을 따라 북청에 갔었

---

12) 주 9)와 같음.

13) 號는 蓉山, 1848年 增廣文科에 합격하였다. 그러니까 같이 공부하던 강위는 과거를 단념하였으나 그는 계속해서 과거준비를 하여 합격했다고 볼 수 있다. 그는 뒤에 大司成, 吏曹判書 등의 현직을 역임했다. 그리고 『蓉山私藁』라는 문집을 남겼다.

14) 蔭補로서 군수를 지냈으나 대단한 실학자였다. 『咫聞別集』(3卷 6冊)을 저술하였다.

고, 1년이 경과된 뒤 석방되자 같이 서울로 돌아왔다. 이것을 보면 스승에 대한 정도 정이려니와 학문을 배우려는 열의 또한 대단했다고 말할 수 있을 것 같다.

그 뒤 스승으로부터 배울 것을 어느 정도 다 배우게 되자 강위는 전국을 방랑하기 시작하였다. 연령으로 보면 30세 이후에 해당된다. 이에 대해서 강위가 淸國官吏 黃鈺에게 보낸 서한에서,

> 於是 遂有遠游之興 再週東海 鬚髮遽如許矣 故於詩道 非但無意於此而亦無暇及此也 逮年三十以後 侘傺益甚 挈眷流離 糊口四方 所遇輒以詩人目之 要未嘗見有宿稿 但意之如此也

라 하였고, 또 李重夏가 쓴 本傳에서

> 學旣成 遂縱游四方 環東海者再 無資常乞 或啖果茹草 名山奧境 人跡所未到 必露宿窮極而後已 所遇都邑關隘 往往登高周覽 吊古撫今 沈吟久之 倦游無所遇 挈眷流寓茂朱山中 哲廟末 三南民亂 劫先生爲檄文 先生拒之 民怒爨廬 先生脫歸京師

라 하여, 露宿을 하면서 전국의 명산 오지를 두루 유람하였는데 동해만도 두 번이나 돌았으며, 나중에는 가족을 거느리고 茂朱 산 속에 가 있다가 철종 13년(1863) 삼남지방의 민란으로 집이 소실됨에 피신하여 상경하였다는 것이다. 그는 이와 같은 유람 속에서 시를 짓는 것을 樂으로 삼았고, 실제로 많은 시를 짓기도 하였다.

서울에 올라온 뒤 강위는 어렸을 때의 친구인 鄭健朝의 요청으로 2만 9천여 語에 달하는 「擬三政捄弊策」을 작성한 일도 있으나, 유랑벽을 쉽게 버리지 못하고 여전히 여기저기 헤메고 다녔다. 김홍집의 평에서도

> 余少日聞姜慈屺爲當世瓌奇士 常遍遊海嶽 放跡於窮澨絶崖之間 想見其爲人 而不可親 久之 聞君來都下 又號秋琴 痛飮賦詩爲樂 有請輒往非其意 飄然去[15]

라 하여, 강위는 請이 있으면 서울에 왔다가 뜻에 맞지 않으면 표연히 사라져 가 버렸다는 것으로서도 알 수 있다.

1860년대 이후, 특히 66년 프랑스 軍艦이 강화도를 침범한, 이른바 丙寅洋擾 뒤에는 국가의 현실문제에 대해 비상한 관심을 갖기 시작하였다. 洋擾時에는 침략을 당하고 있는 부근 海口를 살피고 總戎使 申櫶將軍에게 상세한 방위대책을 건의하였다.

1870년대와 80년대에는 몇 차례 중국과 일본을 방문하였다. 우선 冬至使節의 正使 정건조를 따라 1873년 12월에 서울을 떠나 북경에 갔다가 다음 해 즉 1874년 5월에 돌아왔고,[16] 다시 그 해 12월에 冬至使節의 書狀官 이건창을 따라 갔다가 1875년 5월에 돌아왔다.[17] 1876년 2월 한일 간에 강화도조약이 체결될 때에는 全權大臣 신헌을 막후에서 보좌하였고,[18] 1880년 김홍집이 修信使로 일본을 가게 되자 書記로 수행하였다. 즉 그 해 7월에 서울을 떠나 東京에 갔다가 9월에 돌아왔고,[19] 1882년 3월에 다시 金玉均과 함께 동경에 갔다.[20]

7월에 귀국하는 도중 下關에 체류할 때에 서울에 亂(壬午軍亂)이 일어났다는 소식을 듣고 일행과 헤어져 長崎를 거쳐 중국 上海로 건너가 그곳 정치가들과 사태를 협의하기도 하였다. 이 시기는 이미 60세도 넘은 나이였으나, 이처럼 高齡을 무릅쓰고 東奔西走하였던 것이다. 이렇게 보면 강위는 1870년대 이후 중국에 세 번, 일본에 두 번 여행한 셈이었다. 아마 당대에 있어서 그이처럼 많은 외국여행을 한 사람은 없었을 것이다. 더욱이 그는 나라의 命을 받들어 간 것이 아니고 자의로 간 것이었고,[21] 중국과

---

15) 『古歡堂收草』 文集, 序.
16) 『古歡堂收草』 詩集, 北游草 참조.
17) 『古歡堂收草』 詩集, 北游續草 참조.
18) 李建昌이 쓴 墓誌銘 참조.
19) 『古歡堂收草』 詩集, 東游草 참조.
20) 『古歡堂收草』 詩集, 東游續草 참조.
21) 그는 언제나 自費로 갔던 것 같다. 물론 自費라 해도 강위가 자기 집에서 마련한 것이 아니고 친구와 제자들이 마련한 것이었다. 이를테면, 1882년 두 번째로 일본을 갈 때에는 제자되는 鄭秉殷이 30緡을 마련해 주어 갈 수 있었다. 이에 대해서

일본의 정세를 살피면서 한국이 나아갈 방향을 모색해 보려는 목적을 두고 있었다. 비록 정면에 나서서 활동을 한 것은 아니었지만, 이와 같은 그의 행동은 무시할 수 없었을 것이라고 생각된다. 그러기 때문에 두 번째로 일본에 여행할 때에 繕工監 假監役이란 벼슬이 그에게 내려졌던 것이다.

그는 일생 가난과 싸우면서 일을 하였으나, 그렇다고 해서 비루하게 타인에게 구걸하거나 동정을 얻으려는 따위의 행동은 하지 않았다. 이건창이 쓴 묘지명에,

在滬 寒疾亟 滬人以其衣衣君 君拒不受

라 하여, 추운 겨울에 여행하는 그에게 중국인이 옷을 입혀 주려고 하자 거절하고 받지 않았다는 것으로도 그의 태도의 일단을 엿볼 수 있다. 그는 困窮을 극복하기 위해 언제나 나랏일을 걱정하고 시를 지었다.[22] 그 뒤 1884년 4월 5일(음력 3월10일) 65세를 一期로 많은 동료 제자들의 애도 속에 세상을 떠났다.[23]

는 서울대학교 강두식 교수가 소장하고 있는 『古歡堂東游詩草』에 적혀 있다. 이 詩草는 1884년 甲申政變 전에 작성된 원고이고 강위의 친필본이라고 생각된다. 그런데 갑신정변 뒤인 1989년 원고가 『古歡堂收草』라는 이름으로 광인사에서 활자화되었을 때에는 정변을 주도했던 김옥균, 서광범 등과 관련된 글이나 시를 삭제해버려, 이 때문에 1882년 강위가 김옥균, 서광범 등과 일본에 갈 때에 관한 것이 빠져 있다. 그러나 『古歡堂東游詩草』에는 그대로 들어 있다. 물론 이 원고에도 정변 뒤의 사회적 분위기를 감안하여 누군가가 김옥균, 서광범 등의 이름을 지워버리고자 이름 위에 둥글게 먹을 칠하였으나 다행히 알아볼 수 없을 정도로 철저히 지워지지는 않고 있다. 이 詩草는 강위와 김옥균 등과의 관계를 살필 수 있는 귀중한 것이다. 이 詩草를 보여주고 이용토록 해 준 강두식 교수에게 이 자리를 빌어 謝意를 표하는 바이다.

22) 『古歡堂收草』 詩集, 李建昌의 序 중에, "而及歸 無所遇 如曩日 困且益甚究其所以發胸中之奇 取眼前之誤 以忘其身世之畸且宴 則要亦咳唾焉游戲焉而已"라 하고 있음을 참고할 수 있다.

23) 강위의 죽음을 슬퍼하는 詩 한두 가지를 소개하면 다음과 같다. 黃玹의 『梅泉詩集』 卷1, 哭秋琴先生四首 중에 "童時雷耳想魁悟 及我見之山澤癯 尙外雙瞳通萬國 書中寸舌破群儒 飄颻五岳黃精飯 浩蕩千場白玉壺 深樹花開江月墮(七字卽秋琴詩) 一番來往世應無"라 했고, 또 "萬事如雲散未收 蕭蕭六十五年秋 窮愁下筆

3. 姜瑋의 著作物

그의 저작물로서는 우선 시문집인 『古歡堂收草』와 『古歡堂存稿』를 들 수 있다. 모두 1889년 廣印社라는 출판사에서 鉛活字로 인쇄되었다.[24] 먼저 『古歡堂收草』부터 설명한다면, 시집 13권 上下 2책, 문집 3권 1책, 도합 3책으로 되어 있다. 시집은 주로 국내외를 여행할 때에 지은 시를 모은 것인데, 그 중 「北游草」는 1873년 중국을 여행할 때, 「北游續草」는 다음해 1874년, 「東游草」는 1880년 일본을 여행할 때, 「東游續草」와 「遠游草」는 1882년 일본과 중국을 여행할 때 지은 시집이다. 한편 寫本으로 『古歡堂東游詩草』라는 것이 오늘날 남아 있다. 이것은 前記 「東游草」, 「來游續草」, 「遠游草」를 한 데 묶은 것인데, 군데군데 인쇄본에서 볼 수 없는 내용이 들어 있다.[25] 문집은 序, 記, 說, 頌, 論, 議, 書, 諭, 募化文, 上樑文, 祝文, 祭文, 碑, 墓表, 狀으로 분류하여 수록하고 있다.[26]

『古歡堂存稿』란 「擬三政捄弊策」을 가리키며, 이것은 앞에서도 잠깐 언급한 바 있듯이 1862년 진주민란 뒤 정건조의 요청으로 작성한 것으로 2만

權衡策 汗漫携琴海岳遊 古洞梅花悲鐵笛 塞垣風雪弊貂裘 仙棺待蓋論應定 可但詩家第一流"라 했다. 그리고 『南舟詩集』(陳錤洪 소장) 중 「憶姜秋琴先生」을 보면, "年過半百愧無成 往事回頭復愴情 絳帳至今空夢想 古琴何處有秋聲 偶傳他日逢僧話 吟斷間雲隔峀生 一瓣心香誰可感 重尋翰墨摠虛名"이라 하고 있다. 南舟의 本名은 高永文으로 譯官 출신이었다. 그는 틀림없이 강위의 제자였을 것이다.

24) 『古歡堂收草』와 『古歡堂存稿』에는 刊記가 붙어 있지 않기 때문에 그 정확한 간행년도를 알 수가 없다. 그러나 『古歡堂收草』의 「文集」 중 金弘集의 「序」와 李重夏의 「本傳」, 그리고 姜瑋의 長男 堯善의 「跋」을 쓴 것이 己丑(高宗 26年, 1889)으로 되어 있어서 이 해에 간행되었다고 생각된다. 그 뒤 己卯年(1915)에 再印된 바 있다.

25) 주 21) 참조.

26) 『聽秋閣文稿』라는 것이 있다. 이 책은 강위의 문집 중 약 3분의 1만을 수록한 寫本이다. 혹 『古歡堂收草』가 간행되기 훨씬 전에 강위 자신이 정리해 본 것이나 아닌지? 그렇지 않으면 편자가 임의대로 뽑아 만든 것이라고 생각된다. 이 책은 고려대학교 중앙도서관소장 薪菴(金約瑟)文庫 속에 들어 있다. 表紙에는 『古歡堂文抄』라고 쓰여져 있다.

9천여 어에 달하는 긴 논문이다. 당시 말썽 많았던 三政문제의 해결방안을 논한 글이다. 廣印社에서 간행됨과 아울러 중국에서도 간행된 바 있다.

다음으로 『北游日記』가 있다. 이것은 동지사 정건조를 따라 1873년 12월 13일(음력 10월 24일) 서울을 떠나 중국 북경에 갔다가, 다음해 5월 15일(음력 3월 30일)에 돌아올 때까지 150일간의 여행기이다. 따라서 前記 『古歡堂收草』의 시집 중 「北游草」와 관련을 갖고 있다. 이 책은 현재 우리 국내에는 남아있지 않고, 일본 국회도서관 靜嘉堂文庫에 있다. 漢裝 51葉의 책자인데 강위의 친필본이라고 생각된다.

강위는 또한 「東文字母分解」와 「北游談草」, 擬疏, 論, 議 등의 數篇도 저술하였다. 「東文字母分解」는 「擬定國文字母分解」라고도 하였고, 異說은 있으나 1869년(고종 6)에 쓰여진 것이라 한다. 日帝 말기까지는 寫本이 전해지고 있었던 것 같지만, 현재는 남아있지 않고 국어학자의 저서에 인용되어 있어서 그 내용을 볼 수 있다.[27] 이것은 강위의 한글에 대한 연구라고 할 수 있는데, 내용은 初聲 18字의 발음 형태와 그 운동을 설명한 것이다. 대체로 실학자들의 한글연구의 수준을 넘어서지 못하는 계몽적인 내용이어서 별로 평가를 받지 못하고 있다. 단지 그가 한글에 대해서까지 관심을 가지고 있었다는 것은 특기할 만하다.

「北游談草」와 擬疏, 論, 議 등도 현재는 남아있지 않다. 그러나 1934년까지는 강위의 증손집에 남아 있었던 것 같다. 그 이유로서는 湖岩 文一平이 1934년 7월부터 『朝鮮日報』 지상에 「對美關係五十年史 - 交涉의 起源과 變遷」이란 글을 연재할 때에 참고하였기 때문이다.[28] 「北游談草」는 아마 중국을 방문하였을 때 그 곳 정치가들과 필담한 것을 모은 것이라고 생각된다. 擬疏, 論, 議도 모두 한국이 취해야 될 외교정책에 관한 글인 것

27) 金允經, 『朝鮮文字及語學史』, 朝鮮語學會, 1938, 235~244쪽.

28) 이 연재물은 뒤에 『湖岩全集』 제1권 속에 『韓美關係五十年史』로 간행되었다. 「北游談草」 등에 대해서는 『韓美關係五十年史』 25쪽을 참조할 것. 한편 『湖岩全集』 제3권, 一誠堂書店, 1948, 111~112쪽에는 「姜秋琴의 遺稿」라 하여 문일평이 서울의 往十里驛前에 있었던 강위의 증손집을 방문하여 사료를 찾아본 이야기를 적고 있다.

같고, 특히 議는 聯美, 즉 미국과의 수교의 필요성을 주장한 것이다. 전기 『對美關係五十年史』에는 위의 내용 일부를 소개하고 있어,[29] 그것은 확인할 수 있다. 그러니까 1880년 수신사 김홍집과 함께 일본 동경을 방문하고 그곳에서 中國公使館의 公使 何如璋, 參贊官 黃遵憲과 회담하고, 또 黃遵憲이 작성한 『朝鮮策略』을 보게 되어 강위도 그들의 주장에 적극 호응하여 위의 글들을 저술하였던 것 같다.

강위는 『忠孝經集註合壁』과 『孫武子批評』도 간행하였다. 『忠孝經集註合壁』은 저술이 아니고 선조년간에 간행한 책을 중간한 것이다. 실제로 중간되어 나오기는 1884년 음력 7월이었으니, 강위가 別世하기 4개월 전이었다. 한편 『孫武子批評』은 손자의 병법에 대해 자기의 의견을 첨가한 것이다. 生前에 준비하였던 것을 돌아간 뒤 아들에 의해 간행되었다. 필자는 현재까지 이 책의 실물을 직접 볼 기회를 가지 못하였으므로 여기서 이 책을 설명할 처지에 있지는 않다. 그런데 이건창의 문집인 『明美堂集』 卷20, 補遺에 수록되어 있는 「姜古歡批評孫武子跋」을 보면,

> 庸學(學 古本大學也)經緯合壁・孫武子批評二書 爲居士外集 居士在時余未之見 今又以其嗣之請 幷屬余定 余讀而歎曰 是非余之所及焉已 余非敢遺于居士也 然余方思居士之言 而不能繹者 今於二書中 往往得之疾念緩誦 繼以擊節 太息或冥 然而神契 卽謂復見居士可也 若其精粗鉅細之殊等 而今昔之異觀 則雖謂余始見居士 而居士亦始見余可也

라 하여, 그 내용은 강위가 평소 이야기하였던 것을 정리한 것임을 알 수 있다. 그는 武班집에 태어난 데다가 1860년대 이래 외세의 침략을 목격하게 됨에 병법에도 관심을 갖게 되어 『孫武子批評』을 쓰게 되었을 것이라고 생각된다.

이상으로 강위의 저작물을 소개하여 보았다. 그는 詩文으로부터 정치, 경제, 외교, 군사 그리고 한글에 대해서까지 광범위한 문제들에 대해 글을 발표하였다. 그렇기 때문에 시인인 동시에 폭넓은 교양을 가지고 나라의

---

29) 『湖岩全集』 제1권, 一誠堂書店, 1948, 26~27쪽 참조.

현실문제까지 심각히 생각한 經世家였다고 말할 수 있을 것 같다.

그런데 위에 열거한 강위의 저작물 중에서 『古歡堂收草』 3冊, 『古歡堂存稿』 1冊, 『忠孝經集註合壁』 1冊은 모두 廣印社에서 간행되어 있다. 『孫武子批評』도 광인사에서 간행되었을 것 같다. 광인사는 우리나라 최초의 근대식 인쇄소였다. 이에 대해서는 『漢城旬報』 15號(음력 開國 49년[1884] 2월 21일간) 國內私報條를 보면,

> 城內又有廣印社 各合錢財 另設一社 將次其書籍 以之規圖商利 稗益昌明矣

라 있듯이, 민간에서 돈을 모아 서적출판을 목적으로 설치한 것이었다. 설치시기는 음력으로 1884년 3월 이전이었다. 광인사에서는 安宗洙의 『農政新編』 4冊도 간행한 바 있다.[30] 그러나 강위의 책이 모두 여기서 간행된 것으로 보아 광인사는 그와 관련을 갖고 있었던 인쇄소가 아니었는지? 그러니까 강위가 중심이 되어 설치한 인쇄소가 아니었는지? 현재로서는 이것을 증명할 만한 구체적인 자료가 없으므로 추측에 지나지 않는다.

그런데 광인사에서 사용한 活字는 日本製 鉛活字였다니까, 두 번이나 일본을 방문한 바 있는 강위가 구입해온 것이나 아닌지? 그리고 『漢城周報』의 일부 기사에 한글을 사용하게 된 것은 강위 등의 숨은 노력의 결과였다는 설이 있는데, 여기에도 무엇인가 숨어있는 것 같기도 하다. 그 설이란 다음과 같다.

> 『漢城周報』가 한 번 國漢文 섞어쓰기 기사를 채용하자 일반 독자도 많이 읽게 되었고, 특히 이와 같이 한글을 쓰도록 하게 한 高宗을 찬양하는 소리도 나와 그 반향은 자못 좋았다. 이처럼 『漢城周報』에 한글 섞어쓰기 시작하기까지에는 강위와 博文局員, 그리고 궁중의 내관들의 숨은 공을 잊을 수가 없을 것이다. …… 그리하여 한문만의 『漢城旬報』를 발행해 가면서 이 국한문 섞어쓰기 기사체의 연구에 착수하였다. 이를 도맡아 본

---

30) 李光麟, 「安宗洙와 農政新編」, 『韓國開化史研究』, 一潮閣, 1969.

이가 강위였다.[31)]

여기서 『漢城周報』는 강위가 사망한지 약 2년 뒤인 1886년 1월에 발간되었던 것이므로 솔직히 말해 강위와 『漢城周報』와는 아무 관련이 없다. 그러므로 위의 인용문은 신빙할 만한 내용이 못된다고 할 수 있다. 그러나 1884년 12월에 일어난 甲申政變으로 『漢城旬報』의 발간이 중단되고 또 신문사인 博文局의 시설도 파괴된 뒤 나라에서 취한 조치를 보면 『承政院日記』에,

> 命博文局移設于廣印社 令該官員照舊繙刊 交涉衙門啓言 去年變亂之際 博文局亦在毁破 仍爲停工矣 今更移設于廣印社 令該局官員 請照舊繙刊 允之[32)]

라 하여, 박문국을 광인사로 옮겨 앞서와 마찬가지로 신문을 발간하라는 것이었고, 또 『統理交涉通商事務衙門日記』를 보면,

> 仁川監理牒報 日本領事官照會內 釜山港日本商法會議所委員和田五郎 與貴國漢城廣印社 應推捧朝鮮音文活字價 定期徵給玖圓六十錢 准送本署云之事[33)]

라 하여, 부산항 일본상법회의소 위원 和田五郎이란 자가 한글 活字의 값을 광인사로부터 정기적으로 징수해가고 있다는 것이다. 그러니까 위의 두 인용문으로 살핀다면, 새로 발간할 신문, 즉 『漢城周報』는 광인사에서 발간토록 되어있다는 것과 광인사에는 일본에서 수입해온 한글 활자를 갖고 있었다는 사실을 알 수 있다. 이런 내용이 뒤섞이어서 『漢城周報』에 한글을 채택하게 된 것은 강위의 영향으로 이루어졌다는 이야기가 만들어진

---

31) 崔埈, 『韓國新聞史』, 一潮閣, 1960, 28쪽.

32) 『承政院日記』 高宗 22年 3月 28日.

33) 『統理交涉通商事務衙門日記』 高宗 22年 3月 9日.

것이나 아닌지? 그리고 앞에서 소개한 바 있듯이 강위는 『東文字母分解』란 국문에 관한 저술도 남기고 있었으므로 이것도 영향을 주었을지도 모른다. 결국 강위는 『漢城周報』와는 아무런 관계가 없으면서도 광인사와 깊은 관계를 맺고 있었기 때문에 그런 이야기가 나오게 되었던 것이나 아닌지 모르겠다.

4. 姜瑋의 학문과 교우관계

전술한 바와 같이 강위는 24세 때에 과거응시를 포기하고 經學硏究에 몰두하였다. 처음 4년간은 閔魯行, 그 뒤 5, 6년간은 阮堂 金正喜 밑에서 배웠다.[34] 특히 김정희는 옥사에 연루되어 유배중에 있었음에도 불구하고 강위는 그를 유배지까지 찾아가 師事하였다.

그런데 강위의 사상형성에 있어서 김정희로부터 받은 영향은 지극히 컸던 것 같다. 그러므로 김정희에 대해서 간단히 설명하는 것이 좋을 것 같다. 널리 알려져 있듯이 그는 19세기 전반기의 대표적인 실학자였다. 翁方綱, 阮元 등 당대 중국의 석학들과 교류하는 한편 康熙·乾隆時代에 절정에 달하였던 청나라 학문의 연구성과를 널리 섭취하고 자신은 經學·金石學硏究 그리고 서예에 있어서 一家를 이루었던 학자였다.[35] 금석문을 역사연구의 중요자료로 이용하기 시작하였고, 그리하여 『金石過眼錄』이란 책도 저술하였다. 18세기의 실학자들이 나라의 현실문제에 깊은 관심을 표명하여 제도의 개혁, 농업, 상업의 진흥을 꾀하려는 데 대해 김정희는 지나치게 경학·금석학연구에 힘을 기울였던 것은 사실이었다. 그러나 근거가 없는 지식이나 선입관을 갖고 학문을 연구해서는 안 된다는 이른바, 그의

34) 『阮堂先生全集』 卷1, 實事求是說에 "此爲閔杞園魯行所作云"이라고 注記한 附後敍가 있다. 이것으로 미루어 보아도 민노행과 김정희는 서로 가까운 사이였던 것 같다. 그렇기 때문에 민노행이 別世한 뒤 강위는 김정희에게 가서 師事하였을 것이다.

35) 全海宗, 「淸代學術과 阮堂」, 『韓中關係史硏究』, 一潮閣, 1970 ; 藤塚 鄰, 『淸朝文化東傳の硏究』, 東京 : 圖書刊行會, 1975 참조.

實事求是的인 학풍은 그당시뿐만 아니라 후세의 지식인들에게까지 큰 영향을 주었다.

한편 김정희는 禪佛敎에 대해 깊은 관심을 갖고 있었다. 어렸을 때부터 승려를 가까이하고 불경을 외우기도 하였지만, 만년에 이르러 10여 년간에 걸친 긴 유배생활을 하게 됨으로써 불교에 관심을 가졌던 것이다. 당시의 高僧 白坡·草衣와 깊이 사귀었고, 백파가 타계하자 그의 비명을 쓰기까지 하였다.[36] 이와 동시에 김정희는 譯官을 비롯한 중인들과도 매우 가깝게 지냈다. 물론 그는 申緯(號는 紫霞), 柳最寬(貞碧), 李祖默(六橋), 權敦仁(彝齋), 趙寅永(雲石), 南秉哲(圭齋) 등 저명한 양반관료학자들과도 가까이 지냈지만, 학문적으로 또 인간적으로 마음 터놓고 접촉하기는 중인들과였다. 李尙迪(藕船), 吳慶錫(亦梅), 金奭準(小棠) 등의 譯官은 그의 수제자라 할 만하였다. 이상적은 使節團을 따라 중국을 방문할 때마다 劉喜海, 翁方綱 등 그곳 학자들과 교류하였고, 귀국할 때에는 신간서적을 다수 구입하여서 주위 사람들에게 전하였다. 그는 金石學에도 조예가 깊었지만 시를 잘하여『恩誦堂集』을 남기었다.[37] 오경석도 스승의 지도로 금석학에 대한 지식을 갖게 되어 역대 중국의 금석문을 수집하였고『三韓金石錄』을 편찬하였다. 김석준은 시를 잘하고 隸書에 능하였다. 이처럼 김정희가 불교에 대해 큰 관심을 표명하고 중인들과 가까이 지냈다는 것은 기왕의 실학자들에게서는 좀처럼 찾아보기 힘든 일면이 아니었던가 생각된다. 실학자 중에는 丁若鏞과 같이 草衣禪師 등과 가까이 지내면서 불교에 관심을 나타낸 인사도 있었으나 김정희처럼 깊이 빠져있지 않았으며, 또「通塞議」와 같은 글을 써서 신분제도의 모순을 타파해야 된다고 주장하였으나 김정희처럼 중인 이하의 사람들과 직접 사귀지는 않았던 것 같다. 이렇게 보면 앞에서 지적한 바 있듯이 김정희는 학문으로는 현실과 거리가 먼 경학이나 금석학에 대한 연구에 몰두하였지만 실생활에 있어서는 불교에 몰입

---

36)『東師列傳』(東國大學校 佛敎史學硏究室, 1957), 白坡講師傳 참조. 한편『阮堂先生全集』에는「天竺考」를 비롯하여 寺刹의 上樑文, 그리고 많은 偈句가 실려 있다.

37) 金正喜와 李尙迪과의 關係에 대해서는 藤塚 鄰, 앞의 책, 1975, 451~481쪽 참조.

하고 신분이 낮은 사람들과도 접촉하는 등 전통적인 유학자와는 다른 자유스럽고 폭이 넓은 생활을 하였던 것이다.

강위는 博學多識한 스승 김정희로부터 많은 학문을 배울 수 있었을 것이고,[38] 또 스승이 갖고 있는 수많은 藏書를 열람함으로써[39] 그의 공부는 깊고 넓어졌지만, 그러나 이보다 더 스승의 생활태도에서 더 많은 것을 배웠던 것 같다. 말하자면 어떤 것이나 구애를 받지 않는 자유스러운 생활태도를 배웠고, 심지어 그 태도를 학문에까지 확대시켰던 것이다. 30세 이후, 그러니까 강위가 스승의 곁을 떠나 독자적인 행동을 할 때의 사정을 보면 그 일단을 엿볼 수 있다. 『古歡堂收草』 권1에 수록되어 있는 강위가 쓴 「自序」에,

> 又余嘗三夜與徐圭庭承輔先生言 往往憤罵古賢 呵斥俗學 力翻成案 必謂 知極於楊子 行極於墨子 體的於告子 法備於荀子(此句缺) 斷以易大傳禮記 出於一手 爲孔門傳道之書 無一字遺憾 而集成於史遷 種種造論 皆如此類 圭庭不駴余言 引與娓娓

라 있듯이, 古賢을 罵倒하여 俗學을 심히 배척하고 힘써 기왕의 생각을 뒤집어 버리면서 앎(知)은 楊子에 의해 끝이 났고, 행위는 墨子에 의해 끝이 났으며, 사물의 본질은 告子에 의해 확실히 파악하게 되었고, 법은 荀子에 의해 구비되었고, 유교의 『周易』, 『春秋』, 『禮記』는 한 사람의 손에서 만들어졌으며, 傳道書는 司馬遷의 史記에 다 들어 있다는 이야기를 마구 徐承輔(號 圭庭)에게 말했다는 것이다. 서승보는 이름 있는 유학자로 강위와 가까운 사이였다. 위의 이야기는 전통적인 유학자로서는 절대로 할 수 없는 것이었다. 따라서 강위는 완전히 유학에서 해방되어 있었고, 김정희의 학문에서도 해방되어 있었다. 그러니까 김정희로부터 배운 자유스러운 생

38) 『阮堂先生全集』에는 강위의 '禮'에 대한 문의에 대해 김정희가 답하는 서한 2통이 수록되어 있다.

39) 藤塚 鄰, 『阮堂先生全集』 附錄Ⅱ, 「金阮堂舊藏書目錄」에 있는 것으로서도 藏書의 내용을 살필 수 있다.

활태도를 학문에까지 적용시켰다고 할 수 있다. 그 뒤는 자연히 다른 분야의 책을 섭렵하게 되어 닥치는 대로 읽게 되었다. 이건창이 쓴 묘지명을 보면,

> 君少從閔金浦魯行 金參判正喜 受古經議 輒有神解中 更浮游 學禪學兵學陰陽 諸書又悉棄去 爲詩及他文章

라 하여, 禪佛教를 공부하고 兵法, 陰陽法 등을 공부하기도 하고, 또 뒤에는 모든 학문을 버리고 시와 문장을 닦는 데 힘썼다는 것이다. 불교는 스승의 영향도 있었지만 이러한 사상적 방황 속에서 관심을 갖기 시작하여 죽을 때까지 신앙하게 되었으며,[40] 한편 병법을 공부하게 됨으로써 前章에서 소개한 바 있는 『孫武子批評』을 저술하였다. 유학 이외의 학문에서도 만족을 느끼지 못하게 되자 이번에는 전국을 방랑하게 되었다. 그는 도무지 한 자리에 앉아서 책을 읽을 수 없었던 것이다. 다시 前記 묘지명을 보면,

> 君於古典籍 無所不貫 於國中大小巨水關塹城堡形勝郡縣利病閭里風俗情僞 無所不究 歛精然思窮徵極博 常憂人之所不憂 味人之所不味

라 하여, 名勝 古蹟과 군현의 풍속, 실정 등을 조사하면서 언제나 일반이 걱정하지 않는 문제를 걱정하고 일반이 맛보지 못한 것을 실제로 맛보려고 하였다는 것이다. 결국 인간들의 실생활 속에서 무언가 찾아보려는 것이라 할 수 있다.

그의 師第, 交友關係를 보면 우선 스승 김정희의 영향은 무시할 수 없었고, 또 김정희와 친했던 草衣禪師,[41] 신헌 등과도 오랫동안 가까이 지냈다. 그리고 許傳이 쓴 「姜瑋傳」을 보면

---

40) 『古歡堂收草』에 들어 있는 많은 詩로써 그는 진실한 佛弟子였음을 알 수 있다.

41) 姜瑋는 草衣가 他界하자 「草衣尊者碑」(『古歡堂收草』 文集 所收)를 쓸 정도로 가까웠다.

> 薦神文士 從與遊者甚衆 有如李學士建昌鄭學士萬朝等 諸名士三十餘人 莫不傾心悅服推以詩壇盟主

라 있듯이, 이건창·정만조 등 名士 30여 명이 그를 따르면서 詩壇의 맹주로 떠받들고 있었다는 것이다. 그의 시문집『古歡堂收草』가 편집·간행될 때에 관여한 詩友와 제자들을 열거하여 보더라도 李建昌(寧齋), 鄭萬朝(茂亭), 呂圭亭(荷亭), 黃玹(梅泉 또는 養雲), 成蕙永(南坡 또는 次蘭), 李之題(遂堂), 金貞圭(漁堂), 金乃銖(春坡), 余杞山(漢燁), 池錫永(松村), 白樂訓(晩春), 金永燮(聞韶), 高永喆(也愚), 李琦(蘭坨), 徐丙壽(葆堂), 金弘集(道園), 朴章煥, 吳翰應(經齋), 丁大英(梅下), 池雲永(雪篷), 金文濟(韋堂), 金信榮(蕙山), 李南黎(圭炳) 등의 인사들이 참여하였다. 이들의 대부분은 당시 정계나 문단에서 크게 활약하고 있었던 사람들이었다.

그런데 강위가 좋아했던 사람들은 늙은이나 높은 벼슬아치들이 아니고, 주로 野에 있는 젊은이들이었다. 이건창이 쓴 묘지명에,

> 外雖儻蕩無累 又過人無等威壹 皆照嫗仁恭 內多感憤負氣 目空一世 其與與人游 寧就閭里少年酒食 不喜拘曲老生 又不喜貴顯者 惟鄭判書健朝申大將櫶 以久相好 時時過之後 與余交卽大喜日過余 諸與余游者稍得介余以結君 然其貴顯者 卒莫能致君

이라 하여 오직 判書 정건조와 大將 신헌만 오랫동안 가까이 했을 뿐, 그 밖의 높은 벼슬아치들이 상종하려고 해도 높은 뜻을 이루지 못했다는 것으로서도 짐작할 수 있다.

더욱이 강위가 진정으로 가까이 하려고 하였고, 또 그를 따랐던 젊은이들은 중인들이었다. 중인들 중에서도 주로 譯官들이었다. 강위의 시문집인『古歡堂收草』에는「六橋聯吟集」이란 시집이 들어 있다.「六橋」는 서울의 鐘路 廣橋를 가리켰다. 淸溪川 하류에서 거슬러 올라와 여섯 번째로 놓인 다리가 광교였기 때문에 그렇게 불렀다. 널리 알려져 있듯이, 조선시대 말기까지 광교부근에는 譯官, 醫員 등의 이른바 기술직의 중인들이 많이 살

고 있었다. 따라서 광교 주변에 있는 중인들이 모여 구성한 詩社에서 지은 시가 「六橋聯吟集」이라고 할 수 있다. 그 중에,

> 是年上元夜 社中九君子 夜讌海棠樓 分韻賦詩 余於習晩自嶺外始到 依韻追作 以志盛事云

이라 하여, 그 해 上元 즉 음력 정월 15일 밤에 詩社의 九君子가 海棠樓에서 음식을 나누면서 시를 지었는데 자기(강위)는 다음날 저녁에 嶺外에서 돌아와 시를 追作하였다는 것이다. 여기서 그 해는 정확히 밝힐 수는 없으나, 1881년경이 아닌가 생각된다.[42] 그리고 해당루는 詩同人 邊晋桓의 서재였다. 위의 인용문에 계속해서 九君子의 이름과 시가 소개되어 있다. 九君子란 金在玉(號 松年), 朴承赫(蓉初 또는 蘭坡), 成蕙永(次蘭 또는 南坡), 白春培(小香), 邊珽(養石), 裵埛(此山), 李鳴善(聞菴), 邊煒(韋堂), 李容白(又靑)을 가리킨다. 이 九君子 중에 金在玉 朴承赫 李鳴善 邊煒는 譯官이었다. 아마 邊珽도 중인이었을 것이다. 그밖에 「六橋聯吟集」에는 高永喆(也愚), 李琦(蘭坨), 金奭準(小棠), 崔亨基(松崖), 朴性浩(蘿山), 金玉晋(石隱), 鄭日愚(澹園), 李容奎(玉海), 劉英杓(雲農), 魯愚敬(松庵), 金炳吉(淸雲), 鄭景愚(鶴山), 文鉉奎(竹史), 高永周(惠舫), 金得鍊(春秋), 李琠(小松), 玄㯉(雲草), 高永善(蕙友), 金景遂(忍齋), 朴永善(竹尊), 池錫永(松村), 白春培(小香), 金昌舜(秋棠), 金漢宗(肯農), 文有用(衡堂), 李源兢(取堂), 李宷(邵山), 權文燮(仙居), 黃允明(春波), 李時英(小華), 朱雨南(小滄), 權檍(槐士) 등의 이름이 보인다. 그리고 이들은 몇 사람씩 이집 저집을 돌아다니면서 강위와 자리를 같이하여 시를 짓고 있다. 그런데 위에 열거한 상당수의 사람들이 譯官이었음을 볼 때,[43] 『六橋聯吟集』은 광교 부근에 사는 역관이 중심이 되어 구성한 詩社의 시집이었다. 특히 1878년 강위의 詩弟子 김준학이 쓴 글 夾註를 보면,

---

42) 李光麟, 「『近世朝鮮政鑑』에 대한 몇 가지 問題」, 앞의 책, 1969 참조.
43) 위와 같음.

先生言 李聞菴白小香金松年李蘭坨 是吾四友也 故云爾[44]

라고 하여, 李鳴善(聞菴) 白春培(小香) 金在玉(松年) 李琦(蘭坨) 네 사람은 나의 (진정한) 벗이라고 강위가 말하였다는 것이다. 白春培를 제외하고 세 사람 모두가 역관이었고 이 사람들의 연령은 강위보다 2·30년 아래였으니까 실제로는 벗이라기보다 제자라고 하는 것이 옳은 표현일 것이다. 白春培도 신분이 높지 않은 사람이었던 것 같다. 1883년 김옥균이 東南諸島開拓使兼捕鯨使로 임명되었을 때 그의 從事官으로 일본에 파견되어 활약하였던 인물이었다.[45] 어떻든 이렇게 보면 강위가 진정으로 가까이 했고, 한편 그를 정성껏 따랐던 사람들은 역관 등 중인층이었음을 알 수 있다.

역관들은 중국을 자주 여행할 수 있었다. 나라에서 파견되는 사행사절에는 항상 20여 명의 堂上 堂下官의 역관이 수행할 수 있었고,[46] 더욱이 1년에도 사행은 몇 차례씩 파견되었기 때문이었다. 그리고 譯官들은 여행할 때에 公私貿易에도 종사할 수 있었으므로 富를 축적하고 비교적 여유있는 생활을 할 수 있었다. 한편 언어가 통하였던 관계로 중국 학자들과 쉽게 교류하고 중국의 학문을 마음껏 받아들일 수 있었다. 앞에서 소개한 바 있는 李尙迪은 그 대표적인 역관이었다. 그의 『恩誦堂集』에 수록된 懷人詩를 보면 중국 학자들과 얼마만큼 가까이 사귀었던가를 살필 수 있다.[47]

그리고 중국을 왕래하는 중에 서양 신부들이 소개한 서양과학과 천주교에 흥미를 갖는 역관들도 있었다. 특히 한국에서 천주교를 수용함에 있어서는 그들이 앞장서다시피 하였다. 『正祖實錄』 卷33, 정조 15년 11월 壬午條에,

44) 강두식 교수 소장의 『詩軸』 속에 수록되어 있다.
45) 『舊韓末外交文書』 日案 I (高麗大學校 亞細亞問題硏究所, 1965), 문서번호 No. 277, 278, 316, 621, 728, 864, 865, 866, 868, 886, 936 참조.
46) 『英祖實錄』 卷102, 英祖 39年 6月 乙巳 참조.
47) 『恩誦堂集』 卷3 참조. 『恩誦堂續集』 卷4에 들어있는 續懷人詩도 참고할 수 있다.

> 刑曹啓言 捕得邪學罪人鄭義爀鄭麟爀崔仁吉崔仁成孫景允玄啓溫許涑金啓煥金德愈崔必悌崔仁喆等 十一名 或於朝廷曉諭感化 或令渠家懇勸回悟 敎曰 中人等註惑 必欲掃蕩窩窟者 一則欲人其人 一則寓化民成俗之意 大抵中人輩 非兩班非常人 居於兩間 最是難化之物 卿等知此意 各別査究 無或一人僥漏 一人誤羅要之 皆期於革面圖新 則卿等可謂效一日之責 仍命權日身崔必恭等處 曉諭義理 使之自新

이라 하여, 천주교 관계로 체포되었던 鄭義爀 등 중인 11명을 訓放하지만 悔改를 期하라고 하고 있다. 여기 중인은 거의 대부분이 역관이었다. 그런데 정조 15년(1791)이라 하면, 한국에서 교회가 성립된 지 불과 몇 년 뒤였다. 따라서 위와 같은 조치는 천주교신자에 대한 가장 초기의 박해라고 할 수 있는데, 이 조치에 걸린 사람이 모두 중인이었다는 것은 천주교를 받아들임에 있어서 중인들의 역할을 짐작할 수 있다.[48] 말하자면 그들은 새로운 사상, 문화를 받아들이는 데 앞장서고 있었다고 할 수 있다.

역관의 학문수준이 높고 또 새 지식을 체득하고 있음을 알게 되자 양반관료들도 점차로 그들의 존재를 무시할 수 없게 되었고, 그리하여 그들과 같이 어울리는 사람도 있었다. 前記 『恩誦堂集』을 보면 詩會를 갖고 같이 시를 읊고 있다. 강위도 이들 중인과 어울리었다. 신분이 높지 않다는 것이 무엇보다 더 좋았고, 그들 중에는 학문 혹은 시문에 능한 사람도 많았다. 그리고 여행을 자주함으로써 해외사정에 밝았다. 그러므로 강위는 이들과 즐겁게 대화를 할 수 있었다. 특히 중인들 중에는 불교를 믿는 사람이 많았던 것 같다.[49] 유교는 양반관료의 지배사상으로 되어 있는 데다가 安心立命에 대한 기대를 가질 수 없었던 것이므로 중인들은 한국사회에 토착화되어 있는 불교에 의지하고 있었다. 따라서 불교와 관련해서도 강위는

---

48) 天主敎會 창설에 있어서 崔仁吉, 池璜, 崔昌賢(顯이라고도 씀), 金範禹, 柳恒儉 등 中人이 큰 역할을 하였음은 잘 알려져 있는 事實이다. 심지어 1785年 봄에 서울 明禮洞에 있던 金範禹의 집에 교회가 창설되었던 것이다.

49) 李能和, 『朝鮮佛敎通史』 下篇(新文館, 1918, 899쪽)을 보더라도 譯官인 吳慶錫, 吳慶潤, 吳慶林 3형제는 불교신자였고, 또 譯官 高永文의 『南舟詩集』(陳錤洪氏所藏 寫本)에도 성실한 불교신자임을 나타내는 詩가 많이 수록되어 있다.

중인들과 친하게 지낼 수 있었다. 이런 형편에서 그는 신분제도에 대해서도 비판적이 되지 않을 수 없었다. 그리하여 양반, 혹은 閥閱의 특권을 없애버리고 貴賤의 차별을 타파해야 된다고 주장하기도 하였다.[50)]

5. 開化思想家로의 전환

18세기 말에서부터 이른바 異樣船이 빈번히 우리 해안에 나타나 通商을 요구하였으나, 우리 정부에서는 한결같이 鎖國을 고집하고 거절하였다. 洋夷와 접촉을 하게 되면 邪敎, 즉 천주교가 널리 전파될 것이고 이 때문에 正學의 세계가 夷狄化가 될 것으로 믿고 거절하였던 것이다. 그런데 洋夷와 직접 충돌하고 그 정체를 파악할 기회를 갖지 못하였던 때문인지 낙관적인 생각을 갖고 있는 사람도 있었다. 가령 1845년 음력 5월 하순에 英國軍艦 사마랑(Samarang)호가 제주도 앞바다에 일주일이나 정박하였을 때 마침 그 섬에 유배중이던 김정희는 별반 두려움을 갖지 않고 있었던 것으로서도 그렇게 말할 수 있을 것 같다.[51)] 김정희는 서양세력이 우리를 침공할 생각이 있으면 왜 지금까지 가만히 있었겠느냐 하는 태도였다. 강위도 그때 스승과 함께 제주도에 있었으므로 스승과 같은 생각을 갖고 있었을 것이다.

---

50) 이를테면, 「擬三政捄弊策」에서, "今之所難者 特以有貴賤之族 貴族之不隷於軍籍久矣 貴族之弊 以無爵而居貴 非盛事也 …… 夫何我國門地之人 一落仕籍 恥從他業 攣其手足 擦掌忍飢 其自爲謀則如此 而其所謂向上之道 則屢世終身 不出一文 以助縣官 無補於國 而自受其困 其尤不肖者 布列京外 豪奪民産 無所不至 國之巨蠹 無大於此 …… 故臣願殿下稽古酌今 先定軍制無問貴賤之族 使之悉隷軍籍 修明籍式"이라 하고 있듯이 軍政이 貴賤을 가릴 것 없이 온 軍民을 군적에 올려야 된다고 하였고, 또 前記 「擬三政捄弊策」 自序에서 "國家用人以閥閱 選士以文詞 而求策而無可用以實 國之無人可乎 民曰 果哉 閥閱之無人 而文詞之無用也 則何以應之 閥閱文詞 乃國家維持世道之具 而一槪棄之無用 以實民恨 可乎"라 했듯이 閥閱이나 文詞, 즉 글 잘하는 사람 중에서 나라의 관리로 등용해서는 안 된다고 하였다.

51) 李光麟, 「海國圖志의 韓國傳來와 그 影響」, 앞의 책, 1969 참조.

그러나 1860년대 이후에는 그러한 낙관적인 생각을 堅持할 수 없게 되었다. 외세의 충격이 직접 가해졌기 때문이었다. 우선 1860년(哲宗 11) 8월 英·佛聯合軍이 淸國의 수도 북경을 점령함으로써 咸豊帝(文帝)가 滿洲 熱河로 피난간 사건이 일어났다. 대국인 청국이 이처럼 무참히 洋夷로부터 침략을 당한다면 한국의 운명도 風前의 燈火처럼 느껴졌다. 그리하여 청국의 소식이 전해지자 국민들의 驚愕은 대단하였고 洋夷의 침략을 두려워하여 서울을 떠나 시골로 피난가는 사람들이 많았다. 1861년 봄 東學의 교조 崔濟愚는 布德文을 지었는데, 그 속에서,

> 西洋戰取功取 無事不成 而天下盡滅 亦不無唇亡之歎 輔國安民之計將安出

이라고 하였다. 즉 서양은 싸우기만 하면 승리하기 때문에 천하는 멸망의 위기에 놓여 있다는 것이다. 이와 같은 우려는 단지 崔濟愚 한 사람만이 가졌던 것은 아니었던 것 같다.

더욱이 1866년에는 大院君의 천주교박해와 관련하여 프랑스군함이 강화도를 침공함으로써 직접 무력충돌을 하게 되자 洋夷에 대한 기왕의 생각은 수정해야만 하였다. 前記 李重夏의 「本傳」에

> 上之丙寅 沁都有洋警 先生杖策往視海口形便 歸爲大將軍申公櫶 詳劃守事宜 當是時國家昇平日久 不接外事 西船數至 人情惶惑 先生深憂之

라 하여, 강위는 洋夷의 침략을 당하고 있는 부근의 해안형편을 살핀 뒤에 서울에 돌아와 總戎使 신헌에게 방위책을 협의하였고, 또 국민들이 당황하고 의혹을 갖고 있는 데에 대해 매우 걱정하였다는 것이다. 신헌을 찾아가 협의한 것은 그와 다년간 친하게 지냈기 때문에 그를 돕기 위한 것만은 아니었다. 강위는 양이의 침범을 심상치 않게 여겼던 것이다. 그리하여 양이의 침략에 대응하기 위해 「勸設民堡議」,[52] 즉 국민들에게 堡(작은 성)을

52)『古歡堂收草』文集, 論 所收.

설치할 것을 권하는 諭示文을 代作하기도 하였다. 이 글에서 그는 2, 3洞에서 墩(돈대)을 5, 6洞에 堡를 각각 만들어 일단 有事時에 그 속으로 들어가 적과 싸워야 된다는 것을 역설하였던 것이다.

한편 양이의 정체를 파악해 보려고 노력하였다. 前記 이건창이 쓴 묘지명을 보면,

> 當是時 朝廷方拒西洋人 勦刮邪黨 士大夫承指 務爲正大之議 或語外國事 則搖手以爲戒 余時弱冠 備侍從 獨私以爲獵者 遇獸 固當射之 然亦宜略知所射爲何獸 獸竟何狀以是頗留心 明史外夷名目及近日中國戰和之跡 偶以語君 君驚拊手曰 有人矣 勉之

라 있듯이, 洋夷에 대해서 알아보려는 이건창을 격려하였던 것으로서도 그것을 살필 수 있다. 그는 중국의 학자 魏源이 서양의 역사와 지리를 소개하고 해상으로부터 쳐들어오는 양이를 막기 위한 방책을 설명한『海國圖志』를 열심히 읽었을 것이다.『阮堂先生全集』卷3 書牘32를 보면 1850년을 전후하여 그의 스승 김정희가 정계의 실력자 權敦仁에게 서한을 보냈는데, 그 속에서

> 海國圖志 是必需之書 在我似他家數寶 …… 大槩魏默深之學 於近日漢學之中 別開一門 不守詁訓空言 專以實事求是爲主 其說經與惠戴諸人大異 又喜談兵 嘗見其城守篇等書 今志中籌海之論 與城守篇 相爲表裏

라 있듯이, 魏源의『海國圖志』를 한갓 실학서적으로 파악하고 있을 뿐이었다. 그러나 강위는 양이의 실태를 파악하기 위해 읽었을 것이다. 책을 읽은 뒤에는 양이로부터 침탈을 당하고 있는 중국의 실태도 직접 눈으로 보고 싶었다. 그리하여 視察의 기회를 엿보게 되고 마침내 1873년과 1874년 두 차례에 걸쳐 親交를 맺고 있던 사람들이 사절단의 대표로 가게 됨으로써 동행할 수 있었다.

중국을 방문함으로써 실제로 그곳 실태를 살피게 되고, 또 새로운 知見도 갖게 되었다. 다시 前記 묘지명을 보면,

> 會君從鄭判書赴燕京 歸以其所與中國人談者 爲文示余 皆舊所禁諱 使人駴怖 君且讀且噫且笑 意氣流動 余則默然 固有以卜之矣 明歲 余又赴燕 君又從 旣至余所聞見 或與君同異 然固不以君爲無徵也 及歸 事遽悉改 縱衡馳騖之士 公道天下事 莫可防制 余自恃愚不足預 遂悉謝遣胸中所往來 以日趨憒憒 而君則稍攄發其所蘊 遂益有名

이라 하여, 당시 나라에서 금하고 꺼리고 있던 문제들을 서슴치 않고 이야기하였으며, 특히 두 번째로 중국에 갔다온 뒤에는 縱橫, 즉 외국과의 合縱連衡을 내걸고 천하의 문제를 공공연히 주장하였던 것이다. 천하의 문제란 국제정세이고, 縱衡이란 열강의 세력균형 속에 한국이 취해야 될 방책을 찾으려는 것이었다고 생각된다. 기왕의 중국을 중심으로 하는 동양사회가 아닌 국제사회 속에서 한국의 명맥을 보전하는 문제를 생각했다고 말할 수 있을 것 같다. 이렇게 되자 前記 이중하의 「본전」에서 보이는 바와 같이,

> 乃已三教九流 無不貫穿 而尤致力於四子書 間出入孫吳子形勢之言 好論天下事 視世俗不達變者悶焉

이라 하여, 한국이 새로운 변화에 아무런 반응을 나타내지 않고 있는 것을 안타깝게 여겼던 것이다.

당시 한국사회에서 강위처럼 국제정세와 또 국제 속에서의 한국을 보려는 사람은 적었다. 오랫동안 門戶를 닫고 외국과의 접촉을 막고 있었기 때문에 불가피하였다. 단지 중국에 자주 왕래하여 견식을 넓혔던 譯官 중에는 일부 관심을 가졌던 사람이 있었다. 오경석 같은 이는 그 대표적인 사람이었다. 吳世昌의 回顧談 중에,

> 우리 아버지 오경석은 한국의 역관으로서 당시 한국으로부터 중국에 파견되는 冬至使 及 其他의 使節의 通譯으로서 누차 중국을 왕래하였다. 중국에 체재중 세계 각국의 각축하는 상황을 견문하고 크게 느끼는 바 있었다. 뒤에 열국의 역사와 각국 흥망사를 연구하여 자국정치의 부패와 세계의 대세에 뒤떨어져 있음을 깨닫고 언젠가는 반드시 비극이 일어날 것을 깨닫고 크게 개탄하는 바 있었다. 이것으로서 귀국할 때에 각종의 新書를 持參하였던 것이다. …… 아버지 오경석이 중국에서 新思想을 품고 귀국하였을 때 평소 가장 친교한 우인 중에 大致 劉鴻基라는 同志가 있었다. …… 爾來 두 사람은 사상적 동지로서 결합하여 서로 만나면 자국의 형세 실로 風前의 燈火처럼 위태로움에 직면함을 長嘆하고 언젠가는 일대혁신을 일으키지 않을 수 없다는 것을 상의하고 있었다.[53]

고 그 사정을 잘 설명하고 있다. 한편 大臣 중에는 朴珪壽와 같은 사람이 있었다. 1866년 미국 商船 제네랄 셔만호가 대동강을 거슬러 평양까지 들어왔을 때에 平安監司로 있던 박규수는 대원군의 강경한 排外政策을 받들어 軍民에게 명하여 그 상선을 공격하여 燒沈케 한 바 있는데, 그 뒤 1871년에 일어난 辛未洋擾를 겪고, 또 다음해 1872년에 進賀兼謝恩使로 중국에 갔단 온 뒤로 국제문제에 대해 비상한 관심을 나타내기 시작하였다. 이 사절의 首譯은 앞에서 소개한 오경석이었다. 호암 문일평이 박규수에 대해 쓰기를,

> 다만 後學 小生인 吾人의 견해에 의하면 瓛齋(박규수의 號 : 筆者)가 근대 名宰相이오 당시 선각자임에 틀림이 없지마는 그가 宇內大勢에 通所하게 된 경로로 말하면 일찍 그가 奉命使臣으로 연경에 왕래하면서 얻은 견문과 또는 거기서 사 가지고 온 泰西譯書에 의뢰한 바 크다할 것이니 이것만은 거의 의심할 여지가 없다. 서적으로부터 신지식을 얻게 된 것은 어느 때인지를 推察할 길이 없으니 그가 몸소 연경에 가서 견문에 의하여 얻어온 대외지식은 적이 짐작하지 못할 바 아니다. 그는 바로 신미양요가 있은 지 1년 뒤인 1872년 壬申에 두 번째 연경에 갔을 때 일찍

53) 『金玉均傳』, 東京 : 古筠紀念會, 1944, 48~49쪽.

> 欽差大臣으로 歐米(美)諸國을 다녀온 淸人 崇原의 형 崇實을 방문함에 의하여 비로소 宇內의 형세를 간접으로 得聞하게 된 것이다.[54]

라고 있음은 적절한 지적이라고 생각된다. 결국 박규수가 국제문제에 관심을 갖게 된 것은 1870년대였는데 그가 漢文으로 번역된 서적을 통해서뿐 아니라, 중국 政客들과 이야기를 나누게 됨으로써 눈을 돌릴 수 있었다. 물론 首譯 오경석의 영향도 있었을 것이다. 박규수는 이 사절에서 특히 러시아가 南下政策을 쓰고 있음을 알고 큰 충격을 받았다. 이에 대해서는 중국에 체재하고 있을 때 동생 瑄壽에게 보낸 서한에서,

> 而大抵天下大勢 深憂在於俄夷 見今回擾者 卽新疆有事也 此亦恐有俄夷之助也 中朝士夫 未嘗不以此爲憂[55]

라고 오늘날 중국의 위정자들이 몹시 우려하고 있는 문제가 러시아라고 쓰고 있음을 보아도 알 수 있다. 그러므로 그는 정부에서도 그러하였을 것이지만 자기 밑에서 공부하는 젊은이들에게도 국제문제에 대한 관심을 갖도록 역설하였던 것이다.[56] 그로부터 지도를 받았던 金允植이 그때의 일을 회고하기를,

---

54) 『湖岩全集』 第3卷, 瓛齋 朴珪壽 參照. 그리고 『承政院日記』 高宗 9年 12月 26日條를 보면 進賀兼謝恩使로 중국에 갔다가 돌아온 박규수가 국왕에게 보고한 말 중에, "大抵洋夷之來居都中 今旣多年 而當初則洋貨賣買甚盛矣 近日則中國人皆覺洋物之徒眩人眼 不中實用 故不甚與之交易 洋人以此失利 向於江南用兵時 中國多買洋砲 用於戰陣 而洋人以造砲得利矣 近日則中國倣造洋砲 極爲便利 不買彼砲 洋人又爲失利 向來則中國商賈貫用火輪船 故洋夷以此得利矣 今則中國亦倣造火輪船 而不復貫用 彼又失利"라고 중국의 실정을 설명하면서 洋夷를 두려워하지 말고 주체적으로 그 문화를 받아들이면 도움이 된다고 시사하고 있다.

55) 『瓛齋集』 卷8, 書牘, 與溫卿書.

56) 이를테면, 金允植의 「渠堂詩鈔序」에 "兪渠堂吏部 少有儁才 自髫齔時 出語不俗 朴瓛齋先生嘗見其詩 知其爲國器 大加奬勵 授以魏默深海國圖志曰 以時外洋事不可不知也 吾以是自奮"이라 하여, 박규수는 유길준에게 魏源의 『海國圖志』를 주면서 지금에는 外洋事, 즉 국제문제에 대해서도 알아야 된다고 말하였다는 것으로 알 수 있다.

其時余嘗侍坐先生 先生喟然曰 願今宇內情形日變 東西請强並 與曩日春秋列國之時 相同盟征伐 將不勝其紛紜矣 我國雖小處 東洋之紐樞 如鄭國之在 晋楚之間 內治外交 不失機宜 則猶可自保 不然則昧弱先亡天之道也[57]

라 하여, 열강의 세력균형 속에서 한국의 갈 길을 찾아야 된다고 말하였다는 것이다. 이와 같은 내용은 앞에서 소개한 바 있는 강위의 생각과 똑같은 것이었다.

그런데 이 시기의 사람들은 이러한 문제를 '當世之務'라고 하였으니, 이를테면 前記 이중하의 「본전」에

二雅子曰 歲之知先生者 皆稱其工於詩文 而至於論天下之事 識當世之務 則或未之信焉 易之困曰 有信不信 先生弊衣襤褸 遑遑道路 若天下當世之憂 專着於一身者 其心良苦而人之或不信者 亦宜矣 然自十餘年以來 試觀天下國家之事變 則向之或不信者 亦當其言之不謬 而慊然一歎悲夫

라 있듯이 강위는 天下之事를 논하고 當世之論을 알고 있었으며, 또 雲養 金允植의 「姜古歡瑋遺集序」에,

古歡先生 奮發孤寒 力學自樹 所讀之書 殆過五車 而有志於當世之務 學成而無所售 出門落落 特以詩結識於士大夫[58]

라 하여, 강위는 當世之務에 뜻을 두고 있었다고 있음을 보아 알 수 있다. 當世之務란 오늘날 한국이 해야될 일을 가리킨다. 이것은 『雲養集』에,

昔司馬德操謂漢昭列曰 儒生俗士 不識時務 識時務也 其惟俊傑乎 夫所謂時務者 何也 卽當時所當行之務也 猶病者之於藥皆有當劑 雖有神

57) 『雲養集』 卷12, 書後, 書瓛齋集洋舶咨後(辛亥).
58) 『雲養集』 卷9, 序.

異之方 不可人人服之也[59]

라고 있는 時務라는 말로도 표현되었다. 그런데 김윤식의 개화에 대한 평을 보면,

此云開發變化者 文飾之辭也 所謂開化者 卽時務之謂也[60]

라 하여, 개화란 時務를 가리킨다고 있다. 이것을 뒤집어 이야기하면 오늘날 해야될 當世之務 혹은 時務는 개화라고 할 수 있을 것 같다. 그러니까 當世之務 혹은 時務에 밝았던 강위는 당시의 위기를 타개하기 위해서는 전략적으로 개항 혹은 개화를 해야 된다고 생각했던 것이다. 결국 김정희 밑에서 실학을 익혔던 강위는 양이의 실태를 파악하게 됨으로써 실학을 개화사상으로 승화시켰던 것이다. 강위 등에 앞서서 일부 실학자 중에는 나라의 문호를 열고 외국과 통상을 해야 된다고 주장한 사람이 있었으나,[61] 그렇다고 하더라도 그러한 주장은 한갓 사변적 혹은 정적인 선을 넘어서지 못하였던 것 같다. 그런데 1860년대 이후 외세와 직접 부닥친 뒤로는 그러한 주장이 현실적 혹은 동적인 것으로 바뀌어 개항과 개화문제로 발전하였던 것이다. 이제 강위는 한국이 하루 속히 개항을 하고 개화를 이룩하기를 바랄 뿐이었다.

雲揚號事件이 있은 지 5개월 뒤인 1876년 2월 한일 간에 강화도회담이 열리었다. 강위도 한국측 대표의 隨員으로 참가하였다. 즉 接見大官 신헌, 副官 尹滋承, 從事官 洪大重, 軍官 徐贊輔, 訓導 玄昔運과 함께 강위는 伴倘으로 참가하였던 것이다.[62] 앞서 동지사절을 따라 중국을 여행하였을

59) 『雲養集』 卷8, 時務說送陸生鐘倫遊天津(壬辰 閏6月).

60) 『續陰晴史』(國史編纂委員會, 1960) 卷5, 高宗28年 辛卯 2月16日 宜田(陸用觀)記述, 評語 34則, 開化說.

61) 이를테면, 朴齊家의 「通江南浙江商舶議」(『北學議』 所收) 등이 그것이다.

62) 田保橋 潔, 『近代日鮮關係の硏究』 上, 朝鮮總督府 中樞院, 1940, 456쪽 참조. 한편 『倭使日記』 高宗 13年 2月 4日條에 依하면, 강화도조약을 체결한 다음 일본의 全權大臣과 副大臣이 우리측 대표에게 예물을 보냈는데, “軍官姜瑋 海氣絹一疋,

때에도 伴倘으로 갔었다.63) 伴倘이란 정부에서 임명하는 것이 아니고 全權代表가 사사로이 대동하는 사람이었다. 2월 11일 제1차 강화도회담이 끝난 뒤 일본대표가 全權代表의 회담 이외의 비공식적인 교섭은 수행원으로 하여금 하도록 하자고 제의하자,

我曰 我隨員非奉命 而使臣之自辟也64)

라 있음을 보아도 뚜렷이 알 수 있다. 따라서 강위는 接見大官 신헌과 오랫동안 친교를 맺고 있던 관계로 그의 요청으로 참가하였던 것이고, 또 신헌 측에서는 학식과 경륜을 가졌던 강위를 필요로 하여 그를 참가시켰던 것이다. 강위는 회담에 참가하자 일본 측과도 협상내용을 검토하는 한편으로 협상결과를 서울정부에 보고하는 일을 맡았던 것 같다. 그런데 그는 일본의 挑發을 분개하고 있었지만 앞서부터 개항의 필요성을 알고 있었으므로 회담이 결렬되어 무력충돌이 일어나기 전에 평화적으로 협상이 이루어지기를 바랬다.

당시 위정자 중에 개항이나 개화를 주장하고 있던 사람은 앞에서 소개한 바 있는 박규수가 유일한 존재였다. 1874년 右議政의 자리에 있으면서 그는 대원군에게 서한을 보내어 한일 간에 새로운 외교관계의 수립을 역설한 바 있었다.65) 대원군은 비록 정권에서 물러나 있었으나 여전히 영향을 끼칠 수 있었으므로 서한을 보냈던 것이다. 그리고 다음해, 즉 1875년에 위정자들이 모여 일본과의 관계를 논의할 때에도 박규수는 계속 자기의 생각을 굽히지 않고 관계개선을 주장하였다.66) 그러므로 강화도회담에 참

烟草十束"이라 하여 군관으로 표시되어 있다. 여기의 군관은 接見大官의 호위군인이라는 뜻일 것이다.

63) 『北游日記』 첫머리에 "鄭蓉山尙書健朝以癸酉冬至正使兼謝恩使 將赴上都 再書要余同行 辭不獲已以伴倘從焉"이라 하고 있음을 보아도 알 수 있다.

64) 『倭使日記』 高宗 13年 1月 19日條.

65) 『瓛齋集』 卷11, 書牘 答上大院君(甲戌).

66) 『日省錄』 高宗 12年 5月 10日條에 의하면, 34명의 정부 고위관리들이 모여 회의를 하였는데, 관계개선을 주장한 사람은 박규수와 좌의정 李最應 두 사람뿐이었

가하고 있던 강위는 박규수에게 수시로 연락하여 그의 지시를 받는 한편으로 정부 내에서의 그의 활동을 격려하였던 것이다. 『古歡堂收草』 문집에 수록되어 있는 「代申大官上桓齋朴相國珪壽(丙子)」로서 그 실정을 엿볼 수 있다. 950자에 달하는 이 서한은 강위가 接見大官 신헌을 대신하여 박규수에게 보낸 형식을 취하고 있다. '下示'라는 말로 시작되어 있는 것으로 보아 이미 박규수로부터 지시가 있어서 그 지시에 대한 회답을 쓰는 서한이다. 그러나 회답뿐만 아니라 강위의 의견도 첨가되어 있고 이것은 박규수의 태도견지에도 영향을 주었으리라고 생각된다.

2월 11일(음력 1월 17일)에 시작된 강화도회담은 12일과 13일에도 계속 열리었다. 이 3차 회담으로 한국 측은 일본이 무엇을 요구하고 있는가를 알게 되었다. 그리하여 14일에 국왕은 時·原任大臣을 불러 대일 방침을 협의하였다. 여전히 대부분의 대신들은 일본의 奸巧를 꾸짖으면서 수교를 반대하였는데, 이때 박규수만은

> 日本稱以修好 而帶來兵船 其情叵測矣 旣云修好之使 則未可自我先攻 而如其有意外之事 則不可不用兵矣 第念三千里封疆 如果盡內修外攘之方 致國富兵强之效 則蕞爾島國 豈敢未窺畿甸 恣行恐嚇 乃至於此乎 誠不勝憤惋之極矣[67]

라고 하여, 한국은 오늘날 힘이 약하여 일본의 침투를 막을 수 없으니 일본의 요구를 들어주어 수교를 해야 된다는 것을 시사했던 것이다. 이 회의는 마지막으로 우의정 金炳國의 제의에 따라 接見大官의 상세한 보고를 기다려 선처하기로 정하고 해산하였다.[68] 前記 강위의 「代申大官上桓齋朴相國珪壽」는 이때 쓴 것이나 아닌지 모르겠다. 그러니까 회의의 경과, 혹은 일본의 태도 등을 정부에 보고하는 한편 박규수에게 별도로 서한을 보낸 것이라고 생각된다. 강위의 주장은 박규수의 것과 일맥상통한다. 그

다.

67) 『日省錄』 高宗 13년 1月 20日.

68) 위와 같음.

일부를 소개하면,

> 以愚淺之見 竊揣彼情 …… 下聽施 則必不退兵 若不退 則今我所修戰守之備 果可以却敵否 言念至此 不覺寒心 江華住接仁富 下陸京城直進 …… 彼之進京 斷非三寸之舌所可防寒 試想彼兵進京之後 事之難處 又當如何也 謀國之臣 社稷生靈 先置念頭 自家自命 抑其次也 豈敢顧畏而不念主辱臣死之義乎

라 하여, 요구하는 것을 들어주지 않으면 일본은 군대를 서울에 진격시킬 것 같이 보이며, 만약에 그런 경우에 우리 측에서 일본군을 물리치지 못한다면 곤경에 빠질 것이라는 것이었다. 이 서한의 마지막에서 강위는 다시 한 번 사태의 긴박성을 강조하였으니,

> 侍生武臣也 惟知戰守二字而已 外此則非其任也 惟當受成而行之而已 而濫及此事者 後日之議 必謂使臣不能覘敵 以致僨事 亦不免於萬世之譏 此非但侍生獨當此厄 恐是盈廷之臣 所當同議共商者也 中夜繞壁 憂慮至此 深究事機 更賜指敎 尤所區區

라 하여, 자기는 武班의 배경을 가진 사람이기 때문에 적과의 싸움에 대해 잘 알고 있는데 오늘의 이 사태를 진정으로 어떻게 처리해야 될지 모르겠으므로 적절한 지시를 바란다는 것이었다. 강위는 오늘날의 한국군비로서는 일본의 침투를 도저히 막을 수 없다는 것을 암시하고 있다.

2월 15일 접견대관과 부관이 바친 狀啓와 일본전권으로부터 제시된 韓日條規案 漢譯謄本이 정부에 도착되었고, 그 후 갑자기 정부 대신들은 일본과의 수교의 방향으로 기울어졌다. 정부의 지시를 받은 접견대관은 10여 일간에 걸쳐 일본 측과 조목을 심의한 뒤 2월 27일 역사적인 江華島條約을 체결함에 이르렀던 것이다. 이렇게 되기까지에는 정부 내에서 박규수 등의 주장이 지대한 영향을 주었을 것임은 말할 것도 없다. 그렇기 때문에 崔南善의 『故事通』을 보더라도,

이듬해 丙子正月에 일본이 군함 2척, 운송선 3척으로써 全權大臣 黑田 淸隆, 議官 井上 馨 등을 보내어 이 일을 힐책하는 체 하고 실상 이것을 기틀로 하여 수호조약을 맺으려 하거늘 조선정부 접견대신 신헌, 부관 윤자승을 보내어 談辦할 새 의견이 잘 합하지 아니 하다가 우의정 박규수와 역관 오경석이 세계의 대세상 통상수교의 부득이함을 力主하여 2월 초2일(新 2월 26일)에 강화에서 양국의 수교조규가 성립하니 이는 조선이 외국으로 더불어 새로 約條를 체결한 시초이다.[69]

고 쓰고 있다. 그러나 박규수 등이 그처럼 주장할 수 있었던 것은 강화도 회담에서 접견대관 신헌의 伴倘으로 활동한 강위의 영향도 있었음을 잊어서는 안될 것이다. 강위는 박규수에게 정보를 제공하는 한편 결심을 굽히지 않도록 격려하였던 것이니, 前記 이건창의 묘지명 중에

講和初 君從大官 如江華 貽書宰相 贊其決

이라 하여, 재상에게 서한을 보내어 그 결심을 도왔다고 뚜렷이 밝히고 있다.

6. 外交活動

그 뒤 한국사회에서는 개화운동이 전개되었다. 강위는 여전히 막후에서 활동하면서 우선 젊은 양반들과 접촉하여 계몽하는 데 盡力하였다. 당시는 양반이 지배하는 사회였으므로 개화운동이 제대로 전개되기 위해서는 장래성 있는·젊은 양반들을 계몽하여 그들을 앞세우는 것이 성과를 거둘 수 있는 길이었다. 그러므로 前記 김윤식의 「姜古歡瑋遺集序」에,

古歡先生 奮拔孤寒 力學自樹 …… 而有志於當世之務 學成而無所售 出門落落 特以詩結識於士大夫[70]

69) 崔南善, 『故事通』, 三中堂書店, 1943, 212쪽.
70) 『雲養集』 卷9, 序.

라 있듯이, 강위는 시로써 사대부와 관계를 맺었다는 것이다. 말할 것도 없이 시짓는 모임을 겸하여 時事문제에 대한 토론도 하면서 사대부 즉 양반들을 계몽하였을 것이다. 한편 吳世昌의 회고담을 보면,

> 어떤 날 劉大致가 우리나라의 개혁은 어떻게 하면 성취할 수 있겠는가 하고 물었던 바 오경석은 먼저 동지를 北村(북촌이란 서울의 북부로 당시 상류계급이 거주하던 구역이었다)의 양반자제 중에서 구하여 혁신의 기운을 일으켜야 된다고 대답했다 한다.[71]

고 있는데, 강위도 오경석이 생각했던 것과 같았다고 볼 수 있다. 그는 시에도 능하였을 뿐 아니라, 經綸을 가졌던 인물이었으므로 쉽게 그 주위에 젊은이들이 모였다. 이에 대해서는 한어 역관이었던 李鳴善이 강위에 대해 쓰기를,

> 鳴善從士友 後猥嘗數先生 以爲當世詞林宗匠人 或未之信也 近稍傾嚮學者 多就受業[72]

이라 하여, 근자에 약간 傾嚮한 학자들이 많이 강위에게 와서 지도를 받았다는 것이다. 경향한 학자란 새로운 지식과 문물, 다시 말하면 개화에 관심을 가진 사람들을 가리킬 것이다.

강화도조약을 체결한 다음해, 즉 1877년 2월 박규수가 별세하자 박규수 밑에 있던 일부 젊은 양반들은 유대치의 지도를 받게 되고 그리하여 急進開化派가 되었다.[73] 급진개화파의 대표적인 인물은 金玉均, 朴泳孝, 徐光範이었다. 그런데 강위는 이와 같은 유대치의 지도를 받았던 사람과도 접촉하였고 그리고 穩健開化派 사람들과도 폭넓게 접촉하였던 것 같다. 우

---

71) 『金玉均傳』, 49쪽.

72) 『詩軸』(강두식교수 소장) 所收. 이 시축은 1880년 강위가 수신사 김홍집을 따라 일본을 가게 되었을 때 李鳴善, 金在玉, 金準學, 李基馥 등의 제자들이 스승의 壯途를 축하하기 위해 쓴 글과 시를 모은 것이다.

73) 李光麟, 「숨은 開化思想家 劉大致」, 『開化黨硏究』, 一潮閣, 1973 참조.

선 온건개화파들과의 접촉에 대해서는 그의 시문집인『古歡堂收草』가 편찬될 때에 김윤식 등 다수의 온건개화파들이 참여하고 있는 것으로 보아 알 수 있고, 한편『古歡堂來游詩草』에 들어 있는 다음과 같은 내용으로서 급진개화파의 김옥균 등과도 가깝게 접촉하고 있었음을 알 수 있다.

> 嗚呼 以余卑微門地 庸陋姿材 少有讀書之名 誤人遠聽 金侍讀古愚玉均大人 待以殊札 常懷感激 有執鞭之願 頃在庚辰夏 金侍郎道園宏集大人以修信使 赴日本 侍讀大人 力薦不肖 辟以充書記 以行得至日京[74]

이라 있듯이, 강위는 항상 김옥균으로부터 특별한 예우를 받고 있었는데 1880년 수신사 김홍집의 書記로 일본에 가게된 것도 전적으로 김옥균이 추천했기 때문이라는 것이다. 그리고 1882년 3월 김옥균이 渡日하게 되자 다시 강위는 동행하였다. 이것으로 보아도 그들은 매우 가까웠던 사이였음을 알 수 있다.

앞에서 설명한 바대로 강위는 1873년과 1874년에 중국을 방문한 뒤로 列强의 세력균형 속에서 한국의 주권을 지켜나가야 된다는 데 관심을 갖고 있었다. 일본을 방문하여서도 이 문제에 흥미를 갖고 있었고, 마침 淸國公使 何如璋, 參贊官 黃遵憲 등이 러시아의 南下가 두렵다는 것, 그리고 그것을 막기 위해 한국은 미국과 외교관계를 맺어야 된다는 의견을 내놓자 적극 지지하고 나섰다. 前記「강위의 저작물」에서 지적하였듯이 문일평의『韓美五十年史』에는 그의「議」일부분이 인용되어 있는데,[75] 그것을 보면 황준헌이 쓴『朝鮮策略』의 내용과 일맥 상통함을 알 수 있다. 이를테면,

> 俄國은 虎狼의 秦이라. 그가 一日이나 中國을 잊어버리지 아니할 것인바 …… 조선은 중국에 가깝고 중국의 울타리가 되니 俄國이 一日이나 또 조선을 잊어버리지 아니함을 알 것이다.

---

74) 주 21) 참조.
75)『湖岩全集』제1권, 一誠堂書店, 1948, 26~27쪽 참조.

라 하여, 러시아에 대해 경계를 해야 된다고 있고, 또

> 經國의 事가 바둑과 같아서 先着制人한즉 勝하고, 人에게 先着을 獲하여 그의 制한바 된즉 勝하지 못한다.

고 하여, 러시아가 손을 뻗치기 전에 미국과 외교관계를 맺도록 해야 된다고 암시하였다. 그 이유로서는 국제관례상 통교를 먼저 튼 나라가 會主, 즉 首席外交國의 자리를 차지하게 되므로 한국에 대해서는 미국이 會主가 되도록 해야 된다고 하였다. 그리고

> 미국은 萬國 중에서도 가장 평화를 사랑하고 다른 나라의 토지와 인민을 탐내지 않으며 오직 公議만을 펴기 때문에 여러 나라들로부터 신임을 받고 있다.

고 칭찬한 뒤, 끝으로

> 만약에 미국의 도움을 얻으면 萬國이 따르고 화답할 것이므로 아라사는 반드시 욕심을 부릴 수 없을 것이다. …… 그러므로 미국의 도움을 얻어야 한다.

고 주장하였다. 강위는 미국과의 수교를 하루바삐 해야될 것으로 판단하였다. 그러므로 일본에서 귀국하는 즉시 정부에 건의하였던 것이다. 이건창이 쓴 묘지명에,

> 又從信使入日本 與中國人留日本者議合 歸以其筴達之朝廷

이라 하여, 일본에 체류하는 중국인과 의론이 맞아 귀국하여 정부에 방책을 건의하였다고 있음은 바로 그것을 가리킨다고 생각된다.

강위는 일본을 방문하였을 때 興亞會에도 참석하였다. 이 단체는 1880

년 3월 10일 일본의 정치가와 학자들에 의해 건립되었고,[76] 건립취지는

> 日人近有私開一社 名興亞會 清公使及中國人多與焉 其意慾與淸日本及我三國 同心同力 無爲歐羅巴所悔云[77]

이라 있듯이, 동양 3국이 합심하여 서양인들로부터 모욕을 당하는 것을 없애자는 데 목적을 두고 있었다. 수신사 김홍집이 동경에 도착하자 興亞會에서는 간담회를 열고 싶다는 뜻을 전한 바 있었다. 이에 대해 김홍집은 興亞會의 설립취지에는 찬성하나 자기는 마음대로 행동할 수 없는 몸이라는 것을 밝히고 거절하였다. 그 대신 수행원인 李祖淵, 尹雄烈, 강위 세 사람을 보냈던 것이다.[78] 이 모임에 참가한 강위는 흥아회에 대해 대단한 관심을 표명하였고, 회원들의 요청으로 시를 짓기도 하였다.[79]

1882년 3월 중순 再次 일본을 방문하게 되었는데, 이번에는 김옥균을 수행하였던 것이다. 일행은 수십 명에 달하였고,[80] 徐光範, 金鏞元, 鄭秉夏, 柳赫魯, 邊燧(樹) 등이 끼어 있었다.[81] 강위는 동경에 도착하자 또 다시 흥아회의 간담회에 참석하였다. 이 때에는 김옥균, 서광범 그리고 일본에 유학 중이던 兪吉濬과 함께 참석하였는데, 黎庶昌公使를 비롯한 청국 외교관까지 포함한 50여 명의 인사들이 모여 그들을 환영하였다 한다.[82]

---

76) 『新聞集成 明治編年史』 第4卷(東京 : 明治編年史編纂委員會, 1935) 『東京日日新聞』 1880年(明治 13) 3月 12日字 記事 참조.

77) 金弘集의 『修信使日記』, 「修信使記錄」(國史編纂委員會, 1958) 所收, 卷2 復命書.

78) 『新聞集成 明治編年史』 第4卷 所收, 1880年(明治13) 9月 7日字 『朝野新聞』의 記事 참조.

79) 『古歡堂收草』 詩集, 東游草에, 興亞會上屬題라는 제목으로 다음과 같은 詩를 지었다. "鯨海鴻泥跡易陳 臨歸一語見情眞 易持時論人人別 難識天機日日新 磊落英豪同所見 尋常恐懼亦相親 當時代箅關東事 六國安危不在秦".

80) 前揭 『朝鮮新報』 第6號(1882年 3月 15日刊) 參照.

81) 『古歡堂收草』 詩集, 遠游草 ; 『新聞集成 明治編年史』 第4卷, 1882年(明治15) 4月 13日字 『東京日日新聞』의 記事 참조.

82) 『新聞集成 明治編年史』 第4卷, 1882年(明治15) 6月 23日字 『東京日日新聞』의 記事 참조.

이번의 일본 방문은 1882년 3월 중순에서 8월 하순까지 약 5개월 간이었다. 그런데 이 기간 중인 5월 22일 한국은 미국과 정식으로 修好通商條約을 체결하였고, 며칠 뒤에는 영국, 독일과도 조약을 체결하였던 것이다.[83] 일행은 이 소식을 일본의 신문을 통해 알게 되었다. 그리하여 한국의 정치는 새로운 국면에 들어갔다고 판단하고, 이에 대처하기 위해서는 무엇보다 더 먼저 서양의 사정을 직접 살피는 것이 긴급한 일로 생각했던 것 같다. 다시 말하면 김옥균은 이처럼 일본을 視察하는 것으로 그칠 것이 아니라, 서양까지 시찰하는 것이 바람직한 것으로 생각하였던 것이다. 그러나 돌이켜보면 그들의 일본 시찰만 해도 한국에서 공공연히 떠나온 것은 아니었다. 당시의 한국사회는 排日・排外의 분위기 속에 휩쓸려 있었기 때문이었다. 그들보다 1년 전에 일본을 시찰하였던 紳士遊覽團이 행차를 감추기 위해 暗行御史라는 이름으로 서울을 떠났던 것은 잘 알려져 있는 사실이다. 김옥균 등이 어떤 이름을 갖고 서울을 떠났는지는 밝혀지지 않고 있으나 역시 비밀리에 이루어졌던 것만은 틀림이 없다. 이처럼 몰래 한국을 떠나온 김옥균 등이 일본에서 다시 서양으로 가려는 것은 대단한 모험이 아닐 수 없었고, 또 그들의 앞날이 위험하다고 보지 않을 수 없다. 그러므로 경험이 풍부한 강위는 그들에게 적극 만류하였다. 이에 대해서는 『古歡堂東游詩草』 중 「續東游草」에 들어있는 시의 제목과 그 挾註로서 그 일단을 엿볼 수 있다. 시의 제목은 「金徐二大人 欲作泰西之游」라 하여 김옥균과 서광범이 서양에 가려고 하였다고 있고, 그 협주에는

老翁乞附不許 懼或遇困改悔 輒敢矢詩自誓 有如白水

라 했듯이, 老翁 즉 강위는 그들이 서양에 가게 되면 앞으로 많은 곤란에 부딪칠 것이라는 것을 알고 만류하면서 맹서하는 시를 지었다는 것이다. 맹서한다는 것은 다음 기회를 보자는 것에 틀림이 없다.[84] 이처럼 강위의

---

83) 다 아다시피 이때 체결한 조약문은 英國과 獨逸政府에서 推進되지 않아 다음해, 즉 1883年 11月 다시 체결되었다.

84) 다음과 같은 詩의 內容으로서도 그것을 살필 수 있다. "三年再上東洲路 一葉風

설득으로 김옥균 등은 포기하였다. 그러나 이 일행 중 서광범과 邊燧는 마침내 다음해, 즉 1883년 7월 報聘使의 從事官(書記官)과 수행원으로 미국과 유럽 諸國을 시찰할 수 있었다. 특히 중인 출신이었던 변수는 강위의 제자였고, 강위의 일본 여행비용도 그가 마련하였던 것이니, 前記 「續東游草」에

謀行資於邊燧 邊燧者 不肖嘗館於其家 五年授業之門徒也

라고 하여, 변수는 자기가 5년 동안이나 그 집에 머무르면서 가르친 제자였다는 것이다.

5개월 간의 일본 방문을 마치고 귀국길에 올랐다. 그런데 배가 下關(赤馬關)에 이르렀을 때 서울에서 軍變(壬午軍亂)이 일어났다는 소식을 듣게 되었다. 일행은 황급히 그 근처에 있는 山寺로 가서 통곡을 하고 喪服으로 갈아 입었다.[85] 왕비가 시해되었다는 일본신문의 기사를 읽고 그렇게 하지 않았나 생각된다. 한편 일행은 이 군변을 계기로 대원군이 다시 정권을 잡게 되었고, 또 청국이 적극 간섭의 손을 뻗침으로서 정국이 복잡한 양상을 띄게 되었음을 알고 매우 당황하였다. 그리하여 일행은 대책을 熟議하고 먼저 김옥균과 서광범을 서울로 돌아가게 하여 사태수습에 나서도록 하였다.[86] 강위는 당분간 下關에 머물러 있었다. 그러나 곧 중국으로 떠나게 되었다. 일행 중의 한 사람이었던 白樂鏞이 天津에 가서 그 곳에 머물러 있는 魚允中과 협의해 보자고 하였기 때문이었다.

이에 앞서 한국정부에서는 기술학습을 위해 김윤식 인솔 하에 38명의 學徒 工匠을 天津에 파견하였고, 또 중국과의 무역 등을 토의시키기 위해 어윤중을 問議官으로 임명하여 천진에 파견한 바 있었다. 군변이 일어나

濤雪浪間 桑田化碧尋常事 待覓蓬萊水底山".

85) 『古歡堂收草』 詩集, 「遠游草」 참조.

86) 김옥균과 서광범이 일본군함에 便乘하여 仁川에 도착하기는 1882年 8月 13日(陰曆 6月 30日)이었다. 이에 대해서는 馬建忠, 『東行三錄』(臺北 : 廣文書局, 1968) 壬午年 6月 30日條 참조.

자 어윤중 등은 天津稅關의 책임자 周馥을 만나 중국의 파병을 요청하였고,[87] 중국정부는 즉각적으로 이에 호응함으로써 군함 3척을 보냈던 것이다. 어윤중의 이러한 행동은 일본신문에도 소개되었고, 그리하여 前記 백낙용은 천진에 가서 그들과 만나 협의하는 한편 중국의 태도를 살피자고 제의하였던 것 같다. 어윤중 등이 청국의 파병을 요청했다는 것은 한국의 自主權을 침해한 행위로 보고 불쾌하게 여기지 않았나 생각된다.[88] 강위는 백낙용의 의견을 좋게 받아들이고 동행하기로 승낙하였다. 그러나 일행 중에는 여비를 마련할 길이 막연하다는 것으로 반대하는 이도 있었다. 이에 대해 강위는 長崎駐在淸國領事 余瓗에게 도움을 청하기로 하였다. 즉 백낙용을 먼저 떠나게 하면서 長崎에 들러 余瓗와 교섭케 하였다. 余瓗은 본시 한국에 관심이 많았던 사람이었다. 1880년 長崎에 머물러 있는 미국의 슈펠트(Robert W. Shufeldt) 提督으로 하여금 본국의 李鴻章과 만나도록 알선해주고 그리하여 한미수호통상조약 체결의 계기를 만들어 주었던 이가 바로 그 사람이었다. 청을 받자 余瓗은 쾌히 응하고 강위에게 모든 편의를 제공해 주었다.[89]

---

87) 魚允中, 『從政年表』(국사편찬위원회, 1958), 高宗 19年 6月 19日條 참조.

88) 이것은 추측의 범위를 넘어서지 못한다. 그러나 石河幹明編, 『福澤諭吉傳』(東京 : 岩波書店, 1932) 第3卷, 290쪽에 실려 있는 다음과 같은 내용을 참고하면 이해될 수 있을 것 같다. 이 내용은 임오군란 뒤 어윤중이 청국 군함을 타고 8월 5일, 김옥균은 일본군함을 타고 8월 13일에 인천에 도착한 뒤에 일어났던 일을 적은 것이다. "그때 金(옥균)은 앞서 天津에 가 있었던 어윤중이가 반드시 청국의 군함 속에 있을 것으로 알고 몰래 그를 불러 사태에 대해 협의하였던 바, 魚는 청국의 세력을 빌려 대원군을 天津에 拘送하고자 한다는 설이 있었으므로 金은 그러한 일은 일시의 위급을 구하기 위하여 국권을 청국에 파는 것이라고 하면서 극력 반대하였다. 한편 박영효 등의 동지와 의론하려고 서울에 잠입하였더니 朴 등은 도리어 金과 의논하려고 仁川에 감으로써 도중 길이 어긋나 같이 협의할 수 없었다. 그때 대원군은 金의 입경을 듣고 체포하려고 함에 金은 잠적을 감추고 몰래 대책을 강구하였다. 그러던 중 대원군이 청국의 兵營에 拘囚되었다는 소식을 듣고 金은 대원군이 일신상으로는 仇敵의 관계임에도 불구하고 조선의 자주권을 잃어버렸다고 하면서 비분을 멈추지 못하였다. 그리하여 죽음으로써 나라의 자주권을 회복하려는 결심을 하였다"고 한다.

89) 이에 대해서는 『古歡堂收草』 詩集, 東游草에 다음과 같이 쓰여져 있다. "白君樂

그런데 먼저 천진으로 떠난 백낙용도 어윤중을 만날 형편이 되어 있지 못하였다. 그 까닭은 백낙용이 일본에서 천진으로 떠나기 앞서 어윤중은 이미 중국군함에 便乘하여 한국으로 돌아가 있었기 때문이었다.[90] 따라서 어윤중을 만날 수 없다는 사실을 알게 된 강위는 청국을 방문한 주요 목적이 없어진 셈이었으나, 그러면서도 중국의 정세를 살펴보고 싶어 上海로 향하였다. 1873년, 1874년에 이어 세 번째의 중국방문이었다.

그동안 국내에서는 軍變이 일어났고, 또 淸日兩軍이 출동함으로써 한국의 정치는 소용돌이 속에 휘말려 들어가고 있었다. 강위는 이 광경을 국외에서 보고 속을 태웠을 것이고, 앞으로 어떻게 대처해야 될 것인가에 대해서도 많은 생각을 하였을 것이다. 결국 難局을 극복하는 길은 무엇보다 더 국력을 길러야 하겠고 그러기 위해서는 개화운동을 적극 추진해야 된다고 판단하였던 것이다. 그러므로 청국에 가서는 주로 개화운동에 도움이 될 수 있는 자료를 수집하고자 하였다. 余瓗領事가 써준 소개장을 갖고 江蘇省道台 邵友濂(號 小村), 招商局總辦 徐潤(雨之), 鄭官應(陶齋), 江南機器局總辦 李興銳(勉林), 廣方言館(外國語言文學學館이라고도 하였다) 總管 程錫書(松韻) 등을 만나 의견을 교환하였다.[91] 이들은 당시 洋務運動에 앞장서고 있던 학자였다. 이를테면 鄭官應은 서양근대문화를 섭취하는 방책을 논한 『易言』의 저자였고,[92] 王韜는 1876년 이후 香港에서 발행한 『循環日報』의 主筆로 중국 저널리즘의 선구자였다.[93] 이들과 어떠한 이야

鏞 自日本西京來 欲往天津 依魚一齋允中余意應同 金鄭二君議不合(以無貲難之應當) 白君遂發 余囑白君 至長崎 謁中國領事余雲眉瓗中翰 議吾輩行事 白君至長崎 以電信 招我三人 因日人軍機嚴秘 慮我人之與中國通信 分付電局 勿爲韓人寄書 並勿韓人上船 直至兩國講解後弛令 余得至長崎(金鄭二君往留東京) 白君發已久矣 余謁中翰願由上海·天津回國 中翰笑而領之". 이 글 중에서 金은 金鏞元, 鄭은 鄭秉夏였고 이들은 그동안 東京으로 가버렸기 때문에 姜瑋는 같이 떠날 수 없었다.

90) 주 88)에 설명한 바와 같이, 魚允中은 8月 5日(陰曆 6月 22日) 仁川에 倒着하고 있었다. 이것은 金玉均 등이 日本에서 도착하기 8日前이었다.

91) 『古歡堂收草』 詩集, 「遠游草」 참조.

92) 李光麟, 「易言과 韓國의 開化思想」, 改訂版 『韓國開化史硏究』, 一潮閣, 1974. 參照.

기를 주고받았는지에 대해서는 기록이 남아있지 않으므로,[94] 구체적으로 살필 수 없음이 유감이다.

40여 일간 江南機器廠에 체류하였다. 그리고는 北上하여 잠시 煙臺, 天津, 太沽를 방문하였다가 귀국길에 올랐다. 새로 조선주재 商務總辦에 임명된 陳樹棠(茇南)과 上海 招商局總辦 唐廷樞(景星)가 타고 가는 배에 便乘하였다. 한편 이 배에는 독일인 뫼렌도르프(Paul Georg von Möllendorff, 穆麟德)를 비롯한 一團의 서양인과 중국인이 동승하고 있었다. 軍變 뒤 청국은 군사적 개입과 정치적 간섭을 자행하면서 한국의 외교, 군사, 재정 등 각 분야의 실권을 장악코자 이들을 파견하였다. 또 이 배에는 陳奏使로 청국에 갔던 趙寧夏(號 惠人)와 領選使 김윤식과 같은 한국 관리들도 있었다. 김윤식의 『陰晴史』(下) 고종 19년 10월 27일조를 보면,

> 是日 唐觀察趙惠人 因風大不乘船 獨宿船中 姜秋琴及韓生昌律 向隨金伯溫(金玉均의 字 : 필자) 游日本 轉歷上海天津 今始還國 夜共談游歷之事 秋琴出示詩卷 多可誦

이라 하여, 배에서 만나 이야기를 나누는 한편 강위가 내놓은 시를 보았다고 있다. 당시 강위는 63세의 고령이었다. 얼굴에는 은연 중 씩씩한 기상을 풍기고 있었다고 하나,[95] 역시 그 여행은 그에게는 고된 것이었다. 그렇기 때문에 이건창이 쓴 묘지명에 의하면,

> 及歸 有邀君 俱往六合之外者 君謝曰 力竭矣 强之不可 斯君之所謂不面者信歟

---

93) Arthur W. Hummel ed., *Eminent Chinese of the Ching Period <1644~1912>* (U.S. Government Printing Office, Washington D.C, 1944)에 들어 있는 「Wang T'ao」項 參照.

94) 『古歡堂收草』 詩集, 遠游草에는 그들과 어울려서 쓴 詩만이 收錄되어 있다.

95) 『古歡堂收草』 詩集, 金允植의 序에 "周遊日本及申滬析津 掛帆東歸時 學冬天雪風如刀 先生衣裳甚薄凌兢 倚檣而立 鬚眉間 猶隱隱有壯氣 出示其遊覽詩草遵健雄沈 不減少時之作 因相詡爲詩仙"이라 하고 있음을 보아도 알 수 있다.

라 하여, 귀국하자 외국에 여행한 일이 있는 사람들이 그를 환영하는 자리를 마련하였는데, 이 때 그는 기력이 다 빠졌으니 다시는 강요하지 말라고 하였다는 것이다.

이 여행에서 돌아온 지 1년반 뒤인 1884년 4월 5일(음력 3월 10일) 別世하였다. 甲申政變이 일어나기 7개월 전의 일이었다. 혹 그가 정변이 일어났을 때 살아있었다면 급진과 온건의 어느 개화파에 가담하였을 것인지 궁금히 생각되나 위에서 본 바와 같이 여행에서 돌아온 뒤에는 기력이 다 빠진 상태였다고 하니까 과격한 정변에 참여할 수는 없었을 것이다.

7. 結語

지금까지 강위의 인물·학문·사상 등에 대해 살펴보았다. 그의 학문이나 사상은 서재에서 사색하고 연구한 것이 아니고 여기저기 돌아다니면서, 그러니까 현실과 관련하여 형성된 것이었다. 이런 점에서 그의 사상은 실천성이 매우 강한 것이었다. 그런데 우리가 그에게 특별히 관심을 갖게 되는 것은 그가 실학을 개화사상으로 발전시킨 인물 중의 한 사람이었기 때문이다. 따라서 그를 중심으로 하여 실학과 개화사상과의 관련, 그리고 개화사상 형성의 계기 등에 대해 간단히 정리해 보는 것이 좋을 것 같다.

영조(1725~1776) 정조(1770~1800) 시대에 전성을 이루었던 실학사상은 그 내용 등을 보아 經世致用, 利用厚生, 實事求是의 세 학파로 나누어지고,[96] 그 중 燕巖 朴趾源(1737~1805)을 대표로 하는 이용후생학파가 개화사상을 형성케 하는 데 큰 영향을 끼친 것으로 보아 왔다.[97] 다시 말하면 개화사상은 이용후생학파의 사상을 계승하여 발전시킨 것으로 보아 왔다. 그 내세우는 이유로서는 이 학파의 사상은 상공업의 발전과 일반기술의 향상을 指標로 하고 있었고, 또 북쪽 오랑캐의 문화에도 배울 것이 있으면 서슴치 않고 받아들여야 한다는 北學論까지 주장하였던 것이므로 여

96) 李佑成, 「實學研究序說」, 『實學研究入門』, 一潮閣, 1973. 참조.
97) 李光麟, 「開化思想研究」, 앞의 책, 1969.

기서 한 걸음 더 나아가 서양의 문물과 국제사회에 눈을 돌려 개화사상에 도달하였다는 것이었다. 그리고 박지원의 손자 박규수가 그것을 이룩한 실례로 거론되었다.

이와 같은 주장은 틀린 것은 아니다. 단지 실학의 세 학파 중 이용후생학파의 사상만이 개화사상으로 전환시킬 수 있었다는 것에 대해서는 수정을 가해야 될 것으로 믿는다. 결국 세 학파의 사상내용에는 서로 유사한 점이 있고 實證, 實用 혹은 現實을 연구의 대상으로 삼고 있었으며, 또 최근의 연구로 이용후생학파에 속하지 않는 실학자와 개화사상가 간에도 師弟關係로 상호 연결되어 있었음이 밝혀졌으며,[98] 한편 본고에서 취급한 강위만 하더라도 실사구시학파의 대표였던 김정희의 제자였음을 보아도 그렇게 말할 수 있을 것 같다.

그런데 실학에서 개화사상으로 곧바로 전환될 수 있었을까 하는 문제가 제기될 수 있다. 본문에서 지적한 바 있듯이 실학은 사변적이면서 정적인 것이었는데 이것이 현실적이면서도 동적인 개화사상으로 전환되기란 쉬운 일이 아니었다. 그리고 어떻게 보면 실학은 유학사상 안에서의 새 경향인데 반해 개화사상은 유학사상을 쳐부수고 나온 것이기 때문에 질적인 차이가 있다고 생각된다. 그러므로 여기에는 새로운 시야 혹은 환경이 작용하여서 비로소 이룩될 수 있다. 강위는 처음에 실학자 閔魯行과 김정희 밑에서 經學을 배웠고, 30세 이후에는 방랑생활을 하면서 시와 문장을 닦는데 힘썼다. 47세 때인 1886년 프랑스군함이 강화도를 침범한 병인양요를 겪은 뒤에 洋夷의 도전에 대해 비상한 관심을 나타내기 시작했고, 54~55세 때인 1873~1874년 두 차례에 걸쳐 양이의 침탈 하에 있는 중국을 시찰하고 나서 비로소 한국도 하루 속히 개항을 하고 개화가 이루어져야 한다고 주장하였다. 한편 박규수의 경우도 같았다. 1866년 제네랄 셔만호 사건이 일어났을 때 平安監司로 있었던 박규수는 대원군의 강경한 排外政策을 받들어 셔먼호를 공격하여 燒沈케 한 바 있는데, 1872년 사절의 대표로 중국을 시찰한 뒤 종전의 태도를 바꾸고 개항과 개화를 해야 된다고 하였

98) 金永鎬, 「實學과 開化思想의 關聯問題」, 『韓國史硏究』 8, 1972 참조.

다. 여기에는 모두 洋夷의 군사 면의 우월성을 인정하였기 때문이었다. 이것은 다른 말로 표현한다면, 양이와 대결하기 위해서는 전략적인 개항을 하고 양이의 기술을 받아들여 부국강병을 이룩해야 된다는 것이었다.

그리고 기왕의 중국을 중심으로 하는 동양사회가 아닌 국제사회 속에서 한국의 명맥을 보전하는 문제를 생각하였다. 이를테면 박규수의 이야기 중에,

> 顧今宇內情形日變 東西諸强並 與曩日 春秋列國之時 相同盟征伐 將不勝其紛紜矣 我國雖小處 東洋之紐樞 如鄭國之在晋楚之間 內治外交不失機宜 則猶可自保 不然則昧弱先亡天之道也[99]

라 하여, 열강의 세력균형 속에서 한국을 지켜 나아가야 될 것이고 만약 기회를 놓치면 보존할 수 없다는 것이었다. 기왕의 실학자들 중에는 개항을 하고 외국과의 무역을 주장한 사람이 있었으나, 위의 인용문에서처럼 위기의식에 사로잡혀 있지도 않았었고, 또 한국의 입장을 力學的으로 보지도 못하였던 것이다. 어떻든 1870년대 전반기 강위 등은 洋夷의 군사면의 우월성을 인정하면서 국가의 위기를 타개하기 위해 실학을 개화사상으로 전환시켰던 것이다.

다음으로 강위의 사상적인 전환에는 중인들과의 접촉・영향이 작용했던 것 같다. 강위는 김정희의 지도를 받을 때부터 중인들과 가까이 지냈다. 강위 자신도 가난한 무반집에 태어나 벼슬도 별로 해보지 못했던 것이므로 실상 중인의 처지와 다를 바 없었으므로 그들과 허물없이 지낼 수 있었다.

당시 한국에 있어서 해외사정에 가장 밝았던 사람들은 중인이었다. 중인 중에서도 특히 譯官들은 중국을 자주 여행할 수 있어서 새로운 문물을 마음껏 받아들이는 한편 양이와의 접촉으로 나타난 중국사회의 변화를 볼 수 있었다. 그들은 유학자가 아니었던 만큼 성리학의 도그마(Dogma)에 빠져 있지 않았다. 그리고 현실론자였던 만큼 양이의 움직임을 주시하고 한

---

99)『瓛齋集』卷7, 美國兵船滋擾咨 뒤에 실린 金允植의 補充 說明.

국도 조만간 이에 대한 대책을 마련되어야 한다고 생각했다.

그러나 그들은 신분이 낮았던 관계로 정치의 정면에 나설 수 없었다. 그리하여 양반들과 접촉하여 계몽하는 데 힘을 기울였다. 말하자면 양반들로 하여금 虛學化된 경학에서 눈을 돌려 時務의 학에 관심을 갖게 하고 화이사상에서 벗어나 夷의 세계의 동향을 살피고 대책을 강구토록 하였다. 박규수와 중인과의 관계에 대해서는 좀 더 연구를 해야될 것이지만 1872년 중국을 방문할 때에 오경석이 首譯으로 수행하였던 사실을 상기한다면 오경석의 영향이 있음직하다.

한편 강화도조약이 체결될 때 오경석 등 역관의 역할, 조약체결 뒤 일본에 파견되었을 때 수신사의 隨員 대부분이 중인이었다는 것,[100] 또 1877년 2월 박규수가 別世한 뒤 그의 영향 하에 있었던 젊은 양반들, 이를테면 김옥균, 박영효, 서광범 등이 중인 유대치(이름은 鴻基) 밑으로 가서 지도를 받았다는 것은[101] 개화사상이 형성될 때에 중인세력의 등장과 그 영향이 있었음을 증명하고도 남음이 있다.

결국 실학을 개화사상으로 전환시킴에 있어서는 양이의 군사면의 우월성을 인정하고 국제사회 속에서 한국의 명맥을 보전해야 된다는 생각이 작용하였다. 그리고 양반들로 하여금 이러한 면에 눈을 돌리도록 함에 있어서는 중인들의 역할이 컸었다.

(『東方學志』 17, 1976. 12)

---

100) 10名 중 譯官은 玄昔運, 玄濟舜, 高永喜, 李容肅, 金相弼이었고, 醫院 朴永善, 畵員 金鏞元이었다. 나머지 3名은 軍官으로 되어 있는데 이들도 中人이라고 생각된다. 만약에 이 추측이 옳다고 한다면 正使 金綺秀 外에 正式 隨員은 모두 중인이었다고 할 수 있다. 金綺秀, 『日東記游』(國史編纂委員會, 1958) 卷1, 隨率 參照.
101) 李光麟, 「숨은 開化思想家 劉大致」, 앞의 책, 1973 참조.

朝鮮朝末 主理派의 認識論理
-寒洲 李震相의 사상을 중심으로-

宋 贊 植

1. 緖言

朝鮮朝 五百年間은 '性理學의 時代'라고 불러도 좋을 만큼 程朱의 성리학이 一世를 풍미하였다. 그러나 표면상의 정주학 一色과는 달리 裏面에는 정주학 체계의 이해가 단순하지 않았을 뿐만 아니라 非정주학적 학설사상이 暗流하여 학자들 사이에는 항상 격렬한 학설논쟁이 일어나고 있었다. 논쟁의 지속은 자연 학파의 형성 대립을 보게 되었고 뒤에는 당쟁과 결부되어 정치적 대립까지 수반하게 되었다.

諸학파 가운데는 嶺南의 退溪學派와 畿湖의 栗谷學派가 가장 면면하게 학통이 계승되어 최근까지도 대립 논쟁을 지속해 왔다. 그러나 같은 학파 가운데서도 학설이 일치되지 못하여 또한 小學派로 세분되어 논쟁은 그칠 날이 없었다. 이리하여 표면상의 정주학 일색과는 달리 당시 유학자들의 心性理氣說은 千頭萬緖의 複雜多岐狀을 보이었다. 대개 시대 가계 지역 당색 등 각종 요인에 따라서 유학자들은 퇴계학파나 율곡학파의 어느 한 쪽에 속하게 마련이었다.

퇴계학파는 主理論을 종지로 하는 主理派였고, 율곡학파는 主氣論을 종지로 하는 主氣派였다. 학설사상의 내용뿐만 아니라 인식방법과 논리형식도 근본적으로 달랐다. 학설사상의 相異는 인식방법 및 논리형식의 차이와 깊은 관계를 가지고 있었다. 비록 인식방법과 논리형식이 학설내용과 분리되어 독립의 인식논리학을 성립시켰을 정도로 발전되지는 못했다 하더라도 수 세기에 걸친 長期的 논쟁은 자연 인식방법과 논리형식에 커다란 발전을 가져왔고 서로간에 인식방법과 논리형식이 근본적으로 다르다는 것을 자각하기에 이르렀다. 그리하여 후세로 내려올수록 논쟁에 있어서 학설내용보다도 인식방법과 논리형식 자체에 대한 관심이 높아갔던 것이다.

이러한 관심은 19세기 初 主理派의 巨匠 寒洲 李震相(1818~1886)에 이르러 인식방법과 논리형식 자체를 본격적으로 문제삼기에 이르렀다. 우리가 心性理氣라는 대상을 어떤 방법으로 인식할 것인가를 따지는 것을 인식론이라 하고, 사유의 순수한 형식이나 규범을 논하는 것이 논리학이라고 규정한다면 다소 무리가 있다 하더라도 寒洲는 대체로 倒看 橫看 竪看의 三段階 인식방법과 逆推 順推의 二段階 논리형식을 제시하였다고 말할 수 있다. 그는 倒看하여 逆推의 논리에 의거하면 主氣論으로 귀착될 수밖에 없고 倒看하고 橫看하여 逆推한 다음에 다시 竪看하여 順推의 논리에 의거하면 主理論으로 귀결될 수밖에 없다고 하였다. 그는 이들 3단계 인식방법과 2단계 논리형식 가운데서 어느 한 가지만을 특별히 고집하거나 배격하지 아니하고 모두를 단계적 선후에 따라서 활용해야만 진리를 얻을 수 있다고 역설하였다.

우리나라 성리학 연구는 근래에 관심이 다소 높아가고 있다. 그러나 성리학 자체가 가지고 있는 인식방법과 논리형식에 대하여서는 아직 본격적으로 거론되지 못한 실정이어서 倒看 橫看 竪看의 인식방법과 逆推 順推의 논리형식이 있었다는 사실조차도 밝혀져 있지 않은 상태이다. 성리학에 관한 한 다른 어떤 방법론을 적용하여 해석하기에 앞서 우선 성리학 자체의 인식방법과 논리형식을 밝혀내어 그것에 의하여 정리하는 것이 일차적으로 요청되는 것임에도 불구하고 아직 이 방면의 연구는 거의 전무한 상태에 있다. 그러므로 본고에서는 우선 寒洲의 사상을 중심으로 3단계 인식방법과 2단계 논리형식을 개괄적으로 소개함으로써 조선조 말 성리학의 인식방법과 논리형식을 이해하는 출발로 삼고자하는 바이다.

2. 倒看 橫看 竪看

竪는 垂直·時間·經(綜)·直立·南北·正의 뜻이 포함되어 있으며, 橫은 平面·空間·緯·橫臥·東西의 뜻이 포함되어 있으며, 倒는 倒立·倒錯의 뜻이 포함되어 있다. 따라서 竪看은 시간적·수직적·입체적 인식방법이며, 橫看은 공간적·횡적·평면적 인식방법이며, 倒看은 도립적·도착적 인식방법이라 할 수 있다. 寒洲는 沈穉文에게 답하는 別紙에서

> 窃念理氣之妙 不相離不相雜 要在人離合看 故有就本原上竪看者 有就流行處橫看者 有就形迹上倒看者 窮理之始 倒看而有所據 析理之精 橫看而無所遺 明理之極 竪看而得其眞[1)]

이라 하여 竪看 橫看 倒看의 인식방법을 제시하고 그 단계적 선후를 명백히 지적하였다. 本原上에서 인식함은 竪看이고 流行處에서 인식함은 橫看이고 形迹上에서 인식함은 倒看이라 하였다. 인식의 시초에는 倒看하여 형적에 의거하고 인식이 정밀해지면서 橫看하여 사물을 남김없이 인식하고, 인식의 마지막에는 竪看하여 진리를 인식해야 된다는 것이다. 물[水]의 인식에 비유하면,

> 今有一水焉 從上而竪看 則自泉放海 別派雖多 而一是水之放也 從中而橫看 則水之在泉者 不須言 而旣達之後 便自分流 江發而沱隨 河發而濟乘 亦無不可 其自下而倒看者 源遠而不可見 派衆而不可數 只知其水之同 而强欲一之 則認濟爲河 指渭爲涇 終非知水之人也[2)]

---

1) 『寒洲先生文集』卷7, 41張, 答沈穉文庚申 別紙.

2) 『求志錄』卷11, 太極圖說箚義後說.

라 하여 역시 竪看 橫看 倒看을 대비하여 설명하였다. 從上而竪看하면 源泉에서 바다까지 派別이 아무리 많아도 동일하게 원천에서 흘러내린 물임을 縱的으로 인식하며, 從中而橫看하면 물이 흘러내린 뒤에 중간에서 分派하니 여기서는 甲江乙河의 대분파를 橫的으로 인식하며, 自下而倒看하면 먼 원천을 볼 수 없고 수 없는 지류를 헤아릴 수가 없어서 단지 물의 동일함만 보고 억지로 통일시켜 甲江의 물을 乙江의 물로, 丙江의 물을 丁江의 물로 인식하게 된다는 것이다. 한주는 理氣의 인식에서도 이 세 방법을 적용시켰다.

> 竪看 則理在氣先 理爲氣主 而靜卽理之體 動卽理之用也 橫看 則理氣迭相先後(朱子論本原稟賦) 迭相賓主 而或理動氣挾 或氣動理隨 倒看則理氣一物 不可分開 而發出之際 氣在先 理在後 氣爲主 理爲賓 動亦氣 靜亦氣 而理爲借乘之死物矣[3)]

竪看하면 理氣의 선후 주객관계를 인식하고, 理는 動靜이 곧 體用임을 인식하며, 橫看하면 理氣의 迭相先後 迭相賓主 理動氣挾 氣動理隨의 平等迭相交替·互發關係를 인식하며, 倒看하면 理氣를 一物로 알아 분개할 수 없고 발출할 때에는 氣가 主이고 理가 客이 되며 動靜도 氣의 動靜으로 되어 理는 借乘의 死物로 되고 만다. 竪看은 理氣를 종적 선후주객관계로서 인식하고, 橫看은 理氣를 횡적 대립평등관계로서 인식하고, 倒看은 理氣를 一物로 보고 선후주객관계를 도치하여 인식한다는 것이다. 한주는 또 未發의 體와 已發의 用에서 竪看과 橫看의 적용이 다르다고 설명하였다.

> 橫看於旣發之後 而辨其所從來之苗脉 則氣爲重者謂之氣發 理爲主者謂之理發 氣發者元有所乘之理 理發者元有所隨(乘故自隨)之氣也 竪看於未發之處 而指其所由生之根本 則情雖萬般 而皆是此理之發 理乘氣氣載理 而始一理終一理也 其善者 理發而氣順之也 其惡者 氣揜之也 橫

---

3) 『求志錄』 卷11, 太極圖說箚義後說.

> 說竪說 各有所當 不相妨礙者 此乃退陶之本意 而當時之疑 信豎而疑橫 近日之疑 信橫而疑豎 亦是所見之不同故也[4)]

'旣發之處'의 用에서 그 所從來의 苗脉을 橫看하여 理發 氣發이라 하지만 理發에는 氣가 隨하였으며 氣發에는 理가 乘하였다. 그러나 未發의 體에서 그 所有生의 根本을 豎看하면 모두 理發인 것이다. 따라서 橫看의 理發 氣發은 用의 차원에서 말함이고, 豎看의 理發은 體用을 통일하여 말함이다. 이 때문에 한주는 이를 다시 다음과 같이 설명하였다.

> 按豎看說 則理常在先 無常在後 橫看說 則理或氣先 氣或理先(大原稟賦) 然理先 則順直自源頭而已然故也 氣先 則逆截自中間而謂故也 理生氣以後 理無無氣之理 氣無無理之氣 則言語以先之 殆非體段之相先也 今言情謂皆理乘氣而發 則固矣 分之以理發氣發 乃見其旣發而立論 指所主而命之也[5)]

理生氣 이후에 중간에서 절단하여 보고 理先 또는 氣先이라 함은 실은 理가 氣 가운데 있어 서로 분리되지 못하기 때문에 본체의 相先이 아니고, 다만 언어상의 相先이며, 橫看의 氣發 理發도 旣發의 用을 보고 입론하여 주된 것을 가리켜서 말한 것이다. 한주가

> 夫四端七情 莫不因感而發 由義理而發者 (人倫天則) 謂之理發 非謂全無氣而獨發也 緣形氣而發者 (飢寒痛痒) 謂之氣發 非謂氣先理而自發也 …… 豎說 則由一原而達萬殊 指其所發之實 橫說 則就一路而分兩用 指其所發之機也[6)]

라 하였듯이 橫看에서 理發이라 하여 氣없이 理가 獨發함이 아니며 氣發이라 하여 氣가 理에 앞서 自發함이 아니다. 義理와 形氣의 感에 따라서

4) 『求志錄』 卷12, 近思錄箚義.

5) 『辨志錄』 卷2, 四七辨.

6) 『寒洲先生文集』 卷8, 28張, 與尹士善別紙.

理發氣發이라 하는 것이니, 竪說의 理發은 '所發之實'이지만 橫看의 理發氣發은 '所發之機', 즉 발하는 동기에 따라서 用을 양분함이다. 따라서

> 從本然性豎看 則性發爲情 只是理發一道 從氣質性橫看 則性發爲情 亦有理發氣發之分[7]

이라 하여, 源頭의 '本然之性'에서 豎看하면 性(卽理)이 發하여 情이 되는 理發一途뿐이지만, 流行의 '氣質之性'에서 橫看하면 '性發爲情'도 理發 氣發의 구분이 있게 된다는 것이다. 따라서 主의 의미도 體의 豎看과 用의 橫看에 따라서 달랐다.

> 按主者 有統體主宰而言者 性則理也 理爲一心之主宰 則理可主而氣不可主也 又有一時主張者而言者 性之發處 氣質用事 或有主理而發者 或有主氣而發者 理爲主而氣爲主 則橫底說也 然 理爲主者 經也 正也 氣爲主者 緯也 私也[8]

體의 豎看에서는 統體主宰함을 主라 하므로 理가 主이고 氣는 主가 될 수 없지만, 用의 橫看에서는 一時主張함을 主라 하므로 理가 主로 되어 發하면 理發이라 하고 氣가 主로 되어 發하면 氣發이라 하였다. 未發의 體에서는 항상 理가 主이고 氣가 主로 될 수 없지만, 已發의 用에서는 氣가 主로 되기도 하고 理가 主로 되기도 하여 일시적 主氣와 일시적 主理가 교체되었다. 다시 倒看과 대비하면서 한주는 다음과 같이 설명하였다.

> 四七雖分橫直 人道雖分私正 而皆自性發 非有二岐 則性卽理也 不可謂之氣發 其善也 理發而氣順之也 其惡也 理發而氣揜之也 此則豎說也 其或謂理發 或謂氣發者 見其苗脉之不同 而指其名義之互主也 感於氣而從氣者 氣反重 感於理而從理者 理爲主 此則橫看說也 其或專謂之氣

---

7) 『辨志錄』 卷2, 四七辨.
8) 위와 같음.

發者 見其作用之勢重 而指其形迹之可據也[9]

四端은 直發이고 七情은 橫發이며 道心은 性命의 正이고 人心은 人欲의 私이지만 모두 性에서 발한 것이다. 性卽理이기 때문에 理發이고 氣發이라 할 수 없다. 다만 理가 發하는데 氣가 順하면 善이고, 理가 發하는데 氣가 가리우면 惡이다. 이상은 豎看의 설명이다. 心에는 思와 感이 있는데 思는 '己去動物者'이고 感은 '物來動己者'이다.[10] 氣에 感하여 氣에 따르면 氣가 도리어 重하고, 理에 感하여 理에 따르면 理가 主이다. '所發之機'는 바로 '感於氣'와 '感於理'를 말하는 것이다. 이상은 橫看의 설명이다. 氣의 '作用之勢'가 重함만을 보고 그 형적에 의거하여 오로지 氣發이라 함은 倒看의 설명이다. 한주는 또 율곡이 "發於理 發於氣 只是大綱說"이라고 말한 데 대하여 다음과 같이 논하였다.

> 按混侖說處 可以言大綱 而分開說處 不可謂大綱 今以綱言之 擧一綱而總之 則咸總於大綱 布一綱而理之 則衆目齊整 各有條緖 較諸聖人之訓 有直從源頭說起者 擧大綱而該衆目也 四七之皆發於性 是也 有從兩邊說下者 就全網而分精目也 四爲理發 七爲氣發 是也 今只得從下倒看而便管歸氣發一路者 見未到綱頭而只擧一邊 認綸爲經者也[11]

豎看은 全網의 大綱을 인식하고, 橫看은 全網의 精目을 분별하며, 倒看은 綱頭의 인식에 이르지 못하고 一邊만을 보고서 綸을 經으로 인식함과 같다는 것이다. 倒看은 구체적 사물의 개별적 인식방법이기 때문에 전체를 인식할 수 없지만 橫看은 구체적 사물의 개별적 인식을 넘어서서 종합하

9) 『求志錄』 卷11, 太極圖說箚義後說.

10) 『辨志錄』 卷2, 四七辨, "按退陶四端感物而動 固不異於七情 何嘗言無感於外面自由於中也 盖四端七情 莫非外感 而感亦有從理從氣之別 見入井過宗廟及善惡得失之際 皆義理上事也 飮食男女 飢寒痛痒 此形氣邊事也 感之者己如此 則所感者 亦以類應 而義理本具於中者也 在內者爲重 形氣本屬於外者也 在外者爲重 …… 愚嘗曰 此心之用有思感二端 思者己去動物者也 感者物來動己者也 思者無物可見而自感者也 感者有物可見而方感者也 專言則思在感後 分言則思與感對".

11) 『辨志錄』 卷2, 四七辨.

고 분류하여 '所從來之苗脉'을 인식하며, 竪看은 그 苗脉의 '所由生之根本'을 인식한다. 그물[網]에 비유하면 竪看은 大綱을, 橫看은 精目을, 倒看은 개별부분을 인식함과 같다. 倒看은 구체적 감각적 인식방법이며 橫看은 논리적 추상적 인식이 가해졌으나 用의 차원에서 用의 分岐를 인식하는 데 그치고 體用의 통일적 인식이 불가능하다. 그러나 竪看은 순전한 추상적 논리적 인식방법이기 때문에 體用의 통일적 인식이 가능하다. 理는 형적이 없고 氣는 형적이 있기 때문에 倒看에서는 氣를 주로 하여 理를 인식하며, 橫看에서는 理를 '所發之機'의 하나로 인식하나 理와 氣는 대립적 병렬적으로 인식되며, 竪看에서 비로소 理氣에 先後上下 輕重大小 精粗本末의 차이를 峻別하여 인식한다. 橫看은 유행의 用을 '종합적으로' 인식하는 방법이지만 유행에서는 氣에만 형적이 있고 理에는 형적이 없기 때문에 결국 氣를 主로 하여 인식하게 되며, 竪看은 추상적 논리적 인식방법이기 때문에 理는 主로 하여 인식하게 된다. 用의 세계는 현상의 세계이기 때문에 用의 종합적 인식방법이라 할 수 있는 橫看은 경험적 인식방법이라고도 할 수 있다. 따라서 體의 세계는 본질의 세계이기 때문에 體의 인식방법이라 할 수 있는 竪看은 비감각적 비경험적인 선험적 인식방법이라고도 할 수 있다. 理氣의 體用問題를 한주는 다음과 같이 설명하였다.

> 按主理之在天者言 則太極之冲漠者 爲萬化之本 而流行者 爲萬殊之末 先天地而不爲高 後天地而無所虧 主理之在人者言 則未發之中 爲大本 而已發之和 爲大用 仁義禮智之發 迭相先後 敬義忠恕之工 亦有次序 則從理竪看而有本末有先後者也 主氣之在天者言 則陰前是陽 陽前是陰 溟涬不是本 坱圠不是末 而其稟於人者 呼前是吸 吸前是呼 淸明不是本 昏濁不是末 從氣橫看 而無本末無先後者也 且理氣旣不相離 則氣之本末 卽理之本末 氣之先後 卽理之先後 必無彼有此無之理[12]

從理竪看하면 理에는 선후가 있고 본말이 있지만, 從氣橫看하면 氣에는 본말이 없고 선후가 없다. 다만 理와 氣가 不相離의 관계에 있기 때문

12)『辨志錄』卷2, 四七辨.

에 氣의 본말은 곧 理의 본말이고, 氣의 선후는 곧 理의 선후이다. 따라서 理와 氣는 바로 體와 用의 관계가 아니고 '相須爲體' '相待爲用'의 관계인 것이다. 理와 氣가 '不相離不相雜'의 관계에 있음은 어느 학파를 물론하고 공통으로 인정하는 원칙이었다. 한주는 이 원칙과 결부하여 橫看 竪看을 다음과 같이 설명하였다.

> 理與氣 不相離不相雜 故就不相離處兼看 則謂之橫 就不相雜處兼看 則謂之橫 夫直自太極源頭竪看 則動是太極之動 靜是太極之靜 自其流行處橫看 則動便屬陽 太極乘陽而用行 靜便屬陰 太極乘陰而體立 故人之受生 各具此太極 而謂之性 從本性而竪看 則未發者 性之靜也 已發者性之動也 性只有仁義禮智 而仁義禮智 理也 仁之發 義之發 禮之發 智之發 不謂之理發而何 此退陶心統性情中圖之意也 兼氣質而橫看則人心七情 生於形氣 道心四端 原於性命 推其苗脉之不同 而立此互發之論 此退陶下圖之意也 今以古訓證之 中庸所謂 大本達道 竪說也 故言七情 而不雜乎氣 通書所謂 剛柔善惡 橫說也 故分二氣而各指其端[13)]

理氣不相離의 원칙 하에 理와 氣를 兼看함은 橫看이고, 理氣不相雜의 원칙 하에 理와 氣를 專看함은 竪看이다. 不相雜의 원칙을 고수해야 하는 太極源頭에서는 竪看하고, 不相離의 원칙을 고수해야 하는 太極流行處에서는 橫看하며, 不相雜의 원칙을 고수해야 하는 '本然之性'은 竪看하고, 不相雜의 원칙을 고수해야 하는 '氣質之性'은 橫看해야 한다는 것이다. 靜의 體는 竪看하고 動의 用은 橫看해야 한다는 것이다. 靜의 體는 理와 氣가 相雜된 것으로 인식될까 우려하여 竪看하고, 動의 用은 理와 氣가 相離된 것으로 인식될까 우려하여 橫看하는 것이다. 따라서 竪看하면 理가 主이고 氣가 資여서 理發一途뿐이지만 橫看하면 理氣가 서로 主가 되어 理發 氣發의 互發로 인식된다. 한주는 理氣의 不相離不相雜 관계를 바로 인식하기 위하여 橫看 竪看의 적용을 다음과 같이 설명하였다.

---

13) 『寒洲先生文集』 卷5, 34張, 上崔海庵 癸丑別紙.

理與氣 合看則不相離 分看則不相雜 然 偏於合則有一物之病 偏於分則有二本之疑 其爲一物 則理爲眞空而氣爲妙有 其爲二本 則理或作用而氣或主宰 竊謂 不離處正好竪看 竪看 則理乃氣本而氣爲理乘(所乘)矣 不雜處正好橫看 橫看 則氣與理俱 而理爲氣夾矣 順遂爲善 乖反爲惡 而一本萬殊 粲然流行 此非竪乎 直出爲公 旁出爲私 外感本殊 內萌迭變 此非橫乎 此圖之五箇圈子 莫非太極 則竪看而主理也 陽動陰靜 乾男坤女 參用對待 則橫看而從氣也[14]

理와 氣를 인식함에 있어 合看에 치우치면 一物이 될 위험이 있고 分看에 치우치면 二本이 될 우려가 있다.[15] 理氣가 一物로 되면 理가 眞空으로 되고 氣가 妙有로 되며, 理氣가 二本으로 되면 理가 간혹 作用(氣의 속성)하기도 하고 氣가 간혹 主宰(理의 속성)하기도 한다. 理氣不相離의 원칙 하에서 一物이 될 위험을 피하려면 竪看하여 理가 氣에게 本이 되고 氣가 理의 所乘임을 인식함이 좋고, 理氣不相雜의 원칙 하에서 二本의 위험을 면하려면 橫看하여 理와 氣가 함께 있으면서도 理가 氣에게 夾해 있음을 인식함이 좋다는 것이다. 한주는 모든 사물의 對關係도 橫看 竪看에 따라서 다르다고 다음과 같이 설명하였다.

天下之物 固無無對 而其對也 有橫對竪對則對反對之別 有形之對易見而無形之對難言 以理氣言之 其始則理生氣 竪對也 旣生則氣包理 橫對也 其發則理乘氣 又竪對也 其變則氣掩理 反對也 其分則無有惡而理純善 側對也 其苗脉則或氣動理或理動氣 橫對也 其要歸則理必伸而氣必反 竪對也 天下之事 無出於理氣之外 故動靜體用 寂感中和 性情思慮德行事業 仁義中正 皆其竪對者也 以存心制事言 則仁義中正爲竪對 以相爲體用互有動靜言 則橫對 陰陽之流行則竪 而定體則橫 五行之成質則橫 而布氣則

---

14) 『求志錄』 卷11, 太極圖說箚義.

15) 종래 理氣論을 분류하여 理氣二元論 또는 一元論 혹은 一元的 二元論이라는 표현을 사용하였으나 이 표현은 理氣의 '相須爲體' '相待爲用' '不相離不相雜' '一而二' '二而一' 등 諸原則을 무시하고 개념의 혼란을 가져올 위험성이 내포되어 있다. 따라서 일본인들이 사용한 二元論 一元論 등의 표현을 버리고, 主氣論 主理論으로 호칭함이 실상에 부합된다 할 것이다.

豎 道爲無對而與器橫對 以其不離則橫對 以其不雜則豎對 善爲無對而與惡側對 指一人之情則側對 論衆人之情則橫對 心爲無對 而或側對於性 心則兼性 又兼情 故不成正對 或橫對於氣 心則主理而兼氣 故不成豎對 或豎對於事 曾如此推看 略見得手舞足蹈之妙[16)]

理生氣의 先後, 理乘氣의 上下, 理伸氣反의 伸反, 動과 靜, 體와 用, 寂과 感, 中과 和, 性과 情, 思와 慮, 德行과 事業, 仁義와 中正, 心과 事는 모두 體와 用이며, 陰陽流行의 先後, 五行順布의 先後, 道器不相雜의 先後上下는 모두 豎看으로 인식한 豎對關係이다. 氣包理의 不相離, 氣動理理動氣의 相動, 中正과 仁義의 相爲體用, 互有動靜, 道와 器의 不相離, 善惡의 대립은 모두 橫看으로 인식한 橫對關係이다. 豎看은 理와 氣를 수직적 상하관계, 시간적 선후관계, 體用의 통일적 관계로서 인식함으로써 理氣가 二이면서도 실은 二本으로 되지 않고 主理의 一本으로 된다는 것이다. 橫看은 理와 氣를 수평적 대등관계 互發關係로 인식함으로써 一本이면서도 理와 氣의 兩用으로 된다는 것이다. 橫看은 理氣의 兩用을, 豎看은 理氣의 一本을 각각 인식하는 방법이다. 따라서 '發者'(發할 者)는 理이고 '發之者'는 氣이다.[17)] 理氣는 體에서는 一本이면서도 用에서는 兩用으로 나타난다. 따라서 用에서 보자면 '一而二'이지만, 體에서 보자면 '二而一'인 것이다. 그러나 豎看하면 體와 用에서 모두 '二而一'인 것이다. 이를 한주는 다음과 같이 설명하였다.

愚竊謂卽無論百千萬情 豎看說 則理乘氣而發也 理發而氣夾之也 發者理 發之者氣也 橫看說 則有理爲主而發者 有氣爲主而發者 理發而氣夾氣發而理乘也 將豎準橫 則理乘氣者 理發而氣夾也 氣夾理者 氣發而理乘也 理與氣一原 而乘與夾一事也 豎而不橫 則無以見一而二之妙 橫而不豎 則無以見二而一之實 豎則直而圓 橫則平而方 外此而爲說者 逆理

16) 『求志錄』 卷12, 近思錄箚義.

17) 『辨志錄』 卷2, 四七辨, "如是推之 則發者理 發之者氣 理之發 非獨自發出而有所造作 乃待是機而能發也 氣之發之 非激使發出而却爲退伏 乃爲所乘而俱發也 …… 按有發者發할 者라而後 方有發之者 不易之正理也".

而凌節也[18]

竪看하면 理가 氣를 乘하고 發하며 理가 發하는 데 氣가 夾하고 있다. 따라서 發하는 것은 理이고 發하게 하는 것은 氣이다. 橫看하면 理가 主로 되어 發하기도 하고 氣가 主로 되어 發하기도 한다. 竪看한 것을 橫看한 것에 맞추어 보면, 理가 氣를 乘함은 理가 發하는 데 氣가 夾함이고, 氣가 理를 夾함은 氣가 發하는 데 理가 乘함이다. 理와 氣가 一原이고 乘과 夾이 一事이다. 乘은 理氣의 상하관계이고, 夾은 理氣의 수평관계이다. 竪看하고 橫看하지 않으면 理氣의 '一而二之妙'를 인식할 수 없고, 橫看하고 竪看하지 않으면 理氣의 '二而一之實'을 인식할 수 없다. 竪看은 수직적이고 모[方]가 없으며 橫看은 수평적이고 모[方]가 난다. 用의 세계에서 橫看하여 理氣의 兩用을 인식하고 體의 세계에서 竪看하여 理의 一本을 인식하면 體와 用이 모두 理의 一本으로 되고, 氣는 理의 資具 신하 자식 부인 졸도이고, 理는 氣의 주인 군주 부친 남편 장수이다. 用에서 보면 氣에만 動靜이 있고 氣만이 '有爲'하며 理는 動靜이 없고 無爲한 것으로 인식된다. 그러나 이는 倒看의 견해이고, 竪看하면 理의 動靜이 眞動靜이고, 理의 無爲가 眞有爲임을 보게 된다는 것이다. 한주는 理의 動靜에 대하여 다음과 같은 비유로서 설명하였다.

> 今以人之發行言之 陸則乘馬而發程 發程者人 而無這馬 則人何以發也 水則乘舟而發津 發津者人 而無這船 則人何以發也 然而便謂之發者馬發者船 則馬何知也 船何情也 人之一去一住 專倚於船馬 而船之整纜 無人則無所向 馬之在櫪 無人則無所適 人與船馬或有相離 只是借喩 理之一動一靜 專靠於氣機 而理無所感動 則氣何以闖發乎[19]

人을 理에, 氣를 船馬에 비유하여 사람이 없으면 船馬가 갈 곳이 없듯이, 理가 發하지 않으면 氣가 發할 수 없다는 것이다. 또 動靜에 대하여서

---

18) 『辨志錄』 卷2, 四七辨.

19) 위와 같음.

도

動中有靜 靜中有動者 卽太極本然之妙也 動而能靜 靜而能動者 卽太極所乘之機也 動而無動而非不動 靜而無靜而非不靜 則此其爲眞動靜明矣[20]

라 하여 氣는 動하면 靜하지 못하고 靜하면 動하지 못하는 데 대하여, 理는 動中에도 靜이 있고 靜中에도 動이 있으며, 靜하다가도 能動하고, 動하다가도 能靜하여 理의 動靜이 眞動靜이라고 하였다. 그는

理爲動靜之主 而氣爲動靜之資[21]

라고 하였다. 그는 "理無爲而氣有爲"의 뜻을 해석하여 다음과 같이 말하였다.

接理無爲而氣有爲 如君垂拱而臣贊襄 君道無爲而作福作威 是無爲之爲爲有爲也 臣道有爲而不敢作福作威 是有爲之爲爲無爲也 矧乎 君有君之所當爲 臣可從而不可撓 臣有臣之所當爲 君可任而不可奪也 理果無爲 則不能爲萬化之樞紐 氣獨有爲 則不必待一理之主宰 是知理無爲者 只指冲漠無眹之妙而已 何嘗言感而遂通 性發爲情之幾也 氣有爲者 只指其運用周流之迹 何嘗言善理直出 氣不用事之端乎[22]

理의 無爲는 감각적 인식방법으로는 인식할 수 없는 眞有爲이고, 氣의 有爲는 실은 無爲라는 것이다.

다시 體用의 인식문제로 되돌아가면 用은 인식이 용이하고, 體는 인식이 어려웠다. 따라서 한주는

20)『理學綜要』卷1, 明理有動靜.

21) 위와 같음.

22)『辨志錄』卷2, 四七辨.

或問正心章首 不直指心體上持存之方 而特就心之用處說病 何也 曰此古人訓學之正法也 夫體則難見 而用則易究 體無形 而用則有迹 苟不於用上察治 而直欲於體上持存 則內外隔絶 首尾橫決 繫縛此心 扞絶事物 窈冥昏默 成就得枯木死灰而已 必須於發見之幾 察其所差而矯揉之 若有私意偏繫之失 則消融解達 而反之於靜 若有含亡浮蕩之失 則操存涵養 而達之於用 制乎外以養其中 主乎內而應乎外 體用相涵 此所以先說箇用之失正也[23]

라 하여 體는 無形하고 用은 有迹하기 때문에 用上의 工夫가 없이 바로 體上에서 持心存心에 노력하면 內外가 隔絶되고 首尾가 橫決된다는 것이다. 따라서 用에서 橫看한 다음에 體에서 竪看해야만 '體用相涵'의 효과를 얻을 수 있다는 것이다. 이 때문에 한주는 「自警帖」에서

橫竪說 洞見大原 坦易 心常在順境[24]

이라 하여 橫看 竪看에 의하여 大原을 洞見해야 한다고 스스로를 채찍질하였다. 그러나 한주는

竪看者全體也 橫看者當體也 倒看者偏體也[25]

라 하여 倒看은 一面의 부분을, 橫看은 一面의 전부를 인식하지만, 竪看은 兩面의 전부를 인식한다 하였다. 따라서 倒看 橫看 竪看은 優劣長短이 있지만 단계적으로 선후가 있었던 것이다.

이리하여 한주는 心性理氣說의 學說史도 竪看 橫看 倒看의 인식방법으로 다음과 같이 설명하였다.

朱子曰 天地之間 只有動靜兩端 循環不已 此之謂易 而其動其靜 必有

23) 『求志錄』 卷1, 大學箚義.
24) 『寒洲先生文集』 卷34, 自警帖.
25) 『辨志錄』 卷2, 四七辨.

所以動靜之理 此倒看說也朱子論情處 未嘗有氣發之證 故但從動靜看 曰太極者性情之妙 乃一動一靜 未發已發之理 又曰冲漠無眹 理之體 隨遇發現 理之用 又曰未感時 便是渾然天理 及其有感 便是此理之發 又曰發而中節 卽此在中之理 發見於外 又曰仁卻是惻隱之理發出來 方有惻隱 義卻是羞惡之理發出來 方有羞惡 此豎看說也 曰四端 理之發 七情 氣之發 又曰發於形氣者 謂之人心 發於義理者 謂之道心 此橫看說也 吾東理氣之說 不幸有參差之端 而其實名有攸主 不可偏廢 退陶主豎而兼橫 故心統性情中圖 拈出其本然之性 不雜乎氣稟而爲言 其發而爲情 亦指其善者言之 合四七而仍指作本性所發 此其主豎之實 而下圖曰四端 理發而氣隨之 七情 氣發而理乘之 此則兼說其橫也 栗谷主倒而兼豎 故曰見孺子入井而惻隱者 氣也 惻隱之本 則仁也 又曰發之者氣 所以發者理也 又曰氣機動而爲情 此其主倒之實 而又曰情雖萬般 夫孰非發於理乎 又曰理通而氣局 此則兼說其豎也 農巖主橫而兼倒 故曰四端 主理言而氣在其中 七情 主氣言而理在其中 又曰謂善情發於淸氣則不可 謂濁氣所發 其情皆惡則不可 又曰其實則七情亦不能兼四端 此其主橫之實 而又曰氣機發動而理則乘焉 此則兼說其倒也 大山主橫而兼豎 故曰四端 非無氣而理爲主 故謂之理之發 七情 非無理而氣爲主 故謂之氣之發 此其主橫之實 而又曰七情亦發於生 而有理之發 曰達道固不可謂是氣之發 此則兼說其豎也 若退陶之論 則固本乎朱子之旨 橫豎普說 分合俱勘 而栗谷之於退陶 平生尊仰 不在人後 誄辭筵奏 亦自可見 而獨於四七說不合 深疑而屢辨之 此亦據其所見 信心說理而已 何嘗故爲岐貳 直欲凌駕也哉 退陶之世 學者 信其豎而疑其橫 故平生問答 橫說較詳 重以遺文晩布 以栗谷之尊尙 猶未能盡覩其全 故只執其橫說處而致疑於正見之一累 其後黨論分 而偏私勝 宗退者 刻於攻栗 而其說偏於橫 宗栗者 工於攻退 而其說偏於倒26)

朱子는 倒看 橫看 豎看을 모두 활용하였고, 퇴계(이황)는 豎看을 主로 하여 橫看을 兼하였고, 율곡(이이)은 倒看을 主로 하여 豎看을 兼하였고, 農巖(金昌協)은 橫看을 主로 하고 倒看을 兼하였으며, 大山(李象靖)은 橫看을 主로 하고 豎看을 兼하였다는 것이다. 그러나 후세에 와서 퇴계학파

26)『寒洲先生文集』卷7, 答沈穉文庚申 別紙.

는 橫看에 치우치고, 율곡학파는 倒看에 치우쳐 종지를 잘못 인식하였다고 비판하였다.

3. 逆推 順推

『周易』「說卦傳」에서 이미

> 數往者順 知來者逆 是故易 逆數也[27]

라 하여 往을 數함은 順하고 來를 知함은 逆한다 하여, 順과 逆을 대조적으로 사용하였다. 邵康節도

> 自震至乾爲順 自巽至坤爲逆[28]

이라 하여 震卦에서 乾卦까지는 順하고 巽卦에서 坤卦까지는 逆하다 하였으며, 또

> 順數之 乾一 兌二 離三 震四 巽五 坎六 艮七 坤八 逆數之 震一 離兌二 乾三 巽四 坎艮五 坤六也[29]

라 하여 逆數之와 順數之를 말하였다. 또 邵康節은

> 陰陽生而分二儀 二儀交而生四象 四象交而成八卦 八卦交而生萬物 故二儀生天地之類 四象定天地之體 四象生八卦之類 類者 生之序也 體者 象之交也 推類者 必本乎生 觀體者 必由乎象 生則未來而逆推 象則既成而順觀 是故日月一類也 同出而異處也 異處而同象也 推此以往 物曷逃

27) 『周易』 卷2, 說卦傳.
28) 『皇極經世書』 卷5, 觀物外篇上.
29) 위와 같음.

哉[30]

라 하여 逆推와 順觀이라는 말을 사용하였다. 따라서 逆推와 順推는 『周易』 이래 先儒들의 전통적 논리였던 듯하다. 한주의 高足 郭鍾錫은

> 凡物之自上而下者 其勢順 自下而上者 其勢逆 自內向外 謂之往 而數之往者 旣往而還來者也 自外向內 謂之來 而知其將來者 未來而前往者也 陽自下而上升 是知來之逆也 陽旣極矣 則陰自上而下降 是數往之順也 如此 則陽卦固當以下爲初 陰卦宜以上爲初 而但易之道 至於知來 故凡易之六十四卦 皆自下而上 逆數而無二例也[31]

라 하여, 陰은 上을 初로 하여 上에서 下降하니 그 형세가 順하고, 陽은 下를 初로 하여 上升하니 그 형세가 逆하다는 것이다. 따라서 陽은 逆上하고 陰은 順下하는 셈이며, 下降은 順이고 上升은 逆이다. 한주는 『周易』을 해설하면서

> 邵子以陰靜之極爲無極 陽動之始爲有象 則坤是無極 而復乃有象也 自剝逆推到姤 皆無極之前 自頤順推到乾 皆有象之後也[32]

라 하여 坤(☷)卦의 無極에서 無極의 前으로 推究함을 逆推라 하였고, 復(☷)卦의 有象에서 有象의 뒤로 推究함을 順推라고 하였다. 한주는 또

> 自姤至坤 靜之極 而未發之中也 自復至乾 動之極 而已發之和也[33]

라 한 것으로 보아 用에서 體의 방향으로 推究함은 逆推라 하고, 體에서 用의 방향으로 推究함은 順推라 한 듯하다. 한주는 『中庸』의 해설에서도

30) 위와 같음.
31) 『東儒學案』 中編, 徵君郭俛宇先生鍾錫下.
32) 『求志錄』 卷18, 語類箚疑.
33) 『求志錄』 卷4, 中庸箚義後說.

順推라는 말을 다음과 같이 사용하였다.

> 遠之近 道之無間於彼此 而此爲彼之由 風之自 道之無間於表裏 而裏爲表之主 微之顯 道之無間於費隱 而費爲隱之用也 此段言誠之之道 而三知字 皆致知之事 今以大學之序推之 遠之近 平天下之本於治國 而治國之本於齊家也 風之自 天下國家之本於在身 而身之本在心也 微之顯 誠意正心以下順推工夫也[34)]

微에서 顯으로, 誠意 正心에서 平天下로 공부함은 順推工夫였다. 즉『大學』에서

> 物格而后 知至 知至而后 意誠 意誠而后 心正 心正而后 身修 身修而后 家齊 家齊而后 國治 國治而后 天下平[35)]

이라고 한 순서로 공부함이 順推工夫였다. 따라서 이와 반대로 顯에서 微로, 遠에서 近으로, 表에서 裏로 공부함은 逆推工夫라고 할 수가 있다.『大學』에서

> 古之欲明明德於天下者 先治其國 欲治其國者 先齊其家 欲齊其家者 先修其身 欲修其身者 先正其心 欲正其心者 先誠其意 欲誠其意者 先致其知 致知 在格物[36)]

이라고 한 순서로 공부함은 逆推工夫였다. 따라서 微에서 顯의 방향으로, 近에서 遠의 방향으로, 裏에서 表의 방향으로 논리를 전개함은 順推의 논리이고, 顯에서 微의 방향으로, 遠에서 近의 방향으로, 表에서 裏의 방향으로 논리를 전개함은 逆推의 논리였다. 한주는

---

34)『求志錄』卷4, 中庸箚義後說.
35)『大學』.
36)『大學』.

工夫則逆推 而功效則順推 盖工夫 則欲其先知究竟有所向望 故自遠而逆推來 功效則不可欲速助長躐等 故自近而順推去[37)]

라 하여 工夫는 최종의 목표를 먼저 알아야 하기 때문에 遠處에서 逆推해 오지만, 功效는 조장해서 안 되기 때문에 順推해 간다고 하였다. 따라서 格物致知로부터 治國平天下의 방향으로 추구하는 功效는 順推의 논리에 의거하였고, 治國平天下로부터 格物致知의 방향으로 추구하는 工夫는 逆推의 논리에 의거하였다.

理氣論에 있어서도 한주는 順推와 逆推의 논리로서 전개하였다. 理와 氣는 '不相離'의 관계에 있기 때문에 '相須爲體' '相待爲用'이여서 서로 합하여 體가 되고, 서로 함께 用이 된다고 하였다. 그러나 體에서 竪看하면 理가 主이고, 用에서 倒看하면 氣가 主이다. 逆推는 用의 倒看에서 출발하여 體의 방향으로 논리를 전개하여 끝내 主氣로 되고, 順推는 體의 竪看에서 출발하여 用의 방향으로 논리를 전개하여 끝내 主理로 될 수밖에 없다. 따라서 主理論은 理에만 體와 用이 있고 氣에는 體와 用이 없다고 하며, 반대로 主氣論은 氣에만 體와 用이 있고 理에는 體와 用이 없다고 하였다. 한주는 主理論者였다. 따라서 理에만 體用이 있다고 생각하였다.

한주는 張横渠의 『西銘』과 周濂溪의 『太極圖說』의 논리를 대조하여 다음과 같이 설명하였다.

西銘 是因分殊而推理一 故首於乾坤父母兩體上說那理一 所謂兩不立則一不可見者也 逆推之始事也 太極圖 是因理一而推分殊 故首於太極動靜一原上說 所謂一不先則兩無從生者也 順推之極致也 學者立心 當自西銘始 而苟欲明體適用 立大本而行達道 則當以太極圖爲主 西銘 豈不是體用兼備 但不如太極圖之大且全也 若近世之說則言理一而和氣作一 言分殊而謂理無殊 認理分爲兩端 而不知理是分之一 分是理之殊 烏可以達德乎[38)]

37)『求志錄』卷1, 大學箚義.
38)『求志錄』卷12, 近思錄箚義.

一源의 물이 수천 수만의 支派로 나누어져서 흐르듯이, 理의 一이 만물의 理로 분화되어 달라짐을 理一分殊라고 하였다. 理의 一에서 分의 殊로 논리를 전개함은 順推이고, 分의 殊에서 理의 一로 논리를 전개함은 逆推이다. 장횡거의 『서명』은 分殊에서 理一의 방향으로 논리를 전개하여 逆推의 논리이고, 주렴계의 『태극도설』은 理一에서 分殊의 방향으로 논리를 전개하여 順推의 논리이다. 결국 理一은 體이고, 分殊는 用이어서 用에서 體의 방향으로 논리를 전개하면 逆推의 논리이고, 體로부터 用의 방향으로 논리를 전개하면 順推의 논리이다. 그러나 逆推한 다음이라야 順推가 가능하였다. 한주는

> 太極生陰陽之後 常在陰陽之中 相須爲體 相待爲用 而理本無形 氣爲有迹 則自其可見者言之 動者是陽 靜者是陰 然 直從大原上順推 則動者靜者 固是太極之流行 而苟無動靜 則陰陽二氣 無自以生也[39]

라 하여 理는 무형하고 氣는 형적이 있기 때문에 형적상의 可見者로부터 설명하면 動은 陽이고 靜은 陰이어서 모두 氣의 動靜이지만, 大原上에서 順推하면 動하고 靜함이 太極의 유행이어서 太極의 動靜이 없으면 陰陽二氣가 생겨날 수 없다는 것이다. 형적상의 可見者로부터 추구함은 다른 말로 하면 倒看의 主氣를 출발점으로 하여 逆推의 논리이고, 大原上에서 추구함은 다른 말로 하면 豎看의 主理를 출발점으로 하여 順推의 논리이다. 豎看에서 順推하면 모두 理의 動靜으로 主理로 귀결된다. 한주는 逆推와 順推의 어느 한 논리만을 고집하지 아니하고 먼저 逆推한 다음에 順推해야 한다고 다음과 같이 강조하였다.

> 按朱子曰 自見在事物而觀之 則陰陽涵太極 推其本 則太極生陰陽 觀乎物者 逆推也 推其本者 順推也 逆推者 人見之始 順推者 天理之原 物上逆推 則靠實 理下順推 則得眞 故夫子旣從易上說太極 而方從理下說陰陽 濂溪亦於陰陽圈內 安了太極本體而見得太極疑於有形 故挑出在上

39) 『理學綜要』.

> 以爲動陽靜陰之本 及著圖說 則依圖序順推 故主太極而言動靜 由動靜而言陰陽 先生此書 亦因動靜兩端 推到所以靜之理 然後 乃從太極上 滔滔說去 盖逆推者 學之實見也 順推者 道之本體也 實見旣到於本體 則豎看而不失眞面 乃爲亭當 若遽以逆推之見 遂謂本體之亦然 則形下者爲主 而形上者爲賓 種種病敗 皆由此出[40]

구체적 사물로부터 관찰함은 逆推이고 근본에서부터 추구함은 順推이다. 逆推하여 얻은 것은 人見의 시초이고 順推하여 얻은 것은 天理의 근원이다. 逆推는 實에 의존하고 順推는 眞을 얻는다는 것이다. 공자가 『주역』에서 "易由太極"이라 하여 陰陽의 變易 위에서 太極을 설명하고서야 "是生兩儀"라 하여 理下에서 陰陽을 설명하였는데 이는 逆推한 다음에 順推함이다. 주렴계도 陰陽圈 내에 太極本體를 그려놓고 太極이 有形한 것으로 될까 염려하여 太極을 위로 밀어올려서 그렸으며, 『圖說』에서는 圖의 순서를 따라서 順推하였기 때문에 太極을 主로 하여 動靜을 말하였다. 朱子의 「答楊子直書」[41]도 動靜의 양단으로부터 미루어 '所以動靜之理'에 이른 다음에 太極 위에서 도도히 설명해갔다. 逆推한 결과는 학문의 實見이고, 順推한 결과는 道의 本體이다. 逆推의 實見이 이미 本體에 도달되면 豎看하여 主氣를 主理로 바꾸어 그 眞面을 상실하지 말아야 타당한 것이다. 만약 逆推한 實見으로 本體도 實見과 같다고 말한다면 形而下의 氣[器]가 主로 되고, 形而上의 理[道]가 客으로 되어, 모든 병패가 이로부터 나온다는 것이다. 감각적 인식방법인 倒看으로 인식이 가능한 氣의 유형적 사물에서부터 논리를 전개하면 끝내 氣가 主로 되고, 理가 客이 되고 만다는 것이다. 따라서 逆推하여 논리가 본체에 도달되면 倒看을 버리고 豎看하여 主客을 바꾸어서 논리를 전개해야만 진리를 인식할 수 있다

40) 『理學綜要』.

41) 『理學綜要』 卷1, "附朱子曰 天地之間 只有動靜兩端 循環不己 更無餘事 此之謂易 而其動其靜 則必有所以動靜之理 是則所謂太極者也 某向以太極爲體 動靜爲用 其言固有病 後己改之曰 太極者 本然之妙也 動靜者 所乘之機也 此則庶幾近之 盖謂太極含動靜則可以本體言 謂太極有動靜則可以流行言 若謂太極便是動靜則是形而上下者不可分 而易有太極之言 亦贅答楊子直書".

는 것이다. 逆推는 귀납법과 유사하고 順推는 연역법과 비슷하다. 한주는 體認工夫도 먼저 逆推한 다음에 順推해야 한다고 다음과 같이 강조하였다.

> 盖體認之工 初不免因其形迹 倒去推究 而究到極處 順推下來 以此立說而後 大本不差 今乃主倒看始處而爲之本 究到極處爲之末 先言孺子而因言惻隱 先言惻隱而乃言仁本 此固體認之先後 而其言性情體用 恐未免有逆理凌節之弊 此由於倒看而更不竪看 逆推而更不順推故也 夫見孺子入井 則惻隱之心 必發 此心以情言心果何自而發乎 仁乘木也 木卽氣也 如是推之 方無闕欠處[42]

體認도 처음에는 형적을 따라서 倒看으로 추구할 수밖에 없으나, 極處에 도달되면 順推하여 입론해야만 大本이 틀리지 않는다는 것이다. 倒看의 始處를 근본으로 삼아 逆推한 極處를 末로 삼아 논리를 전개하면 性情體用을 설명할 때 逆理의 폐단을 면치 못한다는 것이다. 倒看하고 竪看하지 아니하며 逆推하고 順推하지 아니하기 때문에 形下의 氣가 主로 되고 形上의 理가 客으로 되고 만다는 것이다. 이 때문에 한주는 다음과 같이 강조하였다.

> 逆推之極 大原自見 畢竟是先有此理 方生此氣 然 氣之往過來續 無間可息 初非今日有理而明日有氣 則雖直從大原頭說 元無截然先後之勢 以理言之 不得不以理先氣後言之耳[43]

逆推의 究極에는 大原이 자연 나타나게 되지만, 氣의 往過來續이 잠시도 쉬지 않기 때문에 비록 大原頭에서 말하더라도 理氣先後가 절연하게 분명한 것은 아니다. 이 때문에 竪看의 논리적 인식에 의하여 理先氣後의 主理로서 인식해야 한다는 것이다. 즉 逆推도 구극에는 理를 인식하지만

---

42) 『辨志錄』 卷2, 四七辨.
43) 『求志錄』 卷15, 語類箚疑.

理가 主로 되지는 못한다. 이 때문에 豎看하여 理를 主로 하여 順推해야 하는 것이다. 倒看에서 逆推하면 氣가 主로 되어 理는 死物로 되고 만다. 그러나 豎看에서 順推하면 理가 主로 되어 氣는 한갓 資具로 되고 만다. 그러므로 逆推는 氣를 따라서 無形의 理를 추구해가는 논리이고, 順推는 理를 따라서 有形의 氣를 분석해가는 논리이다. 따라서 한주는 從理順推와 從氣逆推를 다음과 같이 설명하였다.

> 理與氣有先後上下之別 有精粗本末之差 有輕重大小之倫 苟不從理順推 而徒欲從氣逆推 則先後倒着 本末互換 內外斷絶 上下凌奪 種種病敗皆由此出[44]

豎看에서 출발하여 從理順推하면 '理先氣後' '理上氣下' '理精氣粗' '理本氣末' '理重氣輕' '理大氣小'의 차이가 있지만, 倒看에서 출발하여 從氣逆推하면 선후가 倒着되고 본말이 호환되고 내외가 단절되고 상하가 凌奪된다는 것이다. 또 그는

> 若從形氣上逆推 則氣顯而理隱 氣强而理弱 雖謂氣化而理乘可也 然而從源頭順推 則豎看者 全體也 橫看者 當體也 倒看者 偏體也[45]

라고 하였다. 倒看의 形氣上에서 逆推하면 氣만이 현저하고 理는 은미하며 氣는 강하고 理는 약하게 되지만, 豎看의 源頭에서 順推하면 倒看은 一面의 일부만 인식한 셈이고 橫看은 一面만의 전부를 인식한 셈이며, 오직 豎看만이 兩面의 전체를 인식한 것으로 된다. 逆推하면 主氣論으로 귀결될 수밖에 없었다. 한주는

> 若逆推而倒看 則只見得氣之運用 而理之冲漠不可見 故便以天地之化皆作氣化 而太極淪於空寂矣 吾心之發 皆作氣發 性命幾乎滅息矣 其爲

---

44) 『辨志錄』 卷2, 四七辨.
45) 위와 같음.

死物之借乘 尸位之虛尊 顧何益哉[46]

라 하여, 逆推하여 倒看하면 氣의 운용만 보이고 理의 冲漠은 보이지 않기 때문에 '天地之化'를 모두 氣化로 인식하여 太極이 空寂에 빠지게 되며, '吾心之發'도 모두 氣發로 인식되어 性命의 理는 거의 멸식되고마니 死物의 借乘과 尸位의 尊과 같아 무용지물이 되고 만다는 것이다. 이리하여 한주는 逆推와 順推의 단계적 활용을 다음과 같이 강조하였다.

語動靜之妙者 宜有擇乎順逆之際 然 不先逆推 則順者不可以見也 不先橫看 則賢者 非其眞矣 是以 孔聖係易 先言易有太極 而方言是生兩儀 周子作圖 就陰陽圈內 排出太極本體 兩聖闡理 固未嘗不逆推也 而界分終不可亂也 次序終不可紊也 理氣之交 幷下生字 則理生氣 氣承理 而動靜二字 機緘於其間耳 …… 只緣學者之見 每拘於逆推 而逆推之極 不以豎看 故一傳之後 浸失其眞[47]

먼저 逆推하지 않으면 順推할 수 없고, 먼저 橫看하지 않으면 豎看한 것이 眞이 아니라는 것이다. 이 때문에 공자는 『주역』 繫辭에서, 주렴계는 『태극도설』에서 모두 倒看의 逆推로서 理를 천명하였다. 그러나 界分을 혼란시켜서는 안 되고 次序를 문란시켜서는 안 되기 때문에, 豎看의 順推로 界分과 次序를 바로 잡았다는 것이다. 그는 逆推의 主氣論을 「理學綜要序」에서 다음과 같이 열거하였다.

天地之間 有理斯有氣 理無形而氣有形 理無爲而氣有爲 靜而無氣 則理無則掛搭 動而無氣 則理不能運行 理本全而氣能偏之 理本明而氣能昏之 理本順而氣能逆之 發揮運用之權 疑若盡出於氣 故三代以後 世有主氣之學 …… 太極無動靜之說出 而闔闢都由氣機吳澄 元氣無生滅之論作 而造化全沒理致庸齋 陽明之心卽理 實指精氣之流聚 整庵之神卽心卒歸之形而下者 至於近世 則以明德爲本然之氣者有之 以氣質爲眞體之

---

46) 위와 같음.

47) 『理學綜要』 卷1, 明理有動靜.

性者有之[48)]

臨川 吳澄은 太極에 動靜과 體用이 없고 動靜이 氣機라 하였는데, 우리나라 李蓮坊의 理無體用說도 이와 유사한 것이며, 許庸齋는 元氣無生滅論을 주장하였는데 徐花潭의 一氣長存說도 이와 같은 내용이다. 한주는 이들 主氣論者들이 倒看만 하고 竪看하지 않았으며, 逆推만 하고 順推하지 않았기 때문에 主氣論을 주장한 것이라고 보았다. 이리하여 한주는 자기의 主理說을 다음과 같이 서술하면서 橫看 竪看 逆推 順推를 註로서 일일이 표시하였다.

> 天地間 上蟠下際 都是陰陽二氣 而氣之所以盈虛聚散薰蒸發育者 太極純一之 理爲之主宰故也逆推 太極者 無形體 無方所 立於無物之先 而不待有寓著乎有形之後 而不是無爲 此誠萬化之頭腦 品彙之根柢竪看 而旣有太極 便會動靜 纔有動靜 便分陰陽 太極之動 陽生之機也 太極之靜 陰生之機也 陰陽未生 機蘊而爲妙 太極之涵動靜也 陰陽將生 妙運而爲機 太極之有動靜也 陰陽旣生 機著而爲器 太極之在動靜也順推 器中求妙 妙下生機 機者 動之微 而靜亦曰機者 動之息也 動靜俱屬於流行 故動爲主 陰陽俱屬於定體 故陰爲主橫看 盖動靜之於陰陽 迹上看 則有是器然後有是機 此則人見之逆也 如曆家推算 日月右旋逆推 理上看 則有是機然後有是器 此則天道之順也 如冶爐鑄金 關棙先動順推[49)]

天地間에 上蟠下際한 것이 모두 氣이지만 氣가 盈虛하고 聚散하고 薰蒸하고 發育하는 所以는 태극의 理가 주재하기 때문이라는 것이니 이는 逆推이다. 無形 無方所의 태극이 無物의 전에 성립되어 寓著할 有形이 있기를 기다리지 않으나 無爲하지 않고 萬化의 頭腦이고 品彙의 根抵라는 것이니 이는 竪看이다. 태극이 있으면 곧 動靜할 줄을 알아서 動靜이 있자마자 곧 陰陽으로 나누어진다. 太極의 動은 陽이 生하는 機이고, 太極의 靜은 陰이 生하는 機이다. 陰陽의 未生 때에는 機가 쌓여 있어 妙하니 太

48)『理學綜要』卷1, 理學綜要序.
49)『寒洲先生文集』卷33, 理氣動靜考證後說 癸丑.

極이 動靜을 싸고있다. 陰陽이 將生할 때에는 妙함이 운행하여 機로 되니 太極에 動靜이 있다. 陰陽이 旣生하였을 때에는 機가 드러나서 器로 되니 太極이 動靜에 있다. 이상은 順推의 논리이다. 器 가운데서 妙(理)를 구하고, 妙 아래에서 機가 生하니 機는 動의 미미함인데 靜도 機라 함은 動의 그침이기 때문이다. 動과 靜이 모두 유행(用)에 속하기 때문에 動이 主이고, 陰과 陽이 모두 定體에 속하기 때문에 陰이 主이다. 이것은 橫看의 인식이다. 動靜을 陰陽의 형적상에서 인식하면 器의 定體가 있은 뒤에 機가 있지만 이는 逆推한 人見의 시초이니, 曆家에서 日月을 추산하여 右旋한다 함과 같다. 理上에서 動靜을 인식하면 機가 있은 뒤에 器의 定體가 있으니 順推의 天道이다. 冶爐에서 鑄金할 때에 闟椂가 먼저 動하는 바와 같다. 이는 順推의 논리이다. 한주는 倒看하고 橫看하여 逆推한 다음에 竪看하여 順推해야 한다고 주장한 것이다. 그는 逆推하면 主氣論으로 귀결되고, 順推하면 主理論으로 귀착된다고 다음과 같이 지적하였다.

> 今姑從形迹可見處逆推 則天地間動動靜靜之物 固屬乎形氣 而理特乘載其上 若直從大原頭順推說 則未有此氣 先有此理 纔有此理 便會動靜 動亦太極之動 靜亦太極之靜 動便生陽 靜便生陰 由動靜有氣之名 而理常爲主 氣常爲資 無動無靜而涵動靜之妙者 理之體也 能動能靜而有動作之幾者 理之用也 氣則動而無靜 靜而無動 而決非自動自靜之物 則動靜之所以然 理之隱者也 動靜之所能然 理之費者也[50)]

형적의 氣 위에서 逆推하면 動하고 靜하는 것이 모두 形氣여서 理는 다만 그 위에 乘載해 있을 뿐이다. 그러나 大原頭의 理 위에서 順推하면 理가 動하여 陽이 생기고 靜하여 陰이 생겨나니 理의 動靜으로 인하여 氣가 생겨나서 理가 항상 主이고 氣는 항상 資具이다. 따라서 逆推하면 主氣로 되고, 順推하면 主理로 되지만 順推는 반드시 逆推한 다음에 가능하기 때문에 主氣論은 逆推의 논리만이지만, 主理論은 逆推와 順推의 두 논리가 다 쓰이는 셈이다.

---

50) 『寒洲先生文集』 卷7.

4. 結語

이상에서 한주의 3단계 인식방법과 2단계 논리형식을 대략 소개하였거니와 이를 다시 한번 요약 정리함으로써 결론에 대신할까 하는 바이다. 성리학에 있어서 理와 氣는 본래 '不相離' '不相雜'의 관계에 있는 것이다. 따라서 '相須爲體' '相得爲用'의 관계에 놓여 있어서 體에서도 理와 氣가 서로 떠나지 못하고 用에서도 理와 氣가 서로 합쳐져 있다. 따라서 理와 氣는 '一而二'이고 '二而一'인 것이다. 이런 의미에서 종래에 理氣論을 분류하여 소위 二元論 또는 一元論 혹은 一元的 二元論 등의 표현을 사용한 것은 이상의 諸원칙을 무시하고 理氣의 관계에 혼란을 가져올 위험성을 지닌 것이다. 따라서 이와 같은 그릇된 표현을 버리고 정확하게 主理論 主氣論이라고 표현하는 것이 실제에 부합되는 것이다.

已發의 用은 경험적 감각적 인식이 가능하지만, 未發의 體는 경험적 감각적 인식이 불가능하다. 또한 氣는 形迹이 있기 때문에 감각적 경험에 의하여 인식이 가능하지만, 理는 형적이 없기 때문에 감각적 경험에 의거하여서만은 인식이 불가능하다. 따라서 已發의 用은 감각적 경험적 인식이 主가 되고 氣가 主로 인식될 수밖에 없다. 倒看과 橫看은 用의 인식방법이고 竪看은 體의 인식방법이다.

源泉에서부터 수많은 末端 支流로 흐르는 물[水]의 인식에 비유하면 根源에서 下流로 관찰하여 모든 말단 지류의 물이 하나의 원천에서 흘러나온다는 원리를 인식함은 竪看이고, 원천에서 흐르는 물이 최초로 분파된 중간의 2大支流에서 橫的으로 관찰하여 수 없는 말단 지류의 물이 모두 중간의 2대지류에서 흘러 내려온 물임을 인식함은 橫看이고, 수 없는 지류로 나누어져서 흐르는 물을 말단에서 거꾸로 관찰하여 단지 말단 지류의 물인줄만 알고 원천과 중간의 2대지류를 인식하지 못함은 倒看이다. 그물(網)의 인식에다 비유하면 竪看은 全網의 大綱(원리)을 인식하고, 橫看은 全網의 精目을 인식하고, 倒看은 그물의 一邊을 인식함에 지나지 않아 綱頭에는 미치지 못한다고 하였다. 倒看은 가장 저급의 인식방법으로 구체적 사물의 감각적 인식방법이기 때문에 氣가 主로 인식되고 理가 客으로 인식된다. 그러나 已發의 用을 '所從來之苗脈' 즉 '所發之機'에 따라서 귀납적으로 추리하면 크게 理發과 氣發로 나누어진다. 그러나 理發이라 하여 氣가 없이 理만이 發함이 아니며, 氣發이라 하여 理가 없이 氣만이 發함이 아니다. 다만 發한 主된 동기에 따라서 用을 크게 양분하여 理發과 氣發을 횡적 병렬적으로 인식함은 橫看이다. 橫看하면 理와 氣는 理發과 氣發에 따라서 서로 主客이 되는 대등한 관계로서 인식된다. 橫看은 단순한 구체적 감각적 인식의 한계를 넘어서서 귀납적 추리가 가해졌지만 用의 한계를 넘지는 못하는 것이다. 그러나 未發의 體에서 豎看하면 倒看의 理氣倒置關係와 橫看의 理氣對等關係를 넘어서서 理가 主로 인식되고 氣가 客으로 인식된다. 이와 함께 體와 用이 통일적으로 인식되는 것이다. 따라서 倒看한 연후에야 橫看이 가능하고 橫看한 연후에야 豎看이 가능한 것이다.

倒看에서는 氣가 主이고 理가 客으로 인식되다가 橫看에서는 理와 氣가 서로 主가 되고 서로 客이 되는 대등한 관계로서 인식되며 豎看에서는 다시 理가 主이고 氣가 客으로 인식된다. 倒看은 밑에서 관찰하는 仰觀的 인식방법이며, 橫看은 횡적으로 관철하는 수평적 인식방법이며, 豎看은 위에서 관찰하는 俯察的 인식방법이다. 倒看이 순전한 감각적 인식방법이라면, 橫看은 귀납적 추리가 가해진 경험적 인식방법이라고 할 수 있으며, 豎看은 순전한 논리적 인식방법이다. 倒看이 순전한 구체적 개별적 대상에서 적용된다면, 橫看은 오히려 구체적 개별적 대상과 추상적 인식대상 영역에 걸쳐서 적용된다고 할 수 있겠다. 이에 반하여 豎看은 순수한 근원인식이다. 理氣를 부모에 비유하면 어린아이가 어려서는 밑에서 倒看하여 어머니가 主이고 아버지를 客으로 인식하다가, 차츰 자라면서 橫看하여 아버지와 어머니가 서로 主客이 되는 수평적 대등관계로써 인식하게 되고, 끝내는 위에서 豎看하여 아버지가 主이고 어머니를 客으로 인식함과 같다. 한주의 3단계 인식방법도 처음에는 倒看하여 구체적 사물에서 理氣의 관계를 氣先理後 氣主理客으로 인식하다가 인식의 수준이 높아지면서 橫看하여 用의 현상세계를 理에서 근원한 理發과 氣에서 근원한 氣發로 대별하여 理氣의 관계를 理와 氣가 서로 선후로 되고 서로 주객이 되는 대등관계로 인식하며 마침내 인식의 최후에는 豎看하여 體의 본질세계에서 理氣의 관계를 理先氣後 理主氣客으로 인식하게 된다는 것이다. 倒看은 '偏體'만의 인식이 가능하고 橫看은 '當體'만의 인식이 가능하지만 豎看은 '全體'의 인식이 가능하다. 豎看은 다분히 연역적이고 橫看은 다분히 귀납적이며, 豎看이 縱(經)的 인식방법이라면 橫看은 橫(緯)적 인식방법이며 豎看이 하향적 인식방법이라면 倒看은 상향적 인식방법이며, 倒看이 구체적 인식방법이라면 橫看은 귀납적 추리가 가해진 경험적 인식방법이다. 이와 같이 倒看 橫看 豎看의 세 가지 인식방법에 우열장단이 있지만 한주는 인식의 단계에 따라서 모두를 활용해야 한다고 주장하였다.

한주는 이 3단계 인식방법을 기초로 하여 또한 2단계 논리형식을 제시하였다. 用에서 體의 방향으로, 下에서 上의 방향으로, 遠에서 近의 방향으로, 顯에서 微의 방향으로, 表에서 裏의 방향으로 추구하는 논리형식은 逆推의 논리이고, 體에서 用의 방향으로, 上에서 下의 방향으로, 近에서 遠의 방향으로, 微에서 顯의 방향으로, 裏에서 表의 방향으로 추구하는 논리형식은 順推의 논리이다. 逆推는 倒看의 감각적 인식과 橫看의 경험적 인식을 기초로 하고 主氣的 인식을 전제로 하여 시작하는 논리이고, 順推는 豎看의 논리적 근원인식을 기초로 하고 主理的 인식을 전제로 하여 시작하는 논리이다. 따라서 倒看의 氣로부터 理를 추구하는 논리형식은 逆推이고, 豎看의 理로부터 氣를 설명하는 논리형식은 順推이다. 즉 氣에서 理의 방향으로 추구하는 논리형식은 逆推이고, 理에서 氣의 방향으로 분석하는 논리형식은 順推이다. 구체적인 것, 감각적인 것에서부터 출발하여 추상적인 것, 논리적인 것에로 추리함은 逆推이고, 추상적인 것, 논리적인 것에서부터 출발하여 구체적인 것, 감각적인 것에로 분석함은 順推이다. 그러나 逆推하지 않으면 順推할 수가 없다. 順推는 반드시 逆推한 다음에야 가능하다고 하였다. 主氣的 倒看을 전제로 하여 그 인식내용을 끝내 변동시키지 아니하고 추리하기 때문에 逆推는 궁극적으로 主氣論으로 귀결되고, 主理的 豎看을 전제로 하여 그 인식내용을 끝내 변동시키지 아니하고 분석하기 때문에 順推는 궁극적으로 主理論으로 귀착될 수밖에 없다. 그러나 主氣論은 倒看하여 逆推의 논리에 의거하지만 主理論의 順推는 逆推의 논리과정을 전제하여야만 비로소 가능하다는 것이다. 즉 倒看과 橫看을 통한 逆推를 거치고 난 연후에야 진정한 豎看의 順推 논리가 실현된다는 것이다. 逆推는 귀납적 추리와 유사하고 順推는 연역적 추리와 흡사하다. 따라서 기본적으로 主氣論은 倒看의 인식방법과 逆推의 논리형식에 의거하고, 主理論은 豎看의 인식방법과 順推의 논리형식에 의거하는 셈이다.

한주 자신은 말할 것도 없이 철저한 主理論者였다. 그는 이단설을 지어 主氣論을 통렬하게 비판하였다.

> 異端之說 百塗千岐 而其始皆由於認氣 其終皆歸於主氣[51]

이단설이 백 갈래 천 갈래 길이 있지만 그 시초에는 認氣에서 연유하였고 그 끝내는 主氣로 귀결되었다 하여 主氣論은 필연적으로 이단의 길을 걷게 되는 것이라고 선언하였다. 이와 함께 그는 聖賢의 宗旨가 主理 二字에 있다고 강조하였다.

> 古聖人千言萬語 管歸在主理二字 致知所以明此理 居敬所以存此理 方行所以循此理 克己閑邪所以去其害理者而已[52]

理를 밝히고 理를 마음속에 두고 理를 따라서 실천하고 理에 해로운 것을 제거해야 한다고 역설하였다. 따라서 그는

> 論理氣則主理而不雜氣[53]

---

51)『寒洲先生文集』附錄 卷1, 年譜, 庚子條.
52)『寒洲先生文集』附錄 卷1, 年譜, 己巳條.
53)『寒洲先生文集』附錄 卷1, 年譜, 戊寅條.

라 하여 理氣를 논하면 理를 主로 하여 氣를 섞지 말아야 한다고 하였다. 한주의 3단계 인식방법과 2단계 논리형식은 바로 이러한 입장에서 제시된 것이었다.

(『東方學志』 18, 1978. 6)

爲堂 鄭寅普선생의 行狀에 나타난 몇 가지 문제 : 實學原始

閔泳珪

1.

爲堂 鄭寅普 선생에 관해서 우리는 너무도 아는 바가 적다. 아는 바가 적다 하기보다는 오히려 그것을 事實과 다르게 오해하고 있는 부분이 더 많다고 평하는 것이 옳을 것 같다. 이즘에 와서 우리나라 近世學術과 實學思想과의 관련이 활발하게 논의되고, 그 중심 인물의 하나로서 爲堂의 행장을 차분하게 알아본 연후의 것이었던지 아닌지, 나는 그것을 심히 염려하고 있다.

2.

먼저 爲堂의 이른바 '中國遊學'의 경위로부터 이 작업을 시작해 보기로 하자. 위당이 '중국유학'의 길에 오른 것은, 행용 말해 오듯이 1910년이 아니고, 1913년 위당의 나이 스물한 살 때였다. 이 보다 앞서 위당은 1911년과 1912년의 두 차례에 걸쳐 창망하게 압록강을 건너고 있다. 懷仁縣 興道村과 柳花縣 三源堡, 그리고 佟佳江 上流 哈呢河 등지로 어떤 종류의 연락을 맡은 때문이었다. 이 두 번째 길에서 위당은 친어머님 徐氏 부인을 모시고 있지만, 이에 관해서는 뒤로 다시 언급할 기회가 있을 것이다.

선생과 동갑이자 이때 이미 임신 수개월이었을 成氏 부인의 생일을 며칠 앞두고 西江 집을 나섰다는 것인즉, 부인의 생일이 2월 23일이므로, 아마 정녕 선생의 출발은 1913년 음력으로 2월 20일경이었을 것이다. 양어머님 李氏 부인과 成氏 부인의 中門 안에서의 조심스런 餞別의 눈길을 함빡 등뒤로 느끼면서 나선 것이었지만, 끝내는 그것이 위당과 成氏 부인과의 마지막 작별이 되고 만 것이다.

安東縣에서 上海로 직행하기에 앞서, 이번 출국길에서도 그 향방을 잠깐 東北으로 돌려 通化縣 哈泥河와 홍도촌까지 往反이 있었을 가능성은 충분히 있다. 지난해 壬子年 겨울, 西間島에서는 또 그 전년에 계속해서 모진 흉년을 겪었다. 강냉이 농사가 절단난 것이다. 독립군 양성을 위한 三源堡 기지 경영을 一時 포기하고, 龍崗山 이쪽 동가강 상류로 새로운 기지를 마련해야 했다. 이 어려운 시기에 60當年의 老母 徐氏 부인은 貞夫人의 지체를 숨기고, 손주 같은 학생들의 뒷바라지에 노령의 체력이 감당할 수 있는 극한을 기록하고 있었다. 젊은 위당에 있어 당장 상해로 직행하는 일보다 먼저 老夫人께 대한 걱정이 앞서야 한다. 불행하게도 나는 이때 안동현에서의 위당의 一動一靜을 기록으로 증명할 만한 자료를 가지고 있지 않다. 다만 年譜上의 空格을 앞뒤로 좁혀갈 때, 위당을 대신하여 서씨부인의 곁을 지켜 주었어야 할 碧初가 서간도 아닌 상해에서 위당과 起擧를 같이해 있고, 서씨 부인은 또 위당의 귀국에 앞서 西江 本家에 이미 돌아와 있었다는 점 등을 감안할 때, 三者의 위치의 변동이 이 해 2월과 3월 사이가 아니고서 달리 해석할 도리가 없어 보인다. 뒷날 서간도시절을 회상하면서, 이것은 물론 쥐도 새도 들어서는 아니 될 내용의 이야기들이었지만, 碧初가 지어준 밥이 제일 고소했었다는 서씨 부인의 회고, 또 그 서씨 부인이 여러 아낙네들 틈에 섞이어 땀과 진흙으로 짓이겨진 젊은이들의 감발 · 버선을 빨아대기에 어떠 어떠했었다는 등, 비록 口碑로 전하는 것이었을 망정, 遺家族의 한 분을 통하여 몇 번인가 내 스스로 다짐한 적이 있는 이야기들이다. 안동현에서 홍도촌과 합니하까지의 往反은 당시 사정으로 꼬박 한 달이 걸리는 여정이었다.

3.

8월 초4일은 위당의 先考(養家) 默朝公의 忌日이다. 늦어도 이날까지엔 혹여나 돌아오지 않을까, 西江 본가에서 은근한 기대를 걸고 있었던 모양이나, 기대는 어긋나고, 9월 초10일, 성씨 부인 홀로 初産을 맞이해야 했다.

엿새 뒤에 젖먹이를 옆에 두고 産母가 죽었다. 悲報를 받고 위당은 급거 상해를 떠서 귀국의 길에 오르는 것이지만, 이 귀국의 길에서 뜻하지 않게 春園 李光洙와의 극적인 상봉이 기다리고 있었다. 안동현 어느 여관 앞 길에서다. 춘원은 그것을 1913년 11월, 龍岩浦 連山이 흰눈으로 덮이던 때라고 적어 있고 趙氏 부인은 9월과 10월 사이로 기억하고 있다 음력과 양력 그리고 북과 남의 지리적 차이에서 오는 결과일 것이다. 춘원이 적은 「上海 이일 저일」(1930, 『三千里』 10호)과 「나의 告白, 나라를 잃은 사람들」(1948)과는 文面上의 數字에 약간의 異同이 있으나, 그렇게 문제될 것은 없다.

> 안동현에서 한밤을 자고 나니 囊中에 所存한 七十몇 錢 …… 바로 客主門을 나서는데 千萬意外에 위당 정인보군을 만났다. 군은 수년 전 京城서 一面識이 있었을 뿐이요, 아직 친하다고 할 만한 처지도 아니었다. 그러나 나도 위당의 文名을 흠모하던 터이므로 반갑게 그의 명주고름같이 가냘프고 부드러운 손을 잡았다. …… 위당은 자기 路需 중에서 중국 지폐 十圓박이 두 장을 내게 주었다. 그리고 그 길로 그는 정거장을 가아가 서울로 향하였다. 나는 위당이 준 中貨 20원을 가지고 상해까지 船票를 14원에 사고, 퍼런 淸服 한 벌을 사 입고, 岳州라는 英船에 船客이 되었다. 때는 11月 龍岩浦 連山에 하얗게 눈에 덮이고, 갑판에 얼음판이 생길 지경이었다. …… 배는 大連에 잠간 들려서 營口에 왔다.

이에 걱정이 일어났다. 그것은 내 路費가 떨어진 것이었다. 모두 20원에서 船票가 14원, 淸服이 아무리 싸도 3원 얼만가 4원은 되었고, 안동현서 三大浪頭 本船까지 오는 쌈판비가 또 不小하였으니 囊中에는 1원도 餘在가 없었던 판이다. 상해로 直航만 하면 배에서 밥을 얻어먹으니 걱정이 없으련마는 中路(營口)에서 여관에 들게 되니 一泊 요금도 낼 힘이 없었다. 그때에 나는 참으로 죽고 싶었다. (「上海 이일 저일」)

나는 정주에서 안동현 가는 기차를 탔다. 차비는 이원 미만이었다. 안동현에서 내려서 어떤 동포의 여관에 들어 자고 나니 돈이 일원 얼만가 남았다. 나는 이 돈으로 사지는 대로 봉천 방향으로 가는 차표를 살 작정으로 아침에 여관을 나서려 할 때에 대문에서 이외에도 위당 정인보를 만났다. 나는 이 유명한 젊은 한학자와 서울서 아마 홍명희의 집에서 한번 만난 일이 있었을 뿐이었으나, 그는 나를 알아보고 반갑게 내 손을 잡고 어디로 가는 길이냐고 물었다. 나는 대충 내 여행의 목적을 말하였더니, 그는 놀라는 빛을 보이며, 지금 북방은 날이 추울 것이니 우선 상해로 가라 하고, 중국 돈 삼십원을 내게 주었다. 그는 상해에 있다가 돈을 구하러 서울로 가는 길이니, 돈이 되는 대로 상해로 돌아온다고 하고, 상해에 홍명희랑 여러 사람들이 있단 말을 하였다. 우리들은 대문간에서 이런 말을 하고 헤어졌다. (「나의 告白」)

여기서 춘원은 '이름난 한학자'가 좀더 다급했던 사정으로 귀국길에 있었음을 전혀 눈치채지 못하고 있다. 만일 그것을 눈치챘던들 위당이 내미는 구조의 손길을 춘원은 얼른 받아들이지 못했을 것이다. 춘원의 이때 나이 스물두살이었다.

4.

위당의 上海滯留 일자는 그러므로 이해 2월 말에서 9월 말까지 길어서 7개월이다. 출발당시 안동현에서의 통화현 往反이 이유있는 추측으로 받아들여진다면 그것은 다시 6개월로 줄어든다.

상해에서의 위당의 宿所는 佛租界 白爾部路 22號 大新旅館이었다. 앞에서 인용한 춘원의 증언을 좀더 더듬어 간다면 위당이 떠난 직후 대신여관에 남아 있던 분들의 모습을 活寫할 수 있을 것이다

상해에서는 白爾部路 22호인가, 洪命熹 · 文一平 · 趙鏞殷君 등이 동거하는 집에 갔다. 내게도 돈이 한푼도 없지마는 그 양반들도 …… 그렇게 궁한 판에 내라는 食客이 하나 늘었으니 걱정이다. 침대를 장만할 돈이 있나, 衾枕을 장만할 것도 없거니와, 나는 홍명희군과 한 침대에서 한 이불을 덮고 잤다. …… 가끔 양식이 떨어져서 이제는 故人이 된 睨觀 申檉氏한테 얻어다가 먹은 일도 있다고 기억한다. (「上海 이일 저일」)

狂生 H(湖岩)는 아랫방에 혼자 있어서 가끔 마루바닥을 탕탕 밟으며, 비분강개한 연설을 하고 또 무슨 시를 읊는 모양이었다. 그는 여간해서 이층에 올라오지 아니하였다. 그렇다고 밖에 나가지도 아니하였다. 실상은 제나 내나 나갈래야 나갈 옷이 없는 것이었다. 그는 늘 혼자 있었고, 우리 이층에 사는 사람들도 그의 고적을 구하는 생활을 간섭하려고 하지 아니 하였다. (「文壇 30年」)

(홍명희는) 내가 상해에 갔을 때는 오스카 와일드의 도리안 그레이 · 옥중기 같은 것을 읽고 있었다.…… 조용은은 침대 위에 가만히 앉아서 코오란을 읽거나 그렇지 아니하면 눈을 반쯤 감고 몸을 좌우로 흔들흔들하고 있었다.

아래층에 혼자 있는 문일평은 우리에 갇힌 호랑이 모양으로 마루창을 삐걱거리며 밤낮 무엇을 중얼거리면서 오락가락하고 있었다. 이층패들은 그를 미친 사람이라고 부르고 있었다. 내가 보기에는 이층패들도 보통 이 세상 사람들과 같지 아니한 것 같았다. 모두 나라를 잃은 허전한 마음이 부접할 바를 몰라서 허둥지둥 허무향에 헤매고 있는 것 같았다. (「나의 告白」)

여기에 그려진 시기를 다시 한 번 다짐할 때 그것은 정히 中華民國이 세워진 그 이듬해 일이다. 章炳麟의 말을 빌리면, “정부의 號令이 首都 南

京에서 百里 밖을 나가지 못했다"는 그러한 시기였다. 혼란과 공포, 버섯처럼 돋아난 지방의 폭력단체들. 그리고 그 위에 실질적으로 군림한 北京의 袁世凱. "손오공이 羅浮山 동굴에서 한번 뛰쳐나오자 72가지 변신하는 재주를 보여 주었다는 데", 黃遵憲이 梁啓超에게 써보낸 글에서 受信者를 비유한 그대로 孫行者 아닌 梁啓超는 북경의 袁世凱를 도와 得意의 절정에 있었고, 章炳麟은 고향땅 餘杭에서 가까운 龍泉寺에 갇힌 몸이 되어 있었다. 孫文과 黃興은 숫재 일본으로 도망쳐 버렸다. 당시 중국에서 지도적 이론이란 온통 외국에서 도입해들인 保稅加工品 이외의 것이 아니었다. 처음에 그것을 洋務라 부르고 新學이라 부르고 그리고 또 實學이라 불렀다. 이 '실학'을 공부한다고 魯迅 등 당시 일본으로 건너간 중국의 유학생만도 자그만치 2萬을 헤아렸다는 것이다. 도대체 이러한 상황에서 장차 우리의 횃불이 되어줄 선배들은 어쩌자고 그 불더니 속에 아까운 청춘을 던지려는 것이었을까.

감방같은 아래층에서 밤낮으로 "마루 바닥을 탕탕" 구르며 미친 사람처럼 혼자서 중얼거리던 文湖岩 선생. "침대 위에 눈을 반쯤 내려 감고 앉아서 몸을 흔들흔들" 무언가 자기 나름대로 잡아 보려고 안간힘을 쓰던 이층의 모모한 분들, 이들도 "보통 이 세상 사람들과 같지 아니한 것 같았다"던 춘원의 고백. 나라를 잃은 허전한 마음을 부접할 아무런 기약도 없이 온몸의 피를 말리고 있는 모습들이었다.

뒷날 위당에게서 강하게 느껴지는 것은 章炳麟의 학문에서 오는 기풍이었다. 安陽의 殷墟에서 출토된 甲骨文字를 끝내 부정한 이가 章씨였다면 樂浪의 유적을 끝내 긍정하려 하지 않던 이가 위당이었다. 洋務가 곧 실학인 줄로 착각하던 당시 新學界를 비판하고 새로운 의미의 國學을 제창한 이가 章씨였다면, 해방되던 이듬해 新制大學을 서대문 밖에 창설하면서 거기에 國學이란 校名을 붙인 이도 위당이었다. 章씨가 칩거하던 고향 땅 여항은 상해에서 남쪽으로 그리 멀지 않는 거리에 있다. 그리고 이 여항에서 紹興·會稽·餘姚는 조랑말 馬車로 모두 하룻길의 거리들이다. 일찍이 王陽明·黃宗羲·章學誠 등을 낳은 고장들이기도 하다.

兵馬가 倥傯했다면 과장이고, 공부에 전념했다면 그것도 거짓말이 될 것이다. 상해 생활 半個年에 위당과 章炳麟, 그리고 會稽山의 풍광이 어느 정도로 서로 교차될 수 있었던지 이에 관해서 남겨진 기록은 아직 없다. 다만 需昌洞시절의 위당의 居室을 아는 이라면 누구나 黃宗羲·章學誠, 그리고 章炳麟의 문집들이 언제나 가지런하게 선생의 머리맡에 정리되어 있었음을 기억할 것이다. 浙東學派 一色으로 불러서 좋은 이들의 학문에 대한 선생의 向念이 다른 어느 경우에서보다도 두터웠던 것을 나는 기억한다. 梁啓超의 화사한 新文體가 옥석을 가릴 겨를도 없이 당시 독서계를 홍수처럼 휩쓸고 있었을 때 위와 같은 사실들은 주목해서 좋다. 문장은 歸有光이었다.

기이하다면 위당의 葉德輝에 관한 이야기가 심히 구체적이었다는 사실이다. 葉씨에 관한 한, 호암선생 역시 마찬가지다. 葉씨의 본거지 湖南省 長沙는 辛亥革命 당시 武昌 다음으로 소란했다는 곳이다. 양자강을 溯航해서 한 달의 거리에 있을 長沙로 위당이 葉씨를 탐방했으리라고는 생각되지 않는다. 필시 생명의 위협으로부터 單身 상해로 피난왔을 즈음의 葉德輝와의 僑居에서의 相面이 아니었던가. 나는 그렇게 생각하고 있다. 위당의 상해 생활에서의 가장 많은 부분이 홍명희·문일평·신채호·김규식·박은식 그리고 睨觀 신규식 諸氏로 더불어 채워졌을 것도 상상키 어려운 일은 아니다. 同濟社는 그러한 움직임이 낳은 성과의 하나이다.

5.

9월에 初娶부인을 여의고, 같은 해 11월 초8일 위당은 現 趙氏夫人을 맞이한다. 오늘날과는 엄청나게 다른, 당시 사대부 집안의 결혼관을 우리는 이해해야 한다. 生養家 두 분 어머님 모두, 서씨부인은 갓 예순이고, 이씨부인은 예순여덟의 고령이었다.

이상하게도 위당의 年譜는 이로부터 5, 6년간 空白의 상태로 남겨진다. 1918년 귀국설이 나돌게 된 바탕엔 이러한 데에 원인이 있었을지 모른다.

그러나 그것은 불가능한 일이다. 세 가지 이유에서다.

해방되던 해 작품으로 여겨지는 위당의 시조「十二哀」가운데, 예관 신규식을 그리며 읊기를 黃浦江 埠頭에서 작별한 것이 "어제런데 삼십삼년"이 지났다는 것이다. 해방의 해에서 33년을 소급할 때 1913년 되어 나온다. 위당은 그로부터 다시는 예관을 만나지 못했다. 이것이 그 첫째 이유다. 다음으로 위당은 그「文湖巖墓記」에서 6, 7년의 간격을 두고 둘이 서로 뿔뿔이 상해로부터 귀국했다는 것이 문제가 된다. 호암이 서울서 극적으로 자태를 나타내기는 1919년 3 · 1 선언의 날이었다. 인경전 섬돌 위에 올라서서 호암 손수 지은 또 하나의 宣言文을 높이 쳐들고 日帝를 향해서 선전포고를 터뜨렸다. 1년 남짓한 감옥살이가 뒤따를 것을 각오한 계획이었음은 물론이다. 남달리 키가 크고 훤칠하신 몸집의 선생이 어떻게 잠행했기에 이 결정적인 순간을 연출할 수 있었던지 나는 가끔 그것을 생각해본다. 3 · 1 선언에서 6년을 소급하면 역시 1913년이 된다. 대신여관에서 한 번 헤어진 뒤, 다시는 상해로 되돌아간 적도 없고, 두 분 선생이 서로 손을 잡을 기회도 없었다는 것이 여기서 증명코자 하는 그 둘째 이유다.

「文湖巖墓記」에서 위당은 스스로의 생활을 '家居'로 집약해 있다. 서강 본가에서 그 해 겨울을 내고, 이듬해 여름, 그러니까 1914년 5월에 충청도 鎭川으로 낙향했다. 소년 시절을 거기서 보낸 일이 있는 琴閑里 옛 집으로 다시 돌아간 것이다. 生養家 두 분 어머님, 선친 淵齋公(誾朝), 돌 전의 젖먹이, 그리고 新婚의 조씨 부인이 이때 위당에게 딸린 가족의 전부였다. 진천에서 3년째 되던 해에 조씨 부인의 初産이 있었다. 기르지 못하고 구겼다. 그리고 또 2년 뒤에 生어머님 서씨 부인의 喪事가 났다. 이듬해 1919년, 육중한 喪服의 행렬은 진천을 떠나 天安이 가까운 木川邑 東里로 옮긴다. 그리고 또 거기서 5년째 되던 해 養어머님 이씨 부인의 喪事가 났다. 스물 하나에 寡居해서 그 해 일흔 여덟으로 돌아가신 것이다. 졸곡을 지나기가 바쁘게 또 한 번 상복의 행렬은 그 해 가을로 木川을 떠서 서울로 이동한다. 1923년 8월, 위당의 나이 설흔한 살 때다. 조씨 부인에겐 새로이 두 아이가 딸려 있었다.

6.

동대문에서 시작한 성벽의 한쪽 날개가 안고 있는 언덕배기가 양삿골(養士洞)이다. 木川서 시작한 상복의 행렬이 여기서 멈춘 곳은 사글세로 든 집이다. 몇 집 건너로 六堂 崔南善의 집이 있었다고 한다. 양삿골로 일가가 이동해오기 1년 6개월 전인 1922년 봄, 새 학년을 기해서 위당은 延禧專門의 교단에 서기 시작한다. 이때를 전후해서 協成學校와 佛敎中央學林에도 관계하게 되지만, 어떻게 해서 위당과 洋人學校가 서로 계약을 맺게 되었던지 나는 그 자세한 경위를 알지 못한다. 다만 그것이 우연한 기회에 우연한 인사들끼리의 酬酌이 아니었음을 나는 단언해서 좋을 것 같다. 위당의 존재는 이미 이 방면에 定評을 얻고 있었기 때문이다. 이보다 10년 전, 위당의 나이 아직 스물한 살 때, 안동현에서 우연히 만난 춘원으로부터 대뜸 '이름난 한학자'로 불리워 있음을 독자는 기억할 것이다. 위당에게 씌워진 초기의 명성이 호사했던 門閥과 才質에서 온 것인 것처럼 생각하는 것은 큰 잘못이다. 행용 그러하듯이 넘치는 찬사와 부질없는 형용구로 위당의 문벌의 화사함을 마치 漢南洞 호화저택을 자랑하듯 세어나가는 것처럼 들어서 역겨운 일은 없다. 진정 위당을 알고서 하는 말들은 아닐 것이기 때문이다.

미상불 위당은 經山公 鄭元容 대감의 4代孫이다. 五朝를 歷事하고 立朝 72년에 30년을 相府에 몸을 담고 있었다면 이씨 왕조사에서도 불가능한 일에 속한다. 그 불가능한 일을 실지로 해낸 인물이 바로 위당의 증조부 경산공이었다. 그를 가리켜 동방의 胡廣이라 부른 이는 求禮 黃玹이었다. 明初 永樂皇帝의 위광을 빌어 『五經大全』을 편찬했으며, 그가 생전에 누린 관록도 어마어마한 것이었겠지만, 그 胡廣을 史上 최대의 협잡군으로 떨어뜨린 것이 淸初 顧炎武의 고증이오, 역시 淸末의 公羊學者 皮錫瑞의 말인즉, 무릇 "經學之廢 實自此始"했다는 것이었다. 蘭谷 李建芳은 또 그를 가리켜 "복록이 郭汾陽과 같았다"고 하지만 "五代 馮道와 같았다"가 어지간히 붓방아를 찧은 나머지였을 것이다. 경산공의 큰아들 基世와 장손 範朝도 모두 대감 벼슬에 올랐다. 위당의 조부 基年은 경산공의 둘째 아들이자 까치판서로 이름 놓은 기세의 즉차 아우다. 응당 貫子놀이가 金빛으로 번적거릴 신분에 있었건만, 주위의 그러한 움직임을 순탄하게 받아들일 생리의 소유자는 아니었던상 싶다. 暴發卽前의 분노가 언제나 基年公으로 하여금 술에 大醉하여 필요한 장면에 등장시키고 있다. 獵官하는 무리들이 두 손을 모두고 까치판서 사랑채에 줄지어 서서 차례를 기다리고 있을 때였다. 이러한 마당에 휘청거리는 걸음으로 아우가 나타났다면 형 되는 이로서 무던히 거북했을 것이다. "또 술을 과하게 마셨군 그래. 아우에게 그게 큰 병이거든". "술이 과한 것이 병이라 나무라시지만, 술기운만 가시면 병이 아니고 맙니다. 그런데 형님은 사시장천 권세에 취한 채 깨어날 줄이 없으니 그게 큰 병이 아니고 무엇이오니까". 蘭谷이 지은 「鄭公(基年)墓誌銘」에 보이는 토막의 하나다. 寧齋 李建昌이 지은 「鄭睡菴先生事略」에 또 다음과 같은 대목이 나온다. "基年이 언제나 醉中에 뇌이기를 우리 會洞 鄭氏家門에서 인물을 꼽는다면 오직 公州 아저씨 한 분뿐"이라는 것이었다 여기서 공주 아저씨란 生家로 쳐서 堂叔, 養家로 쳐서 칠촌 뻘인 睡菴 鄭允容을 가리킨다. 공주란 칭호는 그곳 판관을 지낸 연고에서 오는 것이므로 회동 아홉집의 상식에서 볼 때 까마득하게 낮은 지체다. 乃父 경산공이 퍼렇게 살아 있는데 발설할 언사는 아니었을 것이다. 鄭允容은 희한한 저술을 많이 남겼다. 『睡菴集』·『思問編』·『字類注釋』·『深衣考證』·『北路紀略』 등. 이들 稿本이 위당 손수 고이 保藏코 있었음은 결코 우연한 일이 아니다.

基年公에게 세 아들이 있었다. 默朝와 信朝와 誾朝다. 나이 50에 기년공이 下世하자, 바로 그 이듬해 丙寅年(1866) 8월에 默朝와 信朝가 한꺼번에 죽어간 참변이 있었다. 초4일과 초6일의 사흘 사이에 일어난 참변이었다는 것인즉, 혹 유행병 때문이 아니던가, 의심할 수도 있으나, 내가 알아본 바로는 丹毒 때문이던 것이 거의 확실하다. 丹毒이라면 이미 유행성이 아니고, 이웃 大小家에서 황망하게 달려와 주었어야 한다. 뒷날 생전의 일들을 들어서 안 것이겠지만, 위당은 그것을 "한 집에 几筵(祭祀床)이 셋이니, 큰 집 작은 집 사이에도 사위스럽다고 통하기를 꺼리었었다"(慈母思)

고 술회하고 있다. 一家가 潰滅하는 위기에 놓였을 때, 다른 어느 때보다도 아쉬운 것이 大小家의 도움이었을 것이다. 기년공 일가가 一門에서 어떠한 위치에 놓여 있었던가 미루어 앎직 한 이야기다. 기년공의 유일한 혈육이자, 위당의 生父가 될 誾朝公은 이때 나이 겨우 열한 살이었다. 이 열한 살짜리가 成家해서 서른여덟에 위당을 낳는다. 27년을 앞으로 더 기다려야 한다. 그리고 또 10년이 지나 은조공 일가는 드디어 어린 위당을 더불고 영영 회동 정씨 마을을 떠나 楊根과 鎭川으로 아득한 낙향의 길을 나서야 하게 된다.

나는 여기서 생각하거니와, 일찍이 그 조부 基年公의 反骨이 아니었던들, 앞으로 닥칠 모진 불행이 마치 千年知己처럼 그렇게 야단스럽게 일가를 엄습해오지는 않았을 것이다. 강화학파와의 숙명적이 결합도 의심스러워진다. 더욱이 위당과 蘭谷과의 師資關係는 상상도 하기 어려운 이야기가 된다. 그뿐이랴, 위당은 나면서부터 경산대감의 증손이오, 2代 獨子에 兩家奉祀를 할 도련님이시다. 加上해서 남달리 깔끔했던 그 성깔이고 보면, 十中八九 장안의 불량소년으로 떨어지는 길밖에 없다. 아니면, 이것은 더욱 나쁜 경우가 되겠지만, 총독부 편수회나 중추원 경학원에서 어떤 벼슬 하나쯤 얻는 것이 고작이었을 것이다.

7.

生養家 두 분 어머님은 앞에서도 몇 번인가 화두에 올렸지만, 독립한 두 집을 전제한 것이 아니다. 譜學上의 명분이었을 뿐, 언제나 한 집 안에서의 안방과 건넌방 사이에 불과하다. 생부 은조공이 열 한살 때 두 분 형님을 한꺼번에 여인 경위도 앞에서 이미 말해둔 바다. 고아면서 고아가 되지 않았던 데엔, 이때 스물 하나로 寡居한 큰 형수 月城 李氏 부인의 너그러운 덕이 주위를 감싸주었기 때문이다. 부인은 李始榮의 四從누이가 되는 분이기도 하다. 둘째 형수 草坪 李氏 부인은 이때 나이 겨우 열넷에 寡嫂가 되었다는 것. 지난해 혼례만을 치루고, 아직 신행 전이었지만, 평생을

처녀로 늙어야 할 분이었다. 뒷날 은조공이 성가한 뒤로도 당분간은 세 동서가 한 집에 기거했다고 보아야 한다.

위당의 생모 서씨 부인은 나이 사십에 위당을 낳았다. 강보에 쌓인 젖먹이는 건너방 산모의 자리에서 유모에게 안겨 안방 큰동서가 펴놓은 자리로 옮겨갔다. 조부의 長嗣이자 故人인 묵조공의 뒤를 있게 하기 위한 때문이었다. 서씨 부인으로서는 무서운 시련이었을 것이다. 情에 끌려서는 아니 된다.

언제나 무서운 어머니가 되어야 한다. 뒷날 위당은 술회하기를 "내 생어머니는 높고, (양)어머니는 크다" 하였다. 또 이 생어머니를 "얼음보다는 맑은 어른이다" 하였다. "저 明末 顧亭林의 母夫人에게 지지 아니할 고절을 가졌다"고도 하였다. 생어머니를 모시고 압록강을 건너면서 뇌인 말이다. 顧亭林의 母夫人 王氏는 만주군에게 항복하기를 마다하고 15일간 단식 끝에 자결한 분이다. 위당은 평생 비단옷을 몸에 걸친 일이 없다. 그렇게 숱하던 은수저 한 벌 장만한 적도 없다. 놋수저 아니면 백동수저로 시종 했다. 서씨 부인의 훈계가 그러했기 때문이다.

서씨 부인은 達城 徐氏出이다. 完州監營에서 爪滿하여 서울로 轉勤하던 그 날로부터 밥지을 나무가 없었다던 일화를 남긴 분이 바로 부인의 조부 徐憲淳이다. 부군 은조공이 東萊와 成川府使로 나가 있을 무렵, 부인은 서울서 官帶깃과 胸當 · 後綬에 수놓기 삯바느질로 살림을 도왔다. 부인에겐 또 그 친정에 徐丙祐 · 丙壽 두 분 오라버니가 있다. 위당에겐 그러므로 큰 외숙이 될 丙祐는 嘉善大夫 위계에, 작은 외숙 丙壽는 郡守로 오랜 외직생활을 보내는 등, 벼슬이 반드시 군색스런 것이 아니었건만, 조부의 내림이었던지 餓死지경에서 일생을 마친 분들이었다. 특히 작은 외숙에겐 워낙 소원이 없었던 탓도 있었겠지만, 어린 조카를 끔직이 아꼈다. 위당의 성격형성에 중요한 부분을 담당한 분이다. 1903년, 위당이 겨우 열 한살 나이에 일가를 따라 회동집을 버리고 楊根으로 첫 낙향길을 떠날 때, 서씨 부인이 탄 가마채를 부여잡고 동대문에서 더 보내지 않겠다고 볼품 없이 울음을 터뜨린 이가 바로 작은 외숙이었다. 그로부터 4년 뒤에 이 작은 외숙이 죽고, 양아들 廷左가 또 그 4년 뒤에 죽는다. 과부 며누리 李氏는 친정 아버지 李石榮을 따라 서간도로 건너갔다. 거기서 遺腹子(基錫)를 낳을 결심이었다. 壬子年 겨울, 위당을 앞세우고 서씨 부인이 압록강을 건넌 데엔, 그러한 처지의 질부를 저대로 두어서는 아니 되겠다는, 姑母로서의 어떤 의무감을 느낀 때문도 있었을 것이다.

8.

열한 살에 양근으로 낙향한 위당 일가가 진천으로 옮긴 것은 위당이 열다섯 살 때일. 이보다 두 해 전인 열세 살(1909) 때, 위당은 서울 成氏宅으로 장가들지만, 성씨 부인과 신행을 차린 것은 진천에서 열여섯 살 때 일이다. 이듬해 열일곱에서야 위당은 서울 와서 斷髮한다. 그리고 또 그 이듬해, 그러니까 1910년 10월, 西江에서 처음으로 부부만의 거처를 마련한다. 그리고 蘭谷의 제자가 된다.

9.

옛날 魯나라 어떤 聖者는 나이 30에 而立했다는 것이지만, 위당의 경우, 정히 그것은 열 여덟에 而立이었다. 하나의 가치의 결정을 그것이 뜻하는 것이었기 때문이다.

하나의 가치의 결정이 설명되자면, 거기에 따를 긴 역사가 필요해진다. 긴 역사란 다름 아닌 강화학의 그것을 가리킨다. 일찍이 霞谷 鄭齊斗가 번화한 서울의 정계를 등지고 강화도 墓幕이 있는 草堂으로 자기 자신을 모질게 격리시킨 것은 1709년, 하곡의 나이 예순 하나였을 때다. 그로부터 100여 년의 年輪을 거듭하면서 한 번 여기에 심겨진 나무는 자라서 亭子가 되고, 그때그때 진천과 광주 등지로 제2, 제3의 콜로니를 전개시킨다. 나는 그것을 온통 江華學이란 이름으로 부르고 있지만, 이때 난곡과 위당과의 사이의 어떤 결정이 1910년 가을에 있었다는 데에 중요한 의미가 있다. 나라를 잃고 두 달 뒤의 일이었다.

蘭谷 李建芳이 강화도에서 서울 花洞으로 거처를 옮기 것은 1908년의 일. 求禮 黃玹이 천리길을 걸어서 화동으로 난곡을 찾은 것은 1909년의 일. 황현은 그 이듬해 스스로 목숨을 끊고 말지만, 죽기 전에 한 번 강화도로 이건창의 무덤 앞에 업디어 섧게 울고 가야겠다는 것이 그의 마지막 소원이었다. 李建昇·鄭元夏·洪承憲이 만주로 건너간 것은 黃玹의 자결과 때를 같이한 1910년 9월 전후의 일. 서울에 홀로 살아남은 난곡은 얼마나 많은 날을 북쪽 하늘을 바라보며 함께 죽어가지 못한 자신을 한숨지었던가. "내 생애에 남길 일이란 오직 그대 하나 때문일 뿐"(一生惟汝在)이라고 위당에게 준 「書寄鄭景施」에서 난곡은 탄식한다. 난곡은 그러니까 멀리 떠나간 분들의 분신에 불과하다. 한 번도 그 이상의 것을 바란 적이 없다.

그해 9월 24일 李建昇은 지팡이 하나, 가벼운 몸차림으로 강화 沙谷 마을을 떠난다. 같은 마을 이웃집 사이에도 알리지 않기 위한 때문이다. 26일 昇天浦를 경유하여 開城에 닿고, 거기서 진천의 洪承憲과 서울의 從弟 이건방이 닿기를 기다린다. 일행이 합석한 다음날, 10월 초2일에 洪과 이건승은 북으로, 종제는 남으로 각분동서한다. 鄭元夏는 한 달 먼저 이미 懷仁縣 興道村에 가서 일행이 오기를 기다리고 이었다. 북을 향한 洪과 李는 新義州에서 강물이 얼기를 기다려 夜陰을 타고 국경을 탈출한다. 12월 초1일이었다. 정원하는 하곡의 7代 宗孫이며, 홍승헌은 耳溪 洪良浩의 6代 長孫이다. 모두 元任參判의 지체들이었다.

柳花縣 三源堡를 지향한 李石榮·會榮·始榮 등, 이른바 '일곱 가족'이 渡江作業을 시작한 것은 이보다 또 10여 일 뒤의 일이다. 이회영의 미망인 韓山 李氏 부인이 남긴 한 뭉치 手記를 나는 「西間島始終記」로 부르고 있지만, 여기서 일행이 夜陰을 타고 위험한 渡江作業을 시작한 것이 같은 해 12월 13일. 그리고 거창한 작업이 완수되기는 12월 27일로 되어 있다. 始終記 일행 중 "둘쫘(재)댁 출가한 녀식구"는 다름 아닌 서씨 부인의 질

부이자 이석영의 과수가 된 따님을 가리킨다. 유복자를 임신 중에 있었음도 앞에서 말한 바와 같다.

10.

개성서 5·6일을 묵으며 홍승헌과 종제가 닿기를 기다리는 동안, 이건승의 심중을 크게 동요시킨 사건이 일어났다. 黃宗羲의 『明夷待訪錄』을 처음으로 얻어 읽은 것이다. 丈夫의 心事를 송두리채 흔들어 놓기에 충분한 내용의 것이었다. 이건승은 여기서 고민한다. 그렇게 아름다울 수 없는 고민의 원인이 혹 강화도 사골에 고아처럼 버리고 온 啓明義塾의 장래에 관한 것일 수도 있다. 그날 밤, 개성의 客窓에서 이건승과 이건방 종형제 사이에 어떠한 내용의 이야기가 오고 갔던 지도 알 길이 없다. 위당을 제자로 삼은 것은 이때 난곡이 서울로 돌아온 직후의 일이었다.

난곡의 門에 入弟子하기가 바쁘게 위당은 그 해 겨울이 나기를 기다려 이듬해 1911년에 압록강을 건넌다. 해방 후의 집필인 「僦屋長興坊感賦」에 "十一辭舊巷 十三爲乙巳 十九北渡鴨 已失先君履"가 이때 渡江을 입증해 주는 기록의 전부다. 그리고 또 그 다음해, 1912년 겨울에도 이번엔 생어머니 서씨 부인을 모시고 도강한다. 총총하게 바쁜 걸음의 도강이 두 번 다 홍도촌과 삼원보, 합니하를 지향한 것이었음을 짐작키 어렵지는 않지만, 어떤 내용의 용건이었던지 아무런 증거도 이에 관련해서 남겨진 것이 없다. 남기지 않기 위해서 세심한 주의로 더불어 말살한 결과라고 보는 것이 옳을 것이다. 先代로부터 위당에겐 富平땅에 4·5백 석 거리 田畓이 있었다. 그 대부분이 이러는 동안에 돈으로 바뀌어 서간도로 보내졌다는 이야기를 들었다. 그러나 역시 증거를 남긴 것이 없다. 상해서 돌아온 뒤로 10년 가까운 낙향생활을 보내는 동안, "어디어디서 곡수 들어온 것이 여덟섬, 아니 열댓섬" 정도이었음을 조씨 부인으로부터 캐내어 들은 적이 있으나, 이러한 숫자를 어떻게 다루어서 좋을지도 문제다. 요컨대 그것이 극심한 窮乏과 싸워야 할 상태였던 것만은 확실한 것 같다. 목천서 양샂골로 이사

오고, 다음에 홍파동 · 미근동 · 효자동 · 숭이동 등등으로 이사가 빈번했지만, 모두 사글세 아니면 전세로 든 집이었다. 숭이동 다음으로 이사온 內需洞 집은 위당 일가가 처음으로 소유한 내 집이었다. 그러나 그것은 처음이자 마지막이 될 내 집이었다. 총독 정치가 막바지에 다다르면서 위당 일가는 또 서울 집을 쫓기고 말기 때문이다.

11.

옛날 어떤 孝子는 섧으면 퉁소를 부는데 퉁소 속에 피가 하나이더란다. 퉁소 아닌 붓대를 들고 두 분 어머님을 부른 것이 위당의 慈母思 40首 시조다. 丙寅年(1926) 가을, 위당이 서른네 살 때 작품이다. 행용 생각하기를 위당의 효심이 지극해서 이 작품의 존재 이유가 오로지 거기에 있는 것처럼 처리해 버린다. 나는 그렇게 생각하지 않는다.

慈母思 주제의 한 분이 될 생어머니 서씨 부인의 下世는 이 해 병인년에서 8년 전의 일이었다. 그리고 양어머니 이씨 부인의 초상은 3년반 전의 일. 1년 7개월 전에 喪服을 벗은 처지다. 8년 전에 시작해서 갓초갓초 두 분 어머님께 대한 도리를 다한 지도 해를 넘긴 이제와서 불연듯이 그것이 作者의 想念을 전폭적으로 지배하는 슬픔으로 재등장하게 된 것이라면 반드시 그 중간에 어떤 곡절이 있어야 한다.

이건승 등, 만주로 망명갔던 분들이 이때가 되자 하나하나 시체가 되어 돌아온 것이다.

처음에 회인현 홍도촌에 자리잡았던 일행 세 사람 중, 먼저 시체가 되어 돌아온 이는 홍승헌이다. 1914년 8월 16일 예순하나로 안동현 元寶山에서 죽었다. 시체는 난곡의 손으로 운반되어 고향 땅 진천에 묻혔다. 다음으로 시체가 되어 돌아온 이는 安孝濟다. 안효제가 어떻게 해서 日警이 지켜보는 감시망을 뚫고 宜寧을 빠져 나와, 만주 홍도촌 일행과 生死를 같이 하기에 이르렀던지 그 경로에 모를 점이 많다. 훨씬 뒷날에 편찬된 『守坡集』을 보면 이때 守坡 안효제가 경의선 열차를 이용한 것처럼 서술되어 있으나, 그의 잠적이 알려지자 벌집을 쑤신 것 같은 日警 수사망이 여기서 더욱 삼엄했을 신의주 국경선으로 탈출이 가능했으리라고는 생각되지 않는다. 홍도촌 당사자들의 기억에 따르면 그가 처음으로 中江鎭 저쪽 臨江縣에 나타났을 때, "도보로 수천 리 氷雪 위를 걸었다"는 것이고, 두 다리는 사뭇 썩은 무우가 되어 있었다. 안동현에서 홍도촌까지라면 5백 리를 넘지 못한다. '수천리' 길을 얼음과 눈 속에서 걸어 왔다면 정히 그것은 60을 넘은 老年의 몸이었기에 이리와 승냥이만이 다닐 수 있는 깊은 산골을 딩굴고 엎으러지고 다시 일어나려고 허우적거리는 운동의 단조로운 반복이었을 것이다. 그로부터 5년을 홍도촌과 안동현에서 보내고 예순일곱의 고령으로 이건승이 지켜보는 가운데 1916년 12월 16일, 안동현 接梨村에서 죽었다. 3년이 지나서야 시체로나마 고국 땅에 돌아와 宜寧에 묻혔다. 이건승 역시 예순일곱이 되던 해, 1924년 2월 18일, 그렇도록 기다리던 죽음을 안동현 接梨村에서 맞이한다. 역시 난곡의 손으로 운반된 시체는 강화도로 조부 李是遠 옆에 묻혔다. 정원하는 또 한 해를 더 기다려야 했다. 1925년 7월 초4일 일흔두 살로 潘陽 북쪽 鐵嶺에서 죽었다. 天安 땅에 묻혔다. 시체가 되어서만 돌아오겠다던 맹세는 당초에 그들이 출국하면서 기약했던 바였지만, 긴 葬送의 행렬은 이렇게 해서 여기서 슬프게 닫혀진 것이다. 육중한 棺이 정거장 세면 바닥에 내려질 때, 棺자신이 가진 무게로 해서 콰당콰당 울리는 소리가 오래 위당의 머리에서 떠나지 않았을 것이다.

이건승과 위당과는 같은 강화학파 안에서도 특별한 관계에 있다. 위당의 작은 외숙 徐丙壽는 이건승과도 격별한 교우관계를 맺고 있었고, 그것이 이건승으로 하여금 어린 위당에게 관심을 갖는 계기가 되어 주었을 것이다. 어린 위당에 대한 이건승의 관심과 기대가 점차로 높아감에 따라 난곡의 이에 대한 관심도 조심스럽게 종형의 뒤를 따랐을 것이다. 언제나 남의 앞장에 서서 흥분하기 마련인 이건승(이 점 이건창도 그러했다)과, 언제나 뒤에 서서 조용히 지키기를 좋아하는 이건방과는 종형제 간이면서 성격상의 대조를 이루고 있었지만, 그들의 영향 아래 놓인 위당으로서 볼 때, 하나의 具體가 갖는 빛과 그늘의 양면에 불과한 것이었을 것이다. 慈母思보다 반년 전인 丙寅年 2월에 위당이 읽은「祭耕齋李丈文」을 보면, "惟公與我 胸懷獨契 我實師公 公實我愛"란 구절이 나온다. 耕齋 이건승 역시 그가 망명 중에 남긴『海耕堂收草』를 볼 때, 종제 다음으로 많은 양의 작품이 위당을 위해서 씌어져 있다.

黃宗羲가『明夷待訪錄』을 지은 것은 康熙 元年(1662), 明나라 최후의 왕손 桂王이 雲南에 쫓기어 거기서 학살되었다는 사실을 알게 된 연후의 일이었다. 위당 역시 만주로부터 줄을 이은 긴 장송의 행렬이 그쳤을 때 慈母思 40수를 짓고 있다. 장송에 대한 통곡은 어머니를 부르는 길밖에 다른 도리가 없었을 것이다.

12.

난곡과 위당이 자리를 같이 했을 경우, 거기에 동석할 기회를 가졌던 사람이란 지금 우리의 주위에 그렇게 흔하지 않다. 1929년경, 舊正 설날 長橋洞으로 난곡을 세배갔던 길에, 그리고 그 다음해에도 계속해서 곧잘 위당을 거기서 보았다는 분이 있다. 성균관대학교 朴峻緖 교수는 지난 날의 기억을 다음과 같이 들려주었다. 방장을 친 방안은 어둡고, 구둘은 얼음 같이 찬데, 두 분 선생과 제자는 깎아 놓은 돌부처처럼 마주 앉아 말이 없었다. 손등을 덮고도 한 치는 남을 두툼한 두루마기 소매를 한참만큼씩 들어올려 코밑으로 가져가는 난곡, 난곡은 이때 중학생의 再堂姑母 시아버지가 된다.

비가 억수같이 퍼붓던 날, 서대문 네거리에서 전차를 타려는데, 어떤 허수룩한 차림의 노인을 보자 위당은 황망하게 달려가 그 앞에 무릎을 끓고 절을 올리더라는 이야기가 있었다. 위당과 동행이 되어 金華山 고개를 넘어 온 어떤 梨花專門 분이 그 이야기를 퍼뜨린 장본인이고, 노인이란 바로 난곡이었다는 것이지만, 설마하면 비오는 날 땅바닥에 업드릴 수 있을까, 곧이 듣기 어려운 상황 설정임을 탓했었다. 사실이 아니더라도 아름다운 이야기가 될 수 있다고들 생각했다. 뒷날 나는 또 하나의 이에 관련된 이야기를 들은 적이 있다. 비가 억수같이 퍼붓는 땅바닥은 아니었지만, 서울 기차 정거장 플라트폼에서 난곡을 보자 위당이 그 앞에 무릎을 끓고 절을 올리는 광경을 보았다는 것이다. 權五惇翁의 이야기다. 난곡은 1939년에 79세 고령으로 茶洞에서 운명했다. 위당이 열여덟에 입문하여 30년에 이른 師事였다.

13.

끝으로 위당의 學的 생애에서 특히 이즘에 자주 논의되고 있는 이른바 실학사상과 관련하여 이 강연을 마무리해 보겠다.

도대체 우리나라 근세학술에서 실학이란 낱말은 그렇게 자주 쓰이던 용어가 아니다. 손쉽게 쓰일 성질의 것도 아니었다. 왜냐하면 그것은 애오라지 虛飾과 假裝을 배격하고, 스스로 성실하고 참(진실)되기를 희구하는, 학문하는 사람으로서의 몸가짐을 가리키는 데서 시작된 말이었기 때문이다. 강화학에 관련된 과거의 기록에서 실학이란 낱말이 쓰인 경우를 생각해 볼 때, 모두 우연한 것이기는 하지만, 지금 내 기억으로 다음의 서너 가지 사례를 들 수 있을 것 같다. 먼저 李匡師의 「書贈稚婦繭紙」에서 하나, 다음으로 이건창의 「南遷記」와 「征邁夏課錄序」에서 둘, 그리고 끝으로 이건방의 「原論」에서 하나다.

먼저 이광사의 경우 실학은 정하곡의 양명학을 가리키고 있다. "餘慕霞谷鄭先生德儀積歲年 而居稍左 辛亥春 始入江都 拜先生牀下 聞實學之要"로 시작되는 실학이 바로 그것이다. 같은 글에서 圓嶠는 "蓋 先生之學專於內實" 云云이라 하여, 실학의 내용을 더욱 분명하게 규정하고 있다. 원교 이광사는 서른두 살 때, 하곡의 뒤를 따라 숫재 서울 盤石坊(지금 만리동)의 故家를 비우고, 강화도 霞逸里를 향해서 일가가 이삿길에 올랐다. 강화도 갑고지 나루터에 이르자, 저쪽에서 건너오는 나룻배가 소식을 전해오기를 하곡이 방금 88세 고령으로 운명했다는 것이었다. 1737년 8월 11일의 일이다. 肯翊을 이 해에 낳고, 令翊은 2년 후에 낳게 되지만, 「書贈稚婦繭紙」는 令翊의 신부를 맞이하면서 이광사가 함경도 富寧으로 귀양갔던 길에 써보낸 글이다. 稚婦란 그의 둘째 며느리이자, 하곡의 막내 손녀이기도 했다.

다음으로 이건창의 경우, 「南遷記」에 실린 「贈邦瑞·南一·美中」과 『明美堂集』 卷9의 「征邁夏課錄序」에 보인 실학의 용례다. 두 가지가 모두 젊은이들을 敎誨하는 글이되, "浮華를 일삼고 실학을 輕히 하는 따위는 내가 가장 배척하는 바라(而尙浮華·輕實學 則余之大戾也)"든가, "유학에 性理와 文章 두 가지 길이 있으되, 성리학만이 실학"일 수 있음을 강조하는 등, 그것이 반드시 양명학에 국한될 것이 아니었음이 주목된다.

끝으로 이건방의 경우, 그 「原論」에서 時際 유행하는 新學이 서방의 모방으로 그치는 폐단을 지적하고 모름지기 "實心實學"이어야 한다고 주장한다. 위당은 그러나, 그의 「蘭谷先生墓表」에 이르기를, 난곡이 어려서 『水滸傳』을 탐독하고 다음에 정명도와 왕양명의 세계에 몰입했다는 것이고, 그는 또한 婁騷(룻소)·孟德斯鳩(몽떼스큐)·康德(칸트)·達爾文(다윈) 등, 중국 譯書를 통한 것이기는 했을 망정, 서방 사상의 부지런한 섭취자이었다고 한다. 위당의 墓表에 쓰인 新學과 난곡 자신이 말한 新學과는 그 뜻하는 바가 상반되므로 정녕 위당은 여기서 용어의 선택을 잘못했던 것 같다.

강화학이 반드시 양명학의 墨守者로서 一色을 이뤄야 할 이유는 없다. 미상불 강화학의 성장이 정하곡의 양명학에서 발단을 이룬 것이긴 하지만, 하나의 律法의 외형적인 묵수가 어떠한 새로운 생명도 거기서 약속되지는 않는다. 信齋와 椒園, 곧 李令翊과 그 종제 忠翊은 평생을 두고 『尙書』의 今古文을 문제로 삼고 서로 논전을 교환했다. 신재가 끝내 『今文尙書』를 취한 이상, 그는 이미 양명학의 계승이라기보다 주자학에 상당히 傾斜지고 있었던 좋은 증거다. 이건창과 정원하·홍승헌은 모두 강화학의 마지막을 장식한 분들이었지만, 甲午政局을 바라보는 각자 의견이 서로 달랐다. 하나는 "不可出世論"이고, 다른 하나는 "無不可出世論"이었다. 개성의 客窓

에서 이건승이 처음으로 『明夷待訪錄』을 접하자, 장부의 평생 소신이 하루아침에 무너지는 것 같은 회의와 번민에 사로잡히면서 비로소 종제 이건방과 자기와의 사이의 견해의 차이가 어디서 오는 것이었던가를 알게 된다. 난곡은 黃宗羲를 읽기 훨씬 이전에 이미 그의 『待訪錄』에 방불한 불씨를 품고 있었다. 내가 굳이 그것을 양명학으로 부르지 않고 강화학이라는 새로운 술어를 찾아야 했던 데엔 각자 이러한 전개에서 오는 변화를 적극적으로 평가하고 싶었기 때문이다.

비록 그 자신이 강화도로 거처를 옮겨가지는 않았지만, 恒齋 李匡臣이 남긴 求道者的 생애는 강화학에 있어서의 양명학과 주자학이 차지하는 위치를 설명해줄 뿐더러, 우리나라 실학의 본령에 대한 답변거리도 될 것이다. 이광사가 지은 「祭恒齋從兄文」을 다음에 소개한다.

> 噫嘻吾兄 其生絶悲 ……
> 以是自少 愛讀經書 及四子言 逌然興起 漸向中年 其志彌篤 謝絶科擧
> 不籍于師 深居硏究 義利毫釐 有時揜冊 閉眼深思 始慕晦菴 闡明格致
> 後見新建 良知之說 用心於內 當合行知 不比夫人 蔓延支離 初學昧要
> 易至外馳 兄契於心 求之數歲 尊崇信慕 終乃生疑 復將王朱 二書在几
> 一一參互 比較得失 始時黑白 芬然參差 如是累歲 血戰不已 終見晦翁
> 純然無疵 王之爲說 過高而捷 擔閣其書 專意考亭 塊處一室 以敬自持
> 端拱長跪

이 짧은 祭文에서 우리는 두 개의 주자학을 발견한다. 恒齋가 저항을 느낀 주자학이란, 과거를 보기 위한, 그리고 권력의 座로 다가가기 위한 수단으로서의 주자학이다. 뒷날 난곡의 비유를 빌리면, "오늘 한 사람을 죽이고, 내일 또 한 사람을 죽이되, 오로지 그 죽이는 도구라는 것이 주자학의 대의를 빌어 아침저녁으로 도끼 칼날만 닦고 있으면 될 그러한 의미의 주자학"이었다(『蘭谷存稿』, 「續原論」). 다음의 주자학은 恒齋가 "血戰不已" 해서 얻어낸 주자학이다. 구도자의 자세에서 얻어진, 그러니까 재발견된 주자학은 그 동기의 순수성을 추구하고 있는 점, 양명학과 서로 그렇게 다를 것이 없다. 다만, 그 이전의 이른바 假籍朱子學과 水火相克의 관계에 있음을 발견할 따름이다. 清末 皮錫瑞의『經學歷史』에서 王夫之와 顧炎武와 黃宗羲가 모두 주자학에 잠심해서 '而加以擴充'했다는 것이지만 아무도 黃宗羲를 가리켜 '外朱內王'으로 打算의 면을 계산해본 사람은 없었다. 하곡이 일찍이 서울의 정계로부터 그 자신을 강화도로 격리시켜 갔을 때, 그것은 마치 생리적인 알러지 현상을 연상케 하는 것이 있었다. 소돔이나 고모라만큼 그가 서울의 정계를 미워했던 데엔 그 이유가 오로지 假籍朱子學에 있었음은 두 말할 나위도 없다. 예순 하나에서 여든 여덟에 이르기까지 老霞谷이 거처하던 山所 아래 초당은 바로 수년 전까지 강화도 霞逸里에 유해를 남기고 있었다. 들판에 버려진 것 같은 낮은 지붕의 초가집 한 채. 내가 찾고 있는 마음의 별을 어느 하늘 아래서라는 굳은 결심의 소유자가 아니고서는, 한 때나마 그 속에 안식처가 발견될 것 같은, 그러한 구조의 초가집은 到底코 아니었다.

14.

모든 行爲에 대한 도덕적 가치판단의 기준은 오로지 그 동기의 성실성 여하에 있고, 그것이 결과할 功利性 여하에 관계하지 않는다. 王陽明이 陸元靜에게 준 글에서 아프게 공격해 있는 "근세 이른바 도덕이 모두 功名而已"라든가, "謀計之心·功利之習" 云云은 당대 주자학이 온통 假籍주자학으로 타락된 모습을 가리킨 것이었겠지만, 이 점 양명학도 그렇고, 주자학도 그렇고, 그 발단에 있어 엄숙한 동기주의였었다고 보아서 좋다. 실학의 본의는 실로 여기에 있었던 것이다. 그럼에도 불구하고 오늘날 우리나라에서 星湖나 茶山 등 근세학술에 나타난 어떤 특성을 가리켜 실학이라 이름하고 그것이 뜻하는 바 實利·實業의 공리주의론으로 내용을 바꿔가고 있음은 무슨 까닭인가.

일찍이 저쪽에서『권력에의 意志』의 저자는「모든 가치의 顚倒」라는 부제를 거기에 붙였었다. 기왕에 無上命題로서 군림했던 최고가치의 몰락—

神의 죽음까지 선언해야 했던 니이체의 배후엔 전세기로부터 시작된 산업혁명이 있었다. 오늘날 우리나라 실학의 개념내용의 전도엔 그러면 어떠한 역사적 배경이 있었던가.

15.

성호나 다산 등, 우리나라 근세학술에 나타난 어떤 특성을 가리켜 실학파로 처리하는 所以에 대해서도 異議가 있지만, '反朱子學派'란 용어의 사용도 當치 않는 이야기라고, 나는 생각하고 있다. 일찍이 그들의 어느 누구도 '反朱子學' 내지 '反性理學'을 표방한 적은 없었기 때문이다. "六經과 四書로 以之修己하고, 一表와 二書로 以之爲天下國家하니, 所以備本末也"는 다산 정약용이 그의 「自撰墓誌銘」에서 밝힌 유명한 구절이지만, 다산을 가리켜 '실학자'로 호명하는 所以가 될 『牧民心書』 등 一表二書가 결코 만에 하나라도 六經四書의 세계를 지양한다는 뜻은 아니었다. 六經四書로 修己하는 性理之學이 本이고, 一表二書는 그 末이다. 다산에 있어서 本末의 本은 어디까지가 六經四書로 내 자신을 닦는 데 있었다. 성인의 경지를 내 스스로 실현하는 데 있었다.

다산 自撰에 이백여 권 된다는 저술에서 『大學公議』 3권은 다산의 경학이, 程朱一色이 아니고, 양명학으로 상당한 경사를 보여준 좋은 증거가 될 것이다. 『大學』 首章에서 '新民'을 '親民'으로 복구시키려는 견해는, 요컨대 그러한 많은 예증 중의 하나다. '大學之道'는, 그러니까 학문의 길은, 밖으로 천하를 개조하는 데 목적이 있는 것이 아니고, 안으로 내 자신을 개조하는 데 목표를 두어야 한다. '新'과 '親'이 구별되는 소이도 여기에 있었다고 나는 생각하고 있다. 말하자면 Individual Revolution인 것이다. 대중을 동원하고 폭력을 수반해야 하는 Social Revolution이 아니었기 때문에 근세와 같은 격동기에 처해서 많은 모순과 오해를 낳게 한 원인이 되어주기도 한다.

쉰일곱에 18년간의 유배 생활로부터 放送되어 비로소 楊根의 향리로 돌아오는 것이었지만, 다산이 참으로 고독을 느낀 것은 오히려 鄕里로 돌아온 이때로부터가 아니었던가 생각된다. 그 고독을 메꿀 수 있는 길이 있었다면 廣州 社村에 사는 申綽 형제와 강화도 李勉伯과의 三角을 형성한 교유에서 얻어진 것이었을 것으로 나는 또한 생각하고 있다. 岱淵 李勉伯은 椒園의 아들이자 李是遠의 아버지가 된다. 이시원도 그러했고, 그 아들 李象學도 그러했다는 것이지만, 다산의 『목민심서』를 구구절절 외우고 다니면서 牧民에 임했었다. 난곡 이건방 역시 예외가 아니다. 그 제자를 향해서 "獨推 丁文度"(「蘭谷李先生墓表」)했다는 것인즉, 위당의 학문에서 다산이 차지하는 비중은, 또는 그 이전의 성호·반계까지도 난곡으로부터 師資相承한 것에 不外한다. 고독했던 다산의 최초의 발견자이자, 가장 가까운 사이의 이해자였고, 그리고 가장 알뜰한 전승자가 되어준 것이 다름 아닌 강화학파 계열 또는 그 영향 하에 이뤄진 것이었음을 열거하기에 그렇게 어려운 일은 아닐 것이다.

16.

만일 여기에 강화학의 계승자로서 위당 자신의 실학에 대한 의견을 증언대에 올릴 수 있다면 그렇게 고마울 도리가 없을 것이다. 그것이 있었다. 『陽明學演論』 第4章 「大學問拔本塞原論」에서 『中庸』 首章 "愼其獨也"를 설명하고, '외오서(獨)'의 곳은 일체 虛와 假가 부접하지 못하므로 이에서 '삼감(愼)'이 곧 "실학의 핵심이다"라고 밝힌 점이다. 위당은 여기서 『傳習錄』의 "이 외오하는 땅에서 힘쓸 줄 알지 못하고, 오직 남이 아는 곳에서만 用功할 것 같으면 이 곧 거짓을 지음이오, 이 곧 구차로이 앞가림만 함이라" 云云을 원용함으로써 愼獨 곧 宋學의 핵심의 소재를 더욱 철저코자 하고 있으나, 그것은 다만 철저코자 한 데에 의의가 있을 뿐, 程朱 등 다른 宋學의 종사자들에게 異義가 불러 일으켜질 성질의 것은 아니었다. 이 점 『中庸』의 愼獨을 표방하고, 良心을 속일 생각을 말고, 결과의 功利가 아니라 동기의 純과 誠 여하에 가치판단의 기준을 두려할 때, 당색과 학파의 소속 여하를 막론하고 실학의 범주에 넣어서 좋다. 실학의 핵심은 곧 실학의 출발점이 되기도 한다. 渼湖 金元行은 천하가 아는 老論이오 율곡·우암의 祖述者였지만, 스물네 살에 서울의 정계를 하직하고 昭陽江畔 楊州 시골에 구도자로서 일생을 마치면서, "學不至於聖人이면 非學也"(『渼湖集』 卷14)라는 말을 그는 남겼다. 앞에서 내가 다산의 학문을 소개하고, 그것을 가리켜 "성인의 경지를 내 몸으로 실현하는 데 있다"고 곁들인 데엔 金元行의 경우를 計上했기 때문이다. 黃胤錫·洪大容·沈定鎭·南紀濟 등등, 모두 渼湖에게서 受學한 알뜰한 제자들이었다.

17.

1899년 우리나라에 처음으로 商工學校가 개설되면서 그 校是를 밝히되, "상업과 공업에 관한 실학을 교육"하는 데 목적을 두었었다. 1901년 鑛務學校 역시 "실학을 校是로 표방"했었다는 사실들을 나는 고려대학교 刊『韓國實學思想史』를 읽고 비로소 알았지만, 이 점, 당시 官報 등 기록을 빠뜨림이 없이 검출한 저자의 수고에 나는 감사한다. 물론 여기서 실학은 광업과 상업과 공업을 가리킨다.

1900년 당시 중국의 이른바 혁신론자들이 편 "學"이란 종래의 그것과는 판이한 내용의 것이었다. 서방의 학교 교과과정을 그렇게 번역한 것이었기 때문이다. 일찍이 金弘集이 日本 사신갔던 길에 장래한 것으로 알려진 『易言』과도 같은 저자인 廣東 鄭觀應이 1892년에 自序를 붙여 간행한, 『盛世危言』의 「學校」條에 구라파 특히 德國의 학교제도를 소상하게 소개하면서 그 중·고등반을 技藝院과 實學院으로 나누고, 또 그 실학원을 상하 양원으로 나누되, "皆以實學爲主"한다는 '실학'이 그것이다. 이 정관응의 『성세위언』이 당시 중국의 젊은이들에게 얼마나 많은 영향을 끼쳤던가에 대한 사례는 여기서 굳이 반복할 필요가 없을 것 같다.

'실학'의 교재는 물론 서방에 原籍을 두어야 한다. 梁啓超는 그것을『淸代學術概論』에서 다음과 같이 서술하고 있다(同書 初刊本, 161~163頁).

1898년의 戊戌政變과 1900년의 義和團事件은 청나라 황실의 積弱을 더욱 폭로시킨 결과가 되었고, 청년학도들은 떼를 지어 해외로 유학의 길을 떠났는데, 가까운 일본으로 가는 자들이 가장 많았다. 1902년과 1903년은 번역출판의 전성기를 이루던 해다. 일본서 새 책이 하나 나왔느니라 하면, 그 중국어 번역이 동시에 수종 나오곤 해서, 新思想 수입이 마치 건불에 불붙이기와 같았다. 모두를 그것을 '梁啓超式' 수입이라 비꼬았다. 조직이나 선택이 있었을 리 없고, 계획성은 커녕, 그 책의 내력조차 아랑곳없이 그저 수량이 많은 것만이 위주였다.

(『東方學志』 13, 1972. 12)

찾아보기

【ㅇ】

【ㅈ】

國學研究院 實學公開講座
-1967년~1987년-

<실학공개강좌>에서는 제1회부터 20회에 걸쳐 모두 39편의 주제를 발표하였다. 이 강좌에서 발표한 초고는 논문으로 가다듬어 국학연구원에서 발행하는 『東方學志』에 싣는 것을 원칙으로 했고 또한 대부분 그렇게 했다. 그러나 필자의 사정상 초고만 작성하였거나 또 다른 지면을 빌려 발표하기도 했다. 논문으로 새롭게 발표하는 과정에서 제목이 약간 수정된 경우도 있다. 각 회별 발표 상황은 다음과 같다.

제1회 1967년 11월 3일 금요일
장소 : 연세대학교 소강당
발표 : 白樂濬(연세대명예총장 · 교회사학)
　　實學의 現代的 意義
　千寬宇(동아일보 · 국사학)
　　朝鮮後期 實學의 概念 再檢討

제2회 1968년 11월 2일 토요일
장소 : 연세대학교
발표 : 李乙浩(전남대 · 철학)
　　實學 概念 構成의 諸要因
　洪以燮(연세대 · 국사학)
　　丁若鏞의 學의 形成過程

제3회 1969년 11월 21일 금요일
장소 : 연세대학교 경영대학원 회의실
발표 : 李家源(연세대 · 한문학)
茶山文學 硏究
韓沽劤(서울대 · 국사학)
實學과 技術

제4회 1970년 11월 6일 금요일
장소 : 종로2가 YMCA 친교실
발표 : 白樂濬(연세대명예총장 · 교회사학)
實學講座의 性格
朴鍾鴻(서울대 · 철학)
崔漢綺의 實學思想

제5회 1971년 12월 4일 토요일
장소 : 종로2가 YMCA 친교실
발표 : 黃元九(연세대 · 동양사학)
實學派의 史學思想
金泳鎬(경북대 · 경제학)
實學에 있어서의 職業倫理 문제

제6회 1972년 12월 6일 수요일
장소 : 종로5가 기독교회관 대회의실
발표 : 閔泳珪(연세대 · 동양사학)
爲堂 鄭寅普先生의 行狀에 나타난 몇가지 문제－實學原始－
李佑成(성균관대 · 한문학)
崔瑆煥의 『顧問備略』－李朝末葉 中人層의 實學思想－

제7회 1973년 10월 30일 화요일
장소 : 연세대학교 장기원 기념관 강당

발표 : 孫寶基(연세대 · 국사학)

實學方法에 의한 印刷技術의 研究－高麗中期刊本『古文珍寶』에 대하여－

金龍德(중앙대 · 국사학)

北學派思想의 源流－土亭과 重峰－

제8회 1974년 11월 30일 토요일

장소 : 연세대학교 경영대학원 세미나룸

발표 : 李鍾英(연세대 · 국사학)

江華 船頭浦 堤堰에 대하여

金哲埈(서울대 · 국사학)

修山 李種徽의 史學에 對하여

제9회 1975년 10월 31일 금요일

장소 : 연세대학교 장기원 기념관

발표 : 金錫得(연세대 · 국어학)

實學과 國語學의 전개－崔錫鼎과 申景濬과의 학문적 거리－

全海宗(서강대 · 동양사학)

淸代學術과 李朝實學에 關한 二 · 三의 問題

제10회 1976년 11월 13일 토요일

장소 : 연세대학교 장기원 기념관

발표 : 李光麟(서강대 · 국사학)

姜秋琴(瑋)의 人物과 思想－實學에서 開化思想으로 전환의 一斷面－

金容燮(연세대 · 국사학)

朝鮮後期의 實學과 農業問題

제11회 1977년 10월 29일 토요일

장소 : 연세대학교 장기원 기념관

발표 : 閔泳珪(연세대 · 국사학)

黃頤齋論－『頤齋亂藁』三則；理藪新編과 石室書院, 그리고 易學圖解
宋讚植(국민대・국사학)
朝鮮朝末 主理派의 認識倫理－寒洲 李震相의 思想을 中心으로－

제12회 1978년 10월 27일 금요일
장소 : 연세대학교 장기원 기념관
발표 : 李家源(연세대・한문학)
弘齋王의 文學思想
약정토론 : 權五惇(연세대・한문학)　　車柱環(서울대・중문학)

제13회 1979년 10월 26일 금요일
장소 : 연세대학교 장기원 기념관
발표 : 羅逸星(연세대・천문학)
18世紀 韓國에서의 太陽系의 理解
姜萬吉(고려대・국사학)
軍役改革論을 通해 본 實學의 性格

제14회 1980년 10월 24일 금요일
장소 : 연세대학교 중앙도서관 5층 509호
발표 : 金泳謨(중앙대・사회학)
朝鮮後期의 身分構造와 變動
元裕漢(홍익대・국사학)
實學者의 貨幣經濟論

제15회 1981년 12월 11일 금요일
장소 : 연세대학교 국학연구원 자료실(중앙도서관 5층 505호)
발표 : 裵宗鎬(연세대・철학)
朝鮮朝 後期 實學과 性理學의 관계
朴忠錫(이화여대・한국정치사상사)
近世 實學思想의 理論的 特質

약정토론 : 金容燮(연세대 · 국사학)　　柳正東(성균관대 · 철학)
尹絲淳(고려대 · 철학)　　李成茂(한국학대학원 · 국사학)
李泰鎭(서울대 · 국사학)

제16회 1983년 6월 29일 수요일
장소 : 연세대학교 장기원 기념관 원탁회의실
발표 : 李龍範(동국대 · 동양사학)
實學者의 渤海史觀
약정토론 : 盧泰敦(서울대 · 국사학)　　沈喁俊(중앙대 · 서지학)
李萬烈(전숙명여대 · 국사학) 李佑成(전성균관대 · 국문학)
李熙德(연세대 · 국사학)　　鄭亨愚(연세대 · 서지학)
千惠鳳(성균관대 · 서지학)

제17회 1983년 11월 30일 수요일
장소 : 연세대학교 장기원 기념관 원탁회의실
발표 : 金泰俊(명지대 · 국문학)
『熱河日記』의 中心을 이루는 洪大容의 話題 - 18세기 實學의 性格과 脈絡을 중심하여 -
柳仁熙(연세대 · 동양철학)
洪大容의 哲學思想 - 그의 哲學的 方法論을 중심으로 -
약정토론 : 金東旭(연세대 · 국문학)　　李康洙(경희대 · 동양철학)
李楠永(서울대 · 동양철학)　　李佑成(전성균관대 · 국사학)
趙　珖(고려대 · 국사학)　　千寬宇(한국일보 · 국사학)

제18회 1985년 11월 15일 금요일
장소 : 연세대학교 국학연구원 자료실(중앙도서관 5층 505호)
발표 : 金　泳(강원대 · 국문학)
燕岩의 '士'意識과 讀書論
宋寯鎬(연세대 · 한문학)
朝鮮朝 後期 四家詩에 있어서 實學의 問題

약정토론 : 李家源(단국대 · 한문학)　　李鍾英(연세대 · 국사학)
李鍾燦(동국대 · 한문학)　　林熒澤(성균관대 · 한문학)
崔　喆(연세대 · 국문학)

제19회 1986년 11월 21일 금요일
장소 : 연세대학교 국학연구원 자료실(중앙도서관 5층 505호)
발표 : 崔奭祐(한국교회사연구소 · 교회사)
西學과 實學과의 관계
약정토론 : 李元淳(서울대 · 국사학)　　趙　珖(고려대 · 국사학)
黃元九(연세대 · 동양사학)

제20회 1987년 11월 6일 금요일
주제 : 實學硏究의 成果와 課題
장소 : 연세대학교 국학연구원(중앙도서관 5층)
발표 : 黃元九(연세대 · 동양사학)
한국에서의 實學硏究와 그 成果
李佑成(성균관대 · 국사학)
朝鮮後期의 學術과 實學
金容燮(연세대 · 국사학)
朝鮮後期의 社會變動과 實學
李龍範(동국대 · 동양사학)
李朝實學派의 西洋科學 수용과 그 限界

종합토론 1987년 11월 7일 토요일
장　소 : 연세대학교 알렌관
사　회 : 黃元九(연세대 · 동양사학)
약정토론 : 姜萬吉(고려대 · 국사학)　　姜信沆(성균관대 · 국어학)
金錫得(연세대 · 국어학)　　金泳謨(중앙대 · 사회학)
金龍德(중앙대 · 국사학)　　金哲埈(서울대 · 국사학)
羅逸星(연세대 · 천문학)　　柳仁熙(연세대 · 동양철학)

朴忠錫(이화여대 · 한국정치사상사)
宋雋鎬(연세대 · 한문학)
劉元東(숙명여대 · 국사학)
李元淳(서울대 · 국사학)
李鍾英(연세대 · 국사학)
鄭亨愚(연세대 · 서지학)
崔奭祐(한국교회사연구소 · 교회사)
韓沽劤(서울대 · 국사학)
裵宗鎬(연세대 · 철학)
元裕漢(동국대 · 국사학)
李光麟(서강대 · 국사학)
李乙浩(국립광주박물관 · 철학)
全海宗(서강대 · 동양사학)
千寬宇(동아일보 · 국사학)
河炫綱(연세대 · 국사학)

연세실학강좌 II
실학공개강좌[2]

연세대학교 국학연구원 편

2003년 3월 15일 초판 1쇄 인쇄
2002년 3월 21일 초판 1쇄 발행

펴낸이 · 오일주
펴낸곳 · 도서출판 혜안
등록번호 · 제22-471호
등록일자 · 1993년 7월 30일

㊗ 121-836 서울시 마포구 서교동 326-26번지 102호
전화 · 3141-3711~2 / 팩시밀리 · 3141-3710
E-Mail hyeanpub@hanmail.net

ISBN 89 - 8494 - 177 - 8 93910
값 28,000 원